2017年四川省重點出版項目專項補助資金資助項目

巴蜀掌故五種校注 總主编 王斌

蜀故校注

〔清〕彭遵泗 編

倪亮 校注

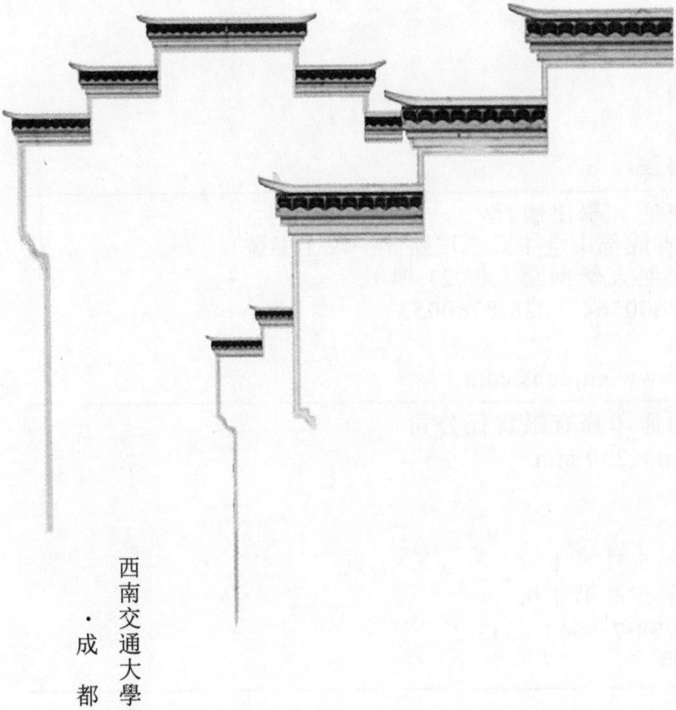

西南交通大學出版社

·成 都·

圖書在版編目（CIP）數據

蜀故校注／（清）彭遵泗編；王斌總主編；倪亮校注．一成都：西南交通大學出版社，2020.5
（巴蜀掌故五種校注）
ISBN 978-7-5643-6533-2

Ⅰ．①蜀…　Ⅱ．①彭…　②王…　③倪…　Ⅲ．①四川－地方史－清代　Ⅳ．①K297.1

中國版本圖書館 CIP 數據核字（2018）第 242302 號

巴蜀掌故五種校注　總主編　王斌
Shugu Jiaozhu
蜀故校注
[清] 彭遵泗　編
倪　亮　校注

出　版　人　王建瓊
策劃編輯　黄慶斌
責任編輯　鄭麗娟
助理編輯　羅俊亮
封面設計　原謀書裝

出版發行　西南交通大學出版社
（四川省成都市金牛區二環路北一段 111 號
西南交通大學創新大厦 21 樓）
發行部電話　028-87600564　028-87600533
郵政編碼　610031
網　　址　http://www.xnjdcbs.com

印　　刷　成都蜀通印務有限責任公司
成品尺寸　170 mm × 230 mm
印　　張　27.25
字　　數　469 千
版　　次　2020 年 5 月第 1 版
印　　次　2020 年 5 月第 1 次
書　　號　ISBN 978-7-5643-6533-2
定　　價　98.00 圓

前言

一、彭遵泗生卒年略考

彭遵泗，字磬泉，號丹溪生，眉州丹稜人（今四川眉山市丹棱縣）。生於康熙四十三年（一七〇四），見《彭端淑詩文注》附録之《年譜》。雍正七年（一七二九）拔貢，雍正十三年（一七三五）中舉人，乾隆二年（一七三七）中進士[一]。據《清高宗實録》卷四四，乾隆二年六月乙丑，彭遵泗以庶吉士用。據同書卷九一，乾隆四年（一七三九）四月戊戌，庶吉士彭遵泗以部屬用。光緒《丹稜縣志》卷七彭遵泗小傳則稱其由庶吉士改任兵部主事，正乾隆四年事也。乾隆十三年（一七四八）刊本《縉紳新書》"兵部"下也記載，於乾隆四年六月補彭遵泗爲兵部主事，乾隆十二年六月又加一級，再任兵部主事。又，嘉慶《揚州府志》卷三八，載彭遵泗在乾隆十九年（一七五四）任江防同知，且任期僅在此年。嘉慶《眉州屬志》卷一〇載，彭遵泗曾任黄州府同知。據光緒《黄州府志》卷一一上，彭遵泗在乾隆丁丑（二十二年，一七五七）任黄州同知，光緒《麻城縣志》卷一四亦記載彭遵泗在乾隆二十二年任麻城縣同知，但這兩個記載未必可靠，詳後文。以上爲有文獻證據之彭遵泗大致履歷。

至於其卒年，目前學術界並無統一觀點。羅建新《彭遵泗<蜀故>版本源流考》[二]，大致推斷彭氏卒於乾隆二十六年（一七六一）前，所據爲李廣泗《修丹稜縣志叙》，稱丹稜知縣在乾隆二十六年時從彭遵泗之子手中取得《丹稜縣志》遺稿。同時，羅建新又引乾隆《丹稜縣志》卷八及《清秘述聞》卷五，稱彭遵泗"乾隆二十一年辭官歸里，後病卒於家，封奉政大夫"。我覆覈二書，《清秘述聞》卷五在"雍正乙卯十三年科鄉

[一] 乾隆二十六年《丹稜縣志》卷八"選舉"下，記載彭遵泗於乾隆丁巳登于敏中榜進士，雍正乙卯舉人，己酉拔貢。

[二] 羅建新：《彭遵泗<蜀故>版本源流考》，載《文藝評論》二〇一四年第十二期。

試”下，記載四川考官爲楊廷棟，解元爲彭遵泗，丁巳進士；《丹稜縣志》卷八“選舉”下，記載彭遵泗於乾隆丁巳登于敏中榜進士，雍正乙卯舉人，己酉拔貢。同書卷九“封贈”記載彭遵泗封奉政大夫，不見所謂乾隆二十一年辭官歸里之説。

羅建新之碩士生崔富雅在《彭遵泗<蜀故>研究》第一章中，據彭端淑爲彭遵泗《丹溪遺編》所作序文，推斷彭遵泗卒於乾隆十九年（一七五四）[一]。彭端淑爲彭遵泗之兄，所言似當屬實。但若彭遵泗的確卒於乾隆十九年，則不可能於二十二年任黄州同知。同時爲《丹溪遺編》作序之王家駒亦云：“自楚而吴，中道以殁，迄今溯之，又十餘年矣。”王氏序自署作於乾隆三十五年（一七七〇），逆推十餘年，亦當在乾隆二十五年（一七六〇）之前。且“自楚而吴”，已能證明光緒《麻城縣志》與《黄州府志》所言有誤。

此外，我在《蜀故》中，也發現了幾條可以考見彭遵泗行止之材料。比較晚者，乃卷二五叙丹稜西郊白塔重葺始末時，提到了“乾隆二十三年（一七五八）己卯正一日”，文末又云“是年四月，余赴京祝萬壽節”。我用中國基本古籍庫及讀秀全文檢索系統、中國方志庫等，皆未查到這一段文字有其他出處。就《蜀故》全書體例而言，彭遵泗幾乎全是據他書抄録資料，偶爾會在某些條目之後加按語，故遍尋而無出處、且自稱余云云者，應當看成是彭遵泗之自叙。但這也不能一概而論，《蜀故》卷二三記載遂寧東門民家母馬腹中得橘色石一塊，“余得一半，携之江南，無有識者”，所言時代爲“三十二年二月”，該條也暫未見他書有載。此三十二年究竟指哪個年號之三十二年，不能定論，但這一條之前，所叙相關事件，提到了乾隆九年（一七四四），也自稱“余雙流縣簇橋場”。若以此認爲是乾隆三十二年，則又與前面提到彭遵泗可能卒於乾隆二十六年前相矛盾。或“三十二年”有誤，因爲《蜀故》中數字“一二三”經常出現譌誤，但這也僅是推斷。又，《蜀故》卷一二云：“丙子歲過金陵，訪房師楊知白先生家。”若叙此事者爲彭遵泗，則此丙子只能是乾隆二十一年（一七五六）。此條説楊知白之後人出示了一套《斜川集》，這一段按語正緊接於蘇過事迹之後，乃彭遵泗自叙之可能性極大，然亦未

[一] 崔富雅：《彭遵泗<蜀故>研究》，西華師範大學碩士學位論文，二〇一六年。

敢定論也。

綜上，關於彭遵泗之卒年，有兩種可能，一是據彭端淑《丹溪遺編》序文，推斷彭遵泗卒於乾隆十九年；一是據李廣泗《修丹稜縣志序》，推斷彭遵泗卒於乾隆二十六年前。若以上文所列其他文獻來看，此二説又皆有其不合理之處，姑俟再考。

二、《蜀故》成書與版本簡論

關於巴蜀掌故之書，早在《蜀故》之前，已有《蜀中廣記》《全蜀藝文志》《補續全蜀藝文志》《蜀都碎事》等。彭遵泗雖已撰有《蜀碧》一書對張獻忠入川之事有詳細記録，但並無撰寫《蜀故》之計劃。促成此事及此書之成者，有二人。其一爲乾隆十年至二十年在丹稜任知縣之黄雲。黄雲，浙江蕭山人，號薪莊。乾隆二十六年版《丹稜縣志》序云："一日晤彭生延慶，語次及其尊人太史存日與舊令蕭山黄君薪莊商榷有稿，未克就緒，急索閲之。"而彭端淑爲《蜀故》作序稱："後爲邑侯黄公聘修縣志，隨輯《蜀故》。上自天文，下迄疆域，名賢事功，辨其真贋，成集凡二十七卷。"由是觀之，《蜀故》撰寫之始，不會早於乾隆十年，而編纂動機，則是因修《丹稜縣志》而搜集史料，順帶擴及全蜀掌故而已。今《蜀故》中有專門對眉州及丹稜人之著述與事迹之介紹，且較蜀中其他地方者加詳，正由此緣故也。可以説，若無黄雲聘彭遵泗修《丹稜縣志》，則未必會有《蜀故》一書。

其二爲彭遵泗之三子彭延慶。彭遵泗本人不善書，也無主動保存作品之意識，是以其文學作品《丹溪遺編》與此《蜀故》皆於身後成書并付梓。《丹溪遺編》序文云："磐泉學富才充，好著述，拙於字，不能字繕其本。篋中所藏，如《江濤》《峽猿》等稿，皆關蜀中文獻，而以零章雜沓、墨漬蒙瞀，難卒讀。當官吴楚時，力可以傭書家。方氣蕩心雄，冀晚年歸里始考訂以行世。竟不知年歲之促與時之不可失也！"可知其作品，雜沓零散，身前並無整理。至於《蜀故》，則更坎坷。彭端淑《蜀故》序云："然皆旭素狂草，塗乙縱横，不盡可識，且隨書隨擲，恐蹈管窺耳。余三侄延慶侍左右有年，一一秘而藏之篋笥。至乾隆三十八年，貤繫江右清江縣事畢，録簡册欲付梓人，而未敢以行世也。"彭遵泗之手稿皆草書寫就，且塗改痕迹滿篇，隨寫隨擲，若無彭延慶之收集與整理，此書當不能問世也。我們校對《蜀故》時，發現不少文字錯謁，如卷一四"楊升庵先生在滇"條，誤"文子"作"學"，顯係原稿將"文子"二字寫得太靠近，彭延慶等以爲乃"斈"字，遂改爲通行之"學"字；不少條目短短一二百字，竟多達十幾個錯字。這都因原書稿本難以辨識造成，若以毫無書法基礎之我來整理原始稿本，真不知會是何種光景！故雖以他書參校，動輒更改原文十幾個錯字，我不但不覺《蜀故》刻本質量之差，反而欽佩整理刊刻者所付出心血之多。

《蜀故》經彭延慶等整理刊刻之後，分别由彭肇洙、彭端淑作序，影響較大，嗣後多有重刊本。羅建新在《彭遵泗<蜀故>版本源流考》中對該書版本做了詳盡介紹，崔富雅之碩士論文也提到了該書之版本。據二人研究,《蜀故》最早刊本爲乾隆三十八年之補修本；其後則有據以翻刻之道光十四年白鶴堂本，此本除了多出卷首李宗傳序外，其他一仍其舊，但南京大學圖書館所藏本，書名已改作《全蜀典故》；此後則爲讀書堂本，目録與乾隆本有異，改正了乾隆本不少錯字，但僅是據文義改動明顯誤字而已，並未覆覈引文；此後爲光緒二十四年玉元堂本，此本亦係據乾隆本翻刻；最後則是光緒二十八年之耕道齋本，乃據白鶴堂本翻刻。故而此書實際上僅有兩個差别較大之版本：乾隆本與讀書堂本。我們此次整理，以四川師範大學圖書館所藏讀書堂本爲底本，以《四庫未收書輯刊》第一輯第二十七册影印之乾隆本爲參校本。

三、《蜀故》内容與價值淺述

《蜀故》内容龐雜，但大體脱不了《蜀中廣記》之影響。就目録來看，其方域、形勢、城市、村、坊、關隘、橋、關、渡、津、蜀道、宫室、樓、臺、亭、閣、堂、廟、寺觀、祠、古迹、古器、碑、墓，與《蜀中廣記》之《名勝記》相類；卷三、卷四之茶税、酒税、錢法，卷一九、二〇之物産，與《蜀中廣記》之《方物記》相類；卷一一至卷一六之人物，與《蜀中廣記》之《人物記》《宦游記》相類；神異、仙家、仙道、仙異、道流、仙兆、術士、術數、法術等，與《蜀中廣記》之《神仙記》相類；僧釋門，則與《高僧記》相類；邊徼、蠻夷等，則與《邊防記》相類，著作則與《著作記》相類。不止分類上與之相似，不少内容還直接源自《蜀中廣記》，我們在注釋中有詳細説明，此不贅言。

從資料來源看，可以説《蜀故》幾乎全抄他書而成。人物傳記，抄正史與方志，著作資料則抄《文獻通考》《郡齋讀書志》等，名勝古迹等則抄方志、《廣輿記》《蜀中廣記》《蜀都碎事》等，引詩文雖不多，但來源比較集中，主要爲《全蜀藝文志》《成都文類》《鑑誡録》。只有極少數條目我們没有查到出處，應該是彭遵泗見聞所得，故彌足珍貴；還有部分按語，應該主要是彭遵泗所加，但如前文考證其卒年時所言，某些按語所提及之時間，與彭氏卒年之可能時間衝突，故這些按語究竟果否皆出彭遵泗之手，難以定論。崔富雅在碩士論文中，對《蜀故》引書進行了分類介紹，但這種描述若建立在實際出處之上，則未必妥當。彭遵泗引書時，往往據他書轉引，且多不題出處。而不少條目，同時見於好幾種著作，故實難肯定彭遵泗究竟據何書抄録。至於抄録時又以己意進行改寫、删削者，與引述文獻差距較大，就更難確定出自何書了。因此，我們特别説明：**雖然在注釋中，我們以“出自某書”“據某書改寫”等方式指出《蜀故》引書來源，但僅僅是從資料相似度上做出推測，並不肯定彭遵泗果真從某書抄録**。這樣做，也是出於爲研究者提供更多綫索而考慮，對於彭遵泗之改動與删削，自然也没有一絲不苟地與原書參校并全部出校之必要。

就《蜀故》價值而言，没有文獻來源之資料所占比重極小，故而全書之文獻價值不大。從對資料編排這一角度而言，《蜀故》也做得不夠好，眉目不大清楚，分類邏輯也不嚴密。更有不少條目前後重出，如卷一〇，同時記載郫縣出銅馬事，若言卷次較多，難以前後顧及，還情有可原，同一卷中重出，實不應該。還有些條目與蜀地無關，根本不該收録。如卷一〇載新都殷司徒家掘得古冢一事，墓主爲歙縣人，談論此事之殷司徒與汪伯玉亦皆安徽人，此事發生在安徽，所謂“新都”，乃新安縣之古稱，非四川新都。可見，彭遵泗在抄録材料時，多有不謹慎之處。

除了抄録原文偶有失誤外，彭遵泗對於類似材料之去取，也比較隨意，可以用只圖方便來評價。如卷一三蘇軾陽羡買宅之事，彭遵泗據《廣輿記》卷三抄録，相關内容其實見於宋人方嶽《深雪偶談》，不僅史料更早，内容還更豐富，與《廣輿記》所載有重要差别。

四庫館臣在評價《蜀都碎事》時，對於資料來源“或注或否”提出了批評，而《蜀故》也有這個缺點，與《蜀都碎事》相較，《蜀故》注明出處者少得可憐。這讓我們在評判其文獻價值時難以作出準確論斷，幸好我們利用相關數據庫，找到了絶大多數資料在更早文獻中之記載。且揭示相關文獻出處，對於理解《蜀故》中某些時間、人物之指代，有重要價值。如卷七："高梁大山有漢武帝廟，至今有祭者。往往有一二百蝴蝶降祠所享其食，近之不驚，徹饌方去。時謂武帝侍從，捉之者必致病。"若不查明此事早見於《類説》卷六〇，則所謂"至今"易誤會爲清代，其實所指爲宋代也。又如卷一一"簡公上"小傳，中有"余亦在列，所目睹也"，若不查明出自鈕琇《觚賸》卷二"簡公雪冤"條，則會誤以爲乃彭遵泗也。這種容易引起誤會之處，彭遵泗皆未作處理，也不注明出處，頗爲粗疏。今日電腦技術發達，各種全文數據庫能幫助我們查找文獻來源，若在清代，要弄清諸多資料來源，談何容易？這也解釋了爲何在乾隆本之後，《蜀故》反復被刻印，但都是翻刻，難以對原書存在之誤進行詳細校訂。

當然，《蜀故》也有對相關文獻進行裁剪與編排之處，且便於讀者理解。如卷一三論王安石與蘇軾初無嫌隙，乃因吕惠卿與李定之挑撥而反目。彭遵泗整條從《邵氏聞見録》卷一二抄出，但其中又據同書卷一三補入"因朱壽昌棄官求母歸，子瞻美之，有云'感君離合我酸心，此事今無古或聞'"一句，文義更暢，敘事更清楚。又如卷一七，據《古今詞話·詞評》卷上引《蓉城集》評《花間集》之語，但卻改《蓉城集》爲《芙蓉集》。據考證，宗元鼎嘗從王士禎學詩，著《芙蓉集》十七卷，《欽定四庫全書總目》卷一八三有著録，可知彭遵泗之改動有根有據。

從另一角度來看，彭遵泗撰《蜀碧》，深知張獻忠在四川所做惡事對巴蜀文獻之摧殘，如焚棄蜀府藏書，僞開科取士，殺害蜀地士子等，這讓他有一種保存巴蜀文獻之責任感。但就今日看來，其文獻價值並不大，這也是在我們全面研究該書之後所做之評判，不能以今律古。劉咸炘在《推十書繫年録》之《蜀誦序》中評價道："彭磬泉采唐以後雜記爲《蜀故》，體例陋甚，不能成書。及今重修，尚非易事，吾固不勝其任，而補闕拾遺之一得，亦有取焉。"劉氏雖否定了彭遵泗之書，甚至對張澍《蜀典》評價也不高，但自己也承認，要編一個類似之《蜀誦》，誠非易事。這應該有助於我們對《蜀故》給出一個理性評判。

四、整理情况説明與致謝

《蜀故》之整理，原本安排師弟陳鴻亮與倪亮共同完成，但陳師弟要去中國人民大學讀博士，所以整個校注工作都交由倪師弟完成。陳師弟在四川師範大學圖書館工作，提供了讀書堂本《蜀故》之全部照片，爲整個校注工作提供了基礎文本。倪師弟雖然工作繁忙，但仍在一年之内，完成了書稿。只是由於時間倉促，某些資料没找到，遺留了一些問題，我又花了兩個月時間進行審讀。我們校注該書，其實只做了兩方面工作。一是從文獻學角度，找到《蜀故》之引書來源，并用引文之善本、整理本加以校勘，這就比僅以版本對校來説更容易發現問題、解决問題，算是對《蜀故》之文字資料，做了全面匡補。二是對相關典故做了基本解釋，有助於我們理解原文，如卷一二據《桯史》引喻汝礪《八陣圖》詩，不但《蜀故》引文有誤，即《桯史》原文亦有誤，且用典繁密，不加注釋根本難以讀懂。不過總體而言，《蜀故》所引之相關古籍，大多數有高質量整理本，也不煩我們全部詳注。

在整理過程中，承蒙蔣宗許先生、陳默先生對疑難典故給予賜教，特此致謝！師弟党永輝博士利用在南京求學之機，爲我們提供了南京大學圖書館所藏《全蜀典故》序文之照片，爲我們省卻了奔波之苦，十分感謝！今年，倪師弟又調到了更加繁忙的工作崗位，我忝爲叢書主編，審讀全書，并撰寫此前言。《蜀故》一書卷次較多，涉及内容十分龐雜，我們學識有限，整理工作難免出現失誤，敬請讀者海涵并賜教！

桃杏軒主人

二〇一八年三月末　識於樂山

凡 例

一、此次整理以四川師範大學圖書館所藏讀書堂本《蜀故》爲底本，以《四庫未收書輯刊》第一輯第二十七册所影印乾隆刻補修本爲校本，省稱"乾隆本"。個别情况下，底本缺，乾隆本誤，則參考光緒重刊讀書堂本。

二、底本及乾隆本原目録有合併及分割不合理處，今根據内容重新編排目録，説明則詳正文相關卷次卷首之注文。原書將卷二〇、二一合刊，今亦進行分割，庶幾眉目了然。原文條目分合失當處，今據文義分割，不特别説明。

三、原書用以説明出處之簡短夾注，用小字號排版；部分説明資料出處之書名，原文偶有誤作正文字號者，徑改爲注文字號。卷一九摘録宋祁《益部方物略記》時，篇幅較長之説明文字，則僅用比正文略小之字號排版，以便閲讀。

四、《蜀故》全書幾乎都有資料來源，但部分條目之後，彭遵泗或整理刊刻《蜀故》者加了按語，爲與有出處者相區分，整體縮進兩個字符。部分長篇引文中之詩文，亦縮進處理。

五、原書刻版時，有部分補遺條目，置於卷次之末，今酌情移至前文中相關條目之後。至於全書最後一卷之"補遺"，内容龐雜，不便歸類，則一仍其舊，不作移動。

六、原書用字頗不規範，今統一爲通行繁體字。個别人名、地名用字及特殊用字酌予保留，不出校勘記。

七、正文中之譌、脱、衍、倒等錯誤，均直接增删乙改，出校説明，不用校勘符號。

八、常見形近易混之字，如"戍、戌、戊""己、已、巳"等，徑改，不出校勘記。乾隆本之明顯誤字，亦不出校。常見避諱字，則徑改爲本字。

九、采用校注合一之體例，先校後注。同一條注釋中有幾條校勘内容者，則以“◎”分隔，以示醒目。

十、注釋時，以考索文獻出處并以相關出處之善本或通行本進行參校爲主，以注明詩文典故爲輔，以考辨舊聞之誤、補正故説之缺爲創新點。

目録

序 一

《蜀故》者，典故也，括全省之典章人物以佐案頭之博覽者也。上自天文之分野、古今之興廢、官則之沿革、名賢之著作，凡夫忠孝節烈、釋道仙佛、關河險阻，無不略備。誠哉，試策之寶筏，可當於通志之一助也。余戊辰歲解組歸來，余弟三子延慶携以請予批閲，事故瞭若指掌，不禁喟然曰："噫嘻！此汝父之手澤，謹藏諸笥，爲家塾之一助也可。"

時乾隆三十四年壬申仲秋月上浣肇洙仲尹氏並序[一]

[一]"時"，底本漫漶，據乾隆本補。◎"肇洙"，乾隆本無。

序　二

吾蜀僻處邊陲，自蜀府成王貯書數萬卷，兵燹而後，盡爲灰燼。好學之士欲窺全豹，駸駸乎其難之矣。余弟磬泉喜筆墨，留京數十年，憫蜀罹獻賊之苦，缺句而成《蜀碧》[一]，已付剞劂行世。太史蔡雪南曰“撰著十年成《蜀碧》”[二]，正謂此也。後爲邑侯黄公聘修縣志，隨輯《蜀故》。上自天文，下迄疆域，名賢事功，辨其真贋，成集凡二十七卷。然皆旭素狂草，塗乙縱横，不盡可識，且隨書隨擲，恐蹈管窺耳。余三侄延慶侍左右有年，一一秘而藏之篋笥。至乾隆三十八年，匏繫江右清江縣事畢，録簡册欲付梓人，而未敢以行世也。余時適掌錦江書院，延慶以書稟命於余，曰：“此吾父數十年之筆墨也。”余不没磬泉之苦心，細加翻閲，真有補於博覽稽古之士，誠非淺鮮。異日表而出之，以公同好，是在子孫能繼先志耳！聊弁數語，冠於篇首云。

時乾隆三十八年丙子仲春月上浣書於錦江之石室[三]

端淑樂齋氏序[四]

[一]“缺句”，底本原爲正文，乾隆本則爲注文“闕”字，今改爲注文。

[二]“蔡雪南”及後“黄公”，見本書《前言》。

[三]“時”，底本作“旨”，蓋“峕”字形近而誤，據乾隆本改。◎“丙子”“上浣”，乾隆本無。

[四]“端淑”，乾隆本無。

序　三[一]

自獻賊亂蜀後，蜀之遺民殆盡，蜀之文獻亦蕩泯無餘矣。丹稜彭君磬泉病焉，嘗撰《蜀碧》一書，盛行於世。又於修志之餘輯成《蜀故》二十七卷，守土考鑑之資，學士采獲之助，靡不畢具，蓋《蜀碧》以誅奸而發潛，《蜀故》則全省中數千年之掌故備焉。所以攄懷舊之蓄念，而發思古之幽情者也。蜀自文翁興學後，著作之才代出，其以蜀人而紀蜀事者，若毛文錫之《前蜀紀事》、董淳之《後蜀紀事》[二]、李昊之《蜀書》[三]、張彭之《錦里耆舊傳》[四]、張唐英之《蜀檮杌》、勾延慶之《成都理亂記》諸書，或佚或傳，皆而藏書家之所著録。顧諸君子生蜀未大亂之前，其學博之載籍可稽也，其故老之傳聞可證也。君顧從文獻不足之後，網羅放失而爲此，是其用心之勤與前賢同，而致力之難易則固迥不侔矣！且其微顯闡幽，論辨得失，類皆犁然有當於人心而不可易，則又以見學識之正，而非第才之賅洽已也。

是書成，君之伯兄、仲兄皆有序，藏之篋笥者數十年。道光癸巳，君之嗣孫照將付剞劂，問序於余[五]。余謂是編與《蜀碧》固同爲不刊之書，而如生照者，亦可謂能闡揚其先祖之美者也，爰爲述其大旨於卷首。君伯兄樂齋、仲兄仲尹皆有雋才，能文章，蜀中稱爲“三彭”云。

道光甲午年仲冬月桐城李宗傳序[六]

[一] 此序據白鶴堂家藏本補。白鶴堂本題爲丹稜彭氏原本《全蜀典故》。

[二] 按，《前蜀紀事》《後蜀紀事》各二卷，著録於《直齋書録解題》卷五。

[三] 李氏此書，《宋史·藝文志三》著録爲二十卷。

[四] 按，據《通志·藝文略三》，張氏之書實題作《續錦里耆舊傳》，乃續補勾延慶之書也，共十卷。勾延慶之書，即後文之《成都理亂記》。

[五] “余”，原作“於”，據文義改。

[六] “李宗傳”，據民國《安徽通志稿·藝文考稿·集部廿三》之“寄鴻堂詩文集”條，李宗傳字孝曾，號海帆，桐城人。嘉慶三年舉人，官至湖北布政使，病歸，旋卒，年七十三。

蜀故卷一

丹稜彭遵泗磬泉氏纂輯[一]

方　域

《春秋元命苞》云：“觜、參流爲益州。益之言隘也，謂物類並決，其氣急切決列也。”[二]

《春秋文耀鉤》云：“荆山西南至岷山，北距鳥鼠、梁州，屬開星。”[三]《河圖》云[四]：“汶山之地爲井絡，帝以會昌，神以建福，上爲天井星。”[五]

《漢·天文志》：“觜觿、參，益州。”[六]

《地理志》：“秦地，於天官東井、輿鬼之分野也。南有巴蜀、廣漢、犍爲、武都，又西南有牂牁、越嶲、益州，皆宜屬焉。”[七]

《晉·天文志》：“觜、參，魏，益州。廣漢入觜一度，越嶲入觜三度，

[一] 此句之下，乾隆本有“仲\叔兄端淑樂齋\肇洙仲尹仝校”，底本已删去。

[二] 此條早見於歐陽詢《藝文類聚》卷六“益州”條。明孫瑴《古微書》卷七和清張澍《蜀典》卷一等亦有記載。◎“參”，原作“星”，據《藝文類聚》改。按，觜、參，位列二十八星宿，分别屬於西方白虎七宿之第六宿、第七宿，爲益州分野。

[三] 此條見於《周禮注疏·地官·馮相氏》賈公彦疏所引，亦見《唐開元占經》卷六七“北斗星占五十八”、《古微書》卷九等。從文字來看，與賈公彦引文相合，但有誤字。◎“距”，原作“嶇”，據《唐開元占經》改。◎“開”，《唐開元占經》作“陽”。按，開星指木星，稱“陽星”則不知何謂。然朱彝尊《經義考》卷二六六引文則作“開陽”，開陽者，北斗七星之一。據朱氏引文，前面所言“衡、樞、機”等亦屬北斗七星，則此處作“開”或“陽”，當皆爲“開陽”之省。◎“鳥鼠”，古山名，又名“鳥鼠同穴”。《書·禹貢》：“導渭自鳥鼠同穴。”孔安國注云：“鳥鼠共爲雄雌，同穴處此山，遂名山曰鳥鼠，渭水出焉。”

[四] “河圖”，原作“洛書甄曜度”，張澍《蜀典》卷一亦云。《河圖》《洛書》爲華夏文化之源頭，《易》云：“河出圖，洛出書，聖人則之。”二者常被共舉，卻有分别，此爲竄改之誤，今據《藝文類聚》卷七、卷八改。

[五] 此條見《藝文類聚》卷七，卷八又引之。按：“汶山”同“岷山”，代指蜀地。《水經注·江水》云：“岷山，即瀆山也，水曰瀆水矣，又謂之汶阜山。”又“井絡”“天井星”，指井宿，爲二十八星宿南方朱雀之首。◎“天井星”之“星”字，《藝文類聚》無。

[六] “觜觿”，《漢書·天文志》云：“參爲白虎……小三星隅置，曰觜觿，爲虎首，主葆旅事。”

[七] 此條出《漢書·地理志下》。

蜀郡入觜一度，犍爲入參三度，牂牁入參五度，巴郡入參八度，漢中入參九度，益州入參七度。”[一]

《唐·天文志》：“東井據百川上流，故鶉首爲秦、蜀墟，得兩戒山河之首。雲漢達坤維右而漸升列宿上，觜觿、參、伐皆直天關表而在河陰。”又云：“東井、輿鬼，鶉首也。初，井十二度。中，井二十七度。終，柳六度。自漢三輔，西自隴坻，西南盡巴、蜀、漢中之地，及犍爲、越巂、益州，極南河之表，東至牂牁，古秦、梁、邠、芮、豐、畢、駘杠、有扈、密須、庸、蜀、羌、髳之國。”[二]

《宋兩朝天文志》：“井八星距西扇北第一星，去極六十九度；鬼四星距西南星，去極六十九度半。”[三]

《元·天文志》：“四海測驗，二十七所。成都北極出地三十一度半强。”[四]

《明·天文志》：“井九度至柳三度，屬秦分鶉首之次。四川成都府崇慶、漢、威三州，皆井、鬼分。綿州，觜分。茂州、重慶府、涪州，皆井、鬼分。忠、合二州，參、井分。順慶府蓬、廣安二州，保寧府劍州，敘州、夔州二府，施、潼川、瀘、嘉定、雅、眉、馬湖、龍、松九州，普定、芒布、建昌三府，柏興州德昌、會川、烏蒙、烏撒、東川、阿都六府，皆井、鬼分。”[五]

《一統志》：“成都府，天文井、鬼分野，入參一度。保寧府，井、鬼分野。順慶府，參、井分野。敘州府、重慶府，俱井、鬼分野。夔州府，翼、軫分野。馬湖府，鬼分野。龍安府、鎮雄府、潼川州、眉州、嘉定州、瀘州、雅州，俱井、鬼分野。東川府，參分野。烏蒙、烏撒二府，永寧、天全、黎州三司，俱井、鬼分野。平茶司，軫分野。松潘司、疊溪所，俱觜、參分野。”[六]

[一] 此條出《晉書·天文志上》。

[二]“杠”，原作“杜”；“髳”下部之“矛”原刻作“牙”，形近而誤，據《新唐書·天文志一》改。

[三] 此條出《文獻通考·象緯考二》。至於《宋兩朝天文志》一書，作者及卷數皆不詳。

[四] 按，此處前一句出《元史·郭守敬傳》，後一句出《元史·天文志一》，彭遵泗雜糅二者而題出處爲《天文志》，不妥。

[五] 按，《明史·天文志一》云：“井九度至柳三度，鶉首之次也……四川布政司所屬惟綿州觜分，合州參、井分，餘皆井、鬼分。”此處蓋彭氏加“忠州”入參、井分，並對井、鬼分所含地域做了細化。

[六] 此段乃據李賢《明一統志》四川地區之天文分野情況綜合改寫而來。

《容齋随筆》云："十二國分野，上屬二十八宿[一]，其爲義多不然。其不可曉莫如晉《天文志》謂：'自畢至東井爲實沈，於辰在申，魏之分野，屬益州。'魏分晉地，得河内、河東數十縣，於益亦不相干。豈非蔽於天而不知地乎？"

徐發分野説："歷代分野，各有不同，惟古法多驗，余參以時制焉。漢、沔以南，巴、蜀、邛、筰屬之翼、軫，實楚之支也。"[二]

江南五月梅熟時，霖雨連旬，謂之黄梅雨。少陵詩云："南京犀浦道，四月熟黄梅。湛湛長江去，冥冥細雨來。"蓋唐人以成都爲南京，則蜀中梅雨，亦在四月也[三]。

《河圖括地象》云："正南邛州曰深土，西南戎州曰滔土。"[四]又云："井絡纏曜，江漢炳靈。泉流深遠，爲四瀆之首。"[五]

四川，《禹貢》梁州之域，自蠶叢、魚鳧而下，不通中國者千有餘載。至苴、蜀相攻，秦救苴，滅蜀及巴而郡縣之。漢曰廣漢，武帝始置益州部，唐初置劍南道，爲西川。後增置東川府於梓州，於是稱兩川焉[六]。

川者，穿也，水穿地中，故曰穿。岷江，一水也；瀘，一水也；雒，一水也；渝，一水也。蜀江之水非一，而岷、瀘、雒、巴爲四大川也，四川之名所由昉與？一曰宋南渡後始分益、利、夔、梓爲四路，故曰四川[七]。蜀見於《尚書·牧誓》，地與秦接。《通典》云："所謂巴、賨、彭、濮之人。"[八]《元和郡縣志》："武王伐殷，巴人助焉。後封爲巴姬姓子爵，在巴郡江州縣，今渝州江津。其地東至魚復[九]，西抵僰道，北接漢中[十]，

[一]"宿"，原作"舍"，據《容齋隨筆·三筆》卷三、《文獻通考·象緯考三》改。

[二]"徐發"，清浙江嘉興人，字圃臣，著有《天元曆理全書》《清類亭稿》等。其《天元曆理全書》共十二卷，有康熙刻本，藏南京大學圖書館，《續修四庫全書》第一〇三二册據之影印。此處所引，即出該書卷一〇"分野宜更説"條。

[三] 此條出宋陳巖肖《庚溪詩話》卷上。所引杜詩題作《梅雨》，載《杜詩詳注》卷九。

[四] 此條載宋王應麟《困學紀聞》卷四，楊慎《升庵全集》卷七六"崑崙九州"條則言其説本自鄒衍；朱彝尊《經義考》卷一六四"河圖括地象"條則稱原文來自鄒衍，《河圖括地象》轉引而已。

[五] 此條出《水經注·江水》。

[六] 此條出《蜀都碎事》卷一。

[七] 此條亦引自《蜀都碎事》卷一。

[八] 此處引自宋王應麟《通鑑地理通釋》卷八"七國形勢考·巴蜀"條。引《通典》之語出其書卷一七五《州郡五》，亦係據王應麟書轉引，與《通典》原文略異。

[九]"復"，原作"腹"，據《元和郡縣圖志》卷三三改，後文此地名有誤者徑改，不再説明。

[十]"西抵"之"抵"、"北接"之"北"，原脱，據《元和郡縣圖志》卷三三補。

南極牂牁，是其界也。"

《華陽國志》："蜀之先肇於人皇之際，黄帝爲子昌意娶蜀山氏女，子孫因封焉。秦滅蜀，因滅巴。"[一]

陳子昂云："昔蜀與中國不通，秦以金牛、美女啖蜀侯，侯使五丁力士自棧褒斜，鑿通谷，迎秦之饋。秦隨以兵，而地入中州。"[二]秦取蜀，置巴郡、蜀郡。漢因之。初，苴、蜀相攻，秦使張儀、司馬錯取蜀，譙周曰："苴，今之巴郡也。"《正義》曰："蜀王封其弟於漢中，號曰苴侯，因命之邑曰葭萌。苴侯與巴王爲好，巴與蜀爲仇，故蜀王怒，伐苴。苴奔巴，求救於秦。秦遣張儀伐蜀[三]，滅之，因滅巴。"《括地志》："苴侯都葭萌，今利州益昌縣葭萌故城是。蜀侯都益州。"太史公曰："巴蜀四塞，棧道千里，唯褒斜綰轂其口。"[四]

漢武帝平西南夷，置牂牁、越嶲、沉黎、汶山、犍爲、益州六郡，西置武都郡。天漢四年，并沉黎於蜀。地節三年，并汶山於蜀、犍爲、夜郎地。元封五年，初置部刺史，改梁爲益，益州刺史部漢中、廣漢、武都、犍爲、越嶲、益州、牂牁、蜀郡，凡八郡[五]。

漢高帝置廣漢郡，領十縣以應十支：通湖在戌，陽泉在亥，安南在子，涪流在丑，梓潼在寅，五城在卯[六]，新都在辰，資州在巳，犍爲在午，什邡在酉。後封雍齒什邡侯，今什邡縣也。三國蜀先主全制巴蜀，置益、梁二州。益，成都；梁，漢中。又置郡九：巴東、巴西、梓潼、江陽、汶山、漢嘉、朱提、宕渠、涪陵。後主增雲南、興古[七]。

唐分天下十道，九曰劍南道，今益、蜀、彭、漢、綿、劍、梓、遂、普、資、簡、陵、邛、眉、嘉、雅、榮、瀘、戎、黎、茂、龍、扶、文、當、松、静、柘、翼、悉、維、嶲、姚，凡三十有三州焉[八]。東連牂牁，牂牁渠帥姓謝氏，舊臣中國，貞觀中修貢職，列其地爲牂牁。西界土蕃。南接群蠻，群蠻者，南詔、烏蠻、白水蠻、昆明蠻、兖州蠻、六姓蠻之

[一] 此條改寫自《華陽國志》卷三《蜀志》。
[二] "中州"，原脱，據《新唐書·陳子昂傳》補。
[三] "遣"，原作"遺"，形近而誤，據乾隆本及《通鑑地理通釋》卷七改。
[四] "轂"，原作"轂"，據《通鑑地理通釋》卷七改。按，此段文字皆出自王應麟之書。
[五] 此處相關記載皆見《通鑑地理通釋》卷二，當即彭遵泗之所本也。
[六] "卯"，原作"夘"，據《蜀都碎事》卷二改。
[七] 此段見《通鑑地理通釋》卷二"三國州郡"條。
[八] 此條改寫自《通鑑地理通釋》卷三"唐十道"條。

屬[一]。又漢州雒縣西北有白馬羌、南平蠻。獠，蓋蠻之别種，漢中、邛、筰之間，所在多有。北通劍閣，劍閣在劍州劍門縣，張載作《銘》。有梁山，亦曰大劍山，在縣西南二十四里[二]。其名山有峨眉、青城、鶴鳴、岷山，其大川有涪、雒及西漢之水，江瀆在焉。厥賦：絹、綿、葛、紵。厥貢：麩金、羅、綾、綿、紬、交梭、弭牟布、絲、葛、麝香、羚羊、犛牛角，遠夷則控西河群蠻之貢獻焉[三]。

考當時夔、萬、忠、梁、洋、集、通、開、壁、巴、蓬、渠、涪、渝、合、鳳、利、閬、果，則屬第五之山南道。

置天下十節度。劍南節度，西抗吐番，南撫蠻獠，治益州，兵三萬九百人[四]。

宋至道三年，定天下爲十五路，蜀曰西川、峽西。咸平四年，分川峽爲四路：益、梓、利、夔[五]。

成都府路，州一十二：眉、綿、漢、彭、蜀、嘉、邛、簡、黎、雅、茂、威；府一：成都；軍一：永康；監一：陵井；縣五十八。

梓州路，州一十一：梓、遂、果、資、普、合、榮、渠、昌、戎、瀘；軍二：懷安、康安；監一：富順；縣四十九。

利州路，州九：利、閬、洋、文、劍、興、巴、蓬、龍；府一：興元；縣三十九。

夔州路，州九：夔、忠、萬、施、開、達、涪、渝、黔；軍三：雲安、梁山、南平；監一：大寧，縣三十一[六]。

成都府，《禹貢》梁州之域，古蜀國。秦置蜀郡，漢曰廣漢，曰益州。後爲公孫述據，置成都尹。蜀漢都此。唐置劍南道，後改成都府，升置南京。尋罷，復西川節度。宋爲成都府。明因之。

保寧府，《禹貢》梁州之域，春秋巴國地。秦爲巴郡閬中西境。漢曰

[一] 二“群”字，原作“郡”，據《通鑑地理通釋》卷五改。按，《蜀故》中多有誤“群”爲“郡”者，後文此字之誤徑改，不再出校。◎“六姓蠻”，《新唐書·南蠻傳下·兩爨蠻》云：“巂州新安城傍有六姓蠻：一曰蒙蠻、二曰夷蠻、三曰訛蠻、四曰狼蠻，餘勿鄧及白蠻也。”

[二] 按，從“東連牂牁”至此，皆據《通鑑地理通釋》卷五《十道山川考·劍南》改寫。

[三] 按，從“其名山有峨眉”至此，皆出《通鑑地理通釋》卷三。

[四] 此條出《通鑑地理通釋》卷三《十節度》。

[五] 此條出《通鑑地理通釋》卷三《宋二十三路》。

[六] 按，此四路之行政建置，見《文獻通考·户口考二》。

巴西。梁曰南梁。西魏曰隆州。唐曰閬州。宋曰安德。元、明曰保寧。

叙州府,《禹貢》梁州之域,古僰侯國。漢犍爲郡治。梁、隋、唐皆曰戎州,後改南溪郡。宋改叙州。元升爲路。明叙州府。

重慶府,《禹貢》梁州之域,周爲巴子國。秦置巴郡。漢曰江州,漢末曰永寧。梁曰楚州。隋曰渝州。唐曰南平。宋、元、明曰重慶。

夔州府,《禹貢》荆、梁二州之域,周爲魚復國。春秋爲夔國地。秦屬巴郡。漢曰永寧、曰巴東。蜀漢曰固陵。梁曰信州。唐曰雲安。宋、元、明曰夔州府。

潼川府,《禹貢》梁州之域,春秋、戰國屬蜀地。漢曰廣漢。蜀漢曰梓潼。晋曰新都。梁曰新州。西魏曰昌城。隋曰梓州。唐曰東川。宋曰梓川。明爲潼川州。今升府。

嘉定府,《禹貢》梁州之域,秦爲蜀郡地。漢屬犍爲郡,曰漢嘉。梁置青州。西魏改眉州。後周屬平羌郡,旋改曰嘉州。隋改眉山郡。唐屬劍南道。宋改爲嘉祥縣,後升爲嘉定府,又置嘉慶軍。元爲路。明爲府,後降爲州。今升府。

雅州府,《禹貢》梁州之域,周屬雍州。秦、漢曰嚴道,屬蜀郡。西魏曰蒙山。隋置雅州,後爲臨邛郡。唐、宋、元、明曰雅州。今升府。

龍安府,《禹貢》梁州之域,秦爲氐、羌地。漢曰陰平。後魏曰江油。隋曰平武。唐曰龍門。宋曰龍州。明初爲龍州宣撫司,後改曰龍安府。

順慶府,《禹貢》梁州之域,周爲雍州地。春秋、戰國爲巴子國。秦、漢屬巴郡。漢末曰安漢。劉宋曰宕渠。隋曰巴西。唐曰南充、曰果州。宋曰順慶。元曰東川。明爲順慶府。

寧遠府,《禹貢》梁州南裔,古西南夷邛都國地。漢置越嶲郡。梁置嶲州。後周置西寧州。元置建昌路。明初爲府,尋改爲衛,置行都司。今改爲府。

資州,漢資中縣地。後周分置盤石縣。隋、唐、宋、元曰資州。明降爲縣。今升爲直隸州。

茂州,古冉駹國地。漢置汶山郡,治汶江縣。梁置繩州。後周置汶州。隋曰蜀州、會州。唐曰南會州,後改茂州。明設茂州衛,屬成都府。今升爲直隸州。

酉陽州,《禹貢》梁州之域,古蠻夷地。秦屬黔中。漢以酉陽地置武陵郡。吴曰黔陽。唐曰思州。明爲酉陽宣撫司，隸重慶府。今升爲直隸州。

忠州，周巴地。漢置臨江縣。後魏置臨州。唐改忠州。後改南賓郡。宋升爲咸淳府。元復爲忠州。明屬重慶府。今升爲直隸州。

達州，《禹貢》梁州之域，漢巴郡宕渠縣之東境。東漢分置宣漢縣，劉璋分屬巴西郡。桓温平蜀，立晉昌郡。劉宋分置巴渠郡。梁曰石城，置東關郡及萬州。西魏改通州。隋曰通川。宋改曰達州。明降爲縣，後復州，屬夔州府。今升直隸州。

眉州，《禹貢》梁州之域，秦爲蜀郡地。漢爲犍爲郡武陽縣地。蕭齊析置齊通郡。梁置青州。西魏爲眉州。周曰嘉州。隋屬眉山郡。唐、宋、元曰眉州。明降爲縣[一]，後升爲直隸州。

邛州，《禹貢》梁州之域，周職方屬雍。秦漢曰臨邛。梁曰邛州。西魏曰蒲原。唐、宋、元俱爲邛州。明降爲縣，屬嘉定州。後升爲直隸州。

瀘州，《禹貢》梁州之域，春秋時巴國地。漢置江陽縣。梁置瀘州。隋改瀘川郡。唐置都督府，羈縻十四州。宋置節度，領羈縻十八州，後改曰江安州。元亦曰瀘州。明改爲直隸州[二]。

開明妃墓，今武擔山也，有石闕、石鏡。武陵王蕭紀掘之，得玉石棺，中美女容貌如生，體如冰，掩而寺其上。鏡周二丈五尺。《蜀記》[三]："武擔山精，化爲美女，蜀王納爲妃，不習水土而死。王遣五丁於武都擔土爲冢，故名武擔。蓋地數畝，高七尺。上有石，厚三寸，徑五尺，瑩徹，號曰石鏡。王見悲悼，作《臾邪之歌》《龍歸之曲》。"

子美《愁坐》詩有"左擔犬戎屯"之語，注俱失解。按《太平御覽》引《蜀記》云："蜀山自綿谷、葭萌道徑險窄，北來擔負者不容易肩，謂之左擔道。"又李公胤《益州記》云："陰平縣有左擔道，其路至險，自北來擔在左肩不得度右。"常璩《南中志》云："自僰道至朱提有水、步道，水道有黑水及羊官水，至險難行，步道度三津，亦艱阻[四]。故行者

[一]"明"，原脱，不僅文義不通，且於史實不明。今據雍正《四川通志》卷二"明洪武九年降爲眉縣，十三年升爲直隸眉州"而補。

[二]按，以上論巴蜀州郡之建置沿革，當是據舊方志總結而來，可參雍正《四川通志》卷二。《蜀都碎事》卷一亦有相關記載，唯不如此處詳細耳。

[三]"記"，原作"紀"，據《蜀中廣記》卷三改。按，此處當是據《蜀中廣記》而改寫也。

[四]"至朱提"之"至"，原脱，據《華陽國志》卷四《南中志》補。◎"水道"之"水"，原作"冰"，形近而誤，據《華陽國志》卷四《南中志》改。按，此條當是據楊慎《詩話補遺》卷下"杜詩左擔之句"條刪改而來，亦見《蜀都碎事》卷一。

謡曰：楢溪、赤水，盤蛇九曲；盤羊[一]、烏櫳，氣與天通。厥降賈子，左擔七里。”據三書，左擔有三：綿谷一也，陰平二也，朱提三也。朱提，今之烏撒。

茂州西北最後番曰列鵝村，村有岷山，名曰鐵豹，一曰羊膊[二]。按《後漢書》注云：“一名沃蕉，在隴山南，直上六十里，今謂之鐵豹嶺。”[三]

蜀有三離堆：一在蒼溪；一在南部；一在灌縣[四]。

王象之《蜀國考》[五]。按《世本》《山海經》、揚雄《蜀王本紀》[六]、《華陽國志》諸書皆言：蜀之先肇於人皇之際。至黄帝子昌意娶蜀山氏女，生帝嚳，後封其支庶於蜀，歷夏、商、周。始稱王者縱目[七]，名曰蠶叢；次曰柏灌；次曰魚鳧。其後有王曰杜宇，杜宇稱帝，號望帝。時有荆人鱉令死，其尸隨水上，荆人求之不得。鱉令至汶川下忽復生，見望帝，帝立爲相。時巫山壅江，蜀地洪水，望帝使鱉令鑿山，蜀得陸處。望帝

[一]“盤”，原脱，據《華陽國志》卷四、《水經注》卷三六、《蜀都碎事》卷一等補。

[二]按，此條所載本自《蜀中廣記》卷七，原文云出《郡縣志》，實則與《全蜀藝文志》卷四八《山川形勝述》所載基本吻合。關於此《郡縣志》，《輿地紀勝》中多有徵引所謂《皇朝郡縣志》者，然考《宋史·藝文志三》，共有兩種相關著作：一爲李德芻《元豐郡縣志》三十卷，圖三卷；一爲范子長《皇州郡縣志》一百卷。曹學佺引文中題名爲《郡縣志》者，多數與《輿地紀勝》之《皇朝郡縣志》合，蓋轉引自王象之書也，然不知究竟爲李德芻之書還是范子長之書。

[三]按，此條亦據《蜀中廣記》卷七轉引，但所載有誤，今略辨之。《漢書·郊祀志上》云：“自華以西，名山七，名川四。曰華山，薄山。薄山者，襄山也。岳山，岐山，吴山，鴻冢，瀆山。瀆山，蜀之岷山也。”鴻冢與瀆山並列，則二山非一，明矣，故《漢書》非以岷山爲鴻冢也。實則此説見於《太平寰宇記》卷七八《茂州·汶山縣》下“岷山”條云：“《華陽國志》：‘岷山一曰沃焦山。’安鄉山直上六里，岷嶺之最高者。遇大雪開泮，望見成都。岷山一名鴻濛，即隴山之南首，故稱隴蜀也。”説岷山一名沃焦山，而今本《華陽國志》無此説；至於稱岷山一名鴻濛，王文楚等以爲“鴻濛、鴻冢”未知孰是，實則《史記·封禪書》云：“鬼臾區號大鴻，死葬雍，故鴻冢是也。”因此當以“鴻冢”爲是，但鴻冢非岷山，則可定矣。故曹學佺承襲《太平寰宇記》之謬又更生新錯。陳祥裔在《蜀都碎事》卷二中照搬《蜀中廣記》之言而不察，彭遵泗亦因襲之，實皆不可據也。

[四]按，南部離堆因顔魯公磨崖而名。唐顔真卿《顔魯公文集》卷二三《鮮于氏離堆記》云：“閬州之東百餘里，有縣曰新政。新政之南數千步，有山曰離堆。斗入嘉陵江，直上數百尺，形勢縮矗，欹壁峻肅，上峥嶸而下迴洑，不與衆山相屬，是之謂離堆。”蒼溪之離堆山，雍正《四川通志》卷二三言離堆山在蒼溪縣東五里，但誤認爲乃顔真卿筆下之離堆。灌縣離堆自不必言，而樂山之凌雲山所在，亦稱離堆，雍正《四川通志》卷二四又言長寧縣有小離堆。故蜀地離堆究竟有幾個，恐難定論。然《蜀中廣記》卷二四已有三離堆之説矣。

[五]按，此《蜀國考》及後文《巴國考》，皆載《全蜀藝文志》卷四八，故用以參校。

[六]“揚”，原作“楊”，今據通行寫法改，後文有作“楊雄”而實指揚雄者，徑改。

[七]“縱”，原作“總”，據《全蜀藝文志》改。

因禪位於鱉令，號開明，遂自亡去，化爲鵑鳥，故蜀人謂子鵑爲望帝。自開明而上至蠶叢，凡四千歲；自開明而下，五葉有開明尚，始立廟。《尚書·牧誓》所謂“庸蜀”者，即此也。《通鑑》慎靚王五年，巴、蜀相攻擊，俱告急於秦。秦使張儀、司馬錯伐蜀，滅之，貶蜀王，更號爲侯，後以其地爲蜀郡。《華陽國志》云：“開明氏，凡王蜀十二世。”

王象之《巴國考》。《山海經》云：“西南有巴國。”又云：“昔太皞生咸烏，咸烏生乘釐，乘釐生后昭，是爲巴人。”郭璞注云：“巴之始祖。”[一]《寰宇記》：“周武王伐紂，巴蜀之蜀、髳、微預焉。”[二]《尚書·牧誓》云：“及庸、蜀、羌、髳、微、盧、彭、濮人。”注云：“髳、微在巴蜀。巴之名見於此。”《巴志》云：“武王克殷，封其宗姬於巴，爵之以子。”《春秋》：“魯桓公九年，巴子請與鄧爲好。莊公十八年伐楚。文公十六年巴與秦、楚共滅庸。哀公十八年，巴人伐楚，敗於鄾。”又曰：“庸蠻叛楚，楚莊王伐之，七遇皆敗，唯裨、鯈、魚人實逐之。”[三]杜曰：“裨、鯈、魚三邑[四]，今魚復縣也。”《巴志》云：“戰國時，蜀既稱王，巴亦稱王。”《巴志》亦云：“周慎靚王五年，蜀王伐苴，苴侯奔巴，巴爲求援於秦。秦惠王遣張儀、司馬錯救苴、巴，遂伐蜀，滅之。儀貪巴、苴之富[五]，因取巴，執巴王以歸，置巴、蜀及漢中郡。”[六]

[一]“祖”後，諸本原衍“事”字，據《全蜀藝文志》删。

[二]第二“蜀”字，《全蜀藝文志》改作“屬”，參閲前後文，實有蜀人，故不煩改也。

[三]“敗”，《全蜀藝文志》作“北”，皆可。◎“裨”，原脱，據《全蜀藝文志》、後文“裨”字及《左傳·文公十六年》所載補。

[四]“邑”，原作“巴”，據《左傳·文公十六年》注文改。按，據《左傳》原文，“三邑”前有“庸”字，言三地屬庸人所居之處。

[五]“苴”，原作“道”。按，《華陽國志》《輿地紀勝》《全蜀藝文志》等作“道”，而《水經注》《蜀中廣記》等又作“苴”，各書皆有所引。據文意，或作“苴”爲宜，故改之。

[六]“郡”，原作“都”，形近而誤，據乾隆本及《華陽國志》改。

蜀故卷二

形勢

蜀在畿輔西少南，轄十一府、九直隸州、二直隸廳。東西距三千里[一]，南北距三千二百一十里。東至夔府巫山縣界嶺，交湖廣巴東縣界，計程一千七百六十里。西至龍安府松潘衛，交南夷部落毛兒革生番界，計程一千二百四十里。南至寧遠府會理州金沙江，交雲南元謀縣界，計程二千零三十里[二]。北至保寧府廣元縣七盤關，交陝西寧羌州界，計程一千百八十里。東南至叙永廳永寧縣赤水河，交貴州畢節縣界，計程一千一百五十里。西南打箭爐出口、裏塘等處，至西藏阿里拉丹界，計程九千六百七十五里。東北至直隸達州太平縣分水嶺，交陝西興安縣界，計程一千四百一十里。西北至龍安府平武縣，交陝西文縣界，計程一千一百五十里[三]。

成都府，省會，東西距三百二十里[四]，南北距二百三十里，轄十三縣、三州。沃野千里，據錦江水利之勝。

龍安府，在省北六百五十里，東西距八百四十里，南北距八百里，轄四縣、一廳。五關設險，西北藩籬。

直隸綿州，雍正五年改直隸，在省東北二百七十里，東西三百里，南北距一百零五里，轄五縣。控扼全川，舟車輻輳。

直隸茂州，雍正五年改直隸，在省西四百一十里，東西距一百八十里，南北距四百三十里，轄二縣。岷山爲江瀆之源，桃關來西域之路，

[一]“三”，原作“二”，據乾隆本及雍正《四川通志》卷三之上改。

[二]“三”，原作“二”，據乾隆本及雍正《四川通志》卷三之上改。

[三]此條乃據雍正《四川通志》卷三上《疆域·四川布政司》改寫。《四川通志》稱轄七直隸州，但實際列舉了八個直隸州，此處稱九直隸州者，增加了酉陽州。

[四]“三百”，乾隆本誤作“二百”。

控制吐番，捍蔽内郡。

雜谷廳，乾隆十七年設同知，在省西四百六十里，管轄大、小金川，松岡、卓克基、沃日六土司。撫夷綏漢，籌邊要地。

保寧府，在省北少東六百二十里，東西距七百一十里，南北距六百里，轄七縣、二州。棧道千里，秦蜀之衝。

順慶府，在省東北六百二十里，東西距七百六十里，南北距二百三十里，轄八縣、二州。嘉陵大江襟帶於左，金泉、栖樂雄峙於右。

潼川府，在省東北三百二十里，東西距四百五十里，南北距五百八十里，轄八縣。在涪水、中江、瀘、叙、龍、綿之間，居中扼要。

重慶府，在省東少南一千二百里，東西距五百六十里，南北距五百九十里，轄十一縣、二州。沿江爲地，鑿崖爲城，三巴形勢之天造地設者也。

夔州府，在省東一千七百四十里，東西距四百三十里，南北距四百四十四里，轄六縣。鎮以灩澦，扼以瞿塘，咽喉楚蜀，鎖鑰巴渝，陸行細路繚雲，水行急峽轟雷，最爲險要。

直隸酉陽州，雍正十三年改縣爲直隸州，在省東少南二千零十里，東西距三百七十里，南北距五百四十里，轄三縣。控楚連黔，撫苗綏漢，川東要隘。

直隸達州，在省東一千二百里，東西距二百七十里，南北距七百四十里，轄三縣。四達之衝，峽右之冠。

直隸忠州，在省東一千五百里，東西距二百六十里，南北距一百八十里，轄三縣。前涪後峽，夔府咽喉。

叙州府，在省東南七百九十里，東西距四百四十五里，南北距三百七十五里，轄十一縣、雷波一衛。原有建武廳，改鄧井關通判。東距瀘水，西連大峨，南達六詔，北接三榮，負山枕江，地勢險要。馬湖府屬，雍正五年改屏山縣。

叙永廳，在省東南九百九十里，東西距二百五十里，南北距三百里，轄一縣。紅崖鎮北，雙溪横南，上通滇黔，下達巴瀘，夷漢雜處，洵稱重地。

直隸瀘州，在省東南七百五十里，東西距三百一十里，南北距二百二十里，轄三縣。枕帶雙流，居江雒之會。

直隸資州，雍正五年改資縣爲直隸州，在省東三百四十里，東西距四百三十里，南北距五百零五里，轄四縣。資水環流，素稱沃壤。

雅州府，在省西南三百三十里，東西距五百三十五里，南北距三百八十五里，轄五縣、一州。控帶夷落，南詔咽喉。西南六百三十里即打箭爐、天全州、雅安縣，俱雍正七年復設。

嘉定府，在省南三百九十里，東西距五百四十里，南北距二百六十里，轄七縣。背負三峨，襟帶二江。

寧遠府，雍正六年裁建昌通判爲府，在省南一千二百三十里，東西距六百六十里，南北距一千二百九十里，轄三縣、一州、一衛。六詔咽喉，地利膏腴。

直隸眉州，在省南一百八十里，東西距一百四十里，南北距一百五十里，轄三縣。擅峨眉、象耳之勝。

直隸邛州，在省西南一百八十里，東西距二百二十里，南北距一百五十里，轄二縣。東接蓉城，西連番地。

打箭爐同知，在省西南一千零二十里，東西距六百四十里，南北距八百三十里。層巒峻嶺，峭壁懸崖，中隔瀘水，番藏要道[一]。

南棧劍州之劍關，昭化之牛頭山，廣元之朝天關、七盤關，最爲險要。較之蠶叢各路，上層雲，下深灘，不計其丈；而羊腸一綫，不能經尺，沙流勢側，尤平易也。

張儀説楚王曰："秦西有巴蜀，大船積粟，起於汶山，浮江已下，至楚三千餘里。舫船載卒，一舫五十人，與三月之食，下水而浮，一日行三百餘里。里數雖多，然而不費牛馬之力，不至十日而拒扞關[二]。扞關驚，則從境以東盡城守矣，黔中、巫郡非王之有。"[三]

蜀爲險國，苟非其人，最爲易取。秦伐蜀十月取之，後唐平蜀王衍

[一] 此條後半部分亦見本書卷二六，有重複之嫌。又按，以上列舉各地之疆域與形勢，大部分爲綜合雍正《四川通志》卷三之上與之下相關記載而來，尤其是疆域廣狹、里數遠近，完全與《四川通志》相同。至於形勢之描述語，則偶有不見於《四川通志》者，我們也暫不知出自何處。

[二] "扞關"，古關名，今湖北境内。《華陽國志》卷一《巴志》云："巴楚數相攻伐，故置扞關、陽關及沔關。"

[三] 此條出《史記·張儀列傳》。◎"從境以東"，原作"從竟陵而東"。據《史記·張儀列傳》校改。

七十五日，宋平蜀孟只用六十日也[一]。

倪氏曰："桓温經理中原，先平李勢；劉裕削平燕秦，先取譙縱。故蜀於天下，形勢最重。孫氏以蜀先亡也，王濬順流而下而吴亡；陳以蜀先爲隋有也，楊素順流而陳亡。本朝先平孟昶，然後南唐不能以自立。故蜀於東南，形勢尤重。"[二]

堪輿家云[三]："天下山川，起崑崙，分三龍入中國。循西番，入趨岷山，沿岷江左右出，江右者包叙州而止[四]，江左者北趨關中。宋儒乃謂南龍與中龍同出岷山，沿江而分。蓋宋畫大渡河爲守而棄滇雲，當時士大夫游轍未至，不知而臆説也。今金沙江源出吐番犁牛河，入滇下川，江則已先於塞外隔斷岷山，故南龍不起岷山。""蜀中山纔離祖，水尚源頭。層巒叠嶂，環以四圍，然後開成都千里之沃野，蹲其中服；水雖無豬，岷江爲經，衆水緯之，群流總歸三峽一綫而出，故爲西大省。"[五]

《蜀志》曰："姜維等聞諸葛瞻破，乃引軍由廣漢郪道，以審虚實。"[六]

《後漢》傳贊注：梁山，北拒華山之陽，南距黑水，故常璩叙蜀事，謂之《華陽國志》也[七]。

眉州南門外村名小桃源，竹籬桃樹，小橋流水，夾以槐柳，緑蔭翳然。游人泛舟其間[八]，謂之小桃源。東坡詩："仿佛城南路，繁花撲石頭。"[九]子由詩："清江入城郭，小浦生微瀾。"

蓬山館，《統志》："在大蓬山下，江山勝概，爲一郡美觀。"[十]

[一] 此條出宋人孔平仲《珩璜新論》。◎"險國"，《珩璜新論》作"險固"。

[二] 此條出《通鑑地理通釋》卷一三"荆門、安蜀城"條。

[三] 此處引所謂堪輿家之語，出自顧炎武《天下郡國利病書·北直隸上·地脈》。彭氏引用時有删節，然有脱落過甚無法理解者，故據顧氏書補之。

[四]"出江右"，原脱，據《天下郡國利病書》補。

[五] 此處則雜糅《天下郡國利病書·北直隸上》之《地脈》《形勝》之語而成。

[六] 此條出《三國志·蜀志·姜維傳》。

[七] 此條出《後漢書·楊李翟應霍爰徐列傳》贊語"楊終、李法，華陽有聞"句之注文。

[八]"泛"，原作"汎"，蓋"泛"可寫作"汎"，與"汛"形近而致誤也。今據雍正《四川通志》卷二七"小桃源"條改。

[九] 此二句詩，《方輿勝覽》卷五三《眉州·山川》下"小桃源"條言爲蘇子由詩，《蜀中廣記》卷一二與《方輿勝覽》同。《明一統志》卷七一同條雖言此二句爲蘇軾詩，卻作"仿佛城南路，繁花撲石橋"。各有不同，難考孰是。

[十] 按，《明一統志》卷六八、乾隆《大清一統志》卷三〇〇皆有記載，從文字上來看，當是出自《明一統志》。

簡州有小桃園，天水一碧，放目無際，春月桃花甚繁[一]。

青蓮鄉，平武東南，接江油西北界。《通志》：“相傳李白母浣紗於此，有鯉魚躍入籃中，烹而食之，遂孕而生白。《舊志》爲彰明人，蓋平武實割江油、劍州、梓潼、彰明之地爲邑矣。”[二]

荔枝園，江津治後。《巴志》：“江州有荔枝園，至熟，二千石常設厨膳，命士大夫共會樹下食之。”[三]

倪户侍所居有巴字園，俯臨城堞，南對塗山，下有龍門浩，擅巴郡江山之勝。自題一聯云：“居臨巴水真成字，家對龍門好著書。”[四]

李户部云：“自灌至郫，自郫達成都西門，甬道相屬百餘里，皆石爲之。上皆雕鎸花卉翎毛，窮極工巧，即此一端，蜀中當日極盛風物可以想見。”[五]

眉州象耳山，有李白留題云：“夜來月下卧醒，花影零亂，滿人襟袖，疑如濯魄於冰壺也。”[六]

[一] 明陸應陽《廣輿記》卷一六、明王路《花史左編》卷二皆有記載。

[二] 此條出雍正《四川通志》卷二七。

[三] 此條出《華陽國志》卷一《巴志》。

[四] 此條出清王士禎《池北偶談》卷六，所謂倪户侍者，指倪斯蕙，巴縣人，官至户部侍郎。

[五] 此條出清王士禎《居易録》卷六，所謂李户部者，指李斯佺，《居易録》卷五稱其爲長山人，乃前大司寇五弦之孫，庚午夏以茂州知州入爲員外郎。

[六] “於”，原脱，據《方輿勝覽》卷五三《眉州·山川》“象耳山”及《輿地碑記目》卷四等補。

蜀故卷三

賦稅一[一]

田　賦[二]

田地四十五萬九千一百二十三頃五畝，每年增減原無定數。已熟田地，當年起科；報墾荒地，分別水田六年、旱地十年。田、地徵糧科則重輕不一：上田每畝四分六釐零至八分四釐，中田每畝三分六釐至七分八釐，下田每畝二分二釐至五分八釐；上地每畝一分五毫至一分三釐，添增中地每畝七釐二絲至八釐九毫，原載之中地每畝一分七釐至四分二釐，原載之下地每畝七釐八毫至二分八釐。重慶府屬之長壽縣，減瞞科則，上、中無幾。直隸綿州，稻田陸地每畝徵輸四分二釐。彰明縣，田上、中二則，地止上則。潼川屬之中江縣，中田每畝丁糧銀六分五釐，下田每畝丁糧銀五分八釐，中地每畝丁糧銀五分五釐，下地每畝丁糧銀三分九釐。遂寧縣，地分上、中、下三則，其田止載稻中一則，每畝原徵丁糧銀五分四釐零。龍安府屬之江油縣，田地未開，下則。叙州府屬屏山縣，上田每畝徵銀七分一釐。雅州府屬之榮經縣，中田；蘆山縣，上田。嘉定府屬之峨眉縣，上田；夾江縣，上田。科則較之各屬，實爲偏重。名山縣，下地每畝一分五毫起科。保寧府屬之通江縣，上田每畝徵銀一錢二分六釐，下田每畝徵銀六分五釐，中田與下田一體徵收，實爲特重。閬中等縣，上田起科則例均屬懸殊。雍正八年，巡撫憲疏稱川

[一] 此標題原無，據卷四所載亦賦稅，且乾隆本卷三、卷四分別爲“賦稅田賦”“賦稅茶稅”，可推知賦稅乃此二卷相同之大標題，故補之，下一卷則補“賦稅二”三字，不再説明。
[二]“田賦”前，乾隆本有“賦稅”二字。

省田地徵糧科則必須均平畫一[一]，奏准。自此各州縣上、中、下田地徵收一律也。惟重慶、巴縣等處上田徵糧不滿一分，該地方地脉淺薄，不及他處，照舊徵收。

蜀田沿永樂故籍[二]，野日益闢而賦不爲科，豪强侵占。東餉起，海内悉加賦。右布政朱燮元署司篆[三]，不爲增派，乃偏科蜀田，清其漏籍，歲充新餉七萬五千有奇。

户口

户口原報七十四萬三千八十八户。乾隆十八年，廣東省入川民人楊國能等四百零八户，湖南省入川民人蔣玉先等九百九十一户，廣西省入川民人胡志章等八户，江西省入川民人蕭蘗榮等三百九十四户，福建省入川民人林理臣等一十七户。乾隆十九年，廣東省入川民人姚官秀等二百八十一户，湖南省入川民人謝恭敬等一千六百一十二户[四]，江西省入川民人蕭天祥等一百四十户，廣西省入川民人李子傑等七十三户。乾隆二十年，湖南省入川民人蔡芝茂等一千八百六十户，廣東省入川民人高三才等五百九十户。

賦稅

晉時李雄據蜀，賦丁歲穀三斛，女子半之，絹綿不過數丈，綿數兩，事少役稀，百姓富實[五]。

[一]“畫”，原作“晝”，形近而誤，據文義改。◎“巡撫憲”，指雍正五年到任之巡撫憲德，雍正《四川通志》卷三一小傳云：“憲德，蒙古正白旗人。雍正五年以都察院右僉都御史任，雍正十二年升工部尚書。”

[二]“籍”，原作“藉”，形近而誤，據文義改。後文此誤徑改，不再出校。

[三]“朱燮元”，明浙江山陰人，原名懋賞，字懋和，萬曆進士。歷官大理評事、蘇州知府、四川布政使。天啓中加兵部尚書兼督貴州、雲南、廣西諸軍務，以平定“奢安之亂”功，加少保。累加少師、左柱國。卒於官。初謚襄毅，後改謚忠定。《明史》卷二四九有傳。

[四]“南”，原作“廣”，據前文及乾隆本改。

[五]此條蓋節録自杜佑《通典》卷四。《通典》此條蓋源自《晉書·李雄傳》。《晉書》“絹綿”前有“户”字，《通典》《蜀故》略去。

宋時四川有對糴米，謂如税户甲家當輸百石，則又科糴百石，所輸倍於正税，皆軍興後科配也[一]。

貢土

唐時蜀郡每年常貢。南賓郡今忠州，貢蘇薰席四領，綿紬四匹。巴川郡今合州，貢牡丹皮十斤，藥子二百顆。清化郡今巴州，貢綿紬十匹。益昌今利州，即廣元縣，貢絲布十匹。咸安郡今蓬州，貢綿紬十匹。盛山郡今開州，貢蠟四十斤，車前子一升。始寧郡今壁州，貢綿紬十匹。南平郡今渝州，貢葛五匹。潾山郡今渠州，貢紬十匹，買子木十斤。蜀郡今益州，貢單絲羅二十匹，高苧衫段二十匹。唐安郡今蜀州，貢羅十匹。濛陽郡今彭州，貢交棕二十匹。德陽郡今漢州，貢彌布十匹，紵布十匹。通義郡今眉州，貢麩金八兩，柑子不限多少。梓潼郡今梓州，貢綾十六匹。巴西郡今綿州，貢雙紃二十匹。普安郡今劍州，貢絲布十匹，蘇薰席六領。閬中郡今閬州，貢重連綾二十匹。資陽郡今資州，貢麩金七兩，柑子不限多少。臨邛郡今邛州，貢絲布十匹。通化郡今茂州，貢麝香六十枚，扇香十枚，臍香十枚，顆香三十枚。交州郡今松州，貢麝香三十枚，當歸七斤，羌活五斤，野狐尾五枚。越嶲郡今嶲州，貢絲布十匹，進刀子靶六十枚。南溪郡今戎州，貢葛十匹，六月進荔枝煎。遂寧郡今遂州，貢樗蒲綾十五匹，乾天門冬百一十斤。南充郡今果州，貢絲布十匹。仁壽郡今陵州，貢紬葛五匹。犍爲郡今嘉州[二]，貢麩金五兩。廬山郡今雅州[三]，貢金落雁木。瀘川郡今瀘州[四]，貢葛十匹。安岳郡今普州，貢葛十匹，天門冬煎四斗。陽安郡今簡州，貢綿紬十匹，柑子不限多少。油江郡今龍州，貢麩金六兩，羚羊角六具。涪陵郡今涪州，貢連頭獠布十段[五]。維州郡今維州，貢麝香二十顆，氂

[一] 此條蓋録自馬端臨《文獻通考·市糴考二》。《宋史·食貨志二》亦有載，文字略異。

[二] "犍"，原作"犍"，亦可，如今樂山烏尤寺所藏趙熙碑刻即作"犍"，今改爲通行寫法。

[三] "廬山"，原作"廬州"，誤。據《通典》卷六、《文獻通考·土貢考一》及前後文改。

[四] "川"，原作"州"，據《通典》卷六、《文獻通考·土貢考一》改。按，據《舊唐書·地理志四》，隋時之瀘川郡，唐代武德元年改瀘州，天寶元年改瀘川郡，乾元元年復爲瀘州。《通典》紀事終於天寶末，作"瀘川郡"是。

[五] "頭"，原爲一譌字，左"豸"右"頁"，字書不載，據《通典》卷六、《文獻通考·土貢考一》改。

牛尾十斤[一]。洪原郡今當州，貢蜀椒一石。宣和元年，户部尚書唐恪稽考諸路送上供錢物之數。利州路今廣元，三萬二千五百一十八貫匹两。夔州路，十二萬三百八十九貫匹兩。成都路，四萬五千七百二十五貫匹兩。潼川路，五萬二千一百二十貫匹兩[二]。

商税

宋熙寧間，四川諸州商税歲額，成都二十一務，四十萬貫以上。蜀州八務、彭州八務、永康五務、梓二務、遂二務，二十萬貫以上。眉二務、綿二務、漢二務、嘉八務、邛十九務、簡四務、果一務、戎三務、瀘六務、合一務、懷安三務、利三務[三]、閬一務、劍七務、三泉縣二務、夔二務，十萬貫以上。資一務、普一務、昌三十八務、洋州八務、大寧監一務、達一務[四]、施五務、涪六務，五萬貫以上。榮一務、巴五務、雅十一務、廣安三務、渝三務，五萬貫以下。龍二務、集七務、壁一務、開一務，三萬貫以下。陵井監四務、梁山一務，一萬貫以下。按，天下商税惟四蜀獨重，雖戎間小壘，其數亦倍蓰於内地之壯郡。然《會要》言："四蜀所納皆鐵錢，十纔及銅錢之一，則數目雖多，而所取亦未爲甚重。"而熙寧十年以後再定之額，他郡皆增於前，而四蜀獨減於舊，豈以原額偏重之故與[五]？

關務

雍正六年，以夔關税務隱欺甚多，未定章程，請照滸墅關之例，派差監督一員料理。雍正十二年，呈報期滿，部覆：今數年來章程漸定，

[一]"犛"，原作"犛"，形近而誤，與《文獻通考·土貢考一》同，今據《通典》卷六改。按，據此可確定彭遵泗此段貢賦名目抄録自《文獻通考》也。
[二]從"宣和元年"至此，抄録自《文獻通考·國用考一》。
[三]"三"，乾隆本作"二"。據《文獻通考·征榷考一》，作"三"是。
[四]"達"，原作"逵"，據《文獻通考·征榷考一》改。
[五]此條摘録自《文獻通考·征榷考一》之四川諸州商税記載。文中之按語，亦馬氏之言也。

不須特遣官員，著照舊例交地方大臣委員管理，每年正額徵銀七萬三千七百四十兩四錢九分，遇閏加徵銀六千一百四十五兩四分米税。乾隆七年，免徵。乾隆十四年，奉文仍照舊例徵收。每年徵米税銀二萬五千一十兩八錢八分，未有定額。

渝關木税，康熙四十七年定額銀四千七百餘兩。雍正十一、二、三年，徵正耗銀七千餘兩。乾隆二年，分所收税銀除去加四耗銀並書巡飯食等項外，即以五千之數定爲歲額。至十五、六、七等年，所收不敷額數，歸並夔關徵收。

落地税，成都府每歲徵收正額銀六百九十五兩八錢九分。廣元縣歲徵收正額銀一千四百八十一兩七錢四分。閬中縣每歲徵收額銀一百八兩七錢六分[一]。

雅州通判每歲徵收正額銀二百八十六兩四錢七分。

叙永廳每歲徵收正額銀六百四十七兩四分。

寧遠通判每歲徵收正額銀二百二十七兩七錢四分，俱係入地丁册内報銷[二]。

打箭爐監督每年約徵銀一萬九千七百餘兩，就近兑支。泰寧、阜和等協營餉亦無定額，自行奏銷。

阜和營石城周一百四十五丈八分有奇，門樓三，凡在爐東北，雍正八年建。關隘：大卡，在爐東；柳楊卡，在爐東三十里[三]。俱康熙四十一年設，盤查貨物，徵收商税。

鹽井

唐有鹽池十八，井六百四十，皆隸度支[四]。嶲州井一，果、閬、開、通井百二十三，山南西院領之。邛、嘉、眉有井十三，劍南西川院領之。梓、遂、綿、合、昌、渝、瀘、資、榮、陵、簡有井四百六十，劍南東

[一]“錢”，原作“銀”，文義不通，據前後用例改。

[二]從“落地税”至此，相關資料皆見雍正《四川通志》卷一六之下“榷政”。

[三]前一“東”字，乾隆本闕；後一“東”字，底本、乾隆本俱闕，據雍正《四川通志》卷二一《西域·打箭爐》“城池”“關隘”條補。

[四]“隸”，乾隆本闕。

川院領之，置雲安等十三鹽監[一]。五代時，孟知祥因董璋誘商賈販取東川鹽入西川，知祥患之，乃於漢州置三場，重徵其税[二]。宋初，夔路納鹽課變價，成都、潼川、利路折納錢絹，後罷課改引[三]，每年納鹽六千四百四萬四千七百一十八斤，甚爲蜀害。孝宗時，歲減四十萬緡，民間競設佛事以報之[四]。元世祖時，四川鹽場凡一十二[五]，井有九十五。至元十九年，立陜西四川轉運司通辦鹽課[六]。二十六年，通辦鹽一萬七千一百五十二引[七]。後續增至二萬八千九百一十引，計鈔八萬六千七百三十錠。又添餘鹽一萬引，帶辦浙運五千引，竈丁盡皆逃竄[八]。明制鹽課提舉司，洪武間鹽井二百七十八，額課一千六百五萬九千九百三十斤。以後利臣獻媚希升，漸增前額，名曰新增鹽；吹毛剔骨，名曰埋没鹽。竈民課重難完，別尋小井煎貼，旋即榷出，名曰添辦鹽。宣德間，富義等井户亦尋井開煎，旋即榷出，名曰增羡鹽。景泰間，復加增榷，廣貯鹽倉。弘治十七年，始罷鹽課本色，改徵銀，罷先年召商引目[九]。自此

[一]“雲安”，原作“榮安”，誤，據《資治通鑑·後唐紀·明宗長興元年》“（五月丙寅）孟知祥累表請割雲安等十三鹽監隸西川”條改。按，榮、雲方言同音，故有此誤也，四川地區無榮安地名也。又，胡三省注文云：“雲安縣，漢巴郡朐䏰縣地。周武帝改爲雲安縣，屬巴東郡。唐屬夔州，後改爲雲安監。又夔州大昌縣、萬州南浦縣、漁陽監皆有鹽官，隸寧江軍巡屬。而所謂十三監，未知盡在何所。”

[二] 此事亦載《資治通鑑·後唐紀·明宗天成三年》下，知漢州三場置於九二八年也。

[三]“課”，原脱，據康熙《四川總志》卷三〇《鹽法》補。按，據《四川總志》，罷課改引在宋高宗建炎時也。

[四]“孝宗”，原作“孝宋”；“歲減”，原作“歲滅”，皆形近而誤，據《蜀都碎事》卷四改。後文此類形近而誤者徑改，不再説明。◎按，宋周必大《文忠集》卷六一《資政殿大學士贈銀青光禄大夫范公成大神道碑》云：“初，蜀之財用止以贍蜀。自屯大兵，始竭民力，公私俱困。公略計成都在城，建炎三年酒課歲纔四萬緡有奇，後增十倍，縣鎮酒税、場店民户買撲課利總十五萬有奇，後累至四十萬，他郡可知。即具以聞，詔歲減四十八萬緡，公隨額重輕躬爲裁定。蜀人呼舞，即寺觀爲感恩祝聖道場。”則此次恩減賦税，在范成大淳熙二年（一一七五）知成都府之後也。

[五]“一十二”，原作“二十一”，誤。按，此説見《元史·百官志七》之“四川茶鹽轉運司”條，且詳列十二鹽場之名，可參看。又《蜀都碎事》卷四、雍正《四川通志》卷一四俱載，皆作“一十二”，故改。

[六] 此句原脱，據康熙《四川總志》及《元史·食貨志二》之“四川之鹽”補。按，若無此句，則後之“二十六年”所指爲何年號之二十六年？故補之。

[七]“二十六年”，原文及康熙《四川總志》皆無，讓人誤以爲此處所載之通辦鹽課數量乃至元十九年之統計資料，今據《元史·食貨志二》補。至元十九年乃一二八二年，二十六年乃一二八九年。◎“一百”，原作“九百”，誤，據《元史·食貨志二》及康熙《四川總志》改。

[八] 按，據《元史·食貨志五》“鹽法·四川之鹽”，此事在元文宗至順三年（一三三二）也。

[九] 明代四川鹽井情況，乃本自嘉靖《四川總志》卷一六“鹽法”下所載資料。

鹽政壞甚，不可問矣[一]。

宋時煮井者，益州路則陵井監及二十八井，歲煮一百十四萬五千餘斤。綿州，二十四萬餘斤。邛州九井，二百五十萬斤。眉州一井，一萬餘斤。簡州十九井，二十七萬斤。嘉州十五井，五萬九千餘斤。雅州一井，一千六百餘斤。漢州一井，五百餘斤。梓州路則梓州一百四十八井，三百六十六萬餘斤。資州九十四井，六十四萬二千餘斤。遂州三十五井，四十一萬二千餘斤。果州四十三井，十四萬六千餘斤。普州三十八井，二十二萬九千餘斤。昌州八井，四萬餘斤。瀘州淯井監及五井，七十八萬三千餘斤。富順監十四井，一百一十七萬三千餘斤。利州路則閬州一百二十九井，六十一萬餘斤。夔州路則夔州永安監，十一萬二千餘斤。忠州五井，五十一萬三千餘斤。達州三井，十九萬餘斤。萬州五井，二十萬九千餘斤。黔州四井，二十九萬七千斤。開州一井，二十萬四千斤。雲安軍雲安監及一井[二]，八十一萬四千餘斤。大寧監一井，一百九十五萬餘斤。以各給本路[三]，監則官掌，井則土民斡鬻[四]，如數輸課，聽往旁境販賣，惟不得出川峽。

蜀鹽。宋熙寧中，患井鹽不可禁，欲盡實私井而運解鹽以足之。修起居注沈括以爲不可，遂寢。九年，劉佐入蜀經度茶事，乃歲運解十萬席，未幾，罷之。崇寧二年，川峽利、洋、興、劍、蓬、閬、巴、綿、漢、興元府等州，並通行東北鹽。四年，梓、遂、夔、綿、漢、大寧監等鹽仍舊鬻於蜀，惟禁侵解池鹽[五]。

《華陽國志》云："定筰有鹽池，積薪，以齊水灌而後焚之，成鹽。"[六]

鹽　政

鹽井八千一百八十八眼，共竈四百五十五座煎鍋，鍋三千六百四十

[一] 此段文字乃據《蜀都碎事》卷四改寫，故多因襲其誤也。

[二] "及"，原作"反"，形近而誤，據前文"淯井監及五井"之用例改。

[三] "給"，原作"絡"，形近而誤，據《文獻通考·征榷考二》改。按，此段統計數據，皆出《文獻通考》。

[四] "斡"，原作"幹"，形近而誤，據《文獻通考》改。按，"斡"音 guǎn，義即主管、掌管。

[五] 此條出《文獻通考·征榷考三》"蜀鹽"條。

[六] 見常氏《華陽國志》卷一《巴志》。

口，額徵課銀一萬一千一百七十五兩四錢。外有鹽源縣井眼竈六十六條半，每條徵課鹽一百斤，半條徵課鹽五十斤，照月算六十六條半，共徵課鹽七萬三千一百五十斤，每斤課銀一分二釐，徵課銀八百七十七兩八錢，共徵課銀一萬二千零五十三兩二錢。鹽源縣遇閏年每條加徵課銀一兩二錢，六十六條半加徵課銀七十九兩八錢，共徵課銀一萬二千一百三十三兩零。

川北射洪、蓬溪舊名華池廠，南部、閬中舊名福興廠，川南嘉定、犍爲舊名永通廠，富順、榮縣舊名富義廠，川東雲陽舊名雲安廠，此五廠産鹽最多，川屬産鹽之二十一州縣，皆附此五廠之内。建官位事，舊制無存。雍正十二年，總督黄題准照舊[一]，仍設廠員，專司鹽政。川北井竈引鹽最多之射洪縣，於各府中揀選同知一員駐扎。附近潼川、中江、蓬溪、遂寧、樂至五縣井鹽聽其總理，再於各州縣佐雜内揀選十員，分地管理。南部縣移駐保寧同知專司鹽政，附近之閬中、川東之蓬州、南充、西充四州縣鹽井應聽總理。該廠事簡，再委州縣佐雜三員足資分理。川南嘉定之樂山、犍爲與川西之井研等三縣，有地名馬蹬井，爲三處井竈叢聚之所，最易影射滋弊。即於其地移駐府同知一員，居中總理。其附近之仁壽及三州縣散處井竈，再委州縣佐雜五員，以資分理。富順、榮縣井鹽雖多，坐落一處，稽查尚易，應於其地駐府通判一員，併榮昌、隆昌、大足三縣俱聽總理，再委州縣佐雜二員，分司諸務。川東之雲陽，應駐府通判一員，併附近之萬縣、大寧、太平、開縣四縣井鹽俱聽總理，再委州縣佐雜三員，以資分辦。井竈坐落歸一之簡州、綿州、資州、忠州、彭水、鹽源等六州縣，揀選州縣佐雜二員，足資辦理。井竈無多之資陽、内江、江安、屏山、長寧、大竹、威遠、酆都、鹽亭、安岳等十縣，所開鹽井俱在十井以内，無庸另設專員，仍令該縣等照舊管理。又如遂寧縣上馬頭一處，爲潼川、中江、射洪、蓬溪等縣之要口，重慶府爲行黔鹽引之總滙，嘉定爲成都府、邛、雅之要口，瀘州亦下川南富義廠上水行鹽總隘，應各設官一員，專司盤驗。

原額新增併湖北等州縣水引一萬六千二百三十四張，每引一張配鹽五千七百五十斤，每張徵税銀三兩四錢五釐，共徵税銀五萬五千二百七

[一]“总督黄”，指黄廷桂，曾监修雍正《四川通志》。

十六兩七錢七分。

原額新增併湖北等州縣陸引十萬零四千四百八十八張，每引一張配鹽四百六十斤，每張徵税銀二錢七分二釐四毫，共徵税銀二萬八千四百六十二兩五錢三分一釐二毫。水引行黔、滇，每張截角銀一兩，本省每張截角銀六錢。

陸引行黔、滇，每張截角銀八分，本省截角銀四分八釐。湖北截角水、陸引張，照本省之例。

水引羨餘。資州、内江縣，水引每張徵羨銀一兩五錢九分五釐。樂山、洪雅、夾江、雙流、新津、雅安、榮經、蘆山、彭山、青神、大邑、蒲江等縣，崇慶、天全、眉、邛等州，水引每張徵羨銀二兩一錢四分五釐。犍爲、成都、華陽、温江、彭縣、名山、宜賓、慶符、長寧、南溪、高縣、筠連、珙縣、興文、屏山、雅安、清溪、江安、納溪、射洪等縣，瀘、忠二州，水引每張徵羨銀二兩二錢九分五釐。南部、閬中、廣元、昭化、渠縣、平武等縣，蓬州，水引每張徵羨銀二兩五錢九分五釐。三臺、巴縣、綦江三縣，水引每張徵羨銀三兩七錢九分五釐。中江、鹽亭二縣，涪州，水引每張徵羨銀四兩九分五釐。蓬溪、岳池、潾水、銅梁、定遠、長壽、東鄉、酆都、墊江、遂寧、樂至等縣，廣安、合、達三州，水引每張徵羨銀四兩四錢六分。壁山、南川二縣，水引每張徵羨銀四兩八錢九分五釐。富順、江津、永川、隆昌、永寧、榮縣、叙永廳，水引每張徵羨銀五兩五錢五分五釐。雲陽、開縣、巫山、萬縣、新寧、東鄉、梁山、大寧，水引不徵羨餘。

陸引羨餘。資陽、仁壽、内江、榮昌、閬中、大足、酆都、南充、大竹、萬縣、開縣、太平、長寧、隆昌、江安、鹽源、井研、温江、慶符、彭水、黔江、西充、營山、岳池等縣，資、忠、蓬四州[一]，陸引每張徵羨銀一錢二分七釐六毫。樂山、夾江、峨眉等縣，陸引每張徵羨銀一錢七分一釐六毫。犍爲、新津、郫縣、慶符、宜賓、南溪、高縣、筠連、珙縣、興文、屏山、雅安、名山、榮經、清溪、永寧、彭山、蒲江、江安、雙流、丹稜、青神、崇寧、彭縣、新繁等縣，崇慶、天全、邛、漢四州，雷波衛，陸引每張徵羨銀一錢八分三釐六毫。南部、閬中、通

[一] 按，此處稱四州，但僅列舉三州，不知另一州所指爲何。

江、南江、儀隴、渠縣、平武、成都、郫縣、金堂、汶川、保縣、安縣、綿竹、羅江、石泉、彰明、江油等縣，劍、巴、簡、綿、茂五州，陸引每張徵羨銀二錢六分七釐六毫。鹽亭縣，陸引每張徵羨銀三錢二分七釐六毫。安岳縣，陸引每張徵羨銀三錢六分七釐六毫。射洪、崇寧、什邡、巴縣、德陽、成都、華陽等縣，陸引每張徵羨銀三錢九分一釐六毫。三臺、新都、灌縣、梓潼四縣，松潘廳，陸引每張徵羨銀四錢二分七釐六毫。蓬溪、長壽、潾水、岳池、東鄉、遂寧、富順等縣，陸引每張徵羨銀四錢四分七釐六毫[一]。

[一] 按，此段陸引所徵羨餘錢數，不知源自何處。其中，閬中、江安、慶符、岳池、成都、崇寧、郫縣出現兩次，錢數不一，不知是年份有別還是資料有誤。

蜀故卷四

賦税二

茶　税[一]

宋初，蜀之茶園皆民兩税，地不殖五穀，惟宜種茶。賦税、役錢以直折輸，民賣茶資衣食，與農夫無異。神宗熙寧七年，李杞入蜀經度[二]，即諸州創設官場，歲增息十萬，而重禁榷之令。其輸受之際，往往壓其斤重，侵其價值。既而運茶積滯，歲課不給，乃建議於彭、漢二州歲買布各十萬匹，以折脚費，實以布助茶息，亦未免積滯。蒲宗閔乃議川峽路民茶息收十之三，盡賣於官場，更嚴私交易之令，稍重至徒刑，仍没緣身所有物，以待給賞。於是蜀茶盡榷，民始病矣。知彭州吕陶言："川峽四路所出茶貨，北方東南諸處十不及一，諸路皆許通商，兩川却爲禁地，虧省治體莫甚於斯。"哲宗元祐二年，侍御史劉摯上言："蜀地榷茶之害園户，有逃以免者，有投死以免者。而其害猶及鄉伍：欲伐茶則有禁，欲增植則加市。故其俗論謂地非生茶也，實生禍也。願選使者考茶法之弊政，以蘇蜀民。"[三]

建炎元年四月，成都路運判趙開言榷茶、買馬五害，請用嘉祐故事，盡罷榷茶，而漕司買馬。或未能然，亦當減額以蘇園户，輕價以惠行商[四]，

[一]"茶税"前，乾隆本有"賦税"二字，今作上一級標題處理。

[二]"杞"，原作"巴"，據《文獻通考·征榷考五》改。

[三]此條及以下兩條，皆出《文獻通考·征榷考五》，文字略異。◎榷茶制度起自唐，興於宋，言官府對茶葉實行徵税、管制和專賣之措施。高承《事物紀原·治理政體·榷茶》："起於唐建中、貞元之間，趙贊、張滂建議，税其什一。一云德宗貞元八年，張滂奏收茶税……一云穆宗時，王涯始榷茶。"

[四]"商"，原作"旅"，據《文獻通考·征榷考五》《宋史·食貨志下六》《蜀中廣記》卷六五等改。

如此則私販衰而盗賊息矣。朝廷遂擢開同主管川、陝茶馬。二年十一月，開至成都[一]，大更茶法，仿蔡京都茶場法，印給茶引，使商人即園户市茶，百斤爲一大引，除其十勿算。置合同場以譏其出入，重私商之禁，爲茶市以通交易。每斤引錢春七十、夏五十，市利、頭子在外。所過征一錢五分，引與茶随，違者抵罪。自後引息錢至一百五萬緡。紹興復提舉官，又旋增引錢。至十四年，每引收十二道三百文，視開之初又增一倍矣。

自熙、豐來[二]，蜀茶官事權出諸司之上，而其富亦甲天下，時以其歲剩者上供。舊博馬皆以粗茶，乾道末始以細茶遺之。然蜀茶之細者，其品視南方以下，惟廣漢之趙坡、合州之水南、峨眉之白芽[三]、雅安之蒙頂，土人亦珍之。然産甚微，非江、建比也。

唐德宗税天下茶、漆、竹、木，十取一以爲常平本錢，茶之有税自此始。王播始榷川茶[四]。宋神宗時，使李杞[五]、蒲宗閔主其事，爲熙河馬之費，歲有常額。李稷倍增，陸師閔又增，民不堪命[六]。至元祐，罷成都茶場，蜀稍蘇息，及崇寧仍其舊[七]。迨建炎軍興，改成都茶場爲合

[一]"開"，原作"間"，形近而誤，據前文改。

[二]"熙豐"，原誤倒，據《文獻通考·征榷考五》乙正。按，熙、豐指宋神宗之熙寧、元豐年號。

[三]"白芽"，原誤倒，據《文獻通考·征榷考五》乙正。

[四]"王播"，《舊唐書》卷一六四、《新唐書》卷一六七有傳。《舊唐書·憲宗本紀下》云："十三年（八一八）春正月乙酉朔。辛亥，以禮部尚書王播爲成都尹、劍南西川節度使。"《新唐書·食貨志四》云："穆宗即位，兩鎮用兵，帑藏空虚，禁中起百尺樓，費不可勝計。鹽鐵使王播圖寵以自幸，乃增天下茶税，率百錢增五十。江淮、浙東西、嶺南、福建、荆襄茶，播自領之，兩川以户部領之。"

[五]"杞"，原作"祀"，據《文獻通考·征榷考五》改。按，關於神宗時榷川茶之事，《文獻通考》云："神宗熙寧七年，始遣三司幹當公事李杞入蜀經畫買茶，於秦、鳳、熙河博馬……以著作佐郎蒲宗閔同領其事。"

[六]按，李、陸二人所爲，《方輿勝覽》卷五一《成都府·總論四川茶馬》云："熊克《通略》云：元豐元年初，蜀茶額歲三十萬緡；熙寧中，四十萬；及李稷加爲五十萬，至是陸師閔加至一百六十萬。"宋人吕陶《净德集》卷三《奏爲繳連先知彭州日三次論奏榷買川茶不便并條述今來利害事狀》、蘇轍《欒城集》卷三六有《論蜀茶五害狀》，皆可概覽蜀茶榷税情況。

[七]按，據宋陳均《九朝編年備要》卷二二，此事在哲宗元祐元年（一〇八六）八月，復據明人馮琦、馮瑗所撰《經濟類編》卷三六，此事乃因"劉摯、蘇轍論陸師閔增場榷茶，害過於市易，乃貶師閔而遣户部郎中黄廉使蜀按察"，黄廉遂上奏罷成都茶場也。◎"元祐"之"祐"，原作"祜"，形近而誤，今改。

同場，買馬收錢，事更煩擾[一]。乾道中，王十朋守夔州，言馬綱行茶，利少害多，時論韙之[二]。嘉泰末，馬數漸增，而所市多不及額，徒招民怨[三]。元至元六年，始立四川監榷鹽茶使司，定長引短引法。明洪武五年，令四川産茶地方每十分官取一分。三十年，令成都、重慶、保寧三府及播州宣慰司各置茶倉，歲徵川中課茶貯倉，召商與西番易馬。差行人一員，於碉門等處諭把隘頭目，不許私茶出境。駙馬都尉歐陽倫以私茶犯事，賜死。永樂六年，禁緞匹、絹帛、私茶、青紙出境，違者凌遲，家遷化外。成化七年，罷差人行並罷播州茶倉，令巡道往來禁約之。嘉靖四年，以水利僉事帶管茶法，每年布政請引五萬道，至是收折銀兩，備買茶賞番及買馬之用。嘉靖二十年[四]，以全黎發賣引茶太少，始委官於巫山縣以上夔州府扼吭之處秤盤，至嘉定州黑水尾，委官再秤。雅州又復盤驗，方分撥入天全、黎州。隆慶三年，仍引五萬道，半芽茶半葉茶，以二萬六千爲腹引，二萬四千爲邊引[五]，每引芽茶三錢，葉茶二錢。内一萬九千八百引給黎、雅各商，每引芽茶三錢八分，葉茶二錢五分。内分二百道於本地思經、羅純産茶處所，每引給之。松潘四千道，税與腹引同[六]。萬曆三年，以驛、鹽、茶、水利合爲一道，今總以驛、鹽歸

[一] 按，據宋杜大珪編《名臣碑傳琬琰之集》卷三二所録李燾撰文之《趙待制開墓誌銘》，"即擢公都大同，主管川陜茶馬事，使推行之。仍令條具奸蠹以聞，時建炎二年（一一二八）秋也。於是大更茶馬之法，官買官賣茶並罷，參酌政和二年東京都茶務所創條約，即給茶引，使茶商執引與茶户自相交易。改成都府舊買賣茶場爲合同場、買引所，仍於合同場置茶市。"

[二] 按，王十朋于乾道元年至三年（一一六五至一一六七）守夔州，其奏議即《梅溪集·奏議》卷三之《夔州論馬綱狀》《再論馬綱狀》。

[三] 按，《文獻通考·職官考十六·都大提舉茶馬》云："嘉泰末，川司五場又增爲五千一百九十六匹，秦司三場增爲七千七百九十八匹，合兩司爲萬有二千九百九十四匹。然累歲所市，多不及額焉。"

[四] "二十"，原誤倒，今據康熙《四川總志》卷二九《茶法》乙正，嘉靖《四川總志》卷一六、萬曆九年《四川總志》卷一九之《茶法》亦作"二十"。◎嘉靖二十年即一五四一年。

[五] 按，"腹引"，與下之"邊引""土引"爲舊時官府發給茶商、鹽商等經商的憑證。《清史稿·食貨志五》云："四川有腹引、邊引、土引之分。腹引行内地，邊引行邊地，土引行土司。"

[六] "隆慶三年"至"税與腹引同"，按，此説與康熙《四川總志》卷二九《茶法》中所引隆慶三年巡撫嚴清奏疏中所論往年常例相同，但嚴清與巡按御史王廷瞻商量之後，就改變了這個常例。康熙《四川總志》相關數據有誤，故援萬曆九年《四川總志》卷一九《茶法》爲證，云："隆慶三年，巡撫都御使嚴清、巡按御史王廷瞻會題，將每年原額茶引五萬道減去一萬二千道，止用三萬八千道。内將三（當作二）萬道作黎、雅邊引；二百道思經、羅純産茶地方報中納税；每引芽茶七錢六分，葉茶五錢二分。九千八百道給商，每引芽茶四錢八分，葉茶三錢五分。四千道作松潘邊引，四千腹引，每引俱芽茶三錢，葉茶二錢。"

併按察司矣[一]。雍正七年，特設驛鹽道，總管引税，随時加增，而法遵舊制云。

洪武五年，置茶馬司。户部云四川茶宜十取其一，以易番馬。於是諸産茶地設茶課司，定税額，設茶馬司於雅州。自碉門、黎、雅抵朵甘、烏思藏行茶之地，西方諸部落無不以馬售者[二]。唐文若嘗通判洋州，西鄉縣産茶，亘陵谷八百里，山窮險，賦不盡括。使者韓球將增賦以市寵，園户避苛歛轉徙，饑饉相藉。文若力争之，賦迄不增[三]。咸淳七年九月，蒙古弛四川茶鹽之禁[四]，以四川民力困弊，詔免茶鹽等課，有言茶鹽之利者，以違制論。

茶　政

雍正十三年正月二十七日，准户部咨：查得各省行茶辦税全以引目爲憑，現今請引省分俱係一式行銷，並無别項名目。惟四川一省各商領引之後，有即在本地各州縣銷售者，亦有發往土司地方販賣者，更有運至口外各部落行銷者。其間有腹引、土司、邊引之分，腹引每張交税銀二錢五分，土司每張交税銀三錢六分一釐，邊引每張交税銀四錢七分二釐，是同一引目而税額迥相懸殊。雖該省照例請頒，各有一定之數，而本部向係一律印刷，並無邊、土、腹之分。恐不肖奸商串通作弊，或將腹引指爲土引、土引作爲腹引，希圖影射行銷，朦混取利情弊，相應行文川撫將該省額設茶引一十萬八千三百九十道，於差員領引之先，照原定腹引、土引、邊引各若干數目預報本部，以便俟刷印完畢，各於引上加腹引、土引、邊引號記，頒發行銷。庶各商照引行茶，絲毫不復牽混，可杜影射之弊，而該地方按引科税，更可便於稽查。通飭各屬，一體遵照。

成都府屬原額腹引二千零四張，每張徵課銀一錢二分五釐，税銀二

[一] 從段首至此，出《蜀都碎事》卷四，文字略異。陳祥裔乃删要自康熙《四川總志》，嘉靖《四川總志》卷一六、萬曆九年《四川總志》卷一九《茶法》下皆有相關記載，但内容較康熙《四川總志》稍簡，均可參看。

[二] “甘”，原脱，據《明史·食貨志四》補。按，此條相關記載當是據《明史》改寫而來也。

[三] 按，唐文若其事，見《宋史》卷三八八本傳。

[四] “七年”，原作“六年”，據《御批歷代通鑑輯覽》卷九四改。◎“古弛”，原作“占弘”，據《御批歷代通鑑輯覽》改。

錢五分，羡銀九分八釐，截角銀一錢二分[一]，原額邊引新增共一萬三千二百零八張，徵課銀一錢二分五釐，税銀四錢七分二釐，羡銀一錢二分四釐，截角銀一錢。邊引，成都縣内有一百六十張，華陽縣内有七百五十張，彭縣内有二百四十張，灌縣内有七十二張，新津縣内有六十張，温江縣二十張，截角銀俱一錢四分二釐，課税羡銀同一例。腹引，成都縣内有一百五十張，華陽縣七百五十張，温江、彭縣、新都、灌縣、什邡等縣，崇慶、漢二州截角銀俱一錢二分，課税羡銀同一例。

保寧府屬原額腹引一千零六十張，原額邊引五十張，每張徵課銀一錢二分五釐，税銀二錢五分，截角銀一錢二分。内廣元縣邊引税銀四錢七分，截角銀一錢。順慶府屬原額腹引九百二十三張，每張徵課銀一錢二分五釐，税銀二錢五分，羡銀九分八釐，截角銀一錢二分。

重慶府屬原額腹引三百八十一張，每張徵課銀一錢二分五釐，税銀二錢五分，羡銀九分八釐，截角銀一錢二分。江津、南川二縣原額邊引三百張，税銀四錢七分二釐，羡銀一錢二分四釐。截角銀，江津一錢，南川一錢四分二釐，課銀同一例。

叙州府屬南溪，原額腹引四十張，每張徵課銀一錢二分五釐，税銀二錢五分，羡銀九分八釐，截角銀一錢二分。

夔州府屬原額腹引二十六張，邊引三百張。腹引每張徵課銀一錢二分五釐，税銀二錢五分，羡銀九分八釐，截角銀一錢二分。邊引每張徵税銀四錢七分三釐，羡銀一錢二分四釐，截角銀一錢四分二釐，課同一例。

龍安府屬原額邊引四百二十六張，每張徵課銀一錢二分五釐，税銀四錢七分二釐，羡銀一錢一分四釐，截角銀一錢四分二釐。

雅州府屬原額腹引五十一張，每張徵課銀一錢二分五釐，税銀二錢五分，羡銀九分八釐，截角銀一錢二分。邊引五萬七百零八張，每張徵課銀一錢二分五釐，税銀四錢七分二釐，羡銀一錢二分四釐，截角銀一

[一] 按，此處四種賦税名目，所謂課銀者，指由種茶户根據莊園畝數、種茶棵樹按單位繳納之課税；所謂税銀者，指領引行商者每張茶引所交之營業税；所謂羡餘銀者，爲了避免所徵收税銀在找補、上交等過程中可能存在之損耗，而額外有意識加徵之損耗税（此税名明代即有，當時是因爲徵收實物，的確會存在損耗，或者即使嚴格按定量徵收，但滙總之後也會有多餘税額，類似於今日銀行計算利息時四舍五入之後，會有大量被舍弃不交付給存款者之零頭，滙總後即是羡餘款項。清代沿用了這個名稱，正規課税之外籠統稱羡餘銀，茶、鹽等榷税皆有此名目）；截角銀者，每張茶引在過關時將會檢票，截下一角返回發引機構進行核查，期間産生之手續與人工費用，稱截角銀。

錢四分二釐。土引一萬六千四百九十四張，每張徵課銀一錢二分五釐，稅銀三錢六分一釐，羨銀一錢一分一釐，截角銀一錢二分二釐。

嘉定府屬原額腹引二千六百九十六張，邊引五十張。腹引每張徵課銀一錢二分五釐，稅銀二錢五分，羨銀九分八釐，截角銀一錢四分二釐，課銀一例。

潼川府屬鹽亭、中江二縣，原額邊引十五張，每張徵課銀一錢四分二釐，稅銀四錢七分二釐，羨銀一錢二分四釐，截角銀一錢四分二釐。

眉州屬原額新增腹引一千零八十張，每張徵課銀一錢二分五釐，稅銀二錢五分，羨銀九分八釐，截角銀一錢二分。丹稜縣原額邊引一百張，每張稅銀四錢七分二釐，羨銀一錢二分四釐，截角銀一錢，課銀同例。

邛州原額腹引八百八十張，每張徵課銀一錢二分五釐，稅銀二錢五分，羨銀九分八釐，截角銀一錢二分。原額邊引一萬六千一百張，每張稅銀四錢七分二釐，羨銀一錢二分四釐，邛州截角銀一錢八分六釐。大邑縣截角銀一錢二分，餘同一例。

瀘州屬原額腹引三百二十一張，每張徵課銀一錢二分五釐，稅銀二錢五分，羨銀九分八釐，截角銀一錢二分。原額邊引二百張，每張徵課銀一錢二分五釐，稅銀四錢七分二釐，羨銀一錢二分四釐。

綿州屬原額腹引一百張，原額新增邊引二千零三十張。腹引每張徵課銀一錢二分五釐，稅銀二錢五分，羨銀九分八釐，截角銀一錢二分。邊引每張稅銀四錢二分四釐，羨銀一錢二分四釐，截角銀一錢，課同一例。

茂州屬原額新增共邊引二千二百九十七張，每張徵課銀一錢二分五釐，稅銀四錢二分七釐，羨銀一錢二分四釐，截角銀一錢。内有二百五十張，截角銀一錢四分二釐。

達州屬原額腹引二百六十七張[一]，每張徵課銀一錢二分五釐，稅銀二錢五分，羨銀九分八釐，截角銀一錢二分。

忠州屬酆都縣，原額腹引三張，每張徵課銀一錢二分五釐，稅銀二錢五分，羨銀九分八釐，截角銀一錢二分。

酉陽州原額腹引一百四十五張，每張徵課銀一錢二分五釐，稅銀二錢五分，羨銀九分八釐，截角銀一錢二分[二]。

[一]“達”，原作“逢”，形近而誤，據乾隆本改。
[二]“分”，原脱，據文義及前後用例補。

以上通省原額腹引九千五百七十七張，新增腹引四百張。原額邊引八萬四百二十七張，新增邊引三千六百張。原額土引一萬六千四百九十四張。原額新增腹、邊、土引共一十一萬四百九十八張，共徵課銀一萬三千八百一十二兩二錢五分，共徵税銀四萬八千一百零九兩三錢二分八釐，共徵羨銀一萬二千三百三十七兩九錢二分八釐，共徵截角銀一萬四千九百八十四兩一錢七分。

鹽茶耗羨、截角共徵銀一十三萬七千八百七十兩四錢四分三釐，每年支給督部堂書吏口糧銀三百二十四兩，撫院書吏口糧二百兩，鹽茶道衙門書吏口糧、紙張、筆墨銀六百兩，外府州縣書巡工食銀五千七百五十八兩。各屬地丁不敷，於鹽茶耗羨内支養廉銀一萬七千八百五十兩七錢八分三釐，餘剩銀兩解藩司充公。

酒　税

宋熙寧初，天下諸州酒課歲額：成都二十八務，四十萬貫以上；綿州十四務、漢州十九務、邛州十九務、果州二務、梓州十八務、閬州四十二務，皆十萬貫以上；眉州十六務、蜀州八務、彭州八務、嘉州三務、遂州四務、合州九務、興元三十六務，皆五萬貫以上；簡州十五務、資州十六務、懷安十二務、劍州三務，皆五萬貫以下；陵井監二十務、永康八務、昌州四務、普州四十三務、榮州六務、渠州一務、廣安三務、利州六務、三泉一務[一]、蓬州七務、興州一務、洋五務，皆三萬貫以下；雅州七務、瀘州一務、巴州十四務，皆二萬貫以下；戎州三務、富順監一務、龍三務、集二務、壁三務、大寧監一務、渝州四務、萬一務、忠一務，皆五千貫以下；黎、茂、威、劍門關，無定額；夔、黔、達、開、施、涪、雲安、梁山，無榷。淳熙三年，詔減四川酒課錢四十七萬三千五百餘貫，令禮部給降度牒六百六十一道[二]，補還今歲減數。

[一]“泉”，原作“爾”，據《文獻通考·征榷考四》改。

[二]“三年”，原作“二年”，據《文獻通考》改。◎“牒”，原作“牃”，據乾隆本及《文獻通考》改。按，此段“酒課税額”，蓋摘録自馬端臨《文獻通考·征榷考四》裏關於“熙寧十年以前天下諸州酒課歲額”之記載。

建炎三年，張浚爲川陝宣撫處置使，浚以趙開爲隨軍轉運使[一]，專總四川財賦。開見浚曰："蜀之民力盡矣，錙銖不可加，獨榷貨尚存贏餘[二]，而貪猾認爲己有，共相隱匿。惟不恤怨詈，斷而敢行，庶可救一時之急。"浚鋭意興復，委任不疑，於是大變酒法，即舊樸買坊場所置隔釀，設官主之，麴與釀具官悉自買，聽釀户各以米赴官自釀，每斛輸錢三十，頭子錢二十二[三]，其釀之多寡惟錢是視，不拘數也。

錢 文

漢文帝賜鄧通銅山，始鑄銅錢於蜀。公孫述據蜀，廢銅錢，鑄鐵錢，百姓貨幣不行[四]，然後鐵錢二止當銅錢一。

先主初攻劉璋，與士衆約："若事定，府庫百物，孤無預焉。"及拔成都[五]，士衆皆舍干戈，赴諸藏競取寶物。軍需不足，先主憂之。劉巴曰："易耳。但當鑄值百錢，平諸物價，令吏爲官市。"[六]從之，數月之間府庫充實[七]。

崔祖思云："先主帳鈎銅鑄錢，以充國用。"[八]

隋文帝詔蜀王秀於益州立五爐鑄錢，錢益濫惡[九]。

文帝賜鄧通蜀嚴道銅山，得自鑄錢，文字肉好皆與天子錢同，鄧氏錢布滿天下，故富侔人主。景帝立，人有告通盜出徼外鑄錢，後通竟餓死。王建武成三年十二月大赦，改明年元爲永平，鑄錢永平元寶。五年，改元通正，通正元年十月大赦，改明年元曰天漢，國號漢。天漢元年十

[一]"開"，原作"門"，形近而誤，今據《文獻通考·征榷考四》及後文改。

[二]"贏"，原作"嬴"，形近而誤，據文義改。

[三]"每""頭"，原脱，據《文獻通考·征榷考四》補。按，張浚用趙開大變酒法之事，《文獻通考·征榷考四》《宋史·張開傳》等有記載，文字略異。

[四]"幣"，原作"弊"，形近而誤，據雍正《四川通志》卷一五下《錢法》改。

[五]"拔"，原作"扳"，形近而誤，據陳壽《三國志·蜀志·劉巴傳》注引《零陵先賢傳》改。按，此條即出自《劉巴傳》。

[六]"官市"，原誤倒，據《三國志》乙正。

[七]"數月之"，原脱，文義不通，據《三國志》補。

[八]此事見《南齊書·崔祖思傳》，《蜀中廣記》卷六七亦有記載。

[九]此事見《通典》卷九《食貨》及《隋書·食貨志》等。

二月，改明年元曰光天[一]。王建卒，子衍立，明年改元乾德，鑄錢曰乾德元寶。乾德七年，改元曰咸康，鑄錢曰咸康元寶[二]。

蜀王昶明德三年十二月丁亥申嚴錢禁[三]，明年改元廣政，文曰廣政通寶。廣政二十五年，以屯戍既廣、調度不足，始鑄鐵錢。

孟昶聞世宗下秦、鳳，愈不自安，多積芻粟，以鐵爲錢，禁民私用鐵而自鬻器，用以專利[四]，民甚苦之。

公孫述廢銅錢置鐵錢，百姓貨賣不行，蜀中童謡曰："黄牛白腹，五銖當復。"有好事者竊言王莽稱黄，述自號白[五]；五銖錢，漢貨也，言天下當還劉氏。

宋開寶三年，令雅州百丈縣置監鑄鐵錢，禁銅錢入兩川。後令兼行，銅錢一當鐵錢十。神宗時，鐵錢逐監錢數，嘉州二萬五千貫，邛州七萬三千二百三十四貫。鐵錢四路行使：成都府路，梓州路，利州路，夔州路[六]。

天聖元年，張詠知益州[七]，患蜀人鐵錢重，不便貿易，設質劑之法，一交一緡，以三年爲一界而换之，六十五年爲二十二界，謂之交子，使富民主之。後富民稍衰，不能償所負，争訟不息。運轉使務薛田、張若谷請置交子務，以權其出入，禁私造者。帝可其議，立務於益州，界以百二十五萬六千三百緡爲額[八]。

錢法

寶川局，雍正十年撫院憲奏[九]，蒙設爐十五座，鼓鑄錢文。時因買

[一]"天"，原作"元"，形近而誤，據洪遵《泉志》卷五、《新五代史·前蜀世家》《蜀都碎事》卷三等改。

[二]"鑄錢曰咸康元寶"，原脱，據《蜀都碎事》之校勘記補。按，以上條目及此後二條，皆見《蜀都碎事》卷三，從二者均原脱此句來看，彭遵泗應該是抄録自《蜀都碎事》。

[三]"王"，乾隆本作"主"，皆可。

[四]"專利"，原作"當民力"，據《蜀都碎事》卷三等改。

[五]"白"，原作"曰"，形近而誤，據《後漢書·公孫述傳》改。

[六]此段蓋摘自《文獻通考·錢幣考二》。

[七]"詠"，原作"永"，誤，據《宋史·張詠傳》改。

[八]此段所言見《宋史·食貨志下三》，文字略異。

[九]"奏"，原作"秦"，形近而誤，據乾隆本改。

運滇銅，恐不敷用，止建爐八座。嗣經咨查，滇銅有餘。乾隆三年，撫院奏准增爐七座，以敷原議。迨後開采本省建昌、樂山各廠，銅斤充裕。乾隆十二年，督部堂慶奏准，又添設爐一十五座，鑄出錢文一半添搭川餉，一半協濟陝西[一]。乾隆十六年，督部堂尹奏准令陝西委員赴川省運銅二十五萬斤[二]，自行開鑄，川省減爐七座，停其運陝錢文。乾隆十八年，督部堂黄奏准[三]，建昌、樂山等廠銅斤采獲日多，請將舊爐七座仍行復設，鑄出錢文添搭兵餉、養廉之外，俟市價昂貴之日，即酌中定價，設局出易，以平市價。乾隆二十年，督部堂黄奏准，增添爐十座，並加卯帶鑄錢文，歲獲餘息、銀兩留爲修理邊地城垣之用。乾隆二十年，調陝甘督部堂開、提督岳會奏准[四]，加一卯鼓鑄錢文，所獲餘息以作駐扎巴旺、麻書、角洛寺三處弁兵口糧及賞操練屯番之用。

鼓鑄配料，鑄錢以銅爲本，攙用白、黑鉛斤，配用板錫。緣白鉛性脆，攙入銅内見鎚則碎，以杜奸民私銷，不能分出銅斤射利；黑鉛性散質重，攙入銅内溶化，亦杜奸民私銷，不能分出銅斤；板錫性柔，攙入銅鉛内鑄錢圖，其光亮軟硬配搭，以杜奸民私銷，不能分出銅斤。乾隆十三年以前，配用粤東點銅。因價貴途遠，十三年以後改用板錫，呈分不及點銅，故每百斤准其折耗六斤。

部頒錢式，每錢一文，重一錢二分；每錢一串，重七斤八兩。每爐一座，每卯大建用紅銅一千六百九十三斤十兩六錢六分，白鉛一千四百五斤十一兩八錢九分，黑鉛二百二十斤二兩八錢二分，正耗板錫七十二斤六兩三錢，除耗錫四斤一兩零一分，鑄錢四百一十串，九百九十六文。每卯小建用紅銅一千六百三十九斤十兩六錢六分六釐，白鉛一千三百六十斤十四兩七錢七分三釐，黑鉛二百一十三斤二兩五錢，正耗板錫六十九斤八兩三錢四分，除耗錫三斤十四兩九錢六分，鑄錢三百九十七串八百九十二文。計爐四十座，每卯大建共鑄錢一萬六千四百三十九串八百

[一] 按，此句所言督部堂慶，指川陝總督慶復，《清史稿》卷二九七有傳。但據嘉慶《四川通志》卷七〇，有“乾隆十二年，四川巡撫紀山，題請增爐一十五座，鑄錢分半協陝”之語，則奏請此事者當是紀山，非慶復也。

[二] 按，此句所言督部堂尹，指川陝總督尹繼善，《清史稿》卷三〇七有傳。

[三] 按，此句之督部堂黄，指黄廷桂，即監修雍正《四川通志》者，乾隆十八年又任四川總督，《清史稿》卷三三〇有傳。

[四] 按，此句所言督部堂開，指開泰，乾隆二十年任四川總督，《清史稿》卷三二六有傳。所指之岳，指岳鍾璜，嘉慶《四川通志》卷一五三有傳。

五十四文；每卯小建共鑄錢一萬五千九百一十五串六百九十二文。正卯加卯帶鑄共計七百六十卯，歲用紅銅一百二十五萬斤，白鉛一百零三萬七千五百斤，黑鉛一十六萬二千五百斤，正耗板錫五萬三千斤，除耗錫三千斤，應鑄錢三十萬三千三百三十三串三百三十三文。内加卯帶鑄修理城垣與操練番屯二案，共用紅銅六十五萬斤，白鉛五十三萬九千五百斤，黑鉛八萬四千五百斤，正耗板錫二萬七千五百六十斤。舊爐三十座，分用紅銅三十三萬七千五百斤，白鉛二十八萬零一百二十五斤，黑鉛四萬三千八百七十五斤，正耗板錫一萬四千三百一十斤，除耗錫八百一十斤外，鑄錢八萬一千九百串。新爐十座，分用紅銅三十一萬二千五百斤，白鉛二十五萬九千三百七十五斤，黑鉛四萬零六百二十五斤，正耗板錫一萬三千二百五十斤，除耗錫七百五十斤外，鑄錢七萬五千八百三十二串三百三十三文。至各除還成本例用外，餘息錢約一十二萬七千六百六十七串五十文，以平價出易。

局設總理一員、協辦一員、庫官一員、巡綽一員，歲各給月費錢六十千文。書辦十名，歲給飯食錢九十六千。巡攔皂役、更夫二十四名，歲給工食錢二百三十串四百文，歲支工費錢三百串，以爲致祭爐神、日用燈油紙費，歲支書辦紙筆錢二十四串。舊爐每正銷銅鉛錫一百斤，給爐匠工料錢一千八百二十文。新爐每正銷銅鉛錫一百斤，給爐匠工料錢一千六百三十八文，按卯支給。

銅廠。會理州屬迤北河溝二銅廠，冕寧縣紫古别廠，共解課耗銅一十五萬餘斤。嘉定府樂山縣屬老洞溝廠[一]，解課耗餘銅一百五十餘萬斤。雅州府榮經縣吕家溝廠，解課耗餘銅五千三百餘斤。寧遠府鹽源縣甲子夸廠，解課耗餘銅三萬三千三百餘斤。篾絲羅廠，解課耗餘銅一十八萬九千餘斤。建昌迤北沙溝銅廠，乾隆七年報采。叙州府屬宜賓縣梅子坳銅廠[二]，乾隆十年報采。龍安府屬平武縣箐青山銅廠，雅州府屬榮經縣寶子山銅廠，雅安縣溜沙坡銅廠，寧遠府屬冕寧縣嵯哆節興銅廠，茂州屬孟洪銅廠，汶川縣屬板橋後山銅廠、羅卦搭銅廠，試采未久，礦砂尚歉。

[一] “洞”，原作“銅”，形近而誤，據同治《嘉定府志》卷一九“銅政”改，亦可參下一條校勘記。

[二] “坳”，原從“木”，字書不載，今據《清高宗實録》卷三二九“乾隆十三年十一月辛未”條“户部議准，原任四川巡撫紀山奏稱，樂山縣之老洞溝、宜賓縣之梅子坳二處銅廠，深僻難挖，商販不通，食物昂貴，采煉費本過多。請每銅百斤，給價十兩。從之”改。

會理州黎溪白銅，歲出銅二十萬斤，每雙爐一座抽小課五斤，單爐一座抽小課二斤八兩，每銅一百一十斤，抽大課十斤，變價彙解歸公，每月又抽青礦銀三兩，亦彙入小課報解。寧遠府冕寧縣沙鷄黑鉛廠，歲收課耗餘鉛八萬餘斤，解局供鑄。龍安府平武縣天台山黑鉛廠，歲收課耗餘鉛一十一萬五千斤。成都府屬灌縣大乾溝小嶺崗黑鉛廠[一]，雅州府滎經縣盤龍山黑鉛廠，嘉定府峨眉縣團沱子黑鉛廠。

酉陽州獅子山黑鉛廠，試采未久，礦砂尚歉。

酉陽州旺蓋白鉛廠，歲共解課耗餘鉛一十一萬餘斤。雅州屬滎經縣香爐山白鉛廠，試采未久。

寧遠府冕寧縣稗子田金廠。

封禁礦廠。峨眉縣銅麻坪銅廠，平武縣銅礦硾銅廠，滎經縣馬家廠銅廠，汶川縣照兒壩銅廠，天全州大川銅廠，洪雅縣長腰崗八金峰銅廠，大尖峰馬耳小銅廠，萬縣金鳳山龍潭河銅廠，崇慶州防丰坪銅廠，威遠縣五寶墩鑾坡瑺銅廠，屏山縣乾溪永樂銅廠，西昌縣黃水河銅廠，廣元縣安樂堡銅廠，試采不旺，概請封禁。峨眉縣消水溝老鶴巖黑鉛廠[二]，瀘州鉛礦坪黑鉛廠、石板箐黑鉛廠、羅卜黑鉛廠，平武縣老溪黑鉛廠，灌縣硐子溝黑鉛廠，二峨眉中嘴瓦子坪黑鉛廠，滎經縣苦蒿溝黑鉛廠、老龍山黑鉛廠，太平縣馬老溪黑鉛廠，汶川縣大溪溝尤溪溝黃草坪木石坪黑鉛廠，安縣鬼壩子椿樹坪老馬園黑鉛廠，秀山縣革里黑鉛廠，天全州東蜡兩河嘴龍池黑鉛廠、冷鎮黑鉛廠、東蜡石板溝黑鉛廠，茂州屬巖板溝青山溝黑鉛廠，洪雅縣屬朝天馬麟象山雲板崖黑鉛廠、瓦屋黨母狗崖玉沿山黑鉛廠，萬縣屬花椒園黑鉛廠、土箐壩黑鉛廠、白沙嶺黑鉛廠、過路崖黑鉛廠，崇慶州屬樓兒壩黑鉛廠，西昌縣屬寧崗山滴水崖黑鉛廠，廣元縣屬大沿東溝二堡黑鉛廠，酉陽州三岔壩黑鉛廠、小蓋山黑鉛廠、乾溪小壩鸚嘴崖銅漕溝，清溪縣屬鷂子坡黑鉛廠、大嶺溝杉坪黑鉛廠，越巂衛屬麂子黑鉛廠，會理州屬獅子山黑鉛廠，俱因試采不旺，概請封閉。雅州府木坪土司屬密蜡川玻璃溝黑鉛廠，隴東赶羊樓子崗黑鉛廠，屏山縣屬層巖子化皮黑鉛廠，峨眉縣兩河口即長梯溝水碓溪黑鉛廠，俱因逼近夷疆，不便開采，詳明封閉。

[一]“鉛”，原作“餘”，據乾隆本改。
[二]“廠”，原作“縣”，據乾隆本改。

漢置鹽鐵官。鹽官：蜀郡臨邛縣、犍爲郡南安縣、巴郡朐䏰縣。鐵官：蜀郡臨邛縣，犍爲郡武陽縣，又南安縣。

鐵廠。嘉定府威遠縣屬大山嶺鐵廠溝鐵廠，歲獲生鐵二萬九千餘斤，照例十分抽税鐵五千八百餘斤。順慶府鄰水縣屬碑牌口陳家林藍家溝鐵廠，歲獲生鐵一萬四千五百餘斤，照例抽税鐵二千九百餘斤。邛州蒲江縣屬黄鐵山鐵廠，歲獲生鐵五萬四千餘斤，照例抽税鐵一萬八百餘斤。其所抽税鐵，遵照部定，每斤折銀二分，變價歸公。

蜀故卷五

城市

龜城。張儀築大城，屢頹。忽有大龜出於江。儀以問巫，巫曰："随龜築之。"功果就，故人稱龜城。今有龜化城[一]。

又有少城，在子城西南之三壁，東即太城之西墉[二]。張儀既築太城，後一年又築少城，樓曰白兔樓[三]。

成都會城高三丈，周圍四十里，東、西、南、北四門，又有二水門[四]。

瞿上城，在雙流縣。蠶叢氏都此。

古郫城，即郫縣，杜宇所築也[五]。

廣都城，成都南。蜀號三都者，成都、新都、廣都也[六]。

雍齒城，什邡。漢雍齒封邑[七]。

[一] 按，"張儀築龜城"之事最早見於晉干寶《搜神記》卷一三，常氏《華陽國志》卷三、李昉《太平御覽》卷九三一等亦有載。又，《方輿勝覽》卷五一《成都府·郡名》、《明一統志》卷六七《成都府·古迹》之"太城"條皆與此處所言吻合。實則此事乃據城形附會之傳説，全國古地名稱龜城者甚多，皆取形似也。

[二] 此段蓋引自《蜀都碎事》卷一，然不知陳氏抄録於何處。本段材料除末五字外，皆本自《明一統志》卷六七《成都府·古迹》之"少城"條。◎此句及後文之"少城"，原作"小城"；"太城"，原作"大城"，據《蜀都碎事》改。

[三]"白兔樓"，現存關於此樓名稱之最早記載，見於《藝文類聚》卷二八"人部"所録晉人張載《登成都白莬樓》詩，《成都文類》卷二、《全蜀藝文志》卷六、《古詩紀》卷三九、《漢魏六朝百三家集》卷五三等引此詩，均作"白莬樓"，"莬"與"菟"形近，而"菟"乃"兔"之俗字，且"莬"可通"兔"，如《楚辭·天問》："厥利維何，而顧莬在腹？"洪興祖補注云："莬與兔同。"故此樓本名白兔樓，亦可寫作"白莬樓"。乾隆《大清一統志》卷二九二《成都府·古迹》之"張儀樓"條注文引舊《志》即以張儀樓爲白莬樓，久廢。

[四]"門"，原脱，據《蜀都碎事》卷二補。按，此條即出自《蜀都碎事》，原書後文尚有"女墻共三萬三千三百九十垛"，此處抄録不完也。

[五] 以上"瞿上城""古郫城"，李賢《明一統志》卷六七、陸應陽《廣輿記》卷一六有載，亦見《蜀都碎事》卷一。

[六] 此條蓋引自《廣輿記》卷一六。

[七] 此條所載見《明一統志》卷六七《成都府·古迹》"雍齒城"。

萬里城，茂州北，一名邏城，明副使朱紈築[一]。

南陽城，在什邡縣西二十三里。李膺《記》云："李雄之亂蜀，遣李壽掠漢五千餘家寓於此，晉置爲郡，後廢。"[二]

裴城，眉州東。昔有人姓裴[三]，夜築此城，天明即畢。

犍爲城，彭山。漢建元中築[四]。

徙陽城，雅州。晉徙陽縣也，産丹砂、雄黄、空青。

鄧通城，滎經。即鄧通餓死處[五]。

要衝城，大渡河邊。唐韋皋築，今俗呼曰沙米寨[六]。

虎頭城，富順。因山爲城，不假修築。宋咸淳初，移縣治此[七]。

孟獲城，西昌東。《諸葛亮傳》："亮聞孟獲者爲夷漢並所服，募生致之。既得，使觀於營陣之間，問曰：'此事何如？'獲對曰：'向者不知虛實，故敗。今蒙賜觀看營陣，若祇如此，即定易勝耳。'亮笑，縱使更戰，七縱七擒，而亮猶遣獲。獲止不去，曰：'公，天威也，南人不復反矣。'遂至滇池。"[八]

[一] 按，朱紈築茂州城之事，《明史·何卿傳》云："威、茂番十餘寨連兵劫軍饟，且攻茂州及長寧諸堡，要撫賞。卿與副使朱紈築茂州外城以困之。"

[二] "二十三里"之"三"，原脱，據《明一統志》卷六七《成都府·古迹》及康熙《四川總志》卷二二《古迹·什邡縣》下"南陽城"條補。◎按，李膺《記》指李膺《益州記》也，《太平寰宇記》卷七三《漢州·什邡縣》云："南陽郡故城，在縣西二十三里。李膺《記》云：南陽，漢中李雄亂蜀，遣李壽盡掠漢川五千餘家流寓於此。晉太康元年立郡，後魏三年廢。"◎"五千餘家"之"千"，原作"十"，承康熙《四川總志》而誤也，據《明一統志》及《太平寰宇記》改。

[三] "人姓裴"，原脱，據《明一統志》補。按，《明一統志》卷七一《眉州·古迹》云："裴城在州城東，昔有人姓裴，夜築此城，天明即畢。"《廣輿記》卷一七、雍正《四川通志》卷二七均有載。

[四] 《明一統志》卷七一《眉州·古迹》、《廣輿記》卷一七、《蜀中廣記》卷二皆有相關記載。

[五] 以上兩條，相關記載見《明一統志》卷七二《雅州·古迹》、《廣輿記》卷一七等。

[六] "沙"，原作"河"，據嘉靖《四川總志》改。按，嘉靖《四川總志》卷一五《黎州安撫司·古迹》下"要衝城"條、《蜀都碎事》卷一皆作"沙"。《明一統志》卷七三同條則作"炒"，《蜀中廣記》卷三四作"炒"，但卷三五則云"司南百里臨大渡河有韋皋所築要衝城，俗呼沙米寨，亦作炒米城矣"。"沙""炒"，形近易誤，難考孰是，而"河"當爲彭氏抄録新誤。

[七] 按，關於"虎頭城"，《明一統志》卷六九、陸應陽《廣輿記》卷一六、雍正《四川通志》卷二六均有載。《明一統志》云："在富順縣西南虎頭山，因山爲城，不假修築。《宋史》云：嘉熙初蜀亂，縣廢，咸淳初移縣治此。"

[八] 此段見《三國志·蜀志·諸葛亮傳》裴松之所注引《漢晉春秋》之言。

無憂城，威州。李德裕築，禦吐番，號無憂城[一]。

彭大雅知重慶，大興城築，僚屬更諫，不從[二]。彭曰："不把錢做錢看，不把人做人看，無不可築之理。"[三]既而城成，僚屬乃請立碑以記之。大雅以爲不必，但立四大石于四門之上，大書曰"大宋嘉熙庚子，制臣彭大雅城渝，爲蜀根本"[四]。其後蜀之流難者多歸焉。蜀亡，城無恙，真西蜀根本也。

萬川城[五]，梁山西。西魏平蜀，置萬川郡於此。

關索城，開縣射洪山，舊傳關射於此[六]。

重慶府城，依山勢爲之，兩面大江，一面合江，惟西北有一路與成

[一]"無憂城"，爲唐代吐蕃對維州之稱。其地險要，易守難攻，無虞侵犯，故稱。後改名威州，故址在今阿壩藏族羌族自治州東南處。於此，文獻記載頗豐，如《新唐書·吐蕃列傳下》言："州南抵江陽岷山，西北望隴山，一面崖，三涯江，虜號無憂城，爲西南要扞。"

[二]"彭大雅"，字子文，曾官四川制置副使，嘉熙四年（一二四〇）爲禦蒙古兵而築重慶城。元劉一清《錢塘遺事》卷三、佚名《宋季三朝政要》卷二及雍正《江西通志》卷八八爲其立小傳，稱大雅於淳祐三年癸卯（一二四三）守重慶，此説或誤。《宋史·理宗紀二》云："（嘉熙四年）三月辛未，詔四川安撫制置副使彭大雅削三秩……夏四月壬寅，前潼川運判吴申進對，因論蜀事，爲上言：'鄭損棄邊郡不守，桂如淵啓潰卒爲亂，趙彦呐忌忠勇不救，彭大雅險譎變詐，殊費關防。'""（淳祐元年十二月）丁丑，侍御史金淵言彭大雅貪黷殘忍，蜀人銜怨，罪重罰輕，乞更竄責。詔除名，贛州居住。"《宋史·理宗紀三》云："（淳祐五年）三月庚子，詔嚴贓吏法，仍命有司舉行彭大雅、程以升、吴淇、徐敏子納賄之罪。"以此觀之，吴申、金淵奏本彭大雅變詐貪黷，正爲其不顧僚屬勸阻而興城築之事也。彭大雅守重慶不顧花費錢財與人力大築城防，斷不在淳祐年間。

[三]"不把錢做錢看"，"做"字，原爲"作"，雖云"作、做"可互通，然爲尊重引文及行文統一，據涵芬樓本《説郛》卷五七、宛委山堂本《説郛》卷二九《雪舟脞語》及《古今説海》卷九五《三朝野史》所録之文改。◎"不把人做人看"，底本、乾隆本、宛委山堂本《説郛》卷二九皆無，此據涵芬樓本《説郛》及《古今説海》所録補。

[四]按，此書石之文，原作"某年月日大雅築此城，爲蜀之根本"，宛委山堂本《説郛》卷二九《雪舟脞語》作"某年某月彭大雅築此城，爲蜀根本"，共十四字，與此不合，當是抄録偶誤也；涵芬樓本《説郛》卷五七《雪舟脞語》作"某年某月彭大雅築此城，爲西蜀根本"，共十五字；而涵芬樓本《説郛》卷五七及宛委山堂本《説郛》卷二六《姑蘇筆記》所録"題梁"條則爲"大宋嘉熙庚子，制臣彭大雅城渝，爲蜀根本"，共十七字；《宋季三朝政要》卷二作"某年某月某日，守臣彭大雅築此，爲國西門"。據前文考訂，可知彭大雅築重慶城完工在嘉熙四年庚子，正與《姑蘇筆記》所載合；稱"某年某月"或"某年月日"者，或因不知確年而含混其詞也，言辭之氣勢、風格亦遠遜《姑蘇筆記》所載之語。爲便於學者徵引，故據改。◎又按，此處所載當是本自《蜀都碎事》卷一。

[五]"川"，原作"州"，據《明一統志》卷七〇《夔州府·古迹》及雍正《四川通志》卷二六改。

[六]按，雍正《四川通志》卷二四云："射洪山，在縣南二十里，上有故城址，舊傳關索曾射於此。"

都通，計至省一千二百里。門十七，朝天、翠微、通遠、金湯、定遠、南紀、鳳凰、金字、仁和、太平、出奇、大安、臨江、洪崖、干斯[一]、興福、東水，今存者九。

七勝城，在三峽口，陸法和所立[二]。

枳城，夔府北，漢縣。《史記》"楚得枳而國亡"，即此[三]。

白帝城，公孫述至魚復，有白龍出井中，因號魚復爲白帝城。《漢書·地理志》："江關都尉理魚復，有橘官。"即此地也。蜀先主改爲永安郡，唐改夔州[四]。《通典》："夔州爲蜀重鎮。先主敗於夷陵，退屯白帝。其後，吴將全踪來襲，不克。"《郡縣志》："永安宫在奉節縣東七里，先主改魚復爲永安，白帝山即州城所據也。"城周回七里，西南二里，因江爲池，東臨瀼溪，唯北一面小差逶迤，猶斬山爲路，羊腸數轉，然後得上。《水經》："江水東徑魚復縣故城南。"[五]注："故魚國。《左傳》'楚伐庸，魚人逐之'是已。"巴東郡治白帝山城，周回二百八十步，北緣馬嶺，南接赤甲，其間平處南北相去八十五丈，東西七十丈，又傍東瀼溪，即以爲隍。南臨大江，瞰之眩目，故《記》云[六]："寒山九坂，極爲險峻。"距白帝城五里有東屯，乃公孫述留屯之所，其田可百許頃，稻米爲蜀第一，少陵詩"東屯大江北，百頃平若案"云云[七]。吴《朱績傳》[八]："密書結蜀使爲并兼之慮，蜀遣閻宇將兵五千，增守白帝。"張氏曰："武侯之治蜀也，東屯白帝以備吴，南屯夜郎以備蠻，北屯漢中以備魏。"[九]

巴子城，《左傳》："巴子使韓服告於楚。"[十]《括地志》"在合州石照

[一]"干"，原作"千"，形近而誤，據萬曆九年《四川總志》卷九《重慶府·城郭》、雍正《四川通志》卷四及《新元史·不老傳》改。按，此名今仍沿用爲地名。又按，此條亦載《蜀都碎事》卷二。

[二]"七勝城"之事，可參《南史·梁武帝諸子列傳·武陵王紀》。

[三]按，查《史記》原文，無相關記載。《後漢書·郡國志》李賢注引《史記》蘇代曰："楚得枳而國亡。《華陽國志》有明月峽、廣德嶼者是也。"

[四]"唐"，原作"府"，文義不通，據《明一統志》卷七〇《夔州府·建置沿革》改。

[五]按，此處所引出《水經注·江水》，原文亦係酈道元注文，非經文也，此處有誤。

[六]按，此記當爲《荆州記》。《初學記》卷八"九坂寒山"條及《明一統志》卷七〇《夔州府·山川》"寒山"條皆云："《荆州記》云：寒山九坂，最爲險峻。"

[七]"案"，原作"接"，據《杜詩詳注》卷一九《行官張望補稻畦水歸》改。

[八]"績"，原作"續"，形近而誤，據《三國志·吴志·朱然傳附子績》改。

[九]此段蓋引自王應麟《通鑑地理通釋》卷一一，順序略有更改，文字小異。

[十]按，《左傳·桓公九年》有："巴子使韓服告于楚，請與鄧爲好。"杜預注云："巴國在巴郡江州縣。"

縣”[一]，恐誤。

南五里，故墊江縣也。《一統志》：“夔州府，春秋屬巴國。”[二]

張儀城，保寧東。秦時築，今名曰白沙壩[三]。

黎州城，廣元。後魏益州、梁黎州、西魏利州[四]、隋義城郡，皆此城也。

集州城，巴州界。唐置集州，治於此[五]。

蜀有痎市，而間日一集[六]，如痎瘧之一發[七]，則其俗又以冷熱發歇爲市喻。

正月燈市，二月花市，三月蠶市，四月錦市，五月扇市，六月香市，七月寶市，八月桂市，九月藥市，十月酒市，十一月梅市，十二月桃符市[八]。

成都藥市以玉局觀爲最盛，九月九日。楊文公《談苑》云“七月七日”，誤也[九]。

成都東門外有紅布街，明時青樓業也。今往往争基興訟以爲祖業，誤矣[十]。

[一]“照”，原作“燒”，誤，據雍正《四川通志》卷二六改。按，《四川通志》對巴子城之位置，有幾種説法：“巴子城，在州南。《華陽國志》：‘巴子或治墊江，在巴郡西北中水西一百里。’《括地志》：‘巴子故都在石鏡縣南五里。’《九域志》：‘舊傳楚襄王滅巴子，封庶子於濮江之南，號銅梁侯，即此。’”多數方志皆認爲巴子城在銅梁縣。

[二] 按，《明一統志》卷七〇與乾隆《大清一統志》卷三〇三關於夔州府之建置沿革大致相同，此處乃改寫，不知究竟引自何書。

[三] 雍正《四川通志》卷二六、乾隆《大清一統志》卷二九八皆有相關記載。

[四]“魏”，原作“黎”，據《明一統志》卷六八《保寧府·古迹》改。

[五]“集州城”，《明一統志》卷六八、《廣輿記》卷一六等有載。前者云：“集州城在巴州境，唐置集州，治難江縣。宋省州，以難江屬巴州。元廢。”故集州城大致在今巴中市南江縣。

[六]“一”，原脱，據《青箱雜記》卷三補。

[七]“如”，原脱，據《青箱雜記》補。按，關於此市名之記載，吴處厚僅言蜀地，其實在劉禹錫筆下，湖南地區也有這個稱謂。《劉禹錫集》卷三〇《湖南觀察使故相國袁公挽歌三首》之二云：“湘南罷亥市，漢上改詞曹。”亥市即痎市也。

[八]“成都十二月市”，《升庵全集》卷七〇有“成都十二月市”條，宛委山堂本《説郛》卷六二輯録之《成都古今記》亦載。

[九] 按，此條出《老學庵筆記》卷六，所謂《楊文公談苑》之語，見今本《楊文公談苑》據《宋朝事實類苑》卷五九輯補之“百藥枕”條，原文云“益州有藥市，期以七月七日，四遠皆集，其藥物多，品甚備”。《蜀都碎事》卷三亦引此條。

[十]《蜀都碎事》卷三亦有記載，文字略異。

村

老人村在灌縣西七十里，岷山之南，青城山之西北，中有平皋一區，如秦人之桃源。昔人避難其中，多享年壽，故名。或謂潛夫張不群因入山采藥，浹旬不返，見一老叟[一]，致敬而問，曰："吾族本丞相范賢之裔，范知李雄之祚不久，絜吾輩居此，爲終身之計焉。"東坡云："蜀青城山老人村有五世孫者，道極險遠，生不識鹽醯[二]，而溪中多枸杞，根盤如龍蛇，飲其水即得長壽。"故《圖經》云即老人溪也[三]。按，《夷堅丙志》云[四]："青城老澤[五]，平時無人至其處。關壽卿與同志七八人作意往游，未到二十里，日勢薄暮，鳥鳴猿悲，境界凄厲。同往相顧，塵埃之念如掃，策杖徐進。久之，山月稍出，花香撲鼻。諦視之[六]，滿山皆牡丹也。幾二更，乃得一民家，老人猶未睡，見客至，欣然延入，布葦席而坐。客謝曰：'中夜爲不速之客，庖僕尚遠，無所得食，願從翁賒一餐，明當償值矣。'翁曰：'幸不以糲食見鄙[七]，敢論直乎？'少傾，設麥飯一盞，菜羹一盆，當席間環以碗，揖客坐食，翁獨據榻正中坐[八]。俄蒸一物如小兒狀置於前[九]，衆莫敢下箸，獨壽卿擘食少許。翁曰：'儲此味六十年，規以待老。今遇重客，不敢愛，而皆不顧，何也？取而盡食之，此松根下人參也。'[十]明日導往傍舍，亦皆争相延饌，曰：'兹地無税租，吾劚山爲隴，僅可播種以贍伏臘。吏不到門，或經年無人迹，諸賢何爲肯臨

[一]"一"，原脱，據《蜀都碎事》補。按，此事又見《方輿勝覽》卷五五、《蜀中廣記》卷六、《補續全蜀藝文志》卷五〇、雍正《四川通志》卷四五等，由於《蜀都碎事》已參考諸書，故我們僅以《蜀都碎事》爲參照。

[二]"醯"，原作"醢"，形近而誤，今據《蜀都碎事》改。按，此條所謂"蘇子瞻云"者，見《和桃花源詩·序》。

[三]"經"，原脱，據《蜀都碎事》補。

[四]按，此條所引見《夷堅丙志》卷四《青城老澤》，略有删改，《蜀都碎事》已參校《夷堅志》，故此處以《蜀都碎事》作參考。

[五]"老澤"後，原衍"坪"字，據《蜀都碎事》删。

[六]"之"，原脱，據《蜀都碎事》補。

[七]"以"，原脱，據《蜀都碎事》補。

[八]"中"，原脱，據《蜀都碎事》補。

[九]"蒸一物"，原作"供一"，據《蜀都碎事》改。

[十]"下"，原脱，據《蜀都碎事》補。

乎？’留三日始出山，凡在彼所見老人[一]，其少者亦龐眉白髮，略無兒曹。”近歲道漸通，漸能致五味，而壽亦衰[二]。今屬滋茂鄉。

昭君村，巫山東。陳旅《明妃出塞圖》詩：“昭君北嫁呼韓國，巫山更有昭君村。”[三]

巴鄉村，夔州東。《水經注》：“村人善釀酒，故俗稱巴鄉清。”[四]

坊

碧鷄坊，錦城西南隅。杜甫詩：“時出碧鷄坊，西郊向草堂。”[五]《通志》：“成都之坊百有二十，第四曰碧鷄坊。”[六]《音義》曰“金形似馬，碧形似鷄”也[七]。成都西金容坊有石二株，舊曰石笋，前秦寺遺址[八]，諸葛孔明掘之[九]，有篆字曰“蠶叢氏啓國誓蜀之碑”[十]。以二石柱横埋，中連以鐵，一南一北，無偏無倚。又五字，“濁歜燭觸鐲”，時人莫曉。後范長生議曰[十一]：“亥子歲，濁字可視，主水灾；寅卯歲，歜字可視，主饑饉；巳午歲，燭字可視，主火灾；申酉歲[十二]，觸字可視，主兵灾；辰戌丑未歲[十三]，鐲字可視，主豐稔。”後以年事推驗[十四]，悉皆符合。

青泥坊，周末殺萇弘於蜀，血碧色，入地化爲碧玉，數里内土皆青

[一]“老”，《蜀都碎事》及乾隆本作“百”，文義亦通。

[二] 此句出《和桃花源詩·序》。

[三] 此詩爲題畫詩，載元陳旅《安雅堂集》卷三。

[四]“清”，原作“村”，據《水經注·江水》改。按，巴鄉清稱酒名，非村名也。

[五]“向”，原作“問”，據《杜詩詳注》卷九《西郊》改。◎“草”，原作“平”，據乾隆本及《杜詩詳注》改。

[六] 此爲雍正《四川通志》卷二六引《益州記》之語。

[七] 按，此《音義》指如淳《漢書音義》，《漢書·郊祀志下》《地理志上》兩見此説。

[八]“寺”，原脱，據《蜀都碎事》卷一補。按，此條早見於《錦繡萬花谷》卷六“成都·蠶叢啓國之誓”條，其後又見《補續全蜀藝文志》卷五〇、《蜀都碎事》卷一。《蜀都碎事》已據《錦繡萬花谷》等參校，故此處參考《蜀都碎事》。

[九]“掘”，原作“拙”，據《蜀都碎事》改。

[十]“蠶叢氏啓國誓蜀之碑”，原作“蠶叢起國之碑”，據《蜀都碎事》補。

[十一]“范”，原脱，據《蜀都碎事》補。

[十二]“申酉”，原作“辰戌丑未”，據《蜀都碎事》改。

[十三]“辰戌丑未”，原作“申酉”，據《蜀都碎事》改。

[十四]“後”，原脱，據《蜀都碎事》補。

色，故有青泥坊。杜詩“飯煮青泥坊底芹”，本此[一]。

孝女坊。羅江士人女張氏，母楊氏寡居，姻黨有婚，母女皆往。其典庫雍乙者忽被殺。獄吏張文饒疑楊氏有奸，恐乙洩，故殺之以滅其口。並逮其女，女不勝拷掠，臨死謂其母曰：“我死必訴於天。”[二]於是石泉連三日地震，聲如雷[三]，天雨雪，屋瓦皆落。獄官疑有冤，忽假寐，有猿墮前。曰：“殺人者袁姓乎？”張氏饋食之夫曰袁大，訊之，認曰：“適盜庫金[四]，雍見，遂殺之。”時女纔死數日，郡榜曰“孝女坊”。

里鄰

杜子美居草堂，有南鄰、北鄰，則“錦里先生烏角巾”[五]，朱山人也。公所云“多道氣、數追隨”者也[六]。北鄰則王明府，公所云“愛酒、能詩”者也[七]。又，斛斯校書亦草堂之南鄰，公詩云：“走覓南鄰愛酒伴。”[八]注云：“斛斯融，吾酒徒也。”

官制

松茂道，共轄成、龍二府，直隸雜谷一廳，綿、茂二直隸州。

成都知府，理事同知，水利同知，通判，經歷司，司獄司，教授，訓導。簡州知州，石橋井州判，吏目，龍泉馹巡檢，學正，訓導。崇慶州知州，吏目，學正，訓導。漢州知州，吏目，教諭，訓導。成都知縣，

[一] 此條相關注釋參《蜀都碎事》卷一。

[二]“訴”，原作“訢”，形近而誤，文義不通，據《宋史·列女傳》改。按，此處當即删改自《宋史》，但删削太過，文義不暢，詳參《宋史》原文。

[三]“聲”，原脱，據《宋史》補。

[四]“金”，原作“全”，形近而誤，據《宋史》改。

[五] 此句出《南鄰》詩，見《杜詩詳注》卷九。

[六]“氣”，原作“器”，誤，據《杜詩詳注》卷九《過南鄰朱山人水亭》之“看君多道氣，從此數追隨”改。

[七] 按，《杜詩詳注》卷九《北鄰》詩，黄鶴注以爲乃指王明府。中有句云“愛酒晉山簡，能詩何水曹”。

[八] 此句出《杜詩詳注》卷一〇《江畔獨步尋花七絶句》之一。

縣丞，典史。華陽知縣，縣丞，典史，太平塲巡檢，教諭，訓導。雙流知縣，典史，訓導。温江知縣，典史，教諭，訓導。新津知縣，典史，教諭。金堂知縣，典史，教諭，訓導。新都知縣，典史，教諭，訓導。郫縣知縣，典史，教諭。灌縣知縣，典史，教諭，訓導。崇寧縣知縣，典史，訓導。新繁知縣，典史，教諭。什邡知縣，典史，教諭，訓導。彭縣知縣，典史，訓導。

龍安知府，經歷司，教諭，訓導，分注松潘同知，照磨，南坪巡檢，教諭，訓導，理番同知，照磨。平武知縣，分注青川縣丞，典史，教諭，訓導。江油知縣，中壩塲巡檢，典史，教諭，訓導。石泉知縣，典史，教諭，訓導。彰明知縣，典史，教諭。

直隷綿州知州，豐谷井州判，吏目，魏城駟丞，學正，訓導。德陽知縣，典史，教諭。羅江知縣，典史，訓導。安縣知縣，典史，教諭。綿竹知縣，典史，教諭，訓導。梓潼知縣，典史，教諭，訓導。

直隷茂州知州，吏目，學正，訓導。汶川知縣，典史，教諭，訓導。保縣知縣，通化里縣丞，典史，教諭，訓導。

建昌道，共轄雅、嘉、寧三府，邛、眉二直隷州，越嶲衛一。

寧遠府知府，通判，經歷司。西昌知縣，縣丞，典史，教諭，訓導。冕寧知縣，冕山縣丞，典史，教諭，訓導。鹽源知縣，典史，教諭，訓導。

會理州知州，苦竹壩巡檢，吏目，學正，訓導。越嶲通判，大樹堡經歷司，教授。

雅州知府，打箭爐同知，通判，經歷司，照磨。瀘定橋巡檢[一]，教授，訓導。雅安知縣，典史。名山知縣，典史，教諭，訓導。榮經知縣，典史，教諭。蘆山知縣，典史，教諭，訓導。

天全知州，始陽州同，吏目。清溪知縣，典史，訓導，雅安、天全生員附府學。

嘉定知府，分注馬踏井通判，經歷司，教授。樂山知縣，典史，訓導。峨眉知縣，典史，教諭，訓導。洪雅知縣，典史，教諭，訓導。夾江知縣，典史，教諭，訓導。犍爲知縣，牛華溪鹽大使，典史，教諭，訓導。榮縣知縣，貢井縣丞，典史，教諭。威遠知縣，典史，訓導。

[一]“瀘”，原作“爐”，據雍正《四川通志》卷二一《打箭爐·公署》之“瀘定橋巡檢衙署”改。

直隸眉州知州，州判，吏目，學正，訓導。丹稜知縣，典史，教諭。青神知縣，典史，訓導。彭山知縣，典史，訓導。

直隸邛州知州，州判，吏目，火井漕巡檢，學正，訓導。大邑知縣，典史，教諭，訓導。蒲江知縣，典史，教諭，訓導。

川北道，共轄保、順、潼三府。

保寧知府，分注南部同知，通判，經歷司，教授，訓導。閬中知縣，典史，教諭，訓導。南部知縣，兩河口鹽大使，典史，教諭，訓導。廣元知縣，百丈關巡檢，神宣驛巡檢，朝天關巡檢，典史，教諭，訓導。蒼溪知縣，典史，教諭，訓導。昭化知縣，典史，教諭，訓導。巴州知州，鎮龍關州判，江口鎮巡檢，吏目，學正，訓導。通江知縣，典史，教諭，訓導。南江知縣，典史，教諭，訓導。

劍州知州，吏目，劍門驛丞，武連驛驛丞，學正，訓導[一]。

潼川知府，通判，經歷司，教授。三臺知縣，葫蘆溪鹽大使，典史，訓導。射洪知縣，青提渡鹽大使，洋溪鎮巡檢，典史，教諭，訓導。鹽亭知縣，典史，教諭，訓導。中江知縣，鹽家池鹽大使，典史，教諭，訓導。遂寧知縣，梓潼鎮縣丞，典史，教諭。蓬溪知縣，蓬萊鎮縣丞，康家渡鹽大使，典史，教諭。安岳知縣，典史，訓導。樂至知縣，典史，訓導。

順慶知府，同知，通判，經歷司，教授，訓導。南充知縣，鹽大使，典史，教諭，訓導。西充知縣，典史，教諭，訓導。蓬州知州，吏目，學正，訓導。營山知縣，典史，教諭，訓導。渠縣知縣，典史，教諭，訓導。

廣安州知州，吏目，學正，訓導。渠縣知縣，三滙場縣丞，典史，教諭，訓導。大竹知縣，石橋鋪縣丞，典史，教諭，訓導。岳池知縣，典史，訓導。鄰水知縣，典史，教諭。

川東道，共轄重、夔二府，忠、達、酉陽三直隸州。

重慶知府，同知，通判，經歷司，司獄司，教授，訓導。巴縣知縣，白市驛丞，木洞鎮巡檢，典史，教諭，訓導。江津知縣，典史，教諭，訓導。長壽知縣，典史，教諭，訓導。永川知縣，典史，教諭。璧山知縣，典史，訓導。榮昌知縣，典史，教諭。大足知縣，典史，訓導。綦江知縣，典史，教諭，訓導。南川知縣，典史，教諭，訓導。合州知州，

[一]“導”，原脱，據乾隆本及前後文用例補。

吏目，學正，訓導。銅梁知縣，安居巡檢，典史，教諭。定遠知縣，典史，訓導。涪州知州，武隆巡檢，吏目，學正，訓導。

夔州知府，雲安廠同知，通判，經歷司，教授，訓導。奉節知縣，典史，教諭。大寧知縣，鹽大使，典史，訓導。巫山知縣，典史，訓導。雲陽知縣，鹽大使，典史，訓導。萬縣知縣，縣丞，巡檢，典史，訓導。開縣知縣，典史，教諭。

直隸忠州知州，州判，巡檢，吏目，學正，訓導。酆都知縣，典史，訓導。墊江縣知縣，縣丞，典史，教諭，訓導。梁山知縣，縣丞，典史，教諭。

直隸達州知州，州同，巡檢，吏目，學正。東鄉知縣，典史，教諭。太平知縣，典史，訓導。新寧知縣，典史，訓導。

直隸酉陽知州，州同，州判，龔灘巡檢，吏目，訓導。秀山知縣，石堤巡檢，典史。黔江知縣，典史，教諭。彭水知縣，郁山鎮巡檢[一]，典史，教諭，訓導。秀山生員附州學。

永寧道，共轄叙州一府，直隸叙永一廳，資、瀘二直隸州，雷波一衛。

叙州府知府，鄧井關通判，經歷司，教授，訓導。宜賓知縣，縣丞，宣化驲巡檢，典史，教諭，訓導。南溪知縣，典史，教諭，訓導。富順知縣，縣丞，典史，教諭，訓導。長寧知縣，典史，教諭，訓導。隆昌知縣，典史，教諭，訓導。慶符知縣，典史，教諭，訓導。高縣知縣，典史，教諭，訓導。筠連知縣，典史，教諭，訓導。珙縣知縣，典史，教諭，訓導。興文知縣，建武巡檢，典史，教諭，訓導。屏山知縣，石角營巡檢，典史，教諭，訓導。

叙永廳同知，照磨，古藺鎮巡檢，教諭，訓導。永寧知縣，縣丞，典史，教諭，訓導。

直隸資州知州，州判，吏目，學正，訓導。資陽知縣，典史，教諭，訓導。内江知縣，典史，教諭，訓導。井研知縣，典史，教諭，訓導。仁壽知縣，典史，教諭，訓導。

直隸瀘州知州，州同，州判，嘉明鎮巡檢，吏目，學正，訓導。江安知縣，典史，教諭，訓導。合江知縣，典史，教諭，訓導。納溪知縣，典史，教諭，訓導，九姓司訓導。

[一]“郁”，原作“都”，形近而誤，據光緒《彭水縣志》卷二改。又，雍正《四川通志》卷四言：“郁山鎮，在彭水縣東六十里。”

松茂道屬之華陽縣，雍正五年復設[一]。雙流、崇寧、彭縣、彰明，雍正七年復設。綿州，雍正五年改直隸。羅江，雍正七年復設。茂州，雍正五年改直隸。雜谷廳，乾隆十七年歸誠，設同知一員，爲保縣、維關之關鍵。

川北道屬岳池縣，康熙六十年復設。安岳縣，雍正七年復設。川東道屬大足、壁山、定遠，雍正七年復設。銅梁縣，康熙六十年設立。建始縣，乾隆元年改歸楚省。大寧縣，雍正七年復設。酉陽縣，乾隆六年改直隸州。秀山縣，雍正十三年設立。新寧縣，雍正七年復設。

永寧道屬叙府，原有建武廳，雍正十三年建武併興文縣通判，改富順、鄧井關廠員。屏山縣舊馬湖府屬，雍正五年改資縣，旋改爲直隸資州。

建昌道屬雅州府、天全州、雅安縣，俱雍正七年復設。威遠縣，雍正七年復設。寧遠府，雍正六年裁建昌通判，改知府。彭山、青神，雍正七年復設[二]。

韋太尉皋鎮西川二十年，降土番九節度，擒論莽熱以獻[三]，大招附西南夷，任太尉，封南康王。凡事設教，軍士將吏婚嫁[四]，則以熟綵衣給其夫氏，以銀泥衣給其女氏，又各給錢一萬，死葬稱是，訓練稱是。内附者富贍之[五]，遠來者將迎之。極其聚斂，坐有餘力，以故軍府寖盛，而黎甿重困。及晚年爲月進，終致劉闢之亂[六]，天下譏之。

嚴武少以强俊知名[七]。蜀中坐衙，杜甫袒跣登其几案[八]，武愛其才，終不害。然與章彝素善[九]，再入蜀，談笑殺之。及卒，母喜曰："而今而後，吾知免官婢矣！"

嚴武鎮蜀，辟杜甫爲參謀，武以世舊，待甫甚善。甫醉登武床，瞪

[一]"五"，原作"王"，形近而誤，據乾隆本改。

[二] 此條之後，乾隆本提行，又有"官制"二字，底本已删。

[三]"熱"，原脱，據李肇《唐國史補》卷中補。

[四]"軍士將吏"，原作"軍吏將士"，據《唐國史補》改。

[五]"贍"，原作"瞻"，據《唐國史補》改。按，"瞻"雖可通"贍"，有本可據，故改之。

[六]"劉闢"，唐人，字太初，德宗貞元進士，佐韋皋西川幕，後代爲，以叛誅。事詳《舊唐書·韋皋傳附劉闢》。

[七]"少"，原脱，據《唐國史補》卷上、《唐語林》卷五補。

[八]"几案"，原作"机按"，《唐國史補》作"机桉"，據《唐語林》改。

[九]"章"，原作"韋"，據《唐國史補》《唐語林》改。按，《舊唐書·嚴武傳》云："前後在蜀累年，肆志逞欲，恣行猛政。梓州刺史章彝，初爲武判官。及是，小不副意，赴成都，杖殺之，由是威震一方。"

視，曰："嚴挺之乃有此兒！"武恚曰："審言孫子，欲捋虎鬚耶？"一日欲殺甫，集吏於門，武將出冠鉤於簾者三，左右白其母，奔救得免。母遂以小舟送甫下峽。武卒，乃寓居夔之東屯[一]。

諸葛亮與張飛、趙雲破巴郡，獲太守嚴顔，喝曰："何不降？"顔曰："但有斷頭將軍，無降將軍。"飛怒，欲斬之，顔容不變，曰："斬頭便斬頭，何爲怒耶？"飛壯而釋之，引爲上客[二]。

李德裕，西川節度使。自南詔入寇，民不聊生。德裕安輯雄邊子弟以壯威，築仗義[三]、柔遠諸城以扼番落。復邛峽關，徙嶲州治臺墩，以奪蠻險。西人勒像，與韋皋並祀。

余玠治蜀，任都統張實治軍旅，安撫王惟忠治財賦，監簿朱文炳接賓客，皆有常度。至於修學養士，輕徭以寬民力，薄征以通商賈。蜀既富實[四]，乃罷京湖之餉；邊關無警，又撤東南之戍。自寶慶以來，蜀閫未有能及之者。

趙清獻公抃初任成都，携一琴、一鶴、一馬而行[五]。其再任也，屏去琴、鶴，止有一老蒼頭執事。

田元均治成都有聲，民有隱惡，輒摘發之，蜀人謂之照天蠟燭[六]。

吴公弼知成都，營卒犯法，當杖不受，曰："寧以劍死。"公曰："杖者國法，劍汝自請。"杖而斬之，軍府肅然[七]。

王剛中知成都，浚萬歲池淤澱，溉田三鄉，土植榆柳[八]，表以石柱，郡人指爲"王使君甘棠"。

張乖崖守蜀，有録事參軍王姓者老病，詩云："秋光都似宦情薄，山色不如歸興濃。"乖崖曰："幕下有詩人，奈何不相聞耶？"厚禮遣之[九]。

[一] 此條所載之事，見《雲溪友議》卷上、《唐語林》卷四。

[二] 此事見《三國志・蜀志・張飛傳》，文字略異。

[三] "仗"，原作"伏"，形近而誤，據《廣輿記》卷一七改。按，此條與《廣輿記》所載文字小異，相關事迹亦見《新唐書・李德裕傳》。

[四] "蜀"，原脱，據《宋史・余玠傳》補，文義更暢。

[五] 按，此處稱一琴、一鶴、一馬，當是據《宋史・趙抃傳》而來，而《墨客揮犀》卷一〇則云："趙閲道爲成都轉運使，出行，部内唯携一琴、一鶴、一龜，坐則看龜鼓琴。"

[六] 此條相關記載見《東齋紀事》卷四。

[七] 此條相關記載見《宋史・吕夷簡傳附吕公弼》。另，原文此條與上文接，據文意拆分。

[八] "榆"，原作"檢"，形近而誤，據《宋史・王剛中傳》改。

[九] 按，蘇軾《送路都曹》詩序及洪邁《容齋隨筆・三筆》卷一一皆載此事，此處删改過甚，文義略有艱澀處。

薛蓬爲巴州刺史，父老歌曰："日出而作，日入而歸。吏不到門，夜不掩扉。有孩有童，願以名垂。何以字之？薛子薛孫。"[一]

張載，安平人，父收爲蜀太守。載省父，經劍閣，以蜀人恃險好亂，作《劍閣銘》以示誡。刺史張敏見而奇之，入奏武帝，命鐫之劍閣[二]。

元微之左遷達州司馬，投宿一舍，壁間有字數行，乃微之十五年初及第時贈妓女者，復韻呈白居易云："十五年前似夢游，曾將詩句結風流。昔教紅粉佳人和[三]，今遣青衫司馬愁。"[四]

張忠定公祠，成都城内。公自蜀召歸，留畫一軸，遺僧希白[五]，曰："後十年開。"僧聞訃，開視，乃公像，自贊曰："乖則違俗，崖不利物。乖崖之名，聊以表德。"

燕肅，字穆之，知梓州。作蓮花漏，晨昏分刻不差，立石載其法[六]。

李遷哲，後周以大將軍出鎮白帝，苦無倉儲，遷哲取葛根造粉兼米以給軍。每有佳膳，即分賜營中，無不人人感奮者[七]。

程頤貶涪州司户，嘗過涪中，流船幾覆，舉舟之人相顧號泣，頤獨正襟危坐。已而及岸，衆中一父老問曰："當船危時，君坐甚莊，何以？"頤曰："心存誠敬。"父老曰："又不若無心也。"頤方欲與之言，忽不見[八]。

程頤游成都，見治蔑箍桶者挾册[九]，就視之，則《易》也。篾者問

[一] 按，此條不知引自何處，但與他書如《氏族大全》卷二〇、《山堂肆考》卷七二等所載略異。《山堂肆考》云："唐薛逢爲巴州刺史，人歌之曰：'日出而耕，日入而歸。吏不到門，夜不掩扉。有孩有童，願以名垂。何以字之？薛孫薛兒。'"

[二] 此條所載之事可參《晉書·張載傳》。

[三] 按，此句與蔣一葵《堯山堂外紀》卷三二、陸應陽《廣輿記》卷一七等所載相同，但《白居易集箋校》卷一五作"昔教紅袖佳人唱"。又，題此詩者乃白居易，此處言爲元稹，誤矣。然不便改動，故附録白居易之詩題及詩文於後。《微之到通州日，授館未安，見塵壁間有數行字，讀之即僕舊詩。其落句云："緑水紅蓮一朵開，千花百草無顔色。"然不知題者何人也。微之吟歎不足，因綴一章兼録僕詩本同寄省。其詩乃是十五年前初及第時贈長安妓人阿軟絶句，緬思往事，杳若夢中，懷舊感今因酬長句》："十五年前似夢游，曾將詩句結風流。偶助笑歌嘲阿軟，可知傳誦到通州。昔教紅袖佳人唱，今遣青衫司馬愁。惆悵又聞題處所，雨淋江館破墻頭。"

[四] "衫"，原作"山"，據白居易詩改。

[五] "白"，原脱，據《方輿勝覽》卷五一《成都府·祠廟》"張忠定祠"條、《蜀中廣記》卷一〇八、《廣輿記》卷一六等補。

[六] 按，燕肅造蓮花漏之法，詳載於《青箱雜記》卷九；其人小傳，則見《東都事略》卷六〇。

[七] 此條與《明一統志》卷七〇李遷哲小傳大致相合，此人事迹，詳《周書》卷四四本傳。另，原文此條與上文接，據文意折分。

[八] 此條出《方輿勝覽》卷六一《涪州·名賢》"程頤"條，文字略異。

[九] "桶"，原作"筩"，據《宋史·隱逸傳下·譙定》所附之箍桶翁事改。

曰："若嘗了此乎？"因論"未濟，三陽失位爲男窮"之義，頤兄弟爽然。後謂袁滋曰："《易》學在蜀。"滋入成都，見賣醬薛翁者，與語大有得。蓋篾叟醬翁，皆隱君子也。

趙清獻爲青城宰，挈聲樂妓以歸，爲邑尉追還，大慟且怒，又因與妻忿争，由此惑志[一]。

夔人重武侯，以歲首人日傾城出游八陣上，謂之踏磧。婦人拾沙中小石之可穿者，貫以繡縷携歸，以爲一歲之祥[二]。

宋子京書韋皋事云："蜀人思之，見其遺像必拜。凡刻石著皋名者，皆鑱去其文，尊諱之也。"[三]

文潞公二則[四]

潞公少時從其父赴蜀州幕官，過成都，潞公入江瀆廟觀畫壁[五]。祠官接之甚勤，且言："夜夢神令洒掃祠庭，曰'明日有宰官來'。豈異日之宰相乎？"公笑曰："宰相非所望，若爲成都，當令廟室一新。"慶曆中，公以樞密直學士知益州。聽事之三日，謁江瀆廟，若有感焉。方經營改造中，忽江漲，大木數千章蔽流而下，盡取爲材。廟成[六]，雄壯甲天下。

潞公知成都日，年未四十。成都風俗喜行樂，公多宴集，有飛語至京。御史何郯聖從[七]，蜀人，因謁告歸，上遣伺察之。聖從將至，公亦

[一] 此事出《容齋隨筆》卷一五"孔氏野史"條。

[二] 此説本自《方輿勝覽》卷五七《夔州·風俗》下"踏磧而游"條所引《圖經》之語，亦見《蜀都碎事》卷四。

[三] 按，宋祁之語見《新唐書·韋皋傳》。但宋人邵博《聞見後録》卷一〇已辨宋祁之説不可靠，云："蜀於韋皋刻石文字，後書皋名者，必鐫其中，僅可辨。故宋子京書皋事，云：'蜀人思之，見其遺像必拜，凡刻石著皋名者，皆鑱去其文，尊諱之。'近有自西南夷得皋授故君長牒，於皋位下書若皋字，復塗以墨，如刻石者，蓋皋花字也。當時書石亦用前名後押之制，非蜀人鑱其文尊諱之。如本朝韓魏公書花字，寫成琦字，復塗以墨，尚可辨，亦此體也。"

[四]"文潞公"，即文彦博，《宋史》卷三一三有傳，慶曆五年至七年（一〇四五至一〇四七）知益州。

[五]"廟""壁"，原脱，據《邵氏聞見録》卷九補。

[六]"成"，原作"工"，據《邵氏聞見録》改。

[七]"郯"，原作"剡"，形近而誤，據《宋史·何郯傳》改。按，此條當是抄自《蜀都碎事》卷三，故錯字亦與之同。實則關於此事之較早記載，出《邵氏聞見録》卷一〇，此處有删改。

爲動。張少愚謂公曰："聖從之來無足念。"少愚因迎見於漢州，同郡會有營妓善舞，聖從喜之。問其姓，妓曰："楊。"聖從曰："所謂楊臺柳者。"少愚即取妓之項帕羅題云："蜀國佳人號細腰，東臺御史惜妖嬈。從今喚作楊臺柳，舞盡春風萬萬條。"命妓作《柳枝詞》歌之，聖從爲之霑醉。後數日，聖從至成都，頗嚴重。一日，潞公大作樂以燕聖從，迎其妓雜府妓中，歌少愚之詩以酌聖從，每爲之醉。還朝，公之謗乃息。

安酋三則

朱燮元總督五省，方蒞任，謁先師廟。至明倫堂，諸生講書訖[一]，即縛諸生八人，斬之學宫前[二]，闔城人大驚莫測。後平水西，得安氏諸册籍，則八人安氏耳目也，受安金拜官矣。安氏有軍師謝姓，一切兵謀皆其爲之。燮元用力士，授之以計，越山攀木，夜入謝軍師家，縛軍師來，安氏不知也。軍師見總督，長揖作賀曰："先生得我，安氏無能爲矣，敢不賀。"

安氏有女將軍安八姐，勇捷無敵。諸名將往敵之，皆敗，竟數敗官兵。燮元諜八姐淫媟，於是選軍中美男子，得一人，飾以金銀兜甲，善弓刀，駿馬首，陣前偉麗動人。八姐合戰，望見，即縱馬欲生擒，去相近不加刃，遂反生擒之矣。至則獄之，索《三國志》，獄官持送，喜獄官，獄官不敢前。稟之燮元，燮元曰："姑融通延活彼，以俟吾請命也。"命下死。

明御史大夫丁玉，以平羌將軍經略西番，鑄銀爲錠，與之要約，散給諸羌，得之者寶之如神物。上有誓詞，輕重不等，番中號之爲丁大夫[三]。

[一]"講書"至卷末，底本缺頁，據乾隆本補。

[二]"宫"，原作"官"，形近而誤，據《天問閣文集》改。按，此條及下一條，皆出明末清初李長祥《天問閣文集》卷二《崇禎遺事三》。

[三]"中"，原脱，據《補續全蜀藝文志》卷五四補。按，此條亦載《蜀都碎事》卷二。

蜀故卷六

兵衛營制

滿城官兵，康熙六十年設六副都統，麾下共七十四員，内兼佐領之協領五員，佐領十九員，防禦二十四員，驍騎校二十四員，筆帖式二員。八旗滿洲、蒙古旗分馬兵一千六百名，内壯大八名[一]，前鋒一百五十二名，領催一百四十四名，甲兵一千二百九十六名，步兵四百名，匠役九十六名，炮手四十八名。

督標三營，中營副將一員，都司一員，千總二員，把總四員，外委千總二員，外委把總四員。左營游擊一員，守備一員，千總二員，把總四員，外委千總二員，外委把總四員。右營游擊一員[二]，守備一員，千總二員，把總四員，外委千總二員，外委把總四員。馬戰守兵二千四百名，内除養廉公費、馬戰守糧二百七十二分外[三]，實存馬兵三百五十四名，戰兵六百三十五名，守兵一千一百三十九名。

提標五營，中營參將一員，守備一員，千總二員，把總四員，外委千總二員，外委把總四員。左營游擊一員，守備一員，千總二員，把總四員，外委千總二員，外委把總四員。右營游擊一員，守備一員，千總二員，把總四員，外委千總二員，外委把總四員。前營都司一員，守備一員，千總二員，把總四員，外委千總二員，外委把總四員。後營都司一員，守備一員，千總二員，把總四員，外委千總二員，外委把總四員。馬戰守兵三千二十五名，内除養廉公費、馬戰守糧四百七十分外，馬兵七百零六名，戰兵一千五百一十八名，守兵三百三十一名。

[一]“壯”，原作“狀”，據雍正《四川通志》卷二二上改。
[二]“右”，原作“有”，據乾隆本改。
[三]“守”，原脱，據上下文用例補。

普安三營參將一員，守備一員，千總二員，把總四員，外委千總二員，外委把總四員。安阜營都司一員，千總一員，把總二員，外委千總一員，外委把總二員。馬邊營都司一員，千總一員，把總二員，外委千總一員，外委把總二員。

川北鎮鎮標八營，中營游擊一員，守備一員，千總二員，把總四員，外委千總二員，外委把總四員。左營游擊一員，守備一員，千總二員，把總四員，外委千總二員，外委把總一員。右營都司一員，守備一員，千總二員，把總四員，外委千總二員，外委把總四員。

順慶營游擊一員，守備一員，千總二員，把總二員，外委千總二員，外委把總三員。

達州營游擊一員，守備一員，千總一員，把總二員，外委千總一員，外委把總二員。

太平營都司一員，千總一員，把總二員，外委千總一員，外委把總二員。

潼綿營都司一員，千總一員，把總二員，外委把總二員。

通巴營守備一員，把總二員，外委把總二員。馬戰守兵三千六百七十八名，内除養廉公費、馬戰守糧五百二十二分外[一]，馬兵四百一十八名，戰兵八百五十一名，守兵一千八百一十一名。

重慶鎮鎮標十營，中營游擊一員，守備一員，千總二員，把總四員，外委千總二員，外委把總四員。左營游擊一員，守備一員，千總二員，把總四員，外委千總二員，外委把總四員。右營游擊一員，守備一員，千總二員，把總四員，外委千總二員，外委把總四員。

綏寧營參將一員，守備一員，千總二員，把總四員，外委千總二員，外委把總四員。

黔彭營都司一員，千總一員，把總二員，外委千總一員，外委把總二員。

忠州營都司一員，千總一員，把總二員，外委把總二員。

夔州協副將一員，左營都司一員，千總二員，外委千總一員，外委把總三員。右營守備一員，千總二員，把總四員，外委千總二員，外委

[一]“外”，原脱，據上下文用例補。

把總三員。

巫山營都司一員，千總一員，把總二員，外委千總一員，外委把總二員。

梁萬營都司一員，把總一員，外委把總一員。馬戰守兵三千五十名，内除養廉公費、馬戰守糧五百八分外，馬兵一百八十三名，戰兵八百七十名，守兵一千四百八十九名。

夔州協馬戰守兵一千七百五十名，内除養廉公費、馬戰守糧二百一十一分外，馬兵九十九名，戰兵五百一十二名，守兵九百二十八名。

松潘鎮鎮標十二營，中營游擊一員，守備一員，千總二員，把總四員[一]，外委千總二員，外委把總四員。左營游擊一員，守備一員，千總二員，把總四員，外委千總二員，外委把總四員。右營游擊一員，守備一員，千總二員，把總四員，外委千總二員，外委把總四員。

龍安營参將一員，守備一員，千總二員，把總四員，外委千總二員，外委把總四員。

漳臘營参將一員，守備一員，千總二員，把總四員，外委千總二員，外委把總四員。

叠溪營游擊一員，守備一員，千總一員，把總二員，外委千總一員，外委把總二員。

平番營都司一員，千總一員，把總二員，外委千總一員，外委把總一員。

南平營都司一員，千總一員，把總二員，外委千總一員，外委把總二員。

小河營守備一員，千總一員，把總二員，外委千總一員。

維州協副將一員，左營都司一員，千總二員，把總四員，外委千總二員，外委把總四員。右營都司一員，千總一員，把總二員，外委千總一員，外委把總二員。

茂州營都司一員，千總一員，把總二員，外委千總一員，外委把總二員。馬戰守兵四千六百四十名，内除公費養廉、馬戰守糧六百三十四分外，馬兵五百五十七名，戰兵一千六十六名，守兵二千三百八十三名。

[一]“把”，原作“犯”，據乾隆本改。

維州協馬戰守兵一千二百名，内除公費養廉、馬戰守糧一百七十二分外，馬兵一百四十二名，戰兵二百三十五名，守兵六百五十一名。

建昌鎮鎮標十三營，中營游擊一員，守備一員，千總二員，把總四員，外委千總二員，外委把總四員。左營游擊一員，守備一員，千總二員，把總四員，外委千總二員，外委把總四員。右營都司一員，守備一員，千總二員，把總四員，外委千總二員，外委把總四員。

越嶲營參將一員，守備一員，千總二員，把總四員，外委千總二員，外委把總四員。

會川營參將一員，守備一員，千總二員，把總四員，外委千總二員，外委把總四員。

會鹽營游擊一員，守備一員，千總二員，把總四員，外委千總二員，外委把總三員。

靖遠營游擊一員，守備一員，千總二員，把總四員，外委千總一員，外委把總三員。

寧越營都司一員，千總一員，把總二員，外委千總一員，外委把總三員。

嘉順營都司一員，千總一員，把總二員，外委千總一員，外委把總二員。

懷遠營都司一員，千總一員，把總二員，外委千總一員，外委把總二員。

永定營都司一員，千總一員，把總二員，外委千總一員，外委把總二員。

冕山營都司一員，千總一員，把總二員，外委千總一員，外委把總二員。

瀘寧營守備一員，千總一員，把總二員，外委千總一員，外委把總二員。

永寧協副將一員，左營都司一員，千總二員，把總四員，外委千總二員，外委把總四員。右營都司一員，千總二員，把總四員，外委千總二員，外委把總四員。

叙馬營游擊一員，守備一員，千總二員，把總二員，外委千總二員，外委把總三員。

建武營游擊一員，守備一員，千總一員，把總二員，外委千總一員，外委把總二員。

大壩營都司一員，把總一員，外委把總一員。

赤水營守備一員，把總一員，外委把總一員。

泰寧協副將一員，左營都司一員，千總一員，把總二員，外委千總一員，外委把總二員。右營都司一員，千總一員，把總二員，外委千總一員，外委把總二員。

黎雅營游擊一員，守備一員，千總二員，把總四員，外委千總一員，外委把總二員。

峨邊營游擊一員，守備一員，千總二員，把總二員，外委千總二員，外委把總二員。

阜和營游擊一員，守備一員，千總三員，把總五員，外委千總二員，外委把總四員。馬戰守兵六千三百名，内除養廉公費、馬戰守糧八百五十二分外[一]，馬兵五百五十七名，戰兵一千二百六十二名。

永寧協馬戰守兵二千二百九名，内除公費養廉、馬戰守糧三百六十一分外，馬兵一百一十一名，戰兵六百一十一名，守兵一千一百七十二名。

泰寧協馬戰守兵二千七百名，内除公費養廉、馬戰守糧三百二十四分外，馬兵二百七十五名，戰兵六百三十九名，守兵一千四百六十二名。

城守三營參將一員，左營守備一員，千總二員，把總三員，外委千總二員，外委把總五員。右營守備一員，千總二員，把總三員，外委千總二員，外委把總四員。

清雲營守備一員，千總一員，把總一員，外委千總一員，外委把總一員。馬戰守兵一千六百五十名，内除公費養廉、馬戰守糧一百七十五分外，馬兵一百八十名，戰兵三百八十九名，守兵九百六名。

西藏駐防官兵五百七員名，定例三年更換一次，於標協營派撥。

臺站駐防官兵一千一十二員名，定例三年更換一次，於標鎮協營派撥。

阿壩色住卡駐防弁兵三十三員名，定例一年更換一次，於松潘鎮標三營、漳臘營派撥。

革賨、寫達、霍耳甘孜游巡弁兵二十一員名[二]，定例一年更换一次，

[一]“外”，原脱，據上下文用例補。

[二]按，此處三個地名，可參雍正《四川通志》卷一九。

於阜和營派撥。

衛　所[一]

洪武二十六年，定天下都司衛所。四川都司：成都左護衛、右護衛，後爲龍虎左衛，隸南京左府；中護衛，後爲豹韜左衛，隸南京前府；左衛，革；右衛；前衛；後衛；中衛；寧川衛；茂州衛；建昌衛，後屬行都司；重慶衛；敘南衛；蘇州衛，後爲寧番衛，屬行都司，革；瀘州衛；松潘衛軍民指揮使司；巖州衛，革；青川千户所；威州千户所[二]；大渡河千户所。

四川都司：舊有浦江關軍民千户所，後革；成都左護衛；右衛；中衛；前衛；後衛；寧川衛；茂州衛；重慶衛；敘南衛；瀘州衛；利州衛，舊無，後設；松潘衛，舊爲軍民指揮使司[三]，後改；青川千户所；保寧千户所；威州千户所；雅州千户所；大渡江千户所；廣安千户所；灌縣千户所。已下各所後設：黔江千户所；叠溪千户所；建武千户所；小河千户所；蜀府儀衛司；壽府儀衛司，革；壽府群牧所，革。

土官：天全六番招討官司，屬都司；隴木頭長官司，静州長官司，岳希蓬長官司，已上屬茂州衛；石砫宣撫司，酉陽宣撫司，已上屬重慶衛；石耶洞長官司[四]，邑梅洞長官司，已上屬酉陽宣撫司；占藏先結簇長官司，阿昔洞簇長官司，蠟匝簇長官司，白馬路簇長官司，山洞簇長官司，北定簇長官司[五]，麥匝簇長官司，者多簇長官司，牟力簇長官司，班班簇長官司[六]，祈命簇長官司，勒都簇長官司，包藏簇長官司，阿思簇長官司，思曩兒簇長官司[七]，阿用簇長官司，潘斡寨長官司[八]，八郎安撫司，阿角寨安撫司，麻兒匝安撫司，芒兒者安撫司，已上俱屬松潘

[一] 以下關於衛所與土官之内容，源自《明史·兵志二》。
[二]“威”，原作“成”，據《明史》改。
[三]“爲”，原作“無”，據《明史》改。
[四]“石”，原作“右”，形近而誤，據《明史》改。
[五]“北定”，原作“比官”，據《明史》改。
[六] 第二“班”字，原作“斑”，據《明史》改。
[七]“思”，原脱，據《明史》補。
[八]“斡”，原作“幹”，據《明史》改。

衛。叠溪長官司，鬱即長官司，已上屬叠溪千户所。

四川行都司，舊無，後設。舊有建昌前衛，後革。建昌衛，舊屬四川都司。寧番衛，舊爲四川蘇州衛。已下添設：會川衛[一]，鹽井衛，越巂衛，禮州後千户所，禮州中中千户所，建昌打冲河前千户所，德昌千户所，迷易千户所，鹽井打冲河中左千户所，冕山橋後千户所，鎮西後千户所。

土官：昌州長官司，威龍長官司，普濟長官司，俱屬建昌衛；馬喇長官司，屬鹽井衛；邛部長官司，屬越巂衛。

土兵

紹興末，帥臣李師顔於夔州三縣保甲中，選置義兵，立七資職以分上下[二]，邑軍名團結，恭、涪、忠、萬四州皆有義軍，額或千數。

黎、雅州土丁，集沿邊農人火甲户爲之[三]，蓋唐雄邊子弟之遺法。舊無行陣軍伍，但以甲頭總之。乾道七年邊釁之後始置寨將、押隊、旗頭之類，略寓軍制。每歲農隙時，官給口食，教之武事。舊制凡千人，淳熙三年，禄粹父請倍其數。

嘉定土丁惟犍爲、峨眉二縣有焉。自熙、豐以來，峨眉八寨一千四百八十人，犍爲五寨之籍二百七十五。

威、茂州亦有土丁，各州二百。威州之丁月給米三升，驍捷可用[四]，夷人亦畏之。茂州之丁半市人，無月給，半有爲夷人庸耕者[五]。

漢興十一年，發巴蜀材官衛軍霸上[六]。

[一]“川”，原作“州”，據《明史》改。

[二]“以”，原作“次”，形近而誤，據《文獻通考·兵考八》改。◎“上”字後，原有“中”字，據《文獻通考》删。按，《建炎以來朝野雜記·甲集》卷一八亦有相關記載。

[三]“火”，原作“大”，形近而誤，據《文獻通考》改。

[四]“捷”，底本及乾隆本原從“牛”旁，字書不載，據《文獻通考》改，《建炎以來朝野雜記》作“健”。

[五]以上三條皆出《文獻通考·兵考八》。

[六]此條出《文獻通考·兵考二》，相關記載亦見《漢書·高帝紀下》。

關隘[一]

飛仙關，蘆山南，即古之漏閣。宇文博《賦》[二]："惟天下之至險，有嚴道之漏閣焉。孤峰上繼於青天[三]，湍波下走於長川。斷崖横壁立之岸[四]，飛溜濺千丈之泉。"[五]

天險關，滎經東北，據邛崍九折坂之險[六]。

邛崍關，滎經境，據番夷要害[七]。

倒馬關，納溪，南路通南中交阯。

石虎關[八]，納溪，通雲南交阯路，關前有石如虎，因名。

扞關，關廪君浮夷水所置也。《楚世家》："肅王四年，蜀伐楚，取兹方，於是爲扞關以拒之。"《郡國志》："巴郡魚復縣有扞關。"李熊説公孫述曰："東守巴郡，拒扞關之口。"《正義》："《華陽國志》云'巴、楚相攻伐，故置江關、陽關。'《括地志》：'陽關，今涪州永安縣治陽關城也。永安，省入樂温縣[九]。扞關，今峽州巴山縣界故扞關是。巴山，省入夷陵。江關，今夔州魚復縣南二十里，江南岸白帝城是。'"魚復，今奉節縣[十]。《後漢·岑彭傳》[十一]："公孫述遣將乘枋箄下江關。"《注》云："舊在赤甲城，後移江南岸，對白帝城故基。"

劍門關，劍州北。汪元量詩："萬里橋西一回首，黑雲遮斷劍門

[一] 此後乾隆本有"關"字，底本已删。

[二] 按，目前載此賦較早者爲《方輿勝覽》卷五五《雅州·山川》之"漏閣"條，據《方輿勝覽》，此賦題作《新路賦》，作者爲宇文溥，此處作"博"，與《明一統志》卷七二所載相合。二字形近，暫無其他證據，難知孰是孰非。《蜀中廣記》卷一四、《山堂肆考》卷三〇亦載此賦，文字與此皆不合，今據《方輿勝覽》校改。

[三]"上"，乾隆本作"山"，形近而誤。

[四]"岸"，原作"峅"，據《方輿勝覽》改。

[五]"溜"，原作"湍"，據《方輿勝覽》改。

[六] 此條見《明一統志》卷七二《雅州·關梁》。

[七] 此條見《廣輿記》卷一七《雅州·關梁》。

[八]"虎"，原脱，據後文"虎"字及嘉靖《四川總志》、乾隆《直隸瀘州志》補。按，以上二關載嘉靖《四川總志》卷一三、乾隆《直隸瀘州志》卷二等。

[九] 此段文字乃據《通鑑地理通釋》卷一〇改寫。原書之注文，彭遵泗改爲了正文，今仍作小字注文處理。

[十]"魚復"，原脱，據《通鑑地理通釋》補。

[十一]"傳"，原脱，據《通鑑地理通釋》補。

關。”[一]唐明皇詩：“劍閣橫空峻[二]，鑾輿出狩回。翠屏千仞合，丹嶂五丁開。灌木縈旗轉，仙雲拂馬來。乘時方在德，嗟爾勒銘才。”

上亭驛，在梓潼[三]。唐玄宗幸蜀至此，雨中聞鈴聲，左右云：“似言三郎琅璫。”又名琅璫驛[四]。王阮亭題詩云：“金鷄賜帳事披猖，河朔從兹不屬唐。却使青騾行萬里，三郎當日太郎當。”[五]

籌筆驛，廣元北，諸葛武侯出師，嘗駐軍籌畫於此[六]。杜牧詩：“永安宫受詔，籌筆驛沉思。畫地乾坤在，濡毫勝負知。”

橋

萬里橋，在成都府南門外，以石爲之，高三丈，寬半之，長十餘丈，架錦江上。相傳以爲孔明送吴使張温曰：“此水至揚州萬里。”因以名橋。一説費禕聘吴，孔明送之曰：“萬里之行，始於此矣。”故名[七]。

升仙橋，在成都北門外。魚凫王、張伯子俱乘虎仙去，橋因以名。司馬相如東游，題其柱曰：“不乘駟馬車，不復過此橋。”今橋邊勒石曰駟馬橋[八]。

蜀都兩江有七橋[九]，直西門郫江曰冲里橋[十]，西南石牛門曰市橋。《寰宇記》：“市橋，在益州西四里。”[十一]

常璩[十二]：“石牛門曰市橋，石犀潛於此淵中。”

[一] 此詩題作《咎相公席上》，載汪元量《湖山類稿·水雲集》卷一。

[二]“閣”，原作“關”，據《開天傳信記》、《輿地紀勝》卷一八六、《蜀中廣記》卷二六等改。

[三]“潼”，原作“橦”，據《新唐書·地理志六》等改。後文此地名之誤徑改，不再説明。

[四] 此條見《明一統志》卷六八《保寧府·古迹》“上亭驛”條。

[五] 此詩爲《郎當驛雨中二首》之一，載王士禛《漁洋精華録集釋》卷一二。

[六]“畫”，原作“筆”，據雍正《四川通志》卷二六改。按，後文所引杜牧詩，題作《和野人殷潛之題籌筆驛》，載《文苑英華》卷二九八、《全唐詩》卷五二三，亦見雍正《四川通志》。

[七] 此條相關記載見《蜀都碎事》卷一。

[八] 此條亦見《蜀都碎事》卷一。

[九]“兩”，原作“浦”，據《蜀都碎事》卷一改。

[十]“里”，原作“星”，據《蜀都碎事》改。後文此橋名之誤則徑改，不復出校。

[十一] 此條引《太平寰宇記》之語，見該書卷七二，下一條引常璩之語，亦是據《太平寰宇記》卷七二轉引，文字小異。

[十二]“璩”，原作“據”，形近而誤，據《太平寰宇記》改。按，相關記載見《華陽國志》卷三，文字略異。

李膺《益州記》："冲里橋，蓋市橋也，在今成都縣西南。"[一]《後漢書》注："市橋，即七星橋之一也。"

笮橋，成都西，桓温伐蜀戰此[二]。

雁橋，任豫《益州記》："雁橋東，君平賣卜土臺局高數丈。"[三]張何《賦》："雁橋風暖，犀浦花新。"[四]

折柳橋，簡州朝天門外，舊名情盡。《唐詩紀事》："雍陶送客至情盡橋[五]，命筆爲詩，云：'從來只有情難盡，何事名爲情盡橋？自此改名爲折柳，任他離恨一條條。'"

天生橋，萬縣苧溪上，一石自然成橋，長與溪等，溪流出其下[六]。彭山邑北二里有埋輪橋，漢張綱事也。劾梁冀，人嘉其忠，故以名橋[七]。又，朱遵與公孫述戰於六水門，先埋其車輪於橋側，後因以名。

按，此後説爲近。雍正邑令張綽易爲忠孝橋[八]，亦因舊志有此橋名耳。橋側舊有張綱、李密祠。

渡

白沙渡。杜甫詩："畏途隨長江[九]，渡口下絶岸。水清石礨礨，白沙

[一] 按，此條與下一條皆改寫自《後漢書·公孫述傳》"於市橋僞建旗幟"句注文。

[二] 此條相關記載見《太平寰宇記》卷七二、《蜀中廣記》卷二等。

[三] 按，《説郛》百二十卷本卷六一有任豫《益州記》，此條即收録其中。

[四] 按，此賦爲唐人張何《蜀江春日文君濯錦賦》，載《文苑英華》卷一一九、《全蜀藝文志》卷一等。

[五] "雍陶"，原誤倒，據《唐詩紀事》卷五六乙正。

[六] 此條見《方輿勝覽》卷五九《萬州·橋梁》"天生橋"。

[七] 按，此説實妄。據《後漢書·張晧傳附張綱》稱張綱不受皇命，埋其車輪於洛陽都亭，與眉州何干？其致誤之由，當是因襲《廣輿記》卷一七之説也。又按，後一種説法，則見《明一統志》卷七一及《蜀都碎事》卷二。

[八] 按，雍正《四川通志》卷二二下同時著録忠孝橋與埋輪橋，乾隆《彭山縣志》卷二亦同時著録二橋，但於埋輪橋下考辨稱"今縣北二里並無此橋，忠孝橋俗呼埋輪，疑即此。舊志分爲二，姑附之以備參考"。由是觀之，乾隆時期之彭山縣已無埋輪橋，也難以説清埋輪橋與忠孝橋之關係了。

[九] "隨"，原作"從"，據《杜詩詳注》卷九《白沙渡》改。按，作"從"者，與雍正《四川通志》卷二三《山川·劍州》"白沙江"條注文同，但嘉慶《四川通志》卷一二已改作"隨"矣。後文之《通志》，即指雍正《四川通志》。

灘漫漫。”[一]《通志》:“白水江東南至昭化入嘉陵江，有白沙渡。”西川、汶川、保縣一帶，與番夷相通之路曰溜索，以篾索條繫於兩岸樹根，中跨大江，江水激石，吼聲如雷，去江數仞。欲渡者以一竹筒劈而爲二，合於索上，以繩自縛於筒上，行李亦然，用力趁勢合於索上，溜而過之。索半歲一换，斷此則往來隔絶矣[二]。

津

眉州東四里有玉津[三]，宋陸放翁詩:“玻璃江上送殘春，叠鼓催帆過玉津。”

青衣津在嘉定州治南，有青衣神廟。按，《益州記》云:“神號雷塠廟，即《華陽國志》之雷垣也[四]，班固以爲離堆。下有石室玉女房，蓋此神耳。”

考青衣江爲今雅河，經洪雅而達嘉定，與錦水合。

青衣神爲古蠶叢氏，衣青衣，教民蠶桑，今青神縣即其稱謂[五]。以爲雷塠，又以爲玉女房，恐非是。

蜀道

益州利昌縣，古劍閣道。秦欲吞蜀，詭言牛能糞金，欲獻蜀。蜀王使五力士開路，曳石牛，道成，秦得伐蜀。故史詩云:“五丁不鑿金牛路，

[一]“沙白”，原誤倒，據《杜詩詳注》乙正。

[二] 關於溜索之記載，見《蜀都碎事》卷二，文字小異。

[三]“東”下，原衍“西”字，據《明一統志》卷七一《眉州·津梁》“玉津”條删。後引陸游詩亦見《明一統志》同條，知彭遵泗當是據《明一統志》轉引也。◎又按，陸游之詩題作《舟過玉津》，載《劍南詩稿》卷一〇。

[四]“廟”字，我們在校注《蜀都碎事》時，據《太平寰宇記》卷七四之標點而屬上文，從後文及文義來看，似當屬下文。但據《太平寰宇記》之文，及《太平御覽》卷一六六引《益州記》之語，又的確當歸上文，姑仍之，特此説明。按，此條蓋録自《蜀都碎事》卷一，相關注釋亦參見《蜀都碎事》。

[五] 關於蠶叢氏爲青衣神之説，見《輿地廣記》卷二九。

秦惠何由得併吞。”[一]

劍門驛路，自明末寇亂，久爲榛莽。入蜀由蒼溪、閬中、鹽亭、潼川以達漢州，率皆鳥道。康熙二十九年四月，四川巡撫噶爾圖上疏[二]：“自廣元縣迆南，歷圓山等十二站始達漢州，計程八百二十里，多崇山峻嶺，盤折難行。查得劍門關舊路僅六百二十里，臣乘農隙，刊木伐石，搭橋造船，以通行旅，遂成坦途。裁省驛馬六十八匹，歲省銀二千五十六兩。”新路經牛首山[三]，亦首險。

[一] 此詩題作《金牛驛》，乃唐人胡曾作，見《詠史詩》卷上。五丁開道之事，見《華陽國志》卷三。

[二]“噶爾圖”，雍正《四川通志》卷七下小傳云：“噶爾圖，滿洲人，康熙二十八年任四川巡撫。查丈田畝，募民墾闢，流移復業。刊刻《大學衍義》，頒發膠庠，俾士子向學。又節省驛站公帑，修治劍閣傾圮道路，至今賴之。”

[三]“首”，原脱，據清王士禛《居易録》卷五補。按，此條即據《居易録》改寫也。

蜀故卷七

宫　室[一]

蜀先主征吴，爲陸遜所敗，還至白帝，改魚復爲永安宫，今夔州府學宫即其地也[二]。

閬苑，滕王元嬰刺閬州，以衙宇卑陋，修治宏大之，擬於宫苑，故名[三]。

楚王宫，巫山西北[四]。《統志》："楚襄王所游之地，遺址尚存。"[五]

兼山書院在劍州東北，祀宋尚書黄裳，今殿碑存可考[六]。

樓

海棠樓，李回所建，以會寮佐議事，裴坦爲記[七]。今基不可考。

[一]"室"下，乾隆本有"官"字，底本原目録亦有，今删。

[二]"州"，原脱，據本書卷一一、康熙《四川總志》卷六《官室·夔州府》下"永安宫"條、《蜀都碎事》卷四等補。

[三]此條見《輿地紀勝》卷一八五、《廣輿記》卷一六、《蜀中廣記》卷二四等。

[四]"西北"，原作"東北"，誤。按，明董説《七國考》卷四、明何宇度《益部談資》卷下及《明一統志》卷七〇、康熙《四川總志》卷六等均作"西北"，何宇度曾在夔州做官，所記當可信，故改之。作"東北"者，見雍正《四川通志》卷二九中、乾隆《大清一統志》卷三〇三。但據後面引文稱《統志》，内容與《明一統志》相合，不知何以又作"東北"。

[五]此句之後，提行有"〇闕"，既非標題，又非闕文提示，今删。

[六]"今殿碑存可考"，《蜀都碎事》卷三作"今毁，碑存可考"，亦通，唯少存廢之義。按，據明人康海《對山集》卷五《劍州再建重陽亭記》，此人在正德十四年（一五一九）之前已修建兼山書院。雍正《四川通志》卷五之中云："兼山書院在劍州東北，祀宋尚書黄裳，久廢。雍正五年，知州李梅賓重建。"

[七]按，此説見宛委山堂本《説郛》卷六二所録趙抃《成都古今記》之記載。裴坦，《新唐書》卷一八二有傳。

五福樓，在成都内，劉闢建[一]，其基亦不可考。

錦樓，在龜城外，唐時建[二]。平視衆山，前瞰大江，西眺雪嶺，東望長松。白敏中時與賓介飲酒賦詩其上。今基址都不可考，然不知毁自何代。

望妃樓，在子城西北隅，亦名西樓。開明妃之墓在武擔山，爲此樓以望之。今基址毁[三]。

唐成都有散花樓，與河中府之薰風樓[四]、緑莎廳，揚州賞心亭，鄭州夕陽樓，潤州千巖樓皆見於傳記，今無存者。或易其名，或廢而不修也。

挾仙樓[五]，邛州北，崇真觀後。昔有仙人張遠霄者往來於此[六]，每挾彈視人家有灾者，爲擊散之。此其故居也。

眉治西舊有書樓，唐光啓初，州人孫長孺建，藏書於中，僖宗御書“書樓”二字賜之。長孺五世孫降衷[七]，宋初爲眉州别駕，市書卷以貯之，六世孫闢又重修，魏了翁作記。

萬景樓，嘉定南萬景山上。范成大詩：“若爲唤得涪翁起，題作西南第一樓。”[八]齊愈詩：“面瞻北闕三千里，俯視嘉陽十萬家。”[九]

[一]“劉闢”原作“韋臯”，據《蜀都碎事》卷一改。按，此條蓋據嘉靖《四川總志》卷三《成都府·官室》“五福樓”條和雍正《四川通志》卷二六等抄録。據《唐國史補》卷中、《南部新書》卷八及《文苑英華》卷八一〇所録符載《五福樓記》，在成都造此樓者乃劉闢也。又檢《新唐書·韋臯傳》，發現附傳之劉闢“欲以所善盧文若節度東川，即以兵取梓州，且以術家言五福太一舍于蜀，乃造大樓以祈祥”，劉大謨等編《四川總志》因劉闢傳附在韋臯傳之後，遂以爲造此樓者乃韋臯，疏忽大意也。而《蜀故》卷九載此事，則言“劉闢造五福樓”，又不誤，是彭氏自相矛盾矣。

[二]“時”，原作“詩”，文義不通，形近而誤，今據《天啓新修成都府志》卷三《官室》下“錦樓”條、《蜀都碎事》卷三等校改。

[三]此條與百二十卷本《説郛》卷六二輯録之《成都古今記》之語相合，亦載《蜀都碎事》卷四。《蜀中廣記》卷三雖亦引《成都古今記》之語，但誤以爲妃子乃唐明皇之妃。

[四]“中”，原作“州”，據《春明退朝録》卷下、《曲洧舊聞》卷七改。按，《舊唐書·玄宗本紀上》云：“(開元) 九年春正月丙辰，改蒲州爲河中府。”

[五]“仙”，原作“山”，據《廣輿記》等改。按，此條關於挾仙樓之記載，文字與《廣輿記》卷一七、《識小録》卷二大致相合。張遠霄事迹亦見《蜀中廣記》卷七四、《玉芝堂談薈》卷六“張仙挾彈”條。

[六]“遠霄”，原誤倒，據《廣輿記》乙正。

[七]“五”，原作“四”，與雍正《四川通志》卷二七所載同，今據《鶴山集》卷四三《眉山孫氏書樓記》改。

[八]按，此詩即題作《萬景樓》，見《范石湖集》卷一八。

[九]“齊愈”，即宋齊愈，《宋詩紀事》卷四二稱其字文淵，《詞綜》卷一〇則稱其字退翁，以名字相生之原理看，當作“退翁”。《中興小紀》卷二稱宋齊愈爲臨邛人，《玉照新志》卷五對宋氏被腰斬一事之始末記載甚詳，可參看。此處所録宋齊愈之詩，見《明一統志》卷七二、雍正《四川通志》卷二七等。

荔枝樓，在忠州西南，白居易所建。白詩云："荔枝新熟鷄冠色，燒酒初開琥珀香。欲摘一枝傾一盞，西樓無客對誰嘗。"[一]

夔府東十五里萬丈樓，即杜工部東屯故居也。後人建樓，取"李杜文章在，光焰萬丈長"之句[二]。

四望樓，萬州南[三]，白居易詩："江上新樓名四望，東西南北水茫茫。"

香草樓，江津西南，昔有仙人居此。池側建樓，多植香草[四]。

順慶府東仙鶴樓，俯瞰大江，面對層峰。宋邵伯温詩"春去秋來好風月[五]，鶴樓端勝庾公樓"即此。

順慶府北五里有北津樓，道人張三丰詩："誰喚吾來蜀内游，北津樓勝岳陽樓。烟迷沙岸漁歌起，水照江城歲月收。萬里清波朝夕涌，千層白塔古今浮。壯懷無限登臨處，始識南邊第一州。"[六]

保寧府東樓，枕嘉陵江，上可高三層。子美詩"層城有高樓，制古丹雘存。迢迢百餘尺[七]，豁達開四門"即此[八]。

保寧城内，宋元祐中建會經樓，置經、史、子、集一萬餘卷[九]。東坡題額，蒲宗孟爲記，范百禄輩皆有詩[十]。今其基不可考矣。

制勝樓，夔治。王延禧詩："夔子城新築，長江便作壕。百蠻歸指掌，三峽見秋毫。"[十一]

[一] 此詩題作《荔枝樓對酒》，載《白居易集箋校》卷一八。

[二] 此條出《蜀都碎事》卷四。

[三] "萬"，原作"忠"，據《方輿勝覽》卷五九、《明一統志》卷七〇改。説詳《白居易集箋校》卷一八《寄題楊萬州四望樓》詩注。

[四] 此條見《太平寰宇記》卷一三六引李膺《益州記》之語。

[五] "秋"，原作"春"，據《蜀都碎事》卷四改。

[六] 此條與《蜀都碎事》卷四所載相同，所引詩則與《張三丰全書》卷五《北津樓》文字略異。

[七] "百餘尺"，原作"百丈餘"，據《杜詩詳注》卷一二《閬州東樓筵奉送十一舅往青城得昏字》詩改。按，《明一統志》卷六八《保寧府·宫室》下"東樓"條、康熙《四川總志》卷六《宫室·保寧府》下同條及《蜀都碎事》卷四皆作"尺餘"，爲原詩互倒之誤，彭氏更妄改之。

[八] "開"，原作"通"，據杜詩改。

[九] 此條與《蜀都碎事》卷二所載同。《輿地紀勝》卷一八五《閬州·景物下》《明一統志》卷六八《保寧府·宫室》下"會經樓"條皆有相關記載，其中，《輿地紀勝》言築樓者乃雍子儀，二書皆言所貯書京本、蜀本、浙本各萬卷，則總三萬卷也。

[十] "輩"，原脱，據《明一統志》補，文義更暢。

[十一] 《宋詩紀事》卷二六稱"王延禧字仲祥，熙寧中知夔州"。此詩名《題制勝樓》，載《全蜀藝文志》卷六、《宋詩紀事》卷二六，此處僅截取其中四句而已。

遠景樓，眉州北，郡守黎錞建[一]。蘇軾《記》[二]："太守黎侯希聲作遠景樓，日與賓客僚友處其上。軾之去鄉久矣，所謂遠景者，雖想見其處而不能道其詳。然州人之所以樂斯樓之成而欲記焉者[三]，豈非上有易事之長，而下有易治之俗也哉？"

景蘇樓，眉州西，宋陳煒爲三蘇父子建[四]。

璧津樓，嘉定東南，跨城爲樓，下瞰三江，三峨九頂，森列左右[五]。

懷葛樓，天全南。招討使高崧，思諸葛武侯建[六]。

東樓，叙州東北。杜甫詩："重碧拈春酒，輕紅擘荔枝。高樓欲愁思，横笛未休吹。"[七]

西樓，叙州北。劉翼之詩："西樓何似古東樓，但覺今州勝舊州。山色不藏興廢迹，江聲空載古今愁。"[八]又，黄魯直游題叙州北樓，今名吊黄樓。

南定樓，瀘州治，宋郡守晁公武建，取《出師表》中"思維北征，宜先入南"之句爲名。陸游詩："行遍梁州到益州[九]，今年又作渡瀘游。江山重複争供眼，風雨縱横亂入樓。"

鎮遠樓，瀘州西，四山環合，一郡大觀[十]。

[一]"黎錞"，字希聲，北宋人。雍正《四川通志》卷八列其小傳云："黎錞，廣安州人，慶曆進士，朝議大夫。英宗以蜀士爲問，歐陽修對曰：'文行蘇洵，經術黎錞。'嘗知眉州，蘇軾作《遠景樓記》，稱其簡而文，剛而仁，明正而不阿，久而民益信之。"

[二]此《記》即元豐七年（一〇八四）蘇軾所作《眉州遠景樓記》，載《蘇軾全集校注·文集》卷一一，此處乃節引。

[三]"斯"，原作"師"，據《蘇軾全集校注·文集》卷一一改。

[四]按，《慶元黨禁》云："未幾，師旦除帶御器械，遷知閤門事、樞密都承旨、幹辦皇城司，權勢日盛，乃自名蘇氏之出子。陳韡總蜀計，爲建景蘇樓於眉州市以悦之。"由是觀之，陳氏建景蘇樓，當是爲了討好蘇師旦。

[五]按，《蜀中廣記》卷一一、《明一統志》卷七二皆有相關記載，但《蜀中廣記》稱建樓者爲游仲鴻，而《明一統志》則稱建樓者爲陳謙。據《鶴山集》卷四五《璧津樓記》，建樓者乃游仲鴻，起名者爲陳謙。起名之由爲《水經注·江水》之記載："江水又東至南安爲璧玉津，故左思云'東越玉津'也。"

[六]此條見雍正《四川通志》卷二七。

[七]此詩題作《宴戎州楊使君東樓》，載《杜詩詳注》卷一四，乃節引。

[八]此詩見《輿地紀勝》卷一六三，其後嘉靖《四川通志》卷八、《明一統志》卷六九、雍正《四川通志》卷二六等皆引之。

[九]"梁"，原作"凉"，據《劍南詩稿》卷一〇《南定樓遇急雨》改。按，此條當是據雍正《四川通志》卷二七而轉引，然《四川通志》此字不誤。

[十]此條亦見雍正《四川通志》卷二七。

籌邊樓，成都西，唐李德裕建，四壁晝蠻夷險要，日與習邊事者籌畫其上。後范成大改建子城西南，今圮[一]。

越王樓，綿州西北，舊名越王臺。唐顯慶中，太宗子越王貞爲州刺史建[二]。

望湖樓，簡州。下瞰大江，山光水色相映，宛然瀟湘、苕霅間也[三]。

開漢樓，順慶南，因紀信名[四]。

碧玉樓，保寧西南，一名十二樓[五]。

南樓，保寧城南，據江山之勝，唐滕王元嬰建[六]。

翔鳳樓[七]，蓬溪。近樓諸山有飛鳳之勢，故名，唐建。

六相樓[八]，達州學宫講堂前。唐李嶠、李適之、劉晏、韓滉、元稹[九]、宋張商英皆官於此，後俱入相。

臺

相如琴臺，在浣花溪正路金花寺北，梁蕭藻鎮蜀，增建樓閣，以備游覽。元武伐蜀，下營於此，掘得大甕二十餘口，蓋所以響琴也。隋蜀王秀更增五臺，並舊臺六焉。嘉靖中，陳鎏建坊於路旁[十]，題曰琴臺。今廢。

讀書臺，成都城北二里許。相傳武侯築此以集諸講，待四方賢士者[十一]。

[一] 此條見雍正《四川通志》卷二六，李德裕建樓事，詳《新唐書》本傳。

[二] 此條改寫自雍正《四川通志》卷二七。

[三] 雍正《四川通志》卷二六有相關記載，文字略異。

[四] 雍正《四川通志》卷二六云："開漢樓，在縣南。昔紀信誑楚而漢業以成，故名。"

[五] 《明一統志》卷六八、雍正《四川通志》卷二六皆有記載。《四川通志》云："碧玉樓，在縣西南。《一統志》：宋德之建於城西南隅，亦名十二樓，以成閬苑之勝概。舊《志》：碧玉樓，今名過街樓。"

[六] 此條亦見雍正《四川通志》卷二六。

[七] "翔鳳"，原誤倒，據《明一統志》卷七一、《廣輿記》卷一七乙正。按，此條當係據《廣輿記》抄録。

[八] "樓"，原作"亭"，故誤置於後文"翠薌亭"之下，今移至此處，并據雍正《四川通志》卷二七改。

[九] "適"，原作"邊"；"稹"，原作"禎"，皆據《四川通志》改。

[十] "鎏"，原作"流金"，顯誤，據《蜀都碎事》卷二改。又按，據《蜀都碎事》之《藝文補遺》卷下，陳鎏任四川督學，約在嘉靖二十九年前後。

[十一] 按，《明一統志》卷六七、嘉靖《四川總志》卷三《成都府·宫室》下"讀書臺"條有相關記載，且言"後爲乘烟觀"。又，《蜀都碎事》卷四亦有記載。

又，城北里許有雲臺，俗呼爲賽雲臺，即玉局觀也[一]。

望鄉臺，在成都之北，嚴武表甫爲工部員外，中使銜命至，武與公共於望鄉臺迎之，杜詩“共迎中使望鄉臺”[二]。今基址無考[三]。

講道臺，在漢州，二程夫子随父珦守漢州講道處，今址猶存[四]。

太白臺，龍安東南牛心山側，李白與江油尉嘗游此[五]。仁壽北亦有太白樓[六]。

相如琴臺，在邛州城内。

邛州鶴山書臺有二：舊臺在州西關外鶴林寺，了翁兄弟讀書處，先生手植雙桂，至今猶存。新臺在幽居寺，亦先生讀書處[七]。二基臺境俱幽雅，爲人士登眺之所。

琴臺，去文君井不數武，亦在南街左。其基頗高市面，今爲街民所踞，置屋於上，即相如撫琴處[八]。

彭山象耳山中有李白讀書臺，上有石刻“太白”。杜光庭詩：“山中猶有讀書臺，風掃晴嵐畫障開[九]。華月冰壺依舊在，青蓮居士幾時來。”

盤石山亦有范鎮讀書臺，鎮詩刻石：“窮幽訪盤石[十]，細徑入荒凉。踏葉屐履濕[十一]，觸花衣袂香。”

[一] 此説本自康熙《四川總志》卷六《宫室·成都府》下“雲臺”條，亦見《蜀都碎事》卷四。

[二] 此處本自杜詩《諸將五首》之五宋人趙彦材之注而略有改易。

[三] 據《杜詩詳注》卷一六此詩注文引《成都記》，隋蜀王楊秀所筑望鄉臺與升仙橋相隔一里也。

[四] 此條載《蜀都碎事》卷三。嘉慶《漢州志》卷一〇《古迹志》“講道臺”條稱其時基址尚存，有張珽所立之碑。

[五] 相關記載見《方輿勝覽》卷七〇《龍州·亭臺》、《明一統志》卷七〇、雍正《四川通志》卷二七等。

[六] 按，此説不知所據爲何。雍正《四川通志》卷二七《古迹·仁壽縣》下著録“太白臺”，稱“在縣北十五里象耳寺前，相傳李白讀書處”，但光緒《補纂仁壽縣原志》卷二已删去此説并有考辨。

[七] 雍正《四川通志》卷二七言鶴山書臺僅一處，在白鶴山，另有鶴山書院。而嘉慶《邛州直隸州志》卷五所言與此相合，或即本自《蜀故》耶?

[八] 雍正《四川通志》卷二七有相關記載，文字較略。

[九] “障”，原作“幛”，據《蜀中廣記》卷一二、《明一統志》卷七一等改。雍正《四川通志》卷二七作“幛”，蓋爲彭氏所本。

[十] “窮”，原作“家”，形近而誤，據《方輿勝覽》卷五三、《蜀中廣記》卷一二、《明一統志》卷七一、雍正《四川通志》卷二七等校改。

[十一] “屐”，與雍正《四川通志》同，《明一統志》等作“屨”，或可説明此處係據《四川通志》抄録也。

鬱姑臺，在叙州府北，宋楊仙遇仙人鬱姑於此臺，故名[一]。今其地産仙茅。

嘉定烏尤山烏尤寺左有爾雅臺，相傳郭景純注《爾雅》於此[二]。

瀘州治北二里有撫琴臺。昔尹伯奇爲後母所逐，自投江中，吉甫登臺，援琴作《子安操》憶之[三]。臺乃山石生成，周十丈，特立山腰。

懷清臺，長壽西。《史記·貨殖傳》："巴蜀寡婦清，其先得丹穴，而擅其利數世。清，寡婦，能守其業，用財自衛，不見侵犯。秦始皇以爲貞婦而客之，爲築女懷清臺。"注："巴，寡婦之邑；清，其名。""寡婦清臺山，俗名貞女山。"[四]

巴子臺，在忠州西五里，白居易詩："迢迢東郊上[五]，有土青崔嵬。不知何代物，疑是巴王臺。"

陽臺，巫山西。李白詩[六]："我到巫山渚，尋古登陽臺[七]。神女去已久，襄王安在哉？"

鹽亭東一百五十里有孝義臺，宋邑人馮伯瑜剖腹取肝愈父，縣令卞詵爲築臺立石旌表之[八]。

讀書臺，射洪北金華山，陳子昂讀書於此。杜甫詩："陳公讀書臺，石柱仄青苔。"

[一] 相關記載見《明一統志》卷六九、嘉靖《四川總志》卷八、《蜀都碎事》卷四等。

[二] 按，爾雅臺今存，但學術界已不認爲乃郭璞注《爾雅》處，而是失名之郭舍人注《爾雅》之地。臺今存趙熙《爾雅臺記》，辨此事甚詳。

[三] "子安"，原作"思子"，今據嘉靖《四川總志》卷一三《瀘州·宫室》下"撫琴臺"條改。按，尹吉甫所奏曲名，《明一統志》卷七二《瀘州·宫室》下"撫琴臺"條、《廣輿記》卷一七《瀘州·古迹》下同條皆云乃《履霜操》，嘉靖《四川總志》則云乃《子安之操》，《水經注·江水》"又東過江陽縣南"注文引揚雄《琴清英》亦稱此曲名《子安之操》，則當以《子安之操》爲是，省作《子安操》。又據舊題蔡邕所撰之《琴操》卷上，《履霜操》乃伯奇自作以抒懷之曲，非吉甫所作也。從此條文句來看，基本與嘉靖《四川總志》卷一三所載相合。

[四] 按，《史記正義》引《括地志》云："寡婦清臺山俗名貞女山，在涪州永安縣東北七十里也。"

[五] "郊"，原作"郭"，與《明一統志》卷六九所引同，據《白居易集箋校》卷一一《登城東古臺》改。

[六] "李白"，原作"杜甫"，據《李太白全集》卷二所載之《古風五十九首》改。按，此詩爲第五十八首。

[七] "尋"，原作"訪"，據《李太白全集》改。

[八] "剖腹取肝"，雍正《四川通志》卷一〇上言其"割股痊之"，與"剖腹取肝"異。◎"卞詵"之"詵"，原作"沈"，據《明一統志》卷七一、《四川通志》卷二七等改。

玉女臺，大劍山絶頂，有石刻，云“玉女煉丹處”[一]。

蓬溪西亦有孝義臺，蜀孟昶時，里人程崇事親至孝。方冬，母病，思笋，崇號泣林中，俄生數笋。縣令陳元佐詩[二]：“戢戢蒼芽生爲母[三]，泪痕落處兩三莖。”

成都北有望京臺，唐韋皋築[四]。

内江縣西鄉有讀書臺，傳爲宋進士濯庚、濯賡讀書處[五]。

金泉山上有步虚臺[六]。宋鄭庭芳詩[七]：“平生酷好退之詩，謝女仙踪頗自疑。不到步虚臺下看，瓊臺瑶珮有誰知？”[八]

亭

合江亭[九]，華陽東南，二江合流。范成大《吴船録》：“合江者，乃岷山江别派，自永康流入成都及彭、蜀諸郡水皆合於此[十]。緑野平林，

[一] 此刻石之文與《廣輿記》卷一六所載合，而《方輿勝覽》卷六七、《輿地紀勝》卷一八六則作“玉女煉丹之所”。

[二] “陳”，《明一統志》卷七一《潼川州·宫室》下“孝義堂”條同，《輿地紀勝》卷一五五《遂寧府·古迹》下“孝義臺”條作“程”，從資料沿襲來看，作“程”或是。

[三] “蒼”，原作“笋”，據《輿地紀勝》《明一統志》改。

[四] 按，雍正《四川通志》卷二六稱此臺在成都北十五里。

[五] “進士濯庚、濯賡”，原作“狀元濯耕、濯畬”，雖曰傳言，然不當錯謬如斯。今據《續通志·氏族略八》“宋濯庚，乾道進士；濯融，嘉祐進士”改。嘉慶《内江縣志》卷六著録此書臺，人名則不誤矣。濯賡則見《萬姓統譜》卷一四四。

[六] “臺”，原作“堂”，據《明一統志》卷六八《順慶府·宫室》“步虚臺”條改。詩歌中的“堂”字亦據《明一統志》改作“臺”，不再説明。按，此條原爲後文“堂”類倒數第三條，今移至此處。

[七] “芳”，原脱，據《輿地紀勝》卷一五六《順慶府·果州詩》下引“洗筆池頭烟淡淡，鳴琴臺畔水悠悠”詩所題作者改。按，此條或據《蜀都碎事》卷三而來，錯譌相同。又，《輿地紀勝》同卷《謝自然詩》所引則題作者爲鄭芳庭，與《明一統志》卷六八《順慶府·宫室》“步虚臺”條所載相合；康熙《四川總志》卷六《宫室·順慶府》下同條則誤作“鄭方”。實則作“鄭芳庭”誤，當作鄭庭芳。清陸心源《宋詩記事補遺》卷三五簡介云：“鄭庭芳，庭芬弟，莆田人。政和七年進士。”

[八] “臺瑶”，原作“英環”，據《輿地紀勝》《明一統志》改，康熙《四川總志》作“瑛瑶”。

[九] “合江”，原作“載酒”，不知彭氏所據爲何？據後文所引《吴船録》卷上之語，實當作“合江亭”。而《明一統志》卷六七同時著録合江亭、載酒亭，載酒亭在揚雄故宅内，顯非此處所指也，故改之。

[十] “成”，原作“城”，誤，據范氏《吴船録》卷上改。◎“及”，原作“又”，與百二十卷本《説郛》卷六五所録《吴船録》相同。按，《吴船録》卷上、《全蜀藝文志》卷六二皆作“及”，故改。◎“蜀諸郡水”之“水”字，《説郛》有，《吴船録》《全蜀藝文志》皆無，可知彭氏此條當摘自《説郛》。

烟水清遠，極似江南風景。亭之上曰芳華樓，前後植梅甚多[一]，蜀人入吴者自此登舟。"

瀛洲亭，資縣治後圃。鮮于侁記[二]："千巖萬壑，顧接不暇。"

資江道中石溪橋，有無名氏粉書一詩，云："桃花依舊放山青，曲几焚香對畫屏。記得當年春雨後，燕泥時污石溪亭。"[三]

灌縣西有廣莫亭，吕大防建。李壁記[四]："危檐飛楹，負城四出，眺覽之勝甲於東南。"威州玉壘山巔有飛翠亭，正德時建，今其基尚存[五]。

温江縣東郭外有翡竹亭[六]，倒壞無存，惟基礎歷歷可考，俗傳炳靈三太子讀書於此。

平雲亭，大邑之静惠山，范忠文鎮以不合王安石歸[七]，徜徉於此。

蘇氏族譜亭，在州西南七十里修文鄉蘇氏祖茔之側，舊曾刻老泉記其中[八]。

借景亭，青神治舊有亭，下瞰史家園，園多佳景。黄庭堅嘗游此，扁曰"借景"[九]。

岷峨亭在蟆頤山，宋時建，以介岷峨之間，故名[十]。

[一]"甚多"，原脱，據《吴船録》等補。按，此處引《吴船録》之語，偶有脱文，當是彭氏故意删削者。

[二]"于侁"，原作"於巽"，據《方輿勝覽》卷六三《資州·亭榭》"瀛洲亭"改。按，鮮于爲複姓，不作"於"；鮮于侁，《宋史》卷三四四有傳。

[三]此條所載見《池北偶談》卷一五"石溪亭"。而清人王培荀《聽雨樓隨筆》卷三對此詩考證甚詳，點明了此詩仿寫自唐人儲嗣宗《小樓》詩，并説明此詩之所以會見録於《池北偶談》，乃因朱邁入官於蜀，見此詩，遂爲之立亭，且作唱和詩，邀友人步韻。我們檢《全唐詩》卷五九四，《小樓》詩云："松杉風外亂山青，曲几焚香對石屏。記得去年春雨後，燕泥時污《太玄經》。"王氏所言不誣矣，可參看。

[四]"建，李壁"，原脱，與《明一統志》卷六七、《廣輿記》卷一六、雍正《四川通志》卷二六同，誤矣。今據《方輿勝覽》卷五五《永康軍·堂亭》、《輿地紀勝》卷一五一補。

[五]此條見《蜀都碎事》卷四。

[六]"竹"，原作"翠"，與《蜀都碎事》卷四原文之誤相同，據康熙《四川總志》卷六《宫室·成都府》下"翡竹亭"條改。乃炳靈三太子讀書處之傳説，亦見此條。◎"炳靈三太子"，或稱"炳靈太子""泰山三郎"，傳説爲東岳大帝之第三子。《宋史·禮志》載宋大中祥符七年，被詔封爲"炳靈公"，爲道教重要神仙之一。

[七]"忠文"，原誤倒，據《宋史·范鎮傳》乙正。按，《方輿勝覽》卷五六《邛州·亭館》"平雲亭"條已誤倒，遂傳譌於後，今整理本《方輿勝覽》亦失考，特表出之。

[八]蘇洵此記題作《蘇氏族譜亭記》，載《嘉祐集》卷一四。

[九]此條見《明一統志》卷七一，蓋皆本自黄庭堅詩《青神縣尉廳葺城頭舊屋作借景亭，下瞰史家園水竹，終日寂然，了無人迹。又當大木緑陰之間，戲作長句奉呈信孺明府、介卿少府》。

[十]按，此條亦見《明一統志》卷七一，文字全同。

勿剪亭，井研南，鄧若水建[一]。

碧照亭，雅州治西，一名鳳凰亭，雷簡夫宴客之所[二]。

嘉定府北十里錦岡山有太白亭，下即平羌峽，云李白曾游於此。亭今廢，尚有石斗、石鯨在荒址中[三]。

子雲亭，犍爲南子雲山上，揚雄隱居，搆亭於此[四]。

鎖江亭，在叙州府江側。黄庭堅詩："鎖江亭上一樽酒，山自白雲江自横。"陸游詩："千尋鐵鎖還堪恨，空鎖長江不鎖愁。"[五]

涪翁亭，叙州東北大江北岸，黄庭堅建[六]。

摇香亭，清溪境，有海棠、芙蓉之勝[七]。

四香亭，瀘州南，郡守趙雄建。謂荼蘪香春，芙蕖香夏，木樨香秋，梅花香冬，因名[八]。

碧雲亭，涪州東對岸上，每歲太守率郡僚游宴於此[九]。

杜鵑亭，雲陽，前有巨石，每歲春深，則杜鵑啼其上[十]。

翠薌亭，在開縣北[十一]。夏侯孚先《記》："盛山風物，冠夔峽郡，其間十二景，唐宋鉅公更酬迭唱。"[十二]

[一] 雍正《四川通志》卷二七言勿剪亭"在縣南三十里"。◎"鄧若水"，字平仲，南宋末年隆州井研人，"博通經史，爲文章有氣骨"。《宋史》卷四五五有傳。

[二] 此條見《明一統志》卷七二，雍正《四川通志》卷二七亦載，文字略異。◎"雷簡夫"，字太簡，同州郃陽人，有爲三蘇推薦吶喊之功。《宋史》卷二七八有傳，蘇洵著有《雷太簡墓銘》。◎"宴"，原作"晏"，據乾隆本改。按，二字雖可通，但全書多次出現混用情況，故改作"宴"字。後文當用"宴"而作"晏"者徑改，不再説明。

[三] 此條見康熙《四川總志》卷二二《古迹·嘉定州》及《蜀都碎事》卷四。

[四] 此條見雍正《四川通志》卷二七。

[五] 此條見《明一統志》卷六九、雍正《四川通志》卷二六等。黄庭堅詩題作《再次韻兼簡履中南玉三首》，此爲第三首，載《黄庭堅全集·正集》卷七；陸游詩題作《叙州》，此爲第三首，載《劍南詩稿》卷一〇。

[六] 此條載雍正《四川通志》卷二六。

[七] 此條見雍正《四川通志》卷二七。

[八] 此條見《方輿勝覽》卷六二《瀘州·亭觀》及雍正《四川通志》卷二七。

[九] 此條見《明一統志》卷六九，文字小異。

[十] 此條見《廣輿記》卷一七。

[十一] "在、北"，原脱，據《方輿勝覽》卷五九、《明一統志》卷七〇之"翠薌亭"條補，信息更完整。彭遵泗當是據《廣輿記》卷一七轉引，故文字與之同。

[十二] "唐宋鉅公更酬迭唱"，原作"名唐宋名人倡和"，第一"名"字應是《廣輿記》中"多"字形近而誤，今據《方輿勝覽》改。按，此處所引乃夏侯孚先記文之語，故改之。

勝江亭，達州西，宋郡守王蕃建，取“通州猶似勝江州”之句爲名[一]。

戞雲亭，在達州南嶺山之西畔，下瞰江流，周覽城邑，元稹爲司馬時建[二]。

香霏亭，在大足。《皇輿考》：“昔有謫昌守者，求易便地，彭淵材聞而止之[三]，曰：‘昌，佳郡也。海棠無香，獨昌地産者香，故號海棠香國，非佳郡乎？’”取名以此。

四春亭，潼川治。魏了翁詩：“皇天平四時，不以秋先春[四]。仁人奉天職，不以德後刑。四時常有春，吾聞邵子云。觸事識初心，乃以名吾亭。”

流觴亭，巴州西龕山上，唐嚴武建[五]。

五友亭[六]，南充縣。宋游丙題云：“明月清風爲道友，古典今文爲義友，孤雲野鶴爲自在友，怪石流水爲娛樂友[七]，山果橡栗爲相保友[八]。是五友者，無須臾不在此間也。”

放船亭，在蒼溪縣江邊[九]，子美詩：“送客蒼溪縣，山寒雨不開。直愁騎馬滑，故作放舟回。”[十]後人因以名亭。

滕王亭在保寧府城北七里玉臺觀内，唐滕王元嬰嘗游憩此[十一]。

[一]《方輿勝覽》卷五九、《明一統志》卷七十、《蜀中廣記》卷二三均載此條，並言“勝江亭”在“達州西三里”。但此處所言實誤，白居易之詩載《白居易集箋校》卷一五，題作《韓公堆寄元九》，末句作“江州猶似勝通州”，乃寬慰元稹之語，言江州比通州好，不必擔心。此處顛倒二州之名，於義不合矣。然若據原詩回改，則此亭之名無著落，故仍之。

[二]“稹”，原作“鎮”，今改。按，此條與《明一統志》卷七〇所載相合，更早記載則見《方輿勝覽》卷五九，文字小異。

[三]“材”，原作“才”，據《冷齋夜話》卷九改。按，此條本自雍正《四川通志》卷二六。所謂《皇輿考》，明人張天復所著，十二卷，收入《四庫全書存目叢書·史部》第一六六册；又有張元忭在張天復之書基礎上增補之二十卷本《廣皇輿考》，收入《四庫禁毁書叢刊·史部》第十七册。我們覆查了《皇輿考》卷八之四川部分，未見相關記載。實載《廣皇輿考》卷一四，故稱出《皇輿考》者，不嚴謹。嘉慶《四川通志》卷五〇引用時則改作了《方輿考》，不知何據。記載此事較早者乃宋人惠洪《冷齋夜話》卷九“昌州海棠獨香”條。

[四]“先”，原作“軼”，據《鶴山集》卷三《潼川憲司拓圃築亭取康節語各以四春得古詩十二韻》改。彭遵泗所引與雍正《四川通志》卷二七相合，乃節引，非原詩也。

[五] 此條見《明一統志》卷六八、雍正《四川通志》卷二六等。

[六]“友”，乾隆本誤作“有”。

[七]“孤雲野鶴爲自在友，怪石流水爲娛樂友”，原脱，據《明一統志》卷六八補。

[八]“保”，原脱，據《明一統志》補。

[九]“蒼”，原作“滄”，誤，據地名改。後引杜詩之“蒼”亦誤，徑改。

[十]“舟”，原作“船”，乃因《明一統志》卷六八《保寧府·宫室》下“放船亭”條而誤，今據《杜詩詳注》卷一二《放船》詩正文改。

[十一]《杜詩詳注》卷一三《滕王亭子二首》，黄鶴題注所載與此相合。

紫微亭，保寧城南南巖上，陳堯叟兄弟讀書處，御筆題"紫微亭"[一]。

飛練亭，《通志》："蟠龍山瀑布之側，東坡名曰飛雪。"[二]

闐峰亭，保寧南，錦屏山上[三]。

蜀路有飛泉亭，詩板百餘。薛能過之[四]，盡剷去，惟留李端《巫山高》一篇[五]。

簡州景德寺覺範道人種竹於所居之東軒，使君楊夢貺題其軒曰"也足"，取古人所謂"但有歲寒心[六]，兩三竿也足"者也。

閣

龍門閣，嘉陵江上，石壁陡立，險不易登[七]。《方輿》《紀勝》[八]："石欄橋在綿谷縣北一里，自城北至大安軍界營，橋欄共一萬五千三百一十六間。其著名者，爲石櫃閣、龍門閣。"

宅[九]

相如宅，在城西南五里，又云在成都市橋西。今琴臺去城五里[十]，

[一]"紫微亭"，原脱，且與下文相連，顯誤，今據《明一統志》卷六八"紫微亭"條補。

[二] 此條出雍正《四川通志》卷二六，但更早之記載見《方輿勝覽》卷六〇："飛練亭在蟠龍山瀑布之下，舊取徐凝詩，名曰飛練。東坡以爲惡詩，今取歐陽公'六月飛雪灑石矼'之句改曰飛雪。"

[三] 《輿地紀勝》卷一八五已載此亭，《明一統志》卷六八則稱"元至元十一年建"，當是重修者。

[四]"薛能"，晚唐著名詩人，仕宦顯達，官至工部尚書。有《薛能詩集》十卷，又有《繁城集》一卷。《唐才子傳校箋》卷七有傳。

[五]"李端"，字正已，趙州人，唐代詩人，是大曆十才子之一。少居廬山，師事詩僧皎然。大曆五年進士，曾任秘書省校書郎、杭州司馬。晚年隱居衡山，自號衡岳幽人。今存《李端詩集》三卷。《唐才子傳校箋》卷四有傳。又按，此條可參《唐摭言》卷一三，所敘更詳。

[六]"歲"，乾隆本誤作"藏"。按，此句出《黄庭堅全集·正集》卷五《題也足軒》之序。

[七] 《廣輿記》卷一六、雍正《四川通志》卷二六所載與此條相合。

[八] 此後之引文，既見《方輿勝覽》卷六六，又見《輿地紀勝》卷一八四，且無《方輿紀勝》一書，故如此標點。

[九]"宅"，原脱，且上一條之末與下條"城五里"相連，誤爲一條，中間有闕文。至於是僅缺下一條之上半部分，還是有脱葉，已難詳考。頗疑彭遵泗原書有"宅"這一門類，且在"龍門閣"條之下還有其他條目，今據後文所載皆名人故宅，而補"宅"這一小類。

[十]"相如宅"至"琴臺去"，原脱，據《蜀都碎事》卷一補，相關記載亦見《益部談資》卷中。

豈非其處乎？秀柏參差[一]，當爐滌器，風流可想見也。

揚雄宅，内有草玄臺，即成都縣治之前。有池，曰洗墨池。舊有亭於池上[二]，今廢。

王褒宅，在資縣。墓在資陽，舊碑剥落，惟大書“王褒墓”三字尚在[三]。

花蕊夫人宅，灌縣西南。五代時費氏以才色入蜀宫，後主嬖之，效王建作《宫詞》百首[四]。

君平故宅，在邛州東十五里萬石壩，地平衍，八景所謂“萬石農耕”也[五]。

邛州城南五里臨邛縣爲卓王孫宅，基方十里，自昔耕者往往得錢。初，有掘出卓氏錢甕者，大可容五石，色如漆，弇口宏腹，實錢於中以瘞之。足有籀文[六]，其錢皆五銖。故城中有甕亭，因昔得二甕建藏焉。

鄧通宅，夾江南安鎮，漢南安縣也，廢城。舊有鄧通故宅，見《邑志》，則通夾江人也[七]。

杜甫宅，夔州東北。陸游《高齋記》[八]：少陵居夔凡三徙，一在白帝，一在瀼西，一在東屯，皆名高齋。

紀信宅，西充東高陽里扶龍村。信，廣安人，誑楚脱漢高帝，爲項羽所殺。宋時加封，制曰：“國爾忘身，實開漢業。”[九]

譙周宅，南充北。周字允南[十]，巴西西充人，精六經，曉天文，仕蜀爲光禄大夫。卒後，益州刺史董榮圖畫周像於州學[十一]，命李通頌曰：“抑抑譙侯，好古述儒。寶道懷真，鑒世盈虚。”

[一]“柏”，原作“伯”，據《蜀都碎事》改。

[二]“亭”，原作“臺”，據《蜀都碎事》卷一改。按，此亭指載酒亭，詳《蜀都碎事》之注文。

[三] 此條見《蜀都碎事》卷一。

[四]《方輿勝覽》卷五五、《明一統志》卷六七、雍正《四川通志》卷二六等皆有相關記載。

[五] 按，關於嚴君平故宅之記載，見雍正《四川通志》卷二七；而關於邛州八景之“萬石農耕”，則見嘉慶《邛州直隸州志》卷五，暫未見到更早記載。

[六]“足”，原作“吕”，文義不通，據雍正《四川通志》卷二七改。

[七]《蜀中廣記》卷一一引舊方志之語與此大致相合。

[八] 陸游之文題作《東屯高齋記》，載《渭南文集》卷一七。

[九] 此條當是本自《廣輿記》卷一六。《方輿勝覽》卷六三《順慶府·人物》下云：“郡城太平門有忠祐廟，誥詞云：‘以忠狥國，代君任患，實開漢業，使後世知君爲重，身爲輕。雖糜捐不避者，侯有力焉。’”

[十]“允”，原作“充”，形近而誤，據《三國志·蜀志·譙周傳》改。

[十一]“榮”，原作“嘗”，據《三國志·蜀志·譙周傳》注文引《益部耆舊傳》之語改。

堂

名世堂，潼川治後。堂中懸屈原、司馬相如、王褒、揚雄、嚴君平、陳子昂、李白、蘇軾像，以八人皆名世士也[一]。

六一堂，綿州治。歐陽觀嘗爲郡推官[二]，生子修於此，後人因以修號名堂。

萬卷堂，在彭水東，黄庭堅建，聚書於此[三]。

十賢堂，夔城内。初名歲寒，宋時建，以祀前賢嘗至蜀者：屈原、諸葛亮、嚴挺之、杜甫、陸贄、韋昭範、白居易、柳鎮、寇凖、唐介。堂外栽竹，王十朋詩："六月修篘帶雨移，丁寧護取歲寒枝。十賢清節高千古，不是此君誰與宜。"[四]

鈎深堂，涪州北巖。程頤謫涪時，即普净院闢堂注《易》，黄庭堅扁曰"鈎深"[五]。

雙鳳堂，雅州廳後，郡守樊汝霖爲蘇軾、蘇轍建[六]。

蒲江縣南二十里爲莫公堂，漢文帝時莫將軍征雲南、越巂[七]，旋師至此，見山水幽奇，於此修道焉。

杜甫草堂，一在萬里橋，一在浣花溪[八]。

[一]《方輿勝覽》卷六二、《明一統志》卷七一、《蜀中廣記》卷二九皆有相關記載。宋人李石《方舟集》卷一四有《名世堂銘》，正爲此堂而作也。

[二]"官"，原脱，據《方輿勝覽》卷五六、《明一統志》卷六七補。

[三]此條見雍正《四川通志》卷二六、乾隆《大清一統志》卷三一七等。

[四]此條見雍正《四川通志》卷二六，王十朋之詩題作《十賢堂栽竹》，載《梅溪集·後集》卷一四。

[五]《方輿勝覽》卷六一、《明一統志》卷六九、雍正《四川通志》卷二六等皆有相關記載。

[六]《廣輿記》卷一七、雍正《四川通志》卷二七、乾隆《雅州府志》卷三等皆有相關記載，而唯以《明一統志》卷七二所載更詳。

[七]"文帝"，原作"武帝"，據《蜀中廣記》卷一三及康熙《四川總志》卷二〇改。按，此條本自康熙《四川總志》卷二二《古迹·蒲江縣》下"莫公堂"條，《蜀中廣記》卷一三引《輿地紀勝》云："（蒲江縣）南十五里莫佛鎮，相傳漢文帝時有莫將軍征西南夷，歸而學佛於此。其佛臺前石羊虎尚在，居民往往于其處得金銀。"但關於此人事迹，史籍罕載，唯康熙《四川總志》卷二〇《仙釋·邛州》下有"漢莫將軍"，記載略詳："遺其名字，河南人，文帝時征雲南、越魯（應作巂）、僰，駐節莫佛鎮山下，見石山狀如蒼龍出洞，遂鑿斷之，流血。夜聞空中人語云：'將軍既認破此地，能舍官出家，後必成佛。'莫果如其言，於此修行。"

[八]此條或本自雍正《四川通志》卷二六："舊傳杜甫草堂有二，一在萬里橋，一在浣花溪，萬里橋者，今不可考。"

懷白堂，李白坐永王璘事長流夜郎，意白豈從人亂者？讀其自序詩“夜半水軍來，迫脅上樓船。辭官不受賞，翻謫夜郎天”[一]，亦可憐矣。

遺　像

綿州學東壁繪龐統、蔣琬、杜微、尹默、李白、陳該、蘇易簡、王仲華、歐陽修、黄庭堅十人之像以祀之[二]。

文翁立講堂作石室一曰玉堂[三]，在城南。初，堂遇火，太守更修立，又增立二石室《華陽國志》[四]。堂焚於晚漢，高朕復興完之[五]。後人又作朕像以配文翁。

神君張亞《紫府飛霞洞記》[六]

吾舊生越巂間。按越巂爲郡，居天下之西南角，得坤之用。在漢時户僅四十萬，其俗多營窟版屋而息，如上古穴居野處之世。其地則多土壙巖穴[七]，接黎之邛、筰都，雅之靈關道[八]。自唐大斥土宇，包蠻荒而郡縣之[九]，民不堪命，越巂遂與腹裏壤斷土隔[十]。真人幸啓，偃兵息民，

[一]“受”，原脱，據《李太白全集》卷一一《經亂離後天恩流夜郎憶舊游書懷贈江夏韋太守良宰》補；“天”，原作“丈”，據乾隆本及李白詩改。按，此條當出《廣輿記》卷一七，《方輿勝覽》卷六一、《蜀中廣記》卷二〇亦有相關記載，可參看。

[二]《明一統志》卷六七、雍正《四川通志》卷二七“十賢堂”條所載與此相合。

[三]“一曰玉堂”，原爲正文，據《華陽國志校補圖注》卷三改作夾注。

[四]“華陽國志”，原爲正文，但後文並非出自該書，而是前面之文字見其書卷三，故改作注文，以示爲前文出處之提示語也。

[五]“朕”，原作“朕”，形近而誤，據《蜀都碎事》卷一所收宋祁《文翁祠堂記》改，下一字徑改。

[六]此文今載於萬曆四年刻本《名山記》卷一四、《蜀中廣記》卷七九、《補續全蜀藝文志》卷三〇、《蜀都碎事》卷二及《文昌化書》卷一等，然《美國哈佛大學哈佛燕京圖書館藏中文善本滙刊》第三十四册所收之《文昌化書》卷一有殘缺，不見此文，故今以《名山記》《蜀中廣記》《補續全蜀藝文志》《蜀都碎事》等對勘。

[七]“地則多土”，原脱，據《名山記》《蜀中廣記》《蜀都碎事》補。

[八]“之”，原脱，據《蜀中廣記》《蜀都碎事》補。

[九]“蠻”，《名山記》《蜀中廣記》《補續全蜀藝文志》則作“夷”。

[十]“腹裏”，《名山記》《蜀中廣記》《補續全蜀藝文志》作“中華”。

執玉斧而劃棄大渡之外[一]，越嶲遂淪。

嗚呼！吾將安歸？當以黎雅爲鄉也。黎之邛崍關有靈應洞，乃吾之變化所。惟古蒙舊属漢嘉之青衣[二]，其俗醇厚簡古，如周民好善、堯民可封。其地襟帶巖巒，如泰、華之磅礴，岷、峨之嶙峋，吾常愛而居焉。近奉帝命，往來全蜀，至則寓之以行化，恨蓁莽掩翳，如小有虚静之所[三]，吾必久留。邑下苟洙父子念此甚久，吾知而直命之。乃欣然於吾殿後斬荆棘、去茅菅[四]，爲一洞天，費僅二十萬錢[五]，屋穴皆備。吾揭爲紫府飛霞，蓋本班固賦西都"據坤靈之正位，放太紫之圓方"與王勃記滕王閣彩徹雲衢、霞鶩齊飛之義[六]。上以示吾不忘故鄉之意[七]，下以期有志於攀鱗者。

休哉！蒙山之下，亦有變化之所矣，後之人有能自勵而期爲汗漫游者乎？然東山舊祠，興自紹興丙寅[八]，逮今年丁卯始克有洞穴。而洞穴不成於他人而成於苟洙父子[九]，亦有數也。一日，苟洙父子欲記年日月[十]，此事非神，其誰宜爲？吾亦爲之忻然[十一]，親書於石。開禧三年六月十八日記[十二]。

廟

石泉石紐山下有大禹廟，土人以禹六月六日生，歲時致祭[十三]。

[一]"劃棄大渡"，原文及《補續全蜀藝文志》作"大渡劃棄"，文義不通，據《名山記》《蜀中廣記》《蜀都碎事》改。

[二]"惟古蒙舊属漢嘉之青衣"，原脱，據《名山記》《蜀中廣記》《補續全蜀藝文志》《蜀都碎事》補。

[三]"虚静"，《名山記》《蜀中廣記》作"清虚"，文義可通。

[四]"菅"，原作"管"，形近而誤，據《名山記》《蜀中廣記》《補續全蜀藝文志》《蜀都碎事》改。

[五]"十"，原作"千"，據《名山記》《蜀中廣記》《補續全蜀藝文志》《蜀都碎事》改。

[六]"鶩"，原作"霧"，據《名山記》《蜀中廣記》《補續全蜀藝文志》《蜀都碎事》及《滕王閣序》改。

[七]"上"，原脱，據《名山記》《蜀中廣記》《補續全蜀藝文志》《蜀都碎事》補。

[八]"紹興丙寅"，即南宋高宗紹興十六年（一一四六）。

[九]"而洞穴"，原脱，據《名山記》《蜀中廣記》《補續全蜀藝文志》《蜀都碎事》補。

[十]"父子"，《名山記》《蜀中廣記》無。

[十一]"爲之"，原脱，據《蜀中廣記》《蜀都碎事》補，文義更暢。

[十二]"三"下，原衍"十"字，與干支紀年不合，據《名山記》《蜀中廣記》《補續全蜀藝文志》《蜀都碎事》等删。按，開禧三年丁卯指一二〇七年。

[十三]按，《方輿勝覽》卷五六《石泉軍·祠廟》下"大禹廟"條及《明一統志》卷六七《成都府·祠廟》下同條皆有相關記載。

高梁大山有漢武帝廟，至今有祭者[一]。往往有一二百蝴蝶降祠所享其食，近之不驚，徹饌方去。時謂武帝侍從，捉之者必致病。

花卿廟，在眉州西，祀唐花驚定[二]。本長安人，至德間從崔光遠入蜀討段子璋[三]，有功，封嘉祥縣公[四]。後討賊，單騎鏖戰，已喪其元，猶騎馬荷戈，至東館鎮。下馬沃盥，浣溪女曰："無頭何以盥爲？"遂殭仆。居民葬之溪上，歷代祀之，謝皋羽有詩[五]。

神女廟，《統志》："在巫山西北。《漫叟詩話》：'高唐事乃懷王，非襄王也。'然《神女賦》云：'襄王游雲夢之浦，使玉賦高唐之事。其夜與神女遇云。'李義山詩：'一自高唐賦成後，楚天雲雨盡堪疑。'[六]吴簡言詩：'惆悵巫娥事不平，當時一夢是虚成。只因宋玉閑唇吻，流盡巴江洗不清。'"[七]今爲凝真觀，廟前有神鴉，客舟將來，則迓於數里外，舟過亦送數里，土人謂之神鴉[八]。

周公廟，雅州東。孔明南征日，夢周公助以陰兵，因立廟[九]。

魏武帝廟，方山。宋時討乞弟蠻，陰雨逾月，神宗緘香，禱之輒應[十]。

[一]"有"，原脱，據《類説》卷六〇"蝶降武帝祠"條補，文義更暢。按，《類説》不題出處，而《蜀中廣記》卷二三則題出《夷堅雜録》，明人陳繼儒《珍珠船》卷一載此事亦不題出處。彭氏當録自《蜀都碎事》，而陳氏則又本自《蜀中廣記》，文字略異。又，《夷堅雜録》不知爲何書，待考。

[二]"驚"，原作"敬"，今據《舊唐書·崔光遠傳》《高適傳》與《蜀都碎事》卷二改。

[三]"遠"，原脱，據《舊唐書·崔光遠傳》補。

[四]按，此封號之事，見《天中記》卷二二、《山堂肆考》卷一一七"喪元荷戈"條，《蜀中廣記》卷一二所載與本段基本吻合，但無封嘉祥縣公一説。又，據《舊唐書·高適傳》："牙將花驚定者恃勇，既誅子璋，大掠東蜀。天子怒光遠不能戢軍，乃罷之，以適代光遠，爲成都尹、劍南西川節度使。"《崔光遠傳》亦云："光遠率將花驚定等討平之，將士肆其剽劫，婦女有金銀臂釧，兵士皆斷其腕以取之，亂殺數千人，光遠不能禁。"則花驚定勇則勇矣，於百姓之酷虐如斯，後人爲其立廟者，或一因平亂之功，一因懼其爲厲耳。

[五]"謝皋羽"，即謝翱，字皋羽，一字皋父，號宋累，又號晞發子，南宋愛國詩人，"福安三賢"之一。其詩、文、詞俱工，而以詩爲首。著有《天地間集》《晞髮集》等。此條中所指謝氏詩爲《晞髮集》卷四之《花卿冢行》，其詩曰："濕雲模糊埋秋空，雨青沙白丹稜東。莓苔陰陰草茸茸，云是花卿古來冢。花卿舊事人所知，花卿古冢知者誰？精靈未歸白日西，廟鴉啄肉枝上啼，綿州柘黄魂正飛。"

[六]李商隱此詩題作《有感》。

[七]"吴簡言"，《宋詩紀事》卷五云："簡言字若訥，長汀人，端拱二年進士。累官祠部郎中。"此詩名《題巫山神女廟》。

[八]此條前部分皆摘録於《明一統志》卷七〇，文句略異。而自"今爲凝真觀"始，蓋據范成大《吴船録》卷下改寫。

[九]《明一統志》卷七二、雍正《四川通志》卷二八上有相關記載。

[十]此條出《廣輿記》卷一七，文字全同，《明一統志》卷七二所載文字略異。此方山，指瀘州方山。

吕光廟，江安。苻秦時[一]，光以破虜將軍討李益亂。

豐澤廟，蓬溪。宋李洪值歲歉，捐貲活十萬，宋賜號豐澤[二]。

張翼德廟，在遂寧之涪江。元豐三年，邑人任慶長始侈大之。後五十歲[三]，榱棟仆落，榛棘叢翳，任氏之孫揆復一新之。紹興初元，北兵震搖關輔，張魏公宣撫處置秦、蜀，移屯閬中。秋八月，死卒有更生者，傳神戒語[四]，欲助順誅逆。已而金兀术、婁室連犯漢中，皆折角而退。又有廟在大峰山之下[五]，邦人張氏創爲之，至獻可者，老而無子，詣涪州謁王别廟拜禱。是夕，夢神告曰："汝實吾裔[六]，當有名孕。"明日，與婦飲，見五色光氣如綫投婦杯中，飲散而孕。明年，生男曰述[七]，獻可舍己田爲廟，移樂温之楓兩萌孽以歸，植於東門西偏，示不忘本。述長而擢進士，終職方員外郎。其亡也，外人皆見車馬鼓吹入廟中，聲達遠邇，祝史咫尺無所見。逾旬訃至，其日時皆符合。其後旱乾、霖溢、螟蝗、疾癘，有請輒應。兩楓至高十餘丈，其大合抱。職方之孫，又增大廓宇、跨門爲樓[八]。

酆都有閻羅殿廟，山側又有九蟒御史祠。傳有御史登此山，遭蟒糾纏而死，土人神而祀之，甚著靈異。嘉靖間，祠傍有楊生者，每過祠必下馬致揖。忽一日倉卒，竟騎而過，御史見夢曰："爾前過我必步，今乃騎，豈簡我耶？爾若要中，除非日月倒懸。"楊謂尤己，甚不樂。已而秋試，《詩經》一題，"如日之恒、如月之升"二句，遂得雋[九]。

[一]"苻"，原作"符"，形近而誤，今改。按，"苻秦"即五胡十六國中苻氏所創立之前秦。《明一統志》卷七二、《蜀中廣記》卷一六皆載此條，文字略異。

[二]此條見《廣輿記》卷一七。

[三]"五十歲"，原作"十五年"，據洪邁《夷堅三志》壬卷第七"張翼德廟"條改。按，《夷堅志》在"五十歲"後還有"當建炎三年"幾字，建炎三年（一一三〇）與元豐三年（一〇八〇）正隔五十年也。彭遵泗此條當即據《夷堅志》删改而來，凡與原書文義無大出入者，不出校。

[四]"神"，原脱，據《夷堅志》補。

[五]"大"，原作"火"，形近而誤，據《夷堅志》改。按，《夷堅志》言大峰山在長江縣長灘鎮。

[六]"吾"，原作"無"，音近而譌誤，文義大變，據《夷堅志》改。

[七]"明年，生男曰述"，原作"明月年男曰述"，據乾隆本及《夷堅志》改。

[八]"跨門爲樓"，原作"跨爲樓門"，據《夷堅志》改。按，由此可知彭遵泗所用之《夷堅志》乃吕胤昌、周傳信刊本。

[九]此條見褚人穫《堅瓠集·餘集》卷一"九蟒御史"。

祠

青神土主祠祀蠶叢氏，丹稜土主云祀花卿。又，其他或祀李冰，或祀冰之子二郎。又曰：川主壁山祠，神姓趙，名延之，唐時人。今建廟祀者甚衆[一]。

夾江武侯祠，原在九盤坂，距縣三十里許。鄧艾廟即今祠地，邑令陝西人董繼舒，欲撤廟改祠武侯，投艾像於水。九盤里人夜夢艾云："明日吾有水阨，爾等可乘夜偷吾像來。"人從之。至明日，艾像失矣，董因改祠武侯，今祠世世重修。然則賊艾亦有靈耶？

又，夾江東偏亦有鄧艾廢廟，見邑志。予中表兄國學王簡臨云，九盤尚有鄧艾廟。

錦城南門外武侯祠，前殿祀昭烈，後殿祠武侯[二]，兩廡祀文武諸臣。門側有大碑，裴晉公撰文，柳公綽書，與武侯事業，稱三絶碑。與《能改齋漫録》所云爾"西挾即武侯祠，東挾即後主祠"其基迥異[三]。今之祠想非古基矣[四]，惠陵即在祠之西。

益州城西北隅有龍女祠，即開元二十八年長史章仇兼瓊拔平戎城，梦一女子曰："我此城龍也，今棄番陬來歸唐化。"投問諸巫，其言不異。尋表立爲祠[五]，錫號會昌。祠在少城，舊迹近揚雄故宅。每旱潦祈禱[六]，無不立應。乾符中，燕國公高駢築羅城，收龍祠在城内。工徒設板至此，驟有風雨，朝成夕敗。以聞於公，公亦梦龍女曰："某是西山龍母池龍，君今築城，請將某祠置於門外，便於往來。"公夢中許之，及覺，遂令隔其祠於外而重葺之，風雨乃止，城不復壞。繼之王、孟二主，甚嚴飾之，

[一] 乾隆《合州志》卷七所載明人李翹撰之《新建合州純陽山土主廟碑記》，對趙延之生平事迹有介紹。

[二]"殿"，原脱，據《蜀都碎事》卷三及上下文補，文義更暢。

[三]"後主"，原作"先主"，顯誤，今據《能改齋漫録》卷一二"兩王難當二堂"條改。按，原文云："蜀先主祠在成都錦官門外，西挾即武侯祠，東挾即後主劉禪祠。蔣公堂帥蜀，以禪不能保有土宇，因去之。"

[四]"基"，原脱，據《蜀都碎事》補，文義更暢。

[五]"祠"，原作"詞"，形近而誤，據乾隆本及《茅亭客話》卷五改。

[六]"旱"，原作"早"，形近而誤；"潦"，原脱，據宋黄休復《茅亭客話》卷五及《蜀都碎事》卷三改、補。

祈禱感應，封睿聖夫人[一]。天禧己未歲，自九月不雨，至庚申歲二月。寺觀諸神祈禱，寂無影響。知州諫大夫趙公稹躬詣其祠冥禱。未至郡，甘澤大澍達旦。是歲豐登，民無札瘥，遂奏章新其祠焉[二]。

成都武侯祠廟圮，觀察使宋可發艾石修之，取池土築墻，得石一方，如古磚，廣徑俱二尺，中横列三言四句，有云："水月主，庚不大，蓋十八，龍復卧。"中心上書武侯諱一字，下書"千一出"三字，隸法遒勁。觀察築一亭，以石嵌壁下，復勒一石，自記始末。大約上三字隱"清、康、宋"三字，蓋武侯預知千餘年後，修其廟者爲宋公也[三]。

峨山廟後有歌鳳先生祠，祀楚狂接輿，有古碑，磨滅不可讀[四]。

望帝祠，在錦城西。《蜀志》："杜宇稱帝，號曰望帝。"[五]

昭應祠，錦城金馬坊。左思《蜀都賦》："金馬騁光而絶影，碧鷄倏忽而曜儀。"《注》："漢宣帝時，方士言益州有金馬、碧鷄之神，可以醮祭而置。帝使王褒持節求之。"[六]《統志》："宋賜廟額昭應。"[七]

江陽兒祠，光武微時，過江陽，生一子。望氣者言，江陽有貴兒，縣人因王莽亂，求而殺之。光武怒，爲立祠，不使江陽人冠帶[八]。

[一]"聖"，原作"神"，據《茅亭客話》《蜀都碎事》改。

[二]"新"，原脱，據《茅亭客話》等補。

[三]按，《寄園寄所寄》卷五引《萬玉山房雜記》之文與此全同，殆即彭遵泗之所本也。稱發掘此石者爲"宋可發"，查雍正《四川通志》卷三一，此人爲山東膠州進士，康熙八年至十一年任四川按察使。此條中之"壬子"，正康熙十一年（一六七二）。然清人李馥榮《灩滪囊》卷四載此事，則誤以爲乃康熙十二年才上任之宋琬。清人董含在《蓴鄉贅筆》卷中"僞碑"條考證云："四川成都府武侯廟，年久傾頽。有宋觀察可發者，喜功好事，取一舊碑，僞鎸十六字，先埋祠下。托言重修，掘得之，報幕府擬繕疏上達。適有發其事者，遂中止。碑首列一'亮'字，下有'千一出'三字，言歲在壬也。中爲'水月主'，乃國號；'庚不大'，乃紀年；'蓋十八、龍復卧'，則自寓其姓而竊比諸葛也。噫！亦愚矣。"由是觀之，則此碑乃宋可發僞造，但重修武侯祠一事，卻並未中止，董含所言"中止"者，當是上報朝廷也。

[四]《明一統志》卷七二《嘉定州·宫室》有"歌鳳堂"，《蜀中廣記》卷一〇五引《嘉州志》稱三峨館有歌鳳臺，壁上繪有楚狂接輿像，《蜀都碎事》卷三亦有"峨山廟"，所指蓋同。

[五]此《蜀志》指《華陽國志》卷三。

[六]此條見《文選》卷四。

[七]此説載《明一統志》卷六七。

[八]此條之末原有"在富順縣"四字。據《廣輿記》卷一七及雍正《四川通志》卷二五，此祠在瀘州，《四川通志》更説明在瀘州方山上，且江陽爲瀘州古稱，則何以此祠會在富順縣？今删之。又，《輿地紀勝》卷一五三、《明一統志》卷七二皆載此祠，則古迹當實有之。清人吴省欽《白華前稿》卷一七《漢光武江陽兒祠辨》一文，則認爲此祠不可能是光武帝所建，光武帝也不可能在江陽有子，可參看。

孟拾遺祠，眉州西。僖宗在蜀，政事悉出内侍田令孜，拾遺孟昭圖力諫坐貶，令孜遣人沉之江[一]。

姜維祠，蘆山城内近南，以維曾築土城於此，今土城址尚有存者。又，城北有縣主祠，云祀姜維妹。

蠶家所祀先蠶之神，實馬頭娘也。高辛時，蜀有夫在外，久不歸，妻誓曰："得夫歸者，以女妻之。"家有一馬聞而躍去。數日，夫乘馬歸。馬嘶不已，夫審其故，曰："人豈與馬配耶？"殺馬，曝皮於庭。女過皮傍，皮忽卷女飛去，掛於桑上，遂化爲蚕，食桑葉作一大繭如甕。後人塑女像爲馬頭娘，以祈蠶焉[二]。

《夷堅志》："嘉州士人黄棠，博學能文，謂取功名如拾芥。肄業成都府學，學有菊花仙神祠，傳爲漢宫女，諸生求名者，影響答之。棠嘗夜讀，見美女立燈下，棠驚問：'汝何氏輒至此？'女笑曰：'吾乃菊花仙，以君今舉當高第，故來報喜。初任郫縣主薄，宜勉之。'是歲，棠獲鄉薦，赴部試，至郫縣境，憩逆旅，有負水至者，棠酌飲之，又傾其餘以濯足。負者曰：'村疃之水，數里行汲得至此，飲尚不敷，忍用濯足？'棠怒曰：'候我爲主薄，當治爾罪。'及試失利，復入學，見女於廊下，棠謂其言不驗[三]。女曰：'汝不能謹，輕以告人，且欲逞私憾，豈汝容乎？必欲成名，須修德乃可。'棠自追悔省咎，後一舉登科。"

叙州府翠屏山有五賢祠，祀濂溪、横渠、明道、伊川、晦庵象。按，即翠屏書院也[四]。

寺觀

聖壽寺在成都城内西南隅，建自漢，在唐爲定慧寺，後改爲龍淵寺。孟蜀時，宰相王處回舍宅以廣其基。至宋大中祥符間，移聖壽寺額於此。

[一] 此條見《容齋三筆》卷六、《蜀中廣記》卷一二等，文句略異。

[二] 此條所記之事，脱胎於《搜神記》"蠶馬"條，見《新輯搜神記》卷二〇。王斌撰有《略論蠶神馬明王的起源》，載《中國俗文化研究》第六輯，可參看。

[三] "棠"，原作"堂"，形近而誤，據乾隆本及《夷堅志補》卷三改。按，此條録自褚人穫《堅瓠集·餘集》卷三之"菊花仙"條，與《夷堅志補》同條文字略異。

[四] 此條見《蜀都碎事》卷三。

中有秦太守所鑿石犀在殿，故今俗呼爲石牛寺。殿中有井，相傳與海通，所謂海淵也[一]。

成都城外西南有青羊宫，老子謂關令尹曰："千日之外，求我於蜀中青羊之肆。"即此[二]。

成都玉局觀，老君與張道陵至此，有局脚玉床自地涌出，老君升坐，爲道陵説《南北斗經》，故名[三]。

[一] 此條或録自《天啓新修成都府志》卷三《寺觀》之"聖壽寺"條，《蜀中廣記》卷一、《蜀都碎事》卷三等亦有相關記載。

[二] 《蜀中廣記》卷七一引《蜀記》之語與此相合，亦見《蜀都碎事》卷三、《三洞珠囊》卷九等。

[三] 《蜀中廣記》卷三有相關記載，王斌有《成都玉局觀建置考》，載《宗教學研究》，二〇一二年第四期，可參看。

蜀故卷八

選舉

紹興二十七年，先時蜀士赴殿試不及者，皆賜同進士出身。上念其中有俊秀能取高第者[一]，不宜皆置下列，至是，先期諭都省，寬展試日以待。宰相沈該奏："天時向暑，臨軒非便。請後至者臣等策之，中書定高下。"[二]上曰："三年策士，朕豈憚一日之勞耶？"及唱第，王十朋爲首，第二人閻安中，第三人梁介，皆蜀士也。上大悦。紹興二十九年，孫道夫侍經筵[三]，一日，極論四川類試請托之弊，請盡令赴禮部[四]。上曰："後舉但常遣御史監之。"道夫持益堅，事下國子監，祭酒楊椿曰："蜀去天萬里，可使士子涉三峽、冒重湖耶？欲革其弊，一監試得人足矣。"是歲，四川類省試，始降敕差官。四川類省試第一人恩數，初視殿試第三人，賜進士及第，優之也。後以何耕對蜀人才策[五]，爲秦檜所怒，乃改禮部類試第一等人並賜進士出身[六]，自是無有不赴御試者。

孝宗乾道元年，議復國初科制。翰林學士汪應辰以眉山布衣李垕應詔，上覽其文，稱獎，命依格召試[七]，會有沮之者，不果試。宰相虞允

[一]"取"，原脱，據《文獻通考·選舉考五》《宋史·選舉志二》補。按，從内容來看，此條當是據《文獻通考》抄録。

[二]"沈該"，字守約，宋湖州歸安人，沈時升子。紹興間任職禮部侍郎，出知夔州，召還，除參知政事，進左僕射，以老請罷，以觀文殿大學士奉祠。有文集、《易小傳》等，詳《欽定四庫全書總目》卷二《易小傳》之提要。

[三]"孙道夫"，字太冲，眉州丹稜人。年十八貢辟雍，賜進士出身。性剛直，仕宦三十年。《宋史》卷三八二有傳。

[四]"盡"，原作"書"，形近而誤，據《文獻通考》改。

[五]"策"，原脱，據《文獻通考》補。

[六]"乃改"，原作"及論"，據《文獻通考》改。

[七]"召"，原作"名"，形近而誤，據《文獻通考·選舉考六》及《宋史·李燾傳》改。

文爲上言之，始依元祐獨試故事，命翰林學士王曮、起居舍人李彦穎考試，參詳垕六論凡五通，上喜曰："繼自今其必有應詔者矣。"十一月，上親策於集英殿，有司考入第四等。復御殿引見，賜制科出身，授節度推官，其策依正奏名第一甲例，謄寫爲册進御及德壽宫，并焚進諸陵。淳熙四年，李垕之弟塾復舉賢良方正[一]，近習恐制科之攻己，共摇沮焉[二]。然自李垕之後，制科無合格者三十餘年矣[三]。

淳熙二年春三月，親試舉人。蜀人楊甲對策言恢復之志不堅者二事：其一謂嬪妃滿前，聖意幾於惑溺；其二謂策士之始，其及兵者不過一言而已，是以談兵革爲諱、論兵革爲迂也。帝覽對不悦，置之第五[四]。

孝宗隆興初，增省額百人，遂以十七人取一人。而四川類省試則十六人取一人，後不復改[五]。

宋太宗端拱二年，進士榜省元陳堯叟，狀元同[六]。

真宗咸平三年，進士榜狀元陳堯咨。

仁宗寶元元年，進士榜省元范鎮。

神宗元豐五年，進士榜狀元黄裳。

徽宗政和五年，進士榜狀元何㮚。

高宗紹興二年，四川進士一百二十人。五年，四川進士一百三十七人。十二年，四川進士一百四十四人。十五年，四川進士七十三人。十八年，四川進士二十三人。二十一年，四川進士十八人。二十四年，四川進士六十三人。三十年，四川進士十六人。

寧宗慶元五年，四川進士四人。

嘉定元年，四川進士四人[七]。

[一]"塾"，原作"墊"，形近而誤，據《文獻通考·選舉考六》及《宋史·李燾傳》改。

[二]"沮"，原作"洎"，形近而誤，據乾隆本及《文獻通考》改。

[三]"無合格者"後原有"又"字。按，《文獻通考》原文云"自李垕之後，制科無合格者。又三十餘年，永康何致者……"，彭氏糅作一句，文義略變，故删"又"字。

[四]此段見《宋史全文》卷二六上。

[五]此條見《文獻通考·選舉考五》。

[六]"陳堯叟"，字唐夫，閬州人。左諫議大夫陳省華長子，與弟陳堯佐同科。又，其弟陳堯咨亦爲狀元，三陳之事，引爲佳談。《宋史·陳堯佐傳》有附傳，可參看。

[七]以上節録自《文獻通考·選舉考五》，而《文獻通考》之依據爲《宋登科記》及《會要》。

明登科録

永樂九年辛卯科四川進士二甲一人，三甲三人。壬辰科進士三甲二人。乙未科進士二甲一人，三甲十人。戊戌科二甲二人，三甲六人。辛丑科二甲一人，三甲二人。

宣德二年丁未科進士二甲一人，三甲二人。庚戌科二甲一人，三甲四人。癸丑科三甲六人。

正統元年丙辰科二甲一人，三甲三人。己未科二甲二人，三甲三人。壬戌科二甲三人，三甲六人。乙丑科一甲一人，第二周洪謨，長寧人，二甲一人，三甲六人。戊辰科二甲二人傳朧萬安，三甲六人。

景泰二年辛未科二甲七人，三甲十一人。甲戌科二甲七人，三甲十五人。

天順元年丁丑科二甲十人，三甲十六人。庚辰科一甲一人，第二李永通，長寧人，二甲一人，三甲五人。甲戌科二甲五人，三甲十一人。

成化二年丙戌科二甲三人，三甲二十二人。己丑科二甲二人，三甲十三人。壬辰科二甲四人，三甲十一人。乙未科二甲四人，三甲九人。戊戌科二甲七人，三甲十五人。辛丑科二甲四人，三甲十二人。甲辰科二甲六人，三甲十一人。丁未科一甲一人，第二劉永春，巴縣人，二甲九人，三甲二十四人。

弘治三年庚戌科二甲六人，三甲九人。癸丑科二甲五人，三甲十五人。丙辰科二甲三人，三甲十二人。己未科二甲七人，三甲十五人。壬辰科二甲六人，三甲十一人。乙丑科二甲八人，三甲十人。

正德三年戊辰科二甲十人，三甲十六人。辛未科一甲一人，第一楊慎，新都縣人，二甲八人，三甲十九人。甲戌科二甲十人，三甲十四人。丁丑科二甲四人，三甲十七人。辛巳科二甲四人，三甲十七人。

嘉靖二年癸未科二甲九人，三甲九人。丙戌科二甲六人，三甲七人。己丑科一甲一人，第三楊名，遂寧縣人，二甲六人，三甲八人。壬辰科一甲一人，第三高節，綿州人，二甲七人，三甲十四人。乙未科二甲七人，三甲十三人。戊戌科二甲二人，三甲十六人。辛丑科二甲五人，三甲十七人。甲辰科二甲五人，三甲二十人。丁未科二甲四人，三甲十人。庚戌科二甲四人，三甲十三人。癸丑科二甲二人，三甲二十一人。丙辰科二甲七人，三甲九人。己未科二甲二人，三甲十二人。壬戌科二甲三人，三甲十三人。乙丑科二甲三人，三甲二十人。

隆慶二年戊辰科二甲傳臚李長春，富順人七人，三甲二十一人。辛未科二甲二人，三甲十四人。

萬曆二年甲戌科二甲三人，三甲十八人。丁丑科二甲二人，三甲十五人。庚辰科二甲一人，三甲十二人。癸未科二甲一人，三甲十二人。丙戌科三甲十七人。己丑科三甲十七人。壬辰科二甲三人，三甲十五人。乙未科二甲二人，三甲十八人。戊戌科二甲一人，三甲十人。辛丑科二甲三人，三甲十二人。甲辰科二甲一人，三甲十三人。丁未科二甲三人，三甲十一人。庚戌科二甲傳臚朱綵，劍州人三人，三甲十五人。癸丑科二甲三人，三甲十三人。丙辰科二甲三人，三甲十四人。己未科二甲三人，三甲二十一人。

天啓二年壬戌科二甲二人，三甲十二人。乙丑科二甲四人，三甲十六人。

崇禎戊辰科二甲一人，三甲十八人。辛未科三甲十八人。甲戌科二甲二人，三甲七人。丁丑科二甲一人，三甲十二人。庚辰科二甲二人，三甲十二人。壬午科特用進士十六人。癸未科二甲一人，三甲十九人。

皇朝進士題名

順治乙未科三甲四人。戊戌科三甲四人。己亥科三甲二人。辛丑科一甲第二人李仙根，遂寧人，二甲一人，三甲三人。

康熙甲辰科二甲一人，三甲二人。丁未科三甲一人。庚戌科二甲一人，三甲六人。癸丑科三甲三人。丙辰科無。己未無。壬戌無。乙丑科三甲二人。戊辰科三甲二人。辛未科三甲二人。甲戌科三甲五人。丁丑科三甲四人。庚辰科三甲四人。癸未科三甲一人。丙戌科三甲四人。己丑科三甲二人。壬辰科二甲一人，三甲一人。癸巳科三甲四人。乙未科二甲一人，三甲四人。戊戌科三甲三人。辛丑科三甲四人。

雍正癸卯科三甲三人，未殿試一人。甲辰科二甲一人，三甲四人。

丁未科三甲六人。庚戌科三甲九人。癸丑科三甲八人。丙辰科二甲二人，三甲八人。丁巳科二甲二人，三甲四人。

眉山科第

眉之進士，自宋治平開科至寶祐止二百餘年，共八百六十九人。明三百年，止三十七人。丹稜，自宋至明，止十六七人。州有張添紹，洪武間狀元，科分事迹始終無考，止名見舊志，亦缺恨事也。

文　學[一]

漢文翁爲蜀郡守，仁愛教化，見蜀地僻陋，有蠻夷風。文翁欲誘進之，乃選郡縣小吏開敏有材者張叔夜等十餘人，親自飭厲，遣詣京師，受業博士，或學律令。減省少府用度，買刀布蜀物，齎計吏以遺博士。數歲，郡生皆成就還歸，文翁以爲右職，用次察舉，官有至郡守、刺史者。又修起學宫於成都市中，招下縣子弟以爲學官弟子，爲除更繇。高者以補郡縣吏，次爲孝弟力田。常選儒官僮子，使在便坐受事。每出行縣，益從學官諸生明經飭行者與俱，使傳教令，出入閨閤。縣邑吏見而榮之，數年，争欲爲學官弟子，富人至出錢以求之。繇是大化，蜀地學於京師者比齊魯焉。至武帝時，乃令天下郡國皆立學校，自文翁爲之始云[二]。

士　風

蜀雖僻左，而先正大儒如濂溪周先生、河南二程先生，嘗不鄙而幸臨之。今其遺墨多在蜀，而了翁偶獲窺見者，如濂溪先生帖、伊川先生手刺，則遂寧傅氏各藏其一[三]，而濮陽度周卿所藏程刺亦得之傅氏也。

[一]“文學”前，乾隆本有“風俗”二字。

[二] 此條見《漢書·循吏傳·文翁》。

[三]“則”，原脱，據魏了翁《鶴山集》卷六一《跋遂寧傅氏所藏濂溪伊川真迹》補。◎“一”，原作“二”，形近而誤，據《鶴山集》改。

伊川先生帖則金堂謝氏有之，明道先生帖則余得其一焉，乃和邵子《打乖吟》後一章也[一]。三先生始在蜀時，所聞未彰，而蜀人從者已衆矣，誦其詩，讀其書，且猶以爲未足也，得其隻詞斷册，猶寶之不置，至貽之子孫，不敢失墜。今三先生之書滿天下，而學士大夫不知好之。有好之矣，審思而篤行之者蓋鮮。而抗之於高遠，姗之於艱澀[二]，或托之爲衒鬻之媒者，往往而是，可嘆矣。

游　賞

成都游賞之盛甲於西蜀，今以元日爲始而第其事[三]。正月元日，郡人曉持小綵幡游安福寺塔，粘之楹柱，若鱗次然，以爲厭禳，懲咸平之亂也。宋田況有五古紀其事[四]。

二日，出東郊，早宴移忠寺，晚宴大慈寺[五]。田況有五言詩[六]。

五日，五門蠶市，蓋蠶叢氏始爲之。田況有五古[七]。

上元節放燈，舊《記》稱："唐明皇上元京師放燈甚盛，葉法善奏曰：'成都燈亦盛。'遂引帝至成都，市酒於富春坊。"宋開寶二年，上元放燈三夜，自是歲以爲常。十四、十五、十六三日，燈火之盛，以昭覺寺爲最。又爲殘燈會，會始於張公詠，以十七日也。田況有五古[八]。

二十三日，聖壽寺前蠶市，自張公詠始。即寺爲會[九]，使民鬻農器。田況有五律[十]。

[一] 邵雍《擊壤集》卷九有《安樂窩中好打乖吟》，且附録了程顥之和詩。

[二] "姗"，原作"删"，據《鶴山集》改。

[三] 按，此處據《歲華紀麗譜》記述成都一年的民俗節日，亦見於《全蜀藝文志》卷五八、《蜀都碎事》卷三等；中間則插入田況《成都遨樂詩》，該組詩載《成都文類》卷九及《全蜀藝文志》卷一七，故今以《成都文類》及《全蜀藝文志》等參校。

[四] 詩題作《元日登安福寺塔》。

[五] "大"，原作"太"，據《全蜀藝文志》改。按，此寺又稱大聖慈寺，作"太"字誤。後文此寺名誤者徑改。

[六] 詩題作《二日出城》。

[七] 詩題作《五日蠶市》。

[八] 詩題作《上元燈夕》。

[九] "寺"，原作"事"，據《全蜀藝文志》及《蜀中廣記》卷五五等改。

[十] 詩題作《二十三日聖壽寺前蠶市》。

二十八日，俗傳爲保壽侯誕日，出笮橋門[一]，即侯祠奠拜，次游净衆寺。田況有五律[二]。

二月二日，踏青節。初，郡人游賞，散在四郊。張公詠以爲不若聚之爲樂，乃以是日出萬里橋，爲綵舫數十艘，與賓僚分乘之[三]，歌吹前導，號爲小游江，蓋指浣花爲大游江也。士女駢集，觀者如堵。晚宴於寶曆寺，公爲詩有"春游千萬家，美人顏如花。三三兩兩映花立，飄飄似欲乘烟霞"之句[四]。後清獻公時，綵舫增至數十倍。田況有五古[五]。

八日，觀街藥市，早宴大慈寺，晚宴金繩院。

三月三日，出北門游學射山，蓋張伯子以是日即此地上升，巫覡賣符於道，游者佩之以宜蠶避灾。輕車小蓋，昭爛山阜。田況有五古[六]。

九日，大慈寺前蠶市。田況有七絶[七]。

二十一日，出大東門游海雲山鴻慶寺，蓋開元二十三年靈智禪師以是日歸寂，邦人敬之，入山游禮，因而成俗[八]。山有小池，士女采石其中，以占求子之祥焉。田況有七絶[九]。

二十七日，大西門外睿聖大人廟前蠶市。

四月十九日，浣花夫人誕日也。太守出笮橋門至梵安寺謁夫人祠，就宴於寺之設廳。既宴，登舟觀諸軍騎射，倡樂導前，溯流至百花潭觀水嬉競渡，官舫民船乘流上下，或幕帟水濱以事游賞，最爲出郊之勝。田況有七律[十]。

五月五日，宴大慈寺設廳，醫人鬻艾，道人賣符。朱索、綵縷，長命、避灾之物，筒飯角黍，莫不咸在。

六月初伏日，游江瀆廟池。初，文潞公建設廳以伏日爲會避暑，自是以爲常。

[一]"笮"，原作"窄"，形近而誤，據《全蜀藝文志》等改。後文此字之誤徑改。

[二] 詩題作《二十八日謁生祿祠游净衆寺》。

[三]"乘"，原作"樂"，據《全蜀藝文志》等改。

[四] 按，此詩載《張乖崖集》卷二，題作《二月二日游寶曆寺馬上作》。◎"飄飄"，與《成都文類》《全蜀藝文志》同，《張乖崖集》作"飄飖"。

[五] 詩題作《二月二日游江會寶曆寺》。

[六] 詩題作《三月三日登學射山》。

[七] 詩題作《九日大慈寺前蠶市》。

[八]"而"，原脱，據《全蜀藝文志》等補，文義更暢。

[九] 詩題作《二十一日游海雲山》。

[十] 詩題作《四月十九日泛浣花溪》。

七月七日，大慈寺前夜市，乞巧之物皆備焉。田况有七絶[一]。

十八日，大慈寺散盂蘭盆。田况有七絶[二]。

八月十五日，中秋玩月。

九月九日，玉局觀藥市。或云有恍惚遇仙者。

冬至，宴於大慈寺。後一日，早宴金繩寺，晚宴大慈寺。

成都諸名族婦女，出入皆乘犢車。惟城北郭氏車最鮮華，爲一城之冠，謂之“郭家車子”。江瀆廟西廂壁畫犢車，廟祝指以示予曰[三]：“此郭家車子也。”

世傳《唐明皇幸蜀圖》，山谷間老叟出望駕，有著白巾者，釋者曰：“服諸葛武侯也。”[四]

風　俗

爨薪皆短而粗，束縛齊密[五]，狀如大餅餤，不可遽燒，必以斧破之，至有以斧柴爲業者。孟蜀時，周世宗志欲取蜀[六]，蜀卒涅面爲斧形，號“破柴都”。

十月至年終祭壇神，名爲慶壇神。壇神者，灌縣令李冰、嘉定牧趙昱也[七]，治水有功，故農人世祭之。按，巫人皆書趙侯、羅公，趙或是昱，羅則公遠也，李冰自爲川主，恐非壇神。

口　語

蜀人謂老爲皤波，蓋取皤皤黄髮之義，後有蠻王小皤作亂，今國史作

[一] 詩題作《七月六日晚登大慈寺閣觀夜市》。

[二] 詩題作《七月十八日大慈寺觀施盂蘭盆》。

[三] “祝”，原作“祀”，據《老學庵筆記》卷二改。

[四] 此條見《演繁露》卷一三“古服不忌白”。

[五] “束”，原脱，據《老學庵筆記》卷一補。

[六] “取”，原作“平”，據《老學庵筆記》改。◎“取蜀”後，原衍“取征”二字，據《老學庵筆記》删。

[七] “冰”，原作“水”，形近而誤，據乾隆本改。◎“昱”，原作“旭”，據《方輿勝覽》卷五二《嘉定府·名宦》“趙昱”條改，後文此字徑改。

“小波”，非是。又見物輒驚曰“噫嘻嚱”，李白作《蜀道難》，因用之[一]。謂糊窗曰“泥窗”。花蕊夫人《宫詞》有“紅錦泥窗繞四廊”之句[二]。范成大詩“耳畔逢人無魯語”[三]，其爲京洛音，謂之魯語[四]，亦又諱之。

“豆子山，打瓦鼓；陽平山[五]，撒白雨。”此綿州巴歌也，巴歌二字始見此[六]。後劉禹錫之《竹枝詞》、李白之《巴女詞》皆其變體也[七]。若常璩《巴志》所載，則皆古詩者流，非通俗之唱矣。

民謡

汶阜之山，水出其腹，帝以會昌，神以建福。大飢不飢，蜀有蹲鴟；大旱不旱，蜀有廣漢[八]。

晉惠帝時，蜀中謡：“江橋頭，闕下市[九]，成都北門十八子。”十八子，李也，其後李雄據蜀僭號。按，漢武元鼎二年，立太城九門，少城

[一] 此二條見宋祁《宋景文筆記》卷上。

[二]“窗”，原作“封”，據花蕊夫人《宫詞》及《老學庵筆記》改。按，此條及下一條皆出《老學庵筆記》卷八。

[三]“成大”，原誤倒，據此詩出《石湖詩集》卷一七而乙正。按，范詩題作《丙申元日安福寺禮塔》。

[四]“魯”，《石湖詩集》卷一七、《成都文類》卷九等作“虜”。按，范詩“耳畔”句下注云：“蜀人鄉音極難解，其爲京洛音，輒謂之虜語，或是僭僞時以中國自居，循習至今不改也。既又諱之，改作魯語，尤可笑，姑就用其字。”

[五]“山”，原作“關”，據《蜀中廣記》卷一〇一校改。按，此條即本見於《蜀中廣記》也，《蜀都碎事》卷一等亦記之，故以之參校。

[六]“綿州巴歌”，此處僅録歌詞之部分，非全篇也。記載此歌之最早著作當是《嘉泰普燈録》卷一一《漢州無爲宗泰禪師》之傳記，《蜀中廣記》卷八九亦有引用：“豆子山，打瓦皷，陽平山，撒白雨。白雨下，取龍女，織得絹，二丈五。一半屬羅江，一半屬玄武。”

[七] 前一“詞”字，原脱，據《蜀中廣記》及《劉禹錫集》補。◎“李白”，原作“李伸”，而《蜀中廣記》等作“李紳”，顯誤，今據《李太白全集》卷二五改爲“李白”。按，李紳無《巴女詞》，乃李白所作也，詩云：“巴水急如箭，巴船去若飛。十月三千里，郎行幾歲歸。”曹學佺所編《石倉歷代詩選》卷四四之下亦收此詩，不知此處何以誤作李紳之詩？《補續全蜀藝文志》卷四二、《蜀都碎事》卷一、雍正《四川通志》卷四六等亦承襲此誤，均當是正。

[八] 此條見雍正《四川通志》卷三九。◎“蹲鴟”，即大芋。因狀如蹲伏之鴟，故稱。《史記·貨殖列傳》：“吾聞汶山之下，沃野下有蹲鴟，至死不飢。”張守節正義：“蹲鴟，芋也。”晉左思《蜀都賦》云：“坰野草昧，林麓黝儵，交讓所植，蹲鴟所伏。”劉逵注曰：“蹲鴟，大芋也。”

[九]“闕”，原作“關”，承襲《蜀中廣記》卷一〇一之誤也，今據《蜀中廣記》卷一、《魏書·賨李雄傳》及《蜀都碎事》卷二等改。

九門，故有十八子之稱[一]。

《華陽國志》："王平、句扶、張翼、廖化並爲大將軍，時人曰：'前有王句[二]，後有廖張。'"

王建據蜀之後，有一僧常持大帚，每過即汛掃，人以掃地和尚目之。掃畢，輒寫云"水行仙，怕秦川"。其後，王衍有秦川之禍，人方知"水行仙"，衍字也[三]。

忌諱

嘗記丁顧言少卿云："昔游宦蜀中，至官有期，駐舟江滸，憩山寺，遇老僧問：'丁公何爲而至？'丁具以之官告。又問：'期在何時？'丁又告。僧曰：'是所謂兀日，不可視事。弗避之，公必以事去。'丁笑而不應。既至官月餘，竟以事免歸。丁深異之，於是復過故處，從僧請其術[四]。丁屢以語人云。

成都不打晚衙鼓。劉仲、張潛夫皆云："孟蜀多以晚鼓戮人，埋毬場中，故鳴鼓則鬼祟必作。自是承例不打晚鼓。"[五]

[一]"元鼎二年"，即漢武帝公元前一一五年，待考曹學佺此説所據爲何。◎"少城九門"，原脱，據《蜀中廣記》《蜀都碎事》等補，合太、少各九，爲"十八子"也。

[二]"王"，《華陽國志》卷七作"何"，蓋王平養於外家何氏，長而復姓爲王也。

[三]此條見陶穀《清異録》之"掃地和尚"條，雍正《四川通志》卷二九亦載。

[四]"請"，《王氏談録》作"謁"，亦通。按，《四庫全書》收《王氏談録》，不題作者，《説郛》百二十卷本卷二四則題作者爲王洙。

[五]此條乃北宋劉攽所著《暇日記》中之事，見《蜀中廣記》卷五五及《説郛》百二十卷本卷二七。

蜀故卷九

故事

范致能、陸務觀，以東南文墨之彦，至爲蜀帥。在幕府日，賓主唱酬，每和一篇出，人以先睹爲快[一]。

先聖

《遁甲開山圖》，滎氏解曰："女狄暮汲於石紐山下，大祠前水中得月精如鷄子[二]，愛而含之，不覺而吞，遂有身。十四月而生夏禹。"

行幸

唐玄宗幸蜀，至斜谷[三]，霖雨彌旬，聞鈴聲悼念貴妃，爲製《雨霖鈴》曲[四]。

[一] 此條見清人沈雄《古今詞話·詞話》卷上，沈氏其言出自劉漫塘語。按，此條原在本卷之末，前有小標題"補故事類"。今就整卷來看，原文並無專門條目放在"故事"類之下，若將"故事"作爲整卷之大標題，則所謂"補故事類"又無著落，故將末條移至"故事"類下，删掉此條前"補故事類"四字。

[二]"大祠前"，《太平御覽》卷四、卷八二作"泉"，此處與《太平御覽》卷三六〇所引相合。按，《遁甲開山圖》，《隋書·經籍志二》著録爲三卷，滎氏撰。

[三]"斜谷"，原作"上停"，不知何義，今據《太平御覽》卷五八四引《明皇雜録》之文改。

[四]"霖"，原作"零"，據《太平御覽》改。

進　獻

孟昶時，每臘日[一]，内官各獻羅體圈金花樹子。梁守珍獻忘憂花，縷金於花上，曰獨立仙。

姓　氏

蜀翰林學士范禹偁，嘗冒張姓。謝啓云："昔年上第，誤標張禄之名，今日故園，復作范睢之裔。"[二]

李先復云[三]："前知大冶縣，見《柯陳氏譜》云：'陳友諒子理[四]，敗亡入蜀，改姓鬱，居合江縣。子孫繁衍，散在涪州、長壽諸邑。明末兵部尚書陳新甲，其後也。後理年八十，携一子再入楚，居興國州。其子孫尤繁衍，不下萬人，即今柯陳氏也。'"

後漢譙周，小名長兒[五]。

司馬相如，小字犬子[六]。

蘇子由，小名卯君[七]。

餘　録

司馬相如初與文君還成都，居貧，愁懑，以所衣鷫鸘裘就市人陽昌

[一]"日"，原作"月"，形近而誤，據《清異録》卷上"獨立仙"條改。按，臘日即俗稱"臘八"，一般爲農曆十二月初八，古人於此日祭祀祖先和神靈，以祈祥瑞。

[二]《蜀檮杌校箋》卷四、《青箱雜記》卷五等皆有記載。

[三]"李先復"，字子來，號曲江，四川南部人，清康熙十一年（一六七二）舉人。任山東曹縣知縣，轉知湖廣大冶、累官兵部侍郎、後升工部尚書。雍正《四川通志》卷九下有小傳，但誤稱字曲江，據《清秘述聞》卷四，當是字子來，其號曲江，則見道光《南部縣志》卷一四。又按，此條出《居易録》卷二九。

[四]"友"，原作"氏"，據乾隆本及《居易録》改。

[五]此説見《三國志·蜀志·楊戲傳》："又時人謂譙周無當世才，少歸敬者，唯戲重之。嘗稱曰：'吾等後世終自不如此長兒也。'"

[六]此説見《史記·司馬相如列傳》。

[七]《錦繡萬花谷》卷一六云："蘇子由己卯生，坡嘗號爲卯君。"

貰酒，與文君爲歡。既而文君抱頸而泣，曰："我生平富足，今乃以衣裘貰酒……"遂相與謀於成都賣酒[一]。相如親著犢鼻褌滌器以耻王孫[二]，王孫果以爲病，乃厚給文君，遂爲富人。文君姣好，眉色如遠山，臉際常若芙蓉，肌膚柔滑如脂。十七而寡，爲人放誕風流，故悦長卿之才而越禮焉。長卿素有消渴疾，及還成都，悦文君而遂以發痼疾，乃作《美人賦》以自刺。而終不能改，卒以此疾至死，文君作誄傳於世[三]。

相如將聘茂陵女爲妾，文君作《白頭吟》以自絶，乃止[四]。

宋刻《鑑誡録》載前蜀興聖太子随軍王承旨失名詠後主出降詩云[五]："蜀朝昏主出降時，銜璧牽羊倒繫旗。二十萬軍齊拱手，更無一箇是男兒。"此詩與花蕊夫人詩大同小異，必有一誤。此詩《能改齋漫録》亦兩載之[六]。

何光遠《鑑誡録》載，王蜀盧延讓獻王建詩卷中，有"栗爆燒氊破，猫跳觸鼎翻"之句。後建與潘峭在内殿平章邊事，令宫人於爐内煨栗，栗爆出，燒損繡褥子。建多疑，每於爐中燒金鼎，惟徐妃二姊妹侍茶湯而已[七]。是夜，宫猫誤觸鼎翻，建曰："栗爆燒氊破，猫跳觸鼎翻。"憶

[一]"於"，原作"爲"，義遜，據《西京雜記》卷二改。

[二]"褌"，原脱，據《西京雜記》補。

[三]按，此處説卓文君撰司馬相如誄詞傳於世，但《西京雜記》并不載其文。《西漢文紀》卷二二載《司馬長卿誄》，然題注云："《雜記》其辭不載，且依托題橋及琴歌爲之，琴歌與此皆傳益也。"又，嚴可均輯《全漢文》云："梅鼎祚《文紀》有此，未詳所出。案《西京雜記》，長卿素有消渴疾，及還成都，死，文君爲誄，傳於世。《雜記》雖言爲誄，不載其辭，蓋近代依托也。"則今所謂《司馬長卿誄》果否爲卓文君作，尚難定論也。

[四]按，文君作《白頭吟》之事出《西京雜記》卷三，所謂《白頭吟》者，載《樂府詩集》卷四一，但郭茂倩並不將其歸於文君名下；明人馮惟訥編《古詩紀》卷一二，則將《樂府詩集》所載之《白頭吟》隸於文君名下，所據正《西京雜記》之語也。清人馮舒《詩紀刊謬》批駁馮惟訥云："《宋書》大曲有《白頭吟》，作古辭；《樂府詩集》《太平御覽》亦然；《玉臺新咏》題作《皚如山上雪》，非但不作文君，并題亦不作《白頭吟》也。惟《西京雜記》有文君爲《白頭吟》以自絶之説，然亦不著其詞。或文君自有别篇，不得遽以此詩當之也。宋人不明其故，妄以此詩實之，如黄鶴《杜詩注》、《合璧事類》引《西京雜記》之類，并入此詩。《詩紀》因之，《詩删》選之，今人遽云'有此妙口妙筆，真長卿快偶'，可笑可憐！"

[五]"誡"，原作"戒"，據此書宋本題名改。後文此書名作"戒"者徑改，不再出校。按，《郡齋讀書志》卷一三、《文獻通考·經籍考四十三》等亦著録作《鑑誡録》。

[六]此説出《池北偶谈》卷一八之"王承旨詩"條。所謂出《鑑誡録》者，見其書卷五"徐后事"。◎"漫録"二字原脱，據宋吴曾《能改齋漫録》卷八"更無一箇是男兒"條、《池北偶談》補。

[七]"姊"，原作"妹"，據《池北偶談》卷一八"盧延讓"條及《鑑誡録》卷五"容易格"條改。

延讓詩有此一聯，先輩裁詩，信無虚境，來日遂有六行之拜。自給事拜工部。以俚鄙之詞，遂獲顯擢，與孟公“松月夜窗虚”，迥異如此[一]。人生窮通，豈非命乎！或云是盧延遜獻宋太宗，潘峭作潘美[二]。

宋張魏公浚手書《謁范文正公祠》一絶云：“拜公祠廟識公顔，神氣如生晚不還。守土小生偏感仰，太平功業重如山。”後書“樞密副使綿州張浚頓首題”，字畫甚拙，詩亦劣[三]。

卓沃飽學而貧，家徒四壁。一日，有盜入其家。沃知，吟詩以示之，曰：“夜静鐘殘月色昏，有勞帶劍入寒門。詩書腹内餘千卷，珠玉床頭没半分。低語已驚黄犬吠，輕行不損緑苔痕。多情知我凄凉事，不及披衣起送君。”盜笑而去。後應鄉試，至巫江，搭船乏鈔，稍子辱之[四]，令宿於舟尾。沃以詩自恨曰：“搭船誰敢道心酸，稍尾中間一斗寬。縮頸睡時如鳳宿，屈身坐處似龍蟠。九天雨下渾身濕，五夜風生透體寒。最是有錢真個好，官艙裏面樂盤桓。”將登岸，稍子故意開之，竟跌水邊，衆笑之。沃又吟曰：“一到江邊船便開，天公爲我洗塵埃。時人莫笑衣衫濕，曾向龍門跳出來。”入試畢，及揭榜，以《春秋》中亞魁春榜，登進士第，授職雲貴。過巫江，舟子已早避矣。乃拘其母，禁之十日，不出。復執其妻，次早投見，沃乃斷之曰：“禁母十日，拘妻一宵，倚門之望何疏，結髮之情何厚？往辱儒生，今違孝道，用申法律，以警將來。”遂杖而釋之[五]。

吴季成，眉人，有子資質甚茂，欲其速成於士大夫之列也，夙夜督其不至，小過則以鞭撻随之。黄山谷與書曰：“吾聞古人胥保惠、胥教誨，然後可以成就人材，未聞以鞭撻也，况父子之間乎？”抄王荆公《學記》遺之[六]。

[一] 按，所引詩句出孟浩然《歲暮歸南山》。《唐詩紀事》卷二三云：“明皇以張説之薦召浩然，令誦所作。乃誦‘北闕休上書，南山歸敝廬。不才明主棄，多病故人疏。白髮催年老，青陽逼歲除。永懷愁不寐，松月夜窗虚。’帝曰：‘卿不求朕，豈朕棄卿？何不云“氣蒸雲夢澤，波動岳陽城”？’因是故棄。”

[二] 按，以爲乃盧延遜詩者，見《詩話總龜》卷五。

[三] 此條出《池北偶談》卷一三“張浚書”。

[四] “稍”，用同“艄”。《西游記》第九回：“途路艱苦，曉行夜宿，不覺已到洪江渡口，只見稍子劉洪、李彪二人，撑船到岸迎接。”

[五] 此段出《堅瓠集·丙集》卷一“卓沃詩”條。

[六] 此條出《黄庭堅全集·正集》卷二五《跋虔州學記遺吴季成》。

費著撰《杜氏族譜》云：“杜翊世以死節顯，其世祖甫來蜀依嚴武，家青城者，實宗文裔。世孫準[一]，皇祐五年第進士，宰綿竹以卒。子翊世徙成都，紹聖元年第進士，官至朝議大夫、通判懷德軍。靖康元年，死節，特贈正議大夫，命官其後十人。五子，忱、慥以賞得官；孫逸老、俊老，曾孫光祖、大臨，以忠義遺澤得官，今猶稱忠義杜云。”著此説不知何據。坡詩有云：“聞道華陽版籍中，至今尚有城南杜。”則子美有後於蜀，其信然耶[二]？

王新城所載謂不知何據，青城人杜莘老，《宋史》見載，唐工部甫十三世孫，與逸老、俊老等同派，此或其據耶？

杜甫在蜀，以七金買黄兒米半籃、細子魚一串、籠桶衫、柿油巾[三]，皆蜀人奉養之粗者。

杜甫在蜀，每蠶熟時[四]，即與兒躬行而乞，曰：“如或相憐，惠我一絲兩絲。”

宋祁嘗宴於錦江[五]，偶微寒，命索半臂，諸婢各送一枚，慮有厚薄之嫌，訖不服，忍冷以歸。

杜鵑考

古來詩人皆傳杜鵑爲蜀望帝魂所化。左太冲《蜀都賦》云“鳥生杜宇之魄”[六]，杜宇者，望帝名也。杜少陵亦云：“古時杜宇稱望帝，魂作杜鵑何微細。”[七]又“我見常再拜，重是古帝魂”。及觀《華陽·蜀志》云：“蜀王杜宇，號望帝，好稼穡，治郫城。會國有水災，其相開明決玉

[一]“孫”，原作“生”，據《居易録》卷一六、《全蜀藝文志》卷五四引費著《氏族譜》之語改。又，《全蜀藝文志》在“世”字前有“十”字。
[二] 此條出《居易録》卷一六，《蜀故》卷一七復引之。
[三]“衫”，原作“新”，據《雲仙雜記》卷一“籠桶衫柿油巾”條改。
[四]“每”前，原有“以”字，據《雲仙雜記》卷三“惠一絲兩絲”條删。
[五] 按，《全蜀藝文志》卷五八引《歲華紀麗譜》及《蜀中廣記》卷五五皆載此事。
[六]“杜宇之魄”，原作“望帝之魂”，承《堅瓠集·續集》卷一“杜鵑考”而誤，據《文選·左思<蜀都賦>》改。
[七]“作”，原作“化”，今據《杜詩詳注》卷九《杜鵑行》改。

壘山以除水患。帝遂禪位於開明，升西山隱焉。時適二月[一]，蜀人悲之，聞子規之鳴，即曰望帝，遂號子規爲杜鵑。”蓋鵑爲捐棄之意也，其實非魂化之謂。

富　足

漢武帝得貳師天馬，以熊羆皮爲蔽泥。熊羆毛緑光長二尺者，值百金，卓王孫有百餘雙，詔使獻二十枚[二]。

李昊事前、後蜀五十年[三]，資貨巨萬，奢侈逾度，妓妾數百。嘗讀《王凱》《石崇傳》，罵爲“窮儉乞兒”。

李叔明，閬州人，爲尚書右僕射，素豪侈，任殖財，廣第舍田産。歿數年，子孫驕縱，貲産皆盡[四]。世言多藏者以叔明爲鑑云。

偏　刻

席書[五]，字文同，遂寧人。遇事敢爲，性頗偏愎，議大禮亦是。攻費宏庇李鑑、陳洸則爲私矣，謚文襄。

趙貞吉[六]，内江人。六歲日誦書一卷，最善王守仁學[七]，舉爲相。好剛使氣，動與物忤，九列大臣，或名呼之，亦以是多怨。高拱、張居正名輩出貞吉後，而進用居先[八]，負氣好勝不相下。高拱攻，去貞吉，居正又攻，去高拱。居正後亦不善其終。

[一]“二”，原作“三”，據《華陽國志》卷三改。

[二] 此條出《西京雜記》卷二。

[三]“昊”，原作“昱”，形近而誤，據《蜀檮杌校箋》卷四改。

[四]“貲産”，原脱，據《舊唐書》《新唐書》本傳補，文義更暢。

[五]“席書”，字文同，號元山，遂寧人。明代弘治三年進士。敢於進諫，恤民舉賢。逝後贈太傅，謚文襄。有《漕船志》《大禮集議》等。《明史》卷八五有傳。

[六]“趙貞吉”，字孟静，號大洲。内江桐梓壩人，明代名臣。工詩文，文章雄快。與楊慎、任翰、熊過並稱“蜀中四大家”，著有《趙文肅公文集》《趙太史詩抄》等。逝後贈少保，謚文肅。《明史》卷一九三有傳。

[七]“學”，原脱，據《明史》補，文義更暢。

[八]“居”後，原衍“正”字，據《明史》删。

王應熊[一]，巴縣人。博學多才，熟諳典故，而性溪刻强狠，人多畏之。周延儒、温體仁援以自助。後入永寧山中，卒於畢節衛。子禧陽，死於兵，無後。

諷謔

紹興己未[二]，金人許和，秦檜令孽子熺及其黨程克俊作赦文[三]，郵傳至四方，遺黎讀之有泣者。蜀士劉望之詩曰："一紙盟書换戰塵，萬方呼舞却沾巾。崇陵訪沉終遺恨，郢國憐懷尚有人。收拾金繒煩廟算，安排鐘鼎誦宗臣。小儒何敢知機事，終望君王赦奉春。"[四]時語禁未大嚴，無以爲風者。望之有集，自號《觀堂》。所謂"奉春"，竟不知指何人也。

蜀士尚流品，不以勢詘。乾道間，楊嗣清有聲西川[五]，清議推屬。初試邑，有部使者，頗以繡衣自驕，怒其不降意，誣劾以罪[六]。趙衛公方左史，聞之，不俟車，亟往白廟堂曰[七]："譬之人家，市猫於鄰，將以咋鼠也。鼠暴未及問，而首抉雕籠，以噬鸚鵡[八]，其情可恕乎！"[九]當國者問其由，告以故，相與大笑，劾牘竟格不下。至今蜀人談謔，以排抵善類者爲猫噬鸚鵡云。

[一]"王應熊"，字非熊，號春石，巴縣人。極聰慧，少家貧，力學。萬曆四十一年（一六一三）進士。官至禮部尚書兼東閣大學士、兵部尚書兼文淵閣大學士，督川、湖、雲、貴軍務。博雅能文，尤工詩，著有《春石集》。《明史》卷一四一有傳。

[二]"紹"，原作"詔"，形近而誤，據乾隆本及《桯史》卷五"劉觀堂讀赦詩"條改。

[三]"孽子熺及其黨程克俊"，原作"其"，文義不明，據《桯史》改。按，若不改，則"秦檜"歸上句，作赦文者乃秦檜，可承前而省，但此與事實不合，故改之。

[四]"劉望之"，雍正《四川通志》卷九上小傳云："宋劉望之，字叔儀，合江人。紹興間進士，宰相沈該薦，授學官，遷祕書省正字。著有《觀堂集》。"◎"王"，原作"正"，形近而誤，據乾隆本及《桯史》改。

[五]"清"下，《桯史》卷八"鸚鵡諭"條有"甲"字。按，楊甲字鼎卿，著有《六經圖》，事迹見《欽定四庫全書總目》此書之提要，稱"嗣清"者，或爲其别字也？

[六]"劾"，原誤作"刻"，據《桯史》改。按，《蜀故》多誤"劾"作"刻"，後文此字之誤徑改，不再説明。

[七]"亟"，原作"函"，形近而誤，據《桯史》改。

[八]"噬"，原脱右上部，字書不載，據《桯史》及後文"噬"字改。

[九]"恕"，原作"怒"，形近而誤，據《桯史》改。

徐黄州之子叔廣[一]，嘗出醉墨一軸示東坡，字畫攲傾，龍蛇飛動。乃張商英過黄州，而徐有四侍人，適夫人攜其一往婿家，爲浴兒之會。商英因戲語云："厥有美妾，良由令妻。"東坡即續之爲小賦云："道得徵音鄭趙[二]，姓稱孫、姜、閻、齊。浴兒於玉潤之家，一夔足矣；侍坐於冰清之仄[三]，三英粲兮。"既暮，張夫人復還，其一乃閻姬也，最爲徐所寵。公復書絶句云："玉笋纖纖揭繡簾，一心偷看緑羅尖。使君三尺毬頭帽，須信從來只有檐。"

詭詐

韓彦古，字子師[四]。詭譎任數，處性不常。爲京尹，李仁甫惡其爲人[五]，弗與交，請謁嘗瞰其亡。一日知其出，往見之，則實未嘗出也。既見，韓延入書屋而請曰："平日欲一攀屈而不能，今幸見臨，姑解衣磅礴也。"[六]仁甫辭再三，不獲，遂爲强留。有二厨，貯書，牙籤黄袱，扃

[一]"徐黄州"，指徐大受，字君猷，以朝散郎爲黄州通判。本條出《春渚紀聞》卷六"賦詩聯詠四姬"，《蘇軾全集校注·詩集》卷四八據此輯録東坡之詩，題作《張無盡過黄州，徐君猷爲守，有四侍人，姓爲孫、姜、閻、齊，適張夫人攜其一往婿家，既暮復還，乃閻姬也，最爲徐所寵，因書絶句云》。

[二]"音"，原作"章"，《春渚紀聞》作"章"，皆文義不通。《蘇軾全集校注》之《蘇軾佚文彙編》卷五輯録此文，但無解釋；李之亮《蘇軾文集編年箋注》卷七一則以爲"徵章鄭趙"乃四位古人之姓，且都是賢良太守，并疑"徵"字有誤，此則近於鑿空矣。今蒙師翁蔣宗許先生賜證，"章"字疑是"音"字之誤，"鄭趙"者，"鄭舞趙謳"之省。《太平御覽》卷五六八引《鹽鐵論》云："貴人之家，中山素女撫流徵於堂上，鳴鼓巴、俞交作於堂下，婦人被羅紈，婢妾曳絺紵。賢良曰：'古者彈箏鼓缶而已，無妙要之音；今富者鳴箏調琴，鄭舞趙謳。'"《御覽》實將《鹽鐵論》卷二《刺權》與卷六《散不足》雜混而言，但卻可解釋此處之"徵音"與"鄭趙"也。此句言徐黄州四位姬妾妙解音律，能歌善舞矣，故從蔣先生之説而改之。

[三]"仄"，原作"側"，據《春渚紀聞》改。按，仄即有側面之義，不必改作"側"矣。且此爲蘇軾之文，更不宜改動，故回改之。◎"玉潤、冰清"，代指女婿與岳父。《晉書·衛玠傳》："（衛玠）總角乘羊車入市，見者皆以爲玉人……玠妻父樂廣，有海内重名，議者以爲'婦公冰清，女婿玉潤'。"

[四]"師"，原作"歸"，誤，據《癸辛雜識》"韓彦古"條改。按，韓彦古，延安人。著名將領韓世忠之子，高宗紹興十八年，直秘閣，後知平江府。《姑蘇志》卷四〇有傳。

[五]"李仁甫"，即《續資治通鑑長編》之作者李燾。

[六]"屈"，原作"屋"，據《癸辛雜識》改。◎"磅"，《癸辛雜識》作"盤"，皆通。按，解衣磅礴，"磅"字亦作"盤""般"，"盤"最常用，釋義爲逗留。

護甚嚴[一]。仁甫問："此爲何書？"答曰："先人在軍中日，得於北方。蓋本朝野史，編年成書者。"是時仁甫方修《長編》，既成，有詔臨安給筆劄[二]，就其家繕録以進。而卷帙浩繁，未有端緒，彦古常欲略觀不可得。仁甫聞其言，窘甚，急欲得見之。則曰："家所藏秘，將即進呈，不可他示也。"李益窘，再四致禱，乃曰："且爲某飲酒，續當以呈。"李於是爲盡量，每杯行輒請。至酒罷，笑謂仁甫曰："前言戲之耳，此即公所著《長編》也。已爲用佳紙作副本裝治，就以奉納，便可進御矣。"李視之，信然。蓋陰戒書吏傳録，每一板酬千錢[三]，吏畏其威，獲其賞，輒先録送韓，李未成帙而韓已得全書矣。仁甫雖憤愧不平，而亦幸蒙其成，竟用以進。

蜀人李士寧[四]，好言鬼神詭異事。爲余言，嘗泛海值風，廣利王使存問已。又嘗一夜，有人傳相公命己，及往，燕設甚盛，飲食醉飽。既寢，乃在梁門外，所謂相公者，二相神也。人皆言士寧能他心通[五]，士寧過予，予故默作念，侮戲之竟日，士寧不知，惡在其通也！士大夫多遺其金帛錢物，士寧以是財用常饒足。人又以爲有術能歸錢，與李少君類矣[六]。

熙寧八年，李士寧者得導氣養生之術，自言時已三百歲矣[七]。又能言人休咎，王安石與之有舊，每延於東府，迹甚熟。安石鎮金陵，吕惠卿參大政，會山東告李逄、劉育之變，事連宗子世居。御史、府、沂州各起獄推治之[八]，劾者言士寧嘗預此謀，敕天下捕之，杖流永州。

[一]"護"，乾隆本作"獲"，形近而誤。◎"嚴"，原脱，據《癸辛雜識》補。

[二]"劄"，原作"扎"，據《癸辛雜識》改。

[三]"千錢"，原作"十金"，據《癸辛雜識》改。

[四]"李士寧"，四川蓬州人，術士，或稱其爲得道者，與王安石等相善。《宋史·徐禧傳》載，李士寧與趙世居案有牽連，吕惠卿欲陷害王安石，而以李士寧與王安石相交之事攻之，會王安石再相，遂罷。《至大金陵新志》卷一三下之下有李士寧小傳，可參看。◎此條出《中山詩話》，故據以參校。

[五]"他心通"，原作"通他心"，據《中山詩話》改。按，"他心通"爲佛教術語，謂能洞見衆生心中所思之義。

[六]"少"，原脱；"類"後，原有"誤"字，今據《中山詩話》增、删。

[七]"百"，原脱，文義不通，據《宋史紀事本末》卷八補。

[八]"會山東"至"推治之"，原脱，文義不完，據《東軒筆録》卷五補。

詆嘲

蜀東、西川之人常互相輕薄。西川人言："梓州者，乃我東門之草市也，豈得與我偶哉！"柳仲郢爲東川節度使，謂幕賓曰："吾立朝三十年，清華備歷，今日始得爲西川作市令。"聞者皆笑之。故世言東、西兩川人多輕薄[一]。

韓昭仕蜀王氏[二]，爲禮部尚書。粗有文章，至於琴、棋、書、射，亦皆涉獵，以此恩幸於王衍。時人謂昭事藝如拆襪綫，無一條長也。

李世修[三]，蜀人，慥堂熊仲之子，爲江陰僉判。北軍之來，因斬使而得知軍，事後自修，乃草表以降，豈世修降表之裔乎！按，李昊兩爲降表[四]，蜀人憤之，有潛書其門，曰"世修降表李家"。

丹溪生曰："前有譙周[五]，後有李昊，何吾蜀世修降表之多也？"

韋峴，唐相貽範之子[六]，仕蜀。孟昶時，歷御史中丞，性多依違，時號"軟餅中丞"。五代蜀相韋莊，字端己，著《秦婦吟》，號"秦婦吟秀才"，舉乾寧進士。以才名寓蜀，蜀主奪其姬[七]。

夔峽道中，昔有杜少陵題詩一首，以"天"字爲韻，榜之梁間，自唐至今，無敢作詩者。有一監司過而見之，輒和少陵韻，大書其側。後

[一] 此條出宋孫光憲《北夢瑣言》卷三，《太平廣記》卷二六五之"西川人"條亦引之，文句略異。

[二]"韓昭"，《十國春秋》卷四六有傳。按，此條見《北夢瑣言》卷五、《南部新書》一〇等。

[三]"李世修"，宋末江陰通判，據《宋史·瀛國公本紀》，德祐元年十月，李世修以江陰降元。◎又按，此條出《癸辛雜識·别集》卷上"世修降表"。

[四]"昊"，原作"旻"，誤，據《新五代史·後蜀世家》《十國春秋·後蜀五·李昊傳》改。此按語乃彭遵泗所加，《癸辛雜識》原文無。後文"昊"字原亦誤作"旻"，徑改之。

[五]"丹溪生"，彭遵泗之自號也。◎"譙周"，《三國志·蜀志·郤正傳》云："景耀六年，後主從譙周之計，遣使請降於鄧艾，其書正所造也。"由此來看，此降表非譙周所寫。《三國志·蜀志·後主傳》"景耀六年"下亦云："冬，鄧艾破衛將軍諸葛瞻於綿竹，用光禄大夫譙周策，降於艾。"此處亦只言用譙周之計策，不言降表乃譙周作。故彭氏此説實誤，且影響到了後來之蔣敦復。蔣氏《嘯古堂詩集》卷一《修降表》詩云："蜀中妙手修降表，前有譙周後李昊。"譙周何其無辜也！特辨之，免謬説流傳矣。

[六]"貽"，原脱，據《實賓録》卷一"軟餅中丞"條補。按，《新唐書·昭宗本紀》云："（天復）二年正月丁卯，給事中韋貽範爲工部侍郎、同中書門下平章事。"

[七] 按，《十國春秋》卷四〇本傳云："莊有美姬，善文翰，高祖托以教宫人爲詞，强奪去。莊作《謁金門》辭憶之，姬聞之，不食而死。"

有人嘲之云："想君吟咏揮毫日，四顧無人膽似天。"[一]過者無不笑之。

後蜀鹿虔扆、歐陽烱、韓宗、毛文錫、閻選，號"五鬼"[二]。

川中一土人作《食菜》十餘韵，其警句云："渡頻傾緑水，溷急走青蛇。渾家青菜子，一肚晚蠶沙。"[三]

僞蜀潘在寧以財賄交結權貴，求典樞要。常謂所親曰："權勢之家，非仗其爲援，但不欲令其冷語冰人耳！"[四]

萬安爲相，見上只知呼萬歲，人稱爲"萬歲閣老"[五]。

黠刺

李夷簡，元和末在蜀。蜀市人趙高好鬥，常入獄[六]。滿背鏤毗沙門天王，吏欲杖背，見之輒止，恃此轉爲坊市患害。左右言於李，李大怒，擒就廳前，索新造筋棒，頭徑三寸，叱杖子打天王，盡則已，數三十餘[七]，不絶。經旬日，袒衣而歷門叫呼，乞修理功德錢。

報應

蜀將尹偃，營有卒，晚點後數刻，偃將責之。卒被酒，自理聲高，偃怒，杖數十，幾至死。卒弟爲營典，性友愛，不平偃，乃搆刀鎸"殺尹"兩字，以墨涅之。偃陰知[八]，乃以他事杖殺典。及大和中南蠻入寇[九]，

[一]"似"，原作"以"，據乾隆本及宋周紫芝《竹坡詩話》改。

[二]《蜀中廣記》卷一〇四、《池北偶談》卷二六等皆載此説。

[三]此條見《侯鯖録》卷八。

[四]《海録碎事》卷九上"冷語如冰"條載此事，云出《外史檮杌》。

[五]此説見《明史·萬安傳》。

[六]"獄"，原作"嶽"，據《酉陽雜俎》卷八改。

[七]"數"下，原有"已"字，據《酉陽雜俎》删。按，此句言用棒子打天王像直至刺青脱落爲止，但打了三十多下，刺青已去，而人猶未死。故《太平廣記》卷二六四引作"數三十餘，不死"。又，李夷簡，《新唐書》卷一三一有傳。

[八]"知"，原作"之"，據《酉陽雜俎》卷八改。

[九]"大"，乾隆本及《酉陽雜俎》作"太"。按，當以作"大"爲是，説詳李崇智先生《中國歷代年號考》，後文此字之誤徑改。◎"寇"，原作"冠"，形近而誤，據《酉陽雜俎》改。

偃領衆數萬，保邛崍關。偃膂力絶人，常戲左右，以棗節杖擊其脛，随擊筋漲擁腫，初無撻痕。恃其力，悉衆出關，逐蠻數里。蠻伏發，夾攻之，大敗，馬倒，中數十鎗而死。初出關日，忽見所殺典，擁黄案，大如轂，在前引[一]。心惡之，問左右，咸無見者，竟死於陣。

蜀民景章豪富，以酒注子打貧民趙安，注子入腦死，隨隱其事。後景章腦上忽生瘡，可深三四分，膿血不絶。時見趙安，透喉死[二]。

簡州進士王行庵，弱而寡欲。其表弟沈某色力强壯，肆情花柳。公屢規之，不聽。潛使一僕婦誘公，公嚴拒之。嗣又擇一美婢，使固誘公，公亦嚴拒之[三]。一日，沈自外歸，目擊其妻與人苟合，正欲舉器擊之，手臂忽不能舉，浩嘆而卒，時年三十一。丁卯冬，公偶病，設醮。道士拜疏伏地，起云："查公大限，壽至五旬。兩次不淫人妻，增壽三紀。"[四]八十六歲卒。

馮子春爲資州守，其婿從之官。公使銀盆，老兵持以入，婿匿之，而稱失去。且語馮，未嘗用。馮以爲老兵所竊，置諸獄。老兵不堪鞫，遂誣伏[五]。索其物，云久已轉鬻。論罪决杖，且償元值。兵不勝冤，狀訴東岳行宫，録一紙繫腰間，自縊於廟門外。後馮受代果州，忽見此兵正晝在側[六]，愕然曰："汝死一年，如何到此？"對曰："銀盆事陳訴岳帝，今來追知府女婿對理。"[七]俄失所在，其婿即若中惡，當日死。馮後七日亦卒[八]。

邛州有一僧，有十人脅持誣以不軌。僧下獄受鞫，随問即承。獄官測其非情，開之翻變，訖無異詞。及赴刑入市，亦殊無懼色，對刑官兵曰："少寬頃刻之期，我有偈頌倩官人寫之。"乃口占云："宿業因緣人不知，如今啐啄與同時。今生歡喜償他了，來世分明不欠伊。夢幻色身從

[一]"引"，原作"尹"，據《酉陽雜俎》改。

[二]此條出《儆誡録》，《太平廣記》卷一二四"趙安"條即據《儆誡録》轉引。又，據《儆誡録》，景章姓郭。

[三]"潛使"至"亦嚴拒之"，原脱，據釋印光《壽康寶鑑》之"同善養生"所載增補。按，彭遵泗此處不言出處，但與清周安士《欲海回狂》卷一引《感應篇集解》之"王沈二公"條相合。若不補此二事，則後文道士之言"兩次不淫人妻"則無著落矣。

[四]"三"，原作"二"，誤矣。按，一紀爲十二年，三紀正三十六年，作二紀則於數不合矣。

[五]"伏"，原作"仙"，形近而誤，據《夷堅志·支丁志》卷七"馮資州婿"條改。

[六]"晝"，原作"畫"，形近而誤，據《夷堅志》改。

[七]"今"，原作"令"，形近而誤，據《夷堅志》改。

[八]"馮"，原脱，據《夷堅志》補。

敗壞，閑田虛樹已生枝。休休休也歸家去，石女懷胎産一兒。”宣和間事也[一]。

孽報

蜀青石鎮陳洪裕妻丁氏，因妒忌[二]，打殺婢金巵，潛於本家埋瘞。仍榜通衢云金巵逃走。經年，遷居夾江，因夏潦漂壞舊居渠岸，見死婢容質不變。鎮將報州，追勘擬伏。其婢尸一夕壞爛，遂置丁氏於法。温豫《侍兒小名録》[三]。

遺臭

蹇材望，蜀人，爲湖州倅。北兵之將至也，蹇自誓必死，乃作大錫牌[四]，鐫其上曰“大宋忠臣蹇材望”。且以銀二笏鑿竅，併書其上曰：“有人獲吾尸者，望爲埋葬，仍見祀，題云‘大宋忠臣蹇材望’。此銀所以爲埋葬之費也。”日繫牌與銀於腰間，只伺北軍臨城，則自投水中，且遍祝鄉人及常所往來者[五]。皆憐之。丙子正月旦日，北軍入城，蹇莫知所之，人皆謂之溺死。既而北裝乘騎而歸，則知先一日出城迎拜矣，遂得本州同知。鄉曲人皆能言之。

建中靖國初，韓文定忠彦當國，黨禍稍解[六]。成都鄧洵武爲起居郎，乘間以紹述熙、豐政事爲言[七]，上意雖不能無動，而未始堅決也。洵武懼文定知之，未知所以回天者，憂形於色。有館客者聞之，獻計曰：“新法者，神考所行之法也，韓琦嘗沮之。今忠彦得政而廢新法，是能紹述

[一] 此段文字刪改自《夷堅志·三志辛卷》卷四“邛州僧”條。
[二]“妒”，原作“妬”，與“妬”形近而誤，今據《蜀都碎事》卷四改。
[三]“温豫”，原作“洪遂”，據《蜀都碎事》卷四改。
[四]“牌”，原脱，據《癸辛雜識·續集》卷上“蹇材望”條補。
[五]“祝”，原作“視”，形近而誤，據《癸辛雜識》改。
[六]“解”，原作“改”，據《桯史》卷一五“愛莫助之圖”條改。按，此條所載，大部分與《桯史》相合，《宋史·鄧綰傳》及所附《鄧洵武傳》，亦有相關記載，可參看。
[七]“起居郎，乘間”，原作“起居乘郎間”，據乾隆本及《桯史》改。

琦之志也，忠彦爲人臣，尚不忘其父，上爲天子，乃忘其父兄耶！誠以此爲上别白，上必感動。”洵武如其言，上亟俞之。於是崇寧改元，天下曉然知其意矣。洵武復進一圖，曰《愛莫助之圖》，以豐、祐人才分而爲二，能紹述者居左，惟温益以下一二人，而列於右者，皆指爲害政，舉朝無遺焉[一]。於左列之上，密覆一名曰蔡京，謂非相京不可，上覽而是之。洵武亦馴致政府，卒之成蔡氏二十年擅國之禍，胎靖康裔夷之酷者，此圖也。初，洵武父綰，熙寧舉進士，禮部第一，通判寧州，知王安石得君行政，上封事言陛下得伊吕之佐。又貽書安石，極其佞諛，安石薦爲侍御史，判司農寺。嘗上言：“陛下得聖臣，行青苗良法，臣以寧州民心歡悦者占之，天下可從之矣，惟陛下堅守勿變，毋惑流俗。”是時鄉人在都者皆笑且罵，綰曰：“笑罵從他笑罵，好官我自爲之。”後薦安石之子雱，宸筆中出[二]，以綰操心頗僻，賦性奸回，論事薦人，不循分守，罷中丞，出知虢州。子洵武又勸徽宗用蔡京亂天下，史謂世濟其惡。

簡州刺史安重霸貪賄[三]，州民有姓鄧，能棋，召對敵。每落一子，俾退立牖下，俟算路定乃進之，終日不下十數子，鄧飢倦不堪。次日又召，或曰：“何不獻賂？”獻金三錠[四]，乃免。

蹇序辰，雙流人。父蹇輔周，深文刻覈，故老而獲戾，序辰尤刻毒。謂司馬光等奸惡，其章疏案牘散在有司者，彙輯以示天下。哲宗遂命序辰、徐鐸莆田人編類，凡一時文書，摭拾附著[五]，纖悉不遺，由是縉紳之禍[六]，無一得脱者。史斷云：“蹇輔周與鄧綰二家，父子同惡相濟，而序辰與鐸編類事狀，流毒元祐名臣，忠義之士，爲之一空，馴至靖康之禍，可勝嘆哉。”

鄧通，南安人，有幸於文帝，賜蜀嚴道銅山，得自鑄，鄧氏錢布天下。文帝嘗病癰，通常爲上吮之，帝曰：“天下誰我愛乎？”曰：“宜莫如太子。”帝使太子齰，有難色。已而聞通常爲之，太子心恨通。景帝立，

[一]“祐”，原作“裕”，形近而誤，據《桯史》改。
[二]“宸”，原作“震”，據《桯史》改。
[三]“霸”，原作“伯”，據《北夢瑣言》卷一、《太平廣記》卷二四三、《蜀都碎事》卷三等改。按，雖“伯、霸”可通，但人名用字自有定準，故改之。
[四]“錠”，原作“定”，據《北夢瑣言》《蜀都碎事》等改。
[五]“摭”，原作“撫”，形近而誤，據乾隆本改。
[六]“縉紳”，原作“編輯”，據《宋史·蹇周輔傳附子序辰》改。

盡没其貲，寄死人家[一]。

眉山萬安罷歸，住省城，專一請托。或問安何不歸故鄉[二]，答曰："我在内閣止有銀十八萬，待定二十萬便回也。"

綿州文及翁登第後游西湖，或戲之曰："西蜀有此景否？"[三]及翁即席作《賀新郎》詞以解之[四]。有云："借問孤山林處士，但掉頭、笑指梅花蕊。天下事、可知矣。"時有賈相行推田之令，及翁作《百字令·咏雪》以譏之[五]。

張訥，閬中人，首劾趙南星十大罪，并劾鄒維璉十七人。尋請毁各處書院，與兄並入逆案[六]。

巴縣孝廉劉非眼道開，作《故大學士王應熊傳》，頗紀實，無諛詞。其贊云："立朝孑孑，居鄉赫赫。峻整方嚴，夏日冬雪。天姿則美，聖學未充。責人無已，居己不洪。仗鉞秉旄，入相出將。遇非其時，用違其量。民之焦埶，其何能淑。翰林有餘，宰相不足。"應熊以崇禎癸酉冬入閣辦事，不由枚卜。在政府僅五月，攻之者衆[七]，遂罷歸。歸後，弟應熙與同邑户侍倪斯蕙子天和相軋，成大獄，倪氏傾覆殆盡，巴人少之。癸未，周延儒罷相，舉應熊自代。詔起田間，比至，周已賜死。陳演不欲其入，紿應熊止涿州，而上疏力辭。上以問陳，對曰："此要君之術耳。"上怒，遂勒歸。南渡以爲督師，專辦蜀寇。甫抵遵義，獻賊已據成都。隘將曾英據擁衆數萬駐重慶，應熊無師可督，蟒衣玉帶，端坐受庭謁而已[八]。丙戌冬，肅王誅獻賊於南部之鳳皇山，假子孫可望奔重慶，墮其城，南入滇黔。明年丁亥秋，應熊卒於永寧之土城。

江盈科進之集中咏張浚一絶云："聖禹安能蓋鯀凶，曲端冤與岳飛同。

[一] 此條出《史記·佞幸列傳》。

[二] "問"，原作"間"，形近而誤，據乾隆本及《堅瓠集·廣集》卷三"萬安貪財"條改。

[三] "文及翁"，字時學，號本心，綿州人。寶祐元年中進士，曾任昭慶軍節度使掌書記，禮部郎官兼學士院權直兼國史院編修官、實録院檢討官等。德祐初，官至資政殿學士、簽書樞密院事。《南宋館閣續録》卷九及《堅瓠集·辛集》卷二"西湖詞"條有小傳，此條大概内容即見《堅瓠集》。

[四] "作"，原作"所"，據乾隆本及《堅瓠集》改。

[五] 此《百字令》詞載《西湖游覽志餘》卷五。

[六] 此條見《明史·閹黨列傳》。

[七] "衆"，原脱，文義不通，據《池北偶談》卷六"王應熊"條補。

[八] "端"，原脱，據《池北偶談》補。

何人更立將軍廟，更把頑金鑄魏公。”[一]王弱生《讀宋史張浚傳二絶句》云：“一立彤墀喙便長，有時鮑老也當場[二]。富平未起符離又，可悔彈文到李綱。”“十萬良家等蠛蠓，符離一夕水流紅。魏公心法由來異，鼻息如雷學寇公。”王阮亭《跋張浚墨迹》云：“巴西白骨接符離，二十年中幾喪師。太息長城君自壞，軍中空卓曲端旗。”[三]屈悔翁《錢塘懷古》云：“一去中原成絶塞，三爲大將剩餘杭。”[四]此皆據事直書，足破諸史家誣謬。

予年未二十，閱葉向高《綱鑑》[五]，於空白處妄塗數字：“李綱，吾知其忠也；秦檜，吾知其奸也；張浚，吾不得而知。喪師辱國，按軍法已在必誅。至曲端何罪？硬誣以謀反，炙死，毒與奸檜風波亭何異？而以諸葛武侯比之[六]，且謂忠義勳名爲中興第一[七]，將欲以欺天下後世聾瞽者耶！”當日以涴書被扶，故猶記之。

妄逆

神宗朝，蔣堂爲樞密直學士，知成都府。有狂生何宗韓，上堂詩，有“截斷劍門燒棧閣，此中别是一乾坤”。堂懼，遽下宗韓，吏繳其詩待罪。一日，上問政府何宗韓事如何？諸公對：“方進呈。此本狂生，諸州編置可也。”上曰：“不可。此窮措大爲飢寒所致，與一不管事官。”遂授鄧州司士參軍，仍賜袍、笏[八]。《紫微雜記》[九]

[一] 此前之句蓋出《居易録》卷一。《明詩紀事·庚籤》卷一七録此詩題作《讀張魏公傳有感曲端》，詩中“鯀”字則作“父”字。

[二]“鮑”，原作“包”，據《居易録》卷二〇及《列朝詩集·丁集》卷一三下所録王志堅之詩改，王氏小傳亦參《列朝詩集》。按，鮑老指宋代比較著名之傀儡戲藝人，見《武林舊事》卷一，古語即有“鮑老當場”之説，見《珊瑚網》卷二一“汝帖”條，故知作“包”誤矣。

[三]《居易録》卷一、《帶經堂詩話》卷二四皆載此詩。

[四] 此詩爲《錢塘懷古》組詩之第三首，載《弱水集》卷一〇。

[五]“葉向高”，《明史》卷二四〇有傳。此處所謂《綱鑑》者，即《千頃堂書目》卷四著録之《玉堂綱鑑》，凡七十二卷。

[六]“葛”，原作“曷”，形近而誤，據乾隆本改。

[七]“興”，原作“與”，形近而誤，據乾隆本改。

[八] 此條見百二十卷本《説郛》卷一九録《紫微雜記》之語，下一條亦見《説郛》。

[九] 此四字原與下一條相連，實誤，當是作爲出處而置於條末者，今屬上條，并作注文以示爲此條之出處。

《曲洧舊聞》云[一]，到任不一年慚恧死。

元和初，陰陽家言："五福、太乙在蜀。"故劉闢造五福樓，符載爲之記。初，闢有心疾，人自外至，輒如吞噬之狀。同府崔佐時體甚肥硬，闢據地而吞，皆裂流血。獨盧文若至不吞，故後日惑爲亂[二]。

[一]"洧"，原作"侑"，形近而誤，今據《曲洧舊聞》卷一載此事而改。
[二]此條出《唐國史補》卷中，《太平廣記》卷二八九亦轉引李氏之言。

蜀故卷十

古　迹

成都府舊藩中有古石刻二十三幅、趙子昂真草《千字文》並仙筆[一]。

蜀府蘭亭帖，當時稱爲第一。予半刺益州時，遍覓不獲，偶於城西散步，見民家房側砌一横石爲豕圈墻[二]，隱隱有字迹。披閱之，正趙子昂臨蘭亭帖也。字大於損五字碑[三]，而筆法遒古，過於他帖。因購得之，移於署中。碑陰即《蘭亭圖》，惜其久於污穢中，剥落不堪矣。

《成都耆舊傳》:“蜀妃與五丁同生，父母棄之溪。後聞呱呱聲，就視，乃一女五男。女即蜀妃，男即五丁。”今綿竹有玉妃溪[四]，即此。

《蜀本紀》曰：“成都人有女[五]，蜀王納以爲妃。疾卒，葬於成都，作石鏡一枚，以表其墓。”

《輟耕録》云：“錦城江瀆廟前樹六株，世傳自漢唐以來即有之[六]。其樹高可五六十丈，圍約三四尋，挺直如矢，無他柯幹。頂上纔生枝葉，若棕櫚狀，皮如龍鱗，葉如鳳尾，實如棗而加大。每歲仲冬，有司具牲饌，祭畢，然後采摘，金鼓儀衛迎入公廨。差點醫工，以刀逐箇剥去青

[一] 此條及下一條皆出《蜀都碎事》卷二。

[二]“墻”，原脱，據《蜀都碎事》卷二補。

[三]“損五字”，原作“狷五子”，據《蜀都碎事》改。按，所謂“損五字碑”者，乃定武石刻《蘭亭集序》真本也。宋熙寧中，定武官員薛師正之子薛紹彭將真本定武石刻鑱損“湍流帶左右”五字各一二筆以爲標志，而將重刻未損筆劃之本流傳於世，故此定武蘭亭石刻有損五字本與未損五字本之别。詳《式古堂書畫彙考》卷五所録王佐跋語。

[四]“玉妃溪”，原作“玉女溪”，據《方輿勝覽》卷五四《漢州·山川》之“玉妃溪”條、《蜀中廣記》卷九及《蜀都碎事》卷三等所載改。按，諸書皆言出處爲《成都耆老傳》，然其書之作者、時代皆不詳，王文才、王炎所輯《蜀志類鈔》輯録有數條佚文，可參看。

[五]“成”，《藝文類聚》卷六、《初學記》卷八引《蜀王本紀》皆作“武”，此作“成”，未知是形近而誤，還是彭遵泗有意改之?

[六]“漢”，原作“嘆”，形近而誤，據乾隆本及《輟耕録》卷二七改。

皮，石灰湯焯過，入熬熟冷蜜浸五七日。撈起烘乾，再换熟蜜，如此三四次，入瓶，封貯進獻。不如此修製則生澀不可食，謂之金果，番中名爲苦魯麻棗，蓋鳳尾焦也。今湮没，不知毁自何時。”[一]

《儒林公議》云：“成都先主廟側有武侯祠，祠前有大柏，係孔明手植，圍數丈，唐相段文昌有詩刻存焉。唐末漸枯，歷王、孟二國不復生，然亦不敢伐。宋乾德五年丁卯夏五月，枯柯再生。余於皇祐初守成都，又八十年矣，新枝聳雲，枯幹存者若老龍形。”杜詩“霜皮溜雨四十圍，黛色參天二千尺”，正謂此柏也[二]。

蜀後主禪造一大劍，長一丈三尺，以鎮劍口山。人往往見之，後人求之不獲[三]。

宋高宗紹興二十六年，成都郫縣出銅馬，高三尺，工製甚精。中宵風雨，忽聞嘶聲，時以帝忘金人之仇而神怒也[四]。

仁壽縣西跨鰲山，上有石姥，不知何代之物。歲旱，則土人轉徙之輒雨。文同有賦[五]。

新津縣西山石壁上刻“終古礙新月，半江無夕陽”之句，不識何代所鑿[六]。今剥落，惟字痕猶存。

青城石刻“六時水”三字[七]，旁書“河東邊敏修、施天漢、勾千齡書，住庵馮守中立”。石俱八分書，大類岣嶁峰禹碑筆意，不知何代物也[八]。

灌縣朝天寺，正德末有僧開闢穢址得一石，有詩，前已剥落，結句云“天孫縱有閑針綫，難繡西川百里圖”，筆法遒勁，至今猶存[九]。

[一] 此段見《輟耕録》卷二七之“金果”條。按，此條與上條原相接，今據文義拆分。

[二] 此段文字當係據《蜀都碎事》卷三轉引者，其後引杜詩之句，見《杜詩詳注》卷一五《古柏行》。

[三] 此條出《古今刀劍録》，亦見《蜀都碎事》卷三。

[四] 按，《蜀都碎事》卷二引《成都志》，卷三引《存心録》，皆載此説。

[五] 此條本自《方輿勝覽》卷五三《隆州・山川》“石姥”，文同之賦題作《石姥賦》，見《文同全集編年校注》卷二一。

[六] 《類説》卷四七引《遁齋閑覽》之語云此題刻乃唐人所爲。

[七] “六”，原作“亦”，形近而誤，據《蜀都碎事》卷二改，《補續全蜀藝文志》卷四六及雍正《四川通志》卷四五亦載。

[八] “知”，原作“如”，形近而誤，據乾隆本及《蜀都碎事》卷二改。

[九] 此條出《蜀都碎事》卷一，《補續全蜀藝文志》卷五四亦有記載。

眉州有蘇長公水坻小像，李龍眠畫[一]，子由贊。雖明初鎸，不失古意。又有長公《馬券》刻黄魯直跋及《水調歌頭》諸碑，皆近代效滁、黄鎸者。

眉州古榆一株，在蘇祠門外左隅。相傳老泉手植，至今枝葉榮秀。又文廟有荆樹，左右各一，色蒼古，花開甚盛，云宋元時植也[二]。

眉州署右有黄葛二株，鱗鬈夭矯如虬龍[三]，鸛雀争栖其上。自昔傳有神異顯應，受封。每歲二八月上丁，有司具牲醴祀之，號黄葛將軍，至今猶然。

閬中張曲山注慶題云[四]："祇應千載老巖阿，何事風塵傲薜蘿[五]。但覺秋聲清夢遠，不因春色醉人多。數家燈火分星影，百尺虬龍映月波。陵谷亂離多變態，獨看異政幾回過。"

眉州有雁塔，在州學櫺星門外[六]，東西各一，宋乾道間建。進士登科者題名於上，景泰四年作亭覆之。又有蠶市，習俗種蠶，每歲二月望日，群聚鬻蠶器，作樂縱觀，洎暮而散。

眉州大江東北岸近靈巖寺下江沙中得巨石鼓一，高三尺，圍六尺許，形製殆類岐鼓，俱無記畫可考。豈蜀石善泐，爲嚙濤所薄蝕盡乎？僧舉置廡下寶重之[七]。

武陽，今彭山也，城在舊彭山東十里。張儀伐蜀，開明據戰不勝，退走武陽，即此。犍爲城，舊治西北五里，漢建元中築。昭帝時犍爲自僰道移至武陽，晉又遷郡改治僰，乃改武陽犍爲爲縣，宋末省[八]。

富順縣治後山上文昌宫，有米元章題"第一山"三字，字大如輪，

[一]"畫"，原作"書"，形近而誤，據《益部談資》卷上改。按，此條亦見《蜀都碎事》卷二。

[二] 此處乃據《補續全蜀藝文志》卷五三"古榆""古荆"二條改寫而來。

[三]"鱗鬈夭矯"，原作"鱗染鬈矯夭"，不知所云，今據民國《眉山縣志》卷二改。此縣志正是在《蜀故》之基礎上改寫也，文義曉暢，故從之。康熙《眉州屬志》卷五亦載此事，則作"鱗鬈虬龍"。據下一條所引張曲山之詩亦見《眉州屬志》卷五，則彭遵泗當是據之轉引也。

[四]"張曲山"，據《眉州屬志》，此人名張注慶，號曲山，作此詩在康熙二十二年（一六八三)。《晚晴簃詩彙》卷二七列張氏小傳云："字元長，號曲山，閬中人。順治乙未進士，官御史，巡按廣東。"

[五]"傲薜"，原缺，據乾隆本及《眉州屬志》補。

[六]"州"，原脱，據嘉靖《四川總志》卷一二、萬曆《四川總志》卷一五補，文義更暢。◎按，後文"蠶市"則僅見萬曆《四川總志》。

[七] 此條見《補續全蜀藝文志》卷五四及雍正《四川通志》卷四六。

[八] 此條見雍正《四川通志》卷二七。

遒媚可愛[一]。

鳖縣，故犍爲郡城也。不狼山出鳖水，入延[二]。有野生薜，可食。

旅平，舊址雅州東。禹治水功成，旅祭於此[三]。

海觀，瀘州東，當兩江合流處，宋安撫使趙雄建[四]。

瀘州忠山，武侯嘗駐兵於此，舊有廟。乾隆辛酉，州牧林良銓重新之，於廟下掘石人二，一則背刻“守土守土，三分心苦”，一刻“遇隆則盛，松柏千古”。二石人皆漢衣冠，似武侯遺迹[五]。

江津縣東一百五十里周溪上石磧中有淺水一段，周回五六尺，隱見雙金釵影[六]。

長壽縣張桓侯廟，宋大觀中邑人於廟前得三印及珮鈎、刁斗，鐫飛名[七]。

彭水縣麻油灘上，懸崖壁立，人不能到。其巖之竇處嵌空，各有木櫃藏置其中，莫能考其從來。今俗呼名曰“萬年倉”[八]。

又黔江櫃子巖亦有此異，其高數十丈[九]，上有櫃，至今不朽。

[一] 此條出《蜀都碎事》卷三。所言之題字，乃好事者移刻，非米芾親書也。《寶晉英光集》卷四《題泗濱南山石壁曰第一山》詩云：“京洛風沙千里還，船頭出汴翠屏間。莫論衡霍衡星斗，且是東南第一山。”《苕溪漁隱叢話·後集》卷三五亦云：“淮北之地平夷，自京師至汴口並無山，惟隔淮方有南山，米元章名其山爲第一山。”故米元章所題之第一山不在富順明矣。又《明一統志》卷六九、嘉靖《四川總志》卷八、《廣輿記》卷一六《叙州府》下“山川”“流寓”類皆無相關記載，唯道光七年《富順縣志》卷三六《金石志》云：“米芾‘第一山’三字碑，在鐘秀山麓，邑人韋蕃立。”則此碑乃韋蕃移刻也。復據《富順縣志》卷一七《科甲》，韋蕃乃萬曆甲辰（一六〇四）楊守勤榜進士，字本培，任兵科給事中，歷大理寺正卿，可知此碑乃萬曆時所立也。清末，樂山人謝文明又將此碑之字移刻到峨眉山萬年寺，可參《峨眉文史》第三輯之《峨眉山萬年寺第一山碑》一文。

[二]“延”，原作“沅”，今據任乃强校注《南中志》之説改。按，此條出《華陽國志》卷四，亦見《蜀都碎事》卷一。

[三]《廣輿記》卷一七、《明一統志》卷七二、《蜀中廣記》卷一四等皆有記載。

[四]“趙雄”，字温叔，四川資中人。官至右丞相，光宗時，進封衛國公。其人直言敢諫，而終遭誹謗去職。《宋史》卷三九六有傳。◎又按，《廣輿記》卷一七、《明一統志》卷七二皆載此條。

[五] 按，此條見乾隆《直隸瀘州志》卷二“石人”。

[六]“釵”，原作“環”，據《明一統志》卷六九、《蜀中廣記》卷一七、《蜀都碎事》卷二等改。

[七]“長壽縣”，《輿地紀勝》卷一七四《涪州·古迹》下“張翼德”條作“樂温縣”，此縣明代改爲長壽縣。《蜀中廣記》卷六九引《涪陵志》、《明一統志》卷六九《重慶府·祠廟》下“張飛祠”條及《蜀都碎事》卷二等亦載此事。

[八] 此條與下一條皆見《補續全蜀藝文志》卷五四“山巖木櫃”條。

[九]“丈”後，原衍“上”字，據《補續全蜀藝文志》删。

涪州有赤甲戍，漢末赤甲兵所聚之處[一]。

永安宫，今夔州府學宫是其故址，即孔明受遺之處[二]。

夔州府江岸與八陣圖相對有石鼓，相傳爲武侯教戰之鼓[三]。

八陣圖，《郡縣志》："在夔府奉節縣西七里。"《寰宇記》："在縣西七里。"《荆州圖副》云："永安宫南一里渚下平磧，上周回四百十八丈，中有諸葛武侯八陣圖，聚細石爲之，各高五尺，廣十圍，歷然棋布，縱横相當，中間相去九尺，正中開南北巷，悉廣五尺，凡六十四聚。或爲人散亂，及爲夏水所没，冬水退，復依然如故。"盛弘之《荆州記》云："壘石爲八行，行八聚，聚相去二丈，因曰八陣。既成，自今行師，庶不覆敗。"八陣及壘，皆圖兵勢行藏之權，自後深識者所不能了。桓温以爲常山蛇势，蓋意言之。薛氏："圖之可見者三，一在沔陽之高平舊壘，一在新都之八陣鄉，一在魚復永安宫南江灘上。"蔡氏曰："八陣有二，一在魚復，一在廣都。"《成都圖經》云："八陣凡三，在夔州魚復者六十有四，方八陣也；在新都彌牟鎮者，一百二十有八，當頭陣法也；其在棋盤市者，二百五十有六，下營法也。"《興元志》："西縣亦有之。"則八陣凡四[四]。在魚復者，皆亂石子爲之，水涸始見[五]。好事者移去，明日依然如故。彌牟鎮以土壘之，狀如古冢，歷歷可數，傍有小廟，祀武侯。有臺傍峙，云是觀陣臺。碑碣甚多，惟楊升庵記可讀。

峽口鐵柱，不知何代物，上鑄"守關大將軍徐宗武"等字。峽口石上字多磨滅不可讀，惟一詩云："白帝城邊春草生，黄牛峽裏水波清。追思昭烈千年事，長使英雄氣不平。"大書"元至元十九年，歲次壬午，鎮國上將軍、四川宣慰使何公同男到此吟"而已[六]。

[一] 此説見《太平寰宇記》卷一二〇。

[二] 《蜀中廣記》卷五三、《廣輿記》卷一七、《讀史方輿紀要》卷六九《夔州府·奉節縣》、《蜀都碎事》卷三等之"永安宫"條所載與此相合。

[三] 《補續全蜀藝文志》卷五四、《蜀都碎事》卷一等亦載此事。

[四] 此前之文字，乃據《通鑑地理通釋》卷一一轉引者；此後之文，則出《蜀都碎事》卷四。

[五] "涸"，原作"錮"，形近而誤，今據《蜀都碎事》卷四改。

[六] 此條見《益部談資》卷下、《蜀都碎事》卷三。言不知何代物，失考也。《宋史·度宗本紀》云："（咸淳元年七月）戊申，夔路安撫徐宗武城開、達石城，乞推恩，從之。"則此物爲宋代所造也。《蜀中廣記》卷二一引《中興小曆》云："景定五年，守將徐宗武於白帝城下巖穴設攔江鎖七條，長二百七十七丈五尺，五千一十股。又有二鐵柱，各六尺四寸，刻徐宗武字。"

巫山縣堂下有大鐵盆，有款識曰“永平二年”，蓋漢時物也[一]。

巴東有一折柱，孤直，高三丈，大十餘圍。傳是公孫述樓柱，破之血出，枯而不朽[二]。

涪陵有張飛刁斗，其銘文字甚工，飛所書也。張士環詩云：“天下英雄止豫州[三]，阿瞞不共戴天仇。山河割據三分國，宇宙威名丈八矛。江上祠堂嚴劍珮，人間刁斗見銀鉤。空餘諸葛秦川表，左袒何人復爲劉。”

南唐李煜善書。元祐二年，太守孝直乃煜之族孫也，家藏得親書李白《古風》，模勒於石[四]，今在閬中之普通院。

閬州州治大廳梁間有一函書，前後人莫敢取視者。有一太守之子必欲開之，人勸之不從，竟取之，乃三國時斷一大辟案文耳[五]。復置舊所，未幾，守遂死。

乾道間，陸放翁取家藏前輩書札刻石嘉州荔枝樓下，名《宋法帖》。予得其本，有陳文惠書，首云“堯佐白”，而後云“希元再拜”。希元，文惠字也，自稱其書間，不可解云云[六]。

自昔相傳，十七帖乃逸少與蜀太守者，未必盡然，然其中問蜀事爲多[七]，是亦應與周益州書也。

戎州有蔡次律者，家於近郭，黄庭堅嘗過之筵飲。小軒檻外植餘柑子數株[八]，因乞名，題曰“味諫軒”。後王子予以橄欖遺庭堅，作詩云：“方懷味諫軒中果[九]，忽見金盤橄欖來。想共餘甘有瓜葛，苦中真味晚方回。”

黎廳舊州治，世傳唐三藏師植黎杖於此，云此他日州治也，後果驗。

[一]“也”，原脱，據乾隆本及《蜀都碎事》卷四補。

[二]此條見《蜀都碎事》卷四，更早記載則見於《太平御覽》卷一八七所引盛弘之《荆州記》。

[三]“止”，《升庵詩話》卷一〇及《升庵全集》卷六二“張飛書”條作“只”。

[四]“模勒”，原作“摸磨”，不詞，沿襲《蜀都碎事》卷二之誤也。今據《輿地紀勝》卷一八五《閬州·碑記》下“李後主書”條改。

[五]“案”，原脱，據《墨莊漫録》卷三補。

[六]此條出《愛日齋叢抄》卷一。

[七]“中”後，原衍“問”字，據宋黄伯思《法帖刊誤》卷下删。按，明張溥《漢魏六朝百三家集》卷五八亦載之。

[八]“檻”，原作“楹”，據《桯史》卷一二“味諫軒”條改。

[九]“軒”，原作“堂”，據《桯史》卷一二、《蜀中廣記》卷六一等改。按，山谷詩題作《謝王子予送橄欖》。

杖成株，高九十尺，圍五十尺[一]。

丹稜有山谷手題大雅堂，中刻杜詩，亦谷親書者[二]。青神清風閣，山谷來，題扁曰“借景亭”，並留詩云：“當官借景未傷民[三]，恰似鑿池取月明。”又，眉州觀蓮亭，有山谷贊，又有《緑菜贊》[四]，今石刻蘆山縣。

崇德廟，内江。嘉靖中修廟掘地，出水石蓋，書“聖水池”，識者云是東坡隸書[五]。

内江縣儒學後有石壁甚奇，明三百年中，衣冠科第甲西蜀。順治末，輝縣冀應熊爲成都知府，好作擘窠大書。一日，至内江謁文廟，愛石壁之奇，書而鑱諸石。石破，有清泉一泓[六]，魚十頭，游泳其中，見風水涸，魚化爲石。自是科第不振。

古　器

毗陵士大夫有仕成都者[七]，九日藥市，見一銅鼎，已破闕，傍一人贊取之。即得，叩何所用，曰：“歸以數爐炷香環此鼎，香皆聚於中。”試之，果然，乃名“聚香鼎”，都不知何代而致此異。

揚雄草玄硯，如今制去其圭角。汾水王通廟中有通隋時續六經所磨硯[八]。

諸葛鼓乃銅鑄者，其形圓，上寬而中束，下則敞口，大約若今之楂斗倒置也。面有四水獸，周有細花紋，其色不甚緑。擊之彭彭有聲如鼓，

[一] 此條見《方輿勝覽》卷五六《黎州·堂亭》之“藜廳”，亦見《廣輿記》卷一七、《明一統志》卷七二等。

[二] 按，黄庭堅《刻杜子美巴蜀詩序》云：“自予謫居黔州，欲屬一奇士而有力者，盡刻杜子美東西川及夔州詩，使大雅之音久湮没而復盈三巴之耳。”故丹稜人楊素至敘州，建大雅堂。

[三] “未”，《黄庭堅全集·正集》卷五《借景亭》作“不”，此處與《方輿勝覽》卷五三、《明一統志》卷七一等所引相同。

[四] “緑”，原作“録”，形近而誤，據《黄庭堅全集·别集》卷三《緑菜贊》改。

[五] 此條見康熙《四川總志》卷三及《蜀都碎事》卷四。

[六] “泓”，原作“穴”，據《池北偶談》卷二三“内江石壁魚”條改。

[七] “毗陵”，原作“崑稜”，今據《清波雜志》卷一二載此條而改。按，毗陵即常州地區之故稱。

[八] 此條見宋高似孫《緯略》卷八“孔硯”。

云置於水擊之，其聲更鉅[一]。

蜀先主章武二年於漢州鑄一鼎，名曰“克漢鼎”，埋之丙穴中。八分書，三足。又鑄一鼎，沉於永安水中，紀行軍奇變。又於成都武擔山埋一鼎，名曰“受禪鼎”。又埋一鼎於劍口山，名曰“劍山鼎”。並小篆書，皆武侯迹[二]。

安帝祐在位十九年[三]，以元初六年鑄一劍，藏峨眉山，疑山王也。

宋時，郫縣村民鑿古墓[四]，得一銅馬，高可三尺許，製作精妙。簡池守景季淵取以歸[五]，中宵風雨，輒聞嘶聲。怪之，不敢留，移送佛寺。

碑

成都府治内亭後有吴道子畫龜蛇碑、梓潼像碑、純陽像碑，蘇軾畫壽星碑[六]。

平武縣牛心山上有吕純陽道貌碑，傳是純陽真筆。玉虚觀内有米芾碑，至今猶存[七]。

犍爲清溪口楊洪山下有孝女碑。東漢永建初，孝女叔先雄以父泥和墜湍水尸喪不歸，於父溺處自投水死。後五日，與父尸相浮江上，邑人爲之立碑，宋元祐中重立[八]。

[一] 此條亦出《益部談資》卷上，《蜀中廣記》卷七〇、《補續全蜀藝文志》卷四六、《蜀都碎事》卷三等亦有相同記載，皆本自《益部談資》也。

[二] 此條最早見於南朝虞荔《鼎録》，《廣博物志》卷三九、《蜀都碎事》卷四等亦載之。

[三] “帝”，原作“章”，據《古今刀劍録》改。《蜀都碎事》卷四亦載此條。

[四] “民”，原作“名”，音近而誤，今據《蜀中廣記》卷六八、《全蜀藝文志》卷一九等改。

[五] “季”，原作“李”，據《蜀中廣記》等改。按，《夷堅志·支志》壬卷之七“郫縣銅馬”當是載此事最早之文獻，其後則有《頤堂先生文集》卷二《銅馬歌·序》、《成都文類》卷一一、《蜀中廣記》、《全蜀藝文志》、《蜀都碎事》卷二等，皆因襲之也。然本卷前“古迹”之下“宋高宗紹興二十六年”條所言銅馬，正此處之銅馬，實可合併。之所以分載二處，當是因《蜀都碎事》亦在卷二、卷三分載二事也。

[六] 此條出自《蜀都碎事》卷二。其所載之四碑，唯吴道子龜蛇碑在清人盧秉鈞《紅杏山房聞見隨筆》卷六有相關記載，餘皆暫未見他書有著録。

[七] 此條見雍正《四川通志》卷二七《古碑記附》之“吕純陽道貌碑”和“米芾碑”條，彭氏將其雜糅爲一。

[八] 此條出《蜀都碎事》卷四，《蜀都碎事》則改寫自《輿地紀勝》卷一四六《嘉定府·碑記》下“孝女碑”條。

夾江縣治前數武有酒泉，今廢。碑刻尚存[一]，書係八分，精雅絶倫。楊升庵以爲漢刻，今觀年號則在宋淳熙間。升庵博古，未必無據，但滅没者，不可句讀。

杜少陵游蜀凡八稔，而在夔獨三年。平生所賦詩凡千四百六篇可考，而在夔者乃三百六十有一。治平中，知州賈昌言刻十二石於北園，歲久字漫。建中靖國元年，運判王蘧新爲十碑[二]，今碑在漕司。

保寧府文廟中有宣聖篆碑二，其一題比干墓，曰："左林右泉，峻岡前導。萬世之寧，兹焉是寶。"其一題曰："嗚呼！有吴延陵季子之墓。"此好事者鈎摹湯陰、丹陽古碑而刻之閬中耳[三]。

劍州武連驛山麓有寺，曰覺苑寺，乃宋賜額也，元豐五年敕牒石刻尚存。庭有二桂樹，高參天表，徑可三丈，枝幹蒼古，意亦宋物也。大門旁有顏真卿大書"逍遥樓"三字碑，右又種松碑，字大如鷄卵。郭璞讖云[四]："縣路翠，武功貴；縣路青，武功榮。"岷山何琰榜"兹地勉忠孝、翊聖世，慶元丁巳[五]，治路種松碑"。碑側小書："是碑也，得之西廊塵埃中，敬識而竪之，時大順元年辛酉端月鎮守利州守備吴國輔記。"寺基甚宏敞[六]，階磉猶存。今廟衹三楹，像宇傾頽殆盡矣。

劍閣兩石壁上鎸唐宋人碑碣無數，悉皆剥落斷缺。惟李義山、陸放翁、蘇東坡三碑尚可披讀。惜乎懸崖絶壁，不得摹榻耳[七]。

與董彦遠同觀《文翁學生題名》。予謂董云："結體殊不類隸。"[八]董云："《集古録》以爲文翁學生。"予云："嘗考此碑，其郡望有云'江

[一] 民國《夾江縣志》卷一一所載文句與此大致相合，但稱碑名爲"酒官碑"，所據當是《升庵全集》卷六二"石刻"條所提及之"夾江酒官碑"也。

[二] "蘧"，原作"籧"，形近而誤，據《輿地碑記目》卷四"杜少陵詩石刻"條、《蜀都碎事》卷三等改。

[三] 此條或録自《蜀都碎事》卷二。"好事者"前之文與《補續全蜀藝文志》卷五四引《保寧志》之語相同，而其後之按語則或爲陳祥裔所加也。明陶宗儀《書史會要》卷一對此二銘有相關介紹，文繁不引。

[四] "讖"，原脱，據《方輿勝覽》等補，文義更暢。按，關於逍遥樓碑及郭璞讖言，載《方輿勝覽》卷六七《隆慶府・山川》下"七盤山"條及《蜀中廣記》卷二六。

[五] "琰"，原無，避嘉慶帝諱而缺也，據《蜀中廣記》卷二六"其後青城何琰宰是邑，遂刻石于縣門"而補。◎"慶元丁巳"，即公元一一九七年，南宋寧宗慶元三年也。

[六] "敞"，原作"廠"，形近而誤，據《蜀中廣記》卷二六等改。按，此條或抄録自《蜀都碎事》卷二，故錯譌亦相同也。

[七] 此條見《蜀都碎事》卷四。

[八] "隸"，原脱，据乾隆本及《東觀餘論》卷下補。

陽、寧蜀、遂寧、晉原’。以《晉書·志》考之，江陽，蜀置此郡；寧蜀、遂寧、晉原，皆是宣武平蜀後置。”彦遠擊節此言，以爲辨正精詳。又問予云：“《周公禮殿記》云甲午年故府梓潼文君，不審文君之名。”予云：“《華陽國志》載文參字子奇，梓潼人，平帝用爲益州太守，記中文君，乃此人也。”[一]

成都遭獻亂，金石文字無存者，惟武侯廟碑猶尚完好。蓋武丞相元衡帥蜀時，裴、柳二公皆在幕中，實元和四年己丑也。碑首稱“節度、掌書記、侍御史、内供奉、賜緋魚袋裴度撰，營田副使、檢校尚書、吏部郎中兼成都少尹、侍御史、賜紫金魚袋柳公綽書”[二]。

蜀道觀中，鑿井得一碑，刻文似賦似贊，曰：“有物有物，可大可久。采乎蠶食之前，用乎火化之後。成湯自上而臨下，夸父虚中而見受。氣應朝光，功參夜漏。白英聚而雪慚，黄酥凝而金醜。轉制不已，神趣鬼驟。金與玉與？天年上壽。無著於文，訣之在口。”後有隱士言：“是漢時陰真人所著錬丹法，後雜著於《子玉碑》。”僕恨不得其門户，聊復存之[三]。

誓水碑，彭縣。李冰鑿山導江，其神怒化爲牛，出没波上。冰操刀入水，殺之，因立五石犀於水傍。誓曰：“淺毋至足，深毋至肩。”水患遂息[四]。

嘉州凌雲寺大像記，韋皋文，張綽書，其碑甚豐，字畫雄偉，頃於潘義榮處見之[五]。又有扁，上刻“江流砥柱”，不知何人題。

夾江縣學宫後有先聖冢，云像埋於中，立碑二尺許，祀之，至今猶存，不知何謂。或曰元時詔毁聖像，當是此時埋之也[六]。

[一]“梓潼文君”至“字子奇”，原脱，文義不通，據《東觀餘論》卷下補，《隸釋》卷二六、《蜀中廣記》卷一等亦載之。

[二] 此段出王士禛《池北偶談》卷一五“裴碑”條。

[三] 此條出《彦周詩話》，《蜀中廣記》卷二九、《全蜀藝文志》卷二三等亦載。

[四]《施注蘇詩·續補遺》卷上《神女廟》注文及《廣輿記》卷一六有相關記載。

[五] 此前文字見於《墨莊漫録》卷三、《蜀中廣記》卷一一等。

[六] 按，此條云元時毁弃聖像，實想當然耳，未見文獻證據。據《明史·禮志四》，嘉靖九年（一五三〇），大學士張璁“緣帝意，言‘孔子宜稱先聖先師，不稱王。祀宇宜稱廟，不稱殿。祀宜用木主，其塑像宜毁’”。皇帝從之，“遵聖祖首定南京國子監規制，製木爲神主，仍擬大小尺寸，著爲定式。其塑像，即令屏撤”。則埋孔子聖像之事，當在嘉靖九年或稍後，不在元代。

李興爲鎮南將軍劉宏觀諸葛亮故宅立碣表閭[一]，文曰："天子命我，於沔之陽。聽鼓鞞而永思[二]，庶先哲之遺光。登隆山以遠望，軾諸葛之故鄉。蓋神物應機，大器無方，通人靡滯，大德不常。故谷風發而騶虞嘯，雲雷升而潛龍驤[三]。摯解褐於三聘[四]，尼得招而褰裳[五]。管豹變於受命[六]，貢感激以回莊[七]。異徐生之摘寶，識卧龍於深藏。偉劉氏之傾蓋，嘉君子之周行[八]。夫有知己之主，則有竭命之良。固可以三分我漢

[一]"李興"，《三國志·諸葛亮傳》裴松之注引王隱《蜀記》："李興，密之子，一名安。"◎"弘"，原作"宏"，據《晉書》卷六六本傳改。《晉書》云："劉弘，字和季，沛國相人也。祖馥，魏揚州刺史。父靖，鎮北將軍。弘有幹略政事之才，少家洛陽，與武帝同居永安里……太安中，張昌作亂，轉使持節、南蠻校尉、荆州刺史，率前將軍趙驤等討昌，自方城至宛、新野，所向皆平。及新野王歆之敗也，以弘代爲鎮南將軍。"此文即劉弘在鎮壓張昌起義後，移駐途中過隆中，命李興而寫。《三國志·諸葛亮傳》裴松之注引王隱《蜀記》："晉永興中，鎮南將軍劉弘至隆中，觀亮故宅，立碣表閭，命太傅掾犍爲李興爲文。"

[二]"聽鼓鞞而永思"，《禮記·樂記》："君子聽鼓鼙之聲，則思將帥之臣。"

[三]按，此二句即《易·乾卦》"雲從龍，風從虎"之義也。騶虞乃傳說中的義獸。《詩·召南·騶虞》："彼茁者葭，壹發五豝，于嗟乎騶虞。"毛傳："騶虞，義獸也。白虎，黑文，不食生物，有至信之德則應之。"《藝文類聚》卷九九引《中興徵祥説》云："王者仁而不害，則白虎見。白虎，狀如虎而白色，嘯則風興，皜身如雲而無雜者是也。"

[四]"摯解褐於三聘"，摯即伊尹；解褐指脱去布衣，擔任官職。《孟子·萬章上》："伊尹耕於有莘之野，而樂堯舜之道焉。非其義也，非其道也，禄之以天下弗顧也。繫馬千駟，弗視也。非其義也，非其道也，一介不以與人，一介不以取諸人。湯使人以幣聘之，囂囂然曰：'我何以湯之聘幣爲哉？我豈若處畎畝之中，由是以樂堯舜之道哉？'湯三使往聘之，既而幡然改曰：'與我處畎畝之中，由是以樂堯舜之道，吾豈若使是君爲堯舜之君哉，吾豈若使是民爲堯舜之民哉？'"

[五]"尼得招而褰裳"，指孔子歸魯於季康之招事。《史記·孔子世家》載："秋，季桓子病，輦而見魯城，喟然歎曰：'昔此國幾興矣，以吾獲罪於孔子，故不興也。'顧謂其嗣康子曰：'我即死，若必相魯；相魯，必召仲尼。'後數日，桓子卒，康子代立。已葬，欲召仲尼。公之魚曰：'昔吾先君用之不終，終爲諸侯笑。今又用之，不能終，是再爲諸侯笑。'康子曰：'則誰召而可？'曰：'必召厓求。'於是使使召厓求。厓求將行，孔子曰：'魯人召求，非小用之，將大用之也。'是日，孔子曰：'歸乎歸乎！吾黨之小子狂簡，斐然成章，吾不知所以裁之。'子贛知孔子思歸，送厓求，因誡曰'即用，以孔子爲招'云。"

[六]"管豹變於受命"，管，即管仲；豹變，本指人遷善去惡。語出《易·革卦》："君子豹變，小人革面。"今稱人由貧賤而顯達。《史記·管晏列传》載："管仲夷吾者，潁上人也。少時常與鮑叔牙游，鮑叔知其賢。管仲貧困，常欺鮑叔，鮑叔終善遇之，不以爲言。已而鮑叔事齊公子小白，管仲事公子糾。及小白立爲桓公，公子糾死，管仲囚焉。鮑叔遂進管仲。管仲既用，任政于齊，齊桓公以霸，九合諸侯，一匡天下，管仲之謀也。"

[七]"貢感激以回莊"，貢，即貢禹。《漢書·貢禹傳》載："遷禹爲光禄大夫。頃之，禹上書願乞骸骨，天子報曰：'生其强飯慎疾以自輔。'月餘，以禹爲長信少府。會御史大夫陳萬年卒，禹代爲御史大夫，列於三公。自禹在位，數言得失，書數十上。"

[八]"周行"，大道，至善之道。《詩·小雅·鹿鳴》："人之好我，示我周行。"毛傳："周，至；行，道也。"

鼎，跨帶我邊荒，抗衡我北面，馳驅我魏疆者也。英哉吾子，獨含天靈。豈神之祇，豈人之精？何思之深，何德之清[一]！異世通夢，恨不同生[二]。推子八陣，不在孫吴[三]。木牛之奇，則非般模[四]。神弩之巧，一何微妙！千井齊甃，又何秘要。昔在顛、夭[五]，有名無迹，孰若吾儕[六]，良籌妙畫？臧文既没[七]，以言見稱。又未若子，言行並徵。夷吾反坫[八]，樂毅不終[九]，奚比於爾，明哲守冲。臨終受寄，讓過許由[十]，負扆涖事，民言不流。刑中於鄭[十一]，教美於魯，蜀民知耻，河、渭安堵。匪皋則伊，寧彼管、晏，豈徒聖宣，慷慨屢嘆！昔爾之隱，卜惟此宅，仁智所處，能無規廓。日居月諸，時隕其夕，誰能不殁，貴有遺格。惟子之勳，移風來世，咏歌餘典，懦夫將厲。遐哉邈矣，厥規卓矣，凡

[一]“何德”，原作“而德”，據《三國志·蜀志五·諸葛亮傳》末裴松之注文改。

[二]“生”，原作“時”，據《三國志》改。

[三]“孫吴”，孫子與吴起，古代著名軍事家，《史記》皆有傳。

[四]“般模”，此處喻指公輸般之舊規。

[五]“顛、夭”，傳説中周文王時期的賢臣。《漢書·董仲舒傳》：“文王順天理物，師用賢聖，是以閎夭、大顛、散宜生等亦聚於朝廷。”顔師古注引臣瓚曰：“皆文王賢臣。”

[六]“儕”，原作“子”，據《三國志》改。

[七]“臧”，乾隆本誤作“滅”。按，臧孫辰，春秋時魯國人，字文仲。《左傳·襄公二十四年》云：“魯有先大夫曰臧文仲，既没，其言立。”

[八]“夷吾反坫”，指管仲不守禮法，行僭越之舉。《論語·八佾》云：“邦君爲兩君之好，有反坫；管氏亦有反坫。管氏而知禮，孰不知禮？”鄭注云：“反坫，反爵之坫，在兩楹之間。人君别内外，於門樹屏以蔽之。若與鄰國爲好，會其獻酢之禮，更酌，酌畢則各反爵於坫上。今管仲皆僭爲之，如是，是不知禮。”

[九]“樂毅不終”，《史記·樂毅列傳》載：“樂毅賢，好兵，趙人舉之。及武靈王有沙丘之亂，乃去趙適魏……樂毅於是爲魏昭王使於燕，燕王以客禮待之。樂毅辭讓，遂委質爲臣，燕昭王以爲亞卿……樂毅於是並護趙、楚、韓、魏、燕之兵以伐齊，破之濟西。……會燕昭王死，子立爲燕惠王。惠王自爲太子時嘗不快於樂毅，及即位，齊之田單聞之，乃縱反間於燕，曰：‘齊城不下者兩城耳。然所以不早拔者，聞樂毅與燕新王有隙，欲連兵且留齊，南面而王齊。齊之所患，唯恐他將之來。’於是燕惠王固已疑樂毅，得齊反間，乃使騎劫代將，而召樂毅。樂毅知燕惠王之不善代之，畏誅，遂西降趙。”樂毅先奉趙國，後爲燕昭王所用，而後燕昭王之子立，樂毅又去燕之趙，可謂反復無常，有始無終也。

[十]“許由”，亦作“許繇”，傳説中的隱士。相傳堯讓以天下，不受。《莊子·逍遥游》：“堯讓天下於許由，曰：‘日月出矣而爝火不息，其於光也，不亦難乎！時雨降矣而猶浸灌，其於澤也，不亦勞乎！夫子立而天下治，而我猶尸之，吾自視缺然。請致天下。’許由曰：‘子治天下，天下既已治也。而我猶代子，吾將爲名乎？名者，實之賓也。吾將爲賓乎？鷦鷯巢於深林，不過一枝；偃鼠飲河，不過滿腹。歸休乎君，予無所用天下爲！庖人雖不治庖，尸祝不越樽俎而代之矣。’”

[十一]“刑中於鄭”，《左傳·昭公六年》云：“三月，鄭人鑄刑書。”注：“鑄刑書於鼎，以爲國之常法。”

若吾子，難可究已。疇昔之乖，萬里殊途；今我來斯，覿爾故墟[一]。漢高歸魂於豐沛[二]，太公五世而返周[三]，想魍魎以仿佛，冀影響之有餘。魂而有靈，豈有識諸！”

昔人比諸葛於伊、周，信已。然桐宫有顛覆之放[四]，《東山》有《破斧》之悲[五]。劉禪之姿，遠遜甲、誦[六]；孔明輔政，絶類伊、周。而失德未聞於沖人，流言無喙於舉國，則二聖未逮也。

其用兵也，不動一衆，而官府次舍、橋梁道路、井竈圊圂，無細不備。至八陣之奇、木牛之巧，雖聖人亦有所不知不能焉，古今絶才也！

興字雋石，與其兄賜俱有文名，此羅尚遣詣劉弘時所作，今彭山人李密子也。

墓

許静墓，在成都延秋門外，直西七八里，田中有巨墓，云許將軍墓也。耕牧之人、牛豕之屬，犯者必有禍焉。近制軍營屯，野外墟墓多不存者，唯此巋然，人莫敢犯。静在前蜀官至大司徒[七]。

華陽縣東十五里有静居寺，寺後爲宋濂墓。濂殁，葬於夔，永樂間蜀獻王命遷於此[八]。

[一]“覿”，原作“睹”，據《三國志》改。

[二]“歸魂於豐沛”，《史記·高祖本紀》云：“令郡國諸侯各立高祖廟，以歲時祠。及孝惠五年，思高祖之悲樂沛，以沛宫爲高祖原廟。”

[三]“返”，《三國志》作“反”，古字也。按，《禮記·檀弓上》云：“太公封於營丘，比及五世，皆反葬於周。”疏云：“太公封於營丘者，周之大師太公封於營丘，及其死也，反葬於鎬京，陪文武之墓。其大公子孫比及五世，雖死於齊，以太公在周，其子孫皆反葬於周也。言反葬者，既從周嚮齊，今又從齊反往歸周。”

[四]按，此句言伊尹流放太甲於桐宫也。桐宫，桐地之宫室，傳爲湯之葬所。《史記·殷本紀》：“帝太甲既立三年，不明，暴虐，不遵湯法，亂德，於是伊尹放之於桐宫。”

[五]按，此句言《詩·豳風·東山》有《豳風·破斧》所載之悲事也。《破斧序》云：“美周公也，周大夫以惡四國焉。”《破斧》所頌正征四國之功績也。而《東山》疏云：“毛以爲周公，言我往之東山，征伐四國。”

[六]“甲、誦”，甲即前文之太甲，誦指周成王姬誦，命周公東征者，正此人也。

[七]此條出《録異記》卷八。

[八]此條與《明一統志》卷六七《成都府·陵墓》下“宋濂墓”條所載相合。明人彭華有《遷葬宋濂墓記》，載雍正《四川通志》卷四四，可參看。

張飛墓，萬里橋南。飛爲帳下張達所殺，持其首奔吴，收尸葬此[一]。

羅江西鹿頭關，一名落鳳坡。有龐統墓於衰烟荆棘中，墓前有小碑[二]，傍有廟。

張綱墓，在彭山縣岷崍山東，綱討廣陵賊張嬰，有恩信。比卒，嬰率五百餘人制服，送至武陽，負土成墳而去，即此墓也[三]。

李密墓，在忠孝橋北，康熙四十六年，知州金一鳳俱重飾之[四]。

王建墓，在西門外，有二石幢，旁有太后冢，石人石馬猶存[五]。

夾江北三里有梁王墓，昔梁武帝封其十子蕭信於蜀郡，後卒，葬此地，因名梁皇漕[六]。

邛州東四十里故依鎮舊縣平岡中有樊噲墓，甚大，傳有竪碑，不知噲何以葬此？

五代黄崇嘏[七]，蜀女狀元也。墓在州西九十里火井崇嘏山，今俗爲銅鼓山。

山谷云："花卿冢在丹稜縣之東館鎮，今冢尚存。"[八]康熙中，眉州刺史金一鳳令人守之，復其冢[九]。

[一] 此條出《明一統志》卷六七。關於張飛墓之記載，《太平寰宇記》卷八六《閬州·閬中縣》下云："張飛冢，在刺史大廳東二十步，高一丈九尺。"《蜀都碎事》卷四亦云"保寧府閬中城内有張飛墓"。而《明一統志》卷六七《成都府·陵墓》下"張飛墓"條則云："在萬里橋南，飛爲帳下張達所殺，持其首奔吴，此特葬其軀耳。"兩種記載各異，但今人皆認爲張飛墓在閬中。

[二] "墓"字爲原文此頁末字，此頁之後，有兩頁錯簡，即原書本卷第八十三葉與八十四葉錯置，今移正。又，此條出《蜀都碎事》卷二，正可爲原書錯簡之旁證也。

[三] 《明一統志》卷七一、《廣輿記》卷一七、康熙《眉州屬志》卷三等皆有相關記載。據後一條"俱重飾之"，則此條與下一條皆出《眉州屬志》也。

[四] 康熙《眉州屬志》僅稱知州金一鳳重修，未言具體時期，此處稱康熙四十六年，未詳何據。

[五] 嘉靖《四川總志》卷三《成都府·陵墓》下"王建墓"所載與此合，《明一統志》卷六七同條亦有記載，實則文字皆本陸游《劍南詩稿》卷八《後陵永慶院在大西門外不及一里，蓋王建墓也。有二石幢，猶當時物。又有太后墓，琢石爲人馬甚偉》詩而來。

[六] 據雍正《四川通志》卷二九、乾隆《大清一統志》卷一四八，梁王墓當在"夾江北五里"，不知彭氏"北三里"緣何而來耶。

[七] "黄崇嘏"，邛州火井漕人，善詩文，有理政之才，曾女扮男裝任司户參軍，被民間譽爲"女狀元"。黄梅戲《女駙馬》之主要情節取材於此。《十國春秋》卷四五有傳，可參看。又按，雍正《四川通志》卷二九有此墓之相關記載。

[八] 此條或改寫自《黄庭堅全集·外集》卷二三《書花卿歌後》。

[九] 此説見康熙《眉州屬志》卷三："按歷代名賢墳墓，屢經亂離，第見荒坵纍纍，滿目蓬蒿。知州金一鳳留心訪確，各加封築。近日又奉撫憲能公檄，將蘇洵、余子俊、彭祖、李密、花驚定墓修理，交托附近居民看守。除蘇、余二墓各有奉祀，餘以彭墓著袁祥、李墓著馮讀行、花墓著龐玉實看守，亦一時之盛舉也。"

乾寧三年丙辰，蜀州刺史、節度參謀、司徒李公師泰，理第於成都錦浦里北門之内西回第一宅，西與李冰祠相鄰[一]。距宅之北，地形漸高，崗走西南，與祠相接。於其堂北鑿地五六尺[二]，得巨冢焉。磚甓甚固，於磚外得金錢數十枚，各重十七八銖，徑寸七八分，圓而無眼。去緣二分，有隱起規，規内兩面各有番書二十一字。其緣甚薄，猶刃焉。督役者馳其二以白司徒，命使者入青城雲溪山居以示余，云："此錢得有石餘，公以命復瘞之，仍不開發其冢，但不知誰氏之墓也。"度其地形，當石筍之南百步所，即知石筍即此墓之闕矣。自此甚靈，人不敢犯。其後，蜀主改置祠堂，以龍神享之，爲立小屋，龍堂即在墓之東矣。李公以不發古冢、不貪金錢，亦古賢之高鑒也。

東漢循吏王涣稚子墓，在新都縣北五里。冢前二石闕，其一題"故兗州别駕、雒陽令王君稚子之闕"，其一題云"漢故先靈侍御史、河内縣令王君稚子闕"[三]。

梓潼縣西五里有李業石闕，乃漢侍御史李業葬此，遭赤眉毁破，碑碣傾壞，惟冢石闕猶存[四]。

大竹縣北一里許有雙石闕，一鎸云"漢謁者北屯司馬左都侯沈府君"，一鎸云"漢新豐令交趾都尉府君"，其闕上各鎸殿宇禽獸飛走之狀[五]。

越王墓，長寧。高廣各數丈，以花磚砌之，古柏合抱。越王未詳何人，或云唐太子越王正爲綿州刺史，卒，葬此[六]。

重慶西五里巴子墓，有石獸、石龜各二，石麟、石虎各一，即古巴國君冢也[七]。

[一]"冰"，原作"水"，據《録異記》卷八"李師泰義不發古冢"條改。

[二]"地"，原作"池"，形近而誤，據《録異記》改。

[三]"先靈"，原作"先零"，蓋承襲《蜀都碎事》卷一而誤，今據《隸釋》卷二四、《金石録》卷一四、《輿地碑記目》卷四等所録及《金石萃編》卷五拓片改。◎"縣"，《金石萃編》卷五認爲當是"緼"字，通"温"，以王涣曾任河内郡温縣令也，其説言之有理，文繁不録。◎"稚子"下，原有"之"字，與《輿地碑記目》所載相合，與《隸釋》《金石録》等不合，與《蜀都碎事》後文引劉涇之記所言"闕面有隸字三十一"亦不合，故知此"之"字乃衍文，删之。關於二闕之介紹，亦可參《金石苑》卷一。

[四]相關記載見《輿地紀勝》卷一八六《隆慶府·碑記》下"李業闕"條。此闕今存，相關研究可參《秦漢闕論》。

[五]此段轉引自《輿地紀勝》卷一六二《渠州·碑記》下"雙石闕"條。

[六]《廣輿記》卷一六、《明一統志》卷六九、《蜀中廣記》卷一五等皆載此條。

[七]《明一統志》卷六九、嘉靖《四川總志》卷九之《重慶府·陵墓》下"巴子冢"條所載與此合。

杜莘老墓[一]，江津，宋虞允文過其墓，題曰“剛直御史”。

陸贄墓，忠州，宣公嘗稿葬於此[二]。

甘夫人墓，夔府城鎮峽堂後，即蜀先主夫人[三]。

保寧府閬中城内有張桓侯墓，墓頂即壓以廟，土人祀之甚虔。安剛中有記[四]。

賈島墓，安岳南。島字浪仙，遷普州司户參軍，卒，葬此。杜荀鶴詩：“山根三尺墓，人口數聯詩。”[五]

南充縣署有譙周墓，自晉以來無敢動者[六]。嘉靖中，太守袁光翰徙之。後縣中頻見緋衣貴人出入[七]，縣尹至者輒不利，往往遷他所避之。南城吴鎰以進士任縣令，獨不避，下車之日，妻張暴卒。未幾，母張又爲所殺。疑是其子，笞而斃之，遂被劾去。

新都殷司徒家[八]，掘池得古冢，冢磚長五寸許，皆有字，云“歙東蕭司馬碧葬”，而不知“碧葬”之義。以問汪伯玉司馬，伯玉考之：凡死忠不得尸者，得血以葬，曰“碧葬”，豈化碧萇弘之義血耶！

章懷太子墓，巴州。太子有賢聲，武后見忌，廢爲庶人，徙巴州。

[一]“莘”，原作“萃”，形近而誤，據《明一統志》卷六九、雍正《四川通志》卷三八改。

[二] 從文句看，此條當出《廣輿記》卷一六，而《方輿勝覽》卷六一《咸淳府·祠墓》及《蜀中廣記》卷一九有更詳之記載，可參看。

[三]《廣輿記》卷一七、《明一統志》卷七〇皆載此條，明王在晉《歷代山陵考》卷上亦有相關記載。

[四] 此條出《蜀都碎事》卷四。安剛中之《張飛廟記》亦見《蜀都碎事》卷四，所詠乃樂温縣之桓侯廟，非閬中之廟也。

[五] 此條見《廣輿記》卷一七、《明一統志》卷七一等。杜荀鶴詩見《全唐詩》卷六九一之《經賈島墓》。

[六] 按，關於譙周墓所載，《元和郡縣圖志》卷三三、《元豐九域志》卷七、雍正《四川通志》卷二九言其在綿州；而《四川通志》同卷中又言其在“南充縣北十里”，《蜀中廣記》卷二七亦言在南充。

[七]“頻”，原作“頓”，據明人朱國禎《湧幢小品》卷六“譙周墓”條改。此條據《湧幢小品》抄録而略有删節。◎又按，此太守袁光翰，據萬曆《新修南昌府志》卷一七，乃豐城人，字憲甫，其餘事迹不詳。

[八] 按，此新都，非四川之新都，乃古新都郡，在安徽。此所謂殷司徒，指明代安徽歙縣人殷正茂，《明史》卷二二二有傳，“萬曆三年詔爲南京户部尚書”，故可稱“司徒”。其發掘之墓稱“歙東蕭司馬”，此人爲歙縣人，自當葬歙縣，若不得尸身，衣冠冢及此條所謂“血冢”，亦當葬歙縣，不可能在四川新都。後文所問之汪伯玉，即汪道昆，《明史·文苑傳·王世貞》後有附傳，亦歙縣人。諸多證據皆説明此事發生在安徽，與四川無關，彭遵泗因“新都”二字而誤抄此條也。《堅瓠集·廣集》卷五之“碧葬”條載此事，末句文字稍異。

后使丘神勣逼令自殺[一]，葬此。

南充某村，掘地得古隧[二]，云“姚氏之門”。爲棺幾萬幾千幾百，皆瓦棺，長僅尺，棺内皆男女枯骸，實符其數。不知何物，仍瘞覆之。李本寧太史觀察關中時[三]，實見其事，而朱秉器中丞已紀載之[四]。此則在川中者也[五]。

[一]“丘神勣”，原作“吕神積”，據《舊唐書·高宗中宗諸子列傳·章懷太子》改。此處蓋因襲《明一統志》卷六八、《四川通志》卷二九之誤也。

[二]“掘”，原作“拙”，形近而誤，據《耳談類增》卷一七“瓦棺”條改。

[三]“李本寧”，明人李維楨，字本寧，《明史·文苑傳四》有傳。

[四]“朱秉器”，明人朱孟震，字秉器。《欽定四庫全書總目》卷一二二《河上楮談》提要云：“孟震字秉器，新淦人，隆慶戊辰進士。官至右副都御史，巡撫山西。”此處所謂朱氏已載其事者，出其《汾上續談》“小人骨函”條。

[五]“此”，原脱，據《耳談類增》補。◎又按，雍正《四川通志》卷一二“明姚氏一門”條云：“永樂靖難時，姚氏聚闔門男婦，置酒哭祭建文，痛飲，俱縊死。鄉里積尸焚之，爲棺木二丈許大，窖藏焉。太守不敢顯旌，題其碣曰‘姚氏之門’。在城南紅土坡。”《耳談類增》所載，或即綜合“小人骨函”與“姚氏一門”二事而來也。

蜀故卷十一

人物一[一]

巴蔓子，周末國亂，蔓子爲將軍，請師於楚，許以三城。楚已救巴，遣使請城，蔓子曰："藉楚之靈，克弭禍難[二]，誠許楚城，可持吾頭往謝，城不可得也。"遂自刎，使者持其首歸報楚，王曰："使吾得臣如蔓子，何用城爲？"以上卿禮葬之。

譙玄，閬中人，成帝朝對策[三]，拜議郎。遷繡衣使者，持節觀風。聞莽居攝，遂棄官歸。公孫述累聘不起，賜以藥，玄嘆曰："保志全高，死亦奚恨！"其子瑛盡捐家資，贖父死。

李業，梓潼人，少勵志操，舉明經。值莽居攝，乃匿名山谷中。公孫述聞其高，累徵不應，述愧之，遣大鴻臚尹融造門，曰："起則拜君列侯，不爾有藥酒在，可呼妻子計焉！"業曰："身可殺，名不可辱，久已斷之心矣！"遂飲藥死。述耻殺一名士，贈錢百萬，吊其家，業子翬逃去不受[四]。

法正，字孝直。祖父真，有清節高名[五]。常幅巾，見扶風太守，守曰："哀公雖不肖，猶臣仲尼，柳下惠不去父母之邦，欲相屈爲功曹，何如？"真曰[六]："真以明府相待有禮，故特見之，必欲以吏使之，真將在南山之南、北山之北。"守遂不敢屈。

[一]"人物一"，原無，據目録及全書體例補。此後數卷并補之，不再説明。

[二]"弭禍"，原作"解"，據《華陽國志》卷一、卷一二等改。

[三]"成"，原作"平"，當是據《廣輿記》卷一六而誤也，今據《後漢書·獨行列傳·譙玄》改。

[四]此條亦從《廣輿記》卷一六抄出，李業傳亦見《後漢書·獨行列傳》。

[五]"祖父真，有清節高名"，原脱，據《三國志·蜀志·法正傳》補。按，後文所載皆法正祖父法真之事迹，法真乃陜西人，與蜀地無關，實不當抄入《蜀故》也。

[六]"真"，原誤作"正"，據《三國志》改，後二"正"字則徑改爲"真"。

譙周，廣安人，耽古篤學，研精六經，才兼文武，仕蜀漢爲光禄大夫。子秀，躬耕山藪，桓温薦之不起[一]。

陳壽，廣安人，自少博學，師事譙周、張華，曰："班固、史遷不足方也。"撰《三國志》，官中庶子，卒於洛。官不稱才，世所共惜[二]。

王褒有軼才，益州刺史薦褒，召至待詔金馬門。上《聖主得賢臣頌》，擢諫議大夫。遣祀金馬碧鷄，卒於道[三]。

李弘[四]，字仲元，居成都里中，化之，班白不負擔，男女不錯行。弘嘗被召爲縣令，鄉人共送之。元無心就行，因共酣飲，月餘不去。刺史使人喻之，仲元遂游奔，不之官。惟揚雄重之，曰："不夷不惠，居於可否之間。"

後漢張楷[五]，字公超，成都人，霸子。門徒常百人，除長陵令，不至官，隱居弘農山中。學者隨之，所居成市。

張陵[六]，字處仲，楷子，官尚書。元嘉中，歲首朝賀，梁冀帶劍入省，陵呵叱之，敕羽林、虎賁奪冀劍，以一歲俸贖，百僚肅然。冀弟不疑曰："舉君，適所以自罰也。"陵曰："明府不以陵不肖，誤見擢序，今申公憲，以報私恩。"不疑有愧色。

漢任永[七]，犍爲僰道人，好學博古。公孫述累徵，待以高位，托青盲不至。及述敗，則曰："世適平，目即清。"光武聞而徵之，會病卒。

後漢諒輔，字漢儒，廣漢新都人。少給佐史，漿水不交；爲從事，大小畢舉，郡縣斂手。時夏枯旱，太守自曝中庭，而雨不降。輔以五官掾出禱山川[八]，自誓曰："輔爲股肱，不能進諫納忠、薦賢退惡、和調百姓，至令天地否隔，萬物枯焦，百姓喁喁，無所控訴，咎盡在輔。今郡太守内省責己，自曝中庭，使輔謝罪，爲民祈福，精誠懇到，未有感徹。

[一] 從文句看，此條與《明一統志》卷六八、《廣輿記》卷一六所載較接近，不知彭氏從何處抄出。譙周，《三國志·蜀志》有傳。

[二] 此段文字抄自《廣輿記》卷一六，《晉書》卷八二有傳。

[三] 此條亦係據《廣輿記》卷一六改寫，《漢書》卷六四有王褒傳。

[四] "弘"，原作"孔"，形近而误，據《高士傳》卷中改，後文此字之誤徑改。

[五] 張楷傳見《後漢書·張霸傳》之附傳。

[六] 張陵傳亦見《後漢書·張霸傳》之附傳。

[七] 任永傳見《後漢書·獨行列傳》及《華陽國志》卷一〇之中。

[八] "掾"，原作"椽"，形近而誤，據《新輯搜神記》卷二六"諒輔"條改。按，此人事迹亦見《後漢書·獨行列傳》。

輔今敢自誓：若至日中無雨，請以身塞無狀。”乃積薪柴，將自焚焉。至日中時，山氣轉黑，起雷，雨大作，一郡沾潤。世以此稱其至誠[一]。

蜀有兩揚雄[二]，兩王褒，兩李膺。漢揚雄[三]，成都人，字從手。漢王褒[四]，資中人，作《賢臣頌》。晉李膺，涪州人，作《益州記》者。已上皆土著也。東漢李膺爲益州太守，《寰宇記》云：“城西三里有李膺宅。”後周王褒，同庾信從益州趙王出鎮之蜀，褒詩有《奉和趙王途中五韻》“峽路沙如月，山峰石似眉”之句[五]。隋楊雄，持節入蜀迎梁王蕭巋者，字從木。已上皆宦游也[六]。資中一王褒，資縣之士曰：“吾王子淵也。”資陽之士曰：“吾王諫議也。”兩邑皆社而稷之。盤石一趙逵[七]，内江之士曰：“吾趙莊叔也。”資縣之士曰：“吾趙狀元也。”資陽之士曰：“吾趙栖雲也。”三邑皆尸而祝之。洪雅、眉州之祀田表聖[八]；綿州、潼川之志蘇易簡亦然[九]。或以訊予曰：“是不勝其争，請子訂其是。”余曰[十]：“無爲也，其争也君子。”

梁孝威詩：“君平子雲俱不嗣[十一]，江漢英靈信已衰。”宋有逃禪子揚補之[十二]，自稱子雲之後，云自蜀移家清江。善書梅，秦檜求之，竟不與也。有《逃禪老人詞》一卷。

《益州耆舊傳》云：柳宗字伯騫，蜀人，爲治中。其所拔進皆世所

[一]“稱”，原作“積”，形近而誤，據《新輯搜神記》改。

[二]“揚”，據文義，此字從“手”、從“木”似皆可亦皆不可也。《蜀中廣記》卷一〇一、《蜀都碎事》卷二，皆作“揚”，蓋彭氏之所本也。

[三]“雄”，原脱，據《蜀中廣記》及文義補。

[四]“褒”下，原衍一“褒”字，據《蜀中廣記》及文義删。

[五]按，《蜀中廣記》與《藝文類聚》卷二七皆題此詩爲王褒作，然《庾子山集》卷三亦收此詩，據資料可靠性來看，唐代之《藝文類聚》當較明人編訂之庾信集更可靠。

[六]按，本條此後之語出《升庵全集》卷七〇《資縣磨崖跋》，《補續全蜀藝文志》卷四七亦有相關記載。

[七]“趙逵”，《宋史》卷三八一有傳。

[八]“田表聖”，即田錫，《宋史》卷二九三有傳。

[九]“蘇易簡”，《宋史》卷二六六有傳。

[十]“余”，原作“子”，殆彭遵泗抄作“予”，其後人整理時又譌作“子”也，今據《升庵全集》改。

[十一]“威”，原作“感”，形近而誤，據《文苑英華》卷二〇〇、《全蜀藝文志》卷五等改。孝威即梁時之劉孝威。◎“嗣”，原作“仕”，誤，據《文苑英華》等改。按，劉孝威詩題作《蜀道難》。

[十二]“揚”，原作“楊”，據文義及楊寶霖《揚補之姓字年里考》一文（載《淮陰師專學報》一九八三年第三期）改。此處所載之事，見《升庵全集》卷四九“楊補之”條。

稱[一]。鄉里爲之語曰："得黄金一筩，不如爲柳伯騫所識。"

尹珍，南川人，桓帝時從汝南許叔重受五經[二]。還蜀教其鄉子弟，於是始知學。

揚雄無子明白，而王逸少《問蜀都帖》云："聞譙周有孫，不知嚴君平、司馬相如、揚子雲有後否？"似誤問也。意者好賢之心，欲其有後耶？君平、相如，其後亦不復見，爲之嘆息[三]。

升庵曰："李白慕謝東山[四]，故自號'東山李白'。杜子美云'汝與東山李白好'是也。劉昫修《唐書》，乃以白爲山東人，遂致紛紛耳。因引曾子固稱白蜀郡人，而取《成都志》謂白生彰明之青蓮鄉以實之。今蜀人則以白爲蜀産，隴西人則以白爲隴西産，山東人又借此以爲山東産，而修入《一統志》。今王元美斷以范傳正《墓志》爲是，曰："白父客西域，逃居綿之巴西，而白生焉。是謂實録。"

張浚，綿竹人，高宗朝拜樞密使，與韓世忠戮力王室，一時倚以爲重。得疾，謂二子曰："死則葬我於衡山足矣。"苗、劉嘗遣刺客至浚所，浚覺曰："即取吾頭去。"[五]客曰："侍郎忠誠，安忍相犯。恐有後至，宜嚴備之。"浚執其手，問姓氏，不答。兀术欲窺蜀，浚使都統制吴玠於鳳翔府之和尚原先據要地，兀术引衆至，玠擊之，中箭而逃。

宋狀元陳堯叟之裔孫曰陳表，蒼溪縣庠生也。正德間，鄢、藍賊起迫縣[六]，表率鄉兵陳紹聰等禦之，盡日對敵，殺賊數十人。無援被執，不屈，死之。

陳堯叟，省華長子，舉進士第一，累官同平章事。丰姿奇偉，奏對

[一]"拔"，原作"校"，形近而誤，今據《全蜀藝文志》卷三改。《華陽國志》卷一〇載此人小傳，亦作"拔"也。按，此條當是本自《全蜀藝文志》，《太平御覽》卷二六三引《益部耆舊傳》之語則較此處更詳。《益部耆舊傳》，晉人譙周撰，今佚。

[二]"桓"，原作"武"，據《後漢書》等改。按，尹珍其事，《華陽國志》卷四、《後漢書·南蠻西南夷列傳》、《通典》卷一八七等皆載之。

[三]此條出宋沈作喆《寓簡》卷四。

[四]"李"字，《焚書》卷五、《李温陵集》卷一六"李白詩題辭"條皆無，此殆是彭遵泗抄録時故意增入者。後文所謂王元美斷定之語，則出王世貞《弇州四部稿》卷一六三，考辨甚詳，可參看。

[五]"苗、劉"，即苗傅、劉正彦。按，此條蓋據《宋史·張浚傳》改寫而來。

[六]"鄢、藍"，即明代中葉農民起義領袖鄢本恕、藍廷瑞，分别自稱"刮地王""順天王"，擁衆十萬，後遇伏被殺。《明史·洪鐘傳》對此二人之事有詳載。又按，雍正《四川通志》卷一二、乾隆《蒼溪縣志》卷二皆載陳表事迹，但不言其爲陳堯叟之後也。

明辨，久典機密，中外稱賢相[一]，謚文忠。

陳堯佐，省華次子，以言事忤旨，降通判潮州[二]。某子以其母濯於江，鰐魚尾而食之，母弗能救。堯佐命二吏挐小舟操網任捕，鰐至暴，非可網得。至是，鰐就網，人皆異之。知惠州，尚清簡，吏民化服。嘗手植荔枝於州治，父老比之甘棠，以太子太師致仕，謚文惠。博學能詩，善古隸，自號知餘子。

陳堯咨，省華三子，舉進士第一，官節度使，謚康肅。雅以氣節自負，工草書，善射，世稱“小由基”[三]。

薛奎知成都[四]，一日見范鎮，器之。便館於府第，令與子弟講學。及還，載范公以去，或問曰：“自成都歸，得何奇物？”曰：“蜀産不足道，得一偉人耳。”

范鎮以直言忤王安石而致仕，表謝曰：“願陛下集群議爲耳目，以除壅蔽之奸；任老成爲腹心，以養和平之福。”天下聞而壯之。蘇軾往賀曰：“公雖退，名益重矣！”鎮愀然曰：“天下受其害，而吾享其名，則何心哉！”[五]

張商英，字天覺，新津人。童時日記萬言，向子山見而異之，妻以女。崇寧中，拜相，力詆蔡京，入元祐黨籍[六]。商英左遷通川簿，適渝蠻反，當事者檄商英往平，欲難之耳。蠻聞英至，皆下拜乞降[七]。爲丞相，媚事紹聖，共倡紹述[八]。崇寧二年，遂得尚書左丞。會與蔡京異論，

[一]“中”，原作“事”，據此條之出處《廣輿記》卷一六改。按，陳堯叟及下兩條之陳堯佐、陳堯咨，事迹俱見《宋史》卷二八四本傳。

[二]“降”，原脱，據《宋史》補。

[三]“由基”，古有養由基，善射，《左傳·成公十六年》中對此人之射術有描寫，可參看。

[四]“薛奎”，原作“薛居正”，不知因何而誤。薛居正卒時，范鎮尚未出生。今據《方輿勝覽》卷五六、邵伯温《聞見録》卷八、《廣輿記》卷一六等改。蘇軾作《范景仁墓誌銘》亦載此事，明言乃薛奎也。據《續資治通鑑長編》卷一〇四，仁宗天聖四年（一〇二六）以薛奎知益州；據同書卷一〇六，天聖六年三月以薛奎爲龍圖閣直學士權三司使公事，而以右諫議大夫權御史中丞程琳爲樞密直學士知益州。蘇軾所作墓誌銘稱薛奎遇范鎮時，范剛十八歲，以銘中所言生卒年推之，正天聖四年也。《蜀故》卷一二又引《聞見録》之語，則不誤矣。前後矛盾，抄書一何急也。

[五]此條改寫自《宋史·范鎮傳》。

[六]此前之語當本自《方輿勝覽》卷五二《崇慶府·人物》之“張商英”條。

[七]降渝蠻之事，當是據《廣輿記》卷一七轉引，《宋史》卷三五一張商英傳文句與此不同。此後之語，則盡本《桯史》卷七“嘉禾篇”條而來，略有改動，故以《桯史》參校。

[八]“紹聖”，原脱，據《桯史》補。

中執法石豫[一]、殿中御史朱紱、余深以風旨將劾奏之[二]，而無辭。或言在元祐中，嘗著《嘉禾篇》，擬司馬文正公於周公旦；爲開封府推官，當其薨時，代尹爲酹，祭文有褒頌功德語，因請正其罰。有詔：張商英秉國政機，論議反覆，加之自取榮進，貪冒希求，元祐之初，詆訕先烈，台憲交章，豈容在列？可特落職，知亳州。《嘉禾篇》者，文既爾雅，論亦醇正，惜乎其好德不終也。其言曰：

> 維元祐丁卯十月，定襄守臣得禾，異畝同穎，部使者張商英，作《嘉禾篇》。神宗既登遐，嗣皇帝冲幼[三]，中外震懼，罔知社稷攸托。惟太母晦聖德於深宮，五十有四年，克莊克明，克仁克簡，肆膺顧命，保佑神孫，以總大政。既臨延和，乃告於侍臣，曰："嗚呼！先皇帝聰明文武，宏規偉圖，軼於古先。丕惟曰：《禹貢》九州之域，久封裔壤，陷於殊俗，豺狼野心，終不可豢，序弗底平，時以憂貽，於我後昆。乃備材力，乃督事功，務除大害，不恤小怨。今既墜厥志，罹家多艱[四]，其弛利源，與民共之。所不欲一切蠲罷，庶事肇革，衆志未孚，新故相刑，愛惡相反，議論乘隙，紛綸互見[五]。疑生於弗親，忿生於弗勝，其暌成仇，其合成黨，盈庭睢盱，震於視聽。"惟聖母獨以純静，斷以不惑，去留用舍[六]，不歸於偏歸於是[七]。
>
> 越三載[八]，群慝斯嘉，群乖斯和，群異斯同。馨聞於上帝[九]，風雨時若，英華豐美，被於草木。發珍祥於茲嘉禾[十]，厥本惟三，厥壠惟五，厥穗惟一。臣聞曰：在昔成王冲幼，周公居攝，近則召公不悦，遠則四國流言。成王灼知忠邪之情，誅伐讒慝，卒以

[一]"石"前，原衍"石"字，據《桯史》删。
[二]"余深"，原作"予以"，據《桯史》改。◎"劾"，原作"效"，形近而誤，據《桯史》改。
[三]"冲幼"，原互倒，雖曰二詞皆可，但此爲張商英文中原話，自當從原文，故據《桯史》及後文改。
[四]"艱"，原作"難"，據《桯史》改。
[五]"綸"，原作"紜"；"建"，原作"見"，據《桯史》改。
[六]"用舍"，原互倒，據《桯史》乙正。
[七]第二"歸"字，原脱，據《桯史》補。
[八]"越"，原脱，據《桯史》補。
[九]"馨"，原脱，據《桯史》補。
[十]"發"下，原衍"禎"字，據《桯史》删。

天下聽於周公，時則唐叔得禾，異畝同穎以獻。推古驗今，迹雖不同，理或胥近。臣商英敢拜手稽首，旅天之命，曰："嗚呼！先民有言，衆賢和於朝，萬物和於野，和氣致祥，乖氣致異，治平之世，君臣罔不咸有一德[一]。在虞舜時，百僚師師；在文王時，多士濟濟。降及幽王[二]，小人在位，君子在野，其詩曰：'潝潝訿訿。'[三]又曰：'噂沓背憎。'[四]嗚乎！卿士庶尹敬之哉[五]，曲直之辨，是非之判，罔或不異。如禾之本，終以合穎，利害之當，予奪之中，罔或不同；如禾之穎，非離於本，無有作同，害於而公。"臣吴安操、臣李昭叙等立石。

其開封祭文，頌之極摯者，亦特曰："公在熙寧，謫居洛京[六]。十有五年，《資治》書成。帝維嘉寵，以子登瀛。方濶起居，而帝在天。太母垂簾，保佑神孫。疇咨在庭，屬以宗社。介特真淳[七]，無易公者。公來秉鈞[八]，久詘而伸。五害變法，十科取人。孰敢弗良，孰敢弗正[九]。有傾其議，必以死争。日月徂征，斯速用成。心勦形瘵，胡衛餘生。嘉謀嘉猷，百未來告。訃音夜奏，九重震悼。爵惟太師，開國於温。莫惠我民，門巷煩冤。乃命貳卿，葬其先原。公殮具資，一給於官。悠悠蒼天，從古聖賢。損益盛衰，與時屢遷[十]。功虧於簣，志奪於年。古也如斯，豈公獨然？已矣温公，夫何憾焉！"[十一]如斯而已，亦非大溢美者。然五害等字，當時之所深諱，是以函出而不留也。商英立朝，其初議論俱是，暨哲宗親政，首爲諫官，乃指吕汲公、范純夫輩爲大奸，而以司馬文正、文忠列爲負國，甚者至以宣仁比吕武，視此文爲不同，反覆之言，得之矣。其後入黨籍，反成濫置。欽宗嗣服，贈以太保，與范、司馬二文正

[一]"罔不咸有"，底本作"咸有"，乾隆本作"罔有"，據《桯史》改。
[二]"王"，原作"厲"，據《桯史》改。
[三]此句出《詩·小雅·小旻》，潝潝訿訿，患事君不稱職也。
[四]其詩見《詩·小雅·十月之交》，鄭玄曰："噂噂沓沓，相對談語，背則相憎逐。"
[五]"尹"，原作"人"，據《桯史》改。
[六]"洛京"，原誤倒，不叶韻，據《桯史》乙正。
[七]"淳"，原作"純"，據《桯史》改。
[八]"來"，原作"乃"，據《桯史》改。
[九]兩"弗"字，原皆作"不"，據《桯史》改。
[十]"與"，原作"興"，據《桯史》改。
[十一]"憾"，原作"恨"，據《桯史》改。

並命，令人駭然。王偁作《東都事略》，載商英以言蔡京奸邪，有“自爲相國，志在逢君”等語，臺臣以爲非所宜言而謫之。考之史册，專坐此篇，偁之書誤甚。〇王偁，眉州人[一]。

杲禪師與商英論元祐人材，杲因問温公何如。商英曰：“大賢也。”杲曰：“相公在臺，何如論他？”商英曰：“只是後生時，死急要做官，故如此。”嗚乎！官急要做，何至仆温公之碑耶！古今小人一轍，言之髮指[二]。

邵博曰：“余爲校書郎時，嘗問趙丞相元鎮云：‘張天覺者，首造元祐部黨之人也。靖康初，與范文正、司馬文正同追贈，天下已非之。公身任邪正之辨，既未能改追，更謚以文忠，是與蔡公齊、富公弼一等也，可乎？’”元鎮悵然曰：“蜀人勾濤在從班游談，有司不肖，不能執法耳。”[三]予見趙有愧色，亦不復言。

商英爲河東大漕日，於上黨訪得李長者古墳，爲加修治，且發土以驗之[四]。掘地數尺，得一大盤石，石面平瑩，無他銘款，獨鎸“天覺”二字，故人傳商英爲長者後身。

商英爲開封府推官，獻詩吕公著求進，且爲諛詞貽東坡，以求入臺。及爲右正言，附二惇、二蔡，極力攻元祐諸人，復乞毁司馬光、吕公著神道碑。漸至僕射，又思攀附正人，以蓋前愆，真小人而無忌憚者也。蔡京惡其反復，轉得入在元祐黨籍中。坡公筆墨雖出於一時游戲，然此輩同軸，想當時尚未覺其爲匪類也。

田錫，字表聖，洪雅人。官左拾遺、直史館，遇事敢言，朝貴側目。或謂錫少晦以遠禍，錫曰：“吾豈爲一官負初志耶？”趙普爲相，令群臣章奏必先白錫，錫貽書於普[五]，謂失正大之體，普引咎謝之。歷事兩朝，始終以諫諍爲己任，封疏凡五十二上[六]。及卒，真宗惻然謂李沆曰：“錫，直臣也。朝廷方有闕失，方在思慮，錫之章奏已至矣。若此諫官，亦不可得，天何奪之速耶！”手集所上疏，收置一篋以遺仁宗。錫耿介寡合，

[一]“〇王偁眉州人”，蓋彭氏批注竄入正文也。

[二] 此條出《池北偶談》卷六“張商英”。

[三]“執”，原脱，據《邵氏聞見後録》卷二二補。

[四]“驗”，原作“覆”，據《春渚紀聞》卷一“張無盡前身”條改。按，據《太平治迹統類》卷二三，張商英任河東提刑，在元祐二年六月之後。

[五]“於”，原脱，據《宋史·田錫傳》及文義補。

[六]“二”，原作“三”，據《宋史》改。

未嘗趨權貴之門。居公庭，危坐終日，無懈容。慕魏徵、李絳之爲人，嘗曰："吾立朝以來，章疏皆諫臣任職之常言，苟合從，幸也！豈可藏副示後，謗時賣直耶！"悉命焚之。

陳希夷，普州崇龕人[一]。按《祥符舊經》[二]："陳摶乃普産。既長，辭父母去，或居亳爲亳人，或居洛爲洛人，或居華山則爲華山人。"此説極當，蓋李宗諤博物君子，必非無據也。

魏鶴山之女，初適安子文家[三]。既寡，謀再適人。鄉人以其兼二氏之撰[四]，争欲得之，而卒歸于劉朔齋名震孫。以故不得者嫉之，朔齋以是多嘖言。晚喪偶於建寧。王茂悦橚自臺歸霅[五]，後朔齋亦以口語歸。王輅之近郊，既而皆有伉儷之憾，語相泣也。王告别歸舟，得疾，竟至不起。王，劉所愛也。劉歸吴中[六]，未幾亦逝。二人皆蜀之雋人，識者無不惜之。

譙定[七]，涪州人，執經程頤門下，深於《易》學。靖康初召至，以廷論不合，力辭去。隱青城山中，年一百三十外，蜀士稱"譙夫子"。

馬涓，南部人。父從政，未舉子，買一妾，詢知其父卒於官，不克還葬，故鬻之。遂送妾歸，不責所值。後夢一翁謝曰："我，妾父也，聞之上帝矣。君家賢嗣，當涓涓不絶。"果即生子，以涓名，元祐初及第。上疏忤蔡京，坐貶[八]。

黎錞，渠縣人，官直講。英宗嘗以蜀士問歐陽修，對曰："文行蘇洵，經術黎錞。"上大悦，召爲直講[九]。

彗星出，浚上疏言事。秦檜屬臺諫彈之，謫居永州。金人憚浚復用，

[一] 陳希夷其事，見張方平《樂全集》卷三三《華山重修雲臺觀記》、《輿地紀勝》卷一五八、《方輿勝覽》卷六三、《蜀中廣記》卷七六等文獻，《宋史·隱逸列傳上》有傳。此處所引則與《廣輿記》卷一七、《蜀中廣記》卷七六相合。

[二] "《祥符舊經》"，又稱《祥符圖經》《祥符州縣圖經》或諸道《圖經》，係北宋李宗諤、王曾等所纂，北宋時已亡佚，難窺全貌，因成書於大中祥符三年（一〇一〇年），故名。《宋史·藝文志三》記載："李宗諤《圖經》九十八卷，又《圖經》七十七卷。"

[三] "安子文"，即安丙，《宋史》卷四〇二有傳。

[四] "氏"，原作"代"，形近而誤，據周密《癸辛雜識·别集》卷上"劉朔齋再娶"條改。

[五] "橚"，原作"搆"，據《癸辛雜識》改。按，《癸辛雜識·别集》卷下"鈿屏十事"條云："王橚，字茂悦，號會溪，初知郴州。"

[六] "吴"，原作"蜀"，據《癸辛雜識》改。

[七] 譙定，《宋史·隱逸列傳下》有傳。

[八] 此條出《廣輿記》卷一六，黄宗羲《宋元學案》卷三一"臺諫馬先生涓"條亦有小傳，可參看。

[九] 此條出《方輿勝覽》卷六五，《蜀中廣記》卷二八、《四川通志》卷八等亦載之。

每使至，必問張公安在[一]。

范祖禹，字淳夫，蘇軾嘗薦曰："淳夫爲今講官第一。"言簡而當，無一冗字、長語。官學士，因纂《神宗實録》直書王安石過舉，見嫉蔡卞，謫嶺南，卒[二]。

趙逵，資州人，由進士六年即除中書舍人，南渡所未有。帝嘗曰："秦檜日薦士，未嘗一語及卿[三]，以此知卿不附權貴，真天子門生也。"

虞允文，字彬甫，仁壽人。金主下江南，大軍臨采石，允文往蕪湖趣李顯忠交王權軍，且犒師采石[四]。允文曰："危及社稷，吾將安避？"謂諸將曰："金帛、告命在此，待有功。"督諸將力戰，敗之。次日又戰，又大敗之。是役也，允文以一萬八千人破亮兵四十萬。亮既敗，趨瓜州，見弑。先是，高宗欲航海避之，至是遂安。

虞雍公父祺，字齊年，起陵州諸生中。初不知佛書也，每曰："誠者，天之道；思誠者，人之道。其至則一也，吾知此而已。"當督賦賸斂鞭箠牛馬其人之日，一漕夔，再漕潼，川民獨晏然倚以朝夕也。間屬疾，憑几不言，忽顧坐客曰："古佛俱來，吾亦歸矣。"子允文旁立泣下。又笑曰："人而爲佛，寧不可哉？"客異其非公平日之言，即之，已逝矣。明年，始有更生佛事。陵州民鮮逑者，病死一晝夜再生。其言初爲黄衣逮去，遇故里少年曹生曰："鄉之大夫虞君主更生事，明當爲更生佛，亟見之。"[五]前抵宫室沉沉，王者冕服正坐，虞君也。吏問逑故爲善狀，逑訴力貧，但一至瓦屋山，見辟支佛瑞色甚勝，得去。王再敕逑："過語吾家，廣置更生道場，誦數更生佛名字勿怠。"語定，白毫光自王身起，直大觀闕黄金書榜"大慈大悲，更生如來"，逑洒然悟，明當虞君練祭云[六]。其時士人陳公璜年九十，直書其事甚備。華嚴道人祖覺，自《大涅槃經》中得更生佛因地不誣。虞君不爲佛學佛言，直心是道場，無虚假，故著其爲更生佛事無疑。祖蓋德陽男云。

[一] 此條出《明一統志》卷六五。其前有"張浚，漢州人。仕宋以和國公奉朝請"等語。
[二] 此條亦出《廣輿記》卷一六，《宋史·范鎮傳》有附傳，可參看。
[三]"卿"，原作"鄉"，形近而誤，據《宋史·趙逵傳》及前後文改。
[四]"且"，原作"止"，據《宋史·虞允文傳》改。
[五]"亟"，原作"函"，形近而誤，據《邵氏聞見後録》卷二八改。
[六]"祭"，原作"疾"，據《邵氏聞見後録》改。按，練祭，親喪周年之祭也。

虞雍公允文以西掖贊督議，却金亮於采石[一]。還至金陵，謁葉樞密義問於玉帳，留鑰張忠定燾及幕屬馮校書方、洪檢討邁在焉，相與勞問江上拒戰之詳。天風欲雪，因留卯飲[二]。酒方行，流星警報沓至，蓋亮已懲前衄[三]，將改圖瓜州。坐上皆恐，謂其必致怨於我也。時劉錡屯京口，病且亟，度未必可依，議遣幕府合謀支敵。衆以雍公新立功，咸屬目。葉四顧久之，酌卮醪以前曰："馮、洪二君雖參幃幄，實未履行陣，舍人威名方新，士卒想望，勉爲國家，卒此勳業，義問與有賴焉。"雍公受卮起立曰[四]："某去則不妨，然記得一小話，敢爲都督誦之。昔有人得一鱉，欲烹而食之，不忍得殺生之名，乃熾火使釜水百沸，橫篠爲橋，與鱉約曰：'能渡此活汝。'鱉知主人以計取之，勉力爬沙，僅能一渡。主人曰：'汝能渡橋甚善，更爲渡一遭，我今觀之。'僕之此行，毋乃類是乎！"席上皆笑。已而雍公竟如鎮江，亮不克渡而弒，自此簡上知，馴致魁柄。

如此警急而尚從容戲謔，足見采石之戰胸有成竹，非僥倖成功可比。鱉渡橋，川風至今尚爾，非一時詼諧也。公與喻汝礪同縣、同時人。

常安民，字希古[五]，邛州人。與安惇爲同僚，嘗偕謁府帥，輒毀素所厚善者[六]。安民退謂惇曰："若人不厚於君乎？何詆之深也。"惇曰："吾心實惡之，姑以是爲面交耳。"安民曰："君所謂匿怨而友其人，乃李林甫也。"惇笑曰："直道還君，富貴輸我。"惇貴，遂陷安民。惇子坐法誅死，惇名列《奸臣傳》，安民以直諫著。子同，御史中丞。

安民舉進士，王安石亟稱其文，命學者視以爲式。妻孫氏與蔡確之妻，兄弟也。確時爲相，安民絶不相聞。紹聖初，召對，首發蔡京："奸足以惑衆，辨足以飾非，巧足以移奪主上之觀聽，力足以顛倒天下之是非。"尋竄黨籍，流落二十餘年，略不動念也。

任諒，九歲而孤，舅欲奪母志，諒挽衣泣曰[七]："豈有人子不能養其親

[一]"金"，《桯史》卷九"鱉渡橋"條作"逆"。
[二]"飲"，原脱，據《桯史》補。
[三]"前"，原脱，據《桯史》補。
[四]"受"，原作"授"，據《桯史》改。
[五]"希古"，原誤倒，據《宋史·常安民傳》改。按，此條與下一條皆出《常安民傳》。
[六]"厚"，原作"原"，形近而誤，據《宋史》改。
[七]"欲""挽"，原脱，皆據《宋史·任諒傳》補。

者乎!”母爲感動，遂止。諒力學自奮，年十四即冠鄉書。登高第，任龍圖閣學士，言“契丹不可取，郭藥師必叛”，大臣以爲病狂。是年冬，即驗。

魏了翁，蒲江人，本高姓，出繼魏氏，累官吏部尚書。常以論事忤史彌遠坐謫，築室州城西白鶴山下，游其門者甚衆[一]。

趙性[二]，合州人。紹興初，入對，有曰：“以括囊爲深計，臣知其人矣，主和議者當之；以首鼠爲圓機，臣知其人矣，杜言路者當之。”考官大驚，謂劉蕡不是過也。

蹇義[三]，巴縣人，質直孝友，善處僚采。未嘗一語傷物，贈太師。子英，有詩名，太常少卿。

邛州如漢胡安、林閭、莊君平，唐梁震，宋李絢字公素、計用章、常安民字希古[四]、常同、魏鶴山、魏文翁，明孫之益——與鄒元標同劾魏忠賢者、劉道貞——起兵討獻賊者，皆彪炳史册，不可謂無其人。

陳宗虞，字于紹[五]，保寧千户所人，進士。由郎署出領憲閩中，時有倭警，廓清之力居多。稍遷江浙，皆以兵事著奇勳。初與銅梁張佳廕等結社玉臺[六]，續七子之業。南充任瀚序其詩：“格力類建安宫商，激越類江左長句，近體類中唐諸大家。”[七]吴中王世貞尤稱之云。

閬中馬信，永樂進士，任檢討，升大理寺副。未四十，致仕。楊文貞送之以詩曰：“誰似翰林馬檢討，墨頭苦思戀家山。”[八]人比之錢若水。

榮昌有冷珂者，登嘉靖丙戌進士[九]。座師稱其文奇、字奇，想其人亦必奇。幽居端坐，不入寢室，後遂無子嗣。楊升庵服其辨，當道慕其名，造門往見，卒不得面焉。除中書。享年七十，終於家。

合州馮衡，成化中進士，令吴江，大著彊項聲。見時事雜亂，遂拂

[一] 此條出《廣輿記》卷一七，魏了翁，《宋史·儒林列傳七》有傳。

[二]“性”，原作“姓”，形近而誤。趙性其事，《方輿勝覽》卷六四、《明一統志》卷六九、《廣輿記》卷一六、《蜀中廣記》卷四五等皆有記載，今據諸書改之。

[三] 蹇義事見《明史》卷一四九本傳。

[四]“希”，原作“布”，形近而誤，據《宋史·常安民傳》改。

[五]“于”，原作“子”，形近而誤，據雍正《四川通志》卷八、《千頃堂書目》卷二四等改。

[六]“玉”，原作“王”，形近而誤，據《四川通志》改。

[七] 任翰之語，與嘉慶《四川通志》卷一八六《卧雲樓稿》注文所引略異。

[八] 其詩爲明楊士奇《東里集·續集》卷六二之《送馬檢討歸閬中并寄聲李全太守三首》之第一首。又，此條出雍正《四川通志》卷八。

[九] 此條出雍正《四川通志》卷八，嘉靖丙戌，即嘉靖五年（一五二六）。

衣歸。徒步千里，與陳白沙游。白沙高其誼[一]，以“見一”顔其堂。一日，於白沙坐上有樵者從山際來，則白沙之叔，以聞道先白沙者也。傎之爲蜀馮公，即拉樹皮題其所佩卷，云：“淡飯粗衣儘可過，高牙大纛便如何。閑來見一堂前坐[二]，細想功名是甚麽？”賓主一笑别去。都給事王壐[三]，博奥讜直，當應召北上。衡口占一箑，云：“我從山中來，送君天上去。要爲天下奇，須當天下事。”壐歿後，常向家人索此箑，焚之，其聲始息。

簡公上[四]，蜀重慶人，字謙居[五]。天姿絶人，凡有記覽，過目不忘。康熙辛亥，視學江南。江南，財賄所都，前學使者無不藉營金窟。公至，力反其弊，勢挾利誘，屹然不動。每發榜後，進諸生而面誨之，某某解題中窾，某某用古入化，並不攤卷於案，皆能背誦之。余亦在列，所目睹也。試蘇州，題中有“上”字，一生因公名“上”，遂寫爲“尚”。公呼問故，生曰：“憲名未敢正書耳！”公怒曰：“汝將以此求媚耶？士人行己，貴乎立品。即小可以見大，即窮可以徵達，推此意也，他日徼倖立朝，則婢膝奴顔，汝必安爲之矣。”[六]跪生於庭，立令改正。又數年，公補粤西右江道。北地崔維雅者[七]，傾險人也，向與同官，屢有干請，公薄其爲人，不甚應之。是時升粤藩護理院，遂以故巡撫郝公與公有交[八]，借事誣奏，繫公於獄。公無以自明，吞金而没。其明日之午，維雅方啓門視事，忽狂呼曰：“簡公來矣。”倉皇亟趨下階，伏地叩顙不已。復起立，投帽脱衣，反手面縛。左右扶入内室，乃絶。維雅疏下部議，白公無罪，而公已歿，天下莫不冤之。

[一]“白沙”，原脱，易致誤會，據雍正《四川通志》卷八補。《四川通志》此句後云：“以唐詩有‘相逢盡道休官去，林下何曾見一人’之句也。”實當抄録，否則難曉其義也。按，白沙即陳獻章，萬斯同《明史·儒林傳一》有傳，張廷玉《明史·儒林列傳二》亦有傳，較略。

[二]“閑”，原作“間”，蓋即“閒”字形近而誤也，今據乾隆《合州志》卷五改。

[三]“都”，原作“郡”，據《合州志》改。按，都給事即都給事中，見《明史·職官志三》。

[四]“簡”，原作“間”，據乾隆本及清人鈕琇《觚賸》卷二“簡公雪冤”條改。

[五]“字”，原脱，文義不通，據《觚賸》改。按，簡謙居名上，稱“簡公”者，鈕琇對其之敬辭也，後文“余亦在列”之余，亦是指鈕琇。

[六]“安”，原脱，據《觚賸》補。

[七]“崔維雅”，《欽定四庫全書總目》卷七五《河防芻議》提要云：“維雅，新安人，順治丙戌舉人。初任儀封縣知縣，升淮安府同知，調開封府南河同知。以防河功，授寧波府知府。因總河王充裕請，再遷管河道僉事，官至布政使。”

[八]“郝公”，雍正《四川通志》卷七之下有郝浴，順治九年任四川巡撫，或是此人。

初，公督學時，初試江北諸郡，案出，輿論譁然。士子即以試題作詩云："才難自古信其然，知我何須更問天。斷斷不能容一技，優優還要禮三千。貧而樂者甘從井，富可求兮願執鞭。夫子宫墻高數仞，故人樂有父兄賢。"遐邇傳誦。公知之，逐出閱文者某某，而所取皆孤寒之士矣。及試吾郡，特拔唐廷巽於大收之中。知其貧而未娶，助銀百兩以完花燭，士林以爲美談[一]。

黎州土司馬金者，蜀漢將軍馬岱之後。張獻忠在蜀，以金印招之，金得印擲之地，誓衆拒之，時年十六。未幾卒[二]。

楊希仲，新津人，客成都某氏。主人少婦出而調客[三]，希仲正色拒之。其妻是夕夢一人告曰："汝夫獨處他鄉，不欺暗室，神明知之，當魁多士。"次年，果擢第一。

合江李實，微時過其鄉土地祠，見像起立，心竊怪之。歸告其母，欲碎其像，母止之。神忽托夢於人云[四]："李秀才過，吾敬之，起立。彼不知，乃欲碎我。微其母，吾不免矣，爲吾致謝。"李後醉過其祠，書像背曰："此神無禮，合送酆都。"鄉人復夢神泣告曰："李秀才將送我酆都，煩急求救於其母。"鄉人往告，母命滌之。景泰初，果至右都[五]。

張唐，宣公南軒先生孫也。以朝奉郎由長沙趙璠、熊桂等起兵復宋[六]，連奪回潭之衡山、湘潭、攸縣等三縣。後從督府，敗歸汀州，被執。崔斌欲降之，唐罵曰："紹興至今百五十年，乃我祖魏公收拾撑拓者，今日降，而死何以見魏公於地下。"遂遇害[七]。

張汴，字朝宗，蜀人[八]。明鋭輕俊，嘗從吴丞相潛兄淵於荆湖幕，頗習兵事。後從文信國贛州勤王室，抗敗而死。仕至秘閣修撰、廣東提舉、同督府參謀官。

[一] 此條出《堅瓠集·癸集》卷二"試題作詩"。
[二] 此條出《池北偶談》卷二一"馬岱後"。
[三]"調"，原作"謂"，形近而誤，據《夷堅志·丙志》卷三"楊希仲"條改。
[四]"神"，原脱，據《堅瓠集·秘集》卷一"神起立"及《都公談纂》卷下補。按，此李實非《蜀語》之作者，雍正《四川通志》卷八有小傳，《明史·楊善傳》有附傳。
[五]"右"，原作"左"，據《明史》稱其官都察院右督御史而改。
[六]"郎"，原作"即"，形近而誤，據乾隆本改。
[七]《文山先生全集》卷一九《文丞相督府忠義傳》之《趙璠傳》附有張唐小傳，與此處所載大致相合。《明一統志》卷六四、雍正《四川通志》卷一二則作"張鏜"。
[八]"張汴"，《宋史》卷四五四有傳，此條蓋據之改寫也。

任玠，蜀人也，字温如。學識廣博，人皆師仰之。大中祥符初，樂安公中正鎮蜀，延至文翁石室，大集生徒，講説六經，以紹文翁之化，由是蜀中儒士成林矣。凌公策涖蜀時，表薦於上，詔入京。進《龍圖紀聖詩》一千韻，酬以汝州團練推官，三讓辭官，表云："伏念臣早年髮白[一]，悲老態之遽增；觸事心闌，覺死期之將至。"乞授子一官，蒙恩與子偕任醴泉主簿。天禧元年，欲就居嵩山，搬家之蜀，因與鄉人隴城主簿張逵秩滿歸川，題一絶於黄休復茅亭云："聚散榮枯一夢中，西歸親友半成空。惟餘大隱茅亭客，垂白論交有古風。"天禧二年[二]，游寧州，卒於旅舍。

任介、郭震、李畋[三]，蜀人，皆博學能詩，曉音律。相與爲莫逆交，游蕩不羈，禮法之士鄙之，然皆才識過人。李順之將亂，震游成都東郊，忽賦詩曰："今日出東郊，東郊好春色。青青原上草，莫教征馬食。"遂走京師上書，言蜀將亂，不報。期年，其言乃驗。震竟不仕。介爲陝西一幕官卒。畋稍仕達，至尚書郎[四]。震將死時，其友往問之，側卧欹枕而言。其友曰："子且正身。"震笑曰："此行豈可復替名哉！"[五]雖平日談諧之餘習，亦足見其臨死不亂也。

前任玠授汝州團練推官，不受。後云介爲陝西一幕官卒。"玠"與"介"不同，想是一人，載非一處。

韓魏公作《張乖崖墓志》[六]，蜀學校頽替，公察郡人張及、李畋、張逵者皆有學行，鄉里所服，遂延獎加禮，敦勉就舉。後三人悉登科，歷美官，於是兩川學者知勸。李畋想即李佃[七]。

靖恭先生楊滙，字源澈，生於蜀。於朝廷故實、士大夫譜牒皆能通貫，其於中國之士，范端明景仁、内翰淳夫、蘇子瞻、門下侍郎蘇子由

[一]"髮白"，原互倒，據《茅亭客話》卷一〇"任先生"條改。

[二]"二"，原作"六"，誤，據《茅亭客話》改。按，宋真宗天禧年號僅五年，天禧二年，即一〇一八年也。

[三]"畋"，原作"佃"，據十卷本《東坡志林》卷九改，後文此字徑改。按，此事亦見《苕溪漁隱叢話》卷五五。

[四]"尚"，原作"上"，據《東坡志林》改。

[五]"替"，原作"賣"，據乾隆本及《苕溪漁隱叢話》改，《東都事略》卷一一八亦作"替"，而《東坡志林》作"啖"。

[六]韓琦所作張詠神道碑，見《張乖崖集·附集》卷一。

[七]按，《東坡志林》及《苕溪漁隱叢話》本就作"李畋"，彭遵泗不知據何本而作"李佃"，已誤矣，此處又考據一番，殊爲多事。且《方輿勝覽》卷六四、《明一統志》卷六七、雍正《四川通志》卷八皆有小傳，諸書均彭遵泗編《蜀故》時游弋取材者，焉能不知？

外，不論也。杜門委巷，著書賦詩，人無知者。當路有薦於朝，曰："成都府布衣楊滙，學行甚高，志節甚苦，於本朝典禮、故家世族、奇字異書，無所不知，杜門陋巷，若將終身。當崇尚廉耻、招徠遺逸之日，如滙者，委棄遠方，誠爲可惜，伏望朝廷特加聘召。"亦不報，竟死於委巷之下。藏書萬籤，古今石刻本過六一堂中《集古録》所有者。其後子以書與金石刻本投一部刺史，刺史知其不肖，盡私之，遺以酒漿數壺耳[一]。

樂君[二]，達州人，生巴峽間，不與中州人士接，狀極質野，而博學純至。家貧甚，不自經理，有一妻、二兒、一跛婢。聚徒城西，草廬三間，以其二處諸生，而妻子居其一。樂易坦率多嬉笑，未嘗見其怒。一日，過午未飯，妻使跛婢告米竭，樂君曰："少忍，會當有饋者。"妻不勝忿。忽自屏間躍出，取案上簡擊其首，君袒而走，仆於舍下，群兒環笑，掖起之。已而州守適送米三斗，徐告妻曰："果不欺汝。飢甚，幸速炊。"俯仰如昨日，幾五十年矣。每日起分授群兒經，口誦數百過不倦。少間，必曳履慢聲抑揚吟咏不絶，有躡其後聽之，則延篤之書也[三]。喜作詩，有數百篇。曾送州司理，一聯云："末路清談得陶令，他時陰德頌於公。"又寄故人云"夜半夢回孤月滿，雨餘目斷太虚寬"，云云。

[一] 此條出《邵氏聞見後録》卷二二。

[二] "君"下，原有"生"字，據葉夢得《避暑録話》卷下删。按，只知此人姓樂，失其名也，不知彭氏因何而衍此字？後之衍文徑删，不再説明。

[三] "篤"，原作"薦"，據乾隆本及《避暑録話》改。按，延篤，《後漢書》有傳，曾撰《史記音義》。

蜀故卷十二

人物二

程賁，字季長，自號丘園子，江陽人也。世習儒，少孤力學，立身介潔，跬步一言，必循禮則。雖家童稚子，應對進退不逾規矩。尤嗜酒，復喜藏書，自經、史、子、集之外，凡奇訣要籙未嘗聞於人者，畢珍收之，亦多手寫焉。其間復混以名畫、古琴，瑰異雅逸之玩，無所不有。雖年齒已暮，而志好益堅，日游簡編，未嘗暫息。每謂所知曰："余五十年，簡册鉛槧未嘗離手。"其勤至如此。嘗撰《太玄經義訓》，功未就，寢疾而卒[一]。

杜大舉，諱鼎昇，蜀人。形氣清秀，有古人之風。鬻書自給，夫婦皆八十餘。每遇芳時好景，出郊選勝偕行，人皆羨其高年逸樂。進士張及贈之詩曰："家本樊川老蜀都，世家冠劍豈寒儒。筆耕尚可儲三載，酒戰猶能敵百夫。僻愛舜琴湘水弄，每懸僧畫醉仙圖。孟光笑語長相逐，喚作梁鴻也得無。"嘗手寫孫思邈《千金方》鬻之，凡借本校勘，有縫折蠹損之處，必粘背而歸之。或彼此有錯誤之處，則書劄改正而歸之。且曰："使人臣知方則忠，使人子知方則孝。"自於《千金方》中得服玉泉之道，行之二十年，獲筋體强壯、耳目聰鑒，每寫文字，無點竄之誤。至卒，方始閣筆[二]。

瞿塘灩澦，天下至險，每春夏漲潦，砂磧巨石如屋者，皆一夕隨波去。獨諸葛武侯八陣圖，巋然歷千古獨存，議者謂其有神護。紹興中，蜀士喻汝礪持憲節來治於夔。趨召過郡，與夔帥宴江上，謂是圖原委風后，表而詩之，自爲序曰："夔帥任子野，以人日置酒江濱，觀武侯八陣圖，諸公皆云八陣自武侯始，捫膝先生獨謂不然，乃作古風示之，庶幾諸公知八陣之所自起。"其詩曰："魚復江邊春事起，萬點紅旗颺清泚。

[一] 此條出黄休復《茅亭客話》卷一〇"程先生"。
[二] 此條出《茅亭客話》卷一〇"杜大舉"。

主人原是劉夢得，載酒娱賓水光裏。酒闌放脚步沙磧[一]，細石作行相靡迤。卧龍起佐赤龍子，天地風雲入鞭箠。蛇盤虎翼飛鳥翔，四正四奇公所壘。當時二十四萬師，開門闔門隨臂指。幾回嚇殺生仲達，往往宵遁常騎豕。海上仙人丈二履，相與往來迂玉趾[二]。笑云此公大肚皮，龍拏虎擲堆胸胃。江頭風波幾剷蕩，斷岸奔峰俱披靡[三]。陽侯鏖戰三峽怒，祗此細石吹不起。晉大司馬宣武公，常山之蛇中首尾。幕中矸矸何物客，未有一客能解此[四]。千年獨有老奇癲，見之斂袂三嘆喟。頗知此法自玄女，細與諸公剖根柢。君不見風后英謀儘奇詭，鼂定蚩尤等蜉蟻。漢大將軍親閱試，四夷風聞皆褫氣。馬隆三千相角犄[五]，西羌茸茸落牙嘴。而公於此出新意，蓋世功名無第二。不知何處著雙手，建立乃與天地比。河圖洛書亦如此，堂堂孔明今未死。我門生人如死人[六]，老了不作一件事[七]。却被獮猴坐御床，孰視天王出居氾[八]。既不能蹠穿膝暴秦王庭，放聲七日哭不已[九]。又不能斷脰决腹死社稷[十]，滿地淋漓流腦髓。羡他安晉温太真[十一]，壯他霸越會稽蠡。八年嫪戀飽妻子[十二]，灑涕東風肉生髀。班班猶在杲卿髮[十三]，離離未落張巡齒[十四]。愛惜微軀欲安用，有臣

[一]“磧”，原作“行”，據《桯史》卷一四“八陣圖詩”改。

[二]“來”，原作“還”，據《桯史》改。

[三]“岸”，原作“崖”，據《桯史》改。

[四]“此”，底本旁批補作“會”字，乾隆本無，據《桯史》改。

[五]“相”，原作“皆”，據《桯史》改。

[六]“門”，原作“聞”，據《桯史》改。按，“我門”猶“我們”。

[七]“了”，原作“子”，雖然《桯史》别本有作“子”者，但義遜，據整理本《桯史》改。

[八]“王”，原作“生”，形近而誤，據《桯史》改。按，此句用杜甫《憶昔二首》之一“犬戎直來坐御床，百官跣足隨天王”句也。

[九]按，此用申包胥之事。《史記·伍子胥列傳》云：“於是申包胥走秦告急，求救於秦。秦不許，包胥立於秦廷，晝夜哭，七日七夜不絶其聲。秦哀公憐之，曰：‘楚雖無道，有臣若是，可無存乎？’乃遣車五百乘救楚擊吴。”

[十]“斷脰决腹死社稷”，出《戰國策·楚策一》：“王曰：‘不於大夫無所聞之？’莫敖子華對曰：‘君王將何問者也？彼有廉其爵貧其身以憂社稷者，有崇其爵豐其禄以憂社稷者，有斷脰决腹壹暝而萬世不視、不知所益以憂社稷者，有勞其身愁其志以憂社稷者，亦有不爲爵勸不爲禄勉以憂社稷者。’”

[十一]“温太真”，晉温嶠，字太真，《晉書》有傳，曾燒朱雀橋以斷王含、錢鳳之兵而保全晉帝。

[十二]“飽”，原作“保”，據《桯史》改。

[十三]“杲卿髮”，唐時安禄山反，顏杲卿起兵勤王，被安禄山俘獲并殺害。當其時，無人敢爲之斂尸，有張湊者得其髮，持謁上皇。當晚顏杲卿托夢於帝，帝命祭之，并送其髮歸妻。詳《新唐書·忠義傳中》本傳。

[十四]“張巡”，安史之亂時死守睢陽，事迹詳韓愈《張中丞傳後叙》及《新唐書·忠義傳中》本傳。

如此難准擬。雖然愛國心尚在，左角右角頗諳委[一]。二廣二拒及二甄[二]，《春秋》所書《晉》所紀。況乃車厢與洞當[三]，復有青龍洎旬始[四]。淫淫陳法有如許，知者舍是愚者蔽[五]。此圖昔人之芻狗，參以古法行以己。偏爲前拒狄笑之[六]，制勝於兹亮其豈。爾朱十萬破百萬[七]，第顧方略何如耳？嗟我去國歲月老，渺渺赤心馳玉扆[八]。可憐阿伾財女子[九]，而我未刷邦家耻。屬者買舟瀘川縣，扣船欲泛吴江水。赤甲山前春雪深，白帝城下扁州艤。胡爲於此久留滯，細雨打蓬愁不睡。剽聞逆雛犯淮泗，陛下自將誅陳豨[十]。六師如龍賊如鼠，殺回瓦屋皆飛墜。距黍直射六百

[一]“左角右角”，即下句之左廣右廣。葉夢得《春秋考》卷七云：“左拒右拒者，鄭之名也；左廣右廣者，楚之名也；左角右角者，晉之名也。”◎“諳”，原作“暗”，據《桯史》改。

[二]“二廣”，即左廣右廣。《左傳·宣公十二年》云：“其君之戎，分爲二廣，廣有一卒，卒偏之兩。”注云：“十五乘爲一廣，《司馬法》百人爲卒，二十五人爲兩，車十五乘爲大偏。”◎“二拒”，原作“二矩”，形近而誤，據《左傳·桓公五年》“鄭子元請爲左拒以當蔡人、衛人，爲右拒以當陳人”之例改。杜預注云：“拒，方陣也。”◎“二甄”，《左傳·文公十年》“子朱及文之無畏爲左司馬”，杜預注：“將獵，張兩甄，故置二左司馬。”

[三]“車”，原作“東”，文義不通，據《路史》卷四〇改。《路史》云：“而黄帝八陣之法，車箱、洞當金也；車工、中黄土也；鳥雲、鳥翔火也；折衝，木也；龍騰、却月水也；雁行、鵝鸛天也；車輪，地也；飛翼、浮蛆巽也。”皆陣法名。

[四]“洎”，原作“泊”，形近而誤，據《桯史》改。按，青龍此處指歲星，與旬始皆妖孽之象徵。

[五]“舍”，原作“含”；“蔽”，原作“蔽”，形近而誤，皆據《桯史》改。

[六]“拒”，原作“距”，誤，據《左傳》改。《左傳·昭公元年》云：“（魏舒）爲五陳以相離，兩於前，伍於後，專爲右角，參爲左角，偏爲前拒以誘之，翟人笑之。”

[七]“爾朱”，即爾朱榮，據《魏書》卷七四本傳，葛榮聚衆號百萬，將向京師，議者以爲二軍衆寡懸殊，恐難勝葛榮。爾朱榮“自鄴以北列陳數十里，箕張而進，榮潛軍山谷爲奇兵”，“榮身自陷陳，出於賊後，表裏合擊，大破之”。

[八]“赤”，原作“志”，據《桯史》改。

[九]“阿伾”，指唐代張伾。《舊唐書》本傳云：“建中初，以澤潞將鎮臨洺，田悦攻之。伾度兵力不能出戰，嚴設守備，嬰城拒守。賊不能拔累月，攻之益急，士多死傷，糧儲漸乏，救兵未至。伾知事不濟，無以激士心，乃悉召將卒於軍門，命其女出拜之。謂曰：‘將士辛苦守戰，伾之家無尺寸物與公等，獨有此女，幸未嫁人，願出賣之，爲將士一日之費。’衆皆大哭曰：‘誓爲將軍死戰，幸無慮也。’會馬燧與太原之師至，與衆合擊悦於城下，大敗之。伾乘勢出戰，士卒無不一當百。圍解，以功遷泗州刺史。”

[十]“陳豨”，《史記·高祖本紀》載，漢高祖十年八月，陳豨反代地，高祖親自將兵擊之。此處用爲御駕親征之典。具體則指紹興四年（一一三四）九月金、齊合兵攻淮南之事。《宋史·高宗本紀四》云：“（九月庚午）金、齊合兵自淮陽分道來犯。壬申渡淮，楚州守臣樊叙棄城去，韓世忠自承州退保鎮江府。癸酉，以趙鼎爲尚書右僕射同中書門下平章事兼知樞密院事。”“冬十月丙子朔，與趙鼎定策親征，命張浚以軍援淮東，劉光世移軍建康，車駕擇日進發。”據此，喻汝礪之詩當作於紹興四年或其後不久也。

步[一]，虜尸蔽江一千里。哀哉獮猴太痴絶[二]，垂死尚持虞帝匕[三]。那知光武定中興，要把中原痛爬洗。君不見陛下神武如太宗，萬全制陳將平戎[四]。倚聞獻馘平江宫，坐使四海開春容。六騑還自江之東，光復舊京如轉蓬。蜀花千枝萬枝紅，輒莫取次隨東風。奇癲腦眼醉冬烘，東向舞蹈壽乃翁。醉醒聊作《竹枝曲》，乞與欸乃歌巴童。"[五]

汝礪，三嵎人，靖康初爲祠部員外郎[六]。僞楚之僭，集議秘省，簪裾恇慴，喻獨捫其膝曰："此豈易屈者耶！"即日挂冠去。於是以捫膝自號，有集十四卷，詩文險怪挺絶皆稱是，劉後溪光祖序之。

三嵎，今仁壽。縣城外東、西、南三隅相對而治居其中，故云[七]。

李士寧，蓬州人，有異術。王荆公所謂"李生坦蕩蕩，所見實奇哉"者[八]。熙寧吕惠卿起，李逢中獄事連士寧，吕惠卿初叛安石，欲深文之以侵安石。神宗覺之，復相安石。安石生平好辭官，此不復辭，自金陵連日夜以來，惠卿罷去，士寧只從編置。初，士寧贈安石詩，多用古人句，安石問之，則曰："意到即可用，不必皆自己出。"又問："古有此律否？"士寧笑曰："《孝經》，孔子所作也。每章必引古詩，孔子豈不能作詩者，亦所謂意到即可用，不必皆自己出也。"安石大然之。至辭位，遷觀音院，題薛能、陸龜蒙二詩於壁上，云："江上悠悠不見人，十年一覺夢中身。殷勤爲解丁香結，放出枝頭自在春。"[九]"臘履尋苔認舊踪，隔

[一]"距黍直射六百步"句，原脱，蓋漏抄之誤，據《桯史》補。

[二]"太"，原作"大"，據《桯史》改。

[三]"虞帝匕"，虞帝之匕首，乃王莽假托之神物，以爲帝王之象徵也。《漢書·王莽傳下》云："莽避火宣室前殿，火輒隨之，宫人婦女謕諱曰：'當奈何？'時莽紺袀服，帶璽韍，持虞帝匕首。天文郎按栻於前，日時加某，莽旋席隨斗柄而坐，曰：'天生德於予，漢兵其如予？'"

[四]"全"，原作"金"；"陳"，原作"勝"，據《桯史》改。

[五]"欸乃"，原誤書作一字，其下又衍"靄"字，今據《桯史》改、删。

[六]"祠"，原作"司"，據《桯史》改。按，在《桯史》卷一四，此條與上條實爲一條，彭遵泗割裂之也。

[七]此條自《明一統志》卷六七"三嵎山"改寫而來，爲上一條之補注。

[八]此詩出《王荆公詩注》卷四《擬寒山拾得二十首》之十二。

[九]此詩載《王荆公詩注》卷四八，題作《出定力院作》。陸龜蒙《甫里先生文集》卷一二《丁香》詩云："江上悠悠人不問，十年雲外醉中身。殷勤解却丁香結，縱放繁枝散誕春。"王安石點竄數語而成也。

溪遥見夕陽春[一]。當年諸葛成何事？只合終身作卧龍。”皆用士寧體也。後又集古句，如《胡笳曲》之類不一[二]。作韓魏公挽詩云：“木稼曾聞達官怕，山頽果見哲人萎。”[三]用夫子曳杖之歌[四]、唐天寶中冬“凌樹稼，達官怕”故事。其時安石更法，熙寧中，京師雨木冰，又華山崩阜頭谷數千丈，壓七村之人。故移以韓魏公當之。

士寧之詩實未得見，至引《孝經》以實己言，聖人蓋先著經而後引詩以結証，現有詩云二字，非諱他人語以爲己出也。春秋名公卿亦然，孟子書亦然，况詩本發攄性情，豈能借他人性情以爲我之性情乎？士寧直謂之偷人句耳！荆公聰明人，奉以爲教，毋怪爲吕惠卿輩所誤。士寧之狂，於此見一班矣。或謂集句始於荆公，大抵即士寧此開導耳。

附歐文公贈李士寧詩[五]

蜀狂士寧者，不邪亦不正。混世使人疑，詭譎非一行。平生不把筆，對酒時高詠。初如不著意，語出多奇勁。傾財解人難，去不道名姓。金錢買酒醉高樓，明月空床眠不醒。一身四海即爲家，獨行萬里聊乘興。既不采藥賣都市[六]，又不點石化黄金。進不干公卿，退不隱山林。與之游者，但愛其人。而莫見其術，安知其心？吾聞有道之士，游心太虚，

[一] 按，此條出《邵氏聞見後録》卷一七，《才調集》卷七、《全唐詩》卷五六一《游嘉州後溪》與此處所引文字小異，不知是邵氏誤記，還是王安石點竄數語而成？但《王荆公詩注》中并不載此詩，則邵氏誤記可能性更大。薛能原詩云：“山屐經過滿徑踪，隔溪遥見夕陽春。當時諸葛成何事，只合終身作卧龍。”又，既然前一詩乃荆公點竄陸龜蒙之詩而成，此詩亦當是荆公之作，不過，《苕溪漁隱叢話》卷三四認爲並非王安石之詩。《事實類苑》卷三五亦收一詩：“溪北溪南水暗通，隔溪聞得夕陽春。當時諸葛成何事，只合終身作卧龍。”文句與此又略異，但則肯定爲荆公詩也。個中曲折，頗難定論，姑且存疑。

[二] “笳”，原作“茄”，形近而誤，據《邵氏聞見後録》改。

[三] 此爲《韓忠獻挽詞二首》之一，見《王荆公詩注》卷四九。

[四] “杖”，原作“林”，形近而誤，據乾隆本改。按，夫子曳杖之歌，《禮記·檀弓上》云：“孔子蚤作，負手曳杖，消搖於門，歌曰：‘泰山其頽乎？梁木其壞乎？哲人其萎乎？’既歌而入，當户而坐。”

[五] 此詩載《歐陽修全集·居士集》卷九，題作《贈李士寧》，今用以參校。

[六] “賣”，原作“買”，據《歐陽修全集》改。

逍遥出入，常與道俱[一]。故能入火不熱，入水不濡。嘗聞其語，而未見其人也，豈斯人之徒歟？不然言不純師，行不純德，而滑稽玩世，其東方朔之流乎！

附東坡《東坡志林》[二]

章詧，字隱之，本閩人，遷於成都數世矣。善屬文，不仕，晚用太守王素薦，賜號冲退處士。一日，夢有人寄書召之者，云東岳道士書也。明日，與李士寧游青城，濯足水中，詧謂士寧曰："脚踏西溪流去水。"士寧答曰："手持東岳寄來書。"詧大驚，不知其所自來也。未幾，詧果死，其子禩亦以逸民舉，仕一命卒。士寧，蓬州人[三]，語默不常，或以爲得道者，百歲乃死。常見余成都[四]，曰："子貴甚，當策舉首。"已而果然。

黄休復，字歸本，蜀人也。通《春秋》三傳，自言受道李諶處士。鬻丹養親，兼通畫學，嘗撰《益州名畫記》，自李唐乾元起，迄趙宋乾德間，五十有八人，釐爲四品。旁通百家小説，所居一茅亭，多蓄古人異迹。凡賓客往來，拂拭、展玩、評論，無倦色。偶及仙、佛、鬼神、謡俗、卜筮，雖異端而合道旨、屬勸懲者皆録之，命曰《茅亭客話》[五]。

康定間，益州書生張俞[六]，嘗上書朝廷，天下由是知其名。然不喜仕進，隱於青城山白雲溪。時樞密田况守成都[七]，與詩曰："深慚蜀太守，不及采芝人。"

郝逢，字致堯，成都人，幼好學，攻詩。性柔而惰，或謂其性懦，非能立事。嘗欲求鄉薦，未竟。屬盗起於境，資産略盡，迫飢寒而無憂

[一]"常"，原作"嘗"，據《歐陽修全集》改。

[二]"東坡志林"，原作"仇池筆記"，誤，據本條實出五卷本《東坡志林》卷二"冲退處士"條而改。

[三]"蓬"，原作"達"，據《東坡志林》及前之"李士寧"條改。

[四]"余"，原作"子"，據《東坡志林》改。

[五]此條大致與《欽定四庫全書總目》卷一二二《益州名畫録》之提要相合。《蜀故》卷一八亦有相關記載。

[六]"俞"，原作"愈"，據《雲齋廣録》卷一、《蜀都碎事》卷四等改。按，《蜀故》卷一四亦載此條，則正作"俞"也。

[七]"密"，原作"蜜"，形近而誤，據乾隆本改。

嘆。咸平中，掌蜀兵者失律，兵亂爲盗賊，殺守臣據郡。自春徂秋，驅老幼以守城。或獻謀於賊，令盡索郡中諸生署職俾立效，凡得數十輩，列兵而脅曰："不從者即此誅戮，仍及其族。"皆震慴而從。逢前紿賊帥曰："念所索儒生，某非儒，豈可徼禄？"不能從命，詞氣剛憤，不可屈撓[一]。賊怒令引去，臨刃復召者三[二]，詞皆如初。會解於賊，檟楚而釋之。既獲免，遂匿於家。王師至，逆黨殲夷，或聞於郡守，將上其事而中止。逢亦不言，居貧仍自若。

彭任，字有道，蜀人也。從富彦國使虜還，得靈和縣主簿以死。石守道嘗稱之曰[三]："有道長七尺，而膽過其身。一日坐酒肆，聞彦國當使不測之虜，憤憤推酒床，拳皮盡裂，遂自請行，蓋欲以死捍彦國也。"[四]其爲人大略如此，然亦任俠好殺云。

楊嗣清，蜀士也，有聲西州，清議推屬。乾道間，初試邑，有部使者，頗以繡衣自驕，怒其不降意，誣劾以罪。趙衛公方爲左史，聞之，不俟車，急往白廟堂[五]，曰："譬之人家，市猫於鄰，卜日而致之，將以咋鼠也。鼠暴未及問，而首抉雕籠，以噬鸚鵡[六]，其情可恕乎！"當國者問其由，告以故，相與大笑，劾牘格不下。嗣清仕亦不顯，有弟曰嗣勳，其清亦相伯仲云。至今蜀人談謔，以排根善類爲猫噬鸚鵡[七]。此《桯史》所載[八]，謂蜀人尚流品，不肯以勢詘也。

何耕，蜀士，有時名。類省試卷中有"是何道也夫"。道夫，耕字，初未必有心，會有司奇其文，遂以冠蜀士[九]。士亦皆以得人相賀，而不議其偶近暗號也。師渾甫，本名某，字渾甫。既拔解，志高退，不赴省試[十]。其弟乃冒其名以行，不以告渾甫也。俄遂登第，渾甫因以字爲名，

[一]"撓"，原作"抗"，據《茅亭客話》卷七"郝逢傳"改。
[二]"刃"，原作"刀"，形近而誤，據《茅亭客話》改。
[三]"石守道嘗"，乾隆本作"蓋欲以死"，不知所云矣。
[四]"行，蓋欲以死"，乾隆本誤作"死在守道嘗"。◎又按，此條出《御選唐宋文醇》卷三五《送石昌言使北引》後所附之東坡跋語。
[五]"往"，原作"性"，形近而誤，據乾隆本及《桯史》卷八"鸚鵡論"條改。
[六]"鸚"，原爲墨丁，據乾隆本及《桯史》改。
[七]"鸚鵡"，原作"鼠"，據《桯史》及前後文改。《蜀故》卷九亦載此條，則不誤矣。
[八]"桯"，原作"程"，據出處爲《桯史》而改，後文此字之誤徑改。
[九]"蜀"，原作"多"，據《老學庵筆記》卷三改。
[十]"省"，原作"都"，據《老學庵筆記》改。

而字伯渾[一]。《老學庵筆記》曰："蜀俗淳厚，若在閩浙，訟訴紛然矣。"

附《鹽亭志》載何耕雲溪題詩一首

幽居定何如，頗恨未見之。主人向我言，喜色融雙眉。修篁流翠陰，寒溪漾清漪。領略非一狀，幽妍發餘姿。空濛雨亦佳[二]，瀲灩晴更奇。豈惟二江獨，意恐兩蜀稀。主人信妙士，得此固所宜。天宫閟好景，授受各有時。豈無多田翁，偃蹇逝莫隨。素交懷老蒲，秀句紛珠璣[三]。安得招歸來，爲君賦清詩。往者不可作，後生欲何爲！注：邑人蒲大受[四]，與耕爲詩友。

《陸放翁集》載有師渾甫其人[五]。

薛簡肅知成都日，范蜀公方爲舉子，一見愛之，館於府第，俾與子弟講學。每曰范公廊廟人也，公益自謙退。乘小駟至銅壺閣下，即步行趨府門。逾年，人不知其帥客也。簡肅還朝，或問簡肅曰："成都歸，得何奇物？"曰："蜀珍産不足道，得一偉人耳！"時二宋公有大名[六]，一見，與公爲布衣交。及同賦《長嘯卻胡騎》[七]，公賦成，人争傳之。公後爲賢從事，其建立温公自以爲不及也。

蜀公鎮以侍從事仁宗，首建立皇子之議。事英宗又言稱親濮安懿王爲非禮，以此名天下。熙寧初，王荆公始用事，公以直言正論折之不勝，上章乞致仕，曰："陛下有愛民之性，大臣進殘民之術。"[八]荆公見之，怒甚，持其書手戰。遂落翰林學士，以本官户部侍郎致仕[九]。荆公自草

[一]"渾"，原作"甫"，據《老學庵筆記》改。

[二]"濛"，原作"漾"，據《全蜀藝文志》卷一三及乾隆《鹽亭縣志》卷四改。按，此爲《賦雙流郭信可隱居詩十一首》之一，題作《雲溪》。

[三]"句"，原作"向"，形近而誤，據《全蜀藝文志》《鹽亭縣志》改。

[四]"蒲"，原作"何"，據《全蜀藝文志》《鹽亭縣志》及詩中"素交懷老蒲"改。

[五]按，《劍南詩稿》卷三八《感舊》之二云："君不見蜀師渾甫字伯渾，半生高卧蟆頤村。才不得施道則尊，死已骨朽名猶存。"

[六]"二宋"，指宋祁、宋庠。

[七]"卻"，原脱，據《邵氏聞見録》卷八補。《長嘯却胡騎》一文，載《御定歷代賦彙》卷六四。

[八]按，此二句之前，《邵氏聞見録》卷一二有"陛下有納諫之資，大臣進拒諫之計"。

[九]"部侍"，原脱，據《邵氏聞見録》補。

制，極其醜詆。公笑誦其詞，曰：“外無任職之能[一]，某披襟當之；内有懷利之實，則夫子自道也。”公既退居，專以讀書賦詩自娱。客至，輒置酒歡洽。或勸公稱疾杜門，公曰：“生死禍福，天也。吾其如天何？”久之，以二人肩輿歸蜀，極江山登臨之盛，賑其宗族之貧者，期年而後還。元祐初，哲宗登極，宣仁后垂簾同聽政，首特起公，詔曰：“西伯善養，二老來歸；漢室卑詞，四臣入侍。爲我强起，毋或憚勤，天下望公與温公同升矣。”公辭曰：“六十三而求去，蓋以引年；七十九而復來，豈云中禮？”[二]卒不起。先是神宗山陵，公會葬陵下，蔡京見公曰：“上將起公矣！”公正色曰：“某以論新法不合，得罪先帝。一旦先帝棄天下[三]，其可因以爲利乎？”故公卒不爲元祐二聖一起。紹聖初，章惇、蔡卞欲並斥公爲元祐黨，將加追貶。蔡京曰：“京親聞蜀公之語如此，非黨也。”惇、卞乃已[四]。

蜀公致仕在家，非避亂者可比。西伯四語，直詆神宗爲商紂、秦皇矣。詔辭雖工，未免失言。蔡京可謂良心不死於盗賊。

張唐英，新津人，商英兄也。商英少受業于唐英，有史才，嘗作《宋名臣傳》《蜀檮杌》行於世[五]。熙寧元年春，以前御史服除還京朝過洛，府尹同僚屬出賞花，皆不見英。唐英題詩傳舍，云：“先帝昭陵土未乾，又聞永厚葬衣冠。小臣有泪皆成血，忍向東風看牡丹。”尹聞之，遣書爲禮，拒而不受。蓋仁宗山陵成，英宗厭代，唐英還朝不得歸台。不然，河南尹者將不免矣。

張真甫舍人震，廣漢人，爲成都帥，蓋宋一代所未有也[六]。未至前旬日，大風雷，龍起劍南西川門，揭牌至十步外[七]，壞“南”字，爪迹宛然[八]，人皆異之。或爲之説曰：“元豐末，貢院火，而焦蹈爲首魁，當時語曰‘火燒貢院狀元焦’，無能對者。今來帥名震，當以‘雷起譙門知府震’爲對。”歲餘，真甫竟不起。

[一]“外”，原作“材”，據《邵氏聞見後録》改。
[二]“豈”，原作“蓋”，據《邵氏聞見録》改。
[三]“下”，原脱，據《邵氏聞見録》補。
[四]“卞”，原作“下”，形近而誤，據上下文及乾隆本、《邵氏聞見録》改。
[五]“檮杌”，原誤倒，今據張唐英此書書名及《邵氏聞見録》卷一六乙正。
[六]“宋”，原作“宗”，形近而誤，據《老學庵筆記》卷六此條“本朝”之語而改。
[七]“牌”，原作“碑”，據《老學庵筆記》改。
[八]“爪”，原作“瓜”，形近而誤，據《老學庵筆記》改。

任子淵，蜀人，好謔。鄭宣撫剛中自蜀召歸，其實秦檜欲害之。鄭公治蜀有惠政，人猶覬其復來。數日，乃聞秦氏之指，人人太息。衆中或曰："鄭不來矣。"子淵曰："秦少恩哉。"人稱其敢言[一]。

牟羅漢，名安，以廂兵隸倅廳。如岷山，陟上清坂。忽遇髯者，顧笑曰："汝何不食柏子耶？"摘子投其口[二]，顧髯者不復見矣，遂不火食。大雪中，庭有甕貯水，解衣就浴。往往通老、莊至到語。一日，江水暴漲，舟不可行，或戲指其笠[三]，曰："吾乘此渡，可乎？"牟置笠水面，趺坐其上，截江以濟，人呼爲牟羅漢。

石待問，少以詩賦名，累官至太常丞。時丁謂畏其直，錢易奇其文，楊億、李謂服其議論，即此可見其爲人矣[四]。

陳太初，初與東坡同學於道士張易簡。後東坡謫黄州，有眉山道士陸惟忠來，云有得道者曰陳太初，問之，則同學者也。又數年，見東坡於惠州，云太初已尸解矣[五]。

家坤翁，眉山人，景定三年，知撫州。約己剔蠹，始立定規，清積年深弊，重纂圖經，民稱頌之[六]。

張愈嚴，正德進士，知南康府。當兵燹之後，節財愛士，安輯流亡，均平里甲，賑恤貧民。入覲，卒于途，歸櫬南康，老稚爲巷哭[七]。

袁襲裳，由進士嘉靖三十二年任袁州知府。樸質清修，禮士愛民，藹然冬日。嚴嵩方當國，不肯阿附。蒼頭有犯者必繩以法，升江西副使[八]。

任伯雨，居諫省半歲，所上一百八疏，貶章惇雷州。高宗立，采其諫章，追貶章惇、蔡卞、邢恕[九]、黄履，明以告天下。賜伯雨謚忠敏。子象先、申先，俱有名[十]。

[一] 此條出《老學庵筆記》卷二。

[二] "口"，原作"中"，據《蜀中廣記》卷七四、《明一統志》卷七一、雍正《四川通志》卷三八等改。

[三] "戲指"，原誤倒，據《蜀中廣記》等乙正。

[四] 此條見《明一統志》卷七一、《山堂肆考》卷五一、雍正《四川通志》卷九上等。

[五] 此條改寫自《東坡志林》卷二之"道士張易簡"。《蜀中廣記》卷七四、《苕溪漁隱叢話·後集》卷三八等亦轉引之。

[六] 此條出雍正《江西通志》卷六二，《明一統志》卷五四亦有相關記載。

[七] 此條出雍正《江西通志》卷六四。

[八] 袁襲裳其事，雍正《江西通志》卷六〇載之，且稱其"字子宜，眉州人"。

[九] "邢恕"，原作"刑怒"，形近而誤，據《宋史·邢恕傳》改。

[十] 任伯雨其事，見《宋史》卷三四五本傳。

漢朱遵，彭山人，拒公孫述戰死。贈後漢將軍[一]。

張皓，順帝時人。拜司空，多薦達天下士，救諫官趙騰之死[二]。

張綱，皓子。持節按天下，埋輪都亭，劾梁冀奸惡狀，伏廣陵賊張嬰[三]。

楊戲，延禧間射聲校尉，所在清約不煩。著《季漢輔臣贊》[四]。

三國楊洪，蜀郡太守，諸葛亮常資以事，清忠凝亮，憂公如家[五]。

杜撫，受業於薛漢，定《韓詩章句》。歸鄉里教授，沉静樂道，動必以禮。作《詩題約義通》[六]，學者傳之，曰杜君注。

張翼[七]，綱之曾孫。蜀建興間，以討劉胄功進都亭侯[八]、征西大將軍。後死鍾會之難。子微，篤志好學，累官廣陵太守。

李密[九]，上《陳情表》。後爲漢中太守。

宋吕陶[十]，舉進士，應熙寧制科。時王安石改新法，陶對策枚數其過，忤安石意，出知彭州。哲宗即位，除殿中侍御史，上疏論蔡確、韓縝、章惇負國，皆罷去。官至集賢殿學士。

唐重[十一]，大觀中進士，累官起居舍人。重言："開邊之禍，起於童貫，宜誅貫以謝天下。"後知京兆府，兼經略制置使。金將圍城，固守逾月，城陷白戰，中流矢死。初，重知度不可支，以書别其父克臣曰[十二]："忠孝不兩立，義不苟生以辱吾父。"克臣曰："汝能以身殉國，吾含笑入地矣。"

明時王用才，舉進士，授寧府長史。宸濠潛蓄異謀，用才匡救以正，誓死不從。逮獄者累月，終不屈，竟憂憤而死。事聞，贈太常少卿[十三]。

[一] 朱遵其事，參見《華陽國志》卷一〇、《太平廣記》卷一九一等。

[二] 此事見《後漢書·張皓傳》。

[三] 張綱之事見《後漢書·張皓傳》之附傳。

[四] "楊戲"，《三國志·蜀志》有傳。

[五] 此條出自《三國志·蜀志》本傳。

[六] "題"下，原衍"文"字，據《後漢書·儒林傳下》本傳删。本書同卷後復引此人傳記，則不誤矣。

[七] "張翼"，《三國志·蜀志》有傳。

[八] "胄"，底本作"冑"，乾隆本作"冒"，皆形近而誤，據《三國志》改。按，劉胄乃三國時南中一帶之豪帥，後主建興十一年（二三三），率衆起兵，爲馬忠等擊殺，其事主要載《三國志·蜀志·馬忠傳》。

[九] "李密"，《晉書》卷八八有傳。

[十] "吕陶"，《宋史》卷三四六有傳。

[十一] "唐重"，《宋史》卷四四七有傳。

[十二] 此條兩"克臣"，原作"堯臣"，形近而誤，據《宋史》改。

[十三] 此條出雍正《四川通志》卷一二。

成都人費密，字此度。少遇獻逆之亂，竄身西域不毛之地。已乃溯漢江，下吴楚，居淮南老焉。常寓泰州，太守知其賢，爲除徭役。後往蘇門，謁孫鍾元[一]，稱弟子，著《鹿峰集》。密跛足。

嚴可，眉人，國士也。聞山谷僦居叙南，徒步往訪焉，相與抵掌談笑，及論列古今是非成敗，愈久不厭。臨别，山谷手書座右一銘以贈之，俾歸以遺子椿。椿雖少聞，骨格亦不凡也[二]。

陳希亮，青神人，方山子慥之父也[三]。幼孤好學，其兄始治息錢，希亮悉召逋家，焚其券。舉天聖中進士，歷知數州，累官太常少卿，以才幹剛直名。四子，忱，度支郎中；恪，滑州推官；恂，大理寺丞；慥，有隱名。孫去非，官至參知政事。

楊迹，少有文名，嘗謁黄庭堅論學術邪正，自是學有指歸。時用王安石新法，屏黜孔安國訓注[四]，迹笑曰："吾不能强束縛進身。"棄去。子旻，城固主簿；晃，監石羊鎮酒税。

杜莘老，甫十三世孫，累官殿中侍御史。後以直顯謨閣知遂寧府。嘗嘆曰："臺諫當論天下第一事，若有所畏，姑論其次，是欺其心不敬其君者也。"及任言責，極言無隱，衆所指目者悉擊去之，聲振一時。都人稱骨鯁者，必曰杜殿院云[五]。

楊汝明，舉進士，爲成都府推官。吴曦叛，不受逆儔之招。及曦平，宣諭使吴獵以聞，召補官。累遷工部尚書[六]。

楊大全，乾道中進士，調温尉，召監登聞鼓院。時光宗久不省重華宫，大全爲書萬言以諫，時稱忠直。寧宗時，累官司農寺丞[七]。會御史虚位，有力薦大全者，屬一往見。大全笑謝，决不往。明日，遂乞外知金州[八]。

楊泰之[九]，字叔正，瀘州尉，知嚴道縣，通判嘉州。後知富順、果

[一]"謁"，原作"謂"，形近而誤，據《池北偶談》卷一一"費密"條改。按，費密其事，《清史稿·遺逸傳二》、《揚州畫舫録》卷一〇等皆有載。
[二] 此條改寫自《黄庭堅全集·别集》卷七《書座右銘遺嚴君可跋其後》。
[三]"陳希亮"，《東都事略》卷七五、《宋史》卷二九八有傳。
[四]"黜"，原作"出"，據《明一統志》卷七一、《萬姓統譜》卷四一此人小傳改。
[五] 此條出《明一統志》卷七一，《宋史》卷三八七有傳。
[六] 此條見《明一統志》卷七一、《萬姓統譜》卷四一等。
[七]"官"，原誤作"言"，據《明一統志》卷七一改，《宋史》卷四〇〇有傳。
[八]"金"，原作"全"，形近而誤，據《明一統志》《宋史》改。
[九]"泰"，原作"秦"，形近而誤，據《明一統志》卷七一等改。楊泰之，《宋史》卷四三四有傳，著有《克齋文集》《論語解》等書。

州，皆有異政。寶慶間，召對，謂："今以直言求人，而以直言罪之。使天下士以言爲戒，恐士氣益消，漸成衰世之風。"理宗奇其對，遷大理少卿，出知重慶府，主鴻禧觀卒。

楊棟，汝明從子，紹定進士第一，爲宗正少卿。進對，理宗曰："止是正心修身之説乎？"棟對曰："臣所學三十年止此一説，用之至爲簡易。"[一]後屢官禮部尚書、參知政事，以資政殿大學士奉祠卒。棟之學本諸周、程，負海内重望，所著有《崇道集》《平舟文集》[二]。

楊文仲，棟從子，邃於《春秋》。淳祐間入太學[三]，兩試皆第一。寶祐初，登進士，累官太常丞，兼崇政殿説書。每以積誠感動帝意，官至工部侍郎，兼國子祭酒。後知泉州卒。有《見山文集》。

明余祥[四]，任户部郎中，歷官廉介，篤於故舊。奔一喪，負篋過眉，人飲以酒，即於篋傍瀝地者三。主人訝之，曰："此吾友骸骨，吾負歸欲葬其鄉耳。"好義如此。後以子子俊貴顯，贈都御史。

楊榮，性孝友剛方。爲政，興利除害，復逋逃者七百餘户。時有虎，夜入城傷人，榮禱於城隍祠，虎死廟前。平生不避艱險，未嘗附勢取寵，歷官參政。

余寰，弘治間進士，授户部主事。有能名，識大體，語及邊務，輒能道其山川險阻，慨然有用世志。後以督餉功遷員外郎，進階奉訓大夫。

余承勛，進士，以翰林修撰嘉靖間議大禮被杖。復爲錦衣百户王邦奇假以建言邊情，誣奏兵部主事楊惇。惇子與勛友善，亦挂誣被逮。後復職還家，著書三巖山中四十餘年。撫按共十餘薦，不起。與楊慎爲騷雅友。今三巖深處猶有方池道院云[五]。

楊内翰繪云[六]："莊遵以《易》傳揚雄，雄傳侯芭，自芭以下[七]，世

[一]"用之"下，原衍"事爲"二字，殆據《明一統志》卷七一、《萬姓統譜》卷四一而誤也，今據《宋史》卷四二一本傳删。

[二]"舟"，原作"丹"，據《宋史》等改。

[三]"淳"，原作"惇"，據《明一統志》卷七一、《萬姓統譜》卷四一所録小傳改。按，淳祐乃宋理宗之年號，《宋史》卷四二五有楊文仲之傳。

[四]"余"，原作"李"，形近而誤，據雍正《四川通志》卷九上小傳改。後文楊榮、余寰之傳，亦出《四川通志》卷九上。

[五]此條出雍正《四川通志》卷三八。

[六]"繪"，原作"會"，形近而誤，據《後山談叢》卷一"楊繪《易》學淵源"條改。

[七]兩"芭"字，原作"苴"，據《後山談叢》改。

不絶傳。至沛周傳郯，郯傳樂安任奉古，古傳廣凱，凱傳繪。”所著《索蘊》，乃其學也。

韓嬰《詩》，數傳至淮陽薛漢，爲千乘太守，坐事，下獄死。弟子犍爲杜撫，定《韓詩章句》。建初中爲公車令，卒官。其所作詩題約義通，學者傳之，曰杜君注云[一]。撫授會稽趙煒，煒舉有道。時又有閬中令巴郡楊仁亦習韓《詩》，爲作章句。

齊《詩》，轅固生數傳後有蜀郡任末[二]、廣漢景鸞，以明習齊《詩》，教授著書。

蜀人王晃，爲舉子，《詩》義“左之左之[三]，君子宜之”而悟針法規矩，可得其法，不可得其巧，舍規矩則無所求其巧矣。法在人，故必學；巧在己，故必悟。今人學書而擬其點畫，已失其法，況其巧乎？

《易》家有蜀才，顔之推曰：“范長生自稱蜀才。”[四]則蜀人也。《景文筆記》

衛元嵩，少不事家産，潛心至道，明陰陽、曆數，時人鮮知之。獻策後周，賜爵持節蜀郡公。武帝尊禮，不敢臣之。著《元包易》，塋在什邡縣東偏，有傳在《北史》。宋政和年間，知什邡縣事楊楫序[五]，其略云“妙用所寄，奇字爲多。大率類揚雄准《易》，非深於道者不能知”云云。

考《北史》元嵩附《藝術·强練傳》尾，文不及三行，只“好言將來事，不信釋教，以爲江左寶誌之流”，著書不及《易》。

李鼎祚，資州人，仕唐爲秘閣學士。著《周易集解》，以經學稱於時。嘗進《平胡論》[六]，預察胡人叛亡日期[七]，無爽毫髮，象數精深蓋如此。然其解經多避唐諱，又取《序卦》冠於各卦之首。所引有子夏、孟喜、焦貢、京房、馬融、荀爽、鄭玄、劉表、何晏[八]、宋衷、虞翻、陸績[九]、

[一]“注云”，原作“德”，據《後漢書·儒林傳下·杜撫》改。

[二]“末”，原脱，據《後漢書·儒林傳下·任末》補。

[三]第二“左”字，《後山談叢》卷二“王晃悟針法”條作“右”，彭遵泗蓋據《詩·小雅·裳裳者華》之原文而改也。

[四]“之”，原脱，據《宋景文筆記》卷中及《顔氏家訓·書證》補。

[五]“楊”，原作“揚”，據《蜀中廣記》卷九一改。

[六]“胡”，原作“湖”，音同形近而誤，據後文“胡人”及《輿地紀勝》卷一六一《昌州·官吏》“李鼎祚”條改。

[七]“叛”，原作“判”，形近而誤，據文義改。《皕宋樓藏書志》卷一、《愛日精廬藏書志》卷一載此事皆作“叛”，不誤矣。

[八]“晏”，原作“宴”，據《直齋書録解題》卷一、《蜀中廣記》卷九一等改。

[九]“績”，原作“續”，形近而誤，據《直齋書録解題》《蜀中廣記》改。

干寶[一]、王肅、王弼、姚信、王廙、張璠、向秀、王凱冲、侯果、蜀才[二]、翟玄、韓康伯、劉巘、何妥[三]、崔憬、沈麟士、崔覲、盧士、伏曼容[四]、孔穎達，凡三十二家。又引九家《易》《乾鑿度》諸說，義有未詳，乃加增削。綜其義例，蓋宗鄭玄學云。其自序略曰："臣少慕玄風，游心墳籍，歷觀炎漢迄今巨唐，擇群賢之遺言，議三聖之幽賾，集虞翻、荀爽三十餘家，刊輔嗣之野文[五]，補康成之逸象，各列名例，共契玄宗。先儒有所未詳，然後輒加添削。每至章句，僉例發揮，俾童蒙之流一覽而悟，達觀之士得意忘言。當仁既不讓於師，論道豈慚於前哲[六]。至如卦爻彖象，理涉重玄，經注文言，書之不盡。別撰索隱，錯綜根萌，音義兩存，詳之明矣。凡成一十八卷，以貽同好[七]，冀將來君子無所疑焉[八]。秘書省著作郎李鼎祚序。"

唐列傳及省志並無其人，俟之[九]。

張行成，宋臨邛人。序《元包易》云[十]："揚子雲《太玄》，其法本於《易》緯《卦氣圖》；衛先生《元包》，其法合於《火株林》，皆革其誣俗而歸諸雅正者也。《卦氣圖》以六十卦爲主，一爻爲一策，所謂'乾坤之策三百六十，當期之日'。其於《繫辭》，則《序卦》之義也。主於運行之用者，天而地之數，故爲天地之大數也。《火株林》以八卦爲主，四陰對四陽，所謂天地定位，山澤通氣，雷風相薄，水火不相射。其《繫辭》，則《說卦》之義也。主于生物之用者，地而物之數，故爲人物之小數也。《卦氣圖》之用，出于孟喜《章句》；《火株林》之用，祖於京房《易》，末流之弊，雜亂於星官曆翁，其事失之誣，其詞失之俗，故二君以其法爲善而歸之雅正也[十一]。《太玄》日始於寅[十二]，義祖《連山》；《元包》卦

[一]"干"，原作"于"，形近而誤，據《直齋書録解題》《蜀中廣記》改。

[二]"才"，原脱，據《直齋書録解題》《蜀中廣記》補。

[三]"妥"，原作"安"，據《直齋書録解題》《蜀中廣記》改。

[四]"伏曼容"，《直齋書録解題》與《蜀中廣記》皆不載此人。《梁書·儒林傳》有伏氏傳記，其的確精於《周易》，此蓋彭遵泗所補也，惜不知所據。

[五]"輔嗣"，原誤倒，據《蕭氏續後漢書·魏載紀五·王弼傳》改。按，王弼字輔嗣也。

[六]"前"，原作"賢"，據《周易集解·序》改。

[七]"貽"，原作"昭"，據《周易集解·序》改。

[八]"疑"，原作"短"，據《周易集解·序》改。

[九]按，雖然《唐書》及《四川通志》無李鼎祚傳，但清人劉毓崧《通義堂文集》卷一《周易集解跋》對李氏生平仕履做了詳盡考辨，可參看。

[十]"元包易"，即《元包易數總義》，收入文淵閣《四庫全書》。

[十一]"正"，原脱，據《經義考》卷二七〇、《圖書編》卷八所録序文補。

[十二]"日"，原作"易"，據《經義考》《圖書編》改。

首於坤[一]，義祖《歸藏》，由是三《易》世皆有書矣。唐蘇源明作《元包傳》，李江爲之注，徒言其理，未達其數云云。其卷次，太陰第一，太陽第二，少陰第三，少陽第四，仲陰第五，仲陽第六，孟陰第七，孟陽第八，運蓍第九，説源第十。紹興庚辰五月序。"[二]

魏鶴山曰："吾鄉觀物張先生行成文饒[三]，頗得《易》數之詳，有《通變》《經世》《述衍》《翼玄》《通靈》等[四]，凡七書。而大意謂理者，太虚之實義；而數者，太虚之定分。未形之初[五]，因理而有數，因數而有象[六]；既形之後，因象以推數，因數以知理，今不可論理而遺數也。其書惜不傳，今亦罕知其人矣。"

李處士，名諶[七]，蜀人，學識精博。嘗講五經，善誘誨，人問無所隱。四十餘年，以束修自給。每講《春秋》，嘗云："孔聖見周德下衰，諸侯强盛，雖有典禮而不能舉，有賞罰而不得行，因是筆削魯史，上遵周公之制，下明將來之法，以褒貶而代賞罰[八]，俾夫善人知勸而淫人知懼也。左丘明，魯國史官，受經於孔子，恐七十弟子各生異端，失其大旨，遂以諸國簡牘博采衆記而作《傳》焉[九]。其《傳》忽先經以始事，忽後經以終義，忽依經以辨理，忽錯經以合異，廣記備言，以成一家之通體爾。杜征南不思孔子修經與《詩》《書》《周易》爲等列，丘明之傳與司馬、班固爲等列，豈合將經之年與傳之年相附參而貫之，令學者素無資稟，縱意自裁，但務聲律，罔知古道？將周孔之聖賢、班馬之文章，皆不由兹製作，靡得而達焉。然皇王帝霸之道，興亡治亂之體，其可聞乎？"遂引証當時以《左傳》文爲《春秋》數人，失其旨歸。如處士之言者[十]，倘能《春秋》自爲經，左氏自爲《傳》，則不迷於後生矣。

[一]"卦"，原作"義"，據《經義考》《圖書編》改。

[二]按，此署款，《經義考》《圖書編》皆不載，而《皕宋樓藏書志》卷四九所收有此數字。此條見載明章潢《圖書編》卷八之"元包總義"條、《經義考》卷二七〇等。

[三]"鄉"，原作"向"；"物"，原脱，據《鶴山集》卷一〇九"先天一圖"條改、補。按，相關記載見《鶴山集》卷三四《答荊門張僉判》及《升庵全集》卷四六"魏鶴山語"條。

[四]"通變"，原誤倒，據《鶴山集》乙正。

[五]"初"，原作"先"，據《鶴山集》改。

[六]"因數而有象"，原脱，據《鶴山集》補。

[七]"諶"，原作"堪"，形近而誤，據乾隆本及《茅亭客話》卷二"李處士"條改。

[八]"賞"，原作"實"，形近而誤，據《茅亭客話》改。

[九]"博"，原脱，據《茅亭客話》補。

[十]"言者"，原脱，據《茅亭客話》補。

蜀故卷十三

人物三

唐末張遠霄[一]，眉山人也。見老人，授竹弓一、鐵彈三，質錢三百千，而張無靳色。老人曰："吾彈能避疫癘，宜寶而用之。"後再見，老人遂授以度世法。熟視舉首，見其目中各有兩童子。後往白鶴山，垂釣西湖，峰山有異人曰："此乃四目老人，翁君之師也。尚不記授竹弓、鐵彈時耶！"張大悟。

蘇老泉先生里居未爲世知，雷簡夫太簡爲雅州，獨知之，以書薦之韓忠獻、張文定、歐文忠，皆有味乎其言也。簡夫，長安人，其文亦奇，史自有傳[二]。《上韓忠獻書》[三]："昨年在長安，累獲奏記。入蜀來，路遠頗如疏怠，恭惟恩照，恕其如此，不審均逸名都，寢食何似。簡夫上年自與尹師魯别，不幸其至死不復相見，故居常恨，以謂天下後生無復可與議論當世事者。不意得郡荒陋，極在西南，而東距眉州尚數百里。一日，眉人蘇洵携文數篇，不遠相訪。讀其《洪範論》，知有王佐才；《史論》得史遷筆；《權書》十篇，譏時之弊；《審敵》《審備》，皇皇有憂天下心。嗚呼！師魯不再生，孰與洵抗耶？簡夫自念無以發洵之迹。遽告之曰：'如子之文，異日當求知於韓公，然後决不埋没矣。'洵年逾四十，寡言笑，淳謹好禮，不妄交游；亦舉茂才，不中，今已無意。張益州安道薦爲成都學官，未報。今春二子入都，謀就秋試，幸其東去，簡夫約其暇日，令自袖所業，求見節下，願加獎進[四]，則斯人斯文，不爲不遇

[一]"遠霄"，原誤倒，據《明一統志》卷七一、《蜀中廣記》卷七四乙正，亦可參《蜀故》卷七"挾仙樓"條。

[二]《宋史·雷德驤傳》後附有簡夫傳。

[三]"書"，原脱，據《邵氏聞見後録》卷一五及前後文補。

[四]"願"，原作"順"，據《邵氏聞見後録》改。

也。”《上張文定書》：“簡夫近見眉州蘇洵著述文字[一]，其間如《洪範論》，真王佐才也；《史論》，真良史才。豈惟西南之秀，乃天下之奇才耳。令人欲麋珠虀芝，躬執匕箸，飫其腹中，恐他饋傷。且不稱其愛護如此，但怪其不以所業投明公。問其然，後云：‘洵已出張公門下矣。又辱張公薦，欲使代黄柬爲郡學官，洵思遂出張公之門，亦不辭矣。’簡夫喜其説。竊計明公引洵之意，不止一學官，洵望明公之意，亦不止一學官，第各有所待也。又聞明公之薦，累月不下，朝廷重以例檢，執政者靳之，不得達。雖明公重言之，亦恐一上未報，豈可使若人年將五十，遲遲途路間耶？昔蕭昕薦張鎬云：‘用之則帝王師，不用則幽谷一叟耳。’[二]願明公薦洵之狀，至於再，至於三，得其請而後已，庶爲洵進用之權也。”《上歐陽内翰書》：“伏見眉人蘇洵，年逾四十，嘗著《六經》《洪範》等篇十論，爲後世計。張益州一見其文，嘆曰：‘司馬遷死矣，非子吾誰與？’簡夫亦謂之：‘生王佐才也。’嗚呼！起洵於貧賤中，簡夫不能也，然責之亦不簡夫也。若知洵不以告人，則簡夫爲有罪矣。用是不敢固其初心，敢以洵聞左右。恭惟執事職在翰林，以文章忠義爲天下師，洵之窮達，宜在執事。向者洵與執事不相聞，則天下不以是責執事，今也讀簡夫之書既達於前，而洵又將東見執事於京師，今而後，天下將以洵責執事矣。”

布衣窮巷得一知己，感激涕零，死生鏤骨。雷公三書纏綿委折，推奬盡力，不令老泉刻日騰達，心不甘休。閲老泉集只《答雷公不應召》一書，外此無聞。即子瞻、子由亦止於歐、韓、張三公拳拳，生平無一字及簡夫，似絶不知有其人者，勢位富厚，蓋可忽乎哉？載邵博《見聞録》，書節去未全。

附老泉答雷簡夫書

承諭朝廷將有召命，且教以東行應詔，自笑恐不足以當，遂以病辭，不果行。計太簡亦已知之。僕已老矣，固非求仕者，亦非固不求仕者，自以閑居田野之中，魚稻蔬笋之資，足以養生自樂，俯仰世俗之間，竊

[一]“述”，原脱，據《邵氏聞見後録》補。

[二] 此事載《舊唐書·蕭昕傳》。

觀當世之太平。其文章議論，亦可以自足於一時，何苦以衰病之身，委曲以就有司之權衡，以自取輕笑哉！然此可爲簡夫道，難爲流俗人言也[一]。

後洵卒，其子軾辭銀絹，求贈官，贈光禄寺丞，與歐文忠之誌。天子聞而哀之。

附歐文公挽老泉詩

布衣馳譽入京都，丹旐俄驚返舊閭。諸老誰能先賈誼，君王猶未識相如。三年弟子行喪禮，千兩鄉人會葬車。我獨空齋挂塵榻，遺編時閲子雲書[二]。

眉山蘇洵，少不喜學，幾壯猶不知書。年二十七，始發憤讀書，舉進士，又舉茂才，皆不中，曰："未足爲吾學也。"閉户詩書五六年，乃大究六經、百家書説。嘉祐初，偕二子軾、轍至京師，歐陽文忠公獻其書於朝，士大夫争持其文。二子舉進士，皆在高等，於是父子名動京師，而蘇氏文章擅天下。目其文曰三蘇，蓋洵爲老蘇，軾爲大蘇，轍爲小蘇也[三]。

蘇洵嘗南游入虔，與贛人鍾棐交。洵不喜飲酒，每爲設醴。其後軾、轍過虔，必造訪，又與棐子志仁、志行、志遠敦通家之好[四]。

老泉布衣時，未有名，長安人雷太簡者乃薦於韓魏公、歐陽文忠公、張文定公，詞甚切至，文亦高雅，今蜀人多傳其本，而東坡、潁濱二公獨無一語及太簡者[五]。老泉集中，與太簡往來亦止辭召試一書耳。如《與太簡請納拜書》，蜀人至今傳之，集亦不載。初疑偶然耳，久之又得老蘇所作《太簡墓銘》，亦不載其中，乃知編集時有意删去，不知其意果何在也。

遠景樓，州守黎錞建，坡作《記》[六]，見文集。有景蘇樓，守司農

[一] 此段節選自《答雷太簡書》，載《嘉祐集》卷一三。此後之内容爲彭氏按語。

[二] 此詩題作《蘇主簿挽歌》，載《歐陽修集》卷一四。

[三] 此條改寫自歐陽修《文忠集》卷三五《故霸州文安縣主簿蘇君墓誌銘》。

[四] 此條出雍正《江西通志》卷九六。鍾棐，《江西通志》卷九四有傳。

[五] "潁"，原作"穎"，形近而誤，據《老學庵筆記·續筆記》卷一及蘇轍號潁濱遺老而改。後文此字有誤者徑改，不再出校。

[六] 此文即蘇軾《眉州遠景樓記》。

少卿陳曄領餉過眉[一]，爲蘇氏父子建。又嘉祐閣，有李龍眠畫三蘇像。元至元間，郡守張淇刻坡《和陶詩》。又四賢堂，宋時繪蘇氏父子及孫忭於内。又起文堂，在環湖上，宋李石爲東坡建[二]，邵博刻銘其上。又觀蓮亭，坡自建，中有碑，刻坡小像及轍與黄庭堅贊。又有百坡亭，亦宋時建，取坡詩"散爲百東坡"之句。又華藏寺有東坡讀書臺，三峰寺亦有坡讀書處[三]。又披風榭，宋建，中繪坡像。又丹稜總崗山中有東坡場，云坡嘗憩此。又成都西門外，有東坡橋。

東坡既遷黄州，京師盛傳白日仙去。神宗聞之，對左丞蒲宗孟嘆惜久之。故東坡謝表有云："疾病連年，人皆相傳爲已死；饑寒併日，臣亦自厭其餘生。"宗孟，蜀人[四]。

東坡帥揚州[五]，曾旻罷州學教授，經真州，見吕惠卿。問："軾何如人？"旻曰："聰明人也。"惠卿怒曰："堯聰明，舜聰明，大禹之聰明耶？"旻曰："雖非三者，是亦聰明也。"惠卿曰："軾學何人？"旻曰："學孟子。"惠卿益怒，起曰："何言之不倫也？"旻回："孟子以'民爲貴，社稷次之'，以此知蘇公學孟子也。"惠卿默然。

殿帥姚某性饕餮[六]，每得東坡手帖，輒换得羊肉數斤，故坡公謔云："傳語本官今日斷屠。"其時有"蘇文熟，啖羊肉"之諺。宋時京官日支羊肉錢，故云。

章惇子厚爲商州推官，子瞻爲鳳翔幕簽，因差試官開院，同途，小酌山寺。聞報有虎，二人酒狂，同勒馬往觀。去虎數十步，馬驚不前，子瞻乃轉去。子厚獨鞭馬向前，取銅鑼於石上戛響，虎遂驚竄，謂子瞻曰："子定不如我。"[七]

程建用、楊咨皆眉人[八]，東坡幼時同子由俱在學舍中。值大雨，聯

[一]"曄"，原作"華"，據《眉州屬志》改。

[二]"李"，原脱，據《眉州屬志》補。

[三]按，以上景點皆見《眉州屬志》卷三，唯三峰寺有東坡讀書處一説並無相關記載。此後之"披風榭"亦見《眉州屬志》卷三，東坡場則暫未見相關記載，所謂東坡橋，其實名"蘇坡橋"，此地名今仍沿用。

[四]按，此條出《邵氏聞見後録》卷一六，蘇軾之謝表，即《謝量移汝州表》，見《蘇軾全集校注·文集四》卷二三。

[五]"揚"，原作"陽"，據乾隆本及《邵氏聞見後録》卷二一改。

[六]"帥"，原作"師"，形近而誤，據《池北偶談》卷二二"蘇文"條改。

[七]此條出宋陳鵠《耆舊續聞》，《池北偶談》卷八"蘇章事"條亦轉引。

[八]"楊"下，原衍"堯"字，據《苕溪漁隱叢話》卷四六删。

句六言，程云："庭松偃仰如醉。"[一]楊即云："夏雨凄凉似秋。"坡云："有客高吟擁鼻。"子由云："無人共吃饅頭。"坐皆絶倒。

矮道士李伯祥，眉人，好爲詩，詩格亦不甚高，往往有奇語。如"夜過修竹寺，醉打老僧門"之句，皆可愛也。東坡尚幼，伯祥一見嘆曰："此郎君真貴人也。"[二]

東坡云："歲行盡矣，風雪凄然，紙窗竹屋，燈火青熒。時於此中得少佳趣，此一段風味，雖三公不易。"[三]

秦少章云："東坡言觀書之樂，夜常以三鼓爲率，雖大醉歸亦必披展，至倦而寢。然自詔獄後，不復觀一字矣。每賦咏及著撰，所思故實，雖目前爛熟事，必令人檢視而後出。"東坡嘗謂劉景文曰："某生平無快意事，惟作文，意之所到，則筆力曲折，無不盡意。自謂世間樂事無逾此者。"[四]

東坡跋云："吾兄子明，舊能飲酒，至二十蕉葉，乃稍醉。與之同游者，螟頤山佚老道士，歌謳而飲。方是時，其豪氣逸韻，豈知天地之大、秋毫之小耶？不見十五年，乃以刑名政事著聞於蜀，非復昔日之子明也。侄安節自蜀來，云子明飲酒不過三蕉葉。吾少年望見酒盞而醉，今亦能三蕉葉矣。"老道士，東坡從叔蘇慎言也，有孫汝楫，登進士第[五]。

東坡自海外歸毗陵，病暑，著小冠，披半臂，坐船中。夾運河岸，千萬人隨觀之。東坡顧坐客，曰："莫看殺軾？"其爲人愛慕如此[六]。

東坡先生言："世傳王氏《元經》《薛氏傳》、關子明《易傳》《李衛公對問》，皆阮逸著撰。嘗以草示奉常公也。非獨此，世傳《龍城記》載六丁取易説事，《樹萱録》載杜少陵、李太白諸人賦詩事，詩體一律，而《龍城記》乃王銍性之所爲，《樹萱》則劉燾無言自撰也。"至於書刻亦然，小字《樂毅論》實王著。所書李太白《醉草》則葛叔忱戲欺其婦公者，山谷道人嘗言之矣[七]。

[一]"仰"，原作"蹇"；"醉"，原作"蓋"，據《苕溪漁隱叢話》改。

[二]此條出《詩話總龜》卷一四，十二卷本《東坡志林》卷一一亦載矮道士之事。

[三]此條見《蘇軾全集校注·文集九》卷五九《與毛維瞻》。

[四]此段分别出宋何薳《春渚紀聞》卷六"東坡事實"之"著述詳考故實"和"文章快意"兩條。

[五]此條見《蘇軾全集校注·文集十》卷六八《題子明詩後》。

[六]此條載《邵氏聞見後録》卷二〇。

[七]此條見《春渚紀聞》卷五"古書托名"。

逸後爲仇家告“立太山石[一]，枯上林柳”之句，編竄以死，豈有陰遣！奉常公即老泉也。

王介甫與蘇子瞻初無嫌隙，吕惠卿忌子瞻才高，輒間之。神宗欲以子瞻同修《起居注》，介甫難之。又意子瞻文士，不曉吏事，故用爲開封府推官以困之。子瞻益論事無諱，擬庭試策，上萬言書，論時政甚危，介甫滋不悦子瞻。子瞻外補官[二]。中丞李定，介甫客也，不服母喪，子瞻惡其人。因朱壽昌棄官求母歸，子瞻美之，有云：“感君離合我酸心，此事今無古或聞。”[三]暗貶定也，定以爲恨，劾子瞻作詩訕謗。子瞻自知湖州下御史獄，欲殺之，神宗但貶散官，黄州安置。移汝州，過金陵，見介甫甚歡，子瞻曰：“某欲有所言。”介甫色動，意辨前日事也，子瞻曰：“某所言者，天下事也。大兵大獄，漢、唐滅亡之兆，祖宗以仁厚治天下，正欲革此。今西方用兵連年不解，東南數起大獄，公獨無一言以救之乎？”介甫舉兩手以示子瞻，曰：“二事皆惠卿啓之，某在外，安敢言？”子瞻曰：“固也，然在朝則言，在外則不言，事君之常禮耳。上之所待公者非常禮[四]，公所以事上者豈可以常禮乎？”介甫厲聲曰：“某須説。”又曰：“出自安石口，入在子瞻耳。”蓋介甫嘗爲惠卿發其“無使上知”私書，畏其語洩也。又語子瞻曰：“人須知行一不義，殺一不辜，得天下弗爲，乃可。”子瞻戲曰：“今之君子，减半年磨勘，雖殺人亦爲之。”介甫笑而不言。先是，獄中作詩寄子由云：“與君世世爲兄弟，更結來生未斷因。”[五]或上聞之，爲之凄然。

李定自鞫東坡獄[六]，勢不可向。一日，於崇政殿門外語同列曰：“蘇軾，奇才也。”俱不敢對。又曰：“軾前二三十年所作詩文，引援經史，隨問即答，無一字之差，真天下奇才也。”嘆息久之，蓋世之公論，雖仇怨不可奪也。

[一]“立”，原作“其”，據《邵氏聞見後録》卷五改。

[二]“子瞻”，原脱，據《邵氏聞見録》卷一二補。

[三]此句不見《邵氏聞見録》卷一二，而在同書卷一三，彭遵泗將其增補至此，文義更暢。

[四]“者”，原作“曰”，據《邵氏聞見録》卷一二改。

[五]按，此處又係據《邵氏聞見録》卷一三而增補者。此詩爲《獄中寄子由二首》之二，通行本文句與邵氏所載略異。

[六]“鞫”，原作“鞠”，《邵氏聞見後録》卷二一改。按，雖“鞠”可通“鞫”，有本可據，故改之。◎“李定”，《宋史》卷三二九有傳，亦載此事。

劉器之與東坡元祐同朝，東坡勇於爲義，或失之過，器之必約以典故。東坡至發怒曰："何處把上曳得一'劉正言'來[一]，知得許多故典。"或以告器之，則曰："子瞻固所畏也，若恃其才，欲變亂典常，則不可。"又朝中有語云："閩蜀同風，腹中有虫。"以二字各從虫也。東坡在廣坐作色曰："《書》稱'立賢無方'，何得乃爾！"器之曰："某初不聞其語，然'立賢無方'須是賢者乃可，若中人以下，多繫土地風俗，安得不爲土習風俗所移？"東坡默然。至元符末，東坡、器之各歸自嶺海，相遇於道[二]，始交歡。器之語人云："浮華豪習盡去[三]，非昔日子瞻也。"東坡亦云："器之真鐵石人也。"

古北口一寺中，有石刻蘇潁濱詩[四]，云："亂山環合疑無路，小徑縈回長傍溪。仿佛夢中尋蜀道，興州東谷鳳州西。"[五]蓋公元祐時奉使契丹所題，而遼人刻石者。

蘇轍安置雷州。宰相章惇下令不許占官舍，遂僦居民房。惇又以爲强奪民居，下州追治。及惇謫雷州，問舍於民，民曰[六]："前蘇公來，爲章丞相幾破我家，今不可也。"

績溪有翠眉亭，前二小山對出，宛然如眉也。蘇轍作令，愛其幽勝，往往賦詩於此。去後，邑人刻詩壁間，摹子由像懸之亭[七]。

蘇子瞻泛愛天下士，無賢不肖歡如也。嘗言："自上可以陪玉皇大帝，下可以陪卑院乞兒。"子由晦默，少許可，嘗戒子瞻擇交。子瞻曰："吾眼前見天下無一個不好人，此乃一病。"子由監筠州酒税，子瞻嘗就見之。子由戒以口舌之禍，乃餞之郊外，不交一談，惟指口以示之[八]。

[一]"把"，原作"杷"。按，"把"字，入聲，指農人乘以事田之具；而"杷"，有農具之意，用此亦通，彭氏蓋由此而改也。今遵從《邵氏聞見後録》卷二〇原文而改回。

[二]"於"，原脱，據《邵氏聞見後録》補。

[三]"浮"前，原衍"歛"字，據《邵氏聞見後録》删。

[四]"有"，原作"右"，形近而誤，據《池北偶談》卷一七"潁濱詩刻"條改。

[五]此詩乃蘇轍《奉使契丹二十八首·絶句二首》之一，載《欒城集》卷一六。

[六]"曰"，原脱，據《邵氏聞見後録》卷二二及《宋史·奸臣傳一·章惇》補。

[七]此條出《廣輿記》卷二"翠眉亭"。

[八]《南村輟耕録》卷二〇、《靳史》卷二一、《補續全蜀藝文志》卷四八、雍正《四川通志》卷四五等皆載此事。

蘇叔黨無諂事梁師成事

靖康中，蘇叔黨以真定倅赴官，次河北，爲賊所脅。叔黨語賊曰："若知世有蘇内翰乎？吾即其子也。肯隨若求活草間耶？"通夕痛飲。翌日視之，卒矣。王明清《揮塵後録》載之[一]，而晁以道志其墓，稱其暴疾卒鎮陽。繹其文，可云孝子[二]，合而觀之，不愧其父矣。考東坡先生以徽宗建中靖國元年辛巳卒於常州，先生既卒，而蔡京由尚書左丞進左、右僕射[三]，蔡卞旋知樞密院事。自崇寧元年迄於四年，籍黨人榜朝堂，定上書人上中下六邪等，責逐責降[四]。而又編管子弟，不許到闕。一刻石於端禮門，再刻石於諸州，三刻石於文德殿門。帝既親書之[五]，京復自書，頒之天下。是時，叔黨潛身救過之不給，寧有富貴利達之念萌於中哉？惟因梁師成自言爲東坡出子，常愬於裕陵曰[六]："先臣何罪，禁誦其文章，滅其尺牘？"於是先生遺文手迹，始稍稍復出。叔黨之不忍顯絶師成者，此也。然黨禁初弛後，雖得入京師，借詼諧以玩世，未嘗薰染。以道所云"嘻笑謔浪，節概存焉"是已。乃毁之者謂叔黨諂事師成，自居乾兒。夫師成既以東坡爲父，稱曰先臣，則必以昆弟遇叔黨，豈有業爲兄弟而又降爲乾兒之理？此助洛攻蜀者謗之，貝錦、南箕[七]，尚論者不可不白其冤也。

元祐貶吕惠卿，蘇軾草其制曰："惠卿以斗筲之才、穿窬之智，諂事宰輔，同升廟堂。樂禍貪功，好兵喜殺，以聚斂爲仁義，以法律爲《詩》《書》。首建青苗，次行助役、均輸之政，自同商賈。手實之禍，下及鷄

[一]"麈"，原作"塵"，形近而誤，據王氏書名而改。後文此字之誤徑改，不復出校。

[二]"云"，原作"去"，據乾隆本及朱彝尊《曝書亭集》卷五二《書晁以道撰蘇叔黨墓志後》改。

[三]"左、右僕射"，據《宋史·奸臣傳二·蔡京》"拜尚書左丞，俄代曾布爲右僕射。制下之日，賜坐延和殿，命之曰：'神宗創法立制，先帝繼之。兩遭變更，國是未定。朕欲上述父兄之志，卿何以教之？'京頓首謝，願盡死。二年正月，進左僕射"，蔡京是先任右僕射，後任左僕射也。

[四]第二"責"字，原作"賊"，據《曝書亭集》改。

[五]"書"，原脱，據《曝書亭集》補。

[六]"愬"，原作"憩"，形近而誤，據《曝書亭集》改。按，愬，訴説也。

[七]"貝"，原作"具"，形近而誤，據《曝書亭集》改。按，《詩·小雅·巷伯》："萋兮斐兮，成是貝錦。"貝錦者，似錦而實非錦也。同詩又云："哆兮侈兮，成是南箕。彼譖人者，誰適與謀？"南箕乃星宿名，實非箕也。故以二者連稱，喻似是而非之讒言。

豚，苟可蠹國害民，率皆振臂稱首。先皇帝求賢如不及，從善如轉圜，始以堯舜之仁姑試伯鯀，終焉孔子之聖不信宰予。尚寬兩觀之誅，簿示三苗之竄。”天下傳誦稱快焉[一]。

蘇軾謫授黄州團練副使，及移汝州安置，省弟轍[二]，由九江至筠州。先一夕，洞山僧雲庵、壽聖僧聰惠，皆夢同轍迎五祖戒禪師。其後軾至，寓居廣福寺，因額其堂曰“同夢”，地曰“坡山”，渡曰“來蘇”，皆以軾得名[三]。

蘇軾被黜[四]，請移陽羡，詔許之。嘗托故人邵氏，以百緡置宅[五]。軾至，聞老媪哭甚哀，問故，曰：“吾居第相傳百年，一旦轉售，是以悲耳。”叩其居，即邵所置者，遂焚券，不索其值。

蘇軾謫汝州，特愛郟縣形勝似蜀，故名峨眉。後卒常州，子邁卜葬於此，遵治命也[六]。

蘇軾安置儋州，至僦官舍，有司謂不可，遂買地築室，儋人運石畚土助之。日與子過讀書自娛。時負大瓢行歌田畝間，有饁婦年七十，謂曰：“内翰昔日榮貴，一場春夢耶。”軾大然之，因呼爲“春夢婆”[七]。

儋州黎子雲昆弟貧而好學，所居多林木水竹，軾嘗造訪。或值雨，從農家借笠著屐[八]，道上小兒随行調笑，子雲弟兄執禮甚謹，因題其别墅曰“載酒堂”。

蘇軾謫惠州時，有詩云：“爲報先生春睡足，道人輕撞五更鐘。”傳至京師，章惇笑曰：“蘇子瞻尚爾快活耶。”復貶昌化[九]。

蘇軾知杭州，歲值饑疫，力請減價糶常平倉，奏給度僧牒，易米助賑。日遣吏督醫四出治病，全活者以萬計。民有逋税若干不償者，軾呼

[一] 此條見《蘇軾全集校注·文集五》卷三九之《吕惠卿責授建寧軍節度副使本州安置不得簽書公事》。

[二] “省”，原作“少”，據乾隆本及雍正《江西通志》卷九五改。

[三] 此條出雍正《江西通志》卷九五，至於二僧同夢之事，則早見於《冷齋夜話》卷七。

[四] “被”，原作“初”，據乾隆本及《廣輿記》卷三改。

[五] “百緡”，與《廣輿記》所載相合，而宋人方嶽《深雪偶談》則作“五百緡”，所記亦較此處更詳，可參看。

[六] 《明一統志》卷三一、《廣輿記》卷七“二蘇墓”條皆有相關記載。

[七] 此事見《侯鯖録》卷七及《堅瓠集·己集》卷一“春夢婆”條。

[八] “借”，原脱，據《廣輿記》卷一九及《堅瓠集·己集》卷一“東坡帶笠”條補。◎“屐”，原作“屣”，雖皆有鞋之意，卻仍各有區分，據乾隆本及《廣輿記》《堅瓠集》改。

[九] 此條亦出《廣輿記》卷一九。

至詢之，云："家以製扇爲業，遇天寒所製不售，非故負之也。"軾曰："姑取扇來。"遂據案作草書及枯木、竹石，須臾就二十餘柄。其人纔出府門，而好事者争以千錢取一扇，因得盡償所逋，一郡稱嘆，至有泣下者[一]。

東坡云："養猫以捕鼠，不可以無鼠而養不捕之猫；蓄犬以防奸，不可以無奸而蓄不吠之犬。"余謂不捕猶可也，不捕鼠而捕鷄則甚矣；不吠猶可也，不吠盗而吠主則甚矣。疾視正人，必欲盡擊去之，非捕鷄乎？委心權要，使天下孤立，非吠主乎[二]？

眉山蟆頤山，有老翁泉。葉石林云："東坡晚亦號老泉居士。"《墨莊漫録》云："蘇黄門薨於許，王定國作挽詞，云：'徒泣巴山路，空悲蜀道程。弟兄仁達意，千古各垂名。'注云：'公與東坡常泊巴江，夜雨，相約伴還蜀，竟不果歸。今東坡葬汝，公歸眉。王祥有言：歸葬，仁也；留葬，達也。'"又少公自作《潁濱遺老傳》云："先君之葬在眉州之東，昔嘗約附於其廬，雖遠，不忍負也。"又《卜居賦·序》云："昔先君相彭、眉之間，指其庚壬曰：'此爾兄弟之居也。'今子瞻不幸，已藏郟山。予年七十有三，異日當蹈前約。昔貢少翁爲御史大夫，年八十有一，家居琅琊，一子年十二，自憂不得歸葬。元帝哀之，許以王命辦護其喪。譙允南年七十二[三]，終洛陽，家在巴蜀，遺令其子輕棺以歸。今予廢棄久矣，少翁之寵非敢望，而允南舊事，或可庶幾？"其賦云："諸子送我，歷井捫天，庶幾百年，歸掃故阡。"按，長公葬汝州郟城縣鈞臺鄉上瑞里嵩陽峨眉山，少公祔焉。今《河南志》并載二公墓，而《四川志》止載老蘇，不及少公。定國公之詩、《遺老傳》《卜居賦》之語，豈不果耶？

蘇氏兄弟生平大節在於臨死生利害而不可奪。其厚於報知己，勇於疾非類，則歷熙、豐、祐、聖之變如一日。而後世之以文詞知二蘇者，末也[四]。

[一] 此條出《廣輿記》卷一〇，而《春渚紀聞》卷六"東坡事實·寫畫白團扇"亦有相關記載。

[二] 此條出宋羅大經《鶴林玉露·丙篇》卷五"猫犬"。

[三]"七"，原脱，據《池北偶談》卷七"蘇少公葬地"及蘇轍《欒城集·三集》卷五《卜居賦》補。按，譙允南即譙周。

[四] 按，此爲魏了翁之語，見《鶴山集》卷六二《跋蘇文定公帖》。

蘇叔黨

宋人議蘇過叔黨附梁師成，師成妻死[一]，爲服緦麻云云，顧略其大節。袁伯長《清容集》有《跋叔黨竹石牧牛圖》，云："小坡竹石，綽有父風。後倅定武，駡賊不屈，死之。其氣節不墜，光於前人矣。"[二]事詳《揮麈録》。劉後村《跋小米畫》云："叔黨之才，百倍元暉，元暉至侍從，叔黨死小官，命也夫。"[三]《揮麈録》又載叔黨政和中召入禁中畫窠石[四]，而終不遇。

蘇舜欽，易簡孫，少負才望，豪放不羈，好飲。在外舅杜公祁家，每夕讀書，以一斗爲率。公密覘之，讀至"張良擊秦皇"，撫掌曰："惜乎不中！"引一大白。公笑曰："有如此下酒物，一斗不足多也。"[五]

青神陳希亮[六]，字公弼，天資剛正人也。嘉祐中，知鳳翔府。東坡初制科簽書判官事，吏呼"蘇賢良"。公弼怒曰："府判官何賢良也？"杖其吏不顧。或謁入，不得見。故東坡《客次假寐》詩："雖無性命憂，且復忍斯須。"又《九日獨不與府宴登真興寺閣》詩："憶弟恨如雲不散，望鄉心似雨難開。"其不堪如此。又《東坡詩案》云：任鳳翔府簽書日，爲中元節，不過知府廳，罰銅八斤。亦公弼案也。東坡作《府齋醮禱祈》諸小文[七]，公弼必塗墨改定，數往返。至爲公弼作《凌虚臺記》[八]，曰："東則秦穆公祈年槖泉，南則漢武長楊五柞，北則隋之仁壽、唐之九成，計一時之盛，宏傑詭麗，堅固而不可動者，豈特百倍於臺而已哉！然數世之後，欲求其仿佛，破瓦頹垣，無復存者。既已化爲禾黍荆棘、丘墟隴畝矣，而况於此臺哉？或者欲以夸世而自足，過矣！"公弼覽之，笑曰："吾視蘇明允猶子也，某猶孫子也。平日故不以辭色假之者，以其少年暴

[一]"師成"，原脱，據《池北偶談》卷九"蘇叔黨大節"條補。
[二]按，袁桷《清容居士集》今存，此文題作《題小坡竹石牧牛圖》，載是書卷四七。
[三]此條見《劉克莊集箋校》卷一〇五《小米畫》。元暉者，米芾之子米友仁之字。
[四]"召入禁中"，原脱，據《池北偶談》補。
[五]此條出《廣輿記》卷一七。
[六]"陳希亮"，《宋史》卷二九八有傳，此條則出《邵氏聞見後録》卷一五也。
[七]"府"，原脱，據《邵氏聞見後録》補。
[八]"凌"，原作"陵"，據乾隆本及《邵氏聞見後録》改。按，此處所録記文與蘇軾原文略異。

得大名，懼夫滿而不勝也[一]，乃不吾樂耶？”不易一字，亟命刻之石。後公弼受他州饋酒，從贓坐，沮辱抑鬱抵於死。或云：歐陽公恨公弼有曲折東坡，不但望公弼相遇之薄也。公弼子慥季常[二]，居黄州之岐亭，慕朱家、郭解之爲人，閭里之俠多歸之。元豐初，東坡謫黄州，執政疑公弼麡死自東坡，委於季常甘心焉。然東坡、季常相得甚歡，故東坡特爲公弼作傳，至比之汲黯，曰：“軾官鳳翔，實從公二年。方是時[三]，年少氣盛，愚不更事，屢與公争議，至形於顔色，已而悔之。”崔德符戲語曰：“果如元豐執政之疑，東坡之悔，豈釋氏懺悔之悔乎？”

公弼所見，未嘗不是聲色俱厲，雖脂韋少年，亦覺難堪，况才氣如東坡乎！然受酒罰銅，非苞苴暮夜可比，竟坐贓，沮辱以死。甚矣！剛正之不容於衆也。

邊鎬爲謝靈運後身，故小字康樂；范純夫爲鄧仲華後身，故名祖禹。張平子後身爲蔡伯喈，鄒陽後身爲蘇東坡[四]。何薳《春渚紀聞》記曰：“薳一日謁冰華丈於烟雨堂，偶誦人《祭東坡先生文》‘降鄒陽於十三世，天豈偶然[五]；繼孟軻於五百年，吾無間也’之句，冰華笑曰：‘此老夫所爲者。’因請鄒陽事，冰華云：‘元祐初，劉貢父夢至一官府，案間文軸甚多，偶取一軸展視，云在宋爲蘇某，逆數而上十三世，云在西漢爲鄒陽。’蓋如黄帝時爲火師，周爲柱下史，只一老聃也。”又如王吉夢司馬相如係蟛蜞脱生，故文章横行一世[六]。别載東坡、山谷同見清長老，語“坡前身爲五祖戒和尚，山谷前身是一女子”[七]。

冰華，錢濟明字，東坡友也。

朱文公《跋東坡與林子中帖》：“淳熙辛丑冬己酉，觀此於衢州浮石舟中。時浙東飢甚，予以使事被旨入奏，三復其言，尤深感嘆。當撫刻諸石，以示當世之君子。”[八]

[一]“夫”，原作“未”，據乾隆本及《邵氏聞見後録》改。
[二]“子慥”，原作“慥”，據《邵氏聞見後録》改。
[三]“時”，原脱，據《邵氏聞見後録》補。
[四]此前出《春渚紀聞》卷五“鄒張鄧謝後身”條。邊鎬，《十國春秋》卷二二有傳。
[五]“天”，原作“夫”，形近而誤，據《春渚紀聞》卷六“東坡事實·鄒陽十三世”條改。
[六]此説見《蜀都碎事》卷三。
[七]此説見《春渚紀聞》卷一“坡、谷前身”條。
[八]以上出《朱熹集》卷八二《跋東坡與林子中帖》兩則之二。

《跋與趙德麟字説》[一]："神宗皇帝稽古立法，以教宗子，此萬世之大慮也。蘇公發明其意，以字德麟，所以望之，豈淺淺哉！今趙君善希能得此帖而藏之、珍之，則亦有意於此矣。尚其勉旃，毋徒玩其文藻而已。"

《跋楊深父家東坡帖》[二]："深父頃嘗示予以東坡公與其先世往來手書二紙，予已識其後矣。今又得盡覽其餘，益知二公相與之歡，始終不替，而又足以見人心公論所在之不可以刑禍屈也。因復識之，以申前説，使世之簡賢附勢者知所愧云。"

《跋東坡剛説》："蘇文忠公爲孫君介夫作《剛説》，其所以發明孫君之爲人者至矣。然'剛'之所以近'仁'，爲其不詘於欲，而能有以全其心之德，不待見於活人然後可知也[三]。寧都主簿鄭載德得遺迹於君家，將摹刻而置之學官，間以示余。因爲識其左，以告觀者，使勉夫剛而益求其所以爲仁之方云。"

《跋東坡書李杜諸公詩》："東坡此卷，考其印章，乃紹興御府所藏，不知何故流落人間。捧玩再三，不勝敬嘆。但其所寫李白《行路難》，闕其中間八句道子胥、屈原、陸機、李斯事者，此老不應有所遺忘，意其删去，必當有説。《老翁井》詩在老蘇《送蜀僧去塵》之前，必非他人之作。然不見於《嘉祐集》，亦不省其何説也？彼欲井中老翁'改顔易服'，不使人知，而後篇遂有'嫌瘦''廢彈'之嘆，何耶？然其言怨而不怒，獨百世以俟後賢而不惑，則其用意亦遠矣哉！丁丑觀汪季路所藏，而識其後云。"[四]

《跋祭范蜀公文》："汪季路所藏蘇文忠《祭范忠文公文稿》，丁巳十月己卯，觀於考亭溪居。"[五]

《跋東坡帖》："筆力雄健，不能居人後，故其臨帖物色牝牡，不復可以形似較量。而其英風逸韻，高視古人，未知孰爲先後也。成都講堂畫

[一]"跋"，原脱，據《朱熹集》卷八二《跋東坡與趙德麟字説帖》補。按，此後引朱熹諸多跋文，彭遵泗皆省去此"跋"字，易致誤會，故據《朱熹集》補，後不再特别説明，僅指出朱熹原文在其别集中之卷次。

[二]"父"，原作"文"，形近而誤，據《朱熹集》卷八三改，後文此字之誤徑改。

[三]"活"，原脱，據《朱熹集》卷八三補。◎"人"後，原衍"而後可知"，據《朱熹集》删。

[四]載《朱熹集》卷八四。

[五]載《朱熹集》卷八四，題作《跋東坡祭范蜀公文》。

像一帖[一]，蓋屢見之，故是右軍得意之筆，豈公亦適有會心與！己未三月八日，觀永福寺所藏墨迹，嘆賞不置，因識其左方。"

《跋張以道家藏東坡枯木怪石》："蘇公此紙，出於一時滑稽詼笑之餘[二]，初不經意。而其傲風霆、閲古今之氣，猶足以想見其人也。以道東西南北，未嘗寧居，而能挾此以俱，寶玩無斁，此意已不凡矣。且不以示王公貴人，而獨以誇於畸人逐客，則又不可曉者。雲谷老人因覽爲識。"

《跋陳光澤家藏東坡竹石》："東坡老人英秀後凋之操，堅確不移之姿，竹君石友，庶幾似之。百世之下觀此畫者，尚可想見也。"[三]

《跋周司令所藏東坡帖》："蘇公翰墨，爲世寶藏，故流俗多僞作者。余家有其與德叟先輩書兩紙，詞意超然，筆勢飛動，觀者尚或疑之，余亦不能辨也。今觀作肅所藏，源流有自，而二公賞識又如此，其亦可以無疑矣。"尾後俱有年月，朱某書。

紫陽翻程門舊案，直詆東坡爲未敗露之王安石。觀其所跋諸帖，又極意推服。當日云云，或門人輩過，甚未可知。不然家藏蘇墨，匿怨友人，曾大賢而出此耶！

《長水日抄》云："東坡翰墨在崇寧、大觀間，悉令焚毀。及宣和間，上自内府搜訪，一紙至直萬錢。而梁師成以三百千取英州石橋銘，譚稹以五萬錢輟'月林堂'榜書三字，至幽人釋子，寸紙尺幅，皆重購歸之。"觀此，則坡公著作書翰，不至南渡後而始貴重矣[四]。

梁師成自詭東坡子，與高俅皆嬖倖擅權，蘇叔黨卒以小官終，亦可以知其賢矣。然二人不忘蘇氏，每子弟入都，問恤甚厚。是時，二蘇黨禁方嚴，李公麟遇蘇氏子弟，至以扇障面而過之。坡族孫元老上時相啓"念與黨人，偶同高祖"等語，此輩愧俅、師成多矣[五]。

新城王阮亭曰："東坡居士在儋耳作《十八大阿羅漢頌》，予最愛其二頌。《第九尊者》：'飯食已畢，襆鉢而坐。童子茗供，發籥吹火。

[一]"堂"，原脱，據《朱熹集》卷八四補。

[二]"詼"，原作"談"，據《朱熹集》卷八四改。

[三]載《朱熹集》卷八四。

[四]此條轉引自《居易録》卷一四，與《四庫全書存目叢書·子部》第一六三册所收《陸學士雜著·長水日抄》所載文字略異。

[五]此條見《居易録》卷七。

我作佛事，淵乎妙哉。空山無人，水流花開。'《第十六尊者》云：'盆花浮紅，篆烟繚青。無問無答，如意自横。點瑟既希，昭琴不鼓。此間有曲，可歌可舞。'此頌真契拈花微笑之妙者。又一頌，《第十五尊者》云：'薪水井臼，老矣不能。摧伏魔君，不戰而勝。'得非自寓之詞耶？"[一]

蘇子由官齊州，有西湖諸詩，《環波亭》云："過盡緑荷橋斷處，忽逢朱檻水中央。"又《寄濟南守李公擇》云[二]："岱陰皆平田，濟南附山麓。山窮水泉見，發越遍溪谷。下田滿秔稻，秋成比禾菽。池塘浸餘潤，菱芡亦云足。"[三]又云："不知西城下[四]，滉漾千畝緑。仰見鷗鷺翻，俯視黿魚浴。"[五]

晁以道作《蘇叔黨過墓志》云：先生帥定武，謫知英州，繼貶惠州，遷儋耳，漸徙廉州[六]、永州，邈乎萬死不測之險，獨叔黨侍先生以往來。飲食服用，凡生理晝夜寒暑之所歷者，一身百爲，而不知其難。翁板則兒築之，翁樵則兒薪之，翁賦詩著書則更端起拜之，爲能須臾樂乎先生者也。其初至海上也，爲文一篇，曰《志隱》，效於先生前。先生覽之曰："吾可以安於島夷矣。"先生因欲爲《廣志隱》以極窮通得喪之理[七]。嘗命叔黨作《孔門弟子别傳》[八]，則固有以處其子矣。先生未至永州，稍遷仕版。居陽羡，不幸疾不起，叔黨弟兄葬先生於汝州郟城縣之小峨眉山，遂家潁昌。偶從湖陰營水竹數畝，名之曰小斜川，自號斜川居士。時一至京師，自得於醒醒而徜徉一世之外。所遇者與談，靡不傾盡造次，大笑謔浪間，節概存焉，而若世未嘗有小人也。宣和五年乙未，以暴疾卒鎮陽行道中，年五十有二。悲夫！諸葛孔明不得申所志而躬耕南陽，

[一] 此條出《居易録》卷三二。又，《十八大阿羅漢頌》，見《蘇軾全集校注·文集》卷二〇。
[二] "守"前，原有"太"字，據《欒城集》卷七之詩題删。
[三] "池塘"，原作"陂池"，"陂"爲"池"右上小字，蓋後補入也。乾隆本"池塘"作"池"。今據《欒城集》《居易録》卷三三改。◎"芡"，原作"欠"，形近而誤，據《欒城集》《居易録》改。
[四] "城"，《欒城集》作"垣"，此與《居易録》卷三三所引同，當即出自《居易録》也。
[五] "視"，原作"親"；"浴"，原作"俗"，據乾隆本及《居易録》《欒城集》改。
[六] "徙"，原作"徒"，形近而誤，據《景迂生集》卷二〇《宋故通直郎眉山蘇叔黨墓志銘》及《居易録》卷一七改。按，出處抄自《居易録》，乃節引改寫，非晁氏原文也。
[七] "先"，原作"人"；"隱"，原作"得"，據乾隆本及《景迂生集》《居易録》改。
[八] "别"，原作"列"，據《景迂生集》《居易録》改。

卒亦崎嶇巴蜀，幸而有子曰瞻[一]，可以肆所志，而無邦家以容瞻，則赴魏軍而死耳。叔夜之志氣尤異，而不得一席以全其軀，而子紹身血亦何益於邦家！古之父子有如此忠孝兩全，而可恨者天乎，不壽叔黨於盛世一振發之耶！叔父欒城公每稱其孝以訓宗族云云。此文略盡叔黨生平梗概，惜有闕文[二]，節録之。

丙子歲過金陵，訪房師楊知白先生家[三]，其嗣宏鐸持叔黨《斜川集》二本示余，此近日絶無者。時因舟泊城下，匆匆别去，未得抄出爲恨。伊亦許余録寄，恐成畫餅。

南麾退翁，蘇文公之兄也，持正不撓，終於利州路提點刑獄。子孫多賢，且繼踵科級。其五葉曰叔平者，自號松菊老圃，有子曰公誠，字叔明，以禮自牧，爲族黨歸重，嘗賦陶然堂以自述。魏了翁曰："余歸自靖，叔明訪余山居。言論風旨，歛浮歸實，進退未已。嗚呼！世家摇落不振，邦國之耻也，叔明尚敬懋之。"[四]

蘇過侍坡翁至儋耳[五]，父子相對，如霜松雪竹[六]，堅勁不摇。而作詩結字，乃爾潤麗，其襮順裏方者乎[七]。

宣和中，蘇叔黨游京師，寓居景德寺僧房[八]。忽見快行家者同一轎至，傳旨宣召[九]，亟令登車，叔黨不知所以然，不敢拒。纔入，則以物障其前，不見路。頂上以小凉傘蔽之，二人肩之，其疾如飛。約行十餘里，抵一修廊，内侍一人自上而下，引之升一小殿中。上已先坐，披黄背子，頂青玉冠，宫女環侍，莫知其數。勿敢仰窺，始知崇高莫大之居。時當六月，積冰如山[十]，噴香若霧，寒不可忍，俯仰之間，不可名狀。

[一]"瞻"，原脱，據《景迂生集》《居易録》補。

[二]"文"，原作"方"，形近而誤，據《居易録》改。

[三]"丙子"，指康熙三十五年（一六九六）。◎"楊知白"，民國《甘泉縣續志》卷一一有楊時熙傳，其人字知白，萬曆丙午舉人（一六〇六），授遂安教諭，升瓊州同知，不知是否即此人？

[四]此條出《鶴山集》卷六四《題蘇叔明公誠陶然堂賦後》。

[五]"過"，原作"邁"，彭遵泗乃據《鶴山集》卷六二《跋斜川帖》首句之"斜川"改寫而誤，今改之。

[六]"雪"，原作"雲"，據乾隆本及《鶴山集》改。

[七]"襮"，原作"表"，乾隆本誤作"暴"，據《鶴山集》改。按，"襮"義同"表"，"襮順裏方"出韓愈《唐故秘書少監贈絳州刺史獨孤府君墓誌銘》，言外圓内方也。

[八]"德"，原作"泰"，今據此條出處《揮麈録·三録》卷二改。

[九]"召"，原作"名"，形近而誤，據《揮麈録》改。

[十]"冰"，原作"水"，形近而誤，據《揮麈録》改。

起居畢，上喻云："聞卿是蘇軾之子，善畫窠石，適有素壁，欲煩一掃，非有他故也。"黨再拜承命，然後落筆，須臾而成。主起身縱觀，賞嘆再三，命宫人奉賜醇酒一鍾，錫賚極渥，拜謝而下。復循廊間登小輿而出，亦不知經從所歷何地，但歸如夢復如痴也。

蜀故卷十四

人物四

五代楊義方，眉州人，仕蜀。舉進士，長於詩，自以才過羅隱。嘗有《春》詩云："海邊紅日半離水，天外暖風輕到花。"又，上王處回詩："兩聲鞭自禁中出，一簇人從天上來。"[一]

後唐張不立[二]，嘗爲詩曰："朝廷不用憂巴俗[三]，稱霸何曾是蜀人。"以爲名言。至本朝張次公序《蜀檮杌》，天覺《送凌戡歸蜀》[四]，大抵亦皆爲蜀人辨。數者也，忠義固臣子之常分，知不知，庸何恤？而蜀人之大節表表在人，亦豈狂圖者之所能溷[五]？三子者之撰，亦不洪矣，故不若東溪《辨蜀都賦》[六]。蓋不專爲蜀辨，將以發左思抑蜀黜吴、借魏諛晉之罪[七]，真有功於名教也。士之生蜀者，其自今宜知所愛重，毋使後人辨今猶今辨昔焉[八]。

杜少陵、劉夢得自夔州後，頓異前作。世皆言文人流落不偶，乃刻意著自述，而不知巫峽峻峰激流之勢有以助之也。山谷自戎徙黔，身行夔路，故詞章翰墨，日益超妙[九]。

[一] 此條出《詩話總龜》卷一四。按，此二詩《全唐詩》卷七九五有載，分别題爲《春日》《贈王樞密處回》。

[二] "張不立"，《十國春秋》卷五六有張立，亦爲蜀人，曾事孟昶，當即一人。此條出《鶴山集》卷五九《跋眉人王慶長辯蜀都賦》，作"張不立"，《成都文類》卷二三收張唐英《蜀檮杌序》亦作"張不立"。

[三] "廷"，原作"庭"，據《鶴山集》改。

[四] 按，張商英此文收入《能改齋漫録》卷一四"張天覺送凌戡歸蜀記"條，可參看。

[五] "圖"，原作"徒"，據《鶴山集》改。

[六] 王騰《辨蜀都賦》，收入《成都文類》卷一、《全蜀藝文志》卷一。

[七] "借魏"，原作"僭"，據《鶴山集》改。

[八] "人"，原脱，據《鶴山集》補。

[九] 此條出宋周必大《文忠集》卷一七《跋黄魯直蜀中詩詞》。宋張侃《張氏拙軒集》卷五亦載之。按，張侃之文集乃清人從《永樂大典》輯録者，而周氏之集流傳有緒，故知此文乃周必大所作，張氏集誤收也。

宣和之初，何㮚文縝丞相爲中書舍人，道君以御畫雙鵲賜之[一]。諸公賦詩，韓駒子蒼待制時爲校書郎[二]，賦詩二章曰："君王妙畫出神機，弱羽争巢並占時[三]。想見春風鳷鵲觀，一雙飛上萬年枝。"[四]"舍人簪筆上蓬山，輦路春風從駕還。天上飛來雙鳥鵲，爲傳喜色到人間。"[五]

陳文惠堯佐，以使相致仕，八十有詩云："青雲岐路游將遍，白髮光陰得最多。"搆亭號佚老，後歸政者往往多效之。公喜堆墨書，深自矜負，號前無古人、後無來者。游長佛寺題名，從者誤側硯污鞋[六]。公性急，遂窒筆於其鼻，客笑失聲[七]，若皇甫湜撻其子[八]，不暇取杖，遂齕臂血流也。善爲四句詩，在江湖有詩云："平波渺渺烟蒼蒼，菰蒲纔熟楊柳黄[九]。扁舟繫岸不忍去，秋風斜日鱸魚鄉。"年六十餘纔爲知制誥，其後遂至真宰使相致仕[十]。又有詩云："雨網蛛絲斷，風枝鳥夢摇[十一]。詩家零落景，采拾合如樵。"[十二]

蜀人石翼，黄魯直黔中時從游最久[十三]。嘗言見魯直自矜詩一聯，云："人得交游是風月，天開圖畫即江山。"以爲晚年最得意，每舉以教人，而終不能成篇，蓋不欲以常語雜之也。

范景仁鎮喜爲詩，年六十三致仕。一朝思鄉里，遂徑行入蜀。故人李才元大臨知梓州，景仁枉道過之。歸至成都，日與鄉人樂飲，散財於

[一]"畫"，原作"書"，形近而誤，據《彦周詩話》及文義改。

[二]"待"，原作"侍"，形近而誤，據《彦周詩話》改。

[三]"占"，韓駒《陵陽集》卷三《臣㮚以御畫鵲示臣某謹再拜稽首賦詩》作"語"，此與《彦周詩話》同。

[四]"上"，與《彦周詩話》同，《陵陽集》作"占"。

[五]"喜"，原作"春"，據《彦周詩話》改。按，《陵陽集》亦作"喜"。

[六]"側"，原作"測"，形近而誤，據乾隆本及《中山詩話》改。◎"污"，原作"汙"，蓋因《中山詩話》作"汙"而形近致誤也，今改作"污"。

[七]"笑"，原文此字下部誤作"友"，據《中山詩話》改。

[八]按，《唐語林》卷六載此事云："又其子松，常録詩數首，字小誤，大罵躍呼，取杖不及，齒嚙其臂，血流及肘。"

[九]"柳"，原作"梅"，據《中山詩話》改。

[十]按，此前實爲兩條，分别爲"陳文惠以使相致仕"和"陳文惠善爲四句詩"，皆見《中山詩話》，彭遵泗合而爲一也。此後之詩則見司馬光《續詩話》。

[十一]"摇"，原作"飄"，據《續詩話》改。

[十二]"拾"，原作"石"，與《津逮秘書》本《續詩話》所引相合，今據《駢字類編》卷一二所引及文義改。

[十三]"人石"，原作"任君"，蓋涉音同形近而誤，今據《石林詩話》卷上改，《避暑録話》卷上亦載此事。◎"游"，原脱，據《石林詩話》補。

親舊之貧者。遂游峨眉、青城山，下巫峽，出荆門，凡期歲乃還京師。得詩凡二百五篇，其一聯云："不學鄉人跨駟馬，未饒吾祖泛扁舟。"此二事他人所不能用也[一]。

《後山詩話》云："元祐初，起范蜀公於家[二]，固辭。其表云：'六十三而致仕，固不待年；七十九而造朝，豈云知禮！'"

嘉祐中，有劉諷都官，簡州人，亦年六十三致仕，夫婦徙居賴山。景仁有詩送之，云："移家尚恐青山淺[三]，隱几惟知白日長。"時有朱公綽送諷詩云："疏草焚來應見史[四]，橐金散盡只留書。"皆爲時人所傳頌。

自唐以來，試進士詩號省題。近年能詩者，亦時有佳句。蜀人楊謂，宣室受釐，落句云："願前明主席，一問洛陽人。"[五]謂有詩名，題驪山云："行人問宫殿，耕者得珠璣。"最爲警策。

楊謂[六]，梓州進士，天聖八年省試《蒲車》詩云："草不驚皇轍，山能護帝輿。"是歲，以策用清問字下第。景祐元年，賦此詩及第[七]。未幾，卒。

余昔聞蜀人有魯三江者，號稱能詩，士大夫多宗之。今觀閬州鮮長江詩，不甚愧之也。昔方士袁天綱見閬州錦屏山，題其石曰："此山磨滅，英靈乃絶。"然予在中朝，惟聞陳文忠公世家出才士，嘗疑山水之秀，乃獨鍾於陳氏耶？其沉淪草莱，困頓州縣，抱才器而與麋鹿共盡者，可勝道哉！今觀其鮮長江之才，所謂困頓州縣者也。鮮氏以閬中爲族姓，其散漫於兩蜀者，皆以閬中爲祖。今問鮮氏所自出，皆不能自言。或云出於鮮于[八]，後去"于"而爲"鮮"。以余考之，非是。蜀李壽時司徒鮮思明[九]，用事專廢立，其鮮氏之祖與！

[一]"此"，原脱，據司馬光《續詩話》補，《蜀中廣記》卷一〇三亦載之。

[二]"范蜀"，原脱，據《後山詩話》補。按，《蜀故》卷一二引《邵氏聞見録》卷一二之語與此略異。

[三]"山"，《司馬光全集》卷一〇《寄題致事劉都官》詩末注文引作"雲"，此處出《續詩話》。

[四]"應"，原作"差"，據《續詩話》及《司馬光全集》改。

[五]"洛陽人"，指賈誼。此句用李商隱《賈生》詩"可憐夜半虚前席，不問蒼生問鬼神"。又按，《中山詩話》《續詩話》《事實類苑》卷三九等皆載此事。

[六]"楊"，原作"〇"，彭遵泗蓋以之與上一條相區分也。然此條本就與上條不相屬，故據《續詩話》改作"楊"。

[七]按，所謂"此詩"者，據《續詩話》，乃"願前明主席，一問洛陽人"之詩，彭氏如此行文，易致誤會，故表出之。

[八]"于"，原脱，據《黄庭堅全集·正集》卷二七《書鮮洪範長江詩後》補。

[九]"思"，原脱，據《黄庭堅全集》補。按，此鮮思明，即《晉書·李壽載紀》之解思明也。

南充人李竹，精天文數學，不爲舉子業。兄迫之入場，草畢不謄真，監臨重其名，命房考謄之。既中，有“草幅偏能中李竹，藻文何自落孫山”之句。性嗜酒，不官不娶，著《發明天文証謬》等書[一]。

安磐，字松溪，嘉定州人，與升庵先生爲友。弘、嘉間，爲都給事中，有直聲。凌雲寺石壁刻有四絶，詩最高唱[二]。録其二云：“青衣江上水溶溶，隔岸遥聞戒夜鐘。暫借竹床聽梵放，月華初到第三峰。”又：“林竹斑斑日上遲，鳥啼花瞑暮春時。青衣不是蒼梧野，却有蛾眉望九疑。”凌雲九峰[三]，枕青衣江之東；而蛾眉三山[四]，正直其西；至其地，方知詩之妙。新城王漁洋稱其風神絶世。

魏野，蜀人，隱居不仕，以詩著名，卜居陝州東門之外[五]。有《陝州平陸縣》詩云：“寒食花藏縣，重陽菊繞湾。一聲離岸櫓，數點别州山。”[六]最爲驚句。所居頗瀟洒，當世顯人多與之游，寇忠愍猶愛之。嘗有《贈忠愍詩》云：“好向上天辭富貴，却來平地作神仙。”後忠愍鎮北都，召野置門下。北都有妓女，美色而舉言生硬，土人謂之生張八。因府會，忠愍令乞詩於野，野贈詩云：“君爲北道生張八，我是西州熟魏三[七]。莫怪樽前無笑語，半生半熟未相諳。”後野死，其子閑亦有清名。

文及翁，蜀人，號本心。文信國《與及翁侍郎書》云：“某久曠起居，遞中連得誨帖，仰佩至愛。邸報狀間屢見丐祠，尊性樂在簡淡，急流勇退，仙風道骨人也。但老文學爲諸儒典型，真侍從爲朝路風采，上必不聽去耳。舍弟璧來拜[八]，辱以家人進之，得與教誨玉成，實受尊賜。某向在湘[九]，承命問一路書籍。後某去之忽忽，諸州來者不齊。今約見存可二百册，贛書爲一萬九千三百餘板，亦已陸續印背，容一日專兵賫申。某治郡以來，書生迂闊之説，頗有效驗。祖母六月生日，集城中内外老

[一] 此條出康熙《順慶府志》卷四，雍正《四川通志》卷八亦有此人小傳，文字略異。

[二] “詩最高唱”，原在“凌雲寺”前，據《帶經堂詩話》卷一一乙正。《池北偶談》亦有相關記載，彭氏此處蓋據《帶經堂詩話》而改寫也。

[三] “凌雲”，原誤倒，據《帶經堂詩話》《池北偶談》等乙正。

[四] “蛾眉”，原作“嵋”，據前文及《帶經堂詩話》改。

[五] “州”，原作“西”，據《夢溪筆談》卷一六改。

[六] “州”，原作“江”，據《夢溪筆談》改。

[七] “我是”，原誤倒，據《夢溪筆談》乙正。◎“州”，原作“川”，據《夢溪筆談》改。

[八] “璧”，原作“壁”，形近而誤，據《文山先生全集》卷六《與文侍郎及翁》改。按，文璧爲文天祥二弟。後文此字有誤者徑改，不再出校。

[九] “某”，原作“其”，據《文山先生全集》及後一“某”字改。

人，自七十一至九十六，爲男女一千三百九十名，犒恤有差。老者既踴躍，而少者始皆知以老爲貴，禮遜興行，詞訟希省。又風雨以時，早禾甚稔，晚稻亦可望，縣民皆樂業，無持挺爲盜如夙昔者。稍逭曠瘝，皆尊誨所逮。宗老去國後，今寄居何處？想甚清健。耻堂先生居霅川，近况如何？批示幸甚。遇郵拜書，不宣備。"

本心，癸丑榜眼[一]。來廬陵，省其叔可則，信國先生時年十八。邑校簾試，全篇論題曰"中道狂狷[二]，鄉愿如何"。冠榜，遂通譜焉[三]。本心，後參政。高耻堂名斯得，亦蜀人。

趙日起，字月山[四]，蜀人，集英殿修撰，知太平州。文信國與書云："某去年待罪闕下，幸甚，得一再交書，幅中獨樂[五]。近在吴門，入秋，正擬專介，候猿鶴起居，會去國不果。黄强立自竹所來，相見於六鶴塔下，遠蒙寄聲[六]，多謝故人厚意。自是入山愈深，杜門掃軌，無復南雁足矣。璧弟學製新昌，新年見告，二月遣人詣門墻通問，輒寄所思，寫之竹筒。既行，伏睹除目，欣審内班撰，領摧東藩，一札起家，千乘載道，恭惟歡慶。執事青天白日之質，望之知爲正人；千軍萬馬之胸，識者推爲豪傑。六合悠悠，風塵滿目，所謂江左夷吾，公其人也！偃薄起伏，如神龍、天馬，不可羈勒。牛渚天門，一瞬萬里，亦足以發其中之所存矣。天下事方有賴於公，時來爲之，孰之能禦[七]？其夙昔荷相知，出人一等，以此不敢自菲薄。一别十年，浮雲進退，何足爲達者道？而學不加長，每每自憐，久不見叔度[八]，鄙吝固宜。今得聞一言'三日後刮目'，未知於吴下阿蒙何如也？過新昌便，意其介尚或未行，輒附賀狀，並寫戀嫪萬分之一。相望泬寥，臨紙馳溯。"

再書："風雪殘年，中使者以饋歲至，嘗草草拜狀，竟未得知果達籤

[一]"癸丑"，指南宋理宗寶祐元年（一二五三）。按，此條乃《與文侍郎及翁》文末之按語。

[二]"狷"，原作"狷"，形近而誤，據《文山先生全集》改。

[三]"通"，原作"誦"，據《文山先生全集》改。按，通譜，指文天祥與文及翁叙通家之誼也。

[四]"字"下，原衍"子"字，據《文山先生全集》卷五《與新知太平州趙月山》改。

[五]"幅"，原作"副"，形近而誤，據《文山先生全集》改。

[六]"蒙"，原作"象"，形近而誤，據乾隆本及《文山先生全集》改。

[七]"之"，原作"知"，據《文山先生全集》改。

[八]"叔度"，黄憲之字，事見《後漢書》本傳。

房與否？過年百二十日，是間何限傾倒[一]，毛穎輩不任事[二]，姑寄一嘆，比審放纜長江，休鞍磐谷。執事自宦游以來，敭歷中外[三]，曾無一得從五畝花竹之樂。金山鷗鷺，甫此尋盟，如負者之息其肩，行者之休於樹，一時瀟洒，比軒冕束縛，瞠乎遠矣。浮雲滿山，任其往來，太虚真体，皎然萬古[四]。某歸來兩年，處積毁撼震之餘，差幸天者之小定，自有溪山足以游釣，漫不聞其他。有詩云：'日日騎馬來山中，歸來明月長在地。但願山人一百年，一年三百餘番醉。'欲知近況，此其凡矣。念人間清福，莫如一閑，幸而吾二人，皆可以自適。獨相去遼絶，無從合併，江東暮雲，長長在眼，輒專人奉問潭府居處之概。即辰夏氣方深[五]，恭惟静養淳和，坐消熱惱，神明護持，或衍方來川至之福。臨紙耿耿。"

日起，《宋史》未見列傳，觀信國兩書，前推爲江左夷吾，"天下事方有賴於公"，後極交締綢繆之至，或亦賢豪間者耶！不然，信國不與之友矣。

魏了翁跋其尊人墓誌銘："丹稜彭百川，始欲以紹熙之元葬其親於墓之左。其宗人洋川通守亘嘗爲之銘，尋牽於陰陽拘畏之説，乃改卜建。嘉定之二年十二月壬午，蔡始食月，日既與銘牾[六]，俾余識其末。嗚乎！自義理不競，封竁大事乃盡操之巫史。鴻生學士，豈無尚論古制、習聞儒先者？而人所共疑，稍獨異，則紛然以爲是闊於人情，往往以緩者爲審，速者爲簡。彭君之葬，自庚戌至今[七]，一爲所怵動[八]，至二十年亦以不敢獨異耳。彭君飭身嗜學，卒老布衣。百川之通贍[九]，當有卒其志者。"

家鉉翁則堂，眉州人，宋末爲樞密。賈餘慶賣宋，令學士草降詔，俾天下州郡歸附之。又各州付一省劄，鉉翁不肯署。劄上，程鵬飛作色，欲縛之。則堂云："中書省無縛執政之理！"歸私廳以待執，彼竟不敢誰

[一] "傾"，原作"顛"，據《文山先生全集》卷五改。按，《文山先生全集》將此書位於前一首之後，殆同題而異時之作也。

[二] "輩"，原作"口"，據《文山先生全集》改。

[三] "敭"，原作"剔"，形近而誤，據《文山先生全集》改。

[四] "古"，原作"右"，形近而誤，據《文山先生全集》改。

[五] "即"，原作"卯"，據《文山先生全集》改。

[六] "食月日"，原作"良日月"，據《鶴山集》卷五九《跋丹稜彭君墓誌銘》改。按，此指因蔡始這個地方發生月食，故有時日不佳之説。

[七] "庚戌"，即前文之紹熙元年（一一九〇），所謂"今"，即前文之嘉定二年（一二〇九）。

[八] "怵"，原作"悚"，據《鶴山集》改。

[九] "贍"，原作"瞻"，據《鶴山集》改。

何[一]。時文信國在北，以忠義孤立，聞其事以自壯，賦詩云："山河四塞舊甌金[二]，藝祖高宗實鑑臨。一日盡將輸敵手，何人賣國獨甘心。""中書堂帖下諸城，摇首庭中號獨清。此後方知樞密事，從今北地轉相驚。"

先是，鉉翁同丞相吴堅、賈餘慶等奉表北庭，號祈請使。賈賣國，餘聽賈，惟鉉翁非願從者。意見北主或可語，欲陳説爲趙家存一脉，故引决所未忍也。時文信國亦陷在虜中[三]，俱有詩。咏則堂詩云："廷諍堂堂負直聲，飄零沙漠若爲情。程嬰存趙真公志，賴有忠良壯此行。"

李文簡燾，丹稜人也。邑有山曰龍鵠，文簡讀書其上，命曰巽巖，因以自號，士大夫至今以爲稱。嘗自爲記曰："子真子三卜居，乃得此山，向東南，面西北，其位爲巽，爲乾。蓋處己非乾健無以立，應物非巽順無以行。《易》六十四卦，仲尼掇其九而三陳之，起乎履，止乎巽，此講學之序也[四]。語曰：'可與共學，未可與適道；可與適道，未可與立；可與立，未可與權。'夫人各有所履，善惡分焉。惟能謙，可與共學；惟能復，可與適道。知所適而無以自立，則莫能久。故取諸常[五]，使久於道，或損之，或益之。至於困而不改若井，未始隨邑而遷，則所以自立者成矣。雖然，吉凶禍福，横發逆起，有不可知。將合於道，其惟權乎！然非巽則權亦不可行，學而至於巽，乃可與權，此聖賢事業也。"文簡，字仁甫，一字子真[六]，作記時，年二十四。

唐庚，字子西，丹稜人。曾云："東坡先生赴定武時，過京師，館於城外一園子中[七]。余時十八，謁之，問近觀甚書[八]，對以方讀《晉書》。猝問其中有甚亭子名，茫然失對，始悟前輩觀書，用意如此。"

[一]"彼"，原作"北"，據《文山先生全集》卷一三《則堂》詩序改。

[二]"舊"，原作"盡"，據《文山先生全集》改。

[三]"國"，原脱，據前文及文天祥封信國公而補。按，此條改寫自《文山先生全集》卷一三之《使北》組詩之序文。

[四]"講"，原作"謀"，據《桯史》卷一二"丹稜巽巖"條改。

[五]"常"，原作"恒恒"，據《桯史》改。周必大《文忠集》卷六六《敷文閣學士通奉大夫致仕贈少師李文簡公神道碑》亦作"常"，《全蜀藝文志》卷四七所引則作"常恒"，彭遵泗又改作"恒恒"，皆不可取也。

[六]"真"，原作"二"，據乾隆本及《桯史》改。

[七]"園"，原作"亭"，據《春渚紀聞》卷六"東坡事實·觀書用意"條補。

[八]"書"，原脱，據《春渚紀聞》補。按，此條又載《唐子西文録》及《苕溪漁隱叢話》卷一四。

新城王阮亭云:“唐子西《眉山集》二十四卷,《詩賦》十卷,《雜文》十二卷,《三國雜事》二卷。紹興二十一年,朝奉郎鄭康佐刊於惠州,有鄭總、吕榮義、康侁及庚弟庾、子文若序。徐𤊹興公鈔自何楷元子家藏本[一],𤊹有序。唐自説云‘詩,最難事也。吾於他文不至蹇澀,惟作詩甚苦。悲吟累日,始能成篇’云云。庚生三蘇之鄉[二],又前後與東坡貶惠州,而集中無一字及之。蓋庚起家爲張商英所薦,其貶惠州亦商英連染,視韓子蒼異趣,宜其不爲眉山之徒與。”

王新城又曰:“余讀唐庚集,薄其爲人。王弱生曰:‘唐子西議論文章,皆蘇氏緒論。顧以黨禁方嚴,而子西又附張商英以進,其著作多不及蘇氏,止《題巢元修》及之,大致譏貶。《上蔡司空書》,論當世文學之士,止言尹師魯、王深甫,其趨暗如此,然亦何救於貶謫哉!’此論與余若合符節,正所謂三代直道也。”[三]

後輩不輸心前達,多由忌才,即作意負氣,同鄉同里,抑又甚焉。今古一揆,可爲浩歎。新城薄子西似矣,然集中尚有《聞東坡貶惠州》詩一首,至推爲天人,而《巢元修傳》亦未見大致譏貶,余意子西不出蘇門,坐在不肯落秦、晁諸公後耳。不然,其子文若當虜騎犯城,方督匠刻《東坡集》,豈父子異尚乎?然子西以博士累謫,張商英以進,概可知矣。論人者未可輕也,趙秋谷與新城同鄉同時[四],新城名重,秋谷不免曲折。子西此論及前只記自説作詩數語,新城或者有味乎其言之也。

官京時,於琉璃廠地攤内偶得子西先生《眉山集》一套四本,縹緗卷帙工整雅膩,文人手録。其中詩文目次正如新城所云,却無徐𤊹一篇及自説作詩數語,想沿轉抄襲遺去者。乾隆八年癸亥正月初八日事。

[一]“𤊹”,原作“渤”,據《明史·文苑傳二·鄭善夫》附傳改。後文此字之誤徑改,不再出校。

[二]“庚”,原作“唐”,據《居易録》卷一一及《王士禛全集·蠶尾文集》卷七《跋唐庚眉山集》改。

[三]“謂”,原脱,據《居易録》卷二〇補。

[四]“趙秋谷”,趙執信,字伸符,號秋谷,事迹詳《碑傳集》卷四五所録汪由敦撰之《文林郎前右春坊右贊善兼翰林院檢討趙先生執信墓誌銘》。◎又按,此一段與上一段,原爲卷一五倒數第二、三條,且前面有“補唐子西事”五字,今移至此處。

唐文若，字立夫[一]，子西先生子也，爲九江郡守。九江自梁太清始奠湓口，湓口，漢灌嬰所築也，灌井在焉。城負江面山，形勝盤據[二]，三方阻水，頗難攻取。曹翰討胡[三]，則逾年不下。或獻計於翰曰："城形爲上水龜，非腹脅不可攻。"從之，果得城。其所由入，在北闉新倉後。郡治之前對康廬，有峰曰"雙劍"。曹翰盡屠其城，李成等寇城亦入郛殘其民，取陰陽家説，意謂劍峰所致。立夫闢譙樓前地築爲二城，夾樓矗其上，謂之"匣樓"，曰匣實藏劍。有日者過其下[四]，曰："是利其民而不利於守。"立夫聞之，不以爲意。居一年，果卒。

周益公必大《跋子西帖》後：文若，一字仲懿，晚號道庵，紹興五年進士。守九江日，適虜騎犯舒，立夫參用民兵[五]，備禦整暇，方督匠刻《東坡集》，人賴以安。性既寡和，遇所喜形迹都忘。生平不言人過，雖有恨，亦嘗容之。常曰："觀人以初見爲定[六]，往往十得六七。"子輅，字德輿，亦能文，進《德壽宫古賦》[七]，後省第入甲等。乾道中，由大理司直出判漢州。淳熙十三年冬[八]，提轄榷貨務[九]。高宗上仙，獻嘖議謂合稱祖。破禮官之説，又及巷市七日事[十]。孝宗下其議，會御史察洪翰林邁議稱祖非是[十一]，洪家居待罪。孝宗曰："議禮如聚訟，何嫌異同？"於是禮官並疏輅失言，給事中亦乞罷輅[十二]。復通判隆州府[十三]。

[一]"夫"，原作"方"，承《桯史》卷八"九江郡城"條而誤，《桯史》整理者亦失察也。今據《宋史》卷三八八本傳、《南宋館閣録》卷七及下一條所引周必大《文忠集》卷四八之《跋唐子西帖》改。按，周必大與唐文若同朝爲官，共議時政，自不會記錯其字。後文之誤則徑改，不再説明。

[二]"據"，原作"路"，據《桯史》改。

[三]"討"，原脱，據《桯史》補。按，曹翰，《宋史》卷二六〇有傳。

[四]"者"，原脱，據《桯史》補。

[五]"民"，原脱，據《文忠集》補。

[六]"定"，原作"度"，據《文忠集》改。

[七]"宫"下，原有"慶"字，據《文忠集》删。

[八]"冬"，原作"各"，形近而誤，據《文忠集》改。

[九]"榷貨務"，原作"貨物"，據《文忠集》改。

[十] 按，此處所言相關事件，可參《文忠集》卷一七二"淳熙十四年十一月乙丑延和奏事"條。

[十一]"察"，原脱，據《文忠集》補。

[十二]"乞"，原脱，據《文忠集》補。

[十三] 按，此句之後，原有"益於立同僚最相友善"數字，未知是彭遵泗原文即如此，還是其孫整理遺著時脱誤如斯？文義不通，今删去。按，周必大原文云："予嘗與立夫同僚相善，又惟文士子孫能世其家如唐氏者未易多得，故傳其事於上舍游君所藏子西帖之後，使修史者有考焉。"《蜀故》想係據原文而删改，惜乎不知所云矣！

丹稜劉氏，籍元祐黨人中。魏了翁跋云：“崇寧定元祐爲奸黨，第元符上書人爲邪等，以附元祐之末。且奸黨之名，人所甚惡，而子孫矜以爲榮，作史者又以奸魁、邪上爲最榮。然則謂隨、夷溷，謂蹻、蹠廉[一]，千數百年間，用事之臣，蓋一轍也。書以貽劉東巽，識諸炎興詔旨之末。”[二]

杜莘老起莘，青神人，自蜀入朝，不以家行。高宗聞其清修獨處，甚愛之。一日，因德對，褒諭曰：“聞卿出局，即蒲團、紙帳，如一行脚僧，真難及也。”起莘頓首謝。未幾，擢爲諫官。張真甫戲曰：“吾蜀人如劉韶美、馮圜仲及僕[三]，皆無妻妾，塊然一獨處，與君等耳。君獨以此見知得擢拔，何也？當撾登聞鼓訴之。”相語大笑而罷。

宋彦祥，彭山人，好爲詩。魏鶴山曰：“彦祥前年過我，袖出八詩，有《擊壤集》中氣脉。今又求余友肩吾書之，索余題識[四]。詩造平淡，此豈易得？第擇理容有聖門所未到者。如‘點檢精時[五]，管甚人人與事事[六]？安排要似渠’等語[七]，更當商酌。”

任希夷，眉人。題陳洎亞之詩云：“如彼流泉必有源[八]，陳家詩律自專門。後山得法因鹽鐵，不減唐時杜審言。”亞之，師仲、師道之祖也。又有文忠文定二蘇公、孫莘老、李𡌴皆跋其後[九]。

[一] 按，此二句用賈誼《離騷賦》之語“謂隨、夷溷兮，謂跖、蹻廉”，見《漢書·賈誼傳》。應劭注云：“隨，卞隨，湯時廉士，湯以天下讓而不受；夷，伯夷也，不食周粟，餓於首陽之下。”李奇注云：“跖，秦大盗也；楚之大盗爲莊蹻。”

[二] 此條出《鶴山集》卷六五《跋丹稜劉氏黨籍》一文，有删節。

[三]“劉韶美”，即劉儀鳳，事見《老學庵筆記》卷二。◎“仲”，原作“中”，據此條出處《老學庵筆記》卷三、《渭南文集》卷三一《跋張敬夫書後》及《劍南詩稿》卷五二《送任夷仲大監》詩尾注等所提及此人之字而改。按，據《南宋館閣録》卷八，有校書郎馮方，字元仲，即此人也。

[四]“識”，原脱，據《鶴山集》卷六五《題彭山宋彦祥詩卷》補。按，此條即删節自魏了翁之文。

[五]“點檢”，原誤倒，據《鶴山集》乙正。

[六] 第二“人”字，《鶴山集》無，我們查宋本《重校鶴山先生大全文集》，亦無，當是彭遵泗因下“事事”而補者，然此處文義不詳，姑仍之。

[七]“似”，原作“佀”，當是“佀”與“侣”形近易誤而致混也，今據《鶴山集》改。◎“等語”，原脱，據《鶴山集》補。

[八]“必”，原作“以”，據乾隆本及《居易録》卷一改。

[九] 此條改寫自《居易録》卷一，《帶經堂詩話》卷六、《蜀故》卷一七亦有記載。末句所云文忠、文定二蘇公，分别指蘇軾、蘇轍；孫莘老，則指孫覺，《宋史》卷三四四有傳；李𡌴，《萬姓統譜》卷七二小傳云：“燾第四子，舉進士，入爲館職，文聲赫然。班對備陳忠讜，爲沿江制置副使，開閫於鄂，甚得江漢之心。入爲禮部尚書、資政殿學士。卒，謚文肅。所著有《悦齋集》。”

繁知一，巫山人。贈白樂天詩云："忠州刺史今才子，行過巫山必有詩。爲報高唐神女道，速排雲雨候清辭。"[一]

唐末蜀州青城縣味江山人唐求[二]，至性純悫，篤好雅道，放曠疏逸，幾於方外之士也。每入市，騎一青牛，至暮醺酣而歸，非其類不與之交。或吟或咏，有所得，則將稿撚爲丸，内於大瓢中，二十餘年莫知其數。其贈送寄别之詩，布於人口。暮年因卧病，索瓢致於江中，曰："斯文苟不沉没於水，後之人得者，方知我苦心耳。"漂至新渠江口，有識者曰："唐山人詩瓢也。"探得之，已遭漂潤損壞，十得其二三，凡三十餘篇行於世。《題鄭處士隱居》云："聞説最清曠，及來愁已空。數點石泉雨，一溪霜葉風。業在有山處，道成無事中。酌盡一樽酒，病夫顔亦紅。"《贈行如上人》云："不知名利苦[三]，念佛老岷沲[四]。補衲雲千片，香焚篆一窠。戀山人事少，憐客道心多。日日齋鐘後，高懸濾水羅。"[五]《青城山范賢觀》云："數里緣山不厭難，爲尋真訣問黄冠。苔鋪翠點仙橋滑，松織香梢古道寒。晝傍緑畦鋤嫩玉[六]，夜開紅竈撚新丹。鐘聲已斷泉聲在，風動瑶花月滿壇。"[七]《贈僧》云[八]："曾開半偈雲山中，貝葉翻時理盡通。般若常添持戒力，藥叉誰算念經功。雲間曉月應難染，海上孤舟自任風。長説滿庭花色好，一枝紅是一枝空。"夫草澤間有隱逸得志者，以經籍自娱，詩酒怡情，不耀文彩，不揚姓名，其趨附苟且得無愧赧唐山人乎！

陸惟忠，字子厚，眉山人，好丹藥，通術數，能詩。蕭然有出塵之姿，久客江南，無知之者[九]。

陳子昂初入京，不爲人知。有賣胡琴者[十]，價百萬，豪貴傳視無辨者。子昂突出謂左右曰："輦千緡市之。"衆驚問，答曰："予善此樂。"

[一] 此條載《唐詩紀事》卷五一，後來徵引者頗多。

[二]"唐求"，或寫作"唐球"，有詩一卷，收入《中華再造善本》。

[三]"苦"，原作"若"，形近而誤，據《茅亭客話》卷三"味江山人"條改。

[四]"沲"，與《茅亭客話》同，宋本《唐求詩集》作"峨"。

[五]"濾"，原作"瀘"，形近而誤，據《茅亭客話》改。按，古時僧人戒殺生，故飲水時以羅濾去水中生物。

[六]"畦"，原作"溪"，據《茅亭客話》《唐求詩集》改。

[七]"瑶"，原作"摇"，據《茅亭客話》改，《唐求詩集》作"茅"。

[八] 此詩，《唐求詩集》題作《贈楚公》。

[九] 此條出《東坡志林》卷一二，有删節。

[十]"者"，原脱，據《太平廣記》卷一七九、《唐詩紀事》卷八、《蜀都碎事》卷二等補，原文見《獨異記》。

曰："可得聞乎？"[一]曰："明日可集宣陽里。"如期偕往，酒肴畢具，置胡琴於前。食畢，捧琴語曰："蜀人陳子昂，有文百軸，馳走京轂，碌碌塵土，不爲人知。此樂賤工之役，豈宜留心？"碎而擊之，以其文軸遍贈會者。一日之内，聲華溢都。

唐大中初，綿州魏城縣人王助，舉進士，有奇文。蜀自陳子昂、李白後，繼之者乃此侯也。嘗撰《魏城縣道觀碑》，詞華典贍[二]。於時，薛逢牧綿州，見而賞之，壯其文類王勃也[三]。

楊升庵先生在滇，有張半谷含輩從游，時謂楊門六學士，以比黄、秦、晁、張諸人。半谷即愈光，餘則楊弘山士雲、王純庵廷表[四]、胡在軒廷禄、李中溪元陽、唐池南錡。又有吴高河懋爲七子，以擬廖明略。升庵謂："七子文藻，皆在滇雲[五]，一時盛事是也。"按，朱曰藩射陂集人日草堂詩引云[六]："升庵先生在江陽[七]，以畫像寄余白下，揭於寓齋，日夕虔奉，如在函丈。嘉靖己未人日，西域金大輿[八]、東海何良俊、吴門文伯仁、黄姬水、郭第、秣陵盛時泰、顧應祥相約過余，觴之齋中[九]。齋南嚮，先生像在壁間，諸子不敢背之坐，各東西席如侍側之禮。比邱員瀾餉中泠泉[十]，覓得陽羨貢茶一角，烹茶爲供，以宣甌注之，焚沉水於爐。作禮畢，就坐，皆嘆曰：'幸甚，今日乃得睹升庵先生。'文子曰[十一]：'今日之會奇矣！余當作《人日草堂圖》以寄先生。'余欣然拊掌，因拈'人日題詩寄草堂，遥憐故人思故鄉'之句作八鬮，散諸子，請各賦一篇

[一]"得聞"，原作"聞人"，據《太平廣記》等改。

[二]"贍"，原作"瞻"，雖云二者可通，然有本可據，故從《北夢瑣言》卷五"薛逢賞王助"條改。

[三]"壯"，原作"狀"，形近而誤，據《北夢瑣言》改。

[四]"表"，原脱，據《居易録》卷二五補。

[五]"雲"，原作"南"，據《升庵全集》卷三〇《病中永訣李張唐三公》詩末自注改。

[六]"引"，原脱，據《居易録》補。按，朱曰藩，字子价，號射陂，有《山帶閣集》三十三卷，收入《四庫全書存目叢書·集部》第一一〇册，其卷二五有《人日同諸君瞻禮升庵公像得人字》詩，卷三一有《人日草堂引》，《居易録》所言即《人日草堂引》，但與原文略異。

[七]"江"，原作"滇"，據《居易録》改。

[八]"域"，原作"城"，形近而誤據乾隆本及《居易録》改。

[九]"觴"，原作"處"，據《居易録》改。

[十]"員瀾"，原作"圓闊"，據《居易録》改，《山帶閣集》卷三一作"圓瀾"。

[十一]"文子"，原作"學"，蓋彭遵泗原稿作"文子"，其孫輩以爲乃"學"之俗字"斈"，遂改作"學"，謬甚。今據《居易録》改，所謂"文子"者，即前文之文伯仁也。後文此字之誤徑改，不再出校。

並寄先生，見吾輩萬里馳仰之懷。越二日，文子圖成。又二日，諸子詩次第成，余乃爲之引云。嘉靖己未，先生七十二，以是年六月卒於永昌。詩畫郵致之時，先生已不及見矣。”按，先生集有己未六月病中訣李、張、唐三君詩[一]，所謂“魑魅禦客八千里，羲皇上人四十年”是也[二]。當時先生流離顛沛，遠在天末，而遠近爲人企慕如此。東坡惜身歿南荒，不及玉局生還耳。彼讒人者，遺臭萬年，豈止與烟草同腐哉！

先生客滇南，游其門者自六學士外，又有隱士董難。難字西羽，泰和人，常輯《轉注古音》，著《韵譜》，《滇志》列《隱逸傳》[三]。曾見其《題玉局寺》一詩[四]，極佳，録之[五]：“杜鵑枝上春可憐[六]，杜鵑聲裏雨如烟。萋萋滿目芳草碧，杳杳一髮青山懸。忽悲麥秀客游次，却憶楝風花信前。惆悵池塘緑陰樹，驚心一曲南薰弦。”風格宛似升庵。

《樂府紀聞》曰：“成都楊慎所著書百餘種，號爲博洽。金華胡應麟嫌其熟於稗史，不嫻於正史，作筆叢以駁之。然楊輯《百琲明珠》《詞林萬選》[七]，王弇州亦謂之詞家功臣也。因辨禮謫戍瀘州，暇時紅粉傅面[八]，作雙丫髻插花[九]，諸妓捧觴以行，了不爲怍。有以書規之者，答云：‘文有仗景生情，詩或托物起興。如崔廷相臨陣[十]，則召田僧超爲《壯士歌》[十一]；宋子京修史，使麗豎燃椽燭[十二]；吴元中起草，令遠山磨隃糜[十三]。是或

[一]“李”，原脱，據《居易録》補。
[二]“上人”，原作“以上”，據《居易録》改。
[三]“逸”，原脱，據《居易録》卷二五補。
[四]“玉”，原作“王”，據《居易録》改。
[五]“之”，原脱，據《居易録》補。
[六]“春”，原作“聲”，據《居易録》改。
[七]“琲”，原作“騑”，據《歷代詩餘》卷一二〇改。按，此段亦見《古今詞話》卷下“楊慎詞富贍”條，文字略異。楊慎《百琲明珠》今存。
[八]“時”“傅”，原脱，文義不通，據《歷代詩餘》補。
[九]“丫”，原作“了”，與《歷代詩餘》同，今據《古今詞話》改。
[十]“臨”，原作“歸”，據乾隆本及《古今詞話》改。
[十一]“超”，原作“拓”，據《酉陽雜俎》卷六改。原文云：“有田僧超，能吹笳爲《壯士歌》《項羽吟》。將軍崔延伯出師，每臨敵，令僧超爲《壯士》聲，遂單馬入陣。”
[十二]按，宋祁修《唐書》之事，《全蜀藝文志》卷五八録《歲華紀麗譜》之語云：“公先奉詔修《唐書》，因以書局自隨至成都。每宴罷，盥漱，闢寢門，垂簾燃二椽燭，媵婢夾侍，和墨伸紙，望之者知公修《唐書》，若神仙焉。”
[十三]“糜”，原作“縻”，據《歷代詩餘》等改。隃糜乃古縣名，以産墨著稱，故借指墨。按，此事見《三朝北盟會編》卷五四：“敏（吴敏，即吴元中）有侍兒曰遠山，美姿色，通文理。敏每爲文，使供筆硯之役。一日，有訪敏者，敏方據案運筆，遠山者方磨墨拂紙，時服其風流如此。”

一道也，豈能執鞭古人？聊以耗壯心、遣餘年耳。知我者不可以不聞此言，不知我者不可以不聞此言。'"

楊升庵幼時，作《擬古戰場文》，有"青樓斷紅粉之魂[一]，白日照蒼苔之骨"，爲父所賞。一日，石齋同弟觀畫，問曰："景之美者，人曰似畫；畫之佳者，人曰似真[二]。孰爲正？"升庵曰："會心山水真如畫，妙手丹青畫似真。夢覺難分列禦寇，影形相贈晉詩人。"[三]

楊廷和七歲時，父月夜宴客。一客云："有一更矣。"一客云："半夜矣。"一客云："五更有一半矣。"時公在坐側，客出對云："一夜五更半夜五更之半。"公對云："三秋八月中秋八月之中。"後十二舉於鄉，十九登進士，歷官少師[四]。

楊石齋當國日，一弟爲京卿[五]，二弟爲方面，諸子姓布列中外甚衆。子慎復舉進士第一人，賀者畢至。公顰蹙曰："君知爲傀儡者乎？方奏伎時，次第陳舉，至曲終，必盡出之場。此亦吾曲終時也，何賀爲？"公以議禮不合去，慎謫戍滇南，而僉事惇以殺人抵大辟，家聲頓衰。

楊升庵序廣漢周受庵詩曰："吾蜀詩始萌芽蠶叢，有日月二章，蜀著《龍歸》三曲。隸風有江沱，即沱潛之域[六]；頌稱清穆[七]，乃吉甫之詩。漢興，司馬相如中葉擅名，四海爲雋。唐則陳子昂海内文宗，李太白古今詩聖，降而劉灣、雍陶、符載、李遠、唐求、范咸之徒，振其末嚮。蘇文公宋代詩祖，唐庚、韓駒、巽巖、後溪、魯交、李石、文丹淵、喻三嵎襲其殘芳。元則虞道園弟兄、鄧文原父子[八]，不隕其掞藻，以開皇明嘉州楊孟載[九]、青城王汝玉、成都袁可潛、徐遵晦、富順晏振之。宜賓年君倫、長寧侯汝弼、嘉州安公石、程以道，卓然名家。往年慎修《全

[一]"粉"，原作"紛"，形近而誤，據乾隆本及《堅瓠集·庚集》卷一"似畫似真"條改。《升庵全集》卷六六之"畫似真真似畫"亦有相關記載，可參看。

[二]"人曰"，原脱，據《堅瓠集》及前文補。

[三]"列禦寇"，《列子·周穆王》中詳解各種夢與感應之事。◎"形影相贈"，陶淵明有《形贈影》《影答形》詩。

[四]此條出《堅瓠集·辛集》卷一"楊文忠對"。

[五]"卿"，原作"鄉"，形近而誤，據乾隆本及《玉堂叢語》卷五改。

[六]"沱潛"，原互倒，據《升庵全集》卷三《周受庵詩選序》乙正。按，彭遵泗此處删要自升庵之文，故脱略較多，文辭有異。

[七]"頌"，原作"誦"，據《升庵全集》改。

[八]"元"，原脱，據《升庵全集》補。

[九]"以開"，原脱，據《升庵全集》補。

蜀藝文志》，載之不能盡也。”[一]

唐子西曰：“五經已後，有一司馬子長；三百五篇之後，有一杜子美。天生此兩人，以翼斯文之統也。故作文當學龍門，作詩當學少陵，以二書爲根本[二]，則趨向正而可以進退百家矣。”

康定間，益州書生張俞，嘗獻書朝庭[三]。然不喜仕進，隱青城山白雲溪。時樞密田況守成都，與詩曰：“深慚蜀太守，不及采芝人。”

雍州李洞，避朱泚之亂入蜀，隱於安岳大雲山中。鑿石爲洞，讀《易》其中，嘗師事賈島[四]。

耆儒贊《張果老倒騎驢圖》曰：“舉世多少人，誰似這老漢。不是倒騎驢，凡事回頭看。”[五]

《益部耆舊傳》：“廣漢有老翁[六]，釣於涪水，自號涪翁。”《後漢書·郭玉傳》亦然[七]。山谷謫涪州，因用此爲號。

譙定，字天授，其學得於蜀曩氏夷族[八]。袁溉，字道潔，其學得於富順監賣香薛翁。程子遇青城箍桶翁[九]，乃知未濟三陽失位爲男窮之義。又渡涪江，舟將危，正襟端坐，人問之，曰：“心存誠敬爾。”有一樵夫同舟登岸，乃問伊川曰：“公是達後如此，舍後如此？”伊川欲與之言，已去而不可追矣。

《靈池縣圖經》云：朱桃椎者，隱士也。以武德元年，於蜀縣白女村居焉。草服素冠，晦名匿位，織履自給，口無二價。後居棟平山白馬溪大盤石，山石色如冰素，平易如砥，可坐十人。石側有一樹，垂陰布護於其上，當暑熾之月，兹焉如秋，桃椎休偃於是焉。有好古之士，多於

[一]“蜀”，原作“省”，據《升庵全集》改。

[二]“以”，原脱，據《杜詩詳注》卷一《游龍門奉先寺》詩注文補。

[三]“書”，原作“晝”，據《雲齋廣録》卷一改。《蜀故》卷一二亦録此條。

[四] 此條見《蜀都碎事》卷二。

[五] 明江盈科《雪濤詩評》、清趙吉士《寄園寄所寄》卷四等皆載此事。所謂耆儒，據《御定歷代題畫詩類》卷六一及《列朝詩集·閏集》卷二，乃明代僧人果庵。

[六]“廣漢”，宋龔頤正《芥隱筆記》作“廣陵”，誤。按，稱此事出《益部耆舊傳》者，見《初學記》卷二二“涪水”。

[七]“漢書”，原脱，據《芥隱筆記》《後漢書·郭玉傳》補。

[八]“曩”，原作“裹”，形近而誤，據乾隆本及《升庵全集》卷四八“蜀之隱逸”條改。按，《宋史·隱逸傳》載譙定其事，言其“少喜學佛，析其理，歸於儒。後學《易》於郭曩氏”云云。

[九]“遇”，原作“寓”，據《升庵全集》改。

茲游。朱公或斫輪以爲資，前長史李厚德、後長史高士廉，或招以弓旌，或遺以尺牘，並笑傲不答。太子少保河東薛公稷初爲彭山令，聞其風而說之，乃作《茅茨賦》以贈焉。洎解印還京，假途就謁，其室已虚矣。但遺踪宛然，訪於鄉里，云[一]："朱公或出或處，或隱或顯，蓋得道者。"[二]薛公題贊於其壁而還長安。復數年，鄉人時見朱公，而竟不知所在，其所隱之石，今亦不見，巨木之下，惟石洞存焉。近年石洞長亦閉塞。後宰邑好事者刻賦爲碣，立於洞門官道之側。然鄉邑祈請焚香禱祝者，頗有靈應。自非得道證品，孰能與於此乎？贊云："先生知足，離居盤桓。口無二價，食惟一餐。築土爲室[三]，卷葉爲冠。斫輪之妙，齊、扁同歡。"[四]

嚴遵，臨邛人，賣卜成都。有富人羅冲饋以車馬衣食，卻之曰："益我貨者損我神[五]，生我名者殺我身。"謂之名言。揚雄少從之學，嘆曰："風聲足以激貪勵俗，近古之逸民也。"

邛州天慶觀，有陳希夷石刻，云："因攀奉縣尹尚書水南小酌回[六]，舍轡特叩松扃[七]，謁高公。茶話移時，偶書二十八字。道門弟子圖南上。"詩云："我謂浮榮真是幻[八]，醉來舍轡謁高公。因聆玄論冥冥理[九]，轉覺塵寰一夢中。"末書"太歲丁酉"，蓋蜀孟昶時，當晉天福中也。天慶本唐天師觀，後有文與可跋，云："高公者，此觀都威儀何昌一也。希夷從之學鎖鼻法。"《老學庵筆記》

五代唐帝謂史虚白曰："真處士，風月主人蜀歐陽彬也，皂江漁翁蜀張立也。"[十]

[一]"云"，原脱，據《録異記》卷一補。
[二]"者"，原脱，據《録異記》補。
[三]"築土爲室"，原作"築石爲土"，據《録異記》改。
[四]按，此贊語原在下一條之後，實則亦出《録異記》卷一，乃薛稷《茅茨賦》之贊語，故移至此處。
[五]"貨"，原作"資"，據《廣輿記》卷一七及《高士傳》卷中改。從文句來看，此條出《廣輿記》，而《高士傳》之記載更詳，可參看。
[六]"攀奉"，原誤倒，據《老學庵筆記》卷六乙正。
[七]"舍轡"，原脱，據《老學庵筆記》補。
[八]"榮"，原作"雲"，據《老學庵筆記》改。
[九]"聆"，原作"淪"，據《老學庵筆記》改。
[十] 此條出《五代詩話》卷一〇"别號"。

蜀故卷十五

人物五

楊太博，資州人也。年十六，廬父母墓三年。有神燈照墓，猛虎馴伏，有白兔之異。蜀相王公上聞，降敕褒獎[一]，表其門閭。

資州人陰玄之，少習五經，尤精左史。父歿廬墓，六時臨哭，常有溪龍山虎助其號聲。久之，亦有鬼神助哭。每夜常有二燈來照墓前，至明乃息。又丁母憂，廬墓凡六年，草庵破壞，終不再葺，處於土穴中。每患冷氣腰脚，聲音嘶嗄而講誦不倦[二]。每謂人曰："干名求進，非爲己身。吾二親俱歿，禄不及養，何用名爲？"竟不應舉，貧苦終身，八十餘年而卒。

勾龍弘道，居梓潼山下偃武亭南，廬墓於官路之東，年逾八十，髮長丈餘。父母二墳，各生紫芝一莖，高六七寸，馴伏猛獸，以爲常焉[三]。廣明辛丑歲，僖宗幸蜀，親幸其第，坐於庭中巨石上。弘道尋作亭子，覆護其石。乙巳年駕回，又臨幸之，頒賜錢帛衣物甚多，來往皆如之[四]。駕駐劍州，詔復其租賦三年，仍賜旌表。

支漸，蜀之資陽人。母喪，廬於墓，白蛇、素狸繞其傍[五]，皓鳥、皠雀集於體。

《蜀檮杌》載[六]："蓬池人程宗雅，母疾，泣竹林，得冬笋。"則泣笋

[一]"褒"，原脱，據《録異記》卷三補，文義更暢。

[二]"講"，原脱，據《録異記》卷三補。

[三]"焉"，原作"爲"，形近而誤，據乾隆本及《録異記》卷三改。

[四]"如"，原作"爲"，據《録異記》卷三改。

[五]"白"，原作"青"，據《升庵全集》卷五一"二孝子事相類"條改。按，後之"素""皓""皠"皆爲白色之義，作"青"顯誤。明董斯張《廣博物志》卷一八亦載此條，但言出《華陽國志》，顯誤。支漸乃北宋人，以孝道著稱，《宋史·孝義傳》有載。

[六]"蜀"，原脱，據《池北偶談》卷二五補。

不止孟宗也[一]。

黄璿，富順人，字公瑾。年十二，其祖病渴思螺湯，時天寒冰凍，家人遍求弗得。璿往田中，於冰下得螺四十枚，持歸作湯以進，祖病愈。璿後歷任中外，致政而歸，築室錫溪以奉母。母歿廬墓，芝草生於塋域。少傅夏元吉、國子祭酒胡儼，皆作詩美之[二]。

楊蔭，射洪人。甫七歲，妖賊蔡百貫攻城，士民盡逃，蔭随八旬祖母依城不去。賊至問故，答以"祖母老不能行"[三]，賊嘉其孝，遂不毁城中房屋。事聞，建坊旌表。

隗叔通，僰人也，性至孝。母每病，食必須江水，水難汲。一旦，水中石出，便於汲水。至今尚在江中，號孝子石[四]。

杜孝，巴郡人。母嗜魚膾，杜役於成都，買魚盛以竹筒，投之江，祝曰："願母得此作膾。"婦出汲，忽見竹筒浮至，異而取之，見二魚，曰："夫所寄也，熟以進姑。"聞者嘆其孝感[五]。

達州民某，兄弟二人甚友愛。弟未授室而他出，其兄賣身得十二金，爲聘婦。弟歸娶，知兄賣身事，乃相持而泣，遣其婦往母家取原金爲兄贖身。湖南流民二人某某知其事，尾之，中遂擊婦死，而攫其金。忽迅雷大震，擊二人立斃，其尸羅跪於婦之門，手中持十二金。頃之婦復蘇，歸至其家，則二人者已先跪門外。婦語其故，兄弟鄰里及州人來觀者如堵，莫不嘆異，以爲孝友、强暴之報施不爽如此[六]。

合州李實，號虚庵，由進士以都給事中加侍郎職。當英宗北狩，舉朝無敢往者，實獨以單騎入敵營面折也。先得見英宗，帝喜曰："在此逾年，始見卿至。"時實賦有"重整衣冠拜上皇，備聞聖語重凄凉"之句。生平有膽智風力，雄辨而忠義，震懾敵，敵無不屈服。自實此行，復漸議迎駕。論者謂回鑾之功不在李賢而在實云[七]。

[一]"孟宗"，亦作"孟仁"，《郝氏續後漢書》卷六三有傳。

[二] 此條出雍正《四川通志》卷一〇上。徐乾學《讀禮通考》卷一一一亦載。

[三]"老不能行"，雍正《四川通志》卷一〇上作"在不敢行"，彭遵泗爲弘揚孝道而改也。

[四]《北堂書鈔》卷一六〇、《太平御覽》卷五二載此條，皆言出自《蜀中記》。此條與《北堂書鈔》等文字略異。

[五]《太平寰宇記》卷七二、《明一統志》卷六九皆載此事，《太平寰宇記》言出《孝子傳》。

[六] 此條出王士禛《香祖筆記》卷七。

[七]"謂"，原脱，據雍正《四川通志》卷一二補。按，英宗北狩即"土木堡之變"中被俘入北方，滯留蒙古之事。李實有《北使録》，楊善有《使虜記》，皆可參看。

宜賓范珠，字介庵，成化丙辰進士，浙江道御史。嘉靖初議大禮，諸臣廷諫，欲刑以錫蛇。珠解衣裸體，自糾錫蛇，伏諫曰："陛下若納臣言則天下治，不納則亂。"上怒，欲加刑，忽風雨暴至，雷擊錫蛇，獲免。上嘉其直，賜對聯曰："柏府霜操真御史，黄堂直正古諸侯。"又賜金瓜一對，稱爲鐵面御史[一]。

胡子昭，大足人，任榮縣學訓導，升翰林院檢討，歷刑部侍郎。建文初，充纂修官。文皇渡江，與方孝孺同死，臨刑賦詩云："兩間正氣歸泉壤，一點丹心在帝鄉。"嘉靖中，立祠祀之[二]。

胡子義，子昭之弟也。膺辟薦，分教威遠，歷山東僉事。聞兄死節，棄官避世，隱於丹稜縣民家，蜀王知而憐之。生子二，各年數歲，乃曰："天不絶胡氏，二子當免於難。"遂棄去，不知所終。有《懷鄉詩》曰："一區廢宅棠山下，半畝方塘夕照中。鄉國匪遥身自遠，乾坤雖大足難容。"[三]

苟惠，通江人，剛烈有胆略。正德間，鄢、藍賊起，惠率兵合羅回軍爲犄角以擊之[四]，賊破，退走龍潭。惠從間道衝殺，賊溺死水中，水爲之不流。復與賊戰於松樹埡，殺傷甚多。會日暮，賊伏兵出，惠力戰而死。官録其子策良，策良方廬墓，賊擒之去，亦不屈死。

苟溥者，苟惠族弟也，素負勇略，膂力兼人。鄢、藍賊陷城，烟焰蔽天，溥帥鋭卒五百人合兵進擊，賊敗於三花頂，兵聲大振。又敗於龍潭，尸骸枕藉山谷。後數百賊潛入溥家，短兵相接，戰於門，身被數十劍，父子兄弟同時戰死者二十五人[五]。

鄒公瑾，江津人。洪武時，以明經薦，任本縣教諭，遷監察御史。建文遜國，死之[六]。

劉養貞，大邑人，由進士歷湖廣漢陽府推官，升部署郎。闖賊犯都，懷宗之難，貞爲持服，蚤暮悲泣，如喪考妣。食貧，邸舍以賣卜爲生，人呼劉孝子，病卒於燕京[七]。

[一] 此條出雍正《四川通志》卷八，康熙《叙州府志》卷五亦有記載。

[二] 此條見嘉靖《四川總志》卷九、雍正《四川通志》卷一二等。

[三] 此條見萬曆《四川總志》卷九、雍正《四川通志》卷三八之一、乾隆《大足縣志》卷九等。

[四] "合"，原脱，據雍正《四川通志》卷一二補。

[五] 此條見雍正《四川通志》卷一二。

[六] 此條見雍正《四川通志》卷一二。

[七] 此條見雍正《四川通志》卷一二，亦見《蜀碧》卷四，文字略異。

邛州劉道貞[一]，字墨仙，天啓辛酉舉於鄉。張獻忠據成都，貞走沉黎，激勵土漢同曹勳等舉兵[二]，敗賊於小關山。後以憂鬱病卒於黎城。户部范文光挽詞云："討仇終有恨，學佛竟無成。"聞者莫不傷悼。

合州鄒汝愚，時讀書龍泉庵，掃樹葉繼膏火。成化丙午，領解，郡人聚觀，馬上口占曰："龍泉庵上苦書生，偶竊三巴第一名。世上許多難處事，鄉人何用太相驚。"後先以庶吉士劾奏萬安、劉吉、尹直，皆免。劉吉百計圖陷，因謀誣湯鼐事，並逮先生獄。謫廣東石城吏目，其《寫懷詩》："朝野方傳英主事，安危寧係小臣身。銀山鐵壁雖難動，玉色金聲本易親。人到白頭都是盡，事垂青史定誰真。夢中不識身猶繫，又逐東風入紫宸。"被貶，《辭朝》詩云："雲韶聲静拜彤墀，轉覺嬋媛不自持。罪大故應誅两觀，網疏猶得竄三危。盡披肝膽知何日，望見衣裳正此時。但願太平無一事，孤臣萬死更何悲。"宋儒後接道脉之傳者，於明得理學名臣十四人也，中智居一焉[三]。

彭乾，永川人，舉孝廉，令平凉莊浪縣。會歲歉，民乏食，賦役繁重，道殣相望。流賊一斗穀、王老虎等蟻聚蜂屯，平凉無堅城，所向皆破。乾以崇禎五年由間道馳至，備器械，選材勇，謀食謀守，身親督率。俄而賊大至，圍攻一晝夜，見城内有備，即散去。去而復來，雲梯、銃弩百道俱廢，公隨機應敵，如出慣習，鼓勵壯勇登陴死守，令婦女負石掘土，以供填飛擊之用。直至四十七日，而賊始撤去，莊浪得全。自此以後，習公守備之法，賊屢至不能破。公解圍後，以勞瘁成疾而卒，百姓哀之。時以國家多事，不得上請，民爲立祠於關帝廟側，春秋祀之，至今猶然。予過其地進謁，因記之。

獻賊自荆州上峽，攻陷重慶。蜀撫都御史陳士奇、重慶太守王行儉、巴縣令王錫，同日罵賊被磔死。酆都林明儁作《三忠傳》，巴人立三忠祠祀之[四]。

明尚書王公德完，字希泉，廣安州人。萬曆庚子時，山東馮琢庵琦、南充黄慎軒輝同侍皇長子日講。退謂王公曰："今日皇長子閟言母后憂危

[一]《蜀碧》卷四有《劉道貞傳》，可參看。
[二]"勵"，原作"厲"，據雍正《四川通志》卷一二改。
[三]此條或係據萬曆《合州志》卷七、乾隆《合州志》卷五綜合改寫而來也。
[四]按，陳士奇、王行儉及王錫三公之事，彭遵泗《蜀碧》卷二有詳載，可參看。

狀，殆不自保。”馮又曰：“今日之計，母后安則皇長子安，而天下安，否則危矣。須得一人拚性命説破，庶有濟乎！”王公慷慨起曰：“此言官責，公詞臣，可無言[一]。然某言之必死，老母弱子以累慎軒矣。”疏入，神宗大怒，下詔獄究問主使之人。當是時，馮公自分不免。王公備任慘毒，但云道路喧傳高皇使語，不及他。拜杖謫歸。天啓中，起廢籍，至尚書。公在獄中家書及馮、黄二公手札，敬録於此。家書云：“十月二十八日，男上中宫本，蓋中宫危則皇長子危，長子危則宗廟社稷危，此回天機括，曲突徙薪上策。男赤心爲國，奮不顧身，冒昧陳言，致皇上震怒，拏送鎮撫司考訊。人臣盡忠報國，獨立敢言，誰爲主使？皇上初震雷霆，計且不測，幸賴二祖列宗在天之靈，皇上夢一金甲神人持鞭而撻，宫殿摇動，因此上心驚懼，男遂免於廷杖[二]，止繫鎮撫司中，出則無期也。各衙門上三疏救[三]，皆不報。男思人臣爲宗廟社稷，即死亦可不朽。矧仗我祖宗父母積德累仁[四]，今得不死，非聖主恩深，焉能再造耶！萬里長途，两位老母暮年聞此信息，驚皇憂慮，恐致成病，則不孝之罪無所容於天地間矣。”馮公書云[五]：“千古綱常，萬年宗社，係兄此舉。蓋向來所言，止及國本，而兄所言者，事之本也。烈心奇節，與鄒爾瞻等[六]，而所關比爾瞻更大。國史野史，大書特書，不一書矣。雷霆之下，笞箠慘并，百僚悸心，千夫隕涕，寄九死於九關，幸而不死[七]，社稷實式靈之[八]。既逆隆旨，干天譴，士之處此，當以忠智相兼，有身在無忘主恩，有舌在無談國事，事在身外，身在世外[九]，鷗波萍迹，足寄此生。柴車就道，形踪宜晦，即遇故舊，一夫一馬亦勿受之。貂璫满途，百凡寧過慎耶？行矣足下，相與淺而意則深，業已成千秋之事，爲千秋之人，事事須與此舉相稱。合龍逄、黄、綺爲一人[十]，乃爲全盛。若異日出而肩

[一]“可無”，原倒，據《池北偶談》卷六乙正。
[二]“免”，原脱，據《池北偶談》補。
[三]“上三”，原倒，據《池北偶談》乙正。
[四]“仗”，原脱，據《池北偶談》補。
[五]“書”，原脱，據《池北偶談》補。
[六]“鄒爾瞻”，即鄒元標，《明史》卷二四三有傳。
[七]“幸”，原脱，據《池北偶談》補。
[八]“式靈”，原作“憑”，據《池北偶談》改。
[九]“世外”，原作“世中”，據《池北偶談》改。
[十]“龍逄”，即關龍逄，《漢書·賈山傳》“雖關龍逄、箕子、比干之賢，身死亡而道不用”句，服虔注曰：“關龍逄，桀之忠臣也。”◎“黄、綺”，即商山四皓之綺里季夏與黄公。

大任，建大業，則在天不在我。然聊以兄之出處卜之也，勿煩作報書，有所欲言，他日覓便相聞可耳。”黄書略云：“臣罪當誅兮天王聖明[一]，此語至當，真見古人之心。譬如父母反目，泣諫不從，大杖而走，豈須臾忘怨慕哉！常存此心，自不見直言得罪有毫髪之可矜負也。天下人公共大事，被兄一肩擔盡，所關至大，而弟所言欲‘百尺竿頭更進一步’[二]，蓋責賢者愛不能已耳。”

韓國士，瀘州衛人，以勳裔爲諸生。藺賊逼城垂陷[三]，守者開門降，國士義不肯屈，囑妻朱氏三人、女二人皆縊死。乃題句於外壁，曰：“不貪倖生，不污賊刃。闔室同歸，甘於一爐。”題畢，毁其室，身赴烈焰死。

傅生，納溪學生。藺賊起，生聞悲泣數日，具酒食與親鄰永訣，因題“目不睹君親之難，耳不聞僭逆之聲。四肢願付清流，一心可質上帝”之語於扇頭，以弱孫使僕負之逃，舉家乘舟自沉江中。後表其閭曰“一門節義”。

梁道濟，龍安府庠生，同妻楊氏避亂山中。賊執之，使跽，道濟罵曰：“我讀聖賢書，豈爲賊屈膝耶？”欲犯其妻，妻亦罵曰：“我爲名家女、士人妻，爾速殺我，随夫地下，於願足矣。”賊怒，縛剮之，至死夫妻罵聲不絶[四]。

姚氏，蓬州人。永樂靖難時，聚闔門男婦，置酒哭祭建文，痛飲，皆縊死。鄉里積尸焚，爲棺長二丈許，大窖藏焉。太守不敢顯旌，惟題其碣曰“姚氏一門之墓”，在城南紅土坡[五]。

汪光翰，字文卿，婺源人，幼涉書史，知大義。崇禎末，景陵胡恒官川南道，光翰爲幕客。恒駐節邛州，逆獻陷成都，分兵狗邛。恒命光翰出調兵，并檄寧越守備楊起泰將兵援邛。未至而城陷，恒與其子士驊戰死，闔門百口皆遇害。惟士驊妻朱氏洎幼子峨生得脱，匿民間，随士

[一]“聖明”，原倒，據《池北偶談》乙正。

[二]“弟”，原作“第”，據乾隆本及《池北偶談》改。

[三]“藺”，原作“闞”，據乾隆本及雍正《四川通志》卷一二、乾隆《直隸瀘州志》卷六改。按，藺賊指天啓末年重慶地區奢崇明及其子奢寅，二人率兵至重慶，殺巡撫以下命官二十餘人，據城而叛。康熙《敘永廳志》卷二等有載。下一條之“藺”原亦作“闞”，仍據乾隆本及《四川通志》改。

[四]雍正《四川通志》卷一二、《蜀碧》卷二皆載此二人事迹。

[五]此條可參雍正《四川通志》卷一二及《蜀故》卷一〇。

驊母舅陳君美者轉徙榮經。降賊武大定，駐嘉州，聞朱有殊色，劫致之[一]。朱剺面毁容以免，堅操撫孤。光翰間關夷猓中，得朱氏母子所在，事之甚謹。值劍南大饑，斗米十金，光翰不避刀俎，多方保護之，母子得全。自是或服賈，或課蒙，或爲僧，稍獲贏餘，以給饘粥，二十餘年不倦[二]。朱教子極嚴，峨生亦讀書自奮，能文章。蜀平，峽路通，汪乃躬送朱氏母子歸景陵。楚、蜀人莫不高朱氏之節、誦光翰之義，以爲忠臣孝子之報云。是時，從胡公死義者有夫人樊氏、成氏、士驊妾周氏、僕京兒、弩來、婢二女，凡七人[三]。又有鍾之綬者，字楷士，亦景陵人，從胡入蜀[四]，游峨眉，遂不歸。聞胡公父子殉義，乃自瓦屋山至榮經[五]，與光翰同撫孤兒，歷八年所[六]。入滇，至昆陽死。

孫昭遠，建炎初遷河南尹、西京留守，收集散亡爲義兵以拒金人。後金人來攻，昭遠戰不利，其下欲擁之南還，昭遠怒，遂遇害。元祐進士[七]。

孫抃，嘉祐中爲御史中丞。内侍任守中建節[八]，抃奏罷之。張貴妃卒，追册命爲后，抃力争止之。

楊孟容，治平間預濮議不合，熙寧間議新法又不合，元祐中乞致仕。哲宗書“清節”二字賜之[九]。

巢谷[十]，年七十，徒步訪二蘇於嶺海，至新州病死。轍哭之失聲，曰：“谷於朋友之義，無愧高恭[十一]。惜不遇襄子，而前遇韓存寶，後遇予兄弟也。”

[一]“之”，原脱，據《帶經堂集》卷七九及《蜀碧》卷四補。

[二]“餘”，原脱，據《帶經堂集》《蜀碧》補。

[三]“七”後原有“八”字，據《帶經堂集》删。

[四]“胡”，原作“故”，據《帶經堂集》《蜀碧》改。

[五]“屋”，原脱，據《帶經堂集》《蜀碧》補。

[六]“歷”，原脱，據《帶經堂集》《蜀碧》補。

[七]《明一統志》卷七一、雍正《四川通志》卷一二皆載此條。孫昭遠，《宋史》卷四五三有傳。

[八]“任”，原作“王”，與《明一統志》卷七一、《萬姓統譜》卷二一、《廣輿記》卷一七、雍正《四川通志》卷九上皆同，今據《方輿勝覽》卷五三改。按，任守忠，《宋史》卷四六八有傳。

[九]《明一統志》卷七一、《萬姓統譜》卷四一、《廣輿記》卷一七、雍正《四川通志》卷九上皆載此條。

[十]“巢”，原脱，據《明一統志》卷七一、《萬姓統譜》卷三一、《山堂肆考》卷一〇五等改。按，《欒城集·後集》卷二五有《巢谷傳》。

[十一]“恭”，原作“光”，據《欒城集》《山堂肆考》等改。

任伯雨，以雍丘縣擢右正言[一]，首擊章惇。章八上[二]，貶惇雷州[三]。繼論蔡卞六事。居半歲[四]，所上一百八疏，曾布惡之，出知虢州。黨事作，削籍。

王當，東坡以賢良方正薦，廷對[五]，慷慨不避權貴。蔡京知成都，舉爲學官，不赴。後見京入相，遂不復仕。

家愿，紹聖初舉進士。廷問，力詆元祐之政，愿答策惟以守元祐已行者爲言。元符間，詔論時政，凡萬言，後入黨。初，蘇轍讀愿策，謂異日當以直道聞，果驗[六]。

楊椿，累任憲節，甚有風績，以不附秦檜罷政家居[七]。

任盡言，秦檜死，推湯鵬舉侍御史，盡言以啓賀曰："以三尺之童連冠兩科之士，老牛舐犢，溺愛誰先？野鳥爲鸞，欺君孰甚？"[八]

家大酉，愿曾孫，舉進士，授昭化主簿。吴曦叛蜀，大酉不受逆儔之招。被召用，累官工部侍郎，與宰相史嵩之不合，罷去。大酉屢起屢仆，不變所守[九]。

蘇元老，坡從孫，舉進士，官太常。時禁元祐學術，坡在黨籍，元老亦罷，提點明道宫[十]。嘆曰："昔顏子附驥尾而名亦顯，元老以世家坐累，豈不榮哉！"

史次秦，舉進士，爲大安教授。吴曦之叛，招次秦甚急。次秦以石灰、桐油塗目，用生附子傅之，比至目腫，母命家人詐以訃聞[十一]。後仕至合州太守。

家鉉翁，宋末人，舉進士，累官端明殿學士，僉書樞密院事。元兵

[一]"丘"，原作"上"，據地名改。此條之出處雍正《四川通志》卷九上則又諱作"邱"也。
[二]"八"，原作"入"，形近而誤，據雍正《四川通志》改。按，《宋史》卷三四五有任伯雨傳。
[三]"雷"，原作"處"，與《四川通志》同，據《宋史·任伯雨傳》改。
[四]"半"，原作"八"，據雍正《四川通志》及《宋史》本傳改。
[五]"廷"，原作"建"，據乾隆本及《宋史》本傳改。
[六]《明一統志》卷七一、雍正《四川通志》卷九上皆載此條。按，家愿，《宋史》卷三九〇有傳。
[七]此條出《明一統志》卷七一，雍正《四川通志》卷九上亦有小傳。
[八]《方輿勝覽》卷五三、雍正《四川通志》卷九上皆載此條。
[九]此條見《明一統志》卷七一、雍正《四川通志》卷九上，文字略異。
[十]"官"，原作"公"，據《明一統志》卷七一改。按，《宋史·蘇轍傳》後有蘇元老附傳。
[十一]"人"，原脱，據《明一統志》卷七一、《萬姓統譜》卷七四、雍正《四川通志》卷一二等補。

至，奉表祈請被執。聞理宗亡，日夕哭泣，不食飲。元世祖高其節，敬授以官，不受。後教授河間，每語及宋興亡之迹，輒流涕太息。成宗即位，放還，賜以金帛，不受[一]。

張景賢，明人，豪爽，喜談兵。時洞庭寇甚熾，公爲海防禦，與戰於狼山，大捷。世廟賜金帛，連擢至右僉都御史。以未通時相，得謗閑住。詩文、書法俱絶妙一時。又能望氣，常行至江邊，得奇石，手製炮，百餘人争寶焉。藏古畫書法，皆有品題[二]。

李仁甫疾，上遣給事中宇文价傳上意，燾因叩時事，勉以忠藎。又聞四川乞减酒課額，猶手劄贊廟堂行之。病革，口占遺表："望上師藝祖，則昭陵。"忠耿之性，至死不改如此[三]。

秦檜盛時，嘗遣人諭意，欲得燾一通問，即召用之。燾惡其誤國擅權，訖不與見，坐此偃蹇州縣垂二十年[四]。

元祐眉山黨籍，不獨東坡兄弟也。有王宿與同郡李由頤、程之才、楊明、家愿、楊恂、蘇千鈞、賈勉中、史彭年、孫曾、家度、史欽、家德基、家幹、劉剛、楊貫、張繻、史勵節、家移中、家寧、史勤、李故、成彪、史書言、費易共二十五人，俱以元符上書入黨籍。又有劉渤上書辨宣仁之誣及司馬光之枉用范純仁、蘇轍，退章惇、蔡卞、吕惠卿、蔡京等，亦坐黨籍[五]。

梓潼山人李堯夫，謁蜀相李昊，昊戲曰："何名之背時也？"堯夫厲色曰："甘作堯時夫，不樂蜀中相。"因是爲昊所擯[六]。

張雲爲補闕，自比朱雲。景潤澄曰："昔朱雲請上方斬馬劍，今上方只有割鷄刀，卿欲用乎？"[七]雲曰："鷄刀雖小，亦足以屠群狗。"

何焕，閬中人，累官御史大夫，以風節著，賜其里曰柏臺[八]。

[一]《明一統志》卷七一、《萬姓統譜》卷三六、《廣輿記》卷一七、雍正《四川通志》卷一二等皆載此人小傳，文字略異。

[二] 此條出康熙《眉州屬志》卷二。

[三] 此條見乾隆《丹稜縣志》卷一二下。按，李仁甫即李燾，《宋史》卷三八八有傳。

[四]《宋史全文》卷二二及康熙《眉州屬志》卷二皆載此條。

[五] 此條出《明一統志》卷七一，《萬姓統譜》卷四四等亦載之。

[六]《能改齋漫録》卷五之"凉風消息幾時來"、《蜀中廣記》卷一〇三載此條，皆云出自《岷山異事》。

[七]"欲"，原作"與"，據《類説》卷二七引《外史檮杌》"鷄刀斬狗"條改。《蜀檮杌校箋》卷二所載文句較此更詳，可參看。

[八] 此條出《廣輿記》卷一六，《明一統志》卷六八、《萬姓統譜》卷三四亦有記載，文字略異。

李平，字正方，爲都護。陳震曰："正方腹有鱗甲，但不可犯耳。"[一]

費禕，昭化人，魏軍次興平，禕督師往禦。光禄大夫來敏至禕送别，就求圍棋[二]。於時羽檄交馳，嚴駕已趣，禕從容對奕，無厭倦意。敏曰："聊試卿耳，信自可人，必能辦賊。"[三]

陳堯咨有惡馬不可騎。一日，父諫議入厩不見[四]，問之牧人，曰："已賣與他人矣。"陳曰："我既誤買，可復誤人耶？"急取馬歸，而還其值。

孫文懿公抃，眉州人。少時家貧，欲典田赴試京師[五]，自經縣判狀，尉李昭言戲之曰："似君人物求試京師者有幾？"文懿以第三登第，後判審官院。李昭言者赴調，見公恐甚，意公不忘前日之言也。公特差昭言知眉州。又公常聚徒榮州[六]，貧甚，得束修之物持歸，爲一村鎮鎮將悉税之[七]。至公任監左藏庫[八]，鎮將者部州絹綱至，見公愧懼。公慰謝之[九]，以黄金一兩贈其歸，其盛德如此。後參知政事。

蜀郡張寬，字叔文，漢武帝時爲侍中，從祀甘泉。至渭橋[十]，有一女子浴於渭水，乳長七尺。上怪其異，遣問之，女曰："帝後第七車者知我所來。"時寬在七車，對曰："天星主祭者，齋戒不潔則女人見。"

《太平御覽》[十一]："諸葛武侯時有蒲元者，冶術同歐冶、風胡，常爲孔明鑄刀劍。言蜀惟江水爽烈，及涪水皆不任淬刀劍，或以涪水雜江水，

[一] 此條見《蘭雪堂古事苑定本》卷四。《三國志·蜀志》有李嚴傳，即李平也。

[二]"圍"，原作"圖"，形近而誤，據《三國志·蜀志·費禕傳》改。《藝文類聚》卷七四等亦載此條，文句略異。

[三]"辦"，原作"辨"，據《三國志》改。

[四]"父諫議"，原脱，據《能改齋漫録》卷一二"陳諫議償直取馬"條補。按，取馬償值之人乃陳堯咨之父陳省華，《宋史·陳堯佐傳》稱其官至左諫議大夫。若不補，則易讓人誤會。後文之"陳"亦當是指陳省華。

[五] 底本本卷此後缺頁，據乾隆本補入。

[六]"公"，原作"云"，據《邵氏聞見録》卷八改。

[七]"鎮將"，原脱，據《邵氏聞見録》補。

[八]"庫"，原脱，據《邵氏聞見録》補。

[九]"謝"，原作"誨"，據《邵氏聞見録》改。

[十]"至"，原脱，據《初學記》卷一二等補，文義更暢。按，《華陽國志》卷一〇上、《初學記》卷一二、《北堂書鈔》卷五八、《藝文類聚》卷四八、《太平御覽》卷六二等皆載此條，云出自《益部耆舊傳》，唯《太平廣記》卷一六一云出《漢武故事》。

[十一]"太平御覽"，原作"太平廣記"，蓋據楊慎《丹鉛總録》卷一六、《譚苑醍醐》卷四"水性"條而誤。楊氏言其"近閲《太平廣記》，諸葛孔明時有蒲元者"云云，今檢《太平廣記》未載，而《太平御覽》卷三四五則有載，且《廣博物志》卷三二亦言出《太平御覽》，故據改。又，《太平御覽》、《蜀中廣記》卷六九、《天中記》卷九等皆言此條記載之事出《蒲元傳》或《蒲元别傳》。

元輒能辨之。”

世俗命强記者曰張松。按《蜀紀·劉禪紀》注：“楊修以所撰兵書示張松，飲宴間一看便暗誦之。”即此也[一]。

歐陽彬爲嘉州刺史，喜曰：“青山緑水中爲二千石[二]，作詩飲酒爲風月主人。”

陳文惠將終前一日，自爲墓誌曰：“宋有潁州先生堯佐，字希元[三]，道號知餘子[四]。年八十不爲夭，官一品不爲賤，老而納禄不爲辱，三者粗備，歸息於先秦國大夫[五]、仲兄丞相栖神之域，吾何恨哉。”[六]

周公謹《齊東野語》：“丹稜李壁[七]、季永文名一時，而律賦非其長。鄉人侯某者以能賦稱，因資之以潤筆。庚戌科，二李得主司暗號，所書卷不以示，侯疑必有謂。將出門，侯故留，李先出。侯至納卷處，扣吏以二李卷子，欲借一觀，以小金牌與之。吏取以示，則詩頸聯皆曰：‘日射紅鸞扇，風清白獸樽。’侯即於己卷改用之。既而皆中選，二李謝主司[八]，問：‘此二語，惟以授昆仲，何爲又以語人？’李恍然不知所以。他日，微有所聞，終身與侯不協。”二李皆文簡子也。

[一] 此條出周密《癸辛雜識·續集》卷下。

[二]“中”，原脱，據《蜀檮杌校箋》卷四、《方輿勝覽》卷五二、《海録碎事》卷一二等補。

[三]“元”，原脱，據《澠水燕談録》卷二及《宋史·陳堯佐傳》補。

[四]“知”，原作“智”，據《澠水燕談録》及《宋史》改。

[五]“大夫”，原作“太夫人”，據《澠水燕談録》改。

[六] 按，此後有“補唐子西事”兩段文字，今已移至卷一四。

[七]“壁”，原作“璧”，誤。按，《宋史·李燾傳》，李燾諸子之名皆從“土”，故據《齊東野語》卷八“二李省詩”條及《宋史》改。

[八]“司”，原作“師”，據《齊東野語》改。

蜀故卷十六

列女

女子

桀伐岷山，岷山獻其女，曰琬，曰琰[一]。桀愛之，斫其名於苕華之玉[二]。苕是琬，華是琰。

卓文君有《白頭吟》："皚如山上雪，皎若雲間月。聞君有兩意，故來相決絶。生平共城中，何嘗斗酒會。今日斗酒會，明日溝水頭。躞蹀御溝上，溝水東西流。郭東亦有樵，郭西亦有樵。兩樵相推與，無親爲誰驕。凄凄復凄凄，嫁娶不須啼[三]。願得一心人，白首不相離。"

又，"竹竿何嫋嫋，魚尾何簁簁。男兒重意氣，何用錢刀爲？齕如馬噉萁[四]，川上高士嬉。今日相對樂，延年萬歲期。"

卓氏《司馬相如誄》："嗟嗟夫子兮亶通儒，少好學兮綜群書。縱横劍技兮英敏有譽，尚慕往哲兮更名相如。落魄遠游兮賦《子虚》，畢爾壯志兮駟馬高車。憶昔初好兮雍容孔都，憐才仰德兮琴心兩娱。永托爲妃

[一]"琰"，原作"某"，避嘉慶帝諱也，據《竹書紀年》卷上改，後文此字徑改。

[二]"之"，底本無，據乾隆本及《竹書紀年》補。

[三]"不須啼"，《宋書·樂志三》《樂府詩集》卷四一等作"亦不啼"，其他如《玉臺新詠》卷一、《古樂府》卷五等，雖然也收録此詩，但或不題作者爲卓文君，或少"生平共城中，何嘗斗酒會"兩句。綜合比對來看，此處與雍正《四川通志》卷三九所載文字最接近。

[四]"萁"，原作"其"，形近而誤，據《玉臺新詠》卷一、《全蜀藝文志》卷二二等改。按，這兩段所謂卓文君之古曲，學術界没有定論，但多數不認爲乃卓文君之作品。其次，《宋書·樂志三》《樂府詩集》卷四一、《玉臺新詠》卷一、《全蜀藝文志》卷二二、《古樂苑》卷二二、雍正《四川通志》卷三九等，雖然皆載此二條，但文字大同小異，並無定本。即彭遵泗此處所引，與他書之記載亦有出入。

兮不耻當壚，生平淺促兮命也難扶。長夜思君兮形影孤，步中庭兮霜草枯。雁鳴哀哀兮吾將安如，仰天太息兮抑鬱不舒。訴此淒惻兮疇忍聽予[一]，泉穴可從兮願捐其軀。”

王嬌紅《記懷》：“情緣心曲兩難忘，夢隔巫山蝶思荒。春思懶隨花片薄，愁懷偏勝柳絲長。金鬆瘦削腸堪斷，珠泪瓓珊意倍傷。人自蕭條春自好，少年空爾惜流芳。”[二]又，《送别》：“臨别殷勤詩語長，云云去後早還鄉。小樓記取梅花約，目斷江山幾夕陽。”[三]

毛滂《詠文君》[四]：“臨邛重客蜀相如[五]，被服容冶人間都。上宫烟娥笑迎客，繡屏六曲紅氍毹。霰珠穿簾洞房晚，歌倚瑶琴半羞懶。天寒日暮可奈何，掛客冠纓玉釵綰。”[六]

詠《鶯鶯》：“春風户外花蕭蕭，緑窗繡屏阿母嬌。白玉郎君恃恩力，尊前心醉雙翠翹。西廂月冷濛花霧[七]，落霞亂零墻東樹[八]。此夜靈犀已暗通，玉環寄恨人何處。”

宜賓人尹紉榮《病愁詩》[九]：“瘦日無光照窗白，枯樹杈枒霜似雪。長天雲凍野爲愁，寒鳥亦自求其穴。我今病苦在何鄉，終日狂風辣塵揚。病裹思家無一夢，獨坐書帷近佛香。寂寞長安萬里目，風烟渺渺斷人腸。”

又編目中所見花木爲句：“風輕曉日融，溟漠柳烟中。杏老含霜白[十]，桃新照水紅。横窗修竹影，斜壁海棠空。樓外一天雪，梨花千樹叢。”

[一]“聽予”，原作“棄子”，據明梅鼎祚《西漢文紀》卷二二改。

[二]此條出《艷異編》卷八《嬌紅記下》，亦載《御選元詩》卷六〇。

[三]此條出《艷異編》卷七《嬌紅記上》。

[四]“毛滂”，原作“遂寧黄琦女”，乾隆本作“遂寧黄珂女”，不知彭遵泗因何而誤？今據此詩出處《東堂詞》改。按，遂寧黄珂女，即楊慎之繼室，光緒《新修潼川府志》卷二四有小傳。

[五]“蜀”，原作“買”，據《東堂詞》改。

[六]“掛客”，原作“斜掛”，據《東堂詞》改。

[七]“厢”，原作“窗”，據《東堂詞》改。

[八]“霞”，原作“霰”；“零”，原作“摇”；“東”，原作“外”，據《東堂詞》改。

[九]“尹紉榮”，黄虞稷《千頃堂書目》卷二八云其爲宜賓尹伸之女，有《斷香集》。又《御選明詩》之《姓名爵里八》言其爲“宜賓人，大理評事伸女，嫁劉解元晉仲，有《斷香集》”。按，此詩及下一詩，暫未見他書有載。

[十]“老”，乾隆本作“花”，未知孰是。然若以與下句“新”字爲對來看，作“老”佳。

浣花夫人任正一紀略[一]

冀國姓任，本漢上小家女[二]。任媪常禱於神祠，夢神人授以大珠[三]，覺而有娠，明年四月十九日而生女。稍長，奉釋氏教甚謹。有僧過其家，瘡疥满體，衣服垢敝，見者心惡，獨女敬事之。一日，僧持衣從以求浣，女忻然濯之溪邊。每一漂衣，蓮花輒應手而出[四]。里人驚異，求僧，已不知所往，因識其處爲百花潭。會崔寧節度西川，微服行民間，見女，心悦之，賂其家，納以爲妾。寧妻死，遂爲繼室，累封至冀國。既貴，每生日必來置酒其家，艤船江上，訪漂衣故處，徘徊終日。後人因之，歲以爲常，且即寺之東廡作堂祠之。余得之傳聞如此。因按《唐書》：大曆中，崔寧自蜀入朝，留其弟寬守，楊子琳自瀘州襲之，寬力戰屈。寧妻任素驍勇，出家財募士得千人，設部隊自將以進。子琳懼，引去，蜀賴以全。止以姓見，初不載其封冀國及爲何許人。其嘗捍大寇，以功得封，史家略而不書，尚或有之。至其家世，實不知其所據。杜子美詩曰“百花潭北莊”，又曰“百花潭水即滄浪”[五]，其來久矣，非由冀國而得名也。吾意蜀人不忘冀國之功，歲即祠致禮焉，因相與朋聚爲樂，非有爲僧浣衣之異也。而或者因百花潭之名附會其説，誇誕不足憑矣。

四一居士浣溪志叙[六]

傳浣溪者，謂始於唐冀國夫人任氏。氏微時奉佛，濯衲衣，蓮花隨

[一]《成都文類》卷四六、《全蜀藝文志》卷四〇皆收宋人任正一《游浣花記》，彭遵泗此處即據之節録改寫也。《蜀都碎事》卷一亦收此文，作者誤題爲“任一正”，整理者失校。今以《成都文類》與《全蜀藝文志》參校。

[二]“漢”，《全蜀藝文志》作“溪”，據校勘記，乃校者臆改，不可從。

[三]“授”，原脱，據《成都文類》《全蜀藝文志》補。

[四]“輒”，《成都文類》作“即”，義可通。

[五] 此處二句杜詩，前者出《懷錦水居止二首》其二，後者出《狂夫》。

[六]“四一居士”，指彭肇洙，此文乃爲何希顔所著《浣花草堂志》所撰之序。何希顔，據清人余金《熙朝新語》卷一二記載，乃崇慶州人，與綿州李調元同爲乾隆癸未（乾隆二十八年，一七六三）進士。《四川省志附録·蜀志考》，此人叫何明禮，字希顔，此志成書於乾隆十六年，有彭遵泗之兄弟彭端淑、彭肇洙之序。此書於道光六年收入《壁經堂叢書》，彭肇洙此序乃序文第二篇，今以之參校。

手散，因名其溪，其説頗誕。崔寧與杜子美同時，氏本寧妾，事或有之，子美烏得無言？“黄四娘家花满蹊”何以獨入篇什[一]？溪之得名浣花也，由來舊矣，此不待辨而明矣。浣花溪之有草堂也，自杜子美始[二]。子美播遷入蜀，裴冕爲之築室，覆茅成堂。先客秦州時[三]，曾卜西枝村[四]，草堂未成，《譜》内可據。注杜者引孔稚珪“草堂之靈”句實之[五]，又引李贊皇《益州草堂寺記》，牽合随心。子美何人，裴公卜築而取寺額以名其居[六]，可乎？寺之後草堂而借此名也，此又不待辨矣。二説均不可以不志。夫事不習耳目，彼傳者且嚚嚚矣[七]，固無怪其然。就今日考之，其地清江一曲，其岸花木紛披，安知古果異於今？而或當年值春夏間，落英滐波，溪女盥濯，花手相搏，錫以嘉名。踵事者因而移之冀國[八]，神其説於維摩亦不可知[九]。不然任正一碑記游浣花溪者[十]，何以必在孟夏中耶？其據亦何足深求！而要其閑曠翛適[十一]，陰幽靄杳，曲徑藏湍，澄泓如鑑，鷺鷗争晴而蕩漾[十二]，村舍繞壑以盤旋[十三]，籠竹和烟，榿林碍日，千秋風物，如接目前，則雅士騷人[十四]，留連而栖憩，天或不能無所待而傳[十五]。雖谷變星移，大雅中歇，斯境絶不類人間也。工部草堂之必築於是也，奚疑？抑又何關於寺？余嘗有言，著書易，取材難。聚訟不多，操觚者無以歸一是；前人嚚嚚[十六]，後人之資也。閲何子希顔《浣

[一]“黄四娘家”，原作“黄家四娘”；“蹊”，原作“溪”，據《杜詩詳注》卷一〇《江畔獨步尋花》其六及《浣花草堂志》改。◎“四娘”，《浣花草堂志》無，此蓋彭遵泗增補也。

[二]“自杜子美始”，《浣花草堂志》作“有杜子美”。

[三]“州”，原作“川”，據《浣花草堂志》改。

[四]“村”，原脱，據《浣花草堂志》補。

[五]“句”，《浣花草堂志》無。按，《杜詩詳注》卷一《夜宴左氏莊》注文引了孔稚珪《北山移文》“草堂之靈”句，卷九《狂夫》詩注亦引之；錢謙益《錢注杜詩》卷一一《狂夫》詩注則并引孔稚珪之文與後文所言李德裕《益州草堂寺記》之語。

[六]“而”，《浣花草堂志》無。

[七]“彼傳”，《浣花草堂志》作“穿鑿”。

[八]“因”下，《浣花草堂志》有“之”字。

[九]“亦”，原脱，據《浣花草堂志》補。

[十]“任”，《浣花草堂志》無。

[十一]“閑”，原作“間”，與《浣花草堂志》同，文義不通，今據“閑曠”一詞指安静空闊之義而改。

[十二]“争晴”，原作“浮”，乾隆本作“争”，據《浣花草堂志》改。

[十三]“壑”，原缺，據乾隆本及《浣花草堂志》補。

[十四]“雅”，乾隆本作“信”，《浣花草堂志》作“信逸”。

[十五]“而”，《浣花草堂志》作“以”。

[十六]“人”，乾隆本作“來”，底本當是據《浣花草堂志》做了校改。

花溪志》，窮流溯源，一本諸家而自出機杼[一]，酌古準今，刊謬存實，俾其事信而可徵，則亦地經子美而靈，貽此風雅師資[二]，藉手於好學深思之士以集其成[三]。志傳矣，劍山、虞山他説存而不論可也[四]，即余云云猶未免於贅[五]。

貞　烈

玄宗擢李白爲翰林供奉[六]，以高力士譖危，居匡廬。坐永王璘事，長流夜郎。會赦，還依族人當塗令李陽冰。卒，葬青山麓。元和末，觀察使范傳正訪白後，惟二孫女爲民家妻。傳正欲改適士族，曰："孤窮失身，命也。"不願更醮。

白氏，許州人，蘇宗之母，潁濱五世孫婦也。年二十餘即寡，外家迎歸，竊議改醮。白氏微聞之，牽車徑歸[七]，曰："我爲蘇學士家婦，乃失身乎！"於宅東爲祭室[八]，畫兩先生像，圖黄州、龍川故事於壁[九]，香火嚴潔，躬自灑掃。金天興元年，許州被兵，白拜辭兩先生曰："兒子往京師，老婦死無恨。"即自縊於室，年七十餘。見《金史·列女傳》[十]。

永川胡天坤女，未及笄爲帥勳妻。值其姑妒且淫，因與所私楊起謀辱胡氏。不從，投身城南帥家灘，死。事聞，坐姑與起如律，氏未表。時宋御史賢，按部至永州，夢一女子，垂髪衣濕訴於前。明日閲卷，乃知氏寃，檄邑令辜佑賢備禮營葬，爲文祭之。時大旱，入夜，雷雨大作，人以爲感應之神。有詩以紀之："夜半雷轟地欲掀，霎時風雨满郊原。始

[一]"自出機杼"，《浣花草堂志》作"特出匠心"。
[二]"貽"，《浣花草堂志》作"儲"。
[三]"手"，原脱，據《浣花草堂志》補。
[四]"山"，《浣花草堂志》作"南"，此句未詳何義，俟考。
[五]此句之後，《浣花草堂志》有署款"乾隆十八年冬至前一日丹稜彭肇洙題"。
[六]"奉"，原作"俸"，據《新唐書·文苑傳中·李白》改。
[七]"車"，原作"裾"，據《池北偶談》卷七改，而《池北偶談》又是據《金史·列女傳》改寫也。
[八]"祭"，原作"登"，據《池北偶談》卷七改。
[九]"壁"，原作"璧"，形近而誤，據乾隆本及《池北偶談》卷七改。
[十]"列"，原作"烈"，據《池北偶談》及《金史》改。

知東海三年旱，只爲區區孝婦冤。"[一]

木蘭[二]，六朝時代父征戍，十年而歸，不受封爵。故杜牧有《題木蘭廟》詩云："彎弓征戰作男兒，夢裏曾經與畫眉。幾度思歸還把酒，拂雲堆上祝明妃。"

元末保寧有韓氏女，年十七避亂，僞爲男子服，混處民間。既而被虜，居兵伍，人莫知其爲女子。從明玉珍兵掠雲南，遇其叔，贖之歸成都，稱爲韓貞女[三]。

西充女子代父從征，以功授都尉[四]，歷官數載而歸。嫂見其腰軀肥大，疑而嘲之。女乃置酒，邀親里會飲，封腹以示無他，人皆敬而哀之。葬順慶鳳了山，今翁仲猶存，名都尉冢。

貞節

甲午五月[五]，天兵克益郡。至八月，賊支進猶據嘉州，宿崇儀翰領兵討之[六]。軍次洪雅，有卒掠一蠻婦，有姿色，置於軍幕之下。欲逼之，云："自有伉儷。"交臂叠膝，俯地而坐。卒大怒，嚇以斷頭剖心[七]，終不屈。堅辭强暴，拒之轉甚，三日不食，竟不能犯。主帥聞而憫之，使送還家。

陳氏，内江省祭吴良貴妻，年十五隨良貴爲吏於建始[八]。以其夫無

[一] 按，此條或改寫自雍正《四川通志》卷一一上，但《四川通志》並未補足宋御史之名，也没提及邑令辜佑賢之名。宋賢，雍正《浙江通志》卷一五三有小傳；辜佑賢，萬曆《新修南昌府志》卷一七言其字惟湯，南昌人。

[二]"木蘭"下，原有"保寧女子韓氏"六字，當是彭遵泗據《堅瓠集·餘集》卷四"女丈夫"條摘録時而誤衍也。《堅瓠集》同時記載了木蘭與保寧女子韓氏之事迹，故二人絶非一人，今删。又，杜牧之詩題作《題木蘭廟》，載《樊川詩集注》卷四。

[三] 此條見《堅瓠集·餘集》卷四"女丈夫"、《明史·列女傳》等。

[四]"都"，原作"郡"，形近而誤，據後文"都尉冢"改。按，此條出《堅瓠集·餘集》卷四"女丈夫"，原書亦誤作"郡"，後文"都尉冢"又不誤矣。《蜀中廣記》卷二七亦載此事，略異。

[五]"甲午"，當指宋太宗淳化五年（九九四），此條出《茅亭客話》卷六"夷人婦"。

[六]"宿崇儀翰"，即崇儀使宿翰。《資治通鑑後編·太宗十七》（淳化五年十一月）"癸亥，賊攻眉州，崇儀使宿翰等擊敗之"，所謂賊者，王小波與李順。

[七]"嚇"，底本作"赫"，雖云可通"嚇"，然有本可據，仍從乾隆本改作"嚇"。

[八]"吏"，原作"史"，據《天啓新修成都府志》卷二七改。

子，爲娶妾生子。甫三歲，夫卒於成都。氏負兒扶櫬歸葬[一]，有欲奪其志、不利於孤兒者，以兒寄母家，力耕茹苦，垂二十年。病且革，爲兒娶婦，拜床下，猶强起訓戒，明日遂卒。聞者傷之，吊以詩，有："孤子懷中迎死父，寡妻河上接亡夫。"又："一語辭新婦，三十守孤兒。"讀者酸鼻。

壼德

楊子拒妻，劉懿女也，有四男二女。長子元琮，常出飲，還舍，其母十日不許見。元琮因諸弟謝過，母數責之曰："夫飲酒不至沉湎，禮也。汝乃荒耽於酒，慢而無禮，自倡敗首，何以帥先諸弟耶？"[二]

蘇軾母程氏，博通經史，課二子甚嚴[三]。嘗讀《范滂傳》，慨然太息。軾請曰："軾若爲滂，夫人許之否？"程曰："吾獨不能爲滂母耶？"

陳堯咨母馮氏，堯咨爲荆南守，秩滿歸，母問曰："爾典名藩，有何異政？"對曰："州當孔道，過客以兒善射，莫不嘆服。"母曰："忠孝輔國，爾父之訓也。爾不能以善化民，顧專卒伍一夫之技，豈父訓哉？"因擊以杖，墮其金魚[四]。

義女

犍爲叔先泥和，其女名雄。永建三年，泥和爲縣功曹，縣長趙祉遣泥和拜檄，謁巴郡太守，以十月乘船[五]，於城湍墮水死，尸喪不得。雄

[一]"櫬"，原作"襯"，形近而誤，據《天啓新修成都府志》改。

[二]《初學記》卷二六、《太平御覽》卷八四五等引此條，云出《益部耆舊傳》。

[三]"二"，原作"三"，據乾隆本及《蜀中廣記》卷四六、《山堂肆考》卷九二等改。按，二子即軾、轍，《蜀中廣記》云"程教二子軾、轍讀書甚嚴"，《山堂肆考》云"程教二子以書"，彭氏蓋據之改寫而來。《欒城集·後集》卷二二《亡兄子瞻端明墓誌銘》《宋史·蘇軾傳》等，皆有相關記載。

[四]此事見《宋名臣言行録》卷六及《古今列女傳》卷二。

[五]"月"，原作"日"，據《新輯搜神記》卷八"先雄"條改。

哀慟號咷[一]，命不圖存，告弟賢及夫[二]，令“勤覓父尸，若求不得，吾欲自沉覓之”。時雄年二十七，有子男貢，年五歲；貫，年三歲。乃各繡香囊一枚，盛以金珠環，預嬰二子。哀號之聲，不絶於口，昆族私憂。至十二月十五日，父喪不得，雄乘小船於父墮處哭泣數聲，竟自投水中，旋流没底。見夢告弟云：“至二十一日，與父俱出。”至期，如夢，與父相持，並浮出江。縣長表言郡，太守蕭登[三]，承上尚書，乃遣户曹掾爲雄立碑，圖象其形，令知至孝。

有張貞者[四]，娶僰道黄氏名帛。一日，員渡江，舟覆。帛求夫尸不得，遂自沉。越十四日，帛乃抱夫尸出灘下，顔色如玉。

邛州劉道貞妻王氏，貞棄家往黎州，起義兵擊獻賊，氏避難山中。後貞子睽度，領兵來復邛州，與賊大戰。賊識之，遂拿道貞家屬。氏姑媳至，罵賊不屈。賊斷其舌，斬之，置其尸於南門外。睽度妻馮氏，詩甚清婉。有《春日即事》云：“閑步小橋東，黄鶯處處逢。梨花春雨後，人在緑楊中。”[五]

詞女

蜀尚書侯繼圖，本儒士。一日秋風四起，偶倚於大慈寺樓，有桐葉飄然而墜，上有詩云：“拭翠斂雙蛾，爲鬱心中事。搦管下庭除，書作相思字。此字不書石，此字不書紙。書向秋葉上，願逐秋風起。天下有心人，盡解相思死。天下負心人，不識相思意。有心與負心，不知落何地。”侯貯小帖，凡五六年，方卜任氏爲婚。嘗諷此詩，任氏曰：“此是妾書葉詩也，何得在公處？”[六]曰：“向於大慈寺樓上得之，今日聘卿非偶然也。”

[一]“咷”，原作“跳”，形近而誤，據《搜神記》改。
[二]“夫”下，原有“人”字，據《搜神記》删。
[三]“蕭”下，原衍“高”字，據《搜神記》删。
[四]“有”前，原有“唐”字，顯誤，據《華陽國志》卷一〇中而删。◎“貞”，原作“員”，據《華陽國志》改。後一字徑改。
[五] 此條見《帶經堂詩話》卷二〇。王士禛《隴蜀餘聞》亦載此事。
[六]“在”，原脱，文義不通，據《詩話總龜》卷二三補。按，《類説》卷五〇引《縉紳脞説》，《詩話總龜》卷二三引《玉溪編事》，皆載此事；《太平廣記》卷一六〇引《玉溪編事》所收詩則無末四句。

以今書較之，與葉上無異。

成都女郎張窈窕，上任事者詩云："昨日買衣裳，今朝賣衣裳。衣裳都賣盡，羞見嫁時箱。有賣愁應緩，無時心轉傷。故園戎馬隔，何處是蠶桑。"[一]

女狀元黄崇嘏，臨邛人。作詩上蜀相庠，庠首薦之，屢攝府縣，吏事精敏，胥徒畏服。庠欲妻以女，辭之曰："一辭拾翠碧江湄[二]，貧守蓬茅但賦詩[三]。自服藍衫居郡掾[四]，永抛鸞鏡畫蛾眉。立身卓爾青松操，挺志堅然白璧姿[五]。幕府若容爲坦腹，願天速變作男兒。"庠大驚，具述本末，乃嫁之。傳奇有《女狀元春桃記》，蓋黄事也。

陸放翁之蜀，宿驛中，見題壁云："玉階蟋蟀鬧清夜，金井梧桐辭故枝。一枕凄凉眠不得，呼燈起作感秋詩。"詢之，則驛卒女，遂納爲妾。半載，竟因夫人妒，逐之。女作詞云："只知眉上愁，不識愁來路。窗外有芭蕉，陣陣黄昏雨。曉起理殘妝，整頓教愁去。不合晝春山，依舊留愁住。"[六]

楊升庵夫人答升庵詩云："雁飛曾不到衡陽，錦字何由寄永昌[七]？三春花柳妾薄命，六詔風烟君斷腸。曰歸曰歸嗟歲暮，其雨其雨怨朝陽。相聞空有刀環約[八]，何日金鷄下夜郎。"

臨邛劉�度之妻馮氏，其贈《峨山尼衲索扇》詩云："家居峨眉南，未至峨眉頂[九]。碧空影峨眉，翠色落萬頃。横被水墨圖，奇趣遥可領。明月映長江，孤燈随隻影。千古雪中人，六月骨應冷。"又《送楊夫人入秦省親》云："遥憶華山雪正飛，梅迎瑞色送春暉。無情岐路馬蹄健，有

[一] 此條出《詩話總龜》卷二三，而《詩話總龜》改寫自蜀何光遠《鑑誡録》卷一〇。

[二]"辭"，原作"從"，據《升庵全集》卷四九"女狀元"條改。按，《太平廣記》卷三六七"黄崇嘏"條引《玉溪編事》，與《升庵全集》所載略異。

[三]"貧"，原作"困"，據《升庵全集》改。

[四]"掾"，原作"椽"，形近而誤，據《升庵全集》改。

[五]"璧"，原作"壁"，形近而誤，據《升庵全集》改。

[六] 此條見宋陈世崇《隨隱漫录》卷五，《蜀中廣記》卷一〇三亦引之。

[七]"錦"，原作"鏡"，據乾隆本及《弇州四部稿》卷一五二、《補續全蜀藝文志》卷一三等改。

[八]"刀環"，原倒，據《弇州四部稿》《補續全蜀藝文志》等乙正。按，刀環，爲"還歸"之隱語，《漢書·李陵傳》："立政等見陵，未得私語，即目視陵，而數數自循其刀環，握其足，陰諭之，言可歸還也。"

[九]"南，未至峨眉"，原脱，據嘉慶《邛州直隸州志》卷四四補。

意陽關雁影稀。九轉腸回思故國，十年心苦卷征衣。重逢得慰嚴親望[一]，班彩相隨自委蛇。”

蜀潘某有婢妾解愁，姓趙氏，其母夢蕊而生，頗國色，善爲文[二]。

宫妃

徐匡璋納女於昶，拜貴妃，别號花蕊夫人。意花不足以擬其色[三]，似花蕊翾輕也[四]。又升號慧妃，以號如其性也。王師下蜀，太祖聞其名，命别護送[五]，途中作詞自解曰：“初離蜀道心將碎，離恨綿綿。春日如年[六]，馬上時時聞杜鵑。三千宫女皆花貌[七]，妾最嬋娟。此去朝天，只恐君王寵愛偏。”陳無己以夫人姓費，誤也。

徐眻[八]，成都人，生二女皆國色，教之爲詩，有藻思。王建入蜀，聞之，納於後房，生衍。及衍嗣位，尊太后、太妃。同衍禱青城山，各有唱和詩刻石。

花蕊夫人[九]，蜀王建妾也，後號小徐妃者。大徐生王衍，而小徐妃其女弟。在王衍時，二徐坐游燕污亂亡其國。莊宗平蜀後，二徐随王衍歸中國，半途遭害焉。及孟氏再有蜀，傳至昶，則又有一花蕊夫人，作《宫詞》者是也。國朝降西蜀，而花蕊夫人又随昶歸中國。昶至且十日，召花蕊夫人入宫中，而昶遂死。昌陵後亦惑之，嘗造毒，屢爲患，不能遂。太宗在晉邸時，數諫昌陵，而未克去。一日，從上獵苑中，夫人在側。晉邸方調弓矢引滿擬走獸，忽回射花蕊夫人，一箭而死。始所傳多

[一]“望”，嘉慶《邛州直隸州志》作“意”。
[二]此條見《蜀檮杌校箋》卷一，文字略異。
[三]“意花”，原脱，據《能改齋漫録》卷一六“花蕊夫人詞”條補。按，陳無己之説見《後山詩話》，吴曾認爲陳無己誤，其實未必。吴氏所録花蕊夫人之詞，或亦非夫人原作也，楊慎《詞品》卷二“花蕊夫人”條已疑後四句乃後人狗尾續貂之作，《詞苑叢談》卷一〇亦有考辨，可參看。
[四]“似”，原作“以”，據乾隆本及《能改齋漫録》改。
[五]“送”，原脱，據《能改齋漫録》補。
[六]“年”，原作“烟”，據《能改齋漫録》改。
[七]“花貌”，原作“芳樹”，據《能改齋漫録》改。
[八]“眻”下，原誤衍“生”字，今據《鑑誡録》卷五、《蜀檮杌校箋》卷二等删。
[九]“花蕊夫人”上，原有標題“花蕊夫人”，體例殊乖，今删。

僞，不知蜀有兩花蕊夫人，皆亡國且殺其身[一]。

費氏，蜀之青城人，以才色入蜀宫。後主嬖之，號花蕊夫人，效王建作《宫詞》百首。國亡，入備後宫，太祖聞之，召使陳詩。誦其《國亡詩》云："君王城上豎降旗，妾在深宫那得知。十四萬人齊解甲，更無一個是男兒。"太祖説。蓋蜀兵十四萬，而王師數萬耳[二]。

孟昶母李氏，初隨昶至京師，太祖數命肩輿入宫，謂之曰："母自愛，無戚戚懷鄉土，異日當送歸。"李氏曰："使妾安往？"太祖曰："歸蜀耳。"李氏曰："妾家本太原，倘得歸老并土，妾之願也。"時晉陽未平，太祖聞其言[三]，大喜曰："俟平劉鈞，即如母願。"因厚加賜賚[四]。及昶卒，不哭，以酒酬地曰："汝不能死社稷，貪生以至今日。吾所以忍死者，以汝在耳。今汝死，吾何生爲？"因不食，數日卒。

蜀王宗衍幸鳳州，州將某妻嚴氏有美色，衍愛幸之，賜以妝鏡，作銘曰："煉形神冶，瑩質良工[五]。當眉寫翠，對臉敷紅。如珠出匣，似月停空。綺窗繡幌，俱涵影中。"[六]

韋莊寓蜀，有愛姬姿色艷麗，詞翰精絶。蜀王建聞之，托以教内人奪去。莊追念悒怏[七]，作《謁金門》詞云[八]："空相憶，無計得傳消息。隔斷桃源人不識，采雲何處覓[九]？新睡覺來無力，不忍把伊書迹。滿院落花春寂寂，斷腸芳草碧。"姬得詞，不食死。

《五代軼事》曰："蜀宫人李玉簫者，愛唱王衍宫詞'月華如水浸宫

[一] 此條出宋蔡絛《鐵圍山叢談》卷六，《蜀都碎事》卷二等亦抄録之。

[二] 此條出陳師道《後山詩話》。《詩人玉屑》卷二、《詩話總龜·後集》卷四七、《堯山堂外紀》卷四五、《天中記》卷二一等亦抄録之。

[三] "祖"，原作"宗"，據前文及《宋史·西蜀孟氏世家》改。

[四] "賚"，原作"賫"，形近而誤，據《宋史》改。

[五] "神"，原作"形"；"瑩"，原作"榮"，據《學齋佔畢》卷三及《蜀中廣記》卷六八、《池北偶談》卷一六等改。

[六] 《蜀中廣記》卷六八、《蜀都碎事》卷三等引宋人張君房《麗情集》之語與此同。但關於此銘文與此鏡，典籍有多種看法。一者載《學齋佔畢》，言宋景德二年在鳳州遁迹山發現一鏡，銘文與此處所載同；明人董斯張在《吹景集》卷二"六朝鏡銘"條，則稱其購得此鏡，并詳細描述了鏡之形制，考訂爲六朝物；《池北偶談》卷一六"鳳州古鏡"條則稱萬曆中膠州趙氏得自汴京。以董斯張之考訂來看，當是一物也。

[七] "怏"，原作"快"，形近而誤，據《花草粹編》卷六改。

[八] "門"，原作"閨"，形近而誤，據《花間集》卷三、《古今詞統》卷八等改。

[九] "隔斷桃源人不識，采雲何處覓"，與《花間集》《古今詞統》等皆不同，而與《十國宫詞》卷二引《詞譜》之語相合。

殿，有酒不醉真癡人’。後有以詩紀之者：‘雲散江城玉漏遥[一]，月華浮動可憐宵。停歌不飲將何待？試問當年李玉簫。’”

韓琮舍人事蜀王衍[二]，爲五鬼之一。《楊柳枝》二首[三]，特見推於時。詞云：“梁花隋堤事已空，萬條猶舞舊春風。那堪更想千年後，惟見楊花入漢宫。”“枝鬥纖腰葉鬥眉，春來無處不如絲[四]。灞陵原上多離别，少有長條拂地垂。”

徐順聖太后《題青城山丈人觀》詩[五]：早與元妃慕至玄，同躋靈岳訪真仙。當時信有壺中景[六]，今日親來洞裏天。儀仗影交寥廓外，金絲聲揭翠微巔。惟慚未致華胥理，徒卜升平萬萬年。

翊聖太妃詩[七]：獲陪翠輦喜殊常，同陟仙壇豈厭長。不羡乘鸞入烟霧，此中便是五雲鄉。

太后《題丈人觀先帝容》云：聖帝歸梧野，躬來謁聖顔。旋登三徑路，似陟九嶷山。日照堆嵐迥[八]，雲横積翠間。期修封禪禮[九]，方俟再躋攀。

太妃詩：共謁御容儀，還同在禁闈。笙歌喧玉殿，彩仗耀金徽。清淚沾羅袂，紅霞拂繡衣。九嶷山水遠，無路繼湘妃。

太后《題聖像》詩：千尋緑嶂夾流溪，登眺因知海岳低。瀑布迸春青石碎，輪囷横剪翠峰齊[十]。步粘苔蘚龍橋滑，目閃烟蘿鳥徑迷[十一]。莫道穹天無路到，此山便是碧雲梯。

[一]“漏”，原作“滿”，據乾隆本改。按，此詩乃明人田藝蘅所作，收入其《香宇集·續集》卷一八。《御選歷代詩餘》卷一一三、《古今詞話·詞話》卷上等云出《五代軼事》，但不知此爲何人之書。

[二]“韓琮”，《唐才子傳校箋》卷六有傳。

[三]“柳”，原脱，據《古今詞話·詞話》卷上及雍正《四川通志》卷四六等補。

[四]“如”，原作“能”，據乾隆本及《古今詞話》改。

[五]此詩題，原書單獨作標題排列，與全書類目相衝突，今作正文處理。本卷此後引二徐詩皆如此處理，不再説明。

[六]“景”，《鑑誡録》卷五“徐后事”條作“境”。此處與《艷異編》卷四、《全唐詩》卷九等所引同。

[七]“翊”，原脱，據《鑑誡録》補。按，二徐中之妹封爲翊聖太妃，稱“聖太妃”不妥，故補之。

[八]“堆”，底本作“晴”，乾隆本作“惟”，《艷異編》亦作“惟”，據《鑑誡録》《全唐詩》改。◎“迥”，原作“迫”，與《艷異編》同，據《鑑誡録》《全唐詩》改。

[九]“期修”，原作“修斯”，與《艷異編》同，據《鑑誡録》《全唐詩》改。

[十]“囷”，《鑑誡録》《全唐詩》作“菌”，誤矣，無此詞。

[十一]“閃烟蘿”，《鑑誡録》作“閉烟嵐”。

太妃詩：登尋丹壑到玄都，接日紅霞照座隅。即問周回巖上看[一]，似看曾進畫圖無。

太后《題金華宮》詩：再到金華頂，玄都訪道回。雲披分景像，黛鎖顯樓臺。雨滌前山净，風吹去路開。翠屏夾流水，何必羨蓬萊。

太妃詩：碧烟江霧撲人衣，宿露沾苔石徑危[二]。風巧解吹松上曲，蝶嬌頻采臉邊脂。同尋僻徑思携手，暗指遥山學畫眉。好把身心清净處[三]，角冠霞帔事希夷[四]。

太后《題丹景山至德寺》：周回雲水游丹景，因與真妃眺上方[五]。晴日曉升金晃耀，寒泉夜落玉丁當。松稍月轉禽栖影，柏徑風牽麝食香。虔揲六銖冥禱祝[六]，惟期聖祚保遐昌。

太妃詩：丹景山頭宿梵宫，玉軒金輅駐遥空[七]。軍持無水注寒碧[八]，蘭若有花開晚紅。武士盡排青嶂下[九]，内人皆在講筵中。我家弟子傳王業，積善終期四海同。

太后《題彭州陽平宫》詩[十]：尋真游勝境，巡禮到陽平。水遠波瀾碧，山高氣象清。殿嚴孫氏貌[十一]，碑暗係師名。夜月登壇醮，松風森磬聲[十二]。

太妃詩：雲浮翠輦廟陽平，真似驂鸞至上清[十三]。風起半崖聞虎嘯，雨來當面見龍行。晚尋水澗聽松韻，夜上星壇看月明。長恐前身居此境，玉皇教向錦城生。

[一]“上”，《全唐詩》作“下”。
[二]“宿露沾”，原作“露宿粘”，與《艷異編》同，據《鑑誡録》《全唐詩》改。
[三]“净”，原作“静”，據乾隆本及《鑑誡録》《艷異編》《全唐詩》改。
[四]“帔”，底本作“被”，乾隆本作“披”，據《鑑誡録》《艷異編》《全唐詩》改。
[五]“因與真妃”，原作“回輦真城”，《艷異編》作“回輦真成”，據《鑑誡録》《全唐詩》改。
[六]“揲”，原作“煠”，與《艷異編》《全唐詩》同，據《鑑誡録》改。按，“揲”義爲摺叠，此處指摺紙錢也。◎“冥”，原作“宜”，與《艷異編》《全唐詩》同，據《鑑誡録》改。
[七]“遥”，《全唐詩》作“虚”。
[八]“持”，原作“厨”，據乾隆本及《鑑誡録》《全唐詩》改。
[九]“嶂”，原作“障”，據《鑑誡録》《全唐詩》改。
[十]“陽平”，原誤倒，與《艷異編》同，據《鑑誡録》《全唐詩》乙正，詩中之誤則徑改，不再説明。又，下一首太妃詩中又不誤倒，則彭氏編次之疏與其孫校勘之粗，概可見矣。按，陽平爲天師道二十四治之一。
[十一]按，此孫氏不知所指爲誰，疑當作“張氏”，指張天師。
[十二]“磬”，原作“碧”，與《艷異編》同，據《鑑誡録》《全唐詩》改。
[十三]“至”，底本作“太”，乾隆本脱，《鑑誡録》《艷異編》作“至”，《全唐詩》作“到”。今據《鑑誡録》《艷異編》改。

太后《題潼川三學山坐夜看聖燈》詩：虔禱游靈境，元妃夙志同。玉香焚静夜，銀燭炫遼空。泉漱雲根月[一]，鐘敲檜杪風。印金標聖迹，飛石顯神功。满望天涯極，臨西日脚紅[二]。猿來齋室上，僧集講筵中。頓覺超三界，渾疑證六通。願成修偃事，社稷保延洪。

太妃詩：聖燈千萬炬，旋向碧雲生。細雨濕不暗，好風吹更明。磬敲金地響，僧唱梵天聲。若説無心法，此光如有情。

太后《題天回馹》詩：因尋靈境散幽情[三]，千里江山暫得行。即恨烟光看未足，却驅金翠入龜城。

太妃詩：翠馹紅亭近玉京[四]，夢魂猶自戀青城。比來出看江山景，儘被江山看出行。

孟蜀時，花蕊夫人號能詩，而世不傳。王平父因治館中廢書[五]，得一軸八九十首，而存者纔三十餘篇。大約似王建句，若“厨船進食簇時新，列坐無非侍從臣。日午殿頭宣索鱠，隔花催唤打魚人。”[六]“月頭支給買花錢，满殿宫娥近數千。遇著唱名都不語，含羞急過御床前。”

女將

石硅司女將軍秦良玉[七]，勤王，召見，賜綵幣羊酒。御詩旌之曰：“蜀錦征袍手製成，桃花馬上請長纓。世間不少奇男子，誰肯沙場萬里行？”

良玉蓄健兒名來狩者[八]，精善鳥銃，百發不失一。方秦師抵渝，隔江望見張黄蓋者循女墻坐，遽命彈之。狩應一發，中執蓋者，并仆其坐。

[一]“漱”，原作“激”，據《鑑誡録》《艷異編》《全唐詩》改。

[二]“臨西”，與《艷異編》同，《鑑誡録》《全唐詩》作“平臨”。◎“紅”，《鑑誡録》作“窮”。

[三]“因尋”，與《艷異編》同，而《鑑誡録》《全唐詩》作“周游”。

[四]“馹”，與《艷異編》同，《鑑誡録》《全唐詩》作“驛”。按，以上所録二徐之詩，從文字來看，當是本自《艷異編》，而其源頭，當爲《鑑誡録》卷五“徐后事”。

[五]“王平父”，即王安國，《宋史》卷三二七有傳，《續湘山野録》詳載了王氏發現花蕊夫人《宫詞》之經過。

[六]“鱠”，原作“膾”，據《中山詩話》改。◎“催”，原作“呼”，據《中山詩話》改。

[七]“秦良玉”，字貞素，四川忠州人，明末著名女將。《明史》有傳。此條與《堅瓠集·補集》卷三“女帥勤王”條、《日下舊聞考》卷三四等所載相合。

[八]“狩”，乾隆本作“守”，然後文二字又作“狩”，據《堅瓠集·秘集》卷六“秦女將健兒”條，作“狩”是。

既復潛渡，依城仰擊，連中數人。城中出鐵騎衝突，兵多覆溺。秦悔失狩，謂"即千金吾不可與易也"。亡何，附船柁歸，身面中數鎗，然不死。秦以自食金匕箸食之，仍犒以白鏐一錠。

妓 女

元和中，成都樂妓薛濤者，字洪度[一]，善篇章，足辭辯，營妓中之尤物也。元微之素聞其名，未嘗識面。初授監察御史，奉使西蜀，與濤相見。微之矜持筆硯，濤走筆作《四友贊》，其略曰："磨潤色[二]，先生之腹；濡藏鋒[三]，都尉之頭。引書媒而黯黯，入文畝以休休。"微之驚服。及微之入京，濤歸浣花。浣花之人，多造十色彩箋。於是濤別模新樣小幅松花紙，多用題詩，因寄獻元公百餘幅。元於松箋上寄贈一篇，曰："錦江滑膩峨嵋秀，幻出文君及薛濤。言語巧偷鸚鵡舌，文章分得鳳凰毛。紛紛詞客皆停筆，箇箇郎君欲夢刀。別後相思隔烟水，菖蒲花發五雲高。"薛濤好種菖蒲，故有是句。

灼灼，錦城妓也，善《柘枝舞》，能歌《水調》，御史裴質與之善。裴召還，灼灼每遣人以軟絹聚紅泪爲寄[四]。

薛濤[五]，字洪度，本良家子，八歲即能曉音律。其父一日坐庭中，指井梧曰："庭除一古桐，聳幹入雲中。"濤應聲曰："枝迎南北鳥，葉送往來風。"後父鄖因官寓蜀而卒，母居孀。及笄，以詩聞外。又能掃眉塗粉，與仕族不侔[六]，客有竊與之燕語者。時中令韋皋鎮蜀，召令侍酒賦詩，因入樂籍。中令議以校書郎奏請，護軍曰不可，遂止。濤出入幕府，自皋至李德裕凡歷十一鎮，皆以受知名士元微之、白居易輩，酬唱頗多。

[一]"洪"，原作"宏"，據《唐才子傳校箋》卷六及後文改。

[二]"磨"，原脱，據《清異録》卷四、《堯山堂外紀》卷三二之"藏鋒都尉"條等補。按，此段中除《四友贊》見於《清異録》等書外，其餘部分出自《牧豎閑談》，見《説郛》百二十卷本之卷一九，文字小異。

[三]"濡"，原脱，據《清異録》《堯山堂外紀》補。

[四]此條出宋張君房《麗情集》，見《紺珠集》卷一一、《蜀都碎事》卷一等。

[五]"薛濤"上，原有標題"薛濤"二字，有違全書體例，今删。

[六]"族"，原作"簇"，據此條之出處《蜀都碎事》卷一改。

暮年著女冠服，屏居浣花溪，有詩五百首。胡曾贈以詩曰[一]：“萬里橋邊女校書[二]，琵琶花下閉門居[三]。掃眉才子知多少，管領春風總不如。”[四]濤因連帥怒而遠之，乃作《十離詩》以獻，謂《犬離主》《筆離手》《馬離廄》《鸚鵡離籠》《燕離巢》《珠離掌》《魚離池》《鷹離架》《竹離亭》《鏡離臺》，遂復喜焉。

補婢妾

閬中參軍黄涉婢曰笑春紅，死，涉念之。泪洒犀簾，至皆損壞[五]。

[一]“曾”，原作“僧”，據《蜀都碎事》改。
[二]“橋邊”，原作“樓臺”，據《蜀都碎事》改。
[三]“下”，原作“裹”，據《蜀都碎事》改。
[四]“管領”，原作“領取”，據《蜀都碎事》改。
[五]據後唐馮贄《雲仙雜記》卷五，此條出《蜀普録》。

蜀故卷十七

著作一[一]

《三國志》六十五卷。晁氏曰："晉陳壽撰。魏四紀、二十六列傳，蜀十五列傳，吴二十列傳。宋文帝嫌其略，命裴松之補注。壽書高簡有法，如不言曹操本生，而載夏侯惇及淵於諸曹之傳，則見嵩本夏侯氏之子也；高貴鄉公書卒，而載司馬昭之奏，則見公之不得其死也，他皆類此。但以魏爲紀，而稱漢、吴曰傳，又改漢曰蜀，世頗譏其失。至於謂其銜諸葛孔明髡父，而爲貶辭[二]；求丁氏之米不獲，不立儀、廙傳之類[三]，亦未必然也。"

《華陽國志》十二卷[四]。晁氏曰："晉常璩撰。華陽，梁州地也。記漢以來巴蜀人物。吕微仲跋云：'漢至晉初四百載間，士女可書四百人，亦可謂盛矣。復自晉至周顯德僅七百載，而史所紀者無幾人。忠魂義骨與塵埃同殁，何可勝數，豈不重可嘆哉！'"[五]

司馬相如將獻賦，未知所爲。夢一黄衣翁謂之曰："可爲《大人賦》。"遂作《大人賦》，言神仙之事以獻，賜錦四匹[六]。

相如爲《上林》《子虚賦》，意思蕭散，不復與外事相關。控引天地，

[一]"一"，原無，今據下一卷亦爲"著作"而加序號以别之。

[二]按，此説出自《晉書·陳壽傳》："壽父爲馬謖參軍，謖爲諸葛亮所誅，壽父亦坐被髡；諸葛瞻又輕壽，壽爲亮立傳，謂亮將略非長，無應敵之才；言瞻惟工書，名過其實，議者以此少之。"

[三]按，此説亦出《晉書·陳壽傳》："或云丁儀、丁廙有盛名於魏，壽謂其子曰：'可覓千斛米見與，當爲尊公作佳傳。'丁不與之，竟不爲立傳。"◎又按，此條見《郡齋讀書志校證》卷五（後引此書，省稱《郡齋讀書志》），略有删節，又見《文獻通考·經籍考十八》。

[四]"十二"，原誤倒，據乾隆本及《郡齋讀書志》卷二、《文獻通考·經籍考二十七》等乙正。

[五]按，所引跋語，即《成都文類》卷二三所收吕大防《華陽國志後序》。

[六]此條最早出《西京雜記》卷三。

錯綜古今[一]，忽然如睡，焕然而興，幾百日而後成。其友人盛覽字長通，牂牁名士，嘗問以作賦。相如曰："合綦組以成文，列錦繡而爲質，一經一緯，一宫一商，此賦之迹也。賦家之心，包括宇宙，總覽人物，斯乃得之於内而不可傳。"覽乃作《合組歌》《列錦賦》而退，終身不敢言作賦之心矣。

司馬長卿賦，時人皆稱典而麗，雖詩人之作不能加也。揚子雲曰："長卿賦似不從人間來，其神化所至耶！"子雲學相如爲賦而未逮，故雅服焉[二]。

長安有慶虬之，亦善爲賦，嘗爲《清思賦》，時人不知貴也。乃托以相如所作，遂大見重於世[三]。

枚皋文章敏疾，長卿制作淹遲，皆盡一時之譽。而長卿首尾温麗，枚皋時有累句，故知疾行無善迹矣。揚子雲曰："軍旅之際，戎馬之間，飛書馳檄用枚皋；廊廟之下，朝廷之中，高文典册用相如。"

揚雄讀書，有人語之曰："無爲自苦，《玄》故難傳。"忽然不見。雄著《太玄經》，夢吐鳳凰，集《玄》之上，頃而滅[四]。

揚子雲撰《法言》，蜀人賫錢十萬，願載一名，子雲不聽。以"富人無義，正如圈中之鹿、欄中之牛，豈可妄載"[五]？

《方言》十三卷[六]。《崇文總目》："漢揚雄撰，晉郭璞注。"陳氏曰："首題《輶軒使者絶代語》，末載《答劉歆書》，具詳著書本末。其略云：'天下上計、孝廉及内郡衛卒會者，常抱三寸弱翰[七]，賫素油四尺，以問其異語，歸即以鉛摘次之於槧。'"[八]葛洪《西京雜記》言子雲好事，常懷鉛提槧[九]，從諸記吏訪殊方絶域四方之語，以爲裨補輶軒所載，亦洪

[一]"綜"，原作"總"，據《西京雜記》卷二改。

[二] 此條及下之"長安有慶虬之""枚皋文章敏疾"條，出《西京雜記》卷三。

[三]"見重"，原誤倒，據《西京雜記》乙正。

[四] 此條出《西京雜記》卷二。

[五] 此條出王充《論衡》卷二〇《佚文篇》。《初學記》卷一八、《太平御覽》卷八三六等亦引之。

[六] 按，《直齋書録解題》卷三題"《方言》十四卷"，而非"十三卷"。

[七]"寸"，原作"尺"，據《直齋書録解題》卷三、《文獻通考·經籍考十六》等改。

[八]"鉛"，原作"松"，據《直齋書録解題》《文獻通考》及後文之"懷鉛"等改。

[九]"提"，原作"題"，與《文獻通考》同，形近而誤，據《西京雜記》卷三、《直齋書録解題》等改。按，彭遵泗此條主要來自《文獻通考》，但引《西京雜記》之語，又與《文獻通考》《直齋書録解題》皆略異，反而與《西京雜記》原文相合，可見彭氏據原文做了改動。

意也。

《二十四箴》一卷。陳氏曰[一]："揚雄撰。今廣德軍所刊本[二]，校集中無《司空》《尚書》《博士》《太常》四箴，集中所有，皆據《古文苑》。而此四箴，或云崔駰，或云崔子玉，疑不能明也。"

《揚子雲集》五卷。晁氏曰："漢揚雄子雲也。古無雄集[三]，皇朝譚愈好雄文，患其散在篇籍，離而不屬，因綴繹之四十餘篇。"陳氏曰："大抵皆録《漢書》及《古文苑》所載，以備一家之作，充藏書之數而已。"

或問揚雄爲賦，雄曰："讀千首賦，乃能爲之。"[四]

《老子指歸》十三卷。晁氏曰："漢嚴遵君平撰，谷神子注。其章句頗與諸本不同。按《唐志》，有嚴遵《指歸》十四卷[五]，馮廓注。谷神子疑即廓也。"

《長短經》十卷。總六十三篇，唐梓州郪縣草莽臣趙蕤撰。其文亦《申鑑》《論衡》之流。蕤自序云："大旨在乎寧固根蒂，革易時弊，興亡治亂，具載諸篇。"此書流傳絶少，徐健庵過任城，得之市中，蓋宋刻也。按楊天惠《彰明逸事》云："潼江趙蕤任俠有氣，善爲縱横學，著書號《長短經》。"[六]《北夢瑣言》云[七]："蕤，梓州鹽亭人，博學韜鈐[八]，長於經世。夫婦俱有隱操，不應辟召。論王伯機權正變之術。"第十卷載陰謀家，本缺，今存者六十四篇。

《咸通庚寅解圍録》一卷。陳氏曰："唐成都少尹張雲景之撰[九]，言南詔圍城捍禦事。"

[一]"陳"，本作"晁"，承《文獻通考·經籍考五十七》而誤，今據陳氏《直齋書録解題》卷一六改。

[二]"德軍"，原脱，據《直齋書録解題》補。

[三]"集"，原作"字"，據《文獻通考·經籍考五十七》及《郡齋讀書志》卷一七改。按，此處説揚雄集五卷，但《郡齋讀書志》著録實爲三卷。又，此條同時摘録晁氏與陳氏之文，實則皆據《文獻通考》轉引也。

[四] 此條出《西京雜記》卷二。

[五]"十四"，原誤倒，據《舊唐書·經籍志下》《新唐書·藝文志三》所記，《指歸》均當爲"十四卷"，故據《唐書》乙正。

[六] 以上部分出《居易録》卷一四，所謂徐健庵者，指徐乾學。

[七]"瑣"，原作"鎖"，據《郡齋讀書志》卷一二、《文獻通考·經籍考四十一》改。按，自"北夢瑣言"起之後部分，見於《郡齋讀書志》及《文獻通考》，所引《北夢瑣言》之語，見其書卷五。

[八]"鈐"，原作"鈴"，形近而誤，據《北夢瑣言》改。

[九]"成"，原作"城"，據《文獻通考·經籍考二十三》及《直齋書録解題》卷五改。

《蜀記》二卷。陳氏曰："唐鄭暐撰，雜記蜀事、人物、古迹、寺觀之屬，未詳何人。"[一]

《西南備邊録》十三卷。巽巖李氏曰[二]："唐李德裕撰，今特存第一卷。"

《薛濤集》一卷。晁氏曰："唐薛濤，字洪度，西川樂妓。工爲詩，當時人多與酬贈。武元衡奏校書郎，太和中卒。李肇云：'樂妓而工詩者，濤亦文妖也。'"陳氏曰："號薛校書，世傳奏授，恐無是理。殆一時州鎮褒借爲戲，如今世白帖、借補之類耶。濤得年最長，至近八十。"[三]

《産寶》二卷[四]。晁氏曰："唐昝殷撰。殷，蜀人。大中初，白敏中守成都，其家有因免乳死者，訪問名醫，或以殷對。敏中迎之，殷集備驗方藥二百七十八首以獻。其後周頲又作三論，附於前。"

《盧延讓詩》一卷。晁氏曰："僞蜀盧延讓子善也[五]，范陽人，唐光化元年進士[六]。朗陵雷滿辟，滿敗，歸王建。及僭號，授水部員外郎，累遷給事中，卒官終刑部侍郎。延讓師薛能，詩不尚奇巧，人多誚其淺俗。獨吴融以其絶不蹈襲，大奇之。"

《張蠙詩》一卷。晁氏曰："僞蜀張蠙，字象文，清河人。唐乾寧中進士，爲校書郎、櫟陽尉、犀浦令。王建開國[七]，拜膳部員外郎，後爲金堂令。王衍與徐后游大悲寺，見壁間書'墻頭細雨垂纖草，水面回風聚落花'，愛之。問之，知蠙句，給扎，令以詩進。蠙以二百首獻，衍頗重之，將召爲知制誥。來光嗣以其輕傲，止賜白金而已。蠙生而穎秀，幼能爲詩，作《登單于臺》，有'白日地中出，黄河天外來'之句，爲世

[一] 此條出《文獻通考·經籍考三十二》，陳氏之言，見《直齋書録解題》卷八。按，《蜀中廣記》卷九六云："《蜀志補罅》以暐爲成都人，復著有《天寶西幸略》。"

[二] "巖"，原作"崖"，據《文獻通考·經籍考三十三》改。按，巽巖乃李燾之號。後文此字之誤徑改，不再説明。

[三] 此條出《文獻通考·經籍考七十》。按，《薛濤集》，《郡齋讀書志》卷一八、《文獻通考》皆題作《薛洪度詩》。

[四] "産寶"，原誤倒，據《文獻通考·經籍考四十九》、《郡齋讀書志》卷一五乙正。

[五] "子"，原作"字"，據《文獻通考·經籍考七十》、《郡齋讀書志》卷一八改。

[六] "元"，原作"九"，與《文獻通考》同，顯誤，據《郡齋讀書志》改。按，唐昭宗光化年號（八九八至九〇一）僅使用四年，何來九年？又，《唐摭言》卷六則稱"光化三年"進士，《唐才子傳校箋》卷一〇考訂亦認爲當作光化三年。

[七] "王"，原脱，與《文獻通考·經籍考七十》同，據《郡齋讀書志》卷一八補。

所稱。"[一]

《春秋名號歸一圖》二卷。《崇文總目》:"僞蜀馮繼先撰[二],以《春秋》官謚名字裒附初名之左。"晁氏曰:"左氏所書人,但不稱其名,或字,或號,或爵、謚,多互見,學者苦之。繼先皆取以繫之名下云。"

《左氏傳引帖新義》。《崇文總目》:"僞蜀進士蹇遵品撰。擬唐禮部試進士帖經舊式[三],覈經具對。"[四]

《石經左氏傳》三十卷。晁氏曰:"不題所書人姓氏,亦無年月。按文不闕唐諱及國朝諱,而闕'祥'字,當是孟知祥僭位後刊石也。"[五]

《易軌》一卷[六]。晁氏曰:"僞蜀蒲乾貫撰,專言流演[七]。其序云'可以知否泰之原,察延促之數',蓋數學也。"

《石經禮記》二十卷[八]。晁氏曰:"僞蜀張紹文所書。不載年月,經文不闕唐諱,當是孟知祥僭位之後也。"

《石經公羊傳》十二卷。晁氏曰:"《藝文志》云:'僞蜀刻《五經》,備注傳,爲世所稱。'以此言觀之,不應無《公》《穀》,豈初有之,後散毁耶?"[九]

《石經論語》十卷。晁氏曰:"僞蜀張德釗書[十]。闕唐諱,立石當在孟知祥未叛之前。其文脱兩字,誤一字,又《述而》第七'舉一隅'下有'而示之'三字,'三人行必有我師焉'上又有'我'字。《衛靈公第十五》'敬其事而後其食',作'後食其禄',與李鶚本不同者此也。"

《石經周禮》十二卷。晁氏曰:"僞蜀孫朋吉書[十一]。以監本是正其

[一] 按,所引《登單于臺》詩,見《文苑英華》卷二九九。

[二] "先",原作"元",蓋承襲《文獻通考·經籍考九》而誤。今據《宋史·藝文志一》《崇文總目》卷二、《通志·藝文略一》《郡齋讀書志》卷三等改。後一字徑改,不再説明。

[三] "唐",原脱,據《文獻通考·經籍考九》《崇文總目》卷一補。

[四] "覈",原作"敫",據《文獻通考》《崇文總目》改。

[五] 此條出《文獻通考·經籍考九》,晁氏之言見《郡齋讀書志》卷三。

[六] "軌",原作"執",形近而誤,據《文獻通考·經籍考二》、《郡齋讀書志》卷一改。

[七] "演",原作"濱",據《文獻通考》《郡齋讀書志》改。

[八] "二十卷",原脱,據《文獻通考·經籍考八》、《郡齋讀書志》卷二補。

[九] 此條出《文獻通考·經籍考九》。按,據《郡齋讀書志》卷三及《文獻通考》,此《藝文志》指《國史藝文志》。

[十] "釗",原作"鈞",承《郡齋讀書志》卷四、《文獻通考·經籍考十一》而誤,今據《郡齋讀書志》孫猛校證改。

[十一] "吉",原作"古",與《文獻通考·經籍考八》、《郡齋讀書志》卷二原文同,今據《郡齋讀書志》孫猛校證改。

注[一]，或羡或脱，不同至千數。"

《爾雅音略》三卷。晁氏曰："僞蜀毌昭裔傳[二]。《爾雅》舊有釋智騫及陸元朗釋文[三]，昭裔以一字有兩音，或三音，後生疑於呼讀，乃釋其文義[四]，最明者爲定。"

《蜀爾雅》三卷。陳氏曰："不著撰人名氏。《館閣書目》：'按，李邯鄲云唐李商隱采蜀語爲之。'當必有據。"[五]

《牛嶠歌詩》三卷[六]。晁氏曰[七]："僞蜀牛嶠，字延峰，隴西人，唐相僧孺之後。博學有文，以歌詩著名。乾符五年進士。王建鎮西川，辟判官。及開國，拜給事中，卒。集本三十卷，自序：'慕李長吉所爲歌詩，輒效之。'"

嶠字松卿[八]，乾符中進士。事蜀，爲給事中。其《楊柳枝》《望江南》諸曲，爲古今盛稱。

《三十家注老子》八卷[九]。晁氏曰："唐蜀岷山道士張君相集河上公、嚴遵、王弼、何晏、郭象、鍾會、孫登、羊祜、羅什、盧裕、劉仁會、顧歡、陶隱居、松靈仙人、裴處恩[十]、杜弼、《節解》、張憑、張嗣、臧玄静、大孟、小孟、竇略、宋文明、褚糅、劉進喜、蔡子晃[十一]、成玄英、車惠弼等注。君相稱三十家，而列其名止二十有九，蓋君相自以爲一家言并數之耳。君相，不知何時人，而謂成玄英爲皇朝道士，則唐天寶後人也。"

《浣花集》五卷。晁氏曰："僞蜀韋莊，字端己。仕王建，至吏部侍郎、平章事。集乃其弟藹所編，以所居即杜甫草堂舊址，故名。僞史稱

[一]"正其注"，原脱，據《文獻通考》《郡齋讀書志》補。
[二]"毌"，原作"母"，形近而誤，據《文獻通考·經籍考十六》《郡齋讀書志》卷四等改。
[三]"及"，原作"乃"，形近而誤，據《文獻通考》《郡齋讀書志》改。◎"元"，原脱，據《文獻通考》《郡齋讀書志》補。
[四]"乃"，原作"及"，形近而誤，據《文獻通考》《郡齋讀書志》改。
[五]此條出《文獻通考·經籍考十六》。陳氏之言見《直齋書録解題》卷三。◎按，《蜀爾雅》一書，《宋史·藝文志一》《通志·藝文略一》等亦載："李商隱，《蜀爾雅》三卷。"
[六]"嶠"，原作"礄"，據《文獻通考·經籍考七十》、《郡齋讀書志》卷一八改。後文此字之誤徑改。
[七]"晁"，原作"陳"，據乾隆本及《郡齋讀書志》改。
[八]按，牛嶠一字松卿之説，見《唐詩紀事》卷七一及《十國春秋》卷四四本傳。
[九]"八"下，原衍"十"字，據《文獻通考·經籍考三十八》、《郡齋讀書志》卷一一等删。
[十]"恩"，原作"思"，據《郡齋讀書志》孫猛校證之説改。
[十一]"晃"，原作"晁"，形近而誤，據《文獻通考》《郡齋讀書志》改。

莊有集二十卷，今止存此。”[一]

牛希濟，牛嶠兄子，仕蜀王衍爲中丞。同光三年降唐，唐主令蜀舊臣王鍇等賦詩[二]。希濟作一律云：“滿朝文武欲朝天，不覺鄰師犯塞烟。唐主再懸新日月，國王還却舊山川。非關將相扶持拙，自是君臣數盡年。古往今來亦如此，幾時歡笑幾潸然。”[三]唐主曰：“希濟不忘忠孝也，賜緞百。”

《烟花集》五卷。陳氏曰：“蜀後主王衍集艷詩二百篇，且爲之序。”[四]

梓州李珣有詩名，其先波斯人，事蜀主衍。妹爲衍昭儀，亦能詞，有“鴛鴦瓦上忽然聲”句。珣秀才預賓貢，國亡不仕，有感慨之音。周草窗曰：“李珣輩俱蜀人，各製《南鄉子》數首以志風土，《竹枝》體也。”[五]

《入洛記》一卷。晁氏曰：“蜀王仁裕撰。仁裕随王衍降[六]，入洛陽，記往返途中事，並其所著詩賦。”[七]

《前蜀記事》二卷。陳氏曰：“僞蜀學士毛文錫撰。起廣明庚子[八]，盡天復甲子[九]，凡二十五年。文錫，唐太僕卿龟範之子，十四登進士第。入蜀仕建，至判樞密院，随衍入洛而卒。”

《茶譜》一卷。晁氏曰：“僞蜀毛文錫撰。記茶故事，其後附以唐人詩文。”[十]

毛文錫以詞名，不及熙震[十一]。葉石林曰：“毛詞以質直爲情致，殊不知流於率露，致令諸人之評庸陋者，必曰：‘此乃仿毛文錫之贊成功而

[一] 此條出《文獻通考·經籍考七十》。晁氏之言見《郡齋讀書志》卷一八。

[二] “唐主”之“唐”，原脱，據沈雄《古今詞話·詞評》卷上之“牛希濟”條補，文義更暢。

[三] “潸”，原作“潛”，形近而誤，據《古今詞話》改。《鑑誡録》卷七“雪廢主”條録此詩亦作“潸”。

[四] 此條出《文獻通考·經籍考七十五》。陳氏之言見《直齋書録解題》卷一五。

[五] 此條出《古今詞話·詞評》卷上之“李珣瓊瑶集”條。所謂周草窗者，指周密，然不知出自周氏何書。

[六] “降”，原脱，據《文獻通考·經籍考二十三》《郡齋讀書志》卷六補。

[七] “賦”，原脱，據《文獻通考》《郡齋讀書志》補。

[八] “起”，原脱，據《文獻通考·經籍考二十七》《直齋書録解題》卷五補。◎“廣”，原作“唐”，與《文獻通考》同，誤，據《直齋書録解題》改。按，廣明爲唐僖宗年號，廣明庚子指八八〇年。

[九] “復”，原作“福”，據時代推算，廣明庚子後二十五年實乃昭宗天復四年、天祐元年（九〇四），“復”“福”同音致誤，故改之。

[十] 此條出《文獻通考·經籍考四十五》。晁氏之言見《郡齋讀書志》卷一二。

[十一] “熙震”，原誤倒，與《古今詞話·詞評》卷上“毛文錫”條同，今據《御選歷代詩餘》卷一一三乙正。按，毛熙震，《花間集》及《全唐詩》等收録了此人諸多作品。

不及者乎？’逮覽其全集，而咏《巫山一段雲》，其細心微詣[一]，直造蓬萊頂上。”

《道德疏節解》上下各二卷。《崇文總目》：“僞蜀喬諷撰。仕僞蜀，爲諫議大夫、知制誥，奉詔以唐明皇注疏、杜光庭義綴其要，附以己意解釋之。”[二]

《王氏神仙傳》四卷。晁氏曰：“蜀杜光庭纂。光庭集王氏男真女仙五十五人，以諂王建[三]。又有王虚中續纂三十人，附其後。”

《道教靈驗記》二十卷。陳氏曰：“蜀道士杜光庭撰。”[四]

《青城山記》一卷。晁氏曰：“僞蜀道士杜光庭賓聖撰。集蜀山若水在青城者，悉本道家方士之言。”[五]

范處士名德照，蜀人也。不知所修之道，著《通宗論》《契真刊謬論》《金液還丹論》[六]。僞蜀主頻召問道，稱旨，頗優禮之。處士談論多及物情，以鑑戒爲先。蜀人每中元多生五穀，俗謂之盆草，盛以供佛。初至時介意觸禁，謂嘗有雷護之。既中元後，即棄之糞土。處士太息云云。

《續事始》五卷。晁氏曰：“僞蜀馮鑑廣孝孫所著。”[七]

《修文要訣》一卷。晁氏曰：“僞蜀馮鑑撰。雜論爲文體式，評其謬誤，以訓初學云。”[八]

《蜀高祖實録》三十卷。晁氏曰：“僞蜀李昊撰。高祖者，孟知祥也。昊相知祥子昶時被命撰。起唐咸通甲午，終於僞明德元年甲午，凡六十一年。”[九]

《鑑誡録》十卷。晁氏曰：“後蜀何光遠撰。何字輝夫，東海人。廣政中[十]，纂輯唐以來君臣事迹可爲世鑒者，前有劉曦度序。李獻臣云‘不

[一]“詣”，原作“誼”，形近而誤，據《御選歷代詩餘》《古今詞話·詞評》改。

[二]此條出《文獻通考·經籍考三十八》。所引之言見《崇文總目》卷三。

[三]“諂”，原作“諧”，形近而誤，據《文獻通考·經籍考五十二》、《郡齋讀書志》卷九改。

[四]此條出《文獻通考·經籍考五十二》。陳氏之言見《直齋書録解題》卷一二。

[五]此條出《文獻通考·經籍考三十三》。晁氏之言見《郡齋讀書志》卷八。

[六]“刊”，原作“刻”，據《茅亭客話》卷二“范處士”條及《蜀故》卷二四所引改。

[七]此條出《文獻通考·經籍考四十一》。晁氏之言見《郡齋讀書志》卷一二。按，孝孫即劉存，著《事始》三卷。

[八]此條出《文獻通考·經籍考七十六》。晁氏之言見《郡齋讀書志》卷二〇。

[九]此條出《文獻通考·經籍考二十一》。晁氏之言見《郡齋讀書志》卷六。

[十]“廣政”，原作“唐證”，與《文獻通考·經籍考四十三》及《郡齋讀書志》卷一三原文同，今據《郡齋讀書志》孫猛校證改。

知何時人'[一]，考之不詳也。"[二]

《後蜀記事》十卷。陳氏曰："直史館太常博士董淳撰。惟記孟昶事。"[三]

《蜀桂堂編事》二十卷。晁氏曰："僞蜀楊九齡撰。雜記孟氏廣政中舉試事，載詩、賦、策題及知舉登科人姓氏。且云：'科舉起於隋開皇，前陋者謂唐太宗時，非也。'"[四]

《芙蓉集》曰[五]："歐陽炯首叙《花間集》者，每言愁苦之音易好，歡愉之語難工。其詞大抵婉約輕和，不欲强作愁思者也。"[六]

歐陽炯事孟蜀後主，時號五鬼之一。曾約同僚納凉於寺，寺僧可朋作耘田鼓歌以刺之，遂撤。炯始作《三字令》，歐陽彬作《生查子》者，其弟也[七]。

《花間集》十卷[八]。陳氏曰："蜀歐陽炯作序，稱衛尉少卿字宏基者所集，未詳何人[九]。其詞自温飛卿而下十八人，凡五百首。此近世倚聲填詞之祖也。"

《花蕊夫人詩》一卷。晁氏曰："僞蜀孟昶愛姬，青城費氏女。幼能屬文，長於詩，宮詞尤有思致。蜀平，以俘輸織室。後有罪，賜死。"[十]

《才調集》十卷。陳氏曰："後蜀韋縠集唐人詩。"[十一]

[一] "李獻臣"，即李淑，字獻臣，《宋史·李若谷傳》有附傳。李氏曾與修《崇文總目》，但此書不載《鑑誡録》，則晁公武所指，當是李淑私撰之《邯鄲書目》，《宋史·藝文志三》著録爲十卷。

[二] "詳"，原作"得"，據《文獻通考》及《郡齋讀書志》改。

[三] 此條出《文獻通考·經籍考二十七》。陳氏之言見《直齋書録解題》卷五。◎按，《直齋書録解題》著録《後蜀紀事》二卷，不知馬氏所言十卷者據何而來？《曝書亭集》卷四四《續錦里耆舊傳跋》則稱此書三卷。

[四] 此條出《文獻通考·經籍考二十七》。晁氏之言見《郡齋讀書志》卷七。

[五] "芙蓉"，《古今詞話·詞評》卷上之"歐陽炯"條與《御選歷代詩餘》卷一一三作"蓉城"。按，宗元鼎嘗從王士禎學詩，著《芙蓉集》十七卷，《欽定四庫全書總目》卷一八三有著録。故彭遵泗當是據《古今詞話》抄録此條且做了糾正。

[六] "欲"，原作"難"，據《古今詞話》《御選歷代詩餘》改。

[七] 此條出《古今詞話·詞評》卷上"歐陽炯"條，歐陽炯之《三字令》載《花間集》卷五，歐陽彬《生查子》見《全唐詩》卷八九六。

[八] "花間"，原作"竹澗"，據《文獻通考·經籍考七十三》《直齋書録解題》卷二一改。

[九] 按，此處稱未詳何人，《欽定四庫全書總目》卷一九九云："崇祚字宏基，事孟昶爲衛尉少卿，而不詳其里貫。《十國春秋》亦無傳。案蜀有趙崇韜，爲中書令廷隱之子。崇祚疑即其兄弟行也。"

[十] 此條出《文獻通考·經籍考七十》。晁氏之言見《郡齋讀書志》卷一八。

[十一] "縠"，原作"穀"，據《直齋書録解題》卷一五、《文獻通考·經籍考七十五》改。

《鮮于伯圭集》一卷[一]。晁氏曰："鮮于伯圭名懷，閬中人。文章爲一時之冠，累舉不第，嘗作《揠愁詞》，時人稱之。李宗諤贈詩云：'漢殿無人薦揚子，滿朝空誦《揠愁詞》。'後與宗諤同年第四人登科。趙普判秦州，辟爲觀察推官[二]，卒。"

田表聖《咸平集》五十卷。晁氏曰[三]："田錫字表聖，與胡旦、何士宗齊名，中興國三年進士第。歷相臺、桐廬、淮陽[四]、海陵四郡守，知制誥，終於諫議大夫。范仲淹、司馬光讀其書，皆稱其直諒[五]。蘇軾亦以比賈誼云。所作有《咸平集》。"陳氏曰："首卷有《奏議》十二篇[六]，即東坡所序。端平初，游似爲成都漕[七]，奏言'朝廷宜褒表之以示勸'，博士徐清叟議謚曰'獻翼'。今漢嘉田氏子孫，不知存亡，而文集板之在州者，亦毁於兵燼矣。"東坡《奏議序》曰"嗚呼！田公古之遺直也"云云[八]。

《愚丘集》二卷[九]，陳文惠公作也。晁氏曰[十]："陳堯佐，字希元，閬州人[十一]。端拱初進士，後以太子太師致仕。年八十二卒，號知餘子，謚文惠。堯佐屬詞尚古，不牽世用，喜爲二韻詩，詞調清警可人雋永[十二]，集皆自有序。"

晁氏曰："宋朝何郯[十三]，字聖從，成都人。仁廟朝爲御史、諫官，擢天章閣待制。熙寧中，以尚書右丞致仕，歷漢[十四]、梓、永興、河南四帥守。天資好學，殆廢寢食。爲詩簡重淳淡，有孟東野之風。其仕臺諫

[一]"集"，原脱，據《文獻通考·經籍考六十一》《郡齋讀書志》卷一九補。
[二]"推官"，原脱，據《文獻通考》《郡齋讀書志》補。
[三]"田表聖咸平集五十卷晁氏曰"十二字，原脱，據《郡齋讀書志》卷一九、《文獻通考·經籍考六十一》補。按，晁公武稱此集五十卷，陳氏《直齋書録解題》卷一七則作"五十一卷"，今《四庫全書》本《咸平集》則僅三十卷，乃後人重編者。
[四]"陽"，原作"揚"，據《郡齋讀書志》《文獻通考》改。
[五]"諒"，原作"諫"，據乾隆本及《郡齋讀書志》《文獻通考》改。
[六]"二"，原作"三"，形近而誤，據《直齋書録解題》卷一七改。
[七]"似"，原作"佀"，殆與"侶"形近而致誤，今據《直齋書録解題》改。
[八]此句出蘇軾《田表聖奏議敘》，《咸平集》卷首亦載。
[九]"《愚丘集》二卷"，原作"《愚丘公集》"，據《文獻通考·經籍考六十一》《郡齋讀書志》卷一九改。
[十]"晁氏"，原作"陳氏"，誤，據《文獻通考》《郡齋讀書志》改。
[十一]"州"，原作"中"，據《文獻通考》《郡齋讀書志》改。
[十二]"調"，原脱，據《文獻通考》《郡齋讀書志》補。
[十三]"郯"，原作"剡"，形近而誤，《文獻通考·經籍考六十一》、《郡齋讀書志》卷一九改。
[十四]"漢"下，原衍"興"字，據《文獻通考》《郡齋讀書志》删。

時，知無不言，頗有直聲。鮮于子駿志其墓，集有李邦直序。所作《盧江文集》二十卷，《刀筆》五卷，《奏議》二十卷。”

《范蜀公集》一百二十卷[一]。汪玉山序[二]：“按《蜀公墓誌》云：‘《文集》一百卷，《諫垣集》十卷，《内制集》二十卷，《外制集》十卷，《樂書》三卷。’公，成都人也。應辰守成都凡三年，求公文集，搜訪殆遍，來者不一，而竟無全書。蓋公之没，距今八十年矣。竊意歲月愈久，則雖此不全之書，亦或未易得也，於是以意類次爲六十二卷。曰《樂議》，曰《使北録》，不見於《墓誌》，亦恐其初文集未必載也，而《樂議》或特出於世俗所裒輯，今皆存之。又以《諫疏》《内制》《外制》《正書》《樂書》附之，通爲一百二十卷。《正書》所得止一卷，今分爲二。司馬温公論《正書》，其間有云‘舜無焚廩浚井’之事，而今之《正書》無此語，豈亦非全書耶？”

《白雲集》三十卷，張少愚作也。晁氏曰：“張俞[三]，字少愚，幼通悟，於書無不該貫。朝廷嘗以校書郎召，表乞授其父[四]。隱於岷山之白雲溪[五]，凡六被徵召，皆不起。爲文有西漢風，嘗賦《洛陽懷古》，蘇子美見而嘆曰：‘優游感諷，意不可盡，吾不能也。’”

文與可《丹淵集》四十卷。晁氏曰：“文同，字與可，蜀人，進士高第。以文學名，操韻高潔，畫筆尤妙。仕至太常博士、集賢校理。元豐初，出守吴興，至宛丘駋，忽留不行，沐浴衣冠，正坐而逝。”東坡謂與可有四絶：詩一，楚詞二，草書三，畫四。世少知者，惟予一見識其妙處。又有詩云：“斯人定何人，游戲得自在[六]。詩鳴草聖餘，兼入竹三昧。”他日觀其飛白，復恨知與可之不盡也[七]。“司馬温公稱其襟韻瀟洒，如晴雲秋月，塵埃不到，其爲人可知矣。”

《陳司諫集》兩卷。晁氏曰：“陳祐，字純益，仙井監人。登進士第。建中靖國初，爲臺諫，與龔夬、任伯雨、江公望協力彈擊紹聖奸臣。蔡

[一]“一百二十卷”，原脱，據《文獻通考·經籍考六十三》及前後文補。

[二]“汪玉山”，即汪應辰，此序載其《文定集》卷一〇，名《題范蜀公集》。

[三]“俞”，原作“愈”，據《文獻通考·經籍考六十三》、《郡齋讀書志》卷一九改。

[四]“父”，原作“友”，據《文獻通考》《郡齋讀書志》改。

[五]“白雲溪”，在青城山下，《宋史·張俞傳》載“文彦博治蜀，爲置青城山白雲溪杜光庭故居以處之”。

[六]“戲”，原作“獻”，據《文獻通考·經籍考六十三》、《郡齋讀書志》卷一九改。

[七]此前之語出《文獻通考·經籍考六十三》《郡齋讀書志》卷一九，此後引司馬光之語則出《直齋書録解題》卷一七。

京用事，廢斥而没。”[一]

《楊元素集》四十卷。晁氏曰：“楊繪，字元素，漢州綿竹人。幼警敏，讀書過目輒誦，至老不忘。皇祐初，擢進士第二人，累擢翰林學士。沈存中爲三司使，暴其所薦王永年事，因貶官。終於天章閣待制，知杭州。嘗居無爲山，號無爲子，爲文立就。”[二]

《范太史集》五十五卷。陳氏曰：“翰林學士成都范祖禹淳夫撰。”《朱子語録》曰：“范淳夫文字純粹，下一箇字，便是合當下一箇字，東坡所以服他。東坡輕視文字，不將爲事，做時，只胡亂寫去。”又曰：“四六語佳莫如范淳夫。”[三]

《前溪集》五卷，劉巨濟撰也。晁氏曰：“劉涇，字巨濟，蜀人，終於太學博士，爲文奇怪。”[四]

《西漢發揮》十卷[五]。晁氏曰：“劉涇巨濟撰。”

李元應《跨鼇集》五十卷。晁氏曰：“李新，字元應，仙井監人。早登進士第。劉涇嘗薦於蘇子瞻，令賦《墨竹》，口占一絶立就。坐元符末上書，奪官，謫置遂州，流落終身。跨鼇，仙井山之名也。”[六]

《張無盡集》三十二卷[七]。晁氏曰：“張商英字天覺，登第，調官峽路[八]。章惇察訪巴蜀[九]，風采傾動西南峽中。部使者憂之，日夕謀所以待之之禮曲盡，因求辯博之士，以備燕談。或以天覺姓名告，因檄召至夔州。惇既至，杯酒間，果以人材爲問，部使者即言之，惇令召入。天

[一] 此條出《文獻通考·經籍考六十四》。晁氏之言見《郡齋讀書志》卷一九。

[二] 此條出《文獻通考·經籍考六十三》。晁氏之言見《郡齋讀書志》卷一九。

[三] 此條出《文獻通考·經籍考六十三》。陳氏之言見《直齋書録解題》卷一七，朱子之言見《朱子語類》卷一三九。

[四] 此條出《文獻通考·經籍考六十四》。晁氏之言見《郡齋讀書志》卷一九。

[五] “十卷”，原脱，據《文獻通考·經籍考二十七》《郡齋讀書志》卷七補。

[六] 此條出《文獻通考·經籍考六十四》。晁氏之言見《郡齋讀書志》卷一九。所謂《墨竹》詩，載《跨鼇集》卷一一。

[七] “三十二卷”，與《文獻通考·經籍考六十五》同，而《郡齋讀書志》卷一九則作“二十二卷”。按，《宋史·藝文志七》，一曰《張商英文集》一百卷，一曰《張商英集》十三卷。又，《通志·藝文略八》有“《張無盡集》五十三卷、《别集》十七卷”。然史載皆不存，難論孰是。

[八] “峽”，原作“陜”，與《文獻通考·經籍考六十五》同。按，考《宋史》卷三五一、《東都事略》卷一〇二本傳，云商英調官通川，繼辟南川，此二地皆屬夔州，隸屬於“峽路”，而非“陜路”，故據改。

[九] “惇”，原作“淳”，形近而誤，據《文獻通考》《郡齋讀書志》及後文改。

覺不冠，服峨巾，長揖徑就坐左，惇負氣敢大言[一]，天覺輒吐言壓之。惇大喜，歸而薦於朝，由是召用。元祐中，爲開封推官，出使河東。紹聖初，擢御史。大觀四年，長星見，蔡京罷相，乃拜右僕射。盡反京之政，召用元祐遷客，天下翕然歸重，期年去位。靖康初，遂與司馬温公、范文正公同日降制，加贈官爵，賜謚文忠。”

《宇文肅愍公文集》，贈開府儀同三司宇文虚中撰。後溪劉氏《序》略曰：“公羈絶域者十五年，而朝廷悉發其家人北去。後四年，父子謀覺而闔門被禍矣。公弟兄早以才奮，皆致位二府。公之文章，又最見稱於當世。余讀其爲館職時所與開封尹論事書而壯之，使充是書以往，足以追古人而並駕。公既亟見用於尚文之日，潤色太平，黻藻休烈，則其所謂繫一時所遇而作，非公之欲充而不已者也。故公《答曾晦之書》云：‘僕長而游太學，爲科舉所使。及得一官，又屢爲應制代言之文，皆非得已而爲者。去歲得罪，杜門於此，閑取篋中書史，卧而讀之，日盡數卷，乃知古人之未嘗爲文也[二]。惟無意於文，而遇事乃言，則其優游舒泰，奮迅豪蕩，蓋無施而不可[三]。昔嘗謂西漢制詔，妙絶於元、成間；而章疏奏對，至谷子雲而工極無以復加矣。迨今思之，則不然。惟高帝立長沙王、令諸吏善遇高爵及省試、舉賢等詔，吕后、孝文賜匈奴單于書，信以下上尊號，相國何等議天子所服，此等數篇卓然渾成[四]，非司馬相如、王褒輩冥搜巧繪所能至也。’”

《杜起莘文集》，殿中侍御史杜莘老起莘撰。後溪劉氏曰：“公學術之正、文辭之典、氣節之剛，與王公龜齡大略相似，而公奮起孤遠爲尤難。余嘗得公奏疏而讀之，其言五穀藥石也。公卒四十餘年，余守眉陽，又得公他文閲之，嘆曰：‘善哉！窮之言[五]，達之行也。’今年又得公經論千餘篇，信乎公之學得於孟子者與。世益降，士之爲文益浮。噫！無復斯文也已。”

[一]“敢”，原作“放”，據《文獻通考》《郡齋讀書志》改。

[二]“乃”，原作“及”，形近而誤，據《文獻通考·經籍考六十五》改。

[三]“施”，原作“適”，據《文獻通考》改。

[四]按，此處羅列諸篇文，分别爲《封故衡山王吴芮詔》《善遇高爵詔》《求賢詔》《擊匈奴詔》，見《西漢文紀》卷一；諸侯王韓信等《上漢王請定帝號疏》，見《西漢文紀》卷六。至於蕭何等議天子所服之事，《西漢文紀》卷一二魏相《采明堂月令奏》有相關記載。

[五]“窮”，原作“家”，據《文獻通考·經籍考六十五》改。按，《孟子·盡心上》云：“窮則獨善其身，達則兼濟天下。”

《陵陽集》五十卷。陳氏曰："中書舍人仙井韓駒子蒼撰[一]。自幼能詩[二]，黄太史稱其超軼絶塵[三]，蘇文定以比儲光羲[四]。游太學不第。政和初，獻書，召試出身，後入西掖。坐蘇氏之黨曲學罷。"

《梯雲集》二十五卷。陳氏曰："中書舍人資州趙莊叔撰。辛未大魁，有氣節，四十一歲卒。"[五]

《方舟集》五十卷、《後集》二十卷。陳氏曰："資陽李石知幾撰。石有盛名於蜀，少嘗客蘇符尚書家。紹興末爲學官，乾道中爲郎，歷麾節，皆以論罷。趙丞相雄，其鄉人也，素不善石，石以是晚益困。其自序云：'宋魋魯倉[六]，今猶古也。'"

《兼山集》四十卷。陳氏曰："端明殿學士劍門黄裳文叔撰。在嘉邸最久，備盡忠益。甲寅御極，未及大用，病不能朝，士論惜之。"[七]

《王喦集》一卷。陳氏曰："王喦撰。集中有《春日感懷上滕白郎中》[八]，蓋亦國初人。又有'聖駕親征河東'及有'甲午避寇，全家欲下荆南'之語，則是李順亂蜀之歲。喦蓋蜀人也耶。"

《漁舟集》一卷[九]。陳氏曰："處士成都郭震希聲撰。自稱汾陽山人，李畋爲作集叙。淳化四年，忽作詩曰：'朝出東門游，東門好春色。青青原上草，莫放征馬食。'詣闕獻書，言蜀利病，未幾順賊已作矣。"

《綸言集》三十一卷[十]。陳氏曰："宇文粹中、虚中兄弟所編集。"

《春秋三傳分國紀事本末》，夾江勾龍傳明甫撰。後溪劉氏《序》略

[一]"駒子"，原互倒，據《文獻通考·經籍考六十六》、《直齋書録解題》卷一八乙正。
[二]"詩"，原作"文"，據《文獻通考》《直齋書録解題》改。
[三]"塵"，原作"群"，據《文獻通考》《直齋書録解題》改。
[四]"文"，原作"公"，據《文獻通考》《直齋書録解題》改。按，蘇轍謚文定。
[五]此條見《文獻通考·經籍考六十六》《直齋書録解題》卷一八。
[六]"宋"，原脱，據《文獻通考·經籍考六十七》、《直齋書録解題》卷一八補。按，宋魋，指宋國人桓魋。《史記·孔子世家》云："孔子去曹適宋，與弟子習禮大樹下。宋司馬桓魋欲殺孔子，拔其樹，孔子去。"魯倉，指魯國人臧倉。《孟子·梁惠王下》云："魯平公將出，嬖人臧倉者請曰：'他日君出則必命有司所之，今乘輿已駕矣，有司未知所之，敢請。'公曰：'將見孟子。'曰：'何哉？君所爲輕身以先於匹夫者，以爲賢乎？禮義由賢者出，而孟子之後喪逾，前喪君，無見焉。'公曰：'諾。'"是桓魋欲殺孔子，臧倉阻止平公見孟子，皆對聖賢不利者。
[七]此條出《文獻通考·經籍考六十八》。陳氏之言見《直齋書録解題》卷一八。
[八]"日"，原脱，據《文獻通考·經籍考七十一》《直齋書録解題》卷二〇補。◎"滕"，原作"勝"，據《文獻通考》《直齋書録解題》改。
[九]"一卷"，與《文獻通考·經籍考二十一》同，《直齋書録解題》卷二〇作"五卷"。
[十]"綸言"，原作"論定"，據《文獻通考·經籍考二十一》《直齋書録解題》卷五改。

曰："勾龍君傳習詳考，又分國而紀之。自東周而下，大國、次國特出，小國、滅國附見。不獨紀其事與其文，而兼著其義，凡采其説者數十家。君蓋嗜古尊經之士[一]，確乎其能自信者也。"

鶴山《周禮折衷》二卷。陳氏曰："樞密臨邛魏了翁華甫之門人税與權所録。條列經文[二]，附以傳注。鶴山或時有所發明，止於《天官》，餘未及，凡二卷。"

《經世紀年》二卷。陳氏曰："侍講廣漢張栻敬夫撰。用《皇極經世》譜編，有所發明則著之。其言邵氏以數推知去外丙、仲壬之年，乃合於《尚書》'成湯既没，太甲元年'之説。"[三]

南軒《論語説》十卷、《孟子説》十七卷。陳氏曰："侍講廣漢張栻敬夫撰。"[四]

《通鑑論篤》三卷[五]。陳氏曰："廣安張栻敬夫撰。取《通鑑》中言論之精確者，表而出之，多或全篇，少至一二語，去取甚嚴，可以見前輩讀書眼力之高。"

張無垢《孟子解》十四卷[六]。

《唐鑑》二十卷。晁氏曰："范祖禹淳夫撰[七]。淳夫爲温公《通鑑》局編修官十五年，分掌唐史，以其所自得者著成此書。取武后臨朝二十一年系之中宗，其言曰：'此《春秋》公在乾侯之義也，雖得罪於君子，有所不辭。'觀此，則知淳夫之從公，决非苟同者。凡三百六篇。"

《范子功集》五十卷。晁氏曰："范百禄，字子功，鎮之侄也。終於中書侍郎。"[八]

《仁皇訓典》六卷[九]。陳氏曰："翰林侍講范祖禹撰。元祐八年，經

[一]"尊"，原作"專"，據《文獻通考·經籍考十》改。

[二]"列"，原作"例"，據《文獻通考·經籍考八》《直齋書録解題》卷二改。

[三] 此條出《文獻通考·經籍考二十》。陳氏之言見《直齋書録解題》卷四。

[四]"敬"，原作"欽"，乃宋人避翼祖簡公皇帝之名而改者，今據《宋史·道學傳三·張栻》及前文改回。後文此字徑改。按，此條出《文獻通考·經籍考十一》。陳氏之言見《直齋書録解題》卷三。

[五]"三卷"，原脱，據《文獻通考·經籍考二十七》《直齋書録解題》卷四補。◎按，《宋史·藝文志二》作"四卷"。

[六] 此條出《文獻通考·經籍考十一》。

[七]"淳夫"，《文獻通考·經籍考二十七》、《郡齋讀書志》卷七皆作"醇夫"。按《宋史·范祖禹傳》云："祖禹字淳甫，一字夢得。"

[八] 此條出《文獻通考·經籍考六十三》。晁氏之言見《郡齋讀書志》卷一九。

[九]"訓典"，原作"典型"，據《文獻通考·經籍考二十八》、《直齋書録解題》卷五改。

筵所上，凡三百十七條，大略亦用寳訓體。”

《外史檮杌》十卷。晁氏曰：“張唐英次公撰。序稱王建、孟知祥父子四世八十年[一]，比之公孫述輩，最爲久遠。其間善惡，有可爲世戒者。路振之書未備[二]，治平成此書，以補其遺，凡《五代史》及皇朝日曆所書皆略之。温公修《通鑑》，搜羅小説殆遍，未嘗取此書，蓋多差舛，如光天至二年之類是也。”[三]

《神宗實録考異》二百卷。陳氏曰[四]：“史官成都范冲元長與監備趙鼎等撰。”

《太宗實録》。李燾云：“世傳太祖自陳橋推戴，馬上約束諸將，本太宗聖意。前録無太宗叩馬之語，乃後録所增也。”然則燾亦嘗見舊録也耶[五]？

《西陲泰定録》九十卷[六]。陳氏曰：“李心傳撰。記吴曦叛逆以及削平本末。起嘉泰辛酉，迄嘉定辛未，爲三十七卷。其後蜀事益多，又增修至辛巳之冬，通爲九十卷。例頗用太史《年表》例，并記國家大政令、防邊大節目。首尾二十年。”

《樂善録》十卷。陳氏曰：“蜀人李昌齡伯崇撰。以《南中勸戒録》增廣之，多因果報應之事。”[七]

《虞雍公奏議》，丞相虞允文撰。後溪劉氏《序》略曰：“余讀雍國忠肅虞公奏議二百二十有七篇，而慨然有感。世但知采石之戰以七千卒却虜兵四十萬，其功甚偉，然忌者猶曰‘適然’。豈知公於紹興辛巳之前，已因論對，奏虜必叛盟，兵必分五道，正兵必出淮西，奇兵必出海道，宜令良將勁卒備此二境。其先事之識，已絶出乎衆人之表矣。及虜叛盟，上令從臣集議，公獨言虜兵必出兩淮。丞相善其言而未果行，及遣公勞

[一]“序”，原脱，據《文獻通考·經籍考二十七》、《郡齋讀書志》卷七補。

[二]“路振之書”，指《九國志》，五十一卷，《郡齋讀書志》卷七云：“雜記吴、越、唐、前蜀、後蜀、東漢、南漢、閩、楚凡九國。”

[三]“天”，原作“大”，據《文獻通考》《郡齋讀書志》改。

[四]“陳氏曰”三字，原脱，據《文獻通考·經籍考二十一》補。

[五]此條出《文獻通考·經籍考二十一》。

[六]“陲”，原作“郵”，據《文獻通考·經籍考二十四》《直齋書録解題》卷五改。按，“郵”可用同“陲”，然有本可據，故改之。

[七]此條出《文獻通考·經籍考四十四》。陳氏之言見《直齋書録解題》卷一一。

師采石，事已大壞。公以書生收合亡卒，激勵諸將，施置於倉猝之際[一]，而破虜於俄頃之間。嗚呼！非胸中素所蓄積忠誠，足以動天地、感人心而作士氣，未易成此偉績也。而曰'適然'，可乎？自昔狃勝者，必忽其餘憂，公又令設備於瓜州，其他區畫，悉各精密而不苟，虜遂遁去。乃徐從車駕還行都，皆歷歷見於奏疏也。余竊妄論本朝多議論[二]，少成功，雖盛時猶然，况積習消靡之餘夫！人皆喜逸惡勞，圖安而畏危。中興以來，前有張魏公，後有虞雍公，爲國家任其勞、當其危者也。彼不稍愧焉，而又忍短毁之乎？"

《職官記》一卷。陳氏曰："大理寺少卿蜀人張縯季長撰。專載新舊遷轉之異，亦以寄禄爲未然也。"[三]

《建炎以來繫年要記》二百卷[四]。陳氏曰："工部侍郎李心傳微之撰[五]。蓋與李巽巖《長編》相續，亦嘗自隆興後相繼爲之。會蜀亂散失，不可復得。"

《建炎以來朝野雜記》甲乙集，共四十卷。陳氏曰："李心傳撰。上自帝系、帝德、朝政、國典，下及見聞瑣碎，皆録之。蓋南渡以來野史之最詳者。"[六]

《續成都古今集記》二十二卷。陳氏曰："知府事王剛中居正撰。紹興三十年，余嘗手寫《洛陽名園記》而題其後曰[七]：'晉王右軍聞成都府有漢時講堂，秦時城池[八]、門屋、樓觀，慨然遠想，欲一游目。其與周益州帖，蓋數致意焉。近時，吕太史有感於宗少文卧游之語，凡昔人紀載人境之勝，録爲一編。其奉祠亳社也，自以爲譙、沛真源，恍然在目，而兖之太極、嵩之崇福、華之雲臺，皆將卧游之。噫嘻！弧矢四方之志，高人達士之懷，古今一也。顧南北分裂，蜀在境内雖遠，患不往耳，往則至矣。亳、兖、嵩、華，視蜀猶邇封也，欲往其可得乎？然則太史之情，其可悲也已！余近得此記，手寫一通，與《東京記》《長安》《河南

[一]"置於"，原誤倒，據《文獻通考·經籍考七十四》乙正。
[二]"竊"，原作"切"，據《文獻通考》改。
[三]"禄"，原作"然"，據《文獻通考·經籍考二十九》《直齋書録解題》卷六改。
[四]此條出《文獻通考·經籍考二十》。《直齋書録解題》卷四題此書爲《建炎以來繫年要録》，今有四庫館臣從《永樂大典》輯出者，仍分爲二百卷。
[五]"撰"，原作"傳"，據《文獻通考》《直齋書録解題》改。
[六]此條出《文獻通考·經籍考二十四》。陳氏之言見《直齋書録解題》卷五。
[七]"手寫"，原作"覽"，據《文獻通考·經籍考三十二》《直齋書録解題》卷八改。
[八]"時"，原脱，據《文獻通考》《直齋書録解題》補。

志》《夢華録》諸書並藏，而時自覽焉，是亦卧又之意云爾。於是歲在己丑，蜀故無恙也。後七年而有虜禍，秦漢故迹焚蕩無遺。今其可見者，惟此二記耳，而板本不可復得矣。嗚呼，悲夫！'"

歐陽公《什邡陳氏榮鄉亭記》曰[一]："什邡之吏特不喜儒，必摧辱中傷之。民既素饒，樂鄉里，不急禄仕，又苦吏之爲，故未嘗有儒其業與服以游者。甚好學者，不過專一經，工歌詩，優游自養，爲鄉丈人而已。逮陳君巖夫始爲進士，然亦未嘗敢儒衣冠謁縣門[二]，出入閭巷必鄉其服。已而州下天子詔書，索鄉舉秀才，巖夫始改服詣門應詔，吏方相驚。既州試之，送禮部，中丙科以歸省其父，曰：'噫！吾始惡進士之病己，而不知其可爲榮也。'乃築亭以旌之。"

《西南備邊志》十二卷[三]。陳氏曰："嘉州進士鄧嘉猷撰[四]。紹興末，犍爲有蠻擾邊，初莫知其何種族也。已而，有能别識其爲虚恨蠻者。時蜀邊久無事[五]，既去而朝廷憂之，詔有司經度。嘉猷取秦、漢以來迄於本朝，凡史傳所載蠻事，皆著於編，時乾道中也。其爲志九，爲圖一。"

《諸葛武侯傳》一卷。陳氏曰："侍講張栻傳。以陳壽作史私且陋，裒集他傳及裴松之所注爲此傳，而削去管、樂自許一則。朱晦翁以爲不然。"[六]

《嘉祐名臣傳》五卷，張唐英撰[七]。

《廉吏傳》十卷[八]。陳氏曰："成都費樞伯樞撰[九]。自春秋至唐[十]，

[一]"陳氏"，原脱，據《文獻通考·選舉考三》及《歐陽修全集》卷六四補。按，《文獻通考》乃節録改寫歐公之文。

[二]"敢"，原作"放"，據《文獻通考》《歐陽修全集》改。

[三]"西南備邊志"，原作"西南邊備志"，而《文獻通考·經籍考三十三》作"西南備邊録"，今據《直齋書録解題》卷八乙正。

[四]"州"，原作"定"，與《蜀中廣記》卷九六同，今據《文獻通考》《直齋書録解題》改。

[五]"蜀"，原誤作"屬"，據《文獻通考》《直齋書録解題》《蜀中廣記》改。

[六]此條出《文獻通考·經籍考二十六》。陳氏之言見《直齋書録解題》卷七。

[七]《通志·藝文略三》《文獻通考·經籍考二十六》等皆著録此書。

[八]"吏"，原作"史"，形近而誤，據《文獻通考·經籍考二十六》《直齋書録解題》卷七改。

[九]第二"樞"字，原脱，據《文獻通考》《直齋書録解題》補。按，費樞字伯樞，《建炎以來繫年要録》卷一五五云："乙巳，左朝散郎費樞知歸州。樞，廣都人，宣和初，徒步入京師。將至長安，舍旅館。主人婦美少，新寡，夜就之，樞不可。問知，乃京師販繒人女。因訪其父，俾取而更嫁之，人稱其清。"

[十]"春秋"，原作"秦"，與《文獻通考》同，據《直齋書録解題》改。按，此書今存，所收人物的確有春秋時人。

凡百十有四人。宣和乙巳爲序。"

《錦里耆舊傳》八卷，《續傳》十卷[一]。陳氏曰："前應靈縣令平陽句延慶昌裔撰[二]。開寶三年，秘書丞劉蔚知榮州，得此傳。其詞蕪穢，請延慶修之，改曰《成都理亂記》。天成之後，別加編次。起咸通九載，迄乾德四年，百餘年蜀事大略具矣。《續傳》，蜀人張緒所撰，起乾德乙丑[三]，迄祥符己酉。自平蜀之後，朝廷命令、官僚姓名及政事因革，以至李順、王均、劉旴作亂之迹，皆略載之。知新繁太常博士張約爲之序。"

《天保正名論》八卷[四]。陳氏曰："龍昌期撰。其學迂僻[五]，專非周公，妄人也。"

《泣岐書》三卷[六]。陳氏曰："蜀人龍昌期撰[七]，稱'上昭文相公'。有後叙，言求薦進之意。"

《倪文節言行録》三卷、《遺奏誌狀碑銘謚議》一卷。陳氏曰："户部郎中倪祖常子武輯其父尚書遺事。行狀，錫山蔣重珍良貴撰；碑銘，臨邛魏了翁華甫撰。"[八]

《地理指掌圖》一卷。陳氏曰："蜀人税安禮撰。元符中，欲上之朝，未及而卒。書肆所刊皆不著名氏，亦頗闕不備，此蜀本有涪右任慥序，言之頗詳。"[九]

《北夢瑣言》二十卷。晁氏曰："荆南孫光憲撰。憲，蜀人。從陽玭、元證游，多聞唐世賢哲言行，因纂輯之。且附以五代十國事，取《傳》'田於江南之夢'，自以爲高氏從事，在荆江之北，故命篇云。"陳氏曰："光憲仕荆南高從誨，爲黄州刺史，三世在幕府。後隨繼冲入朝，有薦於太

[一]"《續傳》十卷"，原脱，據《直齋書録解題》卷七補。按，陳振孫將二書一起介紹，《文獻通考·經籍考二十五》則只言《錦里耆舊傳》，但所引陳氏語，又將《續傳》之介紹文字摘録進來，殊爲混亂，今據《直齋書録解題》補入。

[二]"令"，原作"今"，形近而誤，據《直齋書録解題》改。

[三]"迄乾德四年"至"起乾德乙丑"，原作"迄乾德乙丑"，乃《文獻通考》刪削失當所致，據《直齋書録解題》改補。

[四]"八卷"，原脱，據《文獻通考·經籍考四十一》、《直齋書録解題》卷一〇補。

[五]"僻"，原作"避"，據《文獻通考》《直齋書録解題》改。

[六]"三卷"，原脱，據《文獻通考·經籍考四十一》、《直齋書録解題》卷一〇補。

[七]"撰"，原脱，據《文獻通考》《直齋書録解題》補。

[八]此條出《文獻通考·經籍考二十六》。陳氏之言見《直齋書録解題》卷七。

[九]此條出《文獻通考·經籍考三十一》。陳氏之言見《直齋書録解題》卷八。

祖者，將用爲學士，未及而卒。光憲，自號葆光子。”[一]

《蠶書》二卷。陳氏曰：“孫光憲撰。光憲事迹，見小説類。”[二]

《古今服飾儀》一卷。陳氏曰：“題蜀人樊建，紹興癸酉序。”[三]

《糖霜譜》一卷。陳氏曰：“遂寧王灼晦叔撰。言四方所産，遂寧爲冠。灼自號爲頤堂。”[四]

《文選雙字類要》三卷。陳氏曰：“蘇易簡撰。摘取雙字，以類編集。”[五]

蘇明允《嘉祐集》十五卷[六]。

《麗情集》二十卷。晁氏曰：“張君房編古今情感事。”[七]

《信書》三卷[八]。巽巖李氏曰：“文軫撰[九]。軫，綿州巴西縣人。登元豐二年進士第，爲朝散大夫以老。”

《燕語考異》十卷。陳氏曰：“成都宇文紹奕撰。舊聞汪玉山嘗駁《燕語》之誤，而未之見也。”[十]

費著撰《蜀杜氏族譜》云：“杜翊世以死節顯。其世祖甫來蜀依嚴武，家青城者實宗文裔[十一]。世孫準，皇祐五年第進士，宰綿竹以卒。子翊世徙成都，紹聖元年第進士，官至朝議大夫，通判懷德軍，靖康元年死節，特贈正議大夫，命官其後十人。五子慥、忱以賞得官，孫逸老、俊老、廷老[十二]，曾孫光祖、大臨，以忠義遺澤得官，今猶稱‘忠義杜’云。”著此説不知何據。坡詩有云：“聞道華陽版籍中，至今猶有城南杜。”[十三]

[一] 此條出《文獻通考·經籍考四十三》。晁氏之言見《郡齋讀書志》卷一三，陳氏之言見《直齋書録解題》卷一一。

[二] 此條出《文獻通考·經籍考四十五》。陳氏之言見《直齋書録解題》卷一〇。

[三] “紹興癸酉”，原作“詔癸丙”，《文獻通考·經籍考十五》則作“紹癸丙”，據《直齋書録解題》卷六改。

[四] 此條出《文獻通考·經籍考四十五》。陳氏之言見《直齋書録解題》卷一〇。

[五] 此條出《文獻通考·經籍考五十五》。陳氏之言見《直齋書録解題》卷一四。

[六] 《郡齋讀書志》卷一九、《文獻通考·经籍考六十二》、《蜀中廣記》卷九八等皆載。

[七] “張君房”後，原有“唐英”二字，因襲《郡齋讀書志》卷一三、《文獻通考·經籍考四十四》之誤也，今據孫猛校證删。

[八] “三”，原作“二”，據《文獻通考·經籍考三十六》《宋史·藝文志四》改。

[九] “撰”，原作“傳”，據《文獻通考》改。

[十] 此條出《文獻通考·經籍考四十四》。陳氏之言見《直齋書録解題》卷一一。

[十一] “城”，原作“神”，據《居易録》卷一六及《全蜀藝文志》卷五四改。

[十二] “廷老”，原作“廷”，據《居易録》《全蜀藝文志》補。

[十三] “城南”，原誤倒，據《居易録》卷一六乙正。按，《蜀故》卷九亦載此條。

則子美有後於蜀，其信然耶！

《花間集》曰："孫光憲，字葆光，蜀之資州人。爲荆南高從誨記室，後官秘書。兵戈之際，以金帛購書數萬卷[一]，著《北夢瑣言》。又有《橘齋》《蓉湖》諸集。"[二]

徐鉉、徐鍇、郭恕先三人，信其博也。鍇爲《説文繫傳》[三]，恕先作《汗簡》《佩觿》[四]，時蜀有林氏作《小説》，然狹於徐、郭。

廣漢趙燮作有《論語説》[五]。

潼川柳申錫作《太極》諸書，自一歲一月一日一身皆有圖説，至於九疇會極、中央立極、中星合極，復分畫而附益之。又作《三易圖説》十卷[六]，以探羲、文、孔氏之秘，而上下經、六十四卦爲二圖，以釋其義。

《國史樂律志》四卷，南充陳文憲公于陛爲史官時撰[七]。文憲在内閣請開史館，未幾去位，館亦罷，惟此《志》及葉文忠《臺山四裔志》、焦修撰澹園《經籍志》僅存[八]。

《杜工部詩集注》三十六卷[九]。陳氏曰："蜀人郭知達所集九家注[十]。世有稱東坡《杜詩故事》者，隨事造文，一一牽合，而皆不言其所自出，且其辭氣首末出一口，蓋妄人依托以欺亂流俗者。書坊輒勦入《集注》中，殊敗人意。此本獨削去之。福清曾噩子肅刻板五羊漕司，字大宜老[十一]，最爲善本。"

《岷山百境詩》二卷。晁氏以爲王寀字道輔作。遣詞屬意，清麗絶人。

[一]"購"，原作"搆"，據《古今詞話·詞評》卷上"孫光憲橘齋詞"條改。按，雖"搆"可通"購"，然有本可據，故改之。

[二]"齋"，原脱，據《古今詞話》補。按，孫光憲，《宋史》卷四八三、《十國春秋》卷一〇二有傳。

[三]"繫傳"，原脱，據《宋景文筆記》卷中、《事實類苑》卷六一補。

[四]"觿"，原作"鐫"，形近而誤，據《宋景文筆記》《事實類苑》改。

[五]"論語"，原作"語孟"，彭遵泗蓋據《鶴山集》卷六二《跋廣漢趙燮論語説》一文中"自秦漢以後，爲《語》《孟》者何翅千有餘家"而理解有誤也，今據《鶴山集》改。

[六]"易"，原作"陽"，據乾隆本及《鶴山集》卷六二《書潼川柳彦養墓碑陰》改。

[七]"時"，原脱，據《居易録》卷一七補，文義更暢。

[八]"焦修撰"，指焦竑，字弱侯，號澹園，著有《國史經籍志》。

[九]"注"，原脱，據《文獻通考·經籍考六十九》《直齋書録解題》卷一九補。

[十]"達"，原作"逵"，形近而誤，據《文獻通考》《直齋書録解題》改。

[十一]"宜老"，原作"直考"，《文獻通考》作"可考"，據《直齋書録解題》改。

自號南陔居士[一]，宣和中以狂譎誅，然不知何處人也。

宋陳亞之詩一卷。僅二十五首，二蘇及眉山李亶皆跋其後。又嘉定丙子眉山任希夷題詩云：“如彼流泉必有源，陳家詩律自專門。後山得法因鹽鐵，不減唐時杜審言。”亞之，師道、師仲之祖也[二]。

《澗上丈人詩》二十卷。晁氏曰：“陳恬，字叔易，堯叟裔孫也。有高志，不從選舉，躬耕陽翟，與鮮于綽、崔鶠齊名[三]，號‘陽城三士’。又與晁以道同卜隱居於嵩山。大觀中，赴闕，除校書郎。以道寄詩戲之曰：‘處士何人爲作牙，暫携猿鶴到京華。故山巖壑應惆悵，六六峰前只一家。’[四]未幾，致仕還山。建炎初再召，避地桂嶺，卒年七十四。澗上丈人，其自號也。詩句豪健，嘗作《古别離》，紀靖康之難，一時傳誦之。筆札清勁，與人尺牘，主皆藏去以爲寶云。”

李俊明，字公昴[五]，寶慶進士，資州人，有《文溪集》。其送郡守“有腳陽春難駐”，知名於時，蓋送王子文詞也。

《烏臺詩話》十三卷。陳氏曰：“蜀人朋九萬録東坡下御史獄公案，附以初舉發章疏及謫官後表章、書啓、詩詞等。”[六]

顧敻，蜀通正初爲内直小臣。命作《亡命山澤賦》，有“到處不生草”句，一時傳笑。後官太尉，小詞特工[七]。

張震，字東父，蜀人，孝宗朝諫官也。花庵録其詞爲富貴人語[八]。

花庵詞客曰：“李石，號方州，蜀人。有《續博物志》，詞亦風致。草堂選其《夏夜》，有‘烟林疏疏人悄悄’。贈妓有‘瘦玉倚香愁黛翠’句。”[九]

花庵詞客曰：“邛州盧祖皋，字申之，《蒲江》樂府甚工，字字可入

[一]“陔”，原作“陜”，據乾隆本及《文獻通考·經籍考七十一》《郡齋讀書志》卷一九改。

[二] 此條出《居易録》卷一。所引任希夷之詩，《蜀故》卷一四亦引。

[三]“鶠”，原作“鷗”，形近而誤，據《文獻通考·經籍考七十二》、《郡齋讀書志》卷一九改。

[四]“只”，原作“止”，據《文獻通考》《郡齋讀書志》改。

[五]“昴”，原作“昂”，形近而誤，據《古今詞話·詞評》卷上“李俊明文溪集”條改。按，此條所引之詞，見《文溪集》卷一八《摸魚兒·送王子文知太平州》。

[六] 此條出《文獻通考·經籍考四十四》。陳氏之言見《直齋書録解題》卷一一。

[七] 此條出《古今詞話·詞評》卷上“顧敻”。

[八] 此條出《古今詞話·詞評》卷上“張震無隱詞”。所謂花庵者，即下文之花庵詞客，乃宋人黄昇之號，此人著有《花庵詞選》。

[九] 此條出《古今詞話·詞評》卷上“李石”。

律吕。”[一]

蜀人毛熙震，官秘書監，其集止二十餘調，中多新警而不爲猥薄者也[二]。

《梅墩詞話》曰[三]：“‘沉水熨香年似日，暮雲垂帳夏如秋。’正伯《書舟》之佳句也。”

范蜀公《樂書》一卷。晁氏曰：“景仁論樂宗房庶[四]，潛心四十餘年，出私財鑄樂器。元祐中上之。”

宋祁、田况薦益州進士房庶曉音，祁上其《樂書補亡》三卷[五]，召詣闕。庶自言嘗得古本《漢志》，云：“度起於黄鍾之長，以子穀秬黍中者一黍之起[六]，積一千二百黍之廣，度之九十分，黄鍾之長，一爲一分。”今文脱“之起積一千二百黍”八字，故自前世以來，累黍爲尺以製律[七]，是律生於尺，尺非起於黄鍾也。且《漢志》云“一爲一分”者，蓋九十分之一，後儒以一黍爲一分，其法非是。當以秬黍中者一千二百實管中，黍盡，得九十分，黄鍾之長，九寸加以爲尺，則律定矣。直秘閣范鎮是之。

徽宗崇寧三年正月，方士魏漢津言：“禹以聲爲律，以身爲度。用第四指三節三寸[八]，謂之臣指，裁爲商音之管；又用第五指三寸，謂之物指，裁爲羽聲之管。第二指爲民、爲角，大指爲事、爲徵，民與事，君臣治之，以物養之，故不用爲裁管之法。得三指合之爲九寸，即黄鍾之律定矣。黄鍾定，餘律從而生焉。又中指之徑圍乃容盛也，則度、量、權、衡皆自是出而合矣。”又曰：“有太聲，有少聲。太者，清聲，陽也，天道也；少者，濁聲，陰也，地道也；中聲，人道也。宜用第三指爲法，

[一] 此條出《古今詞話·詞評》卷上“盧祖皋蒲江詞”。

[二] 此條出《古今詞話·詞評》卷上“毛熙震”。

[三]“墩”，原作“敦”，據《古今詞話·詞評》卷上“程垓書舟詞”改。按，程垓字正伯，有《書舟詞》，收入《四庫全書》。至於《梅墩詞話》，僅見《古今詞話》徵引，作者不詳。據《國朝詞綜》卷一二江士式小傳“字梅墩，休寧人，有《夢花詞》一卷”，或即此人所著。

[四]“房庶”下，原有“蜀人”二字，當是彭遵泗之注文，然下一條即有“益州進士房庶”之語，故實無必要，且《文獻通考·經籍考十三》、《郡齋讀書志》卷二皆無此二字，故删之。

[五]“祁”，原作“初”；“亡”，原作“忘”，據《文獻通考·樂考四》、《直齋書録解題》卷一四“大樂演義三卷”條改。

[六]“一”，原脱，據《文獻通考》《直齋書録解題》補。

[七]“黍爲尺”，原作“亦爲人”，不知所云，據《文獻通考》《直齋書録解題》改。

[八]“第四指”，原作“左手中指”，據《文獻通考·樂考四》改。

先鑄九鼎，諸鍾均弦裁管爲一代樂。”從之。

《指南方》二卷。陳氏曰：“蜀人史堪載之撰。凡三十一門，各有論。”[一]

《參同契分章通真義》三卷、《明鏡圖訣》一卷[二]。陳氏曰：“真一子彭曉秀川撰。蜀永康人也。《參同契》因《易》以言養生，後世言修煉者祖之。序稱廣政丁未[三]，以《參同契》分十九章而爲之注，且爲圖八環，謂之《明鏡圖》。曩在麻姑山傳録，其末有秀川《傳》。汪綱會稽所刻本[四]，其前題祠部員外郎彭曉，蓋據秘閣本云爾。麻姑本附《傳》，亦言仕蜀爲此官。”

晁氏曰：“李格非之女，幼有才藻名。先嫁趙明誠。其舅正夫相徽宗朝，李氏嘗獻詩曰‘炙手可熱心可寒’[五]，然無檢操。後適張汝舟，不終晚節，流落江湖間以卒。”李易安也，有集十二卷[六]。

《民士編》一十九卷[七]。晁氏曰：“宋朝陳充撰。充，成都人，雍熙中，擢甲科，仕至刑部郎中。知祥符六年貢舉，卒年七十。詞學典贍[八]，性曠達，喜談謔。淡於榮利，自號‘中庸子’。‘民士’云者，蓋其未仕已仕前後所著文也[九]。嘗以唐牛僧孺《善惡無餘論》爲害教，著書反之，《國史》稱焉。今集載其論兩篇。”

《嘉祐名臣傳》五卷。晁氏曰：“張唐英傳仁宗朝賢臣五十餘人。”王氏《揮麈録》曰：“唐英，天覺同胞兄，仕至殿中侍御史，嘗述《仁宗政要》上於朝。所謂《嘉祐名臣傳》，特《政要》中一門耳。”[十]

《紀聞談》三卷。陳氏曰：“蜀潘遠撰。所記隋、唐遺事。”[十一]

[一] 此條出《文獻通考·經籍考五十》。陳氏之語見《直齋書録解題》卷一三。

[二] “訣”，原脱，據《直齋書録解題》卷一二補。

[三] “政”，原脱，據《直齋書録解題》補，《文獻通考·經籍考五十一》則無“廣政”二字。按，廣政丁未，指九四七年。

[四] “汪”，原作“注”，據《直齋書録解題》改。按，彭曉此書今存，《四庫全書》題名爲《周易參同契通真義》。

[五] “心”，原作“亦”，據《郡齋讀書志》卷一九、《文獻通考·經籍考六十八》改。

[六] “十二”，原誤倒，據《郡齋讀書志》《文獻通考》乙正。

[七] 按，此處稱十九卷，乃據《郡齋讀書志》卷一九、《文獻通考·經籍考六十一》，《宋史·藝文志七》則著録爲二十卷。

[八] “贍”，原作“瞻”，據《郡齋讀書志》《文獻通考》改。

[九] “未仕已仕”，原作“已仕未仕”，據《郡齋讀書志》《文獻通考》及文義改。

[十] 此條出《文獻通考·經籍考二十六》。晁氏之語見《郡齋讀書志》卷九。王氏之語見《揮麈録·後録》卷二。

[十一] 此條出《文獻通考·經籍考四十三》。陳氏之語見《直齋書録解題》卷一一。

蜀故卷十八

著作二

《馮允南集》十卷。晁氏曰："馮山，字允南，安岳人，宋左丞相澥之父。鄧綰爲中丞，薦爲臺官，力辭不就，士論稱之。"[一]又集三十卷，簡池劉光祖德修、梧溪何德固叔堅序，詩文各十五卷。今鈔本止詩十二卷，餘皆缺。山，蜀人，生當北宋全盛時。與文湖州、鮮于子駿游，而無一語及眉山父子兄弟。澥則蔡京、錢遹黨，嘗奏罷李忠定安撫，力排鄒道鄉、楊龜山，請廢元祐太后，以污張邦昌僞命奪志，蓋小人之尤也。四月望後一日，奉旨祈雨，齋宿靈祐寺禪房，頗有花木，小雨復止，盤山蒼然。偶閲此集，頗有佳勝。五言古《西縣道中》云："漢水引我行，梁山邀我坐。山水已清絶，春容碧相和。下馬取酒飲，梅飄酒中墮。日落醉不去，青茸草間卧。"《郊外》云："解巾卧柔碧。"《送王審言秘校潞州法曹》云："上黨緣青冥，勁氣西北隅。黄河天際來，草木冬前枯。"七言古《采樵行》《俠少行》，張王具體，《黔江》《八陣磧》二篇最佳。又《題鮮于秀才所居》云："群峰屋背猿鳥啼[二]，二江門前鷗鷺飛。雅聞君居頗奇絶，長恨不到情依依。仙翁落拓少拘檢，解舞石上淩清暉。投冠整袂或云起，塵土一踏何時歸？"詩有子瞻風氣。五言律詩《上范蜀公二十韻》，説盡蜀公平生。《春閑》云："春聲蜂繞屋，晴意鳥臨窗。"《新霽》云："曉日輕雲放，林花倒水沉。"《瞿塘峽二十四韻》寫夔州山川，字字逼肖，不身歷其地者不知也。起云："勝絶瞿塘險，西陵古地形。巴江深洞穴，蜀主舊門庭。王氣吞三峽，神功出五丁。"繼云："衆流趨灩

[一] 此前之文出《郡齋讀書志》卷一九，有增改；此後之文則全據《居易録》卷四而來。馮山之别集《安岳集》收在《四庫全書》中，故本條同時以《居易録》《安岳集》參校。

[二] "屋背"，原作"背影"，據《居易録》、《安岳集》卷七改。

澒，遠意會滄溟。顧盼疑無地，幽陰似有靈。白鹽懸日月，黑石鼓雷霆。鑱鑿餘痕在，高深巨勢停。魚龍憑險怪，烟霧鎖沉冥。念昔窮探索，嘗言駭觀聽。波濤真激箭，舟楫劇奔星。"殆欲頡頏老杜。七言律詩《和周正孺游蠶叢》云[一]："抹緑郊原逢雨後，殘妝桃李覺春深。"《宿雲亭》云："亭榭寂爲閑處所，溪山清帶古風流。"《劍州東園》云："援琴故故彈流水，隱几蕭蕭聽竹枝。"《送李杞赴闕》云："千番蜀屑供吟稿，一道秦川照錦衣。"[二]《重陽寄文與可》云："黄菊縱逢佳節好，清歡不似去年多。"《山路梅花》云："傳聞山下數株梅，不免車帷暫一開。試向林梢親手折[三]，早知春意逼人來。何妨歸路參差見，更遣東風次第催。莫作尋常花蕊看，江南音信隔年回。"風趣盎然，昔人所云清空一氣如話者也[四]。五古有《謝人惠兗墨》詩，蓋兗州宋時製墨有名，微是詩[五]，世罕知之。詩云："故人山東來，遺我數丸墨。拙丸大如指，盥手重拂拭。濃磨向日看，古瓦增潤澤。經屑不見紙，清光隱深黑。書云舊所秘，聞今已難得。庭珪死已久，至寶世罕識。御府從近存疑有誤[六]，人間萬金直。兗州擅高價，比歙固少抑。古松亦將盡，神奇漸衰息。文章不見貴，筆硯豈可擲。牢落況此君，雖精淡無色[七]。憐君情好古，投贈兼以臆。世事持此觀，噫嗟共冥默。"

《三蘇年表》三卷。陳氏曰："右奉議郎孫汝聽撰。汝聽，當是蜀人，叙蜀甚詳。"[八]

《陵陽集》二十四卷。元初牟巘獻之著。詩有盛宋時坡、谷門風[九]，題跋亦如之，雜文皆典實詳雅。其《九日》詩序云"陶公再爲建威參軍[十]，劉裕幕府也，忽棄去；屈爲彭澤令[十一]，未幾，又棄去。裕是時已有異志，

[一]"孺"，原作"儒"，據《居易録》、《安岳集》卷一一改。
[二]"吟"，原作"咏"；"道"，原作"過"，據《居易録》、《安岳集》卷一二改。
[三]"梢"，原作"稍"，據《居易録》、《安岳集》卷一二改。
[四]"話"，原作"畫"，據《居易録》改。
[五]"詩"，原作"時"，據《居易録》改。
[六]"從近存"，《居易録》夾注云"疑有誤"，而《安岳集》卷四此詩作"徒僅存"，當是。
[七]"精"，原作"清"，據《居易録》《安岳集》改。
[八]此條出《文獻通考·經籍考六十二》。陳氏語見《直齋書録解題》卷一七。
[九]"盛"下，原衍"名"字，據《居易録》卷一删。
[十]"參"，原作"將"，據《居易録》改。
[十一]"屈"，原脱，據《居易録》補。

劉穆之寧死不與九錫[一]。王弘自江北來，首以此議風朝廷，裕遂移晉祚。而弘爲吏部尚書，爲江州刺史，遂被心腹之寄。既來江州，柴桑近在境内，於陶公時惓惓焉。豈非内懷前愧，欲附高人勝士以自湔祓耶？陶公未易致，則使人中路具酒食，候其出，醉而要之，庶幾一見。斯已甚迫，則亦可以見我胸懷本趣固有在，豈端爲一王弘哉！適乘籃輿，足以自返，其視華軒爲何物？而弘欲以此榮其歸，此又可一笑也"云云。此論發前人所未發。詩五言亦佳，不具録。獻之，蜀陵陽人，清惠公存叟子[二]。寓吴興，所與游好者，如劉會孟、戴帥初、仇仁近[三]、周公瑾、趙子昂兄弟，皆一時名勝[四]，可以知其人已。

夾江有李廌[五]，以學術文章受知於子瞻[六]，爲少師[七]，所著有《濟南集》二十卷。《師友談記》一卷，子瞻與一時四學士所談論也。廌即李方叔，存疑俟考。

洛下閎，閬中人。武帝時徵金馬門待詔，改造《太初曆》[八]。

魏了翁，起居舍人，以論事忤史彌遠。謫靖州，築鶴山書院。杜門六載，著《五經要略》[九]。

《采石瓜洲斃敵記》一卷，紀虞雍公事。雍公門人潼川蹇駒撰[十]。

[一]"錫"下，《牟氏陵陽集》卷一有"事"字。

[二]"公"，原脱，據《居易録》補。◎"叟"，原作"齋"，與《居易録》同，據《宋史·牟子才傳》改。◎"子"，原作"於"，據《居易録》改。按，清惠公指牟子才，乃牟巘之父，但《元史·牟應龍傳》及《道園學古録》卷一五《牟伯成墓碑》載牟子才謚清忠。《吴興備志》卷三二亦云："《牟隆山墓志》云祖子才謚清惠。按，《元史》及黄溍《隆山集序》俱云子才謚清忠，當以史爲正。"

[三]"仇"，原脱，據《居易録》補。按，仇仁近即仇遠，字仁近，一字仁甫，號山村民，宋元間杭州錢塘人。有詩名，與白珽齊名，號"仇白"。入元爲溧陽州儒學教授，旋罷歸，悠游湖山以終。有《金淵集》《山村遺集》。

[四]"勝"，原作"盛"，據《居易録》改。

[五]"廌"，原作"薦"，據李廌《德隅齋畫品》《師友談記》之署名改，後文徑改。按，李廌乃陝西華縣人，居潁昌陽翟（今河南禹縣），非夾江人也。彭遵泗所謂"存疑俟考"者，當是指籍貫問題及姓名問題。《四庫全書》本《郡齋讀書志·後志》卷二著録《師友談記》，署題即作"李薦"。此條叙《師友談記》之語，與《郡齋讀書志》相合，作"李薦"，或即據之而來。至於稱李廌爲夾江人，則暫未見他書有此一説，民國《夾江縣志》卷八有此説，但正是據《蜀故》而來，不知彭遵泗此處又是本自何書？

[六]"知"，原作"之"，據文義改。民國《夾江縣志》卷八已改作"知"也。

[七]"師"下，原衍"師"字，據文義删。

[八]"改"，原作"收"，據雍正《四川通志》卷八改。

[九]此條出《廣輿記》卷一五，《明一統志》卷六六亦有相關記載。

[十]"公"，原脱，據《居易録》卷二六補。

《太平治迹統類》七十三卷，宋眉山彭百川叔融撰。略用袁樞《通鑑本末》條例，前集四十卷，中興後集三十三卷。見陳振孫《書録解題》、趙希弁《讀書附志》。此前集尚有譌闕，乃秣陵焦氏本[一]。

刻書，咸云始於後唐明宗，予《池北偶談》已備考群説。適讀《揮麈餘話》云："毋丘儉貧賤時，借《文選》於交游間，有難色。發憤：異日若貴，當板鏤之遺學者。後仕蜀爲宰相，遂踐其言。印行書籍，創見於此。事載陶岳《五代史補》。唐平蜀，明宗命太學博士李諤書五經，仿其製作，刊板於國子監，監中印書之始。今盛行於天下，蜀中爲最。明清家有諤書印本五經，後題長興二年。"予考常熟毛氏刻《五代史補》無此條。吴太史任臣《十國春秋·蜀·毋昭裔傳》，請主鏤板印九經，又令門人勾中正、孫逢吉書《文選》《初學記》《白氏六帖》刻板行之[二]，《録》誤昭裔爲毋丘儉耳。

《諫議集》三卷。晁氏曰："皇朝鮮于侁，字子駿，閬中人，景祐中登進士乙科。神宗初上書，上愛其文，以爲不減王陶[三]。元祐中，仕至諫議大夫。侁治經術有法，論著多出新意，晚年爲詩與楚詞尤精，世以爲有屈、宋風。族姓之武編次[四]，有序。"東坡曰："鮮于子駿《九誦》，友屈、宋於千載上；《堯祠》《舜祠》二章，氣高格高，東漢以來鮮及。"石林葉氏曰："晁無咎嘗云：'頃以諸生見鮮于諫議子駿，教之爲文曰："文章但取簡易和緩，不必奇險。如詩言'維北有斗，不可以挹酒漿。'此豈不甚平？後人因之，乃曰：'援北斗兮酌酒漿'，一變雖奇，以北斗爲酌，無已夸乎。其甚者，遂有言'上天揭取北斗柄'[五]，辭至於此，則已弊矣。"極以其言爲然。子駿在前輩，詩文亦高古。初，世未有爲《騷》者，自子駿興，文與可發之，後遂有相繼得其味者也。'"

《蒲左丞集》十卷。晁氏曰："皇朝蒲宗孟字傳正，閬中新井人，皇

[一]"秣"，原作"秼"，形近而誤，據《居易録》卷八改。

[二]"六"，原作"文"，形近而誤，據《居易録》卷七改。

[三]"王陶"，《東都事略》卷八五傳文云："美書翰，博學能文，舉進士甲科。"《宋史》卷三二九亦有傳。

[四]"武編"，底本作"式篇"，乾隆本作"式編"，據《文獻通考·經籍考六十三》《郡齋讀書志》卷一九改。

[五]"上天"，原誤倒，據《文獻通考》《郡齋讀書志》乙正。按，底本中"石林葉氏"後之文本單列一條，今據文義與前文合爲一條。

祐五年進士。曾公亮薦除館職。神宗謂宰相曰：‘宗孟有史才。’乃同修《國史》。入爲翰林學士，除尚書左丞。卒年六十六。爲人酷暴奢侈，蘇子瞻嘗規之云：‘一曰慈，二曰儉。’世以爲中其膏肓之疾。”[一]

《華陽集》一百卷。晁氏曰：“皇朝王珪禹玉，其先成都人[二]，故號‘華陽’。”

《韓子蒼集》三卷。晁氏曰：“皇朝韓子蒼，仙井人。政和初，詣闕上書，特命以官，累擢中書舍人、權直學士院。王甫嘗命子蒼詠其家藏《太乙真人圖》[三]，詩盛傳一世。宣和間，獨以能詩稱之。”後村劉氏曰：“子蒼，蜀人。學出蘇氏，與豫章不相接，吕公强之入派，子蒼殊不樂。磨淬剪截之功，終身改竄不已，有已寫寄人數年而追取更易一兩字者，故所作雖少而善。”[四]

黎氏《春秋經解》十二卷。晁氏曰：“皇朝黎錞希聲撰。錞，蜀人，歐陽公之客。名其書爲《經解》者，言以經解經也。其後又爲《統論》附焉。”[五]

《春秋得法忘例論》三十卷[六]。晁氏曰：“皇朝馮正符所撰。”陳氏曰：“遂寧馮正符信道，蜀州晉原主簿。其父堯民希元，爲鄉先生，正符三上禮部不第，教授梓、遂學十年，著《書》及《詩》《易》《論語解》。蜀守何郯首以其《春秋論》上之。熙寧末，中丞鄧綰薦之，得召試，賜同進士出身。王安石亦待之厚。其書首辨王魯、素王之説，及杜預三體五例、何休三科九旨之怪妄穿鑿，皆正論也。”[七]

馮氏《春秋通解》十二卷[八]。晁氏曰：“皇朝馮山允南撰。普州人，澥之父也。”

《繹聖傳》十二卷。晁氏曰：“皇朝任伯雨撰。解《經》不甚通例。”[九]

[一] 此條出《文獻通考·經籍考六十三》，晁氏之語見《郡齋讀書志》卷一九。

[二] “人”，原脱，據《文獻通考·經籍考六十二》《郡齋讀書志》卷一九補。

[三] “王”下，原衍“介”字，據《郡齋讀書志》卷一九删。

[四] 此條出《文獻通考·經籍考七十二》。晁氏之語見《郡齋讀書志》卷一九。

[五] 此條出《文獻通考·經籍考十》。晁氏之語見《郡齋讀書志》卷三。

[六] “忘”，原作“志”，形近而誤，據《郡齋讀書志》卷三改。

[七] 此條出《文獻通考·經籍考十》。晁氏之語見《郡齋讀書志》卷三，書名題作《得法忘例論》。陳氏語則見《直齋書録解題》卷三。

[八] “通”，原作“經”，據《文獻通考·經籍考十》、《郡齋讀書志》卷三改。

[九] “解經”，原作“經解”，據《文獻通考·經籍考十》、《郡齋讀書志》卷三乙正。◎“例”字，孫猛校證本屬下句，或誤。

《唐書辨證》二十卷，一名《糾謬》[一]。晁氏曰："皇朝吴縝，字廷珍，成都人[二]，仕至郡守。數《新書》初修之時，其失有八類，其舛誤二十門，凡四百餘事。縝不能屬文，多誤有詆訶。如《新唐書·張九齡傳》云[三]：'武惠妃陷太子瑛，遣宫奴告之曰[四]："廢必有興，公爲援，宰相可常處。"九齡奏之，故卒九齡相而太子無患。'縝以爲時九齡已相，而太子竟以廢死，以爲《新書》似實而虚。按史之文謂終九齡在相位日，太子得不廢也。豈謂卒以九齡爲相，太子終無患乎？初名《糾謬》，其後改云《辨證》，實一書也。"

《五代史纂誤》五卷、《雜録》一卷。晁氏曰："吴縝撰。凡二百餘事，皆歐陽永叔《新五代史》抵牾舛譌也。按《通鑑考異》證歐陽《史》差誤，如莊宗還三矢事之類甚衆，今此書皆不及之，特證其字之脱錯而已，又善本未必皆然。"[五]

《皇朝事類樞要》二百五十卷。陳氏曰："蜀人張和卿編集。爲一百五十門，蓋舉子答策之具也。"[六]

《馭臣鑒古》二十卷。晁氏曰："皇朝鄧綰撰。元豐中，爲中丞，獻之朝。未幾，坐'操心頗僻，賦性奸回，論事薦人，不循職守'貶。"綰，成都雙流人。[七]

《仁宗政要》四十卷，張唐英撰[八]。

《蜀鑑》十卷。起秦人取南鄭、秦人伐蜀，迄西南夷本末[九]，有文子嘉熙丁酉跋云："與資中郭允蹈居仁共爲此編。"又有姚咨嘉靖丙寅跋云："是編予得之羅浮外史顧玄緯氏，顧得之兵侍鄞范東明翁，翁又得之章丘

[一]"糾"，原作"經"，形近而誤，據《文獻通考·經籍考二十七》、《郡齋讀書志》卷七及前後文改。
[二]"成"，原作"城"，據乾隆本及《文獻通考》改。
[三]"如"，原作"爲"，據《文獻通考》《郡齋讀書志》改。
[四]"宫"，原作"告"，據《文獻通考》《郡齋讀書志》改。
[五] 此條出《文獻通考·經籍考二十七》、《郡齋讀書志》卷七，但《郡齋讀書志》不著録《雜録》。
[六] 此條出《文獻通考·經籍考二十八》。陳氏之語見《直齋書録解題》卷五。
[七] 此條出《文獻通考·經籍考四十一》。晁氏之語見《郡齋讀書志》卷一二。
[八]《郡齋讀書志》卷六、《文獻通考·經籍考二十八》皆著録此書。
[九]"夷"，原作"生"，據《池北偶談》卷一六"蜀鑑"條改。

李中麓吏部[一]，輾轉假録，越二十餘年，予始得手鈔，凡六逾月乃畢。夙興夜寐，無論寒暑，蓋不知老之將至。”是書予壬子入蜀時，購之不可得，康熙癸亥，乃借之朱簡討錫鬯。

《歸田録》十卷。晁氏曰：“皇朝李畋撰[二]。畋，蜀人，張詠客也，與范鎮友善。熙寧中致仕歸，與賓客門人燕談忘倦。門人請編録之，又名《該聞録》。《書録解題》十卷。又有雜詩十二篇，係於後。”

《益州名畫録》三卷。晁氏曰：“皇朝黄休復纂。唐乾元初至宋乾德歲[三]，休復在蜀中，目擊圖畫之精者五十八人[四]，品以四格。”[五]

《國史對韻》十二卷。晁氏曰：“皇朝范鎮撰。吴仲庶嘗稱景仁憫諸後學雖涉書傳，而問以今代典故，則懵然不知。乃自太祖開基，迄於仁宗朝，摭取事實可爲規矩鑒戒者，用韻編次之，即此書也。”[六]

《搢紳脞説》二十卷[七]。晁氏曰：“皇朝張唐英君房撰。君房博學，通釋、老，善著書，如《名臣傳》《蜀檮杌》《雲笈七籤》行於世者，毋慮數百卷。此書亦詳實。”

《東齋記事》十卷[八]。晁氏曰：“皇朝范鎮景仁撰。元豐中序，言‘既謝事，日於東齋燕坐，追憶在朝時交游言語，與夫俚俗傳記[九]，因纂集成篇’。崇、觀間，以其及國朝故事，禁之。”

《成都古今記》三十卷。晁氏曰：“皇朝趙抃編。抃自慶曆至熙寧，凡四入蜀，知蜀事爲詳。摭其故實，以類相從，分百餘門，時熙寧七年。”[十]

[一]“麓”，原作“麗”，形近而誤，據《池北偶談》改。按，李中麓即李開先，山東濟南章丘人，明代文學家、戲曲家，字伯華，號中麓子、中麓山人。

[二]“畋”，原作“佃”，據《文獻通考·經籍考四十三》、《郡齋讀書志》卷一三改。按，此條實抄自《文獻通考》，當中夾注引陳振孫之語，亦爲馬端臨所加，非晁氏原書之文也。

[三]“元”，原脱，與《文獻通考·經籍考五十六》、《郡齋讀書志》卷一五原文同，今據《郡齋讀書志》孫猛校證之語補。

[四]“目擊”，原作“自繫”，據《郡齋讀書志》改。

[五]“品”，原脱，據《文獻通考》《郡齋讀書志》補。

[六]此條出《文獻通考·經籍考五十五》。晁氏之語見《郡齋讀書志》卷一四。

[七]“脞”，原作“脱”，據《文獻通考·經籍考四十三》、《郡齋讀書志》卷一三改。又按，晁公武將張唐英與張君房混爲一人，故叙述中有錯謬，詳參孫猛校證之語，此處不便改動也。

[八]“事”，原脱，據《直齋書録解題》卷一一補。按，此條出《文獻通考·經籍考四十三》，晁氏之語見《郡齋讀書志》卷一三，皆脱“事”字。

[九]“俚”，原作“巴”，據乾隆本及《文獻通考》《郡齋讀書志》改。

[十]此條出《文獻通考·經籍考三十二》。晁氏之語見《郡齋讀書志》卷八。

《嘉州志》二卷。晁氏曰："皇朝吕昌明以《嘉州圖經》增廣之。"[一]

《梁益志》十卷。晁氏曰："皇朝任弁撰。天禧中，游宦於成都，以《蜀記》數家其言皆無據，乃引書傳刊正其謬，自爲序。"[二]

《峨眉志》三卷[三]。晁氏曰："皇朝張開撰。峨眉，山名也，隋開皇十三年以名其邑，奇勝冠三蜀[四]。郡守吕勤命開考圖經及傳記、石刻，綴緝成書，析爲十四門。宋白、吴中復詩文附於後。"

《三國人物論》三卷。晁氏曰："皇朝楊祐甫撰。楊，蜀人。"[五]

《蜀三神祠碑文》五卷。晁氏曰："皇朝井虔編。任四川漕日，裒梓潼、灌口、射洪三神祠碑文板記成此書。"[六]

《茅亭客話》十卷[七]。晁氏曰："皇朝黄休復撰。茅亭，其所居也。暇日，賓客話言及虚無變化、謡俗卜筮，雖異端而合道，旨屬勸懲者，皆録之。"陳氏曰："其所記多蜀事。别有《成都名畫記》[八]，蓋蜀人也。"

《楊天隱詩》十卷。晁氏曰："皇朝楊恬，字天隱，潼川人。"[九]

《通玄秘要悟真篇》一卷。晁氏曰："皇朝張用成撰。用成，字平叔，天台人。熙寧中，隨陸師閔入蜀，授道於隱者，因成律詩八十一首。"陳氏曰："天台張白端，一名用成。熙寧中，遇異人於成都。所著五、七言詩及《西江月》百篇，有葉士表、袁公輔者各爲注，凡五卷。"[十]

章氏《太玄經注》十四卷、《疏》三十卷。晁氏曰："皇朝章詧撰。嘉祐中，成都帥蔣堂獻其書於朝[十一]，詔書褒寵，賜號冲退處士。《實録》:

[一]"明"，原作"期"，據《文獻通考·經籍考三十二》、《郡齋讀書志》卷八改。

[二] 此條出《文獻通考·經籍考三十二》。晁氏之語見《郡齋讀書志》卷八。

[三]"峨眉"下，原有"山"字，或是彭遵泗臆補也，今據《文獻通考·經籍考三十三》、《郡齋讀書志》卷八刪。

[四]"蜀"，原作"巴"，據《文獻通考》《郡齋讀書志》改。

[五] 此條出《文獻通考·經籍考二十七》。晁氏之語見《郡齋讀書志》卷七。

[六]"祠"，原作"詞"，據前一"祠"字及《文獻通考·經籍考三十二》、《郡齋讀書志》卷八改。

[七]"十卷"，原脱，據《文獻通考·經籍考四十三》、《郡齋讀書志》卷一三、《直齋書録解題》卷一一等補。

[八]"有"，原作"以"，據《文獻通考》、《直齋書録解題》改。按，黄休復此書實爲《益州名畫録》。

[九] 此條出《文獻通考·經籍考七十一》。晁氏之語見《郡齋讀書志》卷一九。

[十] 此條出《文獻通考·經籍考五十二》。晁氏之語見《郡齋讀書志》卷一六。陳氏之語見《直齋書録解題》卷一二，但題名與卷數不同，作"《悟真篇集注》五卷"。

[十一]"堂"，原作"棠"，與《文獻通考·經籍考三十五》同，據《郡齋讀書志》卷一〇改。按，蔣堂，《宋史》卷二九八有傳。

‘晉，字隱之，雙流人。通經術，善屬文，性恬淡，屏居林泉，以養生治氣爲事。’”

無盡居士注《素書》一卷。晁氏曰：“皇朝張商英注。英稱《素書》凡六卷。按《漢書》黄石公圯上授子房，世人多以《三略》爲是，蓋誤也。晉亂，有盗發子房冢，玉枕中獲此書。商英之言，世未有信之者。”[一]

劉巨濟注《老子》二卷。晁氏曰：“皇朝劉涇巨濟，蜀人，篤志於學，文詞奇偉。早登子瞻之門，晚受知蔡京，除太學博士。”[二]

張隨注《參同契》三卷。晁氏曰：“皇朝張隨，皇祐中居青城山，注魏伯陽之書，列十數圖於後。”[三]

虞山詩：“揮毫對客曹能始，簾閣焚香尹子求。”[四]子求，名伸，蜀宜賓人。死獻賊之亂。時有胡生約之者，携先生詩集避兵芒部，胡死，集流落一彝生家。久之，叙州士人某客游其地，一日，與論先生詩，彝生摇手曰：“浪得名耳。”出其集，塗抹幾遍，士人遂乞取以歸[五]。

劉涇，簡州人，爲文務奇怪語[六]，好進取，多爲人排斥，屢躓不伸。

李心傳，井研人。撰《建炎以來朝野雜記》甲集二十卷、乙集二十卷。編首有國史院劄子，行下隆州宣取。此書於宋南渡後朝章國故，大綱細目，燦然悉備，史家巨擘也[七]。

眉山著作

家勤國著《春秋新義》。又因諸賢矯枉過直，爲築室[八]，作《室喻》，二蘇敬嘆之。

家鉉翁《春秋集傳詳説》三十卷，亦崑山徐氏刻本，有鉉翁自序。

[一] 此條出《文獻通考·經籍考三十八》。晁氏之語見《郡齋讀書志》卷一一。

[二]“太”，原脱，據《文獻通考·經籍考三十八》、《郡齋讀書志》卷一一補。

[三]“十數”，原互倒，據《文獻通考·經籍考五十一》《郡齋讀書志》卷一六乙正。

[四]“虞山”，即錢謙益，字受之，號牧齋，學者稱之爲“虞山先生”。其詩中所録曹能始者，即著《蜀中廣記》之曹學佺。

[五]“乞”，原作“召”，據《池北偶談》卷一一“尹子求”條改。

[六]“語”，原作“話”，據《宋史·劉涇傳》改。

[七] 此條改寫自《居易録》卷八。李心傳，《宋史·儒林傳八》有傳。

[八]“爲”，原作“作”，據《宋史·家愿傳》改。按，家勤國爲家愿之父。

高郵龔璛跋云："至正丙子，宋亡，以則堂先生歸，置諸瀛者十年[一]，卒成此書。自瀛寄宣，托於其友肅齋潘公從大藏之。"泰定乙丑，宣學鋟梓，凡三十卷。綱領十篇：一原春秋托始，二推明行夏時之意，三辨五始，四評三《傳》，五明王霸，六以經正例。按，鉉翁祖大酉[二]，名列朱文公黨籍。大酉曾祖愿，愿父勤國[三]，與二蘇爲同門友，嘗憤王安石廢《春秋》，著《春秋新義》，蓋家學云。

《王氏春秋》《列國諸臣傳》共六十三卷。晁氏曰："皇朝王當撰。當，眉山人，嘗爲《列國諸臣傳》，效司馬遷《史記》，凡一百三十有四人，十萬餘言。今又釋《春秋》，真可謂有志矣。"陳氏曰："諸贊論議純正，文辭簡古，於經傳多所發明。"[四]

王當富於經學，著《春秋列國名賢傳》五十卷[五]。有《易》《春秋》，多得聖人之旨。

《東坡易傳》十一卷。晁氏曰："東坡自言其學出於父洵，且謂卦不可爻别而觀之。其論卦必先求其所齊之端，則六爻之義，未有不貫者，未嘗鑿而通之也。"[六]

東坡《論語解》十卷，潁濱《論語拾遺》。晁氏曰："子瞻爲《論語解》，後子由以其説之未妥者辨正之。"[七]

蘇子瞻《東坡前集》四十卷，《後集》二十卷，《奏議》十五卷，《内制》十卷，《外制》三卷，《和陶集》四卷，《應詔集》十卷。陳氏曰："杭、蜀本同，但杭本無《應詔集》。"[八]

《東坡詞》二卷。山谷曰："居士詞横放傑出，自是曲子縛不住者。"

[一]"置諸瀛者十年"，原作"置諸瀛洲"，據《居易録》卷一五改。按，"瀛"指"瀛州"，古地名，在今河北河間市，非仙島"瀛洲"也。

[二]"酉"，原作"西"，形近而誤，據《居易録》改，後文此誤徑改。

[三]"愿"，原作"明"，據乾隆本及《居易録》改。

[四] 此條出《文獻通考·經籍考十》。晁氏之語見《郡齋讀書志》卷三，陳氏之語見《直齋書録解題》卷三。按，王當，《宋史·儒林傳二》有傳，載有"《春秋列國名臣傳》五十卷"，《郡齋讀書志》《直齋書録解題》則皆作五十一卷，或是連卷首而計之；《郡齋讀書志》卷一又著録《王氏春秋》十二卷，故合之則六十三卷也。

[五] 按，此"《春秋列國名賢傳》五十卷"，即上一條所言之《春秋列國諸臣傳》。

[六] 此條出《文獻通考·經籍考三》。晁氏之語見《郡齋讀書志》卷一，《直齋書録解題》卷一則著録爲十卷。

[七] 此條出《文獻通考·經籍考十一》。晁氏之語見《郡齋讀書志》卷四。

[八] 此條出《文獻通考·經籍考六十二》。陳氏之語見《直齋書録解題》卷一七。

《後山詩話》:“東坡以詩爲詞，如教坊雷大使之舞，雖極天下之至工，要非本色。”[一]

《東坡詩話》二卷。晁氏曰:“雜書有及詩者，好事者因集之，成二卷。”[二]

《東坡廣成子解》一卷。晁氏曰:“取《莊子》中‘黄帝問道於廣成子’一章爲之解。”[三]

東坡撰《張安道墓誌》:“安道家貧無書，從人借三史，旬日輒歸之，曰得其詳矣。”[四]

《東坡别集》四十六卷。陳氏曰:“坡之曾孫給事嶠季真刊家集於建安，大略與杭本同，蓋杭本當坡公無恙時，已行於世矣。麻沙書坊又有《大全集》，兼載《志林》《雜説》之類，亦雜以潁濱及小坡之文，且間有謞僞勦入者。有張某爲吉州，取建安本所遺盡刊之[五]，而不加考訂，中載《應詔》《策論》，蓋建安本無《應詔集》也。”

《古史》六十卷。晁氏曰:“皇朝蘇轍子由撰。其序曰:‘太史始易編年之法爲紀傳世家，記五帝以來，然不得聖人之意。余因遷之舊，始伏羲訖秦始皇，爲七本紀、十六世家、三十七列傳，謂之《古史》，追録聖賢之遺意，以示後世。’《國史》譏蘇氏之學皆權謀變詐，今觀此書蓋不然，則知子由晚節爲學益精深云。”[六]

潁濱《春秋集傳》十二卷。晁氏曰:“蘇轍子由撰。大意以世人多師孫復，不復信史，故盡棄三《傳》[七]，全以左氏爲本[八]，至其不能通者，始取二《傳》、啖、趙。自熙寧謫居高安，至元符初，十數年矣，暇日輒

[一] 此條出《文獻通考·經籍考七十三》。按,《文獻通考》以爲評東坡詞者乃黄庭堅，或誤,《苕溪漁隱叢話·後集》卷三三引《復齋漫録》之語及《詩人玉屑》卷二〇、《能改齋漫録》卷一六等，皆言此説出自晁補之。

[二] 此條出《文獻通考·經籍考七十六》。晁氏之語見《郡齋讀書志》卷一三。

[三] 此條出《文獻通考·經籍考三十八》。晁氏之語見《郡齋讀書志》卷一一。

[四] 此條文字與《翰苑新書》卷六八相合，而與《蘇軾全集校注·文集三》卷一四《張文定公墓誌銘》略異。

[五]“盡”，原作“書”，據《文獻通考·經籍考六十二》、《直齋書録解題》卷一七改。

[六] 此條出《文獻通考·經籍考二十二》。晁氏之語見《郡齋讀書志》卷七。

[七]“三”，原作“二”,《文獻通考·經籍考十》、《郡齋讀書志》卷三原文同，據《郡齋讀書志》孫猛校證改。

[八] 此後之語，原脱，彭遵泗節取不當，易讓人誤會盡棄三《傳》者乃蘇轍，故據《文獻通考》《郡齋讀書志》補足原文。

有改定，卜居龍川而書始成。”

潁濱《孟子解》一卷[一]。陳氏曰：“其少年時所作，凡二十四章。”

《龍川略志》六卷、《龍川别志》四卷。晁氏曰：“蘇轍元符二年夏居循州，杜門閉目，追惟平昔，使其子遠書之於紙，凡四十事。其秋，復記四十七事。龍川，循州地名。”[二]

蘇子由注《老子》二卷。晁氏曰：“子由謫官筠州，頗與學浮屠者游而有所得焉[三]，於是解《老子》。”

《蘇文定公遺言》，蘇轍子由撰。周平園序略曰“文定公晚居許昌，造深矣。避禍謝客，縱有門人，亦罕與言。其聞緒論者，子孫而止耳。然諸子宦游，惟長孫將作監丞仲滋諱籀，年十有四，才識卓然，侍左右者九年，記遺言百餘條，未嘗增損一語。既老，以授其子郎中君翊，郎中復以授其子道州使君森[四]。予嘗與道州同寮，故請題其後”云云[五]。

蘇過著《孔門弟子别傳》[六]。

《斜川集》十卷。陳氏曰：“通直郎蘇過叔黨撰。世號‘小坡’，坐黨家不得仕進，終於通判中山府。晁以道誌墓，稱其‘純孝’。給事中嶠，其孫也。”[七]

《九峰集》四十卷。陳氏曰：“太常少卿眉山蘇元老在廷撰。東坡從孫也。坡在海上，嘗有書往來。其罷奉常歸潁昌，正坐元祐邪等[八]。未幾遂卒，年四十七。”

蘇子由《欒城集·前集》五十卷，《後集》二十四卷，《第三集》十卷，《應詔集》二十卷[九]。

《春秋分記》九十卷。陳氏曰：“邛州教授眉山程公説伯剛撰。以《春秋》經傳仿司馬遷書，爲《年表》《世譜》《曆》《天文》《五行》《地理》

[一]“一卷”，原脱，據《文獻通考·經籍考十一》、《直齋書録解題》卷三補。

[二] 此條出《文獻通考·經籍考四十三》。晁氏之語見《郡齋讀書志》卷一三。

[三]“者”，原脱，據《文獻通考·經籍考三十八》、《郡齋讀書志》卷三補。

[四]“使”，原作“史”，與《文獻通考·經籍考四十一》同，據周必大《文忠集》卷五二《蘇文定公遺言後序》改。

[五]“題”，原作“顯”，據《文獻通考》《文忠集》改。

[六]“弟”，原作“第”，據乾隆本及《明一統志》卷七一、《山堂肆考》卷一二二、嘉靖《許州志》卷五等改。

[七] 此條出《文獻通考·經籍考六十四》。陳氏之語見《直齋書録解題》卷一七。

[八]“等”，與《文獻通考·經籍考六十四》同，《直齋書録解題》卷一七作“説”。

[九]《郡齋讀書志》卷一九、《文獻通考·經籍考六十二》著録卷次與此合。

《禮樂》《征伐》《官制》諸書。自周、魯而下，及諸小國、夷狄皆彙次之。時有所論發明，成一家之學。公説積學苦志，早年登科，值逆曦亂[一]，憂憤以死，年才三十七。弟兄三人皆以科第進。中書舍人公許[二]，其季也。"

史守道著《博齋集》《春秋通會》等書[三]。

《通鑑釋文》三十卷。陳氏曰："左宣議郎眉山史炤可見撰，馮時行爲之序。今考之公休之書，大略同而加詳焉[四]，蓋因其舊而附益之也。"

《續通鑑長編》一百六十八卷。陳氏曰："禮部侍郎眉山李仁甫撰。《長編》云者，司馬温公之爲《通鑑》也，先命其屬叢目，既成，乃修長編，然後刪之以成書。唐《長編》六百卷[五]，今《通鑑》惟八十卷耳。燾所上表，自言未可謂之'通鑑'，止可謂之'長編'，故其書雖繁蕪而不嫌也。其卷雖如此，而册數至餘三百[六]，蓋逐卷又自分子卷，或至十餘。"陳氏又曰："《續長編通鑑舉要》，大略皆温公舊規也。"

《文獻通考》云："先公曰：'李文簡公本朝《長編》，自紹興、隆興、乾道、淳熙，節次上進，收拾舊事，垂四十年。是《長編》一百六十八年之書，以四十年而成。'"[七]

水心葉氏曰："李氏《續長編通鑑》，《春秋》之後纔有此書。自史法壞、譜牒絶，百家異傳與《詩》《書》《春秋》並行。而漢至五季，事多在記，後史官常狼狽收拾，僅能成編。嗚呼！其何以信天下也？《通鑑》雖幸復古，然由千有餘歲之後，追戰國、秦、漢之前則遠矣。疑詞誤説，流於人心久矣，方將鈎索質驗，貫殊析同，力誠勞而勢難一矣。及公據變復之會，乘歲月之存，斷自本朝，凡實録、正史、文書，無不是正，就一律也。而又家録、野記，旁互參審，毫髮不使遁逸，邪正心迹，隨卷較然。夫孔子之所以正時月日必取於《春秋》者，近而其書具也，今惟《續通鑑》

[一]"曦"，原誤從"貝"，據《文獻通考·經籍考十》、《直齋書録解題》卷三改。按，逆曦指宋時反叛之吴曦。

[二]"公"，原脱，據《文獻通考》《直齋書録解題》補。

[三]"通"，原脱，據雍正《四川通志》卷九上補。

[四]"同"，原脱，據《文獻通考·經籍考二十七》、《直齋書録解題》卷四補。按，司馬康有同名之書二十卷，康字公休。

[五]"百"，原作"十"，據《文獻通考·經籍考二十》《直齋書録解題》卷四改。

[六]"册"，原作"刪"，據《文獻通考》《直齋書録解題》。

[七]此條及下之"水心葉氏"條，出《文獻通考·經籍考二十》。又，葉氏之文題作《巽巖集序》，載《水心先生文集》卷一二。

爲然耳。故余謂《春秋》之後，纔有此書，信之所聚也。雖然，公終不敢自成書，第使至約出於至詳，至簡成於至繁，以待後人而已。”

《李文簡公集》一百二十卷。敷文閣學士丹稜李燾仁甫撰。水心《集序》曰：“自有文字以來，名世數十，大抵以筆勢縱放、淩厲馳騁爲極功。風霆怒而江河流，六驥調而八音和，春輝秋明而海澄岳静也，高者自能，餘則勉而效之矣。雖然，此韓愈所謂下逮《莊》《騷》，其上無是也[一]。觀公大篇詳而正，短語簡而法，初未嘗藻黼琢鏤，以媚俗爲意。曾點之瑟方希，化人之酒欲清，又非以聲色臭味自怡悦也。獨於古文墜學，堂上之議，起虞造周，如挈裘振領焉[二]，固遺其下而獨至其上者與！蜀自三蘇死，公父子弟兄後起，兼方合流以就家學，綜練古今名世之際，有補於世，天下傳以繼蘇氏云。”

《中興十三處戰功録》一卷。參政眉山李壁季章撰。中興以來，禦寇立功，惟此十三處，編爲一書，所謂“司勳藏其貳”者也。開禧乙丑，北事將作，其書成[三]。

李壁，燾子，歷仕至參知政事。有詩文，士論以其文章伯仲葉水心[四]，詩詞輩行陸放翁。晚遷於撫州，創峨峰書院[五]，聚書藏於閣，有《臨汝閑書》五十卷[六]。

紹興二十九年，李燾爲幹辦公事。燾以司馬光《百官表》未有繼者[七]，乃遍求正史、實録，旁采家集、野史，增廣門類，起建隆迄靖康，合新、舊官制而成書。其後《續資治通鑑長編》蓋始於此。至是四川制置使王剛中薦之[八]，燾《續百官表》九十卷，詔給札録付史館[九]。爲人博學剛正，張浚、張燾咸器重之。

《皇朝治迹統類》七十三卷。陳氏曰：“眉山彭百川叔融撰。略用袁樞《通

[一]“是”，原作“足”，據《文獻通考·經籍考六十六》、《水心先生文集》卷一二《巽巖集序》改。

[二]“挈”，原作“絜”，據《文獻通考》《水心先生文集》改。

[三] 此條出《直齋書録解題》卷五。

[四]“士”，原脱，據雍正《江西通志》卷九五補。

[五]“創”，原誤從“邑”部，據《江西通志》改。

[六]“五十”，原誤倒，據《江西通志》乙正。按，《宋史·李壁傳》則著録此書爲百五十卷。

[七]“百官”，原作“年”，據《建炎以來繫年要録》卷一八三“秋七月戊戌”條改。

[八]“薦”，原作“建”，據《建炎以來繫年要録》“四川安撫制置使王剛中聞其名，奏以爲幹辦公事”之文義改。按，此條大意即出《建炎以來繫年要録》。

[九]“詔”，原作“紹”，據《建炎以來繫年要録》改。

鑑本末》條例，爲《前集》四十卷，中興後事爲《後集》三十三卷。"[一]

《東都事略》一百五十卷。陳氏曰："承議郎知龍州眉山王偁季平撰。其書紀、傳、附録略具體，但無志耳。附録用《五代史》例也[二]。淳熙中上其書，得直秘閣。其所紀太簡略，未得爲全書。"

王賞，當之弟，作有《玉臺集》[三]。

王箴，著《史漢論贊》[四]。

史經臣[五]，博學能文，其《思子臺賦》上援秦始皇，下逮晉惠，反覆哀切，有補於世。

《孫文懿集》三十卷。晁氏曰："宋朝孫抃，字夢得，眉山人。六世祖長孺，喜藏書，貯以樓，蜀人號'書樓孫家'[六]。天聖中，進士甲科，累遷知制誥、翰林學士承旨，後參知政事。謚文懿。"

《小醜集》十二卷、《續集》三卷。陳氏曰："直秘閣眉山任盡言元受撰。元符諫官任伯雨之孫，紹興從臣申先之子。乙卯甲科[七]，仕爲太常寺主簿，終於閩憲。"楊誠齋序，謂其詩文"孤峭而有風稜，雄健而有英骨，忠慨而有義氣，蓋將與唐之貞元、元和，本朝之慶曆、元祐諸公並轡而先，終非近世陳陳相因、累累隨行之作也。"[八]

《義林》一卷。陳氏曰："眉山程敦厚子山撰。其上世，東坡外家也。子山爲人凶險，附秦檜至右史，後坐謫死。"[九]

《劍南須知》十卷。巽巖李氏曰："宋如愚撰。如愚，眉山人。"[十]

《唐三百家文粹》四百卷，眉山成叔陽編。後溪劉氏序曰："往時有《唐文粹》百卷，姚鉉之所銓纂，已倍於古。今眉山成君乃增益之至三百家，爲四百卷。嗚呼！何其多也？文之多者，可以察治；言之當者，可以觀德。眉多藏書，叔陽所以盡力乎其間，豈徒然哉！叔陽薦於鄉，既

[一] 此條出《文獻通考·經籍考二十八》。陳氏之語見《直齋書録解題》卷五。按，此書即本卷前文之《太平治迹統類》。

[二]"例"，原作"何"，形近而誤，據《文獻通考·經籍考二十四》、《直齋書録解題》卷四改。

[三] 按，《宋史·藝文志七》著録此書爲四十卷。

[四] 按，《蜀中廣記》卷四六此人小傳中著録該書，但無卷數。

[五]"臣"，原脱，據《蘇軾全集校注·文集一》卷一《思子臺賦》補。

[六]"蜀人號書樓"，原脱，據《文獻通考·經籍考六十一》、《郡齋讀書志》卷一九補。

[七]"乙卯"，原脱，據《文獻通考·經籍考六十六》、《直齋書録解題》卷一八補。

[八] 按，誠齋序見《楊萬里集箋校》卷八二《眉山任公小醜集序》。

[九] 此條出《文獻通考·經籍考四十一》。陳氏之語見《直齋書録解題》卷一〇。

[十] 此條出《文獻通考·經籍考三十二》。

成此書，乞余序之。”[一]

《唐子西集》十卷[二]。晁氏曰：“唐庚，字子西，眉山人，登進士第。早受知於張天覺。天覺爲相，擢京畿提舉常平，且欲用爲諫官。天覺去位後，言者謂子西嘗宣言有‘一網打盡’之語，貶惠州。大觀五年，會赦北歸。”陳氏曰：“張商英拜相，子西作内前行，坐貶惠州，歸蜀而卒。其文長於議論，所著《名治》《存舊》《正友》《議賞》諸論，皆精確。”雁湖李氏曰[三]：“唐子西文采風流，人謂之‘小東坡’。”

《注荆公詩》十五卷。陳氏曰：“參政眉山李壁季章撰。謫居臨川時所作[四]，助之者曾極景建。魏鶴山作序。”

《三謝詩》一卷。陳氏曰：“集謝靈運、惠連、玄暉詩，不知何人集。《中興書目》云：‘唐庚子西。’”[五]

《書舟詞》一卷[六]。陳氏曰：“眉山程垓正伯撰，王偁季平爲作序。”

《字通》一卷。陳氏曰：“彭山李從周肩吾撰。”[七]

程垓，東坡中表之戚也。盛以詞名，獨尚書尤公以爲正伯之文過於詞[八]。

僞蜀時，孫光憲、毛熙震、李珣有《後庭花》曲，皆賦後主故事，不著宫調，而調各四句，似令也[九]。

楊升庵謫滇中，寄夫人詞云：“費長房縮不盡相思地，女媧氏補不完離恨天。泪珠與銅壺共滴[十]，愁腸與蘭焰同煎。愁和悶，經歲年年。”

[一] 此條出《文獻通考·經籍考七十五》。

[二]“西”下，原有“文”字，據《文獻通考·經籍考六十四》、《郡齋讀書志》卷一九删。◎“十卷”，與《郡齋讀書志》同；《直齋書録解題》卷一七作“《唐子西集》二十卷”；《文獻通考》則作“《唐子西集》十五卷”；《欽定四庫全書總目》卷一五五則作“《唐子西集》二十四卷”，或所見版本不同也。

[三]“雁湖李氏”，指李壁，著有《雁湖集》。

[四]“川”，原作“邛”，據《文獻通考·經籍考七十一》《直齋書録解題》卷二〇改。按，《直齋書録解題》著録此書爲二十卷。

[五] 此條出《文獻通考·經籍考七十五》。陳氏之語見《直齋書録解題》卷一五。

[六]“舟”，原作“丹”，從《文獻通考·經籍考七十三》、《直齋書録解題》卷二一而誤，今據《欽定四庫全書總目》卷一九八及《四庫全書》所收《書舟詞》改。

[七] 此條出《文獻通考·經籍考十七》。陳氏之語見《直齋書録解題》卷三。

[八] 此條出《古今詞話·詞評》卷上之“程垓書舟詞”。沈氏按語云：“程垓南宋人，非東坡之中表。”◎“尚書尤公”，指尤袤，曾官至禮部尚書。

[九] 此條見王灼《碧鷄漫志》。

[十]“共”，原作“並”，據《堯山堂外紀》卷九五改。

周密曰："余嘗聞李雙溪獻可云：'昔李仁甫爲《長編》，作木厨十枚[一]，每厨作抽替匣二十枚，每替以甲子志之，凡本年之事，有所聞必歸此匣，分日月先後次第之，井然有條，真可爲法也。'"

李珣事王宗衍，詞名《瓊瑶集》。其妹事衍，爲昭儀，亦饒辭藻，有"鴛鴦枕上忽然聲"，誤入花蕊夫人集[二]。

蜀府藏書

藏書之富，敝鄉之成都莫比蜀府。成王喜讀書，宫中爲石樓數十間，藏書數億萬卷，日抄寫者數百人。自繪孔子圖於樓上，日臨之以肅其較書者。布政司銅板，累代之遺，非今之世間物。新都、南充、内江、富順、巴渝諸處，無不以藏書相尚，經賊之慘，蜀之書盡矣。

范文光《内江游草》

《柳塘詞話》曰："鄒程村語余云：'范仲闇先輩續《花間集》[三]，皆畫舫青樓之詞，自作小叙原非不及情者，今得博采之以志前代風流，且以當《東京夢華録》也。'"

陳壽《進諸葛亮集表》[四]

臣壽言：亮少有逸群之才，英霸之器，身長八尺，容貌甚偉，時人

[一]"木"，原作"本"，形近而誤，據《癸辛雜識·後集》改。

[二]此條見楊慎《詞品》卷二。

[三]"闇"，原脱，據《古今詞話·詞評》卷下"范文光《内江游草》"條補。◎按，所謂《柳塘詞話》，《中國詞學大辭典》以爲也是沈雄所作，今本其實乃據《古今詞話》輯録者。◎又，所謂鄒程村，《揚州畫舫録》卷一〇云："鄒祗謨，字訏士，號程村，武進人，進士。天資穎異，過目靡所遺忘，上自經、史、子、集以及天文、宗教、百家之書，細及古今人爵里、姓氏、世次、年譜，無不委記。"

[四]此標題原與正文相連，據目録而改作標題。所引之文出《三國志·蜀志·諸葛亮傳》，故以之參校。

異焉。遭漢末擾亂，隨叔父玄避難荆州，躬耕於野，不求聞達。時左將軍劉備以亮有殊量，乃三顧亮於草廬之中。亮深謂備雄姿傑出，遂解帶寫誠[一]，厚相結納。及魏武帝南征荆州，劉琮舉州委質，而備失勢衆寡，無立錐之地。亮時年二十七，乃建奇策，身使孫權，求援吴會[二]。權既宿服仰備，又睹亮奇雅[三]，甚敬重之，即遣兵三萬人以助備。備得用與武帝交戰，大破其軍，乘勝克捷，江南悉平。後備又西取益州。益州既定，以亮爲軍師將軍。備稱尊號，拜亮爲丞相，録尚書事。及備殂歿，嗣子幼弱，事無鉅細，亮皆專之。於是外連東吴，内平南越，立法施度，整理戎旅，工械技巧，物究其極，科教嚴明，賞罰必信，無惡不懲，無善不顯，至於吏不容奸，人懷自勵，道不拾遺，强不侵弱，風化肅然也。當此之時，亮之素志，進欲龍驤虎視，包括四海；退欲跨陵邊疆，震蕩宇内。又自以爲無身之日[四]，則未有蹈涉中原、抗衡上國者，是以用兵不戢，屢耀其武。然亮才於治戎爲長，奇謀爲短，理民之幹優於將略。而所與對敵，或值人傑，加衆寡不侔，攻守異體，故雖連年動衆，未能有克。昔蕭何薦韓信，管仲舉王子城父[五]，皆忖己之長，未能兼有也。亮之器，能政理，抑亦蕭、管之亞匹也[六]，而時之名將無城父、韓信，故功業陵遲，大義不及耶！蓋天命有歸，不可以智力争也。青龍二年春，亮帥衆出武功[七]，分兵屯田，爲久駐之基[八]。其秋病卒，黎庶追思，以爲口實。至今梁、益之民，咨述亮者，言猶在耳。雖《甘棠》之詠召公，鄭人之歌子産，無以遠譬也[九]。孟軻有云："以逸道使民[十]，雖勞不怨；以生道殺人[十一]，雖死不忿。"信矣！論者或怪亮文彩不艷，而過於丁寧周至。臣愚以爲咎繇大賢也，周公聖人也，考之《尚書》，咎繇之謨略而

[一]"寫"，原作"書"，據乾隆本及《三國志》改。
[二]"吴"，原脱，據《三國志》補。
[三]"睹"，原作"器"，據《三國志》改。
[四]"爲"，原脱，據《三國志》補。
[五]"舉"，原作"荐"，據《三國志》改。
[六]"抑"，原脱，據《三國志》補。
[七]"亮帥"，原脱，據《三國志》補。
[八]"爲"前，原有"因"字，據《三國志》删。
[九]"無"，原作"足"，據《三國志》改。
[十]"逸"，原作"佚"，據《三國志》改。
[十一]"人"，原作"民"，據《三國志》改。

雅，周公之誥煩而悉，何則？咎繇與舜、禹共談[一]，周公與群下矢誓故也。亮所與言，盡衆人凡士，故其文指不得及遠也。然其聲教遺言，皆經事綜物，公誠之心形於文墨，足以知其人之意理，而有補於當世。伏惟陛下邁踪古聖，蕩然無忌，雖敵國誹謗之言，咸肆其辭而無所革諱，所以明大道之通也。

典幹繼魏，不得不以魏繼漢，繼漢而曰三國，國非天下，三非一統，陽與而陰奪也。"將略非優"，誠爲曲筆，當年巾幗受辱者何人[二]？欲蓋而彌彰也。寫諸葛氣韻神悠，似揚非揚，似抑非抑，立人朝廷，表故國軍師，身分筆墨，至此化矣。人多以報怨議之，何也？若崔浩修史[三]，直指蜀漢爲尉佗，真所謂病狂喪心者[四]。

[一]"共談"，原作"同謨"，據《三國志》改。

[二] 此事見《晉書·宣帝紀》："時朝廷以亮僑軍遠寇，利在急戰，每命帝持重以候其變。亮數挑戰，帝不出。因遺帝巾幗婦人之飾，帝怒，表請决戰，天子不許。"受辱之人乃司馬懿也。

[三]"崔浩修史"，事見《魏書·毛修之傳》："修之曰：'昔在蜀中，聞長老言，壽曾爲諸葛亮門下書佐，被撻百下，故其論武侯云"應變將略，非其所長"。浩乃與論曰：'承祚之評亮，乃有故義過美之譽。案其迹也，不爲負之，非挾恨之矣。何以云然？夫亮之相劉備，當九州鼎沸之會，英雄奮發之時，君臣相得，魚水爲喻，而不能與曹氏爭天下。委棄荆州，退入巴蜀，誘奪劉璋，僞連孫氏，守窮踦嶇之地，僭號邊夷之間，此策之下者，可與趙佗爲偶。而以爲管、蕭之亞匹，不亦過乎？'"

[四]"病狂喪心"，底本此部分殘缺，乾隆本作"病心喪狂"，據光緒重刊讀書堂本《蜀故》改。

蜀故卷十九

物産一[一]

宋祁《益部方物略記序》[二]：益爲西南一都會，左阻劍門，右負夷番，内坦夷數百里。環以長江，裹以複岑[三]，川陸盛氣礙而不得東[四]，回薄蜿蜒，還負一方，爲珍木、爲怪草、爲鳥、魚、芋、稻之饒。日暘雨雨，嘘和吐妍，層出雜見，不可勝狀。殆岷精緼靈，示完富瓌璚於兹壤也。嘉祐建元之明年，予來領州，得東陽沈立所録劍南方物二十八種。按名索實，尚未之盡，故遍詢西人，又益數十物，列而圖之，物爲之贊。圖視狀，贊言生之所以然，更名《益部方物略記》。凡東方所無及有而自異，皆取之，冀裨風土聚丘之遺云[五]。

海椶　大抵椶類[六]，然不皮而幹，葉叢於杪，至秋乃實，似楝子。今城中有四株。杜子美左綿《海椶行》[七]。理緻幹堅，風雨不能撼云。

椶皆褫皮，此獨自幹。攢葉於顛，纛首披散。秋華而實，其值則罕[八]。

[一]"一"，原無，今補。按，乾隆本目録以十八卷至二十卷爲"物産"，實誤，叙物産者僅十九至二十卷。又，原書將十九卷與二十卷合而爲一，殊爲混亂。從内容看，前半部分全取宋祁《益部方物略記》，後半部分雜録他書之語，可謂涇渭分明；從篇幅看，前後部分亦大略相當。故我們以《益部方物略記》及所附黄庭堅《緑菜贊》爲"物産一"，屬十九卷；後半部分爲"物産二"，屬二十卷，庶幾眉目清晰，卷次分明也。此次整理，主要參考《津逮秘書》本《益部方物略記》，間參《全蜀藝文志》卷四四所收之文。

[二]"略記序"，原作"贊"，據《益部方物略記》改。按，此後之序文，原文爲夾注，今處理爲正文。

[三]"岑"，原作"峰"，形近而誤，據宋祁《益部方物略記》改。

[四]"川"，原作"山"，形近而誤，據《益部方物略記》改。

[五]"遺"，原作"一"，與《全蜀藝文志》同，據《益部方物略記》改。

[六]"椶"，原缺，據《益部方物略記》《全蜀藝文志》補。

[七]"子美左綿"，原脱，據《益部方物略記》《全蜀藝文志》補。但此處文義不完，《説郛》百二十卷本卷六七則作"杜子美有《海椶行》詩"，且位於"理緻幹堅，風雨不能撼"之後。

[八]"值"，原作"植"，形近而誤，據《益部方物略記》改。

楠　蜀地最宜者。生童童若幢蓋，然枝葉不相礙。茂葉美陰，人多植之。樹甚端偉，葉經歲不凋。至春，陳新相换，有花實似母丁香云。

在土所宜，亭擢而上。枝枝相避，葉葉相讓。繁陰可庥[一]，美幹斯仰。

榿　亦蜀所宜。民家蒔之不三年，材可倍常，人多薪之[二]。疾種亟取，里人以爲利。杜子美有覓榿栽詩。

厥植易安，數歲輒林[三]。民賴其用，實代其薪。不棟不梁，亦被斧斤。

竹柏　生峨眉山中，葉繁，長而澤，似竹。然其幹大抵類柏而亭直。

葉與竹類，緻理如柏。以狀得名，亭亭修直。

海芋　生不高四五尺，葉似芋而有幹，根皮不可食。方家號隔河仙，云可用變金，或云能止瘧。

木幹芋葉，擁腫盤戾。農經弗載，不用治厲。

紅豆　花白色，實若大紅豆，以似得名。葉如冬青。蜀人以爲果飣[四]。

葉圓以澤，素花春敷。子生莢間，纍纍綴珠[五]。

紫竹　蜀諸山中尤多，園池亦種爲玩。然生二年色乃變，三年而紫。

竹生三歲[六]，色乃變紫。伐幹以用，西南之美。

慈竹　性叢産[七]，根不外引，其密間不容笴。笋生夏秋，閱歲餘，枝葉乃茂。别有數種，節間容八九寸者曰籠竹，一尺者曰苦竹，弱植垂地者曰釣絲竹[八]。或取節修膚緻者用爲簟笠。

根不他引，是得慈名。中實外堅，笋不時萌。末或下垂，苒弱緣縈[九]。

棕竹　性亦叢産[十]，葉似棕，有刺，徑不三二寸[十一]。或曰桃竹，未得其詳。

[一]“庥”，與《全蜀藝文志》同，《益部方物略記》作“庇”。

[二]“人多”，原缺，據《全蜀藝文志》補。

[三]“林”，原作“休”，形近而誤，據乾隆本及《益部方物略記》改。

[四]“飣”，原作“釘”，形近而誤，據《益部方物略記》改。

[五]“綴珠”，底本作“珠珠”，乾隆本作“如珠”，據《益部方物略記》改。

[六]“三”，原作“二”，據《益部方物略記》改。

[七]“産”，原作“生”，據《益部方物略記》改。

[八]“稍”，原作“植”；“釣”，原作“鈎”，據《益部方物略記》改。

[九]“緣”，原作“絲”，據《益部方物略記》改。《全蜀藝文志》作“緑”，《蜀都碎事》卷一從之，亦作“緑”，《四庫全書》本《景文集》卷四七作“絲”。按，三字形近，作“緣”義勝。

[十]“性”，原脱，據《益部方物略記》補。

[十一]“二”，原脱，據《益部方物略記》補。

葉椶身竹，族生不蔓。有皮無枝，實中而幹。

方竹 圓衆方寡，取貴方者，差小[一]。

竹箇皆圓，此獨方形。厚倍於窾，緗節稜稜[二]。

柑 生果、渠、嘉等州，結實埒於江南[三]，味亦差薄云。

碧葉素葩，厥包之珍。丹衷既披[四]，香液飴津。

赤鸇芋 蜀芋多種，鸇芋爲最美，俗號赤鸇頭芋[五]。但子不繁衍，形長而圓。又有蠻芋，亦美，其形則圓，子繁衍，人多蒔之。最下爲搏果子[六]，搏，接也，言可接果，山中人多食之。惟野芋人不食。《本草》有六種[七]：青芋、白芋、紫芋、真芋[八]、蓮禪芋、野芋。

芋種不一，鸇芋則貴。民儲於田，可用終歲。

緑葡萄 北方葡萄熟則色紫，今色正緑云。

西南所宜，柔蔓紛衍。縹穗緑實，其甘可薦。

天師栗[九] 生青城山中，他處無有也。似栗，味美。惟獨房爲異，久食已風攣。

栗類尤衆，此特殊味。專蓬若橡，托神以貴。

天仙果 樹高八九尺，無花，其葉似荔枝而小，子如櫻桃，纍纍綴枝間。六七月熟，味至甘。

有子孫枝，不花而實。薄言采之，味埒蜂蜜[十]。

隈支 生邛州山谷中，樹高丈餘，枝修弱，花白。實似荔枝，肉黄

[一]"圓衆方寡，取貴"，原作"圓衆方寡，取貴缺"，且位於贊語之末，據《益部方物略記》移動并删"缺"字。◎"小"，原作"也"，據乾隆本及《蜀中廣記》卷三六改。

[二]"稜稜"，原作"圓稜"，據《益部方物略記》改。

[三]"埒"，原作"等"，據乾隆本及《益部方物略記》改。

[四]"衷"，與《全蜀藝文志》同，《益部方物略記》作"裏"，文義可通。

[五]"頭芋"，原誤倒，據《益部方物略記》乙正。

[六]"搏"，原作"摶"，與《益部方物略記》同，《全蜀藝文志》作"榑"，今據《蜀中廣記》卷六四所引《益部方物略記》改。按，《莊子·徐無鬼》"敏給搏捷矢"，成玄英疏云："搏，接也。"

[七]"有""種"，原脱，據《益部方物略記》補。

[八]"真"，原作"莫"，據乾隆本及《益部方物略記》改。

[九]按，天師栗，以張天師之傳説得名也。《蜀中廣記》卷六一引《青城志》云："上清宫在丈人祠之側，晉朝立宫於上，夜則神燈遍空。其東北麓有天師手植栗十七株。"文同有《天師栗》詩："天師携此種，至自上饒遠。當時十七樹，高幹倚孤巘。蒼蓬蒺藜大，紫殼檳榔軟。蜀部名果中，推之爲上選。"

[十]"蜜"，原作"密"，據乾隆本及《益部方物略記》改。

膚甘[一]，味可食，大若爵卵。

挺幹既修，結花兹白。乾外澤中[二]，甘可以食。

錦被堆　花出彭州，其色似薔薇，有刺，不可玩。俗謂薔薇爲錦被堆花，故以名[三]。别名牡丹[四]，詳見牡丹花下。

花跗芬侈，叢刺於梗。不可把玩，艷以妍整。

錦帶花[五]　蜀山處處有之[六]，長蔓柔纖，花葉間側如藻帶然[七]，因象作名。花開者形似飛鳥，故里人亦號曰鬢邊嬌。

苒苒其條[八]，若不自持。緑葉丹英，蔓衍紛垂。

石蟬花　始生，其苕森擢[九]，長二三尺，葉如菖蒲。紫萼五出，與蟬甚類，緑黄相厠[十]，蜀人因名之。又白者號玉蟬花。

有苕穎然，有萼敷然。取其肖象，莫類於蟬。

長生草　山陰蕨地多有之。修莖茸葉，色似檜柏而澤，經冬不凋損，故號長生。

色與柏類，苒苒其莖。冬不甚黄，故謂長生。

瑞草　蜀人多種之庭檻，蔓延長三四尺，珍而愛之，故謂之瑞草。

翠蔓紺苕，回繚可喜。莳之庭堂，珍以爲瑞。

紅蕉花　於芭蕉蓋自一種，葉小，其花鮮明可喜。蜀人語深紅者謂之蕉紅，蓋仿其殷麗云。

蕉無中幹，花産葉間。緑葉外敷，絳質凝殷。

重葉海棠　海棠大抵數種，又皆小異。惟其盛者則重葩叠萼可喜，

[一]“肉”，原作“内”，據《益部方物略記》改。

[二]“乾”，乾隆本及《益部方物略記》作“戟”，此處或是因“戟”字於文義不通而改也。“乾”與“澤”爲對，似有一定道理，姑仍之。

[三]“名”，原作“枝”，據《全蜀藝文志》改。

[四]“名”，原作“他”，據《全蜀藝文志》改。按，“故以名，别名牡丹，詳見牡丹花下”，《益部方物略記》無，僅載於《全蜀藝文志》。

[五]“錦”，原作“綿”，形近而誤，據乾隆本及《益部方物略記》改。

[六]“之”，原脱，據《益部方物略記》補，文義更暢。

[七]“葉”，原作“萼”，據《益部方物略記》改。

[八]“條”，原作“修”，形近而誤，據乾隆本及《益部方物略記》改。

[九]“苕”，原作“條”，誤，據《益部方物略記》改。按，石蟬花與玉蟬花僅顔色有别，實則一也，鳶尾花屬，頗爲常見。此處之“苕”乃花柄以下的長條部分，後文“翠蔓紺苕”之“苕”亦此義也。

[十]“緑黄相厠”，底本原作“緑黄相間”，乾隆本作“緑黄相厢”，《益部方物略记》作“緑黄相□”，缺一字，《景文集》卷四七則作“黄緑相厠”。今據《景文集》改“間”爲“厠”。

非有定種也。始濃稍淺，爛若錦章。北方所植，率枝强花瘠[一]，殊不可玩，故蜀之海棠誠爲天下第一云。

修柯柔蔓，濃淺繁總。盛則重花，不常厥種。

月季花　此花即東方所謂四季花者，翠蔓紅花。蜀少霜雪，此花得終歲，一十二月，月輒一開。

花亘四時，月一披秀。寒暑不改，似固常守。

佛豆　粒甚大而堅，農夫不甚種，惟圃人以爲利。以鹽漬食之，小兒所嗜。

豐粒茂苗，豆别一類。秋種春斂，農不常蒔。

添色拒霜花　生彭、漢、蜀州，花常多葉。始開色白[二]，明日稍紅，又明日則若桃花然。

自濃而淡，花則常態。今顧反之，亦反之怪。

黄荼蘼　蜀荼蘼多白，黄者時時有之，但香减於白花。

人情尚奇[三]，賤白貴黄。厥英略同，實寡於香。

艾子　艾木，大抵茱萸類也，實正緑味辛。蜀人每進羹臛，以一二粒投之，少選，香滿盂盞。或曰作爲膏尤良。按，揚雄《蜀都賦》當作“蔱”，蔱、艾同字云[四]。

緑實若萸，味辛香苾。投粒羹臛，椒桂之匹。

鴛鴦草　春葉晚生，其稚花在葉中，兩兩相向，如飛鳥對翔。

翠花對生，甚似匹鳥。逼而觀之，勢若偕矯。

仙人絛　生大山中，與苔同種，但巖陰石隈多鮮翠[五]，長二三尺，叢垂若絛。或言深谷有長丈餘者。

附陽而生，垂若文絛。大概苔類，土石所交。

娱美人草　蜀中傳虞美人草，予以“虞”作“娱”，意其草柔纖，爲歌氣所動，故其葉至小者或動摇，美人以爲娱樂耳。

翠莖纖柔，稚葉相當。逼而歌之，或合或張。

[一]“花”，原作“字”，據《益部方物略記》改。

[二]“色白”，《全蜀藝文志》《益部方物略記》作“白色”，亦通。

[三]“情”，原作“清”，形近而誤，據《益部方物略記》改。

[四]按，揚雄《蜀都賦》中“木艾”即木蔱也，亦名食茱萸。蔱，魚既切，與“自怨自艾”之“艾”同音，則“艾子”之“艾”乃“蔱”之假借字，不當念“艾草”之“艾”也。

[五]“巖”，原作“宕”，據《益部方物略記》改。

羞寒花　蜀地處處有之，不爲人所愛。依莖綴花，蔽葉自隱。俗曰羞天花，予易爲羞寒花[一]。按，《本草》名曰鬼臼[二]。

冒寒而茂，莖修葉廣。附莖作花，葉蔽其上。以其自蔽，若有羞狀。

瑞聖花　出青城山中，幹不條，高者乃尋丈。花率秋開，四出，與桃花類。然數十跗共爲一花，繁密若綴，先後相繼而開，凡閱月未萎也[三]，蜀人號豐瑞花。故程相國琳爲益之年，繪圖以聞，更號瑞聖花[四]。然有數種，其小者號寶仙[五]，淺紅者爲醉太平，白者名玉真。成都人競移蒔園中，以爲尤玩云。

衆跗聚英，爛若一房。有守繪圖，厥名乃章。繁而不艷，是異衆芳。

七寶花　條葉，大抵玉蟬花類也，其生叢蔚，花紫質絳云[六]。

擢穎挺挺，盛夏則榮。丹紫合英，以寶見名。

旗節花[七]　條條華碧，皆層層而擢，正類使所持節然，故以名。見《益州圖經》。

擢條亭亭，層層紫丹。狀若使節，方圖實刊。

娑羅花　生峨眉山中，類枇杷，數葩合房。春開，葉在表，花在中。或言根不可移，故俗人不得爲玩。

聚葩共房，葉附華外。根不得徙，見偉斯世[八]。

木蓮花　生峨眉山中諸谷。狀若芙蓉，香亦類之。木幹，花夏開，枝條茂蔚，不爲園圃所蒔。

葩秀木顛，狀若芙蕖。不實而榮，馥馥其敷。

[一]“易”，原作“意”，據《益部方物略記》改。

[二]“臼”，原作“目”，《益部方物略記》《全蜀藝文志》誤作“白”，據《本草綱目》卷一七改。宋祁所謂之《本草》，當是《開寶本草》。

[三]“凡”，原作“九”，與《全蜀藝文志》同，《益部方物略記》則闕，今據《景文集》卷四七改。

[四]按，此花得名之事，《續資治通鑑長編》卷一〇六“仁宗・天聖六年”（一〇二八）云：“三月辛酉。右諫議大夫、權御史中丞程琳爲樞密直學士，知益州。”“十一月癸卯。益州獻異花，似桃，四出而千百苞駢聯成朵。蜀耆舊言此花不開六十餘年矣，上頗異之，後因目爲‘太平瑞聖花’。”

[五]“其”，原作“若”，據《益部方物略記》改。

[六]“質”，原作“色”，據《益部方物略記》改。

[七]按，關於此花出處，宋祁籠統言益州，而《太平廣記》卷四〇九引《黎州漢源縣圖經》云：“黎州漢源縣有旌節花，去地三二尺，行行皆如旌節也。”則此花産地在今雅安漢源縣也，又名旌節花。

[八]“偉”，原作“傳”，據《益部方物略記》改。

鵝毛玉鳳花[一]　本至卑纖，蓬如釵股。秋開，不花而鬚。狀似禽，故曰鳳。色白，故曰玉。以其分至輕，故曰鵝毛。

華而無采，狀類翔鳳。幺質毛輕，翩欲飛動。

蒟　出渝、瀘、威、茂等州，即漢唐蒙所得者[二]。葉如王瓜，厚而澤，實如桑椹。緣木而蔓，子熟時外黑中白，長三四寸。以蜜藏而食之[三]，辛香，能温五藏。或用作醬，善和食味。或言即南方所謂浮留藤，取葉合桹榔食之。

蔓附本生[四]，實若椹纍。或曰浮留，南人謂之。和以爲醬，五味告宜[五]。

真珠菜　戎、瀘等州有之，生水中石上。翠縷纖蔓若貫珠，蜀人以蜜熬食之。或以醯煮，可行數千里不腐也。

植根水中，端若串珠。皿而瀹之，可以代蔬。

朝日蓮　花色或黄或白，葉浮水上，翠厚而澤，形如菱花差大。開則隨日所在，日入輒斂而藏於葉下，若葵藿傾太陽之狀。

素花碧葉，浮秀波面。日中則向，日入還斂。

蟬花　二川山林中皆有之。蟬之不蜕者，至秋則花，其頭長一二寸，黄碧色，治小兒瘈瘲[六]，又能已瘧。

蟬不能蜕[七]，委於林下。花生厥首，兹謂物化。

𤆵麻　自劍以南在在有之。或觸其葉，如蜂螫人[八]，以溺灌之即解。莖有刺，葉似花。葉或青或紫，善治風腫。按杜詩當作“蕁”[九]。

葉能螫人，有花無實。冒冬弗悴，可以袪疾。

水硫黄　出資、榮州山磵中[十]。秋潦已收，里人布茅水上，流沫擁

[一] 按，宋祁不言此花具體産地，清人盧秉鈞《紅杏山房聞見隨筆》卷二三則云：“蜀之嘉州有花名鵝毛玉鳳，花如剪絨，狀似茉莉，香亦類之，其大如碗。”

[二] 按，唐蒙得枸醬，見《史記·西南夷列傳》。

[三]“蜜”，原作“密”，形近而誤，據乾隆本及《益部方物略記》改。

[四]“本”，原作“木”，形近而誤，據《益部方物略記》改。

[五]“告”，原作“皆”，據《益部方物略記》改。

[六]“瘲”，原作“縱”，據《益部方物略記》改。按，瘈瘲，指經脈痙攣。

[七]“蜕”，原作“退”，據《益部方物略記》改。

[八]“蜂”，原作“峰”，據《益部方物略記》改。

[九]《杜詩詳注》卷一四有《除草》詩，所言即蕁麻也。

[十]“磵”，原作“間”，據《益部方物略記》改。

聚，取而熬之，復投於水，則成。號真珠黄[一]。以淺黄色者爲上，其用次海舶所來者[二]。

厥生在石，水蕩其液。觸梗凝體，品亞南舶。

附子　生綿州彰明縣者最良，有一子重及一兩者。花色紫。《本草》言附子無正種，附烏頭而生。然則與烏頭、天雄共一物耳。陶弘景以天雄、烏頭、附子皆出建平，謂之三建，唐人非之。以綿、龍二州所生者爲良，今則惟彰明者佳[三]。

附堇而生[四]，翠莖紫蕤。生蜀者良，三建則非。

石瓜　生峨眉山中。樹端挺，葉肥滑如冬青，甚似桑[五]。花色淺黄，實長，不圓，殼解而子見。以其形似瓜，里人名之。煮爲液，黄，善能治痹。

修幹澤葉[六]，結實如綴。膚解核零，可用治痹。

芎　蜀中處處有之。葉爲蘼蕪，《楚詞》謂江蘺者。根爲芎，似雀腦者善。成都九月九日藥市，芎與大黄如積，香溢於廛。或言其大若胡桃者不可用[七]，人多蒔於園檻，葉落時可用作羹。葉不萎，以蜀少寒也。今醫家最貴川芎、川大黄云。

柔葉美根，冬不隕零。采而掇之，可糝於羹。

大黄　蜀大山中多有之，尤爲東方所貴。苗根皆長盈二尺，《本草》言之尤詳。藥市所見，大者治之爲枕，紫地錦文。唐人以爲産蜀者性和厚沉深，可以治病。形似牛舌，堅緻者善。蜀生藥尚多，如川之巴豆[八]、峽之椒、梓之厚朴，尚數十輩。

葉大莖赤[九]，根若巨皿。治疾則多，方家所詺音暝[十]。

餘甘子　生戎、瀘等州山。樹大葉細，似槐[十一]，實若李而小。咀之，

[一]“號”，原作“别”，據《益部方物略記》改。
[二]“來”，原作“采”，形近而誤，據《益部方物略記》改。
[三]“惟”，原作“爲”，據《全蜀藝文志》改，《益部方物略記》則無此字。
[四]“附”，原作“俯”；“堇”，原作“種”，據《益部方物略記》改。
[五]“甚”，《全蜀藝文志》作“葚”，誤矣。按，此處言葉，不言其實如桑葚也。
[六]“修幹”，原作“條條”，據《益部方物略記》改。
[七]“或言其”，原脱，據《益部方物略記》補。
[八]“川之巴豆”，原作“巴之豆”，據《益部方物略記》改。
[九]“赤”，原作“青”，據《益部方物略記》改。
[十]“音暝”，按，“詺”音同“命”，去聲，命名之義；“暝”爲平聲，以之爲“詺”注音，不妥。
[十一]“似”，原作“以”，形近而誤，據《益部方物略記》改。

前澀後歆歆有味，故號爲餘甘。核有稜，或六或七，解硫黄毒，即《本草》所謂庵摩勒者。

黄葩翠葉，圓實而澤。咀久還甘，或號庵勒。

金星草 生峨眉、青城山。葉似萱草，其背有點，雙行相偶，黄澤類金星，人號金星草。亦云金釧草，皆以肖似取之。今醫家以傅疽瘡，甚良。

長葉叢生，背點星布。高毉近識，傅疽可愈。

桐花鳳 二月桐花始開，是鳥翱翔其間。丹碧成文，纖嘴珍尾，仰露以飲，至花落輒去。蜀人珍之，號爲鳳。或爲人捕置樊間，飲以蜜漿，哺以炊粟，可以閲歲。蜀士以繪扇[一]，唐李衛公嘗爲賦[二]。

金花之露，俗曰鳳類。緑羽纖爪，藻背翠尾。花落則隱，以是見貴。

紅桐嘴 出永康軍山谷中。絳體若赭，惟羽差黑，人亦畜之，然不能久也。

絳質剛啄[三]，孱黑於衿。因網就羈，亦馴厥心。

荏雀 每歲荏且熟，是則群至食其實，性好鬥。人捕之，裒錢使决勝負，閭里嘈觀，至一雀直數千錢。官司惡民贅聚[四]，每下符禁叱之。

緇緑厠采[五]，喜荏充臆。奮頸陪腮，衿健於咮[六]。里人裒貲，以佐其鬥。

護花鳥 青城、峨眉往往有之。至春則鳴，其音若云"無偷花果"，仿佛人言云。

茜首黑裳，黄駁其羽。厥鳴嚶嚶，若禁若護。名而不情，盗者猶懼。

百舌鳥 出蜀中山谷間，毛采翠碧，蜀人多畜之。一云翠碧鳥。善效他禽語，凡數十種，非東方所謂反舌無聲者。往往亦矜鬥，至死不解，然捕者告罕，故惜之，不使極其擊云。

緑衣紺尾，一啼百囀。可樊而畜，爲世嘉玩。

狨 威、茂等州、南詔夷多有之，大小正類猿，惟毛爲異。朝制：

[一]"士"，原作"土"，據《益部方物略記》改。

[二]按，李衛公即李德裕。其作賦事見李德裕《會昌一品集·别集》卷一《畫桐花鳳扇賦并序》。

[三]"質"，原作"體"，與《全蜀藝文志》同，據《益部方物略記》改。

[四]"贅"，原作"貲"，據《益部方物略記》改。

[五]"厠"，原作"肆"，據《益部方物略記》等改。

[六]"咮"，原文及《益部方物略記》均作"味"，形近而誤，今據《全蜀藝文志》及《蜀中廣記》卷五九改。按，咮指鳥嘴，此句言荏雀誇耀其嘴之强健，故善鬥也。

内外省以上官乘馬者得以狨爲藉，武官則内客省使[一]、宣徽使乃得用。

狀實猿類，體被金毳。皮以藉焉[二]，中國之貴。

龍羊　出吐蕃及茂、威州。形似畜羊而大[三]，其角繚上，重八九兩，黑質而白文。可以爲帶胯[四]，其用亂犀。

羊質而大，角繚於首。以角之珍，軀殘獵手。

玃　出邛、蜀間。與猿猱無異，但性不躁動，肌質豐腴。蜀人炮蒸，以爲美味。

玃與猿猱，同類異種。彼美豐肌，登俎見用。

魶魚　出西山溪谷及雅江，狀似鯢[五]，有足[六]，能緣木。其聲如兒啼，蜀人養之。

有足如鯢，大首長尾。其啼如嬰，緣木弗墜。

嘉魚　丙穴在興州，有大丙、小丙山，魚出石穴中。今雅州亦有之，蜀人甚珍其味。左思所謂"嘉魚出於丙穴中"。

二丙之穴，厥産嘉魚。鯉質鱒鱗，爲味珍腴。

𩻽魚　出蜀江，背鱗黑而膚理似玉。蜀人以爲膾，味美。

比鯽則大，膚縷玉瑩。以膾諸庖，無異雋永。

黑頭魚　形若鱓[七]，長者及尺，出嘉州。歲二月則至，惟郭璞臺前有之。里人欲怪其説，則言璞著書臺，魚吞其墨，故首黑者。

黑首白腹，修體短額。春則群泳，促罟斯獲。

沙緑魚　魚之細者，生限瀨中，狀若鰌，大不五寸，美味，蜀人珍之。

長不數寸，有駁其文。淺瀨曲限，唯泳而群[八]。

石鱉魚　狀似鯸鮐而小，上春時出石間，庖人取爲奇味。

鰕鱗幺質，本不登俎。以味見録，雖細猶捕。

[一]"則"，原作"財"，形近而誤，據《益部方物略記》改。

[二]"焉"，原作"馬"，據《益部方物略記》改。

[三]"畜"，原作"蓄"，據《益部方物略記》改。

[四]"可"，原文及《全蜀藝文志》作"工"，據《益部方物略記》改。◎"胯"，原作"誇"，據乾隆本及《益部方物略記》改。

[五]按，此處言狀似鯢，則明言非鯢也。竊以爲宋祁所謂之鯢乃小鯢，而此處之魶乃大鯢。但古籍中不乏以魶爲鯢之别名者，如唐人劉恂《嶺表録異》卷下："《爾雅》云：'鯢似鮎，四足，聲如小兒。'今商州山溪内亦有此魚，謂之魶魚。"

[六]"足"，原脱，據乾隆本及《益部方物略記》補。

[七]"鱓"，原作"鱓"，形近而誤，據《益部方物略記》改。按，鱓指草魚，鱓即黄鱔。

[八]"泳"，原文及《全蜀藝文志》作"沫"，形近而誤，據《益部方物略記》改。

金蟲 出利州山中。蜂體[一]，緑色，光若金，里人取以佐婦釵鐶之飾云。

蟲質甚微，翠體金光。取而橋之[二]，參飾釵梁。

黄庭堅《緑菜贊》[三]

蔡蒙之下，彼江一曲。有茹生之，可以爲蔌。蛙蠙之衣，采采盈掬。吉蠲洗澤[四]，不溷沙礫。芼以辛鹹，宜酒宜餗。在吴則紫，在蜀則緑。其臭味同，遠故不録。誰其發之，班我旨蓄？維女博士，史君炎玉。宋紹興甲戌，知縣徐閎中跋云：山谷老人《緑菜贊》刻石於蘆山縣廟，不記歲祀，典刑儼存。《贊》末有"史君炎玉"之句，讀者多所未喻，蓋指言眉陽望族史氏女名琰者[五]。琰字炎玉，髫丱資穎嗜學，蘋蘩綫纊，一不經意，志業專確，乃博古，善績文[六]。雅安張士儀諱閶少卿出守眉陽，聞其才且賢，納爲家嗣子履諱祺之婦。炎玉之歸子履，性素冲淡，不事鉛飾，服浣濯之衣，日游心於編簡翰墨。平生臨覽之勝，燕笑之適[七]，與子履詩詞酬唱，格調閑雅。久而盈篋，手自叙次，目曰《和鳴集》。善用秃筆，字體莊勁。少卿愛重之，殊不責以中饋之職。厥後，少卿幼子介卿，諱祉，擢進士第，調眉之青神尉。是時，山谷老人謫居涪城，溯流見介卿，誦親親之好。蓋少卿之室，江南黄按察諱廉之女弟，于山谷老人姑輩也。炎玉配子履，實其親表，因騰書致緑菜爲信。山谷珍其品，以《贊》謝之。有云"班我旨蓄，維女博士，史君炎玉"，猶古女校書之褒云。蘆山楊與權諱巽，先生年垂八十，炎玉宅相也，大觀間以行藝爲郡學正。每休沐，以甥禮侍見，相與窮日論文，且評課試近題，淵源端緒，不減謝媪解圍之辯。傳播諸生，咸推仰焉。與權謂其才美秀，嘗見許於文章宗匠，慮歲久湮沉無聞[八]，詳其本末，屬閎中記叙載石。勉從其請。

[一]"蜂體"，按，金蟲即金龜子，又名緑金蟬，詳細介紹可參《通雅》卷四七，但此蟲習見，絶不類蜂也，宋祁所言不確。

[二]"橋"，原作"材"，據乾隆本及《益部方物略記》改。

[三]"庭"，原作"廷"；"菜"，原作"葉"，據《黄庭堅全集·别集》卷三、《全蜀藝文志》卷四四《緑菜贊》改。

[四]"洗"，原作"銑"，據《黄庭堅全集》改。

[五]"琰者"及後"琰字炎玉"之"琰"，原闕，據《全蜀藝文志》卷四四補。按，此跋語出《全蜀藝文志》。

[六]"文"，原作"安"，形近而誤，據《全蜀藝文志》改。

[七]"燕"，原作"談"，據《全蜀藝文志》改。

[八]"歲"，原作"寖"；"湮"，原作"煙"，據《全蜀藝文志》改。

蜀故卷二十

物產二

花[一]

蜀葵，可緝以爲布，枯時燒作灰藏火，火久不滅，花有重臺者[二]。

忠州鳴玉溪邊有花如蓮，葉如桂，當時亦無有識者。白樂天詩云："如折芙蓉栽旱地，似抛芍藥掛高枝。雲埋水隔無人識[三]，惟有南賓太守知。"

簡州北三十里桃花最多，因名小桃源。天水相接[四]，放目無極，爲西州絶景。

宋天聖中，益州獻異花，似桃而四出。上異之，目爲瑞聖花[五]。

慶符縣南石門山，其林薄中多蘭，有春蘭、秋蘭、夏蘭、雪蘭、鳳尾蘭、素蘭、石蘭、竹蘭，一名蘭山[六]。

蜀中有火燒蘭，以火將葉燒去，然後開花，故名。雖幽香，而禿不文矣[七]。

宋景文帥蜀，彭州守朱君綽始取楊氏園花十品以獻公[八]。公在蜀四

[一]"花"，原無，整理者補。

[二] 此條最早見唐段成式《酉陽雜俎》卷一九，《蜀中廣記》卷六一亦載。

[三]"水"，原作"世"，據《白居易集箋校》卷一八改。按，此條出宋葛立方《韻語陽秋》卷一六，文字小異。

[四]"天"，原作"大"，據《明一統志》卷六七"小桃源"及《蜀都碎事》卷四改。

[五]"花"，原作"草"，據《蜀都碎事》卷二改。按，此條所言即上卷之"太平瑞聖花"。

[六] 按，《輿地紀勝》卷一六三《敘州府·景物上》、《方輿勝覽》卷六五《敘州·山川》下"蘭山"條，《明一統志》卷六九《敘州府·山川》、康熙《四川總志》卷三《山川·慶符縣》下"石門山"條皆有相關記載。但關於蘭花之品種記載則各異，此四種書皆不言有所謂雪蘭者，而夏蘭亦只見於《輿地紀勝》。此處與《蜀都碎事》卷四所載同。

[七] 此條出《蜀都碎事》卷四。

[八]"綽"，原作"緯"，據《全芳備祖集》卷二、《古今合璧事類備要》卷二四"取花以獻"條、《山堂肆考》卷一九七"君綽取獻"條及《蜀都碎事》卷四改。

年，每按名往取，彭州送花遂爲故事。此十品中尤愛錦被堆[一]，嘗爲之賦。

蜀中有花名賽蘭香，花小如金粟，特馥烈，戴之髮髻，香聞十步，經月不散。曾少岷爲余言[二]，此花之香冠於萬卉，但名不佳。余按："佛經伊蘭即此花也，西域以之供佛。"

蜀有紅梔子，花六出。子美詩："梔子比衆木，人間誠未多。於身色有用，與道氣傷和[三]。紅取風霜實，青看雨露柯。無情移得汝，貴在映江波。"[四]孟知祥嘗召百官於芳林園賞之[五]。

蜀中花木之美者有海棠焉。其木極堅而多節，其枝柔密而修暢[六]。其葉類杜，大者縹緑色，小者淺紫色。其花五出，初極紅[七]，如胭脂點點然；及開，則漸成結暈；至落，則宿妝淡粉矣[八]。其蒂長寸餘[九]，淡紫色，於葉間或三萼或五萼爲叢而生。其蕊如金粟，蕊中有鬚三，如紫絲。

銅梁縣巴岳山有木蓮，樹高五六丈，葉如楩楠，花如菡萏，出山則不植。周濂溪詩云："枝懸縞帶垂金彈，瓣落蒼苔墜玉杯。"[十]

錢舜舉《折枝牡丹》一卷[十一]，有蜀郡桑門公實悟光題云[十二]："三月江南媚景天，姚黄魏紫鬥争妍。那知十丈將軍樹，却在青城古洞前。"自

[一]"尤"，原作"猶"，據前揭四書改。

[二]"岷"，原作"岷"，據《升庵全集》卷七九"伊蘭花"條改。

[三]"傷"，原作"俱"，誤，據《杜詩詳注》卷一〇改。按，《本草》云梔子性至冷，其花可食，可傷氣，故作"傷"字是。然《全芳備祖集》卷二二、《山堂肆考》卷二〇一等所引則作"俱"。

[四]"映"，原作"峡"，據《杜詩詳注》改。

[五]按，《蜀檮杌校箋》卷四、《益部談資》卷上等皆載此事，云花籽乃青城山所出也。《蜀都碎事》卷二亦有相關記載，彭遵泗或是據之改寫也。

[六]"修"，原作"條"，據《海棠譜》卷上引沈立《海棠記》改。《蜀中廣記》卷六二、《全蜀藝文志》卷五六等亦作"修"。

[七]"紅"，原脱，據《海棠譜》補。

[八]"粉"，原作"妝"，據《海棠譜》改。

[九]"寸餘"，原誤倒，據《海棠譜》乙正。

[十]按，《輿地紀勝》卷一五九《合州·景物下》"瀘崑山"條有相關記載，而從文句來看，與《補續全蜀藝文志》卷五三"木蓮"條所引《銅梁縣志》大致相合。周敦頤詩，《蜀中廣記》卷一八引有全詩，題作《觀巴岳木蓮》，《周濂溪集》與《全宋詩》皆失收。

[十一]"錢舜舉"，即錢選。《圖繪寶鑑》卷五云："錢選，字舜舉，號玉潭，霅川人。宋景定間鄉貢進士。善畫人物、山水、花木、翎毛，師趙昌；青緑山水，師趙千里。尤善作折枝，其得意者自賦詩題之。"

[十二]"公"，原作"么"，形近而誤，據《池北偶談》卷二六"大將軍小將軍"條改。

注云："青城山丈人觀前牡丹二株，一高十丈，名大將軍；一高五丈，名小將軍。"明洪武庚寅春正月[一]。青城山有牡丹樹，高十丈，花甲一周，始作花。永樂中，適當花開，蜀獻王遣使視之，取花以回。

成都有换色芙蓉，開時，顏色日數變易。日初出，作澹紅色；日中狸紅，日晡純白[二]。

嘉定有花，名鵝毛玉鳳[三]。花如剪絨，狀似茉莉，大如碗，香亦類之。

成都灌縣牡丹坪，高樹蔽天。宋范大成詩云："十丈牡丹如錦蓋，人間姚魏敢争先。"[四]

牡丹，在中州洛陽爲第一[五]，在蜀天彭爲第一。天彭三邑皆有花，惟城西涉橋上下花尤超絶，狀元紅之下有胭脂樓者，重臺叠蕚，狀如樓觀。又有鹿胎紅者，花色紅，微帶黄，上有白點如鹿胎[六]，極化工之妙，皆奇品也。故彭門有"小洛陽"之稱，即今所謂"花街子"是也。

蘭山在僰道縣，有春蘭[七]、秋蘭、崇蘭、鳳尾蘭、竹葉石蘭諸名。春蘭花生葉之下，崇蘭花在葉之上。花白，生石稜間，土人呼爲雪蘭。

《宦游紀聞》云[八]："天下菊花，皆向秋日開發[九]。惟蜀、漢中有五月菊花[十]，朵肥艷，迥别常品。"

龍爪花，色殷紅，秋日開林薄間，甚艷。又有蟲，其聲清越，如擊磬然。王阮亭有絶句云："稻熟田家雨又風，枝枝龍爪出林紅。數聲清磬不知處，山子晚啼黄葉中。"《游宦紀聞》載永福古讖云："龍爪花紅，狀元西東。"後石壁松上生龍爪瑞花，其年蕭國梁魁天下，次舉黄定臚傳復第一，距花生處東西各三十五里，想即此花。山中樵夫習見，不知其爲

[一] 按，此句疑有誤，《池北偶談》並無此句。前所引僧公實之詩，據《元明事類抄》卷三三"將軍樹"條，此僧爲元人，其題詩當不會署洪武年號。而此句之後所引則出明人朱國禎《涌幢小品》卷二七，亦無此句。

[二] 此條出王士禛《隴蜀餘聞》。

[三] "花名"，原誤倒，據《隴蜀餘聞》乙正。

[四] 此條見《蜀中廣記》卷六，其言出自《古今記》。范詩題作《書樊子南游西山二記後》，見《范石湖集》卷二八。

[五] "洛陽"，原脱，據《渭南文集》卷四二《天彭牡丹譜》補。

[六] "鹿"，原作"花"，據《渭南文集》改。

[七] "蘭"，原脱，據《明一統志》卷六九及前後文補。

[八] 按，宋人張世南有《游宦紀聞》十卷，載籍或有題作《宦游紀聞》者，但不載此事。未知此處所指是何書，亦暫未見他書有相關記載。

[九] "發"下，原衍"甲"字，於義不通，今删。

[十] "中"，乾隆本作"州"，似皆可。

可貴也[一]。

黄蜀葵，韓偓《賦》有云："蕚緑華未遇楊羲[二]，冠簪駊騀[三]。杜蘭香喜逢張碩，巾帔飄揚[四]。動人妖艷[五]，馥鼻生香。十里鵠雛[六]，浪得名於太液；三秋菊蕊，虚長價於柴桑[七]。送日微困[八]，迎風待翔。蜨翅堪憎，蜂鬚可妒。懊恨張京兆[九]，惟將桂炷沾眉；悵望齊東昏[十]，却把金蓮襯步[十一]。騷人易老，絶色多愁。映葉似擎歌扇，偎蘭若墜妝樓。拔條立處[十二]，林鳥應笑於後栖；攲枕看時，梁燕或聞乎長歎。"[十三]

木

馬湖山出花楠木，有葡萄紋者，有山水人物紋者。天巧奇絶，然不易得[十四]。

黎州德昌衞出沙木板。有陽山者名沈村，陰山者名吴村，陽山者爲上。其皮厚而軟，用以作枕，能避蚤虱。騾一頭可負一塊，有最上者，兩騾方可負一塊。本地價不甚貴，但路險難出耳[十五]。

[一] 此條出王士禛《香祖筆記》卷九，略有改動。

[二] "偓"，原作"渥"；"未"，原作"木"，形近而誤，據《全唐文》卷八二九所載《黄蜀葵賦》改。◎"遇"，原作"見"，與《堅瓠集·補集》卷五"黄蜀葵賦"條所引同，據《全唐文》改。按，蕚緑華爲女仙名，楊羲爲道士，事迹見《真誥》卷一九及《雲笈七籤》卷九七，但蕚緑華並未見楊羲，見楊羲者爲九華安妃。

[三] "駊"，原作"披"，因襲《堅瓠集》之誤也，據《全唐文》改。按，駊騀，高大貌。

[四] "帔"，原作"玻"，形近而誤，據《全唐文》及《堅瓠集》改。按，神女杜蘭香降張碩家之事，見《晉書·曹毗傳》。

[五] "艷"，原作"冶"，與《堅瓠集》同，據《全唐文》改。

[六] "十"，《全唐文》作"千"，誤。按，《晉書·石季龍載紀》云："揚州送黄鵠雛五，頸長一丈，聲聞十餘里，泛之於玄武池。"

[七] 按，此句言菊花因陶淵明而身價高漲。柴桑，陶淵明所居之地。

[八] "送"，與《堅瓠集》同，《全唐文》作"向"。

[九] "張京兆"，指京兆尹張敞。《漢書》本傳云："又爲婦畫眉，長安中傳張京兆眉憮。"

[十] "齊東昏"，指南齊廢帝東昏侯。《南史·齊本紀·廢帝東昏侯》云："又鑿金爲蓮華以帖地，令潘妃行其上，曰：'此步步生蓮華也。'"

[十一] "金蓮"，《全唐文》作"蓮花"。

[十二] "拔"，《全唐文》作"攀"。

[十三] "乎"，《全唐文》作"於"。按，《堅瓠集》乃節抄，中間有省略，文字與《全唐文》多不同，或各有所據也。

[十四] 按，明曹昭《格古要論》卷上"骰柏楠"條有相關記載。

[十五] 此條出《蜀都碎事》卷一。

會川衞產木，火煅不化，土人取以爲燈心。既燼復故，名不灰木。土人取以織布，曰火浣布[一]。

《史記·西南夷傳》云蜀出枸醬[二]。枸音矩，一名蒟[三]，緣木而生，其子如桑椹，熟時正青。長二三寸，以蜜藏而食之辛香[四]，温調五臟，土人以之作醬。

《蜀都賦》云"交讓所植"，注：交讓，木名，兩樹對生，一樹枯則一樹生，如是歲更，終不俱生俱枯也。出岷山，在安都縣[五]。即今楠樹也。

成都國寧觀有古楠四，皆千歲木也。枝擾雲漢，聲挾風雨，入地不知幾百尺。而陰之所庇車且百兩，正晝日不穿漏，夏五六月暑氣不至，凉如九秋。成都固多壽木，而莫與四楠比者。有石刻立廡下[六]，云是仙人蘧君手植。今湮没無迹矣。

西蜀石門山有樹名曰桄榔，皮裏出屑如麪，用作餅，食之與麪相似，因謂之桄榔麪焉[七]。《蜀志》記曰："莎樹出麪，一樹出一石，正白而味似檳榔，出興古。"[八]

《蜀記》曰："扶留，根大如箸，視之似柳根[九]。又有蛤，名古賁[十]，生水中，燒以爲灰，曰牡蠣粉。先以檳榔著口中，又取扶留藤長一寸，古賁灰少許，同嚼之，出胸中惡氣。"《異物志》曰："古賁灰，牡蠣灰也，

[一] 此條或改寫自《補續全蜀藝文志》卷五三"不灰木"，原文云出《建昌志》，且稱"或曰火浣布乃此物織成也"。《蜀都碎事》卷三亦載。《爾雅翼·釋獸六·鼶》下云："西域復有火鼠，在烈火中。人取其毛緝之，號火浣布。"《三國志·魏志·齊王傳》"二月，西域重譯獻火浣布，詔大將軍、太尉臨試，以示百寮"裴松之注文則分别引《異物志》《神異經》等對此物考證甚詳，可參看。

[二]"枸"，原作"蒟"，今據《史記》原文及後文注釋之語而改。

[三]"蒟"，原作"竘"，據《史記》改。

[四]"食"，原作"時"，據《文選·左思<蜀都賦>》"其園則有蒟蒻"句注文改。

[五] 此條出《文選·左思<蜀都賦>》注文。

[六]"有"，原作"右"，據陸游《渭南文集》卷一八《成都犀浦國寧觀古楠記》改。

[七] 此前之語出《述異記》卷下。

[八] 此條後之部分，最早見載於後魏賈思勰《齊民要術》卷一〇之"莎木"條。《太平御覽》卷九六、明董斯張《廣博物志》卷四三等亦載。

[九]"根"，原作"眼"，形近而誤，據《齊民要術》卷一〇改。按，此條所引《蜀記》，《隋書·經籍志二》作《蜀志》，即上之"西蜀石門山"條之《蜀志》。《隋書》稱"東京武平太守常寬撰"。寬，蜀郡江原人，常璩《後賢志序》稱"族祖武平府君"者也。避李特之亂入湘州，又避杜弢之亂入交州。晉元帝嘉其德行，拜武平太守，卒於官。又，其後所引《異物志》之語，亦見《齊民要術》卷一〇。

[十]"名"，原作"文"，據《齊民要術》卷一〇改。

與扶留、檳榔三物合食然後善。扶留藤似木防己[一]，扶留、檳榔所生相去遠，爲物甚異而成，俗曰：檳榔扶留，可以忘憂。”

吴郡臨江半岸崩出一石鼓，槌之無聲[二]。武帝以問張華，華曰：“取蜀中桐材刻爲魚形，扣之則鳴矣。”於是如其言，果聲聞數里[三]。

北方多石炭[四]，南方多木炭。西蜀又有竹炭，燒巨竹爲之，易燃、無烟、耐火，亦奇物。邛州出鐵，烹煉利於竹炭，皆用牛車載以入城，予親見之。

成都府署有木槿一株，治癖最效，所謂川槿，惟此爲最。梅守厭索之者衆，以湯澆之，遂枯[五]。

自劍州以南，進梓潼縣界，古柏千株，皆大數十圍，形狀詭異。有一株，根裂爲二[六]，巨石負之，如贔屭之狀。又有一根而三四幹者，高皆入雲，蜀道奇觀者。是正德中劍州守植[七]。

蜀有木名榿者，其華可愛。王守溪一日問蜀士曰：“榿木，《韻書》音‘楷’，而王荆公則曰音‘欹’，當何從？”士曰當從‘欹’，庶人皆識之[八]，因舉荆公詩，曰：“濯錦江邊木有榿，野園封植佇華滋。地偏幸免桓魋伐，歲晚還同庾信移。”[九]守溪悦服。

萬曆丙申，乾清、坤寧二宫灾[十]。丁酉，皇極、建極、中極三殿灾。采木於蜀，任是役者，先移檄州縣，委丞倅督工徒入山，斬木置大河中，候瀑漲乃出，集於涪州。閱二十三年，費帑百萬，委官、幕役，疲死、杖死、客死、禁於圄、羈於旅、行乞於市，前後相望，卒無一木入選。

[一]“己”，原作“以”，據《齊民要術》改。按，木防己乃中藥名。

[二]“槌”，乾隆本作“搥”，亦可。

[三]此條出劉敬叔《異苑》卷二。《太平御覽》卷五二、《文獻通考·樂考八》、《蜀中廣記》卷六一等亦載。

[四]“炭”，原作“灰”，形近而誤，據《老學庵筆記》卷一改。

[五]此條出王士禎《隴蜀餘聞》。所謂梅守者，指康熙時麻城人梅郎中，據嘉慶《成都縣志》卷六，此人還將成都府署吴道子所畫龜蛇碑鑿去其目。

[六]“二”，原作“三”，形近而誤，據《隴蜀餘聞》改。

[七]據《隴蜀餘聞》，“劍州守”爲“李璧”。同治《劍州志》卷五有此人小傳。

[八]“識”，原作“判”，據乾隆本及《堅瓠集·續集》卷一“榿木”條改。《丹鉛餘録·摘録》卷八亦載此事，文句更詳。

[九]“歲晚”，原誤倒，據《臨川先生文集》卷二八《償薛肇明秀才榿木》乙正。

[十]“萬曆丙申”，即萬曆二十四年（一五九六）。據《續文獻通考·選舉考·貲選》，此灾當在萬曆二十四年三月。

朱燮元赴涪州木廠，同里老之能度材者，用司空所下程式簡料之，五日而得異材若干，次材若干，視部文來數已多一千七百餘章矣，因盡釋諸纍囚七十餘人[一]。

竹

潼州府江心蟠石上生桃竹，可爲杖。《竹譜》云："竹性中皆空，此竹獨實如木。"杜工部詩"江心蟠石生桃竹，蒼波噴浸尺度足。斬根削皮如紫玉"即此[二]。

嘉定另産一種竹，每月生笋，名曰月竹[三]。按，此竹不獨嘉定，處處有之，但不成材耳，惟笋鮮美可食。

馬湖府産大節竹，一曰羅漢竹，可以爲杖。亦不獨馬湖有之[四]。

筇竹杖蜀中無之，乃出徼外蠻洞[五]。蠻人持至瀘、叙間賣之，一枝纔四五錢，以堅潤細瘦、九節而直者爲上品。

予昔使蜀，過重慶，登塗山，其西北曰縉雲山，山上有相思寺。生竹，形如桃釵，名相思竹。寺有迦葉尊者手迹[六]。

杜公《送韋郎司直歸成都》[七]："爲問南溪竹，抽梢合過墻。"[八]

蜀中慈竹，六七月間有新簧，每月生笋，可以供蔬餐[九]，味甚美。

晉惠帝元康二年，巴西郡界竹生花，結實如麥，外皮青，中赤白，

[一] 按，朱燮元之事迹，詳《安雅堂稿》卷一二《特進柱國少師兵部尚書恒岳朱公傳》及《西河集》卷七五《明特進左柱國少師兵部尚書都察院右督御史總督貴湖川雲廣五省軍務兼巡撫貴州朱公傳》。

[二] 此條所言本自《明一統志》卷七一《潼川州·土産》下"桃竹"，杜甫此詩題作《桃竹杖引》，見《杜詩詳注》卷一二。

[三] 按，嘉定州産月竹一説，《蜀中廣記》卷六三引《嘉州志》之文有相同記載，《天中記》卷五三、《補續全蜀藝文志》卷四六等則不言出處，萬曆三十九年《嘉定州志》卷五《物産志·竹之屬》則云"他《志》月竹之説，原無此種"。

[四]"亦"，原作"一"，據乾隆本及嘉靖《馬湖府志》卷四《物産》下改。

[五]"乃出"，原誤倒，據《老學庵筆記》卷三、《蜀都碎事》卷三乙正。

[六]"迦"，原作"伽"，據《居易録》卷一五改。

[七]"司直"，原脱，據《杜詩詳注》卷一二補。

[八]"溪"，原作"鄰"；"合"，原作"今"，據《杜詩詳注》改。

[九]"蔬"，原作"疏"，據文義改。《宋書·臧燾傳》云："雖外戚貴顯而彌自冲約，茅屋蔬餐，不改其舊。"

味甚甘[一]。

對青竹，半青色，半紫色，掩映可觀，出成都[二]。

鳥

昔有人飲於成都謝家，其女窺而悦之，其人聞子規啼，辭去，女恨甚。後聞子規啼，則怔忡若豹鳴也。使侍女以竹杖驅之，曰："豹[三]，女尚敢至此啼乎？"故名子規爲謝豹。

子美《玄都壇歌》[四]："子規夜啼山竹裂，王母晝下雲旗翻。"或以爲瑶池金母，非也。陳彦和言："頃在宣和間掌禽苑，四方所貢珍禽不可殫述。蜀中貢一種鳥，狀如燕，色紺翠，尾甚多而長，飛則尾開裊裊如兩旗[五]，名曰'王母'。"則子美所言乃此鳥[六]。

李德裕《畫桐花鳳扇賦·序》云："成都夾岷江磯岸，多植紫桐。每至暮春，有靈禽五色，小於玄鳥，來集桐花，以飲朝露。及花落，則烟飛雨散，不知所往。有名工繪於素扇，予戲作小賦其上。略曰：續兹鳥於珍箑，動凉風於羅薦。發長袂之清香，掩短歌之孤囀。"劉績《霏雪録》云[七]："即東坡詞所謂緑毛么鳳，俗名倒掛者。"李之儀有《阮郎歸》一詞，自注云："此鳥十二月來，一名收香倒掛，又名探花使。性極馴，好集美人釵上，宴客終席不去，人愛之無所害，尤爲異也。"唐僧隱巒《桐花鳳》詩[八]："五色毛衣比鳳雛，深花叢裏只如無[九]。美人買得偏憐惜，

[一]"甘"，原作"苦"，據劉敬叔《異苑》卷二、《晉書·五行志中》《宋書·五行志三》等改。

[二]按，關於對青竹之描述，可參李衎《竹譜》卷七，黄庭堅《黄庭堅全集·正集》卷一二有《對青竹賦》。

[三]"豹"前，原有"謝"字，據《琅嬛記》卷上、《蜀中廣記》卷五九删。

[四]"都"，原作"郡"，據《墨莊漫録》卷一及《杜詩詳注》卷二《玄都壇歌寄元逸人》改。

[五]"裊裊"，原作"梟梟"，形近而誤，據《墨莊漫録》改。

[六]"乃"，原脱，文義不通，據《墨莊漫録》補。

[七]"績"，原作"續"，因襲《升庵全集》卷八一"桐花鳳畫扇"條之誤也，今據《明史·藝文志三》改。按，《霏雪録》今存，作者或題"鎦績"。

[八]"巒"，原作"蠻"，形近而誤，據《升庵全集》改。

[九]"深花叢裏只如無"，原作"深叢花裏正如無"，《升庵全集》作"深叢花裏只如無"，據《唐僧弘秀集》卷九、《全唐詩》卷八四九所收僧可朋《桐花鳥》詩改。按，據《唐僧弘秀集》等，《升庵全集》題作者爲"隱巒"，或誤。

移向金釵重幾銖。”

《月令》“鵙始鳴”，鵙即博勞也。《左傳》謂之“伯趙”[一]，《樂府》謂之“百勞”[二]，今不識爲何鳥。按《禽經》注云：“伯勞，飛不能翺翔，直刺而已，形似鸜鵒而喙黑。”[三]《易林》曰：“鵙必單栖[四]，鴛必匹飛。此鳥好隻，飛未嘗雙，性亦能搏擊，鷹集於林，則盤旋鳴聒，俟鷹飛，輒擊之，俗呼爲‘鳳凰皂隸’，言百鳥畏之也。”蜀中名爲駕鶖[五]，滇中名鐵鸚哥[六]，又名榨油郎。五更輒鳴不止，至曙乃息。

夔峡間有子母鵲，比常鵲差大，雌雄未嘗稍離。虞者必雙得之，閉雌於籠中，縱雄出食，食飽輒歸，縱雌亦然。若雙縱，則徑去不復返矣[七]。

鸜鵒，不善營巢，取鵲巢居之。蜀謂之“拙鳥”[八]。

山和尚、雨道士，皆鳥名，多産嘉州[九]。

叙州府有能言鳥。一日，夷人買去，鳥曰：“我漢禽不入夷地。”俗呼爲“秦吉了”[十]。

獸

張吾瑾，字鶴洲，四川金堂人，順治乙未進士，官行人。嘗乘一騾[十一]，甚愛之。康熙甲辰，鶴洲以科場事下刑部，饘粥不繼，乃以騾抵逋於人。一日過市，酸嘶悲鳴，墮其新主[十二]，而逸歸張邸。稍近之，輒啼嚙不已。王考功爲賦《義騾行》[十三]。嗚呼！此騾勝華歆、賈充、褚淵六臣之徒多

[一] 按，《左傳·昭公十七年》言：“伯趙氏，司至者也。伯趙，伯勞也。以夏至鳴，冬至止。”
[二] 按，《文苑英華》卷二〇六有《東飛百勞歌》四首。
[三] “鸜”，原作“鸚”，據《丹鉛餘録》卷一改。
[四] “單”，原作“草”，據《丹鉛餘録》改。
[五] “駕”，原作“駕”，據《丹鉛餘録》改。
[六] “鸚哥”，原作“鸜歌”，據《丹鉛餘録》改。
[七] 此條出《墨客揮犀》卷二。
[八] 此條見《禽經》。
[九] 此條見《蜀都雜抄》。
[十] 《邵氏聞見録》卷一七所載較此更詳。
[十一] “騾”，原作“羸”，據《池北偶然》卷二〇改。
[十二] “墮”，原作“隨”，據《池北偶談》改。◎“主”，原作“生”，據乾隆本及《池北偶談》改。
[十三] “王考功”，據《池北偶談》，此人即王士禎之兄王士祜。

矣[一]。

劍州永歸、葭萌、劍門、益昌界嘉陵江側，有婦人，年五十已來。自稱十八姨，往往來民家，不飲不食。每教諭人："但作好事，莫違負神理[二]，居家和順，孝行爲上。若爲惡事者，我常令猫兒三五個，巡檢汝來。"語畢，遂去，或奄忽不見。每歲約三五度，有人遇之。民間知其是虎所化也，皆敬而懼之。

吉陽治在涪州南，泝黔江三十里，得之。有像設古碑猶存，物業甚多，人莫敢犯。涪州裨將藺庭雍妹因過化中[三]，盗取常住物，因即迷路，數日之内，身變爲虎，其前足之上銀纏、金釧宛然猶存。每見鄉人，隔樹與語云："我盗化中之物，變身如此，求見其母。"托人爲言之，母畏之不敢往。虎往來郭外，經年即去。

宋乾德以前，劍、利州間虎豹尤甚[四]。白衛嶺、石筒溪虎名披鬃子，地號税人場。綿、漢間白楊林虎名裂號子，嘉州牛頭山有子母虎，陵州鐵爐山有青豹子，彭、蜀近山鎮縣暴獸成群，居民行旅共苦之。

蜀山中有大牛重數千斤，名爲犪牛。晉太興元年，此牛出上庸，郡人弩射殺，得肉三十八擔，即《爾雅》所謂犩也[五]。

寧番衛産雪裏眠，蓋狐貉之類也，其皮可以禦寒[六]。

竹鼲，大如猫，灰黑色，善食竹根。烹食，味殊。其皮亦可製衣褥[七]。

成都出小駟，以其便於山行。號爲蜀馬，即果下騮也[八]。

[一] 按，華歆，《三國志·魏志》有傳；賈充，《晉書》有傳；褚淵，《南齊書》有傳，三人皆事二朝者。

[二]"違負神理"，底本作"爲負理"，乾隆本作"違負理"，據《録異記》卷五"十八姨虎"條改。

[三]"庭"，原作"廷"，據《録異記》卷五"藺庭雍妹盗物化爲虎"條改。

[四]"利"，原脱，據《茅亭客話》卷一"虎豹屏迹"條補。《蜀都碎事》卷二亦有記載，從文字上看，當是據《蜀都碎事》抄録也。

[五]"犩"，原作"夔"，誤，今據《山海經·中山經第五》"岷山"條郭璞注文及《爾雅·釋畜·牛屬》改。

[六] 此條本自《補續全蜀藝文志》卷五三"寧番異獸"，原文云出《建昌志》。

[七] 此條所言之竹鼲，鄭樵《通志·昆蟲草木略·獸類》云："鼠之屬多。《爾雅》曰鼢鼠，音憤，地中行者，食竹根。今人謂之竹鼲，伯勞所化。《廣雅》謂之鼹鼠。"《益部談資》卷下亦有相關記載，雍正《四川通志》卷三八之六《物産》謂雅安縣出此物，東坡有《竹鼲》詩，言"野人獻竹鼲，腰腹大如盎"，蓋民間以爲美味也。

[八] 此條改寫自唐李匡乂《資暇集》卷中之"蜀馬"。

巴賨出小駟，其最駃駿者名夾山馬[一]。

松藩出六角羊，土人云：羊與鹿交，故多角[二]。

物

宋淳化中，羅江縣貢桃花犬。常循於御榻前，太宗不豫，犬亦不食。及升遐，號呼涕泣以致疲瘠，見者隕涕。參政李至作《桃花犬歌》以寄錢若水[三]，末句云："白麟赤雁且無書，願君書此儆浮俗。"

正德辛巳，有夫婦以弄猴爲衣食者十年矣，寓於嘉州之白塔山。主者死，葬於塔之左，猴日夜哀號。其婦更招一乞者爲夫，猴舉手揶揄之。婦弄猴使作伎，猴伏地不起[四]，鞭之輒奮叫。入夜，走主者之墓，跪土悲號，七日而死。

桓温入蜀，至三峽中，部伍有得猿子者，其母緣岸哀號，行百餘里不去。遂跳入船上，至便即絶。破視其腹中，腸皆寸斷[五]。

義鼠形如鼠，短尾，每行遞相咬尾[六]。三五爲群，驚之則散。俗云見者當有吉兆，成都有之。

劍南人之采猓獗者，獲一猓獗，數十猓獗可盡得。以猓獗性仁，不忍傷類，見被獲者，聚族而啼，雖殺之終不去。噫！此乃獸之狀、人之心也[七]。

蜀有墨猿，通體黝黑，常於樹上騰跳，足不履地，獵者不能獲。又有謳猿，其聲如謳[八]。

蜀中西南高山之上有物，與猴相類，長七尺，能作人行，善走逐人，

[一] 此條出《隴蜀餘聞》。

[二] 此條見《湧幢小品》卷三一及《棗林雜俎·中集》。

[三] "至"，原作"臯"，據《補續全蜀藝文志》卷五三"桃花犬"條等改。◎"錢若水"，原作"李若水"，承《補續全蜀藝文志》而誤也，據《方輿勝覽》卷五四《綿州·古迹》"桃花犬"條、《詩話總龜》卷一等改。《蜀中廣記》卷五九亦有相關考證，較此更詳。

[四] "伏"，原作"仗"，形近而誤，據萬曆《嘉定州志》卷五《雜收志》改。按，此條乃據《嘉定州志》改寫而來也，《補續全蜀藝文志》卷五二與《嘉定州志》所載全同。

[五] 此條出《世説新語·黜免》。

[六] "咬"，原作"蚪"，據《異苑》卷三改。

[七] 此條出《唐國史補》卷下。《太平廣記》卷四四六亦轉録之。

[八] 此條出《居易録》卷一〇。

名曰猳國，一名馬化，或曰玃猿[一]。伺道行婦女有美者[二]，輒盜取將去，人不得知。若有行人經過其旁，皆以長繩相引，以故不免。此物能别男女氣臭，故取女，男不取也。若取人女，則爲家室，其無子者，終身不得還。十年之後，形皆類之。意亦迷惑，不復思歸。若有子者，輒抱送還其家，産子皆如人形。有不養者，其母輒死。故惧怕之，無敢不養。及長，與人不異，皆以楊爲姓，故今蜀中西南夷多姓楊，率是猳國、馬化之子孫也。

角端，産瓦屋山，不傷人，惟食虎豹。山僧恒養之，以資衛護。按《中華古今注》："渠搜國獻鼩犬[三]，能飛食虎豹。"

貔貅産峨眉，自木皮殿以上[四]，林木間有之。形類犬，黄質白章，龐贅遲鈍[五]，見人不驚，群犬常侮之。其聲似念陀佛[六]，非猛獸也。按《毛詩》陸疏云："貔似虎，或似熊。一名執夷，一名白狐。"遼東人謂之白羆，與此差異。

蜀有小犬類蟹班，名曰韃犬[七]，虎豹皆畏之。每遇醉人，輒終夜坐護周圍，施溺以衛之，虎聞溺，遠避不敢近。溺一濺毛，肉爛矣[八]。

峨眉山虎狼皆近人烟[九]，深山轉絶，故往游者不畏幽邃。

龍　類

癸酉年，犀浦界田中有小龍一，皆青色，剖爲兩片，旬日臭敗，尋亦失去[十]。

摩訶池，大廳西面，亦有龍井。甚靈，人不可犯。

[一]"曰"，原作"人"，據《新輯搜神記》卷一七"猳國"條改。

[二]"伺"，原作"同"，形近而誤，據《新輯搜神記》改。

[三]"鼩"，原文乃一譌字，䶂，字書不載；《中華古今注》卷下亦誤，作䶂，今據《隴蜀餘聞》改。按，據王念孫《讀書雜志》之《逸周書第三》考證，此字實當作"鼩"。

[四]"皮"，原作"坪"，據《隴蜀餘聞》改。按，木皮殿爲峨眉山上地名，無"木坪殿"也。又，《譯峨籟·方物紀》亦載"貔貅"。

[五]"龐"，原作"瀧"，形近而誤，據《隴蜀餘聞》改。

[六]"似"，原作"是"，據乾隆本及《隴蜀餘聞》改。

[七]"犬"，乾隆本作"狗"。

[八]此條出《虎薈》卷三。

[九]"狼"，原作"狠"，形近而誤，據《耳談類增》卷二四"峨眉夷山"條改。

[十]此條及下之"摩訶池""成都書臺坊""蜀庚午歲""柳子華""民有於蜀江之上""蜀丁卯年""乾德元年""武城三年"等九條，皆出《録異記》卷五。

成都書臺坊武侯宅南乘烟觀内古井中，有魚長六七寸，往往游於井上，水必騰涌，相傳井有龍。

蜀庚午歲，金州刺史王宗朗奏：洵陽縣洵水畔，有青烟廟[一]。數日，廟上烟雲昏晦，晝夜奏樂。忽一旦，水波騰躍，有群龍出於水上，行入漢江，大者數丈，小者丈餘，或黄、或黑、或赤、或白、或青，有如驢馬牛羊之形。大小五十，壘壘相次，行入漢江[二]，却回廟所，往復數里，或隱或見，三日乃止。

柳子華，唐朝爲成都令。一旦，方午，有車騎犢車，前後女騎導從[三]，徑入廳事[四]。使一介告柳云："龍女且來矣。"俄而下車，左右扶衛升階，與子華相見，云："宿命與君子爲匹偶。"因止，命酒樂，極歡而去。自是往復爲常，遠近咸知之。子華罷秩，不知所之。俗云：入龍宫，得水仙矣。柳孫君慶，乾符中爲節度押衙、青城鎮遏使，頗好善，常以藥石救貧民之疾[五]，每自躬親撫視健卒，民庶孳孳焉。勤恪奉公，推誠及物，爲時人所重。有一珠，大如毬子[六]，云是其祖所留，數世傳寶矣。照物形狀，毛髮形色，一一備足，但皆倒立耳。是時，晉源賊帥韓珠攻陷青城及諸草市。柳爲都鎮，領所部將士救陶壩鎮[七]，爲賊所圍。健卒三十輩與柳戰數百人，兵力不均。將陷敵，猶有步卒十餘人擁柳突圍，不果，爲賊所害。遠近知者，莫不痛惜。

介　虫

民有於蜀江之上獲巨鱉者，大於常，長尺餘[八]，其群朱色。鍋中煮之，經宿游戲自若。又加火一日，水涸而鱉不死。舉家驚惧，以爲龍類

[一]"州"，原作"川"，形近而誤，據《録異記》改。◎"朗"，原文誤作"郎"，據《録異記》改。◎"有"，原脱，據《録異記》補，文義更暢。

[二]"漢江"，原誤倒，據《録異記》及前文"漢江"改。

[三]"從"，原脱，據《録異記》補。

[四]"入"，原作"一"，據乾隆本及《録異記》改。

[五]"石"，原作"市"，據《録異記》改。

[六]"毬"，原作"珠"，據《録異記》改。

[七]"壩"，《録異記》作"垻"。按，"壩"可寫作"垻"，與"埧"形近易混，故《蜀故》寫作"壩"字，而嘉慶《四川通志》卷一一七及光緒《增修灌縣志》卷一〇等也寫作"壩"矣。

[八]"長"，原脱，據《録異記》補。

也。乃投於江中，浮泛而去，不復見矣。

蜀丁卯年，會昌廟城壕岸側穴中，龜生四龜，各二三寸，上有金書“王”字、“大吉”字。

乾德元年己卯七月十五日庚辰[一]，降誕廣聖節，堋口鎮將王彦徽於羅真人宫内得白龜以獻[二]。

武成三年庚午六月五日癸亥[三]，廣漢太守孟彦暉奏西湖有金龜，徑寸，游於荷葉之上，畫圖以聞。

元嘉初，益州刺史遣三人入山伐樵。路迷，見一龜大如車輪，四足各攝一小龜而行，又有百餘黄龜從其後。三人叩頭，請示出路，龜乃伸頭，若有意焉。因共隨逐，即得出路。一人無故取小龜[四]，割以爲曤食之，須臾暴死，惟不噉者無恙。

富順神龜山下有湖，常見大龜出，小龜從之，不可勝數。山背有讀易洞，里人李晛讀《易》於其中[五]。

嘉定凌雲寺出白蠏，亦出祝融峰泉中[六]。

太平縣山谷間有蛇，無目，長尺餘，身短而肥，尾有針。吐絲草上，人物觸之即逸出相嚙，被嚙者負痛立斃。或有持竹杖先擊草而行，觸絲，亦出嚙其杖，人即棄杖，便得無恙。倘棄之稍遲，毒即從杖入手，腕指隨腫。山下居民亦有善治此毒者，但不暇覓耳。行人苟中其毒，即於未腫處用繩紮緊，隨以刀自劙其皮肉，出黑血，去腐肉，或間有得生者。蜀呼曰老蛇，或云即虺[七]。

宋夏應辰爲潭州書局時，有温江縣申本處蛇一條，長百餘丈，神光照三百餘步，口吐香，薫灼二十餘里，殺啖人畜無數。差甲士二千人收

[一]“德”，原作“年”，據《録異記》改。按，此“乾德元年”爲前蜀後主王衍之年號，即公元九一九年。

[二]“王彦徽”前，原衍“五”字，據《録異記》删。

[三]“成”，原作“城”，據《録異記》改。

[四]“無”，原脱，據《異苑》卷三補。

[五] 此條出《蜀中廣記》卷一五。

[六] 按，《補續全蜀藝文志》卷五三“白蟹”條引《二山志》云“嘉州凌雲寺，白蟹間出祝融峰泉中”，當即彭氏所本也，然文義有所不同。又，《蜀都碎事》卷三亦有載。

[七] 此條或出《蜀都碎事》卷一。

捕，爲其掉尾卷去五百人。命天師法力治之，方戮死，骨如山[一]。

乾符中，神仙騆有巨蛇，黑色，高三十餘丈。諸小蛇如椽如柱，如十石五石甕者數百頭，隨之自東向西，群隊行旅。自辰時以前見之，至酉時方盡，不知其長幾里也。將盡，有一小兒執紅旗立於蛇尾之上，跳躍鼓舞而過。是歲，山南節度使楊守亮敗[二]。

劍、利門有蛇[三]，長三尺，其大如甕，小者亦如柱焉。兔頭蛇身，項下白色，欲害人也。出自山上，輪轉而下，以噬行旅，必穴其腋而飲血焉。其名曰坂鼻，每於穴中藏，微露其鼻而鳴，聲若牛响，聞數里，地爲之震業焉[四]。民有冬燒田者，或燒殺之，但多脂耳。

郫縣有民，於南郭渠邊得一小蛇，長尺餘，刳剔五臟，盤而串置烟火之上焙之。數日，民家孩子數歲，忽遍身腫赤，皮膚炮破，呻吟痛楚異常。因自語曰："汝家無故殺我，刳剔腸膚，置於火上，且令汝兒知此痛苦。"民家聞之驚異，輒取蛇拔去劖竹，以水灑之，焚香祈謝，送於舊所。良久，蜿蜒而去，兒亦尋愈。

團蛇出仁懷山谷中，形類牛糞，傷人立死[五]。

黃連蛇亦食黃連[六]，五色相間，長不逾尺。土人采而臘，云頗有用處。

有人游瞿塘峽，時冬月，草木枯落，野火燎其峰巒，連山跨谷，紅焰燭天。忽聞巖崖間輷然有聲[七]，駐足伺之，見一物圓如大囷，墮於平地，近視之，乃一蛇也。遂剖而驗之，蛇吞一鹿在於腹内，野火燒燃，墮於山下。所謂巴蛇吞象，信乎有之。

[一] 按，此條見明徐應秋《玉芝堂談薈》卷三五，光緒《湖南通志》末卷之卷一〇所載與之同，其題出《古今集記》。又，《補續全蜀藝文志》卷五三"異蛇"條所載與此相合，但文字差異較大，不提夏應辰，而云在宋度宗時，出處爲《温江縣志》。《蜀都碎事》卷二載此條，或爲彭氏所本。陳氏《蜀都碎事》云出《益部談資》，據考，該書實不載此事，顯係誤記。

[二] "南"，原脱，據《録異記》卷五補。按，此條及下之"劍利門有蛇""郫縣有民"條，皆出《録異記》卷五。

[三] "門"，與《録異記》同，疑當作"間"。

[四] "業"，原作"業"，據《録異記》改。按，"震業"即震響也，《文苑英華》卷一二二《濟河焚舟賦》云："天爲我赫怒焉，地爲我震業焉。"

[五] 此條出《蜀都碎事》卷三。

[六] 二"連"字，原皆作"蓮"，據《隴蜀餘聞》改。按，此處説該蛇"五色相間"，與《隴蜀餘聞》所言"遍體作金黄色"不同，不知彭氏所據爲何。

[七] "輷"，原作"鞫"，形近而誤，據《堅瓠集·餘集》卷三"蛇吞鹿"條改。

蜀故卷二十一

神異一[一]

神　祠[二]

漢扶嘉生一女，幽居。一日，游於溪畔，恍惚有孕，年餘産一物，無手足眼目形象。嘉怒，劈爲九段，投之溪中，化爲九龍。嘉異之，示雲安人不得於溪中取魚。嘉臨終有記云："三牛對馬嶺，不出貴人出鹽井。"没後，其女示人以井脉處所，掘開遂得鹽井。時民共立嘉爲井王，至今爲雲安井神，封爲昭利廣濟王。又封九龍爲龍王，今爲九井之神[三]。

廣明二年，僖宗幸蜀，神有陰兵助順，見形於桔柏津。帝幸其廟，解劍贈神，封濟順王，廟在劍州[四]。

唐明皇幸蜀，過白衛嶺，見玄元皇帝騎白衛而下，示取禄山之兆，遂封神曰白衛公。嶺在昭化縣[五]。

唐明皇至劍門[六]，山神見形迎駕，稱姓李氏。後陟武擔東臺，遠望祥雲紫氣盤結空界，問左右曰："此何處？"對曰："石城。"乃悟山神息

[一]"一"，原無，據後二卷亦題"神異"而加"一、二、三"以别之，後文不再説明。

[二] 此小標題，原無，今據正文皆叙神祠之事而補。若不補，則上一級標題與後文之次級標題皆有"神異"，綱目混亂矣。

[三] 此條出《蜀中廣記》卷七九，曹氏云出《雲安軍圖經》，不知轉引自何處，《太平寰宇記》《輿地紀勝》《方輿勝覽》《寰宇通志》《明一統志》、嘉靖《四川總志》、萬曆《四川總志》、嘉靖《雲陽縣志》不載所謂扶嘉女之神迹，但均在"人物"門爲扶嘉列小傳，取《雜記》之文，言扶嘉母感龍而孕，乃生扶嘉。故曹氏所題出處亦可疑也。又，《蜀都碎事》卷二亦載。

[四] 此條出《全蜀藝文志》卷一一，《蜀都碎事》卷三亦載。

[五] 此條或據《蜀中廣記》卷二四所載改寫，《蜀都碎事》卷三亦載。

[六]"皇"，原作"王"，據乾隆本及《宋高僧傳》卷一九、《蜀中廣記》卷八、《蜀都碎事》卷二等改。

衛之意，改雲頂爲慈雲焉[一]。

岷山神，馬首龍身，祠用雄鷄，瘞用黍，則風雨可致[二]。

夏后啓之臣曰血涂[三]，是司神於巴。巴人訟血涂之所，衣有血者執之。

神有金花娘子，俗傳姜維之妹，歿而爲神。雅州諸處居民奉之甚虔，廟食無替，伯約弗若之矣[四]。

二郎神，李冰之子也，蜀中祀之，謂之川主。按《名宦志》[五]，上古禹治洪水，西南經界未盡。迨秦昭王時，蜀刺史李冰行至湔山，見水爲民患，乃作三石人以鎮江水，五石牛以壓海眼，十石犀以壓海怪，遣子二郎董治其事，因地勢而利導之。先鑿離堆山以避沫水之害，三十六江以次而沛其流，由是西南數十州縣，高者可種，低者可耕，沃野千里，號爲陸海。一日循視水道，至廣漢郡，游石亭江而上，故有馬沿河之名。至後城山遇羽衣，徐謂李公曰："公之德澤入民深矣，公之名注天府久矣，上帝有命來迎。"遂升天而去。今祠嶺之西即後城。事聞當宁[六]，敕封昭應公。至漢時，加封大安王，以其大安蜀民也[七]。元至順元年，更封聖德廣裕英惠王[八]，其子二郎神封爲英烈昭惠靈顯仁祐王。而平武縣玉虚觀有宋御製封二郎神碑，今見存可考[九]。

廣濟王廟，即冰祠也。僞蜀封大安王，又封應聖靈威王。宋開寶五

[一] 此條見《蜀都碎事》卷二，云出自《西幸略》。按，《天寶西幸略》乃唐人鄭處誨撰，一卷，《宋史·藝文志二》著録，今已佚。然相關内容見《宋高僧傳》卷一九"唐簡州慈雲寺待駕傳"，文字略異。

[二] 此條見於《輿地紀勝》卷一四九《茂州·古迹》下"江瀆神"條注文，《方輿勝覽》卷五五《茂州·祠廟》下同條所載亦與之合，但均與《山海經》卷五《中次九經》所載文字略異。《蜀都碎事》卷二亦載。

[三]"血涂"，武英殿本《水經注·江水》、《蜀中廣記》卷二二引《山海經》等作"血涂"，然今本《山海經·海内南經》及《竹書紀年》卷上所載作"孟涂"，二者互歧，難考孰是。

[四] 此條見《蜀都碎事》卷一。

[五]"《名宦志》"，當即嘉靖《四川總志》卷四《成都府·名宦》，其爲李冰列傳云："李冰，蜀郡太守，行部至湔山，見水爲民患，乃使其子二郎作三石人以鎮江水，五石犀以壓水怪，鑿離堆山以避沫水之害，穿三十六江灌溉川西南十數州縣稻田。自禹治水之後，冰能因其舊迹而疏廣之，國號天府，野稱陸海，冰之功偉矣。"

[六]"當宁"，原脱，據《蜀都碎事》卷一補。按，"當宁"本指宫室門内屏外之地，乃君主接見諸侯朝拜之所。詳《禮記·曲禮下》："天子當宁而立，諸公東面，諸侯西面，曰朝。"

[七] 按，此處言漢時加封大安王之號，顯誤。據《文獻通考·郊社考二十三·廣濟王廟》及《事物紀原》卷七"廣濟王"條等，加封大安王在王蜀時，孟昶改稱爲應聖靈感王。

[八]"廣"，原作"寬"，今據《元史·文宗紀三》改。原文云："永平路以去年八月雹災告。加封秦蜀郡太守李冰爲聖德廣裕英惠王，其子二郎神爲英烈昭惠靈顯仁祐王。"

[九] 此條或出《蜀都碎事》卷一，陳氏未言出處。

年詔修廟，七年改號廣濟王，歲一祀[一]。雍正五年，敕封李冰敷澤興濟通祐王，子二郎神封承績廣惠英顯王[二]。

英顯王廟在劍州，即梓潼神張亞子，仕晉戰没，人爲立廟。唐玄宗西狩，追命左丞。僖宗入蜀，封濟順王。咸平中，王均爲亂，官軍進討，忽有人登梯衝指賊大呼，曰："梓潼神遣我來，九月二十日城陷，爾輩悉當夷滅。"射之，倏不見。及期，果克城。招討使雷有終以聞，詔改王號，修飾祠宇，仍令少府造衣冠、法物、祭器。

靈濟公廟在梓州射洪縣白崖山下。唐中書舍人陸弼貶涪州刺史，卒，葬山側，土人立廟，水旱禱之必應。僞蜀封洪濟王。大中祥符六年，詔封公號[三]。

神宗元豐三年，詔加號蜀州青城山丈人觀九天丈人爲儲福定命真君[四]。

佛像

漢州開元寺有菩薩像，自頂及焰光、坐趺[五]，都是一段青石，潔膩可愛，雕琢極工，高數尺。會昌毁寺時，佛像多遭摧折刓缺，惟此不傷絲毫。及再立寺，僧振古寶而置放西廊。先是，匠人得此石，異之，虔心鎸刻，殆忘飱寢。有美女常器食給之，其人運思在像，都無邪思。久之，怠而妄心生，女乃不至。飢渴既逼，兼毒厲匝體，遂悟是天女。因焚香叩首，悔謝切至。女復來，其病立瘥，而像即成。亦嘗有記録，因毁寺失其傳焉。

神異

興國七年，嘉州通判王衮奏：往峨眉山提點白水寺，忽見光相寺西

[一] 此前之語出《文獻通考·郊社考二十三》。
[二] 此事見《清朝文獻通考·群祀考下》及雍正《四川通志》卷五之下。
[三] 此條見《文獻通考·郊社考二十三》及《事物紀原》卷七。
[四] 此條見《文獻通考·郊社考二十三》。
[五] "及"，原作"兩"；"趺"，原作"跌"，據《因話録》卷六及《蜀都碎事》卷四改。

南瓦屋山上皆變金色，有丈六金身。次日有羅漢二尊，空中行坐，入紫色雲中[一]。

三峽中石壁千萬，飛鳥懸猿不可及之處，有洞穴累棺槨，或大或小，歷歷可數，峽中謂之仙人棺。按《隋唐嘉話》[二]，將軍王果於峽口崖側見一棺將墜，遷之平處，得銘曰：“後三百年水漂我，欲墜不墜逢王果。”亦異哉。

五丁力士遺劍於梓潼縣之龍潭巖，時發寶光[三]。

玄宗幸蜀，至利州桔柏渡，有一白魚來御舟而過[四]。

蜀朝庚午夏，大雨，岷江泛漲，將壞京江。灌口堰上夜聞呼噪之聲，若有千百人列炬無數，大風暴雨而火影不滅[五]。及明，大堰移數百丈，水入新津江[六]，李冰祠中所立旗幟皆濕。導江令黄璟及鎮静軍同奏其事。是時，新津、嘉、眉水害猶多，而京江不加溢焉。

鄭君雄爲遂州刺史，一日晚，忽見兵士旗隊若數千人，在水東壩内屯駐，旗幟帟幕，人物喧闐，與軍行無異，不敢探報，莫知其由。但是州内警備突來而已，未曉，差人密探之，大軍已行，只三五人在後。探者問之，答曰：“江瀆神也。數年川府不安[七]，移在峽内。今遠近安矣，却歸川中。”差人視之，有下營及火幕踪迹，一一可驗。

遂州東岸唐村，云古有一人，寬衣大袖，著古冠幘，立道左，與村人語曰：“我鍾離大王也。舊有廟在下流十餘里，因水摧壞，今形像溯流而上，即將至矣，汝可於此爲我立廟。”村人詣江視之[八]，得一木人，長數尺，遂於所見處立廟，號唐村神。至今水旱禱祈，無不徵驗。或云，

[一] 此條出《湘山野録》卷上，《蜀都碎事》卷三亦載。

[二] “嘉”，原作“佳”，據《蜀都碎事》卷三、《邵氏聞見後録》卷三〇等改。此事見《隋唐嘉話》卷下。

[三] 此條見《蜀都碎事》卷四，云出自《蜀小志》。關於《蜀小志》，明孫能傳等所編《内閣藏書目録》卷六《志乘部・四川》著録《觀教録》一册，云：“萬曆間，郭莊按蜀時編，即《蜀小志》也。”此書已佚。

[四] 按，此事載《獨異志》卷中，亦見《蜀都碎事》卷四。此書云一白魚，而《舊唐書・玄宗本紀下》云：“（天寶十五載）七月癸丑朔。壬戌，次益昌縣，渡吉柏江。有雙魚夾舟而躍，議者以爲龍。”當係傳聞不同所致也。

[五] “而”，原作“如”，據《録異記》卷四“李冰移堰”條改。

[六] “入”，原作“如”，據乾隆本及《録異記》改。

[七] “川”，原作“州”，據《録異記》卷四“鄭君雄見江瀆神”條改。

[八] “之”，原脱，據《録異記》卷四“鍾離大王”條補，文義更暢。

始見似道流。

廣安州北十里井中有一石龜，傳冬夏能自轉其首，所向之方歲必豐稔[一]。

成都朱善存家，世寶一劍，每生神芝則天下清晏。如安、史、黄巢之亂，劍皆吐黑烟，屬天下[二]，不差毫釐。

康熙中，夔州參將路棋觀魚復八陣圖，笑曰："此石磧耳，有何靈異？"遂練兵於中。甫放炮操演，陰雲四合，白波茫茫，儼有千萬兵戈之聲，擁簇而來，卒盡昏倒。路急焚香，禱祝請罪。俄而天清日朗，依然在石磧中，其神異如此[三]。

近有盜發蜀先主墓，穿穴，盜數人，齊見兩人張燈對棋，侍衛十餘。盜驚懼拜謝，一人顧曰："爾飲乎？"乃各飲以一杯，兼乞與玉帶數條，命速出。盜至外，口已漆矣，帶乃巨蛇也。視其穴，已如舊矣[四]。

成都至真觀道士黎元興，龍朔年中於學射山欲創造觀宇。夜夢神人引升高山大殿之中，謁見中央黄老君。身長數丈，髭鬚皎白，戴金鳳冠，著雲霞衣，侍衛十餘人。顧謂元興曰："吾近有材木，可以構此觀，無煩憂也。"如此再夢。數日，有人於萬歲池中乘舟取魚，或見水色清澈，池底大木極多，以告元興。元興令人取之，得烏楊木千餘段，至有長百尺者，以用起觀。作黄老君殿，依夢中塑之。又制三尊殿[五]，講堂齋壇，房廊門宇，木皆足用。

永平四年甲戌，利州刺史王承賞奏：深渡西入山二十里道長山[六]，楊謨洞在峭壁之中[七]，上下懸險，人所不到。洞中原有神仙，或三人，或五人，服飾黄紫，往往出見。是時，所見人數稍多，詔道門威儀凝真大師默鑒先生任可言、内大德施昭訓，齎青詞、御香[八]，與内使楊知淑同往醮謝。又復出見如初。詔改景谷縣爲金仙縣，道長山爲玄都山，楊

[一] 此事見《明一統志》卷六八《順慶府・古迹》下"石龜"條，《蜀都碎事》卷四亦載之。

[二] "下"，原脱，據《雲仙雜記》卷七補。《錦繡萬花谷・續集》卷三〇、《蜀都碎事》卷四亦載，云出《玉塵集》，不知作者，非清人洪亮吉之同名著作也。

[三] 此條不知彭遵泗引自何處，嘉慶《四川通志》卷二〇二所載與此相合。

[四] 此條出《酉陽雜俎》卷一三。

[五] "尊"，原作"號"，據《録異記》卷一"黄老君賜木助黎元興建觀"條改。

[六] "長"，原作"場"，據《録異記》卷一"楊謨洞神仙出現"條及後文改。

[七] "楊謨洞"，原作"羊模"，據《録異記》及後文改。

[八] "詞"，原作"祠"，形近而誤，據《録異記》改。

諆洞爲紫霞洞。仍封玄都山主者爲玉清公，置紫霞觀，以旌其事。縣令李鏞，賜緋魚袋正授。

嘉州夾江令檢校工部尚書朱播，常居官得疾，四肢不能運用，舉體沉重，每轉側皆須人扶舁[一]，以爲風發，藥餌攻之未效。忽眼痛且腫，晝夜煩楚。又數日，俄而渴作，嗜水及湯飲，不知石斗之量[二]。又數日，心狂憒憒[三]，若有所睹。奈其沉頓不能運動，不然，亦將披髮裸走矣。旬日之中，四疾相屬，風露之危，期在旦夕矣。既晝夜不寢[四]，疲倦之極，忽如睡不睡，見七仙人列坐在前，纔長五六寸，衣帔冠服，眉目髭髮歷歷分明。五人相倚而坐，二人兩畔横坐。播心自思之："正坐即可，横坐如何？"忽聞側畔空中有人應曰："既爲仙人，無所不可，何怪横坐？"聞訖，亦不見所語之人。七仙人亦復不見，自此常覺有人爲握搦手足，捫拍背膊[五]，所疾漸損。其日所嗜冷水湯飲，漸減一半，如是三五日，便能主持公事，衹對賓客，所疾全愈。因畫北斗七星真人供養焉[六]。

韋昉夜泊涪陵江，忽遇龍女，遣騎迎入宫。後昉登第，知簡州，龍女復遣書邀至，敕昉充北海水仙[七]。

祥符中，蜀有二舉人同硯席。既得舉，貧甚，干索傍郡以辦行。將迫歲，始離鄉里。懼引保後時，窮日夜以行。至劍門張亞子廟，號英顯王，其靈響震三川，過者必禱焉。二子過廟已昏晚[八]，大風雪苦寒，不可夜行，遂禱於神，各占其得失，且祈夢爲信，草就廟廡下席地而寢。入夜，風雪轉甚，忽見廟中燈燭如晝，肴俎甚盛，人物紛然往來。俄傳導自遠而至，聲振四山，皆岳瀆貴神也。既就席，賓主勸酬如世人。二子大懼，已無可奈何，潛起伏暗處觀焉。酒行，忽一神曰："帝命吾儕作

[一]"舁"，原作"昇"，形近而誤，據《録異記》卷三"七仙人爲夾江令朱播療疾"條改。

[二]"不知"，原脱，據《録異記》補。

[三]"憒憒"，《録異記》作"憤憤"，形相近，義皆通。按，《莊子·大宗師》："彼又惡能憒憒然爲世俗之禮，以觀衆人之耳目哉！"成玄英疏曰："憒憒，猶煩亂也。"又，《新唐書·杜中立傳》："中立數求自試，憒憒不樂。"或以"憒憒"爲佳。

[四]"寢"，乾隆本作"寐"，與《録異記》同，亦可。

[五]"捫"，原脱，據《録異記》補。

[六]"畫"，原作"盡"，形近而誤，據乾隆本及《録異記》改。

[七]此條見《明一統志》卷六九，《蜀中廣記》卷七五亦載，云本自景焕《閑話》。按，景焕爲宋人，著有《野人閑話》《牧豎閑談》等。

[八]"已"，原作"以"，據《古今説海》卷一二八、《蜀中廣記》卷七九改。按，《古今説海》云出《搜神秘覽》，《蜀中廣記》與此文辭略異，云本自《雋永録》。

來歲狀元賦，當議題。”一神曰：“當以鑄鼎象物爲題。”既而諸神皆一韻，且各删潤雕改，商確又久之遂畢[一]。復爲誦之曰：“當召作狀元魂魄授之。”二子默喜，私相謂曰：“此正爲吾二人發。”迨將曉，見神各起致别，傳呼出廟而去，視廟中寂然如故。二子素聰警，各書記其賦，亟寫於書帙後，無一字忘，相與拜賜鼓舞而去，倍道而行，笑語欣然，惟恐富貴之逼身也。至京，適將引保就試過省，益志氣洋洋，半驗矣。至御試，二子坐東西廊，題出，果鑄鼎象物賦，韻脚盡同。東廊者下筆思廟中所書，懵然一字不能上口。間關過西廊問之，西廊者望見東來者曰：“御題驗矣，我乃不能記。欲起問子，幸無隱也。”東廊者曰：“我正欲問子。”於是二子交相怒曰：“臨利害之際，乃見平生。且此神賜而獨私以自用，天其福爾也耶！”各憤怒不得意，草草信筆而出。及唱名，二子皆被黜，狀元乃徐奭也。既見印賣賦，二子市觀，比廟中所記者無一字異，兩相嘆息，始悟凡得失皆有假手者。遂皆罷筆入山，不復事筆硯。恨不能記其名姓云。

巫山神女廟，其像坐帳中，秘不可觀。馮沆學士之幼子[二]，美秀如玉，年十五隨沆知夔州。日戲郡圃，必拍手呼鹿，鹿至，則騎之，人以爲異。後改蜀郡，過巫山廟，其子輒搴帷，見神女目動，歸時頭痛，三日而卒。

長壽縣五里不語灘，張桓侯廟在焉[三]。世傳過者不語，語則風起浪駭，折柁危檣，往往有沉溺之患。遂寧張公鵬翮以吏部尚書予告祭祖，至此灘，舟子禀之，文端曰：“彼偏安將軍，吾爲天朝吏部，何畏焉？”拽船直上，行二十里許，忽旋風僕舟，舟隨吹轉直下，頃刻復至灘中。文端急攝衣冠，焚香禱祝。祝畢，須臾回風送至故處，始服其靈異。

盧閎侃自蜀歸，舟至李渡，土人熊士昇請爲作英祐侯廟碑文。夜宿舟中，夢侯來謝，携手指山間古琴曰：“此琴非高人莫與，子寶之。”次早携一板登岸，行三里許，一老嫗看乳鴨數十，而薄板横泥中，爲鴨上下者，即琴也。以板易之，歸視，中有“盧氏家寶”四字，乃增以金徽玉軫，朱弦繡囊。按，《琴譜》有盧氏琴，爲希世之珍。今子孫猶世奉爲

[一]“遂”，原作“逐”，形近而誤，據乾隆本及《古今説海》《蜀中廣記》改。

[二]“沆”，原作“沅”，形近而誤，據宋劉延世《孫公談圃》卷下改，此後徑改。

[三]“長壽縣”，《輿地紀勝》卷一七四《涪州·古迹》下“張翼德”條作“樂温縣”，此縣明代改爲長壽縣，《蜀中廣記》卷六九引《涪陵志》及《明一統志》卷六九《重慶府·祠廟》下“張飛祠”條亦載此事。

家寶焉[一]。

康熙中，有盜數人發李文簡公墓，棺具尚完。啓之，紗帽、朱袍、象笏、玉帶，眉鬚皓白，凛然如生。盜利其有，不顧，竟取衣帶及金銀殉器以去。衣出，悉成灰矣。是夜，群盜同夢公命卒械至府中，厲聲呵責，各鞭百餘。未幾，俱嘔血死[二]。

嘉靖中建乾清宫，遣少司馬馮清求大材於蜀地[三]，至孔明廟[四]，見柏，謂無出其右，定爲首選[五]。用斧削去其皮，硃書第一號字。俄聚千百人砍伐，忽群鴉無數，飛繞鳴噪，啄人面目，藩臬諸君皆力諫，遂止。命削去硃書，深入膚理，點畫燦然。

異　人

李特，字玄休，廩君之後。昔武落鍾離山崩，有石穴二所，一赤如丹，一黑如漆。有人出於赤穴者[六]，名務相，姓巴氏；有出於黑漆穴者，凡四姓：皞氏、樊氏、柏氏、鄭氏。五姓出，皆爭爲長。於是務相約以劍刺穴，能著者爲廩君。四姓莫著[七]，而務相之劍懸焉。又以土爲船，雕畫之而浮於水中，曰：若其船浮者，爲廩君。務相船又獨浮，於是遂稱廩君。乘其土船，將其徒卒，當夷水而下，至於鹽陽。鹽陽水神女子，止廩君曰："此魚鹽所有，地又廣大，與君俱生，可止無行。"廩君曰："我當爲君求廩地[八]，不能止也。"鹽神夜從廩君宿，旦輒去爲飛虫，諸神皆從，其飛蔽日。廩君欲殺之，不可别，又不知天地東西，如此者十日。廩君以青縷遺鹽神曰："嬰此，即宜之，與汝俱生；不宜，將去汝。"鹽

[一] 此條出雍正《江西通志》卷一六一，云本自《河上楮談》，但覆檢萬曆刻本《河上楮談》，并無此事。

[二] 此條見乾隆《丹稜縣志》卷一二之下，所謂李文簡公，指李燾。周必大《文忠集》卷六六有《敷文閣學士李文簡公神道碑》。

[三] "馮"，原脱，據嘉慶《四川通志》卷二〇二補。按，彭遵泗與《四川通志》皆不言出處，不知此條本自何書？

[四] "至"，原作"有"，據乾隆本及《四川通志》改。

[五] "首"，原作"道"，據《四川通志》及文義改。

[六] "赤"，原作"石"，據《録異記》卷二"廩君異事"條及前後文改。

[七] "莫"，原作"皆"，誤，據《録異記》改。

[八] "我"，原作"俄"，據乾隆本及《録異記》改。

神受而嬰之。廩君於碭石上，望有青縷者，跪而射之，射中鹽神。鹽神死，群神與俱飛者皆去，天乃開玄[一]。廩君復乘土船，下及夷城，石岸曲，泉水亦曲，望之如穴狀。廩君嘆曰："我新從穴中出，今又入此，奈何？"岸即爲崩，廣三丈餘，階階相承[二]，廩君登之。岸上有平石，長五尺，方一丈，廩君休其上，投策計算，皆著石焉。因立城其旁而居之，其後種類遂繁。秦并天下，以爲黔中郡[三]，薄賦斂之，歲出錢四十萬，巴人呼賦爲賨，因謂之賨人焉。

仙　家

《彭幼朔傳》云[四]："近有入青城山，見老人跨白鹿曰：'我三國徐庶也。'"此與蜀人費經虞所言同[五]，特終南、青城異地耳。

峨眉山有二孫思邈，一唐初人，一宋人，與張乖崖善，見《山志》第十八卷[六]。

葛洪，唐人詩"洞裏真人葛稚川"[七]。稚川，今在洪雅、夾江兩邑之間，溪闊十餘丈。昔洪爲勾漏令，後入蜀取雄黄，於武都山得之，色如鷄冠，喜曰："吾丹成矣。"因至洪雅與夾江之山，存神養氣，道成仙去[八]。隱迹尚在，地名稚川溪，今土人呼爲川溪。

龐居士，夾江南安鎮西南山中有龐坡洞，世傳龐居士於此一家仙去，

[一]"天乃"，原脱，據《録異記》補。
[二]第一"階"字，原作"兩"，據《録異記》改。
[三]"爲"，原脱，據《録異記》補。
[四]"《彭幼朔傳》"，見《列朝詩集·閏集》卷三。
[五]"費經虞"，《居易録》卷九云："崇禎九年，漢中人劉一真入終南山采藥，遇仙人，自言是徐元直，令一真奏事。有旨，下撫按察訪。成都費經虞有詩云：'傳聞徐元直，尚在南山雲。我欲從之去，高峰麋鹿群。'"
[六]此條出《居易録》卷二七，所謂《山志》，指蔣超編、曹熙衡續編之十八卷本《峨眉山志》。
[七]按，詩見《全唐詩》卷七六四之《贈索處士》，作者爲譚用之，唐末五代人，亦入宋，故此詩亦見《宋詩紀事》卷二。
[八]關於葛洪入洪雅之事，見《輿地紀勝》卷一四六《嘉定府·仙釋》，《輿地紀勝》言其所至之地爲洪雅之花溪，與此處所言略異，不知彭遵泗本自何處？或因稚川溪之名而附會也。

遺迹尚存。或曰居士龐德公，即龐靖侯統叔，携妻子采藥，不知所在[一]，後隱於此。或曰唐龐藴，亦楚襄州人，曾參馬祖禪，所謂“一口吸盡西江水”者。夫婦入蜀，隱於川溪口洞中，莫知誰屬[二]。

眉山張遠霄，寓居邛之崇真觀，常持竹弓鐵彈向空中打。人問之，曰：“打天上孤辰寡宿耳。”人有求嗣者，禱之輒應。又以籙符救世病苦，由是人争奉之。居數年，忽一日書符於壁，如四目老翁狀，符就落筆，隱身不見。至今城内鋤犁掘土者，常得其彈子，上有紅點，堅實異常，相傳女子佩之生子。觀中有石，鎸遺像云[三]。

張三丰，不知何許人，洪武中入蜀，僑寓環衛姜指揮家。寒暑惟一箬笠，笠甚大，即小户出入不碍，繫鐵綫條，極工緻，朝夕居一盤石上。嘗取梅枝，插土即生花[四]，皆下垂，故成都昔年猶遺照水梅種焉[五]。永樂中，游内江，寓明玉道人家[六]，詭云龐姓，微示以異，常履極險不墜，涉水無少濡。而玉善符咒，多奇驗，欲以授龐。龐笑曰：“我以道奉公，公以法授我耶!”乃作《道法會同疏》一通畀之。居歲餘，胡濙物色之，遂同玉見胡，後不知所終。或曰天目人，名君實，字元一[七]。居陝西寶鷄縣，洪武末召見，異之，賜以玉。後至成都，寓青羊宫月餘，入鶴鳴山修煉。山有石鶴，鳴則有人成仙。三丰在山，石鶴復鳴，人咸驚異[八]。居半載，往來於峨眉山中，入天谷洞不出，年已三百餘歲矣，後不知其迹。至邛州，寓開元寺中，與僧廣海善。臨行贈詩云：“深入浮屠斷世情，奢摩他行恰相應。天花隱隱呈微瑞[九]，風葉琅琅咏大乘。密室晝閑雲作

[一]“所在”，原脱，文義不通，據《三國志補注》卷五引《襄陽耆舊傳》之語補。按，龐德公，《後漢書·逸民列傳》《高士傳》卷下有傳，皆不言曾入蜀也。

[二] 此條所言之事，暫未見他書有相關記載，民國《夾江縣志》卷一二轉録此條，但並無考辨。同治《嘉定府志》卷四四有張鳳翀所作《龐坡洞記》，對相關傳説進行了介紹，可參看。

[三]《蜀故》卷一三亦載張仙事迹，但與此處不同，不知彭遵泗所本爲何。

[四]“土”，原作“上”，形近而誤，據乾隆本及雍正《四川通志》卷三八之三《仙釋·成都府》下“張三丰”條改。

[五]“故”，原作“於”，據《四川通志》改。◎“照”，原作“在”，據乾隆本及《四川通志》改。

[六]“玉”，原脱，據《四川通志》補。

[七] 此前之文與雍正《四川通志》之《仙釋·成都府》所載相合。

[八]“驚”，原作“警”，據萬曆《四川總志》卷一六《邛州·仙釋》“張三丰”條改。按，此前部分文字與《四川總志》全同。

[九]“呈”，原作“星”，形近而誤，據《張三丰先生全集》卷五《贈廣海和尚》改。

蓋，空亭夜静月爲燈[一]。魂消影散無何有，到此誰能見老僧。”留草履一雙、沉香三片而去。後海以詩及二物進文皇，賜玉環、千佛袈裟焉[二]。

孫文懿公與彭山進士宋籌同赴舉，至華陰，大雪，天未明，過華山下。有碑堠云“毛女峰”者，見一老姥坐堠下，鬢如雪而無寒色。時道上未有行者，不知所從來，雪中亦無足迹。公與宋相去數百步，宋先過之，亦怪其異，而莫之顧。公獨留連與語，有數百錢掛鞍，盡與之。既追及宋，道其事，宋悔，復還求之，已無所見。是歲，公及第[三]，而宋老死無成。

邵博《聞見後録》[四]：“程致仲爲余言：‘近歲，《雲齋小書》出丹稜李達道遇妖女事，不妄。致仲親見鴛鸞出入雲氣中，黄色衣，奇麗奪目，非人間之物，蓋妖所服，留以遺達道者[五]。又歌曲多仙語，尚《小書》失載云。’”

陳曙，蜀人[六]，嘗舉進士。唐末，遁於湖廣蘄州山中，室内惟一榻，素書數卷，與蛇虎雜居，雨雪滿堂亦自若。數十年，顔鬢不改。後徙鄂渚，不知所終。見《黄州志》[七]。

仙

南岷山在西充，山有九井十三峰。漢何岷隱處[八]，隋程太虚修煉於

[一] 此二句與《益部談資》卷下、《補續全蜀藝文志》卷四六等所載相合，《張三丰先生全集》作“室密晝閑雲作蓋，庭空夜静月爲燈”。

[二] “千”，原作“於”，據《益部談資》卷下改。

[三] “第”，原作“弟”，形近而誤，據五卷本《東坡志林》卷三“孫抃見異人”條改，亦見十二卷本卷五。

[四] “見聞”，原誤倒，據《邵氏聞見後録》卷三〇乙正。

[五] “道”，原脱，據前文補。按，此處所引與《津逮秘書》本《邵氏聞見後録》同，而整理本則作“李道達”。

[六] “蜀”，原作“署”，據《陸氏南唐書》卷七改。

[七] “《黄州志》”，據《中國地方志聯合目録》，彭遵泗所能見到的《黄州志》有三種可能，即弘治《黄州府志》十卷本，康熙《黄州府志》九卷本，乾隆《黄州府志》二十卷本。但我們核對弘治本卷五，“仙釋”門並無此人；乾隆本卷二〇“仙釋”門亦不載此人，康熙本暫未得見，但從志書沿襲之通例來看，乾隆本與弘治本皆無，康熙本有記載的可能較小。倒是康熙《湖廣通志》卷七三“流寓志”之“黄州府”下載有此人。

[八] “漢”，原作“漢”，據《蜀都碎事》卷四改。

此。太虛絶粒[一]，有二虎侍左右，九井十三峰皆其修煉之所。一夕大風雨，砌下得碧玉印，居人每乞符祈年，印以授之，輒獲豐稔。唐元和解體，遷神玄宫，容貌不變。

綿州羅江縣羅公山，真人羅公遠舊廬。太平興國四年，有人乘車往來山中，石上有新轍迹，深三尺餘，石盡五色。知州仲士衡緣迹至洞中，聞鷄犬聲[二]。

成都高僧誦《法華經》有功，忽一山僕至寺，言："先生晨請師誦經，在藥市奉候。"至則烟巒中横一溪山閣，乃其居也。僕曰："先生請師且誦經。"誦至《寶塔品》，先生野服杖藜，嘿揖爇香，聽罷遂入，不復出。齋以藤盤竹箸秫飯一盂[三]，杞菊數甌。食訖，施襯一鍰。僕送至路口，中途問僕曰："先生何姓？"曰："姓孫。"曰："何名？"僕於僧掌中書"思邈"二字，僧大駭，欲再往，僕遽失之。視襯資，乃金錢一百，皆良金也。

成都乞兒嚴七師，幽陋凡賤，塗垢臭穢不可近。言語無度，往往應於未兆。居西市悲田坊[四]，常有帖衙俳兒干滿川[五]、白迦、葉珪、張美、張翺等五人爲火，七師遇於途，各與十五文，懃懃若相别爲贈之意。後數日，監軍院宴滿川等爲戲以求衣糧。少師李相怒，各杖十五，遞出界。凡四五年間，人争施與。每得錢帛，悉用修觀。語人曰："寺何足修。"方知折寺之兆也。後失所在。

葛仙山在彭縣[六]，上有崇真觀，在濛陽鎮北，二十四化之第伍化也。葛仙翁璝[七]、楊仙翁昇賢得道於此。

按《成都記》，韋皋夢神人謂曰："異日富貴，無忘葛璝。"後尹成都，再夢，乃復新觀宇，皋爲記。

葛由者，蜀之羌人也。周成王時，刻木爲羊賣之。一日，乘木羊入

[一]"虛"，原作"隱"，據《蜀都碎事》改。

[二]此條出宋文瑩《湘山野録》卷上。

[三]"秫"，原作"袜"，形近而誤，據《蜀都碎事》卷三改。按，彭遵泗此條抄自《蜀都碎事》，而陳祥裔又是據《湘山野録》卷下改寫而成。

[四]"悲"，原作"卑"，據《酉陽雜俎·續集》卷三改。

[五]"俳"，原作"排"，形近而誤，據《酉陽雜俎》改。

[六]"山"，原脱，據《方輿勝覽》卷五四《彭州·山川》下"葛仙山"條補。按，此條及下條，皆出《方輿勝覽》卷五四《彭州·山川》下"葛仙山"，《蜀都碎事》卷四亦載。

[七]"翁"，原脱，據《方輿勝覽》補。

蜀，蜀中王侯賓客追上綏山，隨之者皆得仙術[一]。

《列仙傳》:“又山多桃，諺曰:‘得綏山一桃，雖不得仙，亦足以豪。’”按，山即今二峨山。一云即大蓬山，在蓬州。

宋劉儀鳳詩有“但見臉如花，不知心似鐵”之句[二]，蓋爲女冠范志玄作也。志玄栖静於合州純陽山中，時任安爲使，雅慕之，訂期而往。志玄化爲男子，騰空而去，追之不及[三]。

夏季李八百，蜀人也。初居�陽之五龍崗，歷夏、商、周，年八百歲[四]。一云動則行八百里，時人因號李八百。周穆王時，居金堂山，號紫陽真君。

王望字子濛，開元初嘗與玄宗遇。俗傳晉時人，旦跨白驢入長安市，暮復回黄牛山。山在巴州北[五]，今名北龕。

石甕磧在涪州，太守吴侯嘗游磧上。遇一女，瀕去，解玉環付厢吏曰:“爲我謝使君，異日當歷顯任，子孫復守此州。”言訖不見[六]。

瞿君字鵲子[七]，後漢犍爲人。入峨眉山四十年得仙，乘白龍還家，

[一] 此條所言葛由事，見《列仙傳》卷二，但與原文差異較大。《搜神記》卷一、《蜀中廣記》卷二八、《太平御覽》卷四四“綏山”、《蜀都碎事》卷四亦載，文字略異。

[二]“劉儀鳳”，《宋詩紀事》卷四四收録此詩全文，并列劉氏小傳云:“儀鳳字韶美，普州人，紹興二年進士。孝宗朝累遷秘書少監、兵部侍郎，斥歸，復起知漢州、果州。”但厲鶚所録詩句文字與此略異，《蜀中廣記》卷七八所録亦有錯字。兹據《錦繡萬花谷·續集》卷一三摘録全詩以饗讀者:“誰家游冶郎，闖首窺幽闥。但見臉如花，不知心似鐵。一夕變其軀，雪姿映雲髮。昔爲桃李姿，今作松篁節。”

[三] 此條所載之事見於《方輿勝覽》卷六四、《輿地紀勝》卷一五九、《明一統志》卷六九、《蜀中廣記》卷七五、萬曆《合州志》卷八等，文字略異。又，《蜀都碎事》卷二所載與此文字相合，蓋即彭氏所本。

[四]“年”，原脱，據《蜀都碎事》卷二補，文義更暢。按，此條與《蜀都碎事》所載相合，《歷世真仙體道通鑑》卷一〇有《李八百傳》，《明一統志》卷六七、雍正《四川通志》卷三八等亦有載。

[五]“北”，原作“止”，形近而誤，據《蜀都碎事》卷二改。陳祥裔蓋據《蜀中廣記》卷二五所載删改而成也。其中，關於王望跨白驢入長安之事，曹學佺乃根據《輿地紀勝》卷一八七《巴州·仙釋》下“王望”條所引《圖經》之語轉引；謂北龕即黄牛山，本自《九州要記》所載，而北龕復稱王望山、王蒙山，則本自《方輿勝覽》卷六八《巴州·山川》下所載也。

[六] 此條見《蜀都碎事》卷二。陳氏據《方輿勝覽》卷六一《涪州·山川》下“石甕磧”條删削而來。

[七]“君”，原作“居”，形近而誤，今據《太平寰宇記》卷七五《蜀州·新津縣》下“瞿君祠”條改。瞿君亦非其本名，其名爲瞿武也，《歷世真仙體道通鑑》卷七有其小傳。按，此條及下條皆出《蜀都碎事》卷二。

於平岡治白日上升[一]。

唐翟法言[二]，雲陽人。詣栖霞宫采藥得道，能召灘神。

漢時蒲江縣主簿好道[三]，忽一日遇白玉蟾，引入長秋山仙去。

宋寶祐時，有二仙女游於龍安小溪山，人驟遇之，冉冉升雲而去，異香杳靄，至今名其地爲仙女鋪[四]。

宿山圖，隴西人也，采藥於峨眉之隴寧山，服而羽化[五]。

唐王積薪，從明皇幸蜀，宿一村，遇婦姑奕棋，蓋仙女也。積薪往看之，姑曰："是子可教以常勢耳。"積薪自是以奕鳴[六]。

落魄仙，張姓，嘗賣鼠藥於瀘。王昌遇者市歸，鼠食皆飛去。後復至道中，呼王生爲易玄子，取馬送生，至家馬即化龍入潭矣[七]。

劉珍，隋末居合江之安樂山，忽取丹經鍾磬封於石室中，曰："六十年當有明君取之。"自以火化。唐高宗果遣使者取丹經鍾磬以進，詔即山中建一延真觀，扁乃御筆也[八]。

姓張，嘗賣鼠藥於梓州。獄吏王昌市藥以歸，鼠食之皆飛去。後昌入瀘，又遇之，乃易其藥餌之，呼昌爲易玄子，授以道術，取馬送昌歸。至家，馬化龍入潭，昌後遂仙去。見《一統志》[九]。

又，"賣鼠藥"，《野人閑話》云李客[十]。《一統志》所載較此本原委似更詳，悉附録於此。

[一]"岡"，原作"崗"，據《蜀都碎事》改。

[二]"唐"，原作"漢"，承《蜀都碎事》卷二而誤，今據《歷世真仙體道通鑑》卷四一"翟法言"條改。

[三]"漢"，原作"唐"，承《蜀都碎事》卷一而誤，今據《蜀都碎事校注》而改，詳參其校勘記。

[四]此條出《蜀都碎事》卷二。陳氏本自《蜀中廣記》卷一〇，原文云出《龍安志》。

[五]此條出《蜀都碎事》卷二。陳氏云出《神仙傳》，然今本《神仙傳》不載此人事迹。《列仙傳》卷下有"山圖"，當即此人。

[六]此條所載之事，見唐人薛用弱《集異記》卷一，文字更詳。

[七]關於落魄仙之記載，見於《輿地紀勝》卷一五三、《明一統志》卷七二、《蜀中廣記》卷一六、《廣輿記》卷一七、乾隆《瀘州志》卷六等，文字大同小異，彭遵泗或據《廣輿記》改寫也。

[八]此條出《廣輿記》卷一七，更早記載則見《輿地紀勝》卷一五三。

[九]此條出乾隆《大清一統志》卷三一〇，文字全同。至於"王昌"與"王昌遇"之差異，當以"王昌遇"爲是，《歷世真仙體道通鑑》卷四五有傳。

[十]"閑"，原作"間"，據《太平廣記》卷八五"李客"條引《野人閑話》改。

蜀故卷二十二

神異二

仙　道

孫思邈嘗隱終南山，與宣律和尚相接，每往來互參宗旨[一]。時大旱，西域僧請於昆明池結壇祈雨，詔有司備香燈，凡七日，縮水數尺。忽有老人夜詣宣律求救，曰："弟子昆明池龍也。無雨久，匪由弟子。胡僧利弟子腦，將爲藥，欺天子言祈雨。命在旦夕，乞和尚法力加護！"宣公辭曰[二]："貧道持律而已，可求孫先生。"老人因至石室求救。孫謂曰："我知昆明龍宫有仙方三千首[三]，爾傳與予，予將救汝。"老人曰："此方上帝不許妄傳，今急矣，固無所吝。"有頃，捧方而至，孫曰："爾第還，無慮胡僧也。"自是池水忽漲，數日溢岸，胡僧羞恚而死。孫復著方三千卷，每卷入一方，人不得曉。及卒後，時有人見之。及玄宗幸蜀，夢孫思邈乞武都雄黄，乃命中使齎十斤，送於峨眉頂上。中使上山未半，見一人幅巾被褐，鬚鬢皓白，二童青衣丸髻，夾侍立屏風側，手指大盤石曰："可致藥於此。上有表，録上皇帝。"使視石上朱書百餘字，遂録之。隨寫隨滅，寫畢，上無復字矣。須臾，白氣漫起，因忽不見[四]。

蜀有道士陽狂，俗號爲灰袋，翟天師晚年弟子也。翟每戒其徒："勿欺此人，吾不及之。"常大雪中，衣布褐入青城山，暮投蘭若，求僧寄宿。

[一]"互"，原作"忽"，據《酉陽雜俎》卷二改。

[二]"宣公"，原作"定"，據《酉陽雜俎》改。

[三]"三千首"，原作"三百"，乾隆本作"三首"，據《酉陽雜俎》卷二及後之"三千卷"改。按，《酉陽雜俎》卷二作"三千首"，《山堂肆考》卷四因襲之。而《太平廣記》卷二一據《仙傳拾遺》及張讀《宣室志·孫思邈》而轉録，則云"三十首"。

[四]此條及下之"蜀有道士陽狂""翟天師"條，皆出《酉陽雜俎》卷二。

僧曰："貧僧一衲而已，天寒如此，恐不能相活。"但言容一床足矣。至夜半，雪深風起，僧慮道者已死，就視之，去床數尺，氣蒸如炊，流汗袒寢，僧知其異人。未明，不辭而去。多住村落，每住不逾信宿[一]。曾病口瘡，不食數月，狀若將死。人素神之，因爲設道場。齋散，忽起，就謂衆人曰："試窺口中有何物也？"乃張口如箕，五臟悉露，同類驚異，乃作禮問之，唯曰："此足惡，此足惡。"後不知所終。蜀郡郭采真尊師説。

翟天師名乾祐，峽中人。長六尺餘，每揖人，手過胸前。卧常虛枕。晚年言將來事，無不驗。常入夔州市，大言曰："今夕當有八人過此，可善待之。"人不之悟。其夜，火焚數百家，八人乃"火"字也。每入山，虎群隨之，曾於江岸與弟子數十玩月。或曰："此中竟何有？"翟笑曰："可隨吾指觀。"弟子中兩人見月規半天[二]，樓殿金闕滿焉。數息間，不復見。

成都楊道人，本坊正也，嗜酒無行，屢遭杖罰。嘗於肆市遇異人，丰采秀聳。楊日與之飲，凡所得悉爲飲費。久之，異人曰："能從我游乎？然子有妻子之累，如何？"楊曰："棄此直易耳。"歸則手書與妻訣，仍尋配嫁之，一子數歲，以予人。他日，復遇異人，曰："累已遣矣。"異人曰："誠然，當隨我所之。"楊敬諾，復痛飲酒壚，日暮乃相將出城。是夜，月明如晝，異人前行，相去常百步。初如行十餘里，乃下路望大山林蔚茂處，漸行草莽中。又數里，楊覺履地甚濕，繼而水没足，乃大聲呼曰："迷路入水矣。"異人曰："第前無苦也。"復前行[三]，水浸深。又行一二里，則没膝及股，而異人平地也。乃解衣深涉，水及腹[四]，俄及胸臆，楊猶進不已[五]，則水已承頤。乃復大呼，以水深不可進。異人嘆曰："惜哉！子未可往也。"恍惚間如夢覺，乃身在城濠橋上，異人亦在其傍。即於橋下取一小鐵鐺，及腰間解一皮篋，贈之曰："子緣未至。"乃長揖而去。追之數百步，忽不見。楊自是發狂，乍悲乍喜，語言無倫，如病心人，往往預言人休咎，學道者從之浸多。每月八日，輒施貧丐者，自府治之前分坐通衢兩邊，直抵城門。楊以鐺煮粥，令其徒舁以自隨，

[一]"住"，原作"往"，據《酉陽雜俎》改。
[二]"規"，原作"視"，據《酉陽雜俎》改。按，"規"者，圓也。
[三]"行"，原脱，據《睽車志》卷四補，文義更暢。
[四]"及"，原作"反"，形近而誤，據乾隆本及《睽車志》改。
[五]"進"，原作"遂"，據《睽車志》改。

躬以杓盛粥給丐者，仍於皮篋中取錢與之，人二十文。丐者率數百人，而所給常足。李修撰任四川都漕，治所在成都，常邀相見，敬待之。子弟輩與之狎，或戲匿其篋，楊索之不得而去。度明當施貧，乃來求取甚力，既得，欣然置腰間，以手撫之，錢已滿矣。身衣敝衲，或贈以新衣，即服之，顧視喜笑，仍收其故衲。或求之不與，明日視之，敝衲如故，新衣隨即施於貧者。一日謁李，時方獨坐後圃之舫齋[一]，楊視左右無人，曰："吾餉使君一物。"即作嘔噦之狀，鼻涕涎沫交下，吐出一物，以掌承之，明徹如冰[二]，命李吞之。李有難色，遲疑間，楊復自吞之，跳入齋前池水中，大呼殺人數聲。李命左右扶去，不數月而李卒。

又有寇先生者，有道之士，李亦招接之。一日，寇自山居詣城謁李，適出赴府會，子弟請坐書室。寇忽問曰："運使每赴公會，宅厨亦破食料否？"子弟曰："然。"寇曰："某來特報一事：近至冥府，視運使食簿無幾，宜極裁節。"弟子初不之信[三]，未幾而李果卒。是時，復有席子先生者[四]，不知其何許人，亦莫詳其姓氏。蓬頭垢面，以一席裹身，伏於官道之側。以食與之，即伸首取食必盡，數日不與食，亦不饑。所處不復移徙，未嘗見其溲便，蓋亦異人也。

綿州昌明縣豆圌山，真人豆子明修道之所也。西接長崗，猶通車馬；東臨峭壁，陡絶一隅。自西壁至峰，石笋如圌，兩崖中斷，相去百餘丈，躋攀險絶，人所不到。其頂有天尊古宫，不知所製年月。古仙曾笮繩橋以通登覽，而絙笮朽絶，已積歲年。里中有言曰："欲知修續者，脚下自生毛。"如此相傳久矣。咸通中，有道士毛意歡，山下居人，幼而爲道，常持《五千言》，著敝布褐，日於市誦經乞酒，醉而登山，攀援峭險，以絶道爲橋焉。山頂多松樹，以繩繫之，横亘中頂，有板椽於繩上。士女善者，隨而度焉。行及其半，動摇將墜，而其底不測，莫敢俯視。數年，繩橋壞，無復緝者。咸通壬辰歲，與賓客醮山，於西峰展禮。時毛師他游，人有謂令曰："此峰之側有小徑抱崖，纔通人迹，無所攀援。意歡常游此而去，逾旬而出。"令疑其隱在穴中，座内有廣陵郭頭陀者，令請由

[一]"方"，原作"芳"，據《睽車志》改。
[二]"冰"，原作"水"，形近而誤，據乾隆本及《睽車志》改。
[三]"之"，原作"知"，據《睽車志》卷四改。
[四]"子"，原脱，據《睽車志》補。

此而往探求之。頭陀隨去，久之回，驚眙不能語[一]，久而後言曰："此徑約三十餘丈，然到一穴，口纔三五尺，下去平地猶數百尺。穴内可坐十餘人，中有巨木櫃，緘鎖極固，不知意歡所之。"[二]其家有一妻一女而已[三]，疑其得道者。意歡每多持燈碗度繩橋，山側居人視之以爲常。山多毒蛇猛虎，意歡夜歸，亦無所畏。常有二鴉，客將至，鴉必飛鳴，意歡整飾賓階坐榻，未畢，客果至矣。

葛洪《枕中書》云[四]："鬼谷先生爲太玄師，治青城山。"又，"嚴君平治在峨眉山"。又云："吴、越及梁、益，風氣清貞，故多仙人。是以成都之境，丹陽之域[五]，會稽之東南，天路所衝，善宜修尚也。"

樵陽子姓雷，名化緣，大足縣人也。初生時有僧乞食於門，母遂名之爲化緣。生二歲，父母相繼死，育於安縣民陳和家。十餘歲，陳夫婦亦相繼死，展轉寄養於灌縣之青城山下童老家。童老家赤貧，無以自食，化緣衣破腹空，寒色可掬，日月入山采薪以給灌縣人。人見化緣負薪下山，輒持一升、半升粟米來易，化緣盡所負，與之便去，亦不争較。往來出入，艱苦不辭，連年如此。一日，天大雪，誤迷失道，陷絶壑中，積雪可六七尺許，望見蒼崖古木若在雲霄。忽有白鬚老人荷拂而來[六]，引之起，同行亂石間[七]。至一大樹下，相與盤憩。少頃，又一紫衣老人修眉便腹，策杖於前，亦來共坐。三人常劚黄精生餌之，漸覺不飢，耐寒輕健[八]，如是者累月。二老人忽指大樹下而告之曰："此是子前身脱化處也。"出囊中一神枕，若履子大，授化緣枕之。化緣既覺，憬然而悟。遂起，坐於石上，嘆曰："大奇，大奇。"於是二老人下地作禮而拜，甚恭，尊之曰"樵陽子"，而不名。後灌縣人驚傳其事，皆呼爲樵陽子矣。徘徊之間，忽失老人所在，化緣自此誓不出山，終日結跏趺危坐大樹下[九]，

[一]"眙"，原作"貽"，據《録異記》卷六"綿州豆圖山"條改。
[二]"不知"，原脱，據《録異記》補。
[三]"其家有"，原作"之其家"，據《録異記》改。按，此條與《録異記》原文略有差異。
[四]按，《正統道藏》有《元始上真衆仙記》一卷，又名《枕中書》，題葛洪撰。
[五]"域"，原作"城"，據《元始上真衆仙記》改。
[六]"拂"，原作"杖"，據《獪園》卷四"樵陽子"條改。按，此人傳記亦見《宗伯集》卷四《樵陽子傳》，文字差異較大，《蜀故》係據《獪園》改寫也。
[七]"行"，原作"坐"，據《獪園》改。
[八]"輕"，原作"經"，據乾隆本及《獪園》改。
[九]"跏趺"，原作"伽"，據《獪園》改。

耳中隱隱聞隔谷鳴琴之聲[一]，或時聞人語，窮而迹之，寂無有也。又數月，人有逐伴入山采樵[二]，遇見化緣敝衣蓬首，形如枯木頹然。識是童家負薪兒，相與大怪異之。事稍稍聞於灌令，灌令景君，愛奇之士也，暇日屏車騎，與二三賓客左右徒行，入此山中，涉溪登嶺，攀頓忘疲。乃至大樹下[三]，具問所繇。化緣曰："某前身在此樹中，今乃得復形爲人耳。"令遂命伐樹，操斧未下，忽樹中聲震如霹靂，火生其腹，劃然洞開，見遺蜕焉。身著布衲，髻頂鐵冠，腰繫黄縧，猶未爛。頭枕一劍，劍可繞指。髮垂覆額，已長丈餘。指爪盤旋，環其足矣。尋復於蜕傍得石匣，匣中有券，其文皆古篆丹砂所書，循環反覆，竟不曉其義理。景君與賓客左右各驚歎而還，遂下令製龕以奉樹中遺蜕，築庵居樵陽子。灌縣百姓翕然敬事之，以爲師。數年前游江南，自梁溪至姑蘇，居於武林之西湖，俗流多不識，梁溪士大夫稍有一二接遇之者。然其見衣冠大僚、士族子弟亦不爲禮，所酬對甚簡，只教人於心地上領悟宗旨而已，莫能窺其詣也。未一歲而還。譚中丞秉鉞西川時[四]，常爲樵陽子建大通觀於青城山下，至今尚存。

僞蜀大東門外有妙圓塔院，僧名行勤，俗姓張氏。人以其精於修行，因謂之張道者。早歲南行，中年駐錫。龐眉皓髮，貌古形羸，住草屋數間，惟繩床一張及木棺一所。晝則升床而坐，夜則入棺而卧，衣服未嘗更换，問之，拱嘿不對[五]。人皆仰其高節，遺之衣服，則轉施貧人；與米麪鹽酪則受，以一大瓶貯之，常滿。每齋取一抄合而食，偃息自若。不詿流俗，其清尚如此。時齒八十，臨終自拾薪草積院後，告諸門徒曰："吾即日行化。希以木棺置薪草上[六]，以火爇之，老僧幸矣。"至期，依其教論，於煨燼中得舍利數十粒，葬於塔中。時有慈覺長老，禪門宗匠也，有書妙圓塔院張道者屋壁云："成都有一張道者，五十年來住村野。祇將淡薄作家風，未省承迎相苟且。南地禪宗盡遍參，西蜀叢林游已罷。

[一]"隔"，原脱，據《獪園》補。
[二]"伴"，原作"見"，據乾隆本及《獪園》改。按，《雲笈七籤》卷一一三"許宣平"條亦有"逐伴入山采樵"之語。
[三]"至"，原作"息"，據《獪園》改。
[四]"鉞"，原作"越"，今據文義改。按，據雍正《四川通志》卷三〇，此四川巡撫指譚希思，康熙《茶陵州志》卷一八有詳傳。"
[五]"不"，原作"而"，據乾隆本及《茅亭夜話》卷三"張道者"條改。
[六]"草"，原作"乎"，據《茅亭夜話》改。

深知大藏是解粘，不把三乘定真假。張道者，傍沙溪，居蘭若，草作衣裳茅作舍[一]。活計生涯一物無，免被外人來假借[二]。寅齋午睡樂哈哈[三]，檀越供須都不謝。沿身不直五分銅，一句玄玄豈論價。張道者，貌古神清不可畫，鶴性雲情本自然，生死無心全不怕。總逢劫火未爲灾，暗裏龍神應嗟呀[四]。張道者，不説禪，不答話，蓋爲人心難誘化。盡奔名利漫馳驅[五]，箇箇何曾有般若。分明與説速休心，供家却道門爛也[六]。張道者，不聚徒，甚脱洒，不結遠公白蓮社。心似秋潭月一輪，何用聲名播天下。"《茅亭客話》

李青霞，眉州人，李氏子，繈褓失明。歲飢，父母棄之江。流至青神，漁人夫婦得之，曰："盲兒也，姑養之。"[七]十餘歲，爲人傭磨，有瞽史扶琵琶説往事者，携之去，教之，善其藝。至綿州，多游士大夫之門。一日，在高翰林舍，適有道士與高論丹法，李忽躍然擊碎琵琶，而求爲徒，道士壯而許之。游諸名山，將十載，還綿，稱曰青霞道人。高公叩之[八]，已有悟矣，然多以術掩其妙。常以杯酒戲丸垢膩投盆盎，得美鮮治羹，充坐饌。又善爲鶴舞，躍起二三尺，墜地無聲。又道人隱衷洩未來，巧發奇中。嘉靖己亥還眉，弟妹在傭伍，訪而嫁娶之。數載，復歸綿，卒於豆圖山[九]。葬訖，世廟忽有旨求青霞，所司踪迹無影，指墓以復。又數年，州别駕尹姓者，江西人，方蒞任，齋宿城隍祠，問焚獻道士曰："爾名曾天成乎？"[十]道士瞿然。尹曰："吾來時，有李青霞道人居吾郡，士大夫皆尊敬之。行時謂余：'必還眉州！此吾鄉也。城隍祠道士曾天成曾侍我爲徒，今尚在，爲我寄聲。'"曾駭曰："李師葬綿，吾等俱往視其墓。何由復居貴鄉？"州人始知青霞不死也。

[一]第一"作"字，原作"依"，據《茅亭客話》改。
[二]"假"，《茅亭客話》作"借"。
[三]"哈哈"，原作"怡怡"，據《茅亭客話》改。
[四]"嗟呀"，《茅亭客話》作"嘆訝"。
[五]"馳"，《茅亭客話》作"驅"。
[六]"門"，《茅亭客話》作"也"。
[七]"盲"，原作"育"，據《補續全蜀藝文志》卷五二改。
[八]"公"，原脱，據《補續全蜀藝文志》補，文義更暢。
[九]"圖"，原作"團"，據雍正《四川通志》卷二四《山川·江油縣》"竇圖山"改。按，"竇"可寫作"豆"，"圖"一般不作"團"。
[十]"成"，原作"城"，據《補續全蜀藝文志》及後文改。

仙異

黄齊，衙隊軍偏裨也。常好道，行陰功有歲年矣。於朝天嶺遇一老人，鬚鬢皎白，顔色嬰孺，肌膚如玉[一]。與之語曰："子既好道，五年之後當有大厄，吾必來救，勉思陰德，毋退前志。"其後，齊下峽，舟覆，流至灘上，如有人相拯。得及岸，視之，乃前所遇老人也，尋失所在。自是往往見之，忽於什邡縣市中相遇，召齊過其所居。出北郭外，行樹林中可二三里即到其家。山川林木，境趣幽勝。留止一夕，因言曰："蜀之山川是大福之地，久合爲帝王之都。多是前代聖賢鎮壓崗源，穿絶地脉，致其遲晚。凡此去處，吾皆知之。又蜀字若去虫著金，正應'金德王西'，汝當爲我代言之。"及明，相送出門，已在後城山内，去縣七十餘里。既歸，數月齊卒。

道流

夔州道士王法玄，舌大而長，呼文字不甚典切，常以爲恨。因發願讀《道德經》，夢老君與剪其舌，覺而言詞輕利，精誦五千言，頗有徵驗[二]。

蘇老泉之祖白蓮道人，遇蔣山人示葬地，命取燈一盞，燃於其所。雖四面風來，此燈凝然不動，曰："此正穴也。"[三]

嘯道士。唐天寶末，有峨眉陳道士善長嘯，能作雷鼓霹靂之音，聽者傾悚[四]。

張安道知成都日，以醫官自隨。重九，請出觀藥市，五更，藥市方合而雨作，入玉局觀避之。至殿上，見一道人臨階而坐[五]，往就之，相

[一]"肌"，原作"飢"，形近而誤，據《録異記》卷二"黄齊遇異叟"條及文義改。按，此條出《録異記》，略有删削。

[二] 此條出《録異記》卷二"王法玄夢老君剪舌"，《太平廣記》卷一六二、《蜀中廣記》卷七五、《蜀都碎事》卷四等轉録之。

[三] 此條出《蜀都碎事》卷二，陳氏蓋自元人無名氏《湖海新聞夷堅續志》卷二《藝術門·地理》"取燈定穴"條删要而來。

[四] 此條出《池北偶談》卷一三，亦載於《海録碎事》卷一六、《紺珠集》卷一〇等。

[五]"而"，原作"曰"，據乾隆本及《龍川别志》卷下改。

問已，道人曰："張端明入蜀，今已再矣。"醫曰："始一至蜀耳。"曰："子不知也。凡人元氣重十六兩[一]，漸老而耗，張公所耗過半矣。吾與之夙相好[二]，今見子，非偶然也。"解衣裾出藥兩圓，曰："一圓可補一兩氣。"醫曰："張公雖好道，然性慎重，恐未信也。"道人曰："所以二圓，正爲爾也。取一圓並水銀一兩納銚中，以盞蓋之，燒之良久，札札有聲，揭盞以松脂末投之[三]，當有異。三投而藥成，當知此非凡藥也。"徑歸白公，試之如其言，每投松脂，焰起充所坐小亭。至三投，焰如金色，傾出，紫金也。乃服其一圓，而使醫遍游成都，冀復遇焉。後見於孔明廟前，復得一圓藥[四]，然服之亦無他異。

柳條，女奴也。成都米市橋，僞蜀時有柳條家酒肆，蓋當時皆以當壚者名柳條。偶得患，沉綿經歲，俟死而已。有一道士常來貰酒，柳條每加勤奉，乃留丹數粒。柳條初服一粒，疾起能食；再服，能行；終服，充盛如初[五]。

眉州有叟，嘗携子入息臺山，遇一道人，指其子曰："夭。"叟飲道人已[六]，長跪求壽。道人取簿檢視之，曰："壽止十八。"與其子懇求不已，乃舉筆改爲八十。後子壽果如數焉。

楊通幽，洪都人。唐天寶間道臨邛，明皇命通幽招致貴妃魂[七]。白樂天《長恨歌》云："臨邛道士洪都客，能以精神致魂魄。"即通幽也。

邵道人，年七十，善治病，令病者張目嘘氣，即可活。目諸弟子置飯病者前[八]，出袖中鐵尺横飯上，誦《大悲咒》已，起尺，摩病者曰："瘥矣！"脱不可活，道人即趨出。病家以死日請，出指示日，如其數。道人

[一]"十六"，原誤倒，據《龍川别志》乙正。

[二]"夙"，原作"數"，據《龍川别志》改。

[三]"投"，原脱，據《龍川别志》及後文補。

[四]"得"，原脱，據《龍川别志》補。

[五]此條見汝陰王銍《補侍兒小名録》，云本自《成都古今記》。又，黄休復《茅亭客話》卷四"王太廟"條所載甚詳。

[六]"飲"，原作"欽"，據《蜀都碎事》卷四改。按，《明一統志》卷七一《眉州·山川》下"息臺山"條與《蜀都碎事》所載，皆言原文出《太平廣記》，然考今本《太平廣記》無此文。

[七]按，"通幽招致貴妃魂"事，杜光庭《仙傳拾遺》卷四有詳載。

[八]"目"，原作"自"，據《寄園寄所寄》卷一〇及《空同集》卷五八《邵道人傳》改。按，此處用爲動詞，以目示意也。

不取錢[一]。每歲自正月始活一人，取布尺裹衲，裹完勿取也[二]。飯道人，無問多少美惡。道人喜飲水，冬月嚼冰塊，齒間瀺瀺有聲，頃之肩踴面紅[三]，汗簌簌下。余世父夙患脛病，久不愈，以問道人。曰："此祟也。若往聘某氏，謂其女陋，將更聘之，女慚縊死，此其祟也。"世父大驚，伏地頓首曰："奈何？"道人曰："今遇我，三日解也。"三日病果瘥。居十餘年，忽謂諸弟子將歸。一日，令設几三層，坐其上，諸弟子始悟，環守之。夜有登几伺其息者，夜半霹靂隆隆起屋脊，若干戈甲馬戰鬥之聲，弟子震慴伏地。天明起視，則道人死矣。

蜀主祈畤於青城山，青城令獻美女張麗華，蜀主幸於齋宮。是夕，雷風大作，麗華殞玉。後有法師李若冲者誦經巖中[四]，見竹陰一女，號泣而出，掩袂微吟，云："獨卧經秋墮鬢蟬，白楊風起不成眠。澄思往日椒房寵，泪濕衣襟損翠鈿。"若冲爲之誦《九轉生神經》，水火煉度。明日，一女子霓裳霞帔斂衽而謝曰："妾隨金簡出幽冥矣。"

僧釋

成都山中有一僧卧石穴中，二十餘年不起，亦不飲食，當卧處痕迹宛然。山中樵牧習見，就問之，亦不答。一日，有士子於山中遇髯道人，云："此山中有六祖應化，知否？"士子即詣師禮拜，云："師六祖耶？"久之，張目曰："莫信髯道人亂道。"明日再過，不復見矣[五]。

知慧菩薩，明梓潼人周曉師女。生不茹葷，好誦梵典。年十九[六]，絶粒食，惟餐柏葉。成化五年，促父母送往江村口白馬寺，登樓跏趺而化[七]。今肉身在焉。

[一]"不"，原脱，據《寄園寄所寄》及《空同集》補。
[二]"衲裹"，原脱，據《寄園寄所寄》及《空同集》補。
[三]"踴"，原作"湧"，據《寄園寄所寄》及《空同集》改。
[四]"李"，原作"秦"，據《全蜀藝文志》卷二四等改。按，《歲時廣記》卷一二"拔鬼嬪"條、《全蜀藝文志》卷二四"鬼謠"、《洞玄靈寶自然九天生神章經》等皆載此事，文句各異，妃子之名亦有作張太華者，不知彭遵泗所本爲何。
[五]此條及後四條皆出《隴蜀餘聞》。
[六]"十九"，原誤倒，據乾隆本及《隴蜀餘聞》乙正。
[七]"登"，原脱，據《隴蜀餘聞》補。

又裴氏女者，父應舉，細民也。女好趺坐，食柏葉[一]。天啓中，年十三坐化。縣人建刹奉之，屢現五色光云。

蜀禪教皆祖破山禪師，梁山人，天童悟法嗣第二人也。其弟子丈雪禪師，内江人，演化於成都昭覺寺，門徒甚盛。康熙丙子五月，至蜀訪之，則示寂半載矣，年八十餘。今住持弟子佛冤禪師，即其侄。

顛和尚者，長安人，踪迹詭異。蜀臬迎之成都，禮拜甚恭，而往往面斥之，言無忌憚。嘗食犬肉，帽檐插花一枝，引群丐游市中。入昭覺寺，見丈雪禪師，詼嘲不屑，禪師頗敬憚焉。一日，騎馬出城數里，語厩吏曰[二]："吾歸矣。"徑舍騎徒步去[三]，臬追贐不受。往來秦、蜀棧中，所至輒畫達摩像施人。歸至長安，數日遂坐化。人言是初祖游戲震旦耳。

貫休入蜀，上王建詩云："一瓶一鉢垂垂老，萬水千山得得來。"[四]又作《一鉢歌》云："無可離，無可著，何處更求無病藥；藥是病，病是藥，到頭兩事須拈却[五]；亦無病，亦無藥，正是真如靈性覺。"號禪月，因名之爲得得和尚。

東川降魔寺僧吉祥，魁梧多力，受飯五鉢，日夜誦經九函。池中魚知其數，以名召之，皆出水面，使去即没[六]。

宋僧智永[七]，成都人，工小景，長於傳摹，宛然亂真。唐智永以書名，此以畫名。

僧遠國《傷蜀詩》曰："樂極悲來數有涯，歌聲才歇便興嗟。牽羊廢主尋傾國，指鹿奸臣盡喪家。丹禁夜凉空鎖月，後庭春老漫開花。兩朝基業都成夢，林木蒼蒼噪暮鴉。"[八]

王中令既平蜀，捕餘寇，與伍隊相遠，飢甚，乃入一僧寺中。僧醉

[一]"食"，原脱，據《隴蜀餘聞》補。

[二]"厩"，原作"殿"，據《隴蜀餘聞》改。

[三]"去"，原作"云"，據《隴蜀餘聞》改。

[四]此條載於《五代史補》卷一、《蜀中廣記》卷一〇二、《補續全蜀藝文志》卷四三等皆有徵引，貫休此詩見《禪月集》卷二〇，題作《陳情獻蜀皇帝》。

[五]"拈"，原作"抛"，據乾隆本及《景德傳燈録》卷三〇《一鉢歌》改。

[六]此條出《雲仙雜記》卷八"降魔寺僧以名召魚"。

[七]"智"，原作"知"，據《居易録》卷二七及前後文改。按，唐、宋兩智永之事，余寅《同姓名録》卷一二有載。

[八]此條出《詩話總龜》卷三二，其云本自《鑑誡録》卷五。按，《鑑誡録》卷五"徐后事"條題作"《傷廢國詩》"，比對二詩，文字略有異："基業"，《鑑誡録》作"帝業"；"林木"，《鑑誡録》作"陵樹"。可知彭氏徵引自《詩話總龜》無疑。

甚，箕踞，公怒，欲斬之。僧應對不慑，公奇而釋之。問求蔬食[一]，云："有肉無蔬。"公益奇之。饋以蒸豚頭，食之甚美。公喜，問："僧止能飲酒食肉耶？爲有他技耶？"僧自言能詩，公令賦蒸豚詩，操筆立成。詩云："嘴長毛短淺含膘[二]，久向山中食藥苗。蒸處已將焦葉裹，熟時更用杏漿澆。紅鮮雅稱金盤貯，軟熟真堪玉箸挑。若把羶根來比並，羶根只合喚藤條。"[三]公大喜，與紫衣。

勾居士名令玄，宗嗣張平雲有學[四]，人問答，隨機應響，著《火蓮集》《無相寶山論》《法印傳》《况道雜言》百餘篇。有敬禮瓦屋和尚塔偈曰[五]："大空無盡劫成塵，玄步孤高物外人。日本國來尋彼岸，洞山林下過迷津。流流法乳誰分曉，了了教知我最親。一百六十三歲後，方於此塔葬全身。"瓦屋和尚名能光，日本國人也。嗣洞山悟本禪師，天復年初入蜀，僞永泰軍節度使鹿虔扆舍碧鷄坊宅爲禪院居之[六]，至孟蜀長興年末遷化[七]。時齒一百六十有三，故有是句。

沙門僧爾鳥，詩慕李白，鄙賈島蹇澀，乃自諷其詞云："鯨目光燒半海紅，鼇頭浪蹙掀天白。"而云[八]："我不能措思於藩籬蹄涔之間。"仍精於《周易》、佛經，爲歌行所掩。

[一]"問"，原作"間"，形近而誤，據《冷齋夜話》卷二改。《墨客揮犀》卷六、《詩話總龜》卷四一等亦載。

[二]"毛"，原作"尾"，據《冷齋夜話》改。

[三]"喚"，原作"喫"，據《冷齋夜話》改。

[四]"嗣"，原脱，據《茅亭客話》卷三"勾居士"條補。

[五]"禮"，原作"孔"，據《茅亭客話》改。

[六]"鹿"，《茅亭客話》作"禄"，或誤。按，鹿虔扆，《十國春秋》卷五六有傳。

[七]"長興"，乃後唐明宗年號（九三〇至九三三），孟蜀先主即位在九三四年，長興末年時尚無後蜀也，故此處所載有誤。

[八]"云"，原作"去"，據《詩話總龜》卷八改。按，《詩話總龜》云出《北夢瑣言》，但今本不載，陳尚君《北夢瑣言·再補》據之輯録。《類説》卷四三、《五總志》亦載此事，但此僧之名爲"僧鸞"，與《詩話總龜》所載不同。

蜀故卷二十三

神異三

先　兆

乾德三年平蜀，除參知政事吕餘慶知軍府事，以僞皇太子策勳府爲理政所。先是，蜀每歲除日，諸公門各結符一對，俾題“元亨利貞”四字。時僞太子善書札，選本宫策勳府桃符，親題曰“天垂餘慶，地接長春”八字，以爲詞翰之美也。至是吕公名餘慶，太祖聖誕節號長春，天垂地接，先兆皎然。則國之替興，固前定矣。時昶學士辛寅遜題桃符云“新年納餘慶，佳節號長春”[一]。

鄒平公段文昌嘗佐太尉南康王韋臯，爲成都郵巡。忽失意，韋公逐之，使攝靈池尉。倉皇受命，羸僮劣馬，奔迫就縣。去靈池六七里，日已昏黑，路絶行人。忽有兩炬前引，更呼曰：“太尉來。”既及郭門，兩炬皆滅。扣關良久，令長差人延之，然後得入。時自郵巡與韋奉使入長安，劉禹錫爲禮部員外[二]，往謁之。禹錫與日者從容之際，公遽至，日者匿於箔下。公既去，日者謂禹錫曰：“員外若圖省轉，事勢殊遠，須待十年後此客入相，方轉本曹正郎耳。”自是禹錫失意，連授外官十餘年。鄒平入相，方除禹錫禮部郎中歸闕，果如日者所言[三]。

秦王以金一笥遺蜀王[四]，蜀王以禮物答之，盡化爲土。秦王怒，群

[一] 此條删節自《茅亭客話》卷一，《詩話總龜》卷三三等亦徵引之。

[二] “員外”，原脱，據《録異記》卷四“段文昌命定事”及前後文補。

[三] 此條所言劉禹錫仕宦之事，於史不合，詳《録異記校注》。

[四] “笥”，原作“笏”，形近而誤，據《蜀王本紀》改。此書明人鄭樸有輯本，《太平御覽》卷八一一、《天中記》卷七、《廣博物志》卷三七等亦引之。

臣拜賀曰："土者，地也。秦當得蜀矣。"

夢兆

王吉夜夢一蟛蜞在都亭[一]，作人語曰："我翌日當舍此。"吉覺，異之，使人於都亭候之。司馬長卿至，吉曰："此人文章當橫行一世。"天下因呼蟛蜞爲長卿，卓文君一生不食蟛蜞。

王承肇，雅州人。母崔氏夢山神牽五色獸逼其衣，遂生肇。有異僧見而撫之，曰："老僧所居周公山，佳氣減半，乃孕靈此子耶！"後節制洛州，以功名著[二]。

張魏公浚父賢良，字君悦，家蜀綿竹，世以積德聞。紹聖初，再試制科，宰相章惇覽其策，以所對不以元祐爲非，大怒。雖得僉書劍西判官以去，而科目自是廢矣。仕既不達，益篤意植嬍虺虞，以貽後人[三]。嘗一日晝寢，夢神人自天降，告之曰："天命爾子名德作宰相。"驚而寤[四]，未幾，而魏公生。時魏公之兄名滉[五]，君悦不欲更所從，乃字魏公曰德遠。出入將相，垂四十年，忠義勳名，爲中興第一。

異夢

廣明辛丑歲正月，僖宗車駕已及左綿。郫縣鎮使任時，當晝假寢於廳事，忽夢巡街小吏告之曰[六]："大將軍迎駕，合伺於道左。"任即奔詣通衢之側[七]，兵騎數千，已直北而去，旌旗部伍，異常嚴整。戈甲之盛，

[一]"蜞"，原作："蜩"，今據《蜀都碎事》卷三改，後文徑改。按，《蜀故》卷一三亦載此事，則不誤矣。

[二] 此條出《輿地紀勝》卷一四七《雅州·人物》，《明一統志》卷七二、《廣輿記》卷一七亦載。

[三]"貽"，原作"移"，據《桯史》卷一二"張賢良夢"條改。

[四]"寤"，原作"寢"，形近而誤，據《桯史》改。

[五]"滉"，原作"愰"，據乾隆本及《桯史》改。

[六]"吏"，原作"使"，據《録異記》卷三"任時夢李將軍迎駕唐僖宗"條改。

[七]"任"，原作"仕"，形近而誤，據《録異記》改。

首尾十餘里不絶。久之，介金曳地者千數，擁白馬朱纓金甲一人，五彩日月旗，羅列以從。任鞠躬兩食頃，隊仗方絶。問報者："大將軍爲誰？"云是法定寺後李將軍也。既覺，流汗浹體[一]，想其所睹，歷然在目。是歲，余奉詔青城修齋，話其事。光庭記。

瑞應灾異

蜀王建元年，巨人見青城山，鳳凰見萬歲縣，騶虞見武定。二年十月，麟見壁州。

永平二年六月，麟見文州。

三年正月，麟見永泰。五月，騶虞見壁山，有二鹿随之。

四年，麟見昌州。

蜀王建武定二年，廣都嘉禾合穗[二]。

後唐天成四年，遂州進嘉禾，一莖九穗[三]。

宋乾德二年十月，眉州獻《禾生九穗圖》[四]。

四年六月，果州南充縣何約田禾一莖十三穗[五]，一莖十一穗。七月，又生一莖九穗。

開寶八年，嘉州廨有禾一莖十四穗[六]。

唐武德四年，益州獻芝草[七]，如人狀。

天復七年六月[八]，黄龍見嘉陽江[九]，諸州皆言甘露、白鹿、白雀、龜、龍之瑞。

武定三年八月，有龍五十見洵陽水中[十]。

[一]"浹"，原作"夾"，據《録異記》改。
[二] 以上數條皆出《新五代史·前蜀世家》。
[三] 此條出《舊五代史·唐書·明宗紀六》。
[四] 此條及後二條皆出《宋史·五行志二下》。
[五]"約"，原作"姓"，據《宋史》改。
[六]"十四"，原誤倒，據《宋史》乙正。
[七]"芝"，原脱，據《新唐書·五行志》補。
[八]"六月"，原作"正月"，據《新五代史·前蜀世家》改。按，此條及後四條皆出《新五代史·前蜀世家》。
[九]"黄"，原作"歲"，據乾隆本及《新五代史》改。
[十]"十"，原作"丈"，據乾隆本及《新五代史》《文獻通考·物異考十九》改。

永平二年，劍州木連理。六月，麟見文州。十二月，黄龍見富義江。

三年，白龍見邛州江[一]。

通正元年，黄龍見大昌池。

宋皇祐初，彭山縣上《瑞麥圖》。仁宗曰："朕常禁四方獻瑞，今得西川麥秀圖，可謂真瑞矣。其賜田夫束帛以勸。"[二]

淳熙九年，夔州進士陳謙亨進瑞麥[三]，其穗二十六，有三岐者[四]。太守閩中林栗圖而贊之。

唐時，梓潼官吏於公成山掘土，得一廟龕，龕中有尊像一、真人六，獅子、崑崙各二。於時王維爲留司，表賀[五]，略云：是聖祖見於萬青鄉[六]，語絳都人而指其處也[七]。"周流六虚，言於晉而驗於蜀；混成一氣，出於有而入於無。未達齋心，初迷三里之霧；既符真氣[八]，俄成五色之雲。山腹洞開，仙容儼若；萬物今睹，千劫未逢。"

乾隆九年甲子五月十五日，余雙流縣簇橋場秦客人張今倉牡馬生一卵，白色，堅如石。

《堅瓠集》載："馬有赭丹，凡番兵事急，能致風雨，突圍而走。赭丹，馬腹中所産之物，用之念咒，即致風雨，豈即所謂馬卵與。"[九]

三十二年二月，遂寧東門内民家養一牝馬，日見羸瘦。既斃，剖其腹，有一卵，大如升，紺色，外形似橘。縣令索之，人聳以奇貨追回[十]。衆争，墜石，損壞。内心如鷄鴨卵狀，外層似古缸瓦，厚二寸。余得一半，携至江南，無有識者。

《宋犖集》載[十一]："甲申七月，崇明北門外季家，馬生卵三枚，相傳

[一]"白"，原作"黄"，據《新五代史》《十國春秋·前蜀·高祖本紀下》改。

[二]此條出《宋史·五行志二下》，《蜀中廣記》卷六四亦載。

[三]"亨"，原作"享"，形近而誤，據乾隆本及《蜀中廣記》卷六四改。

[四]"二"，原作"三"，據《蜀中廣記》改。◎"三"，原脱，據《蜀中廣記》補。

[五]"表賀"，即王維《賀神兵助取石堡城表》，見《王維集校注》卷一〇。

[六]"祖"，原脱，據《蜀都碎事》卷四及《蜀中廣記》卷二九補。◎"春"，原作"青"，據《蜀中廣記》《蜀都碎事》改。

[七]"都"，原脱，據《蜀中廣記》《蜀都碎事》補。

[八]"符"，原作"行"，據《蜀中廣記》及《王維集校注》改。

[九]"卵"，《堅瓠集·辛集》卷四"赭丹"條實作"黑"，此處乃彭遵泗有意改動而牽合上文之"馬生一卵"也，姑仍之。

[十]"貨"，原作"賀"，據乾隆本改。

[十一]"宋"原作"張"，不知彭氏因何而誤，據此條出宋犖《筠廊偶筆》卷上引《吾丘紀軼》之語而改。

以爲怪，因同王韜生往觀。大者如升，質色如雀卵，紅白相間，重三斤，二小者斤許。考之書，凡獸有之，名曰‘鮓答’，治奇疾難名者，生牛馬腹中者良。由是言之，不關灾祥也。”

乾德五年四月十九日，王衍出游浣花溪。龍舟綵舫，十里綿亘，自百花潭至萬里橋，游人士女，珠翠夾岸。日方午，暴風起，須臾雷電晦冥，有白魚自江心躍起，騰空而去，或云變爲蛟[一]。

嘉定八年，東西兩川地大震。馬湖夷界山崩八十里，江水不通[二]。

萬曆戊午，馬湖、青羊二江合涌逆上，岷江水立十丈[三]。

明德三年三月，熒惑犯積尸。昶以謂積尸蜀分也，懼，欲禳之。以問司天少監胡韞，韞曰：“按十二次，起井五度至柳八度，爲鶉首，秦分也。蜀雖屬秦，乃極南之表，前世火入鬼，其應多在秦。晉咸和九年三月，火犯積尸，四月，雍州刺史郭權見殺。義熙十四年，火犯鬼，明年，雍州刺史朱齡石見殺，而蜀皆無事。”昶乃止[四]。

乾德元年，彗星出輿、鬼，長丈餘，蜀司天監言國有大灾。蜀主詔於玉局觀設道場以禳之，張雲言：“百姓怨氣徹天，彗星見，乃亡國之徵，非禳可弭。”蜀主怒雲，流雲黎州，道卒[五]。

萬曆庚戌年二月十五日[六]，安綿道、石城、永平五城諸鎮，五鼓後地大震數聲[七]。諸將公廨中屋瓦梁木拉然有聲，響如棟實崩，門扉不掩。而闔四境之内，十室九傾，如是竟日乃止。閏三月十四日，資縣東城小十字街、西城金帶街兩處，忽有火星飛起，因風發火，東西南北狂焰四合，延燒廨宇無數，民家總計一千二百八十三户。明日，居人出徙城外，用逃回禄之難。其日，復遇江水暴漲，人畜、器物悉皆漂没。城中民免於焦土者，皆爲魚矣。

四月中，瀘州諸衛天地晝晦，山川震動，暴雷怪風發屋折木。無何，雨雹交下，計掀揭官廨、教場數十處，瓦木、竹樹、旗旃、帷蓋之類，

[一] 此條最早見於《蜀檮杌校箋》卷二。《蜀中廣記》卷二、《蜀都碎事》卷一、雍正《四川通志》卷二三亦載。從文字來看，與《蜀中廣記》《蜀都碎事》比較接近。

[二] 此條出《宋史·寧宗本紀三》。

[三] 此條出方以智《物理小識》卷二，亦見《寄園寄所寄》卷五。

[四] 此條出《新五代史·後蜀世家》。

[五] 此條出《資治通鑑·後唐紀一》。

[六] “五”，乾隆本作“九”，未知孰是。

[七] “地”，原作“城”，據乾隆本改。

俱飛在雲中。沙塵暗，咫尺不辨。凡損田麦數千餘頃。而黔江一縣爲雷雨漲江，衝城壞岸，蕩廬瀦野[一]，淪陷者幾百里也。

井研胡菊潭相國世安[二]，云其邑雷侍御某爲縣令時，生一子，八歲而夭[三]。後復生一子，年七歲，一日晨睡不醒，唤久之，乃覺。自云："適見其兄來呼，入一山，似非人境。且贈之詩云：'三生未了塵凡業，一夕初完渾沌胎。紫炁臺前千劫盡，白羅天外百花開。'正咏末句[四]，忽云：'父母唤汝，可爲我致問安好也。'"

康熙丁酉年五月三日，丹稜城中火延燒百十餘家。先是，四月中數人玩月坐科甲坊下，忽電光閃鑠，迷離不辨。仰視天上，開裂三丈有奇，一赤色飛𡵆懸空盤舞，經時乃没，時以爲火兆[五]。

張逸知青神，多異政。縣有松柏灘，歲有溺死者。逸禱於神，不逾月，徙數里去，自是無溺死者[六]。

宣和六年，都城中酒保朱氏子之妻忽生髭[七]，長六七寸，疏秀甚美，宛然男子，特詔爲女道士。

唐乾符六年秋，蜀郡婦人尹生子，首如豕，目在腓下[八]。

大順元年，資州兵王全義妻如孕，覺有物漸下入股，至足大拇，痛甚，坼而生珠[九]，如彈丸。漸長，大如杯。

張英，英宗朝拜儀隴令。過采石江，遇一女子絶色，謂英曰："五百年夙願，當會於大儀山。"英叱之。任半載，日夕聞機杼聲。一日，率部衆逐機而往。忽至大儀山，洞門半啓，前女出迎，相携而入，洞門即閉。

[一]"廬"，原作"蘆"，形近而誤，據文義改。蕩廬者，飄蕩房舍也。同治《增修酉陽直隸州總志》卷之末則誤改爲"蘆蕩"。

[二]"國"，原作"公"，據《池北偶談》卷二二"雷侍御"條改。

[三]"八"，原作"半"，據《池北偶談》改。

[四]"咏"，乾隆本作"味"，《池北偶談》作"吟"，皆通。

[五]此條出乾隆《丹稜縣志》卷一二下。

[六]萬曆《四川總志》卷一五、雍正《四川通志》卷七上、康熙《眉州屬志》卷二、乾隆《青神縣志》卷七皆載此人事迹。

[七]"都城"，原作"成都"，據《宋史·五行志一之下》改。◎"子之妻"，原脱，據《宋史》補。按，據《宋史》，長髭鬚者乃酒保朱氏子之妻，非朱氏也。此事發生在開封，不當收入《蜀故》。

[八]此條見於《新唐書·五行志三》《文獻通考·物異考十四》。唯"腓"字，與《新唐書》同，《文獻通考》作"腋"。

[九]"坼"，原作"折"，據此條出《新唐書·五行志三》改。

見圓石一雙，自門隙出，衆取歸。中道不能舉，遂建祠塑像[一]，置石於腹，至今有禱輒應。

明弘治時，丹稜西興福寺大悲殿東柱有泥塑小龍，宋紹興間故迹。一日，僧拂殿塵，忽聞雷霆大作，河水涌潮，地中有若蚯蚓者，形色異常，蠕蠕而動。僧異之，擊以箒，柱上轟然，土龍一爪脱落，兩睛炯炯射人。急取釘釘其首，壁下方木已爲火焚矣。今土龍爪尚懸[二]。

[一]“祠”，原作“詞”，形近而誤，據《蜀中廣記》卷七六、雍正《四川通志》卷二四等改。
[二] 此條見乾隆《丹稜縣志》卷一二下。

蜀故卷二十四

藝術一[一]

書　畫

范處士德昭，蜀人也，不知所修之道，著《通宗論》《契真刊謬論》《金液還丹論》[二]。王蜀頻召入内，問道稱旨，頗優禮之[三]。處士談論多及物情，以鑒戒爲先[四]。蜀人每中元節多生五穀，俗謂之盆草，盛以供佛。初至時，介意禁觸，謂嘗有雷護之。既節後，遂棄之糞壤。處士太息曰："豈知聖人則天之明，生其六氣；因地之性，用其五行。斫木爲耜，揉木爲耒，耒耨之利，以教天下。播種五穀，以育於人。而不知天地生育之恩，輕棄五穀如是，宜乎神明不祐！而云獲福[五]，悲夫！"

道士魚又玄[六]，華陽人。工行書，得王右軍筆意而清勁，不墮世俗之習[七]，飄然有仙風道骨，可以想見其人。《與崇道大師書》，作字吐辭，頗類世間所傳武仙童書[八]。其論四行，殊有旨趣：一曰勤潔，二曰嚴正，

[一]"藝術"，原爲三級標題，但此卷後文又有"藝術"一門，實相重複，今以此爲二級標題，并補"一"字，下一卷補標題"藝術二"；此後正文由於兼敘書畫家，故補三級標題"書畫"。

[二]"真"，原作"直"，形近而誤，據《茅亭客話》卷二"范處士"條改。

[三]"優禮"，原誤倒，據《茅亭客話》乙正。

[四]"戒"，原脱，據《茅亭客話》補。

[五]"福"，原作"禍"，與《茅亭客話》同，據《蜀都碎事》卷一所引改。按，蜀人生盆草以供佛，正爲邀福，然范處士稱其不知天地生育之恩，輕棄五穀，活該老天不佑，反云借此獲福，太悲哀了。如作"獲禍"，則"云"字無著落也。

[六]"玄"，原作"京"，據《宣和書譜》卷一〇改。按，後文"玄"再作"京"者徑改，不復出校。

[七]"之"，原脱，據《宣和書譜》補，文義更暢。

[八]"武仙童"，《三洞群仙録》卷一八"抱一嘯傲盧鴻磬折"條云："仙童姓武，名抱一，人呼爲武仙童。"

三曰定慧，四曰仁慈。非深造自得，何足知此。所藏行書第一。

蒲山人云，綿竹人也。幼有方外之趣，布裘筇杖，游山野間。賣藥得錢入酒家，醺然一醉，類有道之士。尤喜翰墨，作正書甚古，嘗以雙鈎字寫河上公注《道德經》，筆墨精細，若游絲雲漢，孤烟裊風，連綿不斷。或一筆而爲數字，分布勻妥，風味有餘，覽之令人有凌雲之意。所傳行書第一[一]。

僧楚安，蜀人，善畫山水，點綴甚細。每畫一扇，上安姑蘇臺或滕王閣，千山萬水盡在目前。今蜀中扇面印板是其遺範[二]。楚安畫山水，須一年已來[三]，方就一扇，人得之者，秘爲至寶。

何尊師，亡其名。閬中人，善畫猫，今爲難得[四]。

成都王稑家藏黄筌《秋山圖》[五]、勾龍爽《野老移居圖》、文湖州《雜畫鳥獸草木横披圖》[六]。

諸葛亮以南夷之俗難化，乃畫《夷圖》以賜夷，夷甚重之[七]。

大慈寺壁畫《明皇按樂十眉圖》，地有瑞草，謂之錦地。張乖崖見，令剗平之，封其門。後五日開，復生如故。今寺猶存，在成都東門内，并無瑞草之異[八]。

趙公祐，成都人，工畫佛道鬼神，世稱高絶，大和間已著名。李德裕鎮蜀，以賓禮遇之。改涖浙西，辟從蓮幕，成都大慈、聖興兩寺，皆有畫壁。子温其，綽有父風。孫德齊，畫猶精絶，昭宗見之，遷翰林待

[一] 此條出《宣和書譜》卷六"蒲云"，又見《書史會要》卷六。

[二] "扇"，原作"畫"，據《圖畫見聞志》卷二改。按，此條亦見《太平廣記》卷二一四、《蜀中廣記》卷六八、《蜀都碎事》卷四等。

[三] "年"，《太平廣記》《蜀中廣記》作"季"，此處與《蜀都碎事》所引同，而《蜀都碎事》所據爲《墨娥漫録》，文淵閣《四庫全書》本《説郛》卷三二之下所收此書正作"年"。"年"可作"季"，與"季"字形近，即《太平廣記》作"季"亦未必正確，姑仍之。

[四] 此條出《圖畫見聞志》卷四，亦見《蜀都碎事》卷四。

[五] "筌"，原作"荃"，古籍中此人名字多誤作"黄荃"，今據《宋朝名畫評》卷一、《益州名畫録》卷上、《十國春秋》卷五六本傳改。本卷後文"玉壘山人景焕"條此名之誤徑改，不再出校。

[六] "州"，原作"洲"，據《畫繼》卷八、《蜀都碎事》卷四改。

[七] 張彦遠《歷代名畫記》卷四"蜀"條下按語引《華陽國志》云："亮以南夷之俗難化，乃畫《夷圖》以賜夷，夷甚重之。"蓋彦遠據《華陽國志·南中志》概括而來，《華陽國志》原文云："其俗徵巫鬼，好詛盟，投石結草，官常以盟詛要之。諸葛亮乃爲夷作圖譜，先畫天地日月君長城府，次畫神龍，龍生夷及牛馬羊，後畫部主吏乘馬幡蓋，巡行安恤，又畫牽牛負酒齎金寶詣之之象，以賜夷，夷甚重之。"

[八] 此條出《蜀都碎事》卷二。陳氏蓋本自宋人范鎮《東齋記事》卷四之説，文字略異。

詔[一]。相繼范瓊、陳皓、彭堅、常粲并子重胤[二]、麻居禮、道士張素卿、陳若愚，又李洪度，皆蜀人，藝俱精妙，均有畫傳世。

畫　師

吴道子畫鍾馗，以左手捉鬼，右手抉鬼目。有得之以獻蜀主者，王甚愛之，常張於卧内。一日，召黄筌曰："若用拇指掐其目，愈有力。"令筌改之。筌請歸私室，數日，别畫用拇指者并吴畫以獻[三]。蜀王問之，對曰："道子畫鍾馗，一身之力，氣色眼貌，俱在第二指。臣今所畫，一身之力，俱在拇指，不敢輒改。"蜀主嗟嘆其言。

玉壘山人景焕者，有文藝，善畫龍。涉獵經史，撰《野人閑話》《牧竪閑談》。住川城北隅，數畝園蔬，家數口，豐儉得中。山人性情温柔，守道儉素，未嘗與人有毫髪競對。人無老少，必先稱名應答。里中有富户王仲璋者，求山人畫龍，初甚愛重。後有人云："景焕雖能畫，格品低於孫位、黄筌。"遂染爲皂。山人聞之，曰："何不速言。"酬以好絹，恭謝而退。常使小僕挈帽随行，遇雨，尋僕不見，冒雨而歸[四]。妻問："何以不戴帽衣服濡濕？"答云："亢陽求雨[五]，不許人戴帽。"其妻使婢送金釵還鄰家，婢中路遺之，泣告山人，因他處假金釵令還之。山人嘗於婢僕輩知其困乏飢寒，誡謂君子不虐幼賤。山人園圃養二班鵝，夜見鵝糞中有光明，往告之。山人令以水淘之，獲金二兩餘。吁！誰謂天道高，何報答如反掌耶！

畫　圖

明皇幸蜀，過嘉陵，愛其江山，命吴道子畫於大同殿壁。王維復畫

[一]"待"，原作"侍"，形近而誤，據《圖畫見聞志》卷二改。按，此條乃據《圖畫見聞志》改寫。

[二]"胤"，原作"應"，據《圖畫見聞志》改。

[三]"拇"，原作"母"，據《居易録》卷九及前後文改。按，《居易録》或是據《圖畫見聞志》卷六改寫。

[四]"冒"，原作"帽"，承前文而誤，今據《茅亭客話》卷九"景山人"條改。

[五]"亢"，原作"元"，形近而誤，據《茅亭客話》改。

小簇，云："江山已暗大同殿，弦管猶喧凝碧池。别寫嘉陵三百里，右丞心事與誰知。"[一]

蜀孟氏時，苑中忽生百合花一本，數百房皆並蒂。圖其狀於聖壽寺門樓之東頰壁間，謂之瑞花圖[二]。

眉山老書生作《七才子入關圖》，作人物亦各有意態，余以爲趙子雲之苗裔。摹寫物情漸密，而放浪閑遠則不逮也。或謂七人者皆詩人，此筆乃少丘壑耶。山谷曰："一丘一壑，自須其人胸次有之，筆間那可得。"[三]

國初有賣藥叟高益，涿州人，因緣南衙事太宗，作《搜山圖》，極工，遂待詔翰林中。畫《相國寺行廊》及《崇夏寺殿壁》，是名大高待詔。後有蜀人高文進以蜀俘至闕，亦待詔翰林中。時新作相國寺，命文進訪高益舊本，畫四廊佛變化相。大率都下佛宫、道館，多文進筆，號之兼備曹吴采墨[四]，是爲小高待詔，今爲翰林畫工之宗。此畫多蜀人筆法，亦傳是小高所作，落筆高妙，名不虚得也。

石恪，西蜀人，善畫，尤長於山水禽魚，亦攻歌詩[五]。言論粗暴，多誚人短。開寶中，王師下西蜀，遣名畫入京[六]，恪在其數。宣於相國寺畫壁，工畢，上狀乞歸。奉敕任便，出京卒於道中。雍熙元年，殿直雷承昊奉命來衡陽，忽遇恪，爲七言詩送承昊，至暮與恪宿於舍[七]，達曉分携。承昊行經數里，思恪卒已數年，遽出所贈詩，多言衡陽風景。其詩曰："衡陽去此正三千，一路程途甚坦然。深邃門墻三楚外，清風池館五峰前。西邊市井來商客，東岸汀洲簇釣船。公退只應無别事，朱陵後洞看神仙。"及到任，公事一如恪言。詩章，好事者傳之。

卞震，成都人，登進士第。廣政時爲渝州判，有聲。嘗吟《即事》云[八]："雨壁長秋菌，風枝落病蟬。"又，"老筇撍瘦影，寒木憑吟身。"《春

[一] 此條出范公偁《過庭録》，《蜀都碎事》卷四徵引之。

[二] 此條出《蜀都碎事》卷三。陳氏本自《老學庵筆記》卷三。按，陸游評此瑞花圖云"乃知草木之妖無世無之"，蓋非以爲真祥瑞也，陳祥裔删去其説，有斷章取義之嫌。

[三] 此條及下條，見《黄庭堅全集·正集》卷二七《題七才子畫》和《書士星畫》。

[四] "備曹吴"，原作"修曹候"，據《黄庭堅全集》改。按，曹指北齊曹仲達，吴指唐代吴道子，詳《圖畫見聞志》卷一"論曹吴體法"。

[五] "攻"，原脱，據《詩話總龜》卷四六補。

[六] "遣"，原作"遺"，據《詩話總龜》改。

[七] "宿"，原脱，據《詩話總龜》補。

[八] "云"下，原衍"云"字，據《詩話總龜》卷一一删。

日偶題》云："詩債到春無處避，離愁當醉暫時無。"《即事》云："茶香解睡磨鐺煮，山色牽懷著屐登。"

巴蜀三紀以來[一]，藝能之士，精於詩畫者衆矣。沙門曇彧學李陽冰篆[二]，道士張昭嗣學柳公權書[三]。工部元員外昭嘏仿韓擇木八分，皆杜光庭門人也。僧曉巒攻張芝草書，黄少監筌、邊鸞花竹[四]，處士滕昌祐擬梁廣花草，野人張道隱學張藻松石[五]。相國李昊爲著名，李司議文才繼閻立本寫真[六]。野人平生好讀莊老書，好圖龍之真形，飄飄然雲陰雨氣，有蜿蜒之勢，撰《龍証筆訣》三卷。彭州倅鄭昭請畫龍於州西門太山府君祠，其夕三更，風雨大作。蔣貽恭《留題》詩曰："世人空解效丹青[七]，惟子通玄得墨靈。應有神鬼看下筆，豈無風雨助成形。威疑噴浪歸滄海[八]，勢欲挐雲上杳冥。静閉緑堂深夜後[九]，曉來簾幕似聞腥。"《野人閑話》

孫處士知微，字太古，彭山人也。因師益部工水墨僧令宗，俗姓丘氏。知微形貌山野[十]，性介潔。凡欲圖畫道釋尊像，精心致意，虚神静思，不茹葷飲酒[十一]，多在山觀村院，終冬夏方能周就。嘗寓青城白侯垻趙村[十二]，愛其水竹重深，囂塵不入，冀絶外慮，得專藝學。知微畫思遲滯無羈束，有位者或求之，不動，即絶食托疾而遁。有功德并故事人物傳於世。彭山尚有程永辨，亦以畫得名。

[一] 此句之前，原有"蔣貽恭"三字，今删。按，此條據《詩話總龜》卷二一引《野人閑話》之語删改而成，介紹了不少蜀地畫家，但蔣貽恭乃作詩者，非畫家，彭遵泗單獨拈出此人以作標題，實不妥。

[二]"彧"，原作"或"，形近而誤，據《詩話總龜》卷二一改。

[三]"公"，原作"工"，據乾隆本及《詩話總龜》改。

[四]"筌"下，原衍"門"字，據《詩話總龜》删。

[五]"藻"，底本乃一譌字，左"土"右"喿"，字書不載；乾隆本則作"璪"，皆誤，今據《詩話總龜》改。

[六]"本"，原作"木"，形近而誤，據《詩話總龜》改。

[七]"效"，原作"捫"，據《詩話總龜》改。

[八]"威"，原作"咸"，形近而誤，據《詩話總龜》改。

[九]"閉緑"，原作"緑閑"，據《詩話總龜》改。

[十]"知"，原作"之"，據乾隆本及《茅亭客話》卷一〇"孫處士"條改。

[十一]"葷"，原作"暈"，形近而誤，據《茅亭客話》改。後文此字之誤徑改，不再出校。

[十二]"垻"，原作"塡"，形近而誤，據《茅亭客話》卷一〇"孫處士"條改。

畫

淳化甲午，李順亂蜀[一]，張乖崖鎮之。僞蜀僭侈，其宫室規模皆王建、孟知祥乘其弊而爲之。公至則盡損之，如列郡之式[二]。郡有西樓，樓前有堂，堂之屏乃黄筌畫雙鶴花竹怪石，衆名曰雙鶴廳。南壁有黄氏畫湖灘山水雙鷺[三]，二畫妙格，冠於兩川。賊鋒既平，公自壞壁盡置其畫爲一堂，因名曰畫廳。

浣花龍興寺，《成都記》云本正覺寺，内有前益州長史臨淮武公元衡并從事五人具朝服，繪於中堂。淳化五年兵火後[四]，無畫踪矣。

成都北郭外昭覺寺，佛果圓悟禪師道場也。又有李時澤者，遂寧人，爲僧，亦名圓悟。善畫，學武洞清羅漢[五]，亦住昭覺。大殿畫十六羅漢及文殊、普賢、藥師菩薩等像於壁[六]。

醫術

蜀醫昝殷言[七]，藏氣陰多則數夢[八]，陽壯則少夢，夢亦不復記。《周禮》有掌三夢，又"以日月星辰各占六夢"，謂日有甲乙，月有建破，星辰有居直，星有扶刻也。又曰："舍萌於四方，以贈惡夢。"謂會民方相氏[九]，四面而逐惡夢至四郊也。

朱師古，眉州人。年三十時得疾，不能食，聞葷腥即嘔。用火鐺旋煮湯沃淡飯，數數食之，醫莫能治。史載之曰："俗輩不讀醫經而妄欲療

[一]"順"下，原衍"作"字，音節不協，據《湘山野録》卷上、《蜀都碎事》卷三删。
[二]"如"，原脱，據《湘山野録》《蜀都碎事》補。
[三]"山"，原作"上"，據《湘山野録》《蜀都碎事》改。
[四]"後"，原作"復"，據《益州名畫録》卷下、《蜀都碎事》卷四改。
[五]"清"，原作"青"，據乾隆本及《畫繼》卷五、《蜀中廣記》卷一〇八改。
[六]"十六"，原誤倒，據乾隆本及《畫繼》《蜀中廣記》乙正。
[七]"昝"，原作"咎"，形近而誤，據乾隆本及《酉陽雜俎》卷八改。
[八]"數"，原脱，據《酉陽雜俎》補。
[九]"會"，原作"惠"，據《酉陽雜俎》改。按，此條中所涉天文曆法之事，可參洪邁《容齋隨筆·續筆》卷七"建除十二辰"。

人，可嘆也。君之疾正在《素問》經中，名食掛[一]。凡人肺六葉，舒張如蓋，下覆於脾，子母氣和則進食。一或有疾則肺不能舒，脾爲之蔽，故不嗜食。《素問》曰：'肺葉焦熱掛。'”[二]遂授一方，買藥服之。三日，聞人食肉甚香，取而啖之，遂愈。

譚居士名仁顯，成都人也。以醫爲事，居郡城東南隅。凡庭廡籬落間，遍植草藥[三]，年高而精神愈壯，無喜怒，故毁譽不足以動其心。手持數珠，常誦佛經。治病所得錢帛，隨即分授於貧者，竟不言，但行陰施默益之道。每行藥至午方歸，閉户靠壁，瞑目而坐[四]。大中祥符乙卯冬示疾，端坐而逝，時年一百。未化前，人問居士長生法，對曰：“至於導養得理[五]，以盡性命，百年猶恨其多，況久生乎！”

唐慎微，字審元，華陽人。貌寢陋，舉動言語樸吶，而中極明敏。其治病百不失一，語症候不過數言，再問之，輒怒不應。其於人不以貴賤，有所召必往，寒暑雨雪不避也。其爲士人療病，不取一錢，但以名方秘籙爲請[六]。以此士人尤喜之，每於經史中得一藥名[七]、一方論，必録以告，遂集爲《經史證類本草》。尚書左丞蒲傳正[八]，欲以執政恩例奏與一官，拒而不受。其二子：五十一、五十四[九]，及婿張宗説字巖老，皆傳其藝，爲名醫。

技藝

景德五年，蜀人龔美者，以煅銀爲業。劉通爲虎捷都指揮使，從征

[一]“掛”，原作“卦”，據《閑窗括異志》改。

[二]“焦”，原作“雋”，與《閑窗括異志》同。今據《黄帝内經素問》卷一二《痿論篇第四十四》之“肺熱葉焦”之語改。

[三]“遍”，原作“偏”，據《茅亭客話》卷一〇之“譚居士”條改。

[四]“瞑”，原作“暝”，形近而誤，據《茅亭客話》改。

[五]“養”，原脱，據《茅亭客話》補。

[六]“名方”，原倒誤，據《證類本草·補注本草奏敕》改。◎“籙”，原作“録”，據《證類本草》改。

[七]“藥”，原作“樂”，《證類本草》改。

[八]“左”，原作“右”，據《證類本草》及《宋史·蒲宗孟傳》改。

[九]按，《證類本草·補注本草奏敕》有“偶忘其名”幾字，故以年歲代名也。

太原，道卒。一女在襁褓而孤，鞠於外氏，善播鼗，美携之至京師[一]。年十五，入襄邸，帝即位，自美人進位德妃，專寵後宫。郭后崩，立爲后，以無宗族，更以美爲兄，改其姓爲劉。

蜀人有楊行廉，精巧，嘗刻木爲僧，於益州市引手乞錢。滿五十於手[二]，則自傾寫下瓶口。

老鴉山在滎昌[三]，有李戡、戣故宅。二李善奕，會虜索棋戰，詔求天下善奕者，蜀以戡應詔，虜望風而畏，不敢措手[四]。文潞公詩云："昌元建邑幾經春，百里封疆秀色新。鴨子池邊登第客[五]，老鴉山下著棋人。"

成都寶相寺偏院小殿中有菩薩像，其塵不集，如新塑者。相傳此像初造時，匠人依明堂，先具五藏，次四肢百節，百餘年纖塵不凝焉[六]。

張思訓，蜀人。太平興國中，製上渾儀。其制與舊儀不同，最爲巧捷，起爲樓閣數層，高丈餘，以木偶爲七值人，以值七政，自能撞鐘擊鼓。又爲十二神，各值一時，即自執辰牌循環而出。見袁褧《楓窗小牘》[七]。

藝　術

熙寧初，吴仲庶知成都。一日，文明廳前大槐樹枝葉皆出烟，色青白如焚香，至暮方止，木如故。歷訪諸士，莫知其説。惟楊損之云："《陰符經》謂：'火生木，禍發必克。'疑有將士作亂而不成。"月餘，果告戍作亂者，皆獲[八]。

蜀有楊艮者，善議命，游東南公卿間。瞽而多知，自云知數，言頗

[一]"京"，原脱，據《宋史·后妃傳上·章獻明肅劉皇后》補。
[二]"於"，原作"餘"，今據《獨異志》卷上改，亦見《蜀都碎事》卷一。按，此木頭僧乃機關設定手臂最重只能承載五十錢，故作"餘"不確，或音同而誤。
[三]"滎"，原作"雲"，古音相同而誤，據乾隆本及《蜀都碎事》卷二改。
[四]"措"，原作"借"，形近而誤，據《蜀都碎事》改。
[五]"鴨"，原作"鳴"，形近而誤，據乾隆本及《方輿勝覽》卷六四《昌州·人物》"李戡"條注文、《蜀中廣記》卷一七等改。◎"客"，與《方輿勝覽》及《輿地紀勝》卷一六一《昌州·詩》下第一首所引文彦博之詩同，《蜀都碎事》作"宅"，與文淵閣《四庫全書》本《兩宋名賢小集》卷七《文彦博集·滎昌縣》所載同。
[六]此條見《酉陽雜俎》卷六，《蜀都碎事》卷三亦徵引。
[七]此條出百歲寓翁《楓窗小牘》。"百歲寓翁"爲袁氏撰書題名，其本名袁褧，字尚之，晚耕謝湖，自號謝湖居士，宋代吴縣人。諸生，貢太學。工詩、文、書、畫，書尤俊邁。
[八]此條出楊彦齡《楊公筆録》，文字略異。《天中記》卷五一、雍正《四川通志》卷四五等亦載。

不碌碌，其得失多以五行爲主，不深信《珞琭》諸書。嘉泰辛酉，來九江，太守易文昌袚留之。時韓平原侂胄得君，權震天下，艮屏人愀然曰："是不能令終。"畢言年月日，顧當兆禍之歲，歷歷可據。既而，皆大驗，乃嘆其神，其他無不中者[一]。

樂　器

蜀人雷威作琴，不必皆桐。遇大風雪中，獨往峨眉酣飲，著簑笠入深松中聽其聲，連延悠揚者伐之以爲琴，妙過於桐，世稱雷公琴。有最愛重，以松雪名之。常自品第，第一者以玉徽，次者以琴瑟徽，又次者以金徽，又次者螺蚌之徽[二]。

檀槽琵琶。開元中，有中官使蜀回[三]，得琵琶以獻。其槽邏皆杪檀爲之[四]，温潤如玉，光耀可鑒。楊妃每抱是奏於梨園[五]，音韻凄清飄如雲外[六]。虢國以下，兢爲貴妃琵琶，弟子每受曲畢，皆廣有進獻。李義山詩云："檀槽一抹廣陵春。"[七]

《禮樂志》曰："漢成帝綏和元年，犍爲郡於水濱得古磬一十六枚。劉向説帝宜興辟雍。"[八]

音　樂

宋徽宗朝時有魏漢津者[九]，蜀黔卒。造《大晟樂》，以帝皇制樂，實

[一] 此條出《桯史》卷一五之"楊艮議命"，有刪削。

[二] 此條出元伊世珍《琅嬛記》卷中及《太平御覽》卷五七九引《唐國史補》之言。"以松雪名之"及其之前摘録自《琅嬛記》，其書言本自《采蘭雜志》，然所謂《采蘭雜志》者，亦僞書也。其後之内容見《太平御覽》引《唐國史補》之言，彭氏合而論之。

[三] 按，據《太平廣記》卷二〇五、陳敬《陳氏香譜》等載，中官即"白秀貞"也。

[四] "杪"，原作"抄"，據《太平廣記》改，《陳氏香譜》作"沙"。

[五] "梨"，原作"梁"，據《太平廣記》改。

[六] "凄"，原脱，據《太平廣記》補。

[七] 按，李詩見《李義山詩集》卷三、《全唐詩》卷五四一，題名《定子》。題注云："此詩又見《杜牧外集》，題作《隋苑》。"

[八] 此條出《漢書·禮樂志二》。

[九] "宗"，原作"宋"，形近而誤，據《宋史·方技列傳下·魏漢津》改。按，此條或改寫自元姚桐壽《樂郊私語》。

自其身得之[一]，請以徽廟中指三寸三節定黄鍾之律。蔡京亦從臾其説[二]，即使範金裁石，用之郊廟，頒其樂於天下。然徽廟指寸，視人加長，而樂律遂高。漢津亦私謂其子弟任宗堯曰："律高則聲過哀，而亂國無日矣。當今聖人，其身出而身遘之乎？"未幾，遂有靖康之禍。

蜀將軍皇甫直，别音律，擊陶器能知時月，好彈琵琶。元和中，嘗造一調，乘凉臨水池彈之[三]。本黄鍾而聲入蕤賓，因更弦再三奏之，聲猶蕤賓也。直甚惑，不悦，自意爲不祥。隔日，又奏於池上，聲如故。試彈於他處，則黄鍾也。直因調蕤賓，夜復彈於池上，覺近岸波動，有物激水如魚躍，及下弦，則没矣。直遂集客車水竭池，窮池索之。數日，泥下丈餘得鐵一片，乃方響蕤賓鐵也。

黄處士名延矩，字垂範，眉州人也。少爲僧，性僻而簡，嘗言："家習正聲，自唐以來待詔金馬門，父隨僖宗入蜀，至某四世矣。琴最勝於蜀，製作者數家，惟雷氏而已。"又云："雷氏之琴不必盡善，有瑟瑟徽者爲上，金玉者次之，螺蚌者抑又次焉。所以爲異者，岳雖高而弦低，雖低而不拍面，按之若指下無弦[四]，吟振之則有餘韻。非雷氏琴者，箏聲，絶無琴韻也。"又言："隋文帝子蜀王秀造千面琴，散在人間，故有號寒玉、韻磬、響泉、和志者。琴則有操、引、曲、調及弄[五]，弦則有歌詩五曲：一曰《伐檀》，二曰《鹿鳴》，三曰《騶虞》，四曰《鵲巢》，五曰《白駒》。蓋取諸《國風》《雅》《頌》之詩，聲其章句，以律和之之謂也。"咸平中，知州馮知節召孫知微畫，俾處士彈琴，二公俱止僧舍。進士張及贈之詩曰："二公高節厭喧卑[六]，同寄蕭宫共展眉[七]。玉樹冰壺齊品格，野雲皋鶴本追隨。泉流指下何人賞，岳峭毫端衹自知。綣戀賢侯美風教，故山歸去尚遲遲。"祥符壬子，各告歸鄉里，是年病卒，年八十。

[一]"得之"，原誤倒，據乾隆本及《樂郊私語》乙正。

[二]"從臾"，原作"更從"，先形近而誤後又誤倒所致也，據《樂郊私語》改。按，從臾義同慫恿。

[三]"調"，原作"詞"，或妄改，或形近而誤，據《酉陽雜俎》卷六改。◎"池"，原脱，據《酉陽雜俎》及後文補，文義更暢。按，段成式以爲乃蜀人皇甫直之事，《太平御覽》卷五八三引《樂府雜録》則言爲武唐宗時朱崖李太尉樂吏廉郊之事。

[四]"若"，原脱，據《茅亭客話》卷一〇"黄處士"條補。按，此條本自《茅亭客話》而略有删改。

[五]"有"，原脱，據《茅亭客話》補。

[六]"卑"，原作"嘩"，據《茅亭客話》改。

[七]"宫"，原作"公"，據《茅亭客話》改。

樂伎

《晉・樂志》:“漢高祖自蜀得定三秦，閬中范因率賨人從帝爲前鋒，遂封因爲閬中侯，復賨人七姓。其俗善舞，高祖樂其猛鋭，使樂人習之。閬中有渝水，因其所居，故名巴渝舞。”[一]

楊正經，字懷玉，蜀人。其先酉陽宣慰司土官也。及身爲將，通音律，善鼓琴。崇禎中修復雅樂，或薦之。召見稱旨，出内府漢文帝、唐太宗二琴賜之，官太常。癸未，以母喪歸蜀，奉賜琴以行。次旅舍，懸琴壁間，鏗然有聲者三。正經泣曰:“此亡國之徵也，不再臘矣!”是日，李自成入潼關，明年甲申明亡。正經僧服，時抱賜琴出游吴楚間，人呼爲僧太常云[二]。

蜀孟昶十四年[三]，俳優有唱《康老子》者，《教坊記》又名《得寶子》。衍問李昊等所自出[四]，徐光溥曰[五]:“康老而無子，落拓不事生業[六]，好與黎園樂工游。一旦家貲蕩盡而死，樂工哀之，爲製曲以祀之云[七]:‘逢場作曲，對酒當歌。冠裳意褻，傀儡情多。人生頭白，爲歡幾何?’”

蜀主昶令羅城上盡插芙蓉，盛開四十里，語左右曰:“古以蜀爲錦城，今觀之，真錦城也。”嘗夜同花蕊夫人避暑於摩訶池上，作《洞仙歌》[八]。

[一] 此條出《晉書・樂志下》。
[二] 此條出《居易録》卷二四。
[三] “孟昶”，原作“王衍”，承襲《古今詞話》卷上之誤也，今據《蜀檮杌校箋》卷四改。
[四] “問”，原作“簡”，據《古今詞話》及前後文改。◎“昊”，本作“旻”，形近而誤，據《古今詞話》卷上改。
[五] “溥”，原作“濤”，形近而誤，據《古今詞話》改。
[六] “生”，原作“産”，據乾隆本及《蜀檮杌》卷下、《古今詞話》改。
[七] “製”，原作“短”，據乾隆本及《古今詞話》改。
[八] “洞仙歌”，與《古今詞話》卷上“孟昶洞仙歌”條同。然《古今詞話》云本自《漫叟詩話》，實則《漫叟詩話》、《歷代詞話》卷三、《詞苑萃編》卷一〇等皆作“《玉樓春》詞”，據《御定詞譜》，《玉樓春》與《洞仙歌》不同，疑《古今詞話》有誤。

蜀故卷二十五

藝術二

術　士

蜀人嚴儲者，與蘇易簡之父善。儲之始舉進士，而易簡生三日爲飲局。有日者同席，儲以年月詢之，日者曰：“君當俟蘇公之子爲狀元乃成名。”坐客皆笑。後歸朝，累舉不捷。太平興國五年，於易簡榜下登第[一]。

巫山道士黄萬護以符藥救人[二]，蜀王建召之，鋪草席水面，溯流而上[三]，一日至成都。

漢趙賓好異説，以氣爲箕子[四]。箕子者，萬物荄兹也。顔師古曰：“古皆‘荄、箕’同音。”

僞蜀將韋承皋典眉州，召僧行真至郡[五]，同修作金法。藥垂成，韋坐貶，盧敬芝送至蟆頤津。韋牧沉藥鼎於江中[六]，謂盧生曰：“先是，授吾術韋處士者，吾害之而滅口。今日之事，藥成而禍及，其有神理乎？”蜀國變更，韋以拒魏王之師誅死。

侯莫陳三字姓利用，成都人，賣藥京師，黄白術以惑人。太宗召見，試其術頗驗，累官至團練使。前後賜與甚厚，居處皆僭乘輿。趙普廉知殺

[一] 此條出《湘山野録·續録》“蜀人嚴儲”，《蜀都碎事》卷三亦載。

[二]“萬”，原脱，據《續博物志》卷三補。

[三]“溯”，原作“泝”，據《續博物志》改。

[四]“爲”，原作“無”，承襲《續博物志》卷一〇而誤，今據《漢書·儒林傳·孟喜》附趙賓傳改。

[五]“真”，原作“其”，據《北夢瑣言·逸文》卷一“韋承皋修黄白術”條改，此處文字有删節。《太平廣記》卷一二四、《蜀中廣記》卷九〇亦載。

[六]“牧沉藥”，原作“收藥沉”，誤，據《北夢瑣言》改。

人及不法事，奏之。太宗令中使虀殺之，已復遣貸死。後使馬旋濘而仆，比追及，已爲前使誅矣[一]。

術　數

楊由爲成都文學掾[二]，少治《易》，曉占候。忽有風起，太守廉范問之，由曰："有薦木實者，色黄赤。"頃之，五官掾獻橘數包[三]。

蜀漢時，周群妙嫻算術讖説。游岷山采藥，見一白猿，從絶峰而下，對群而立。群抽所佩書刀投猿，猿化爲一老翁，握中有玉版長八寸[四]，以授群。群問曰："公是何年生？"答曰："已衰邁矣，忘其年月。猶憶軒轅之時始學曆數，風后、容成，皆黄帝之史，就余授曆術。至顓頊時，考定日月星辰之運[五]，尤多差異[六]。春秋時，有子韋、子野、裨竈之徒[七]，權略雖驗，未得其門[八]。邇來世代興亡不復可記，因以相襲。至大漢時，有洛下閎，頗得其旨。"群服其言[九]，更精勤算術，及考校年曆之運，驗於圖緯，知蜀應滅。及明年，歸命奔吴，皆云："周群詳陰陽之精妙也。"蜀人謂之後聖。白猿之異，有似越人所記，而事皆迂誕，似是而非。

至和二年，成都人有費孝先者始來眉山，云："近游青城山，訪老人村，壞一竹床。"孝先謝不敏，且欲償其值。老人笑曰："子視其下字云：此床以某年月日某造，至某年月日爲費孝先所壞[十]。成敗自有數，何以償爲？"孝先知有異，乃留師之。老人授以《易》軌革卦影之術，前此

[一]"已"下，原衍"以"字，據《宋史・佞幸傳・侯莫陳利用》删。

[二]"掾"，原脱，據《藝文類聚》卷八六所引《益部耆舊傳》及《後漢書・方術列傳・楊由》補。

[三]"掾"，原作"椽"，形近而誤，據《藝文類聚》等改。◎"包"，原作"色"，形近而誤，據《藝文類聚》等改。按，《蜀都碎事》卷四載此條，錯譌相同，本條蓋據之抄録也。

[四]"版"，原作"板"，據乾隆本及《拾遺記》改。按，此條出《拾遺記》卷八，《太平廣記》卷四四四、《蜀中廣記》卷七八、《廣博物志》卷四等亦引之。

[五]"考"，原作"者"，形近而誤，據《拾遺記》改。

[六]"尤多"，原作"毫無"，據乾隆本及《拾遺記》改。

[七]"徒"，原作"術"，據《拾遺記》改。

[八]"門"，原作"中"，據乾隆本及《拾遺記》改。

[九]"服"，原作"復"，蓋承襲《太平廣記》之誤而來，今據《拾遺記》等改。

[十]"孝"，原作"老"，形近而誤，據五卷本《東坡志林》卷三、十二卷本《東坡志林》卷一〇及前後文改。

未有知此學者。後五六年，孝先以此致富。東坡《仇池筆記》[一]

丁元和者，蜀人。自幼好道，不慕聲利，疏放無羈束。或晴霽負琴，出郭飲酒，杖策逍遥於田畝間。常言祖父長興元年於遂州值孟先主與東川董太尉會兵攻圍州城，先是，城中有一貧士曰宋自然，嘗於街市乞丐，里人不能辨之。至重圍中，人皆飢殍，宋亦餓殍於州市，相識者以簟裹埋城下。至明年，有遂州驅使李彦先往潞州勾當，至城破方還[二]，説見宋自然在路州，告云："君若歸，傳與相識五六家，那時甚是勞煩。"[三]人答以自然於重圍中已死。因與發冢處，只見簟，其間有一紙，文字云："心是靈臺神之室，口爲玉池生玉液。常將玉液溉靈臺，流利關元滋百脉。百脉潤柯葉生青[四]，葉青柯潤便長生。世人不會長生藥，煉石燒丹勞爾形。"元和因是學道，深得其用。

玉液者，舌下兩脉津水也。每旦於起坐瞑目絶慮[五]，叩齒二七通，漱令滿口，乃吞之。以意送至臍下、炁海一七遍，經久自然流水瀝瀝如下坎澗之聲[六]。如此，則百脉和暢。《黄庭經》云："玉池津水灌靈根。"又曰："漱咽靈液灾不干。"[七]此之謂也。

謝道人，洪雅人。嘗賦《苕帚》詩云："掃此圖清净[八]，愈掃愈不净。欲要掃教净，放下苕帚柄。"在彭州葛仙治洞中坐[九]，多有蛇纏身，三五日不去。移上深山中打坐，忽一日，以青褐寄觀主"我去矣"。數日不知何往[十]，倚大石而逝，觀主瘞之。是日，有一老持謝道人簡來取青褐[十一]，老云："偶相遇在閬州。"始知其尸解矣。

湖廣黄岡縣陽邏驛有柳夫人墓，廟烟火尚盛。考《志》云：夫人蜀

[一] 此條出《東坡志林》，百二十卷本《説郛》卷二八所載則云出《仇池筆記》。
[二] "還"，乾隆本與《茅亭客話》卷四"丁元和"條作"歸"。
[三] "那時"，原作"郡務"，據乾隆本及《茅亭客話》改。
[四] "百脉"，原脱，據《茅亭客話》補。
[五] "瞑"，底本缺，乾隆本誤作"暝"，據《茅亭客話》卷一〇"杜大舉"條補。
[六] "如"，原脱，據《茅亭客話》補。
[七] "黄庭經"，又名《老子黄庭經》，傳爲老子撰，蓋或附會，實難考證。包括《黄庭外景經》《黄庭内景經》，後又竄入《中景經》。此二句分别出《黄庭外景經·上部經第一》《黄庭内景經·口爲章第三》，見正統《道藏》之《修真十書》。
[八] "圖清净"，原作"清净圖"，據《貴耳集》卷中乙正。
[九] "治"，原作"沼"，形近而誤，據《貴耳集》改。
[十] "往"，原脱，據《貴耳集》補。
[十一] "簡"，原作"束"，據《貴耳集》改。

人，祖秉忠，父正，皆仕元。夫人生而靈異，齠年遭刃，無所傷[一]。稍長，好道及讖緯術，歸龍氏，且有子矣。父謀抗明兵，夫人言："天命有在。"不聽，與婿敗，死，夫人爲俘。洪武恩詔放還，溯行江上，舟至陽邏虎頭磯，愛林巒幽奇，洲渚環向[二]，遂請地於官，許之。夫人入山，踞顛績麻[三]。七日，有叟皤然，袖符籙一卷授夫人曰："明此役鬼神，驅六丁矣。"是夕，風雷拔木，鷙獸潛藏，乃剪荆棘而居焉。適鄧將軍愈討麻陽，道過陽邏，微服往見。夫人獨目之，曰："將軍何不輿乎？"愈令軍中知法術者與之角[四]，皆禁不得試。夫人知愈輕麻陽，乃曰："將軍無輕敵[五]，敵脱有急[六]，吾當助之。"愈問其徵，曰："群鴉作陣。"愈進討，兵果失利。天忽瞑晦，群鴉翔集，見夫人緋衣躍馬空中，霹靂山震，轉石揚沙，乘之，大勝。麻陽平，歸奏太祖，賜封妙真夫人[七]。後夫人欲建太岳祠而難其材，值木筏蔽江而下，乃以一絲繫績具，筏膠不行，商乃輸木。後年九十解去。

張洸[八]，字海上，王蜀舉人。雍熙丙戌歲，往嘉州謁平羌令。船次平羌漑下夜泊，夢二人容貌端嚴，白衣華焕，於洸前俯伏求救。洸覺，惟聞船棧下跳躑之聲不已，視之，乃二鯉魚焉。洸性躁急不容物，怒此魚撓其寢，遂扶棧取魚棄於大江中。既而就寢，復夢二白衣持大蒜數頭，懇謝而去[九]。遲明方悟，向夢者魚也。至平羌，以夢告令，令曰："祥符也！放魚所感蒜者，算也，當延君算耳。"洸至晚年，著《後隱書》三卷，壽七十八。

楊艮者[十]，善議命，游公卿間。瞽而多智，自云知數，言頗不碌碌。其得失多以五行爲主，不深信《珞琭》諸書。時韓侂胄當國，權震天下。

[一]"刃""無"二字，原爲墨丁，據乾隆本及雍正《湖廣通志》卷七四補。按，此條乃據《湖廣通志》删削而成。

[二]"洲"，原作"州"，不詞，據文獻用例改。

[三]"績"，原作"續"，據《湖廣通志》改，後文此字之誤徑改。

[四]"角"，原作"甬"，形近而誤，據《湖廣通志》改。

[五]"輕"，原脱，據《湖廣通志》補。

[六]"急"，原脱，據《湖廣通志》補。

[七]"妙真"，原作"真沙"，據《湖廣通志》改。

[八]"洸"，原作"滉"，據《茅亭客話》卷二"張海上"條改。

[九]"懇"，原作"邈"，據《茅亭客話》改。

[十]"楊"，原作"揚"，據《桯史》卷一五"楊艮議命"條改。按，《蜀故》卷二四亦引此人事迹，但截取内容不同，實當合爲一條也。

周夢與扣以所至[一]，愀然曰："是不能令終。夫年壬申[二]，金也，申爲金位，有坤土以厚之[三]，故金之剛者莫加焉，目曰劍鋒，從可知矣。是金不復畏它火[四]，惟丙寅能制之，蓋支干納音俱爲火，而履於木，木實生火，火且自生，生生不窮[五]，雖使百煉，終能勝天理之自然哉！凡人生時主末，今乃遇之，兆已成矣。且其月辛亥，其日己巳，四孟全備，二氣交戰，雖以致大受之福，亦以挻衝擊之灾[六]。今術者頗亦知之[七]，多疑其丙寅歲病死，其實不然。蓋火炎金液[八]，外强中乾，以剛遇烈，赫赫然天地一爐鞴，萬物一橐籥，孰可向邇，是年顧當兆禍耳，未疾顛也。年運於卯，火爲沐浴[九]，氣微而敗，灰燼鎔竭，不能支矣。然受物也大，非盡其用不可[十]，一陽將萌，亶其時乎？"時吴江丞袁韶登科，人有雋才。或問其命，曰："辛巳、丙申、丁亥、壬寅，亦俱在四孟，而丁壬丙辛皆真化，且於格爲天地[十一]，合德尤分明。"遂扣艮前説，因以爲擬。艮作而言曰："惟其太分明[十二]，所以非韓比，特二化氣皆生[十三]，韓自此却不及之。"既而艮言皆大驗，人乃服其神。

謝石，字潤夫，成都人，以相字言人禍福。求相者但隨意書一字，即就其字離析而言，無不奇中，名聞九重。上皇因書一"朝"字，令中貴人持往試之。石見字即端視中貴人曰："此非觀察所書也。然謝石賤術，據字而言，今日遭遇即因此，黥配遠行亦此字也，但未敢遽言之也。"中貴人愕然，且謂之曰："但有所據，盡言無懼。"石以手加額，曰："朝字離之爲十月十日字，非此月此日所生之天人，當誰書也？"一座皆驚，

[一]"至"，原作"生"，據《桯史》改。
[二]"夫"，原作"天"，據《桯史》改。
[三]"土"，原脱，據《桯史》補。
[四]"它"，原作"官"，據《桯史》改。
[五]"生生"，原不重，據《桯史》補一"生"字。
[六]"挻"，原作"挺"，形近而誤，據《桯史》改。按，挻，引發之義也。◎"擊"，原作"繫"，據《桯史》改。
[七]"今"，原作"金"，據《桯史》改。
[八]"炎"，原作"灾"，形近而誤，據《桯史》卷一五改。
[九]"沐"，《桯史》作"沭"，但文淵閣《四庫全書》本《桯史》作"沐"，頗疑整理本形近而誤。
[十]"非"，原作"罪"，據《桯史》改。
[十一]"格爲"，原作"相生"，據乾隆本及《桯史》改。
[十二]"太"，原作"大"，據《桯史》改。
[十三]"二"，原作"一"，形近而誤，據《桯史》改。

中貴馳奏。翌日，召至後苑，令左右及宫嬪書字示之，皆據字論説禍福，俱有精理，錫賚甚厚，并與補承信郎。緣此四方求相者，其門如市。有朝士，其室懷孕過月，手書一“也”字，令其夫持問。是日，座甚衆，石祥視，謂朝士曰：“此閣中所書否？”曰：“何以言之？”石曰：“謂語助者，焉、哉、乎、也，因知是内助所書。尊閣盛年三十一否？”曰：“是也。”“以也字上爲三十，下爲一也。然吾官寄此[一]，當力謀遷動而不可得否？”曰：“正以此爲撓耳。”“蓋‘也’字著水則爲池，有馬則爲馳，今池運則無水，陸馳則無馬[二]，是安可動也。又尊閣父母、兄弟、近身親人無一存者，以‘也’字著人，則是‘他’字，今獨見‘也’而不見‘人’。又尊閣其家亦皆蕩盡，以‘也’著土則爲‘地’字，今又不見土也，二者俱是否？”曰：“誠如所言。”朝士即謂之曰：“此皆非所問者，賤室懷孕過月，方切憂之，所以問耳。”石曰：“是必十三個月也。以字中有十字，並兩傍二竪下畫爲十三也。”石熟視朝士曰：“有一事似涉奇怪，因欲不言，官人所問，正决此事。”朝士請其説，石曰：“‘也’字著虫爲‘虵’字，今尊閣所孕[三]，殆虵妖也。然不見蟲蠱[四]，則不能爲害。謝石亦有薄術，可爲官人以藥下驗之，無害也。”朝士大異其説，請至家。以藥服之，果下百數小虵而體平[五]。都人益共神之[六]，而不知其竟挾何術也。

拆字而神奇若此乎[七]？挾術一語得之。不然，則與近日懸粉牌赶棚廠逢人滿口胡説者何異[八]？

馮山人懷古，字德淳，遂寧人。有人倫之鑑，善辨山水地理[九]。太平興國中，於青城山三蹊路牛心山前看花，山後因卜居，立三間大閣，偃息其中。居常所論，皆丹石之旨，以吐納導引爲事[十]，博采方訣、歌

[一]“吾”，原作“君”，據乾隆本及《春渚紀聞》卷二“謝石拆字”條改。

[二]“馳”，原作“運”，據乾隆本及《春渚紀聞》改。

[三]“閣”，原作“閔”，據《春渚紀聞》改。

[四]“蟲”，原作“蠱”，據《春渚紀聞》改。

[五]“百”，《春渚紀聞》無，而《説郛》卷四一、《宋稗類鈔》卷三〇所引皆有。

[六]“益”，原作“亦”，據《春渚紀聞》改。

[七]“拆”，原作“折”，形近而誤，據文義改。

[八]“赶”，乾隆本作“趕”。

[九]“理”，原作“里”，據《茅亭客話》卷二“馮山人”條改，後文此字徑改。

[十]“引”，原作“飲”，據《茅亭客話》改。

頌、圖記、丹經、道書，無不研考。咸平中，成都一豪家葬父，遍訪能地理者選山卜穴，凡數歲方得之。因令馮看之，馮曰："陵回阜轉，山高隴長，水出分明，甚奇絶也。"主人云："葬後以來，家財耗散，人口淪亡，何奇絶地如是耶？"[一]山人曰："頗妄言之。凡萬物中人最爲靈，受命於天，與物且異[二]，而有貴賤，各得其位。如鳥有巢、獸有穴，故無互相奪，此山是葬公侯之地[三]，豈常人可處？所以亡者不得安，存者不得寧[四]。《易》曰：'負且乘，致寇至。小人而乘君子之器。'其是之謂乎？"

王蜀子城南隅有道士，開卜肆，言人生平休咎，皆目睹。蜀廣政中，進士蘇協、杜希言同往訪之。道士謂蘇曰："秀才明年必成名。"蘇未深信之。道士曰："名固定矣，兼生貴子。"時内饋方孕逼期，因是積以爲驗。顧杜曰："秀才成何太晚耶！"杜不樂，以爲妄誕，愠而退。明年春，蘇於制誥賈舍人下及第[五]，杜果無成。蘇過杏園讌，生一子，即易簡也，至禮部侍郎、參知政事。杜方悟道士之言，遂再謁之，問："名第雖云晚成，未審禄秩何年，遐終何地？"道士曰："秀才勉旃，必成大名。然其事稍異，不能言之。"杜請，曰："君成名之日，在蘇先輩新長之子座下。"杜曰："若保斯言，欲辭福禄，得乎？"道士曰："從此以往，未之或知也。"其年，蘇授彭州司法參軍，改陸州軍事推官。宋伐蜀[六]，赴闕，累任外官，其子果以狀元及第。端拱二年，由翰林學士知貢舉，杜始得成都解，南宫奏名登第，授常州軍事推官，不禄。

蜀士胡姓，知其女貴，生子能作宰相，携入京師，尋一朝士生宰相者，即與之。遇道間見韓光禄國華[七]，拜於馬首云："三年在京師，閱人多矣。光禄必生宰相子，敢以女爲獻。"後果生魏公，韓氏家廟有胡夫人[八]。

韓魏公《太夫人胡氏墓誌銘》[九]：夫人胡氏，蜀郡成都人。曾高以

[一]"何"，原脱，據《茅亭客話》補。
[二]"物"，原脱，據《茅亭客話》補。
[三]"葬"，原脱，據《茅亭客話》補。
[四]"安存"，原誤倒，據《茅亭客話》乙正。
[五]"於""下"，原脱，據《茅亭客話》卷二"蘇推官"條補。
[六]"伐"，原作"自"，據乾隆本及《茅亭客話》改。
[七]"國華"，原誤倒，據《貴耳集》卷下乙正。
[八]"韓"，原作"魏"，據《貴耳集》及後文改。按，韓魏公乃韓琦，《宋史》卷三一二有傳。
[九]"太夫人胡氏墓誌銘"，原作"胡夫人墓"，據《安陽集》卷四六改。按，此條乃據墓誌銘改寫。

來，世籍富貴，豪於西土。父覺，始仕孟氏。太祖平兩川，遣歸闕，生夫人於京師，久之不得調，卒。夫人從母李氏，適故秦王牙吏王慶，王被譴[一]，家族無依，遂以夫人歸太師，生魏公、其兄曰璩二人。

《桯史》云[二]："蜀伶多能文，俳語率雜以經史，凡制帥幕府之燕集[三]，多用之。嘉定初，吴畏齋帥成都[四]，從行者多選人，類以京削繫念，伶知其然。一日，爲古冠服數人游於庭，自稱孔門弟子，交質以姓，或曰'常'，或曰'於'，問其所蒞官，則合而應之曰：'皆選人也。'固請析之，居首者率然對曰：'子不我知？《論語》所謂"常從事於斯矣"，即某其人也。官爲從事而繫以姓，固理之常。'[五]問其次，曰：'亦出《論語》，"於從政乎何有"，蓋即某官氏之稱。'又問其次，曰：'某亦出《論語》十七篇，所謂"吾將仕矣"。'遂相與嗟咤，以選調爲淹抑。有慫慂其旁曰：'子之名不見於七十子，固聖門下弟，盍叩十哲而受教焉？'如其言，見顔、閔方在堂，群而請益，子騫蹙額曰[六]：'何必改？'兖公應之曰[七]：'然，回也不改。'衆憮然，曰：'無已，質諸夫子。'如之，夫子不答，久而曰：'鑽燧改火，急可已矣。'坐客皆愧而笑，聞者至今改顔。優流侮聖言，真可誅絶，特記一時之戲語如此。"

胡給事元質制置四川，撤新貢院，壯麗甲西州。嗣歲庚子適大比，乃侈其事，命供帳考校者，悉倍前規。鵠袍入試，茗卒饋漿，公庖繼肉，坐案寬潔[八]，執事恪恭，誾誾于于，以暢於文，士論大愜。會初場題出《孟子》"舜聞善若決江河"，而以"聞善而行，沛然莫禦"爲韻。士既就案矣，蜀俗敬長而尚先達，在場不廢請益焉。晡後，忽一老儒摘《禮部韻》示諸生，謂沛字惟十四泰有之，一爲顛沛，一爲沛邑，注無決沛之義，惟他有霈字，乃從雨，爲可疑。衆曰："是。"哄然扣簾請。出題者

[一]"譴"，原作"遣"，據《安陽集》改。
[二]"桯"，原作"程"，形近而誤，據《桯史》卷一三"選人戲語"條改。
[三]"幕"，原作"慕"，據《桯史》改。
[四]"吴畏齋"，指吴獵，《宋史》卷三九七有傳，曾官四川制置使，兼知成都府，有《畏齋文集》。
[五]"固"，原作"亦"，據乾隆本及《桯史》改。◎"常"，《桯史》作"然"，亦通。
[六]"蹙"，原作"慼"，據《桯史》改。
[七]"兖"，原作"交"，據乾隆本及《桯史》改。
[八]"坐"，原脱，據《桯史》卷一〇"萬春伶語"條補。

偶假寐，有少年出酬之，漫不經意，亶云[一]：“《禮部韻》注義既非，增一雨頭無害也。”[二]揖而退，如言以登於卷。坐遠於簾者，或不聞知，乃仍用前字。於是試用沛、霈各半。明日，將試《論語》，籍藉相傳，凡用沛者窘。復扣簾請，出題者初不知有昨日之對[三]，應曰：“如字。”庭中大喧，浸不可制，噪而入，曰：“試官誤我三年利害不細。”簾前闈木如拱，皆折，或入於房，執考校者一人毆之。考校者惶遽，急曰：“有雨頭也使得，無雨頭也使得。”或又咎其誤，曰：“第二場更不敢也。”蓋一時祈脱之詞。移時稍定，試司申鼓噪場屋，胡以不稱於禮遇也，怒，物色爲首者，盡繫獄[四]，韋布益不平。既拆號[五]，宴主司以勞還[六]，畢三爵，優伶序進。有儒服立於前者，一人旁揖之，相與詫博洽、辨古今，岸然不相下，因各求挑試所誦憶。其一問：“漢四百載[七]，名宰相凡幾？”儒服以蕭、曹而下枚數之無遺[八]，群優咸贊其能。乃曰：“漢相吾言之矣，敢問唐三百載名將帥何人也？”旁揖者亦詘數英、衛，以及季葉[九]，曰：“張巡、許遠、田萬春。”儒服起争：“巡、遠是也，萬春之姓雷，歷考史牒未有以雷爲田者。”揖者不服，撐拒滕口[十]。俄一緑衣參軍，自稱教授，前據几[十一]，二人敬質疑，曰：“是固雷姓。”揖者大詬，袒裼奮拳，教授遽作恐懼狀，曰：“有雨頭也使得，無雨頭也使得。”坐中方失色，知其諷己也。忽然有黄衣者[十二]，持令旗躍出稠人中，曰：“制置大學給事台旨，試官在座[十三]，爾輩焉得無禮。”群優俱歛容，趨下，喏曰：“第二場再不敢也。”挾戺皆笑，席客大慚，明日遁去。盡釋繫者。胡意郡士所使，録優而詰之，杖而出諸境，然其語盛傳至今。

[一]“亶”，原作“直”，據乾隆本及《程史》改。按，“亶”通“但”。
[二]“增一”，原作“即從”，據乾隆本及《程史》改。
[三]“對”，原脱，據《程史》補。
[四]“盡”，原脱，據《程史》補。
[五]“拆”，原作“折”，形近而誤，據《程史》改。
[六]“宴”，原作“晏”，據《程史》改。
[七]“漢”前，原衍“西”字，蓋彭氏妄加，據《程史》删。按，西漢起公元前二〇二年，迄公元八年，僅二百年餘。
[八]“遺”，原作“移”，據《程史》改。
[九]“季”，原作“中”，據《程史》改。
[十]“滕”，原作“膝”，形近而誤，據《程史》改。
[十一]“几”，原脱，據《程史》補。
[十二]“然”，乾隆本作“復”，《程史》作“優”。
[十三]“旨試”，原作“考校”，據乾隆本及《程史》改。

丹稜西郊白塔，建於隨仁壽中[一]，高十三級，大半畝許。年深灰剥，半爲草木偃。廢寺三間，一僧住焉。每元旦，城近人等多游於此，蓋古道場也。乾隆二十三年己卯正一日，有縣衙火夫何姓者，偕郡少造其顛，忽從竇穴中墜下，跌爲虀粉。六十餘年前，北門陳氏子亦從此竇墜下，其日同。邑人喧駭其事，鄰余家二里劉姓婦張氏過之，嘆曰："塔落荒陰，寢中憑鬼物不可知，誰當芟而出之？"人以爲婦言妄。亡何，其婦腰鐮背斧[二]，日夜摩挲其上，月餘，草木一空。近居者往復，婦曰："嗣此吾當整飭從新矣。"遂去。屆仲冬，婦且來，净掃路傍天王殿一間，築大竈二，復苫蓆棚於檐外，隨有肩灰至者，日日不絶。一侄驅一犍黄犢，無明昧轉米，至臘，灰積如山，得米數十石。蓋幾月前外出，近丹稜四路所抄化也。庚辰新正，大集土夫、泥水人匠而興工焉。造飯、水薪、雜遣，各目色備聚，延一親戚老成人支掌錢米出入，自以身爲匠役督。閱兩月，叠級層盤，粉藻一色，璇題落雁[三]，儼與雲霞争輝矣[四]。而哄傳且及各邑。婦復白於山門外："工止塔頂未正，筮吉於三月十五日，凡與緣簿齊集而散會焉。"頂顽鐵鑄成者，自下望之，大可三四圍，重不知斤數，歪斜無歲月矣。令聞之，是日率同城文武，各帶役卒人等彈視[五]。城内外老幼男婦盡室以往[六]，四鄰外縣來觀者盈野，無隙地。婦揀工役中强有力者六人先登而搬撥之，數舉不一動。婦招手曰："下，待我來。"寺前廊一龕中懸大士像，云自家香火處也。婦改裝，冠毗那衣僧衣，胸掛菩提數珠，焚香先禮大士前，次拜其姑，再拜其夫，再拜各官長等。萬衆悄視，婦從容而上，拂袖一試，如前傾之。但見婦於空中作罄折狀，蒙昧問頂，早上下四旁均齊方正矣，到此俱不得知。婦下，衆且謂："今

[一]"隨"，隋朝最初之號。《御批歷代通鑑輯覽》卷四六"開皇元年"條"春二月，周楊堅稱皇帝"句注文云："是爲隋文帝。本襲封隨公，故國號曰'隨'。以周、齊不遑寧處，乃去'辶'作'隋'。"故此處作"隨"，亦不算錯。

[二]"鐮"，原作"臁"，文義不通，或形近而誤，今臆改。按，腰鐮背斧，指腰間别著鐮刀，背上背著斧頭，割草伐木之具也。

[三]"題"，原爲左邊從"玉"之譌字，因"璇"字類推而誤也，今據"璇題"一詞指玉飾之椽頭而改。按，《文選・揚雄<甘泉賦>》："珍臺閒館，琁題玉英。"李善注引應劭曰："題，頭也。榱椽之頭，皆以玉飾，言其英華相爛也。"

[四]"霞"，乾隆本作"日"，亦通。

[五]"彈視"，不詞，疑當作"探視"。

[六]"室"，原作"空"，義遜，頗疑形近而誤，據乾隆本改。

日菩薩出現。”然比時厲空風急[一]，襟袖飃颺，望去閃閃若神仙然。先是，余正月赴省，經塔下，停騎入視。婦掃，持簿前，命侄子以一金，婦曰：“大人不與衆同，毋自輕。”即此稱爲，亦予邑所未聞者。人傳三年前言語多癲，時外出，偶來家，絶不與夫宿。余觀其像，不類癲，年三十外，面寬骨重，似非仙佛中人者，到今拜禮名山不歇，未審將來結果何如？

功德現在，環縣聚觀。據事直書，詞無假借。正恐傳開遠播，異日有弄筆墨以神其説者。是年四月初十日，余赴京祝萬壽節。

前　知

牟康民，内江人。少遇一人[二]，能前知，隱居青城山中。萬曆末，上書當道曰：“辛酉九月，蜀當有變，平之者朱方伯燮元也。”已而，奢酋據重慶爲亂[三]，如所言。賊將寇成都，朱詣青城見之，康民已候於途。叩之曰：“奢酋至成都乎？”曰：“至矣，十日耳。”“圍城乎？”曰：“圍百有五日。”“可守乎？”曰：“成都不可守。然有公在，無慮。公二十年鎮撫西南，功比韋南康。”問天下事何如，曰：“北都王氣盡矣。”其後，朱總督西南，康民寄書云：“沐猴而冠者與公作難，熊據其險，助之爲虐。幸聖明在上，必無虞也。”已，果爲楚人劉宗祥所劾，大學士王應熊主之，事尋得解。

蜀景耀五年，宫中大樹無故自折[四]。譙周深憂之，無所與言，乃書柱曰：“衆而大，期之會。具而授，若何復。”言曹者，大也。衆而大，天下其將會也。具而授，如何復有立者乎？蜀既亡，咸以周言爲驗。

[一]“比”，原作“此”，義遜，據乾隆本改。按，比時義爲當時。

[二]“一人”，《居易録》卷二四作“異人”，文義皆通。

[三]“奢”，原脱，據《居易録》及後文補。

[四]“折”，本作“析”，形近而誤，據《新輯搜神記·附録一·舊本搜神記僞目疑目辨證》“譙周書柱”條改。

先 見

高駢鎮蜀日[一]，巡邊至資中郡，舍於刺史衙。對山頂有開元佛寺，是夜黄昏，僧禮贊，螺唄間作。駢命軍候悉擒械之，來晨笞背悉逐。召將吏謂之曰："僧徒禮念亦無罪過，但以此寺十年後當有秃丁數千作亂，我以是厭之。"其後土人皆髡髮執兵，號大髡、小髡，據此寺爲寨，凌脅州將，果叶其言[二]。

法 術

欒巴爲尚書，正月朔朝見帝，賜酒，不飲，向西南噀之。有司奏不敬，巴謝曰："臣本縣成都有火患，故噀酒以救之。"數日，成都果奏大災，得雨從東北來遂息，雨中有酒氣[三]。

異 術

李璋太尉罷鄆州入朝，至襄陽，疾病，止驛舍兩月餘。璋嘗命蜀人費孝先作卦影，先畫一鳳，止於林下，有關焉；又畫一鳳，立於臺；又畫紫衣而哭者五人。蓋襄州南數里有鳳林關，傳舍名鳳臺驛。始，璋止二子侍[四]，三子守官於外。聞璋病甚，悉奔來視。至之翊日，璋乃卒。果臨其喪者五人。

段翳字元璋，廣漢新都人也。習《易經》，明風角。有一生來學，積

[一]"高駢"，《舊唐書》卷一八二有傳。《舊唐書·僖宗本紀》稱乾符元年（八七四）四月，"以天平軍節度使、檢校尚書右僕射兼鄆州刺史高駢檢校司空兼成都尹，充劍南西州節度副大使，知節度事"。

[二] 此條出《北夢瑣言》卷三，《太平廣記》卷四九九亦引之。

[三] 此條見《神仙傳》卷五"欒巴"，乃有删節。

[四]"二"，原作"三"，形近而誤，據乾隆本及《墨客揮犀》卷六改。按，《事實類苑》卷四九、《東軒筆録》卷一一亦有相關記載。

年，自謂略究要術，辭歸鄉里。翳爲合膏藥，并以簡書封筒中[一]，告生曰："有急發視之。"生致葭萌，與吏争渡，津吏撾破從者頭。生開筒得書，言："到葭萌[二]，與吏鬥，頭破者，以此膏裹之。"生用其言，創者即愈。

西川費孝先善軌革，世皆知名，有賈人王旻，因貨殖至成都，求爲卦。孝先曰："教住莫住，教洗莫洗。一石穀搗得三斗米。遇明即活，遇暗即死。"再三戒之，令誦此言足矣。旻志之。既行，途中遇大雨，憩一屋下，路人盈塞，乃思曰："教住莫住[三]，得非此耶？"遂冒雨行[四]，未幾，屋遂顛覆，獨得免焉。旻之妻已私鄰比，欲媾終身之好，俟歸，將致毒謀。旻既至，妻約其私人曰："今夕新沐者，乃夫也。"將晡，呼旻洗沐，重易巾櫛[五]。旻悟曰："教洗莫洗，得非此也？"堅不從。妻怒，不省，自沐，夜半反被害。既覺，驚呼鄰里共視，皆莫測其由，遂被囚繫拷訊。獄就，不能自辨。郡守録狀，旻泣言："死即死矣，但孝先所言，終無驗耳。"左右以是言上達。郡守命未得行法，呼旻問曰："汝鄰比何人也？"曰："康七。"遂遣人捕之。"殺汝妻者，必此人也。"已而果然。因謂僚佐曰："一石穀三斗米，非康七乎？"由是辨雪，誠遇明即活之效。

張魏公在蜀時，有梵僧難陁，得如幻三昧，入水火，貫金石，變化無窮。初入蜀，與三少尼俱行，或大醉狂歌，戍將將斷之[六]。及僧至，且曰："某寄迹桑門[七]，别有樂術。"[八]因指三尼："此妙於歌管。"戍將反敬之，遂留連爲辦酒肉，夜會客，與之劇飲。僧假裲襠、巾幗，市鉛黛，飾其三尼。及坐，含睇調笑，逸態絶世。飲將闌，僧謂尼曰："可爲

[一]"封"，原作"付"，據乾隆本及《新輯搜神記·附録一·舊本搜神記僞目疑目辨證》"段翳"條改。按，《後漢書·方術列傳·段翳傳》亦有記載。

[二]"到"，原作"致"，據《新輯搜神記》改。

[三]兩"住"字，原作"注"，形近而誤，據《搜神記附録一·舊本搜神記僞目疑目辨證》"費孝先"條及前文改。按，此條實本自《搜神秘覽》卷上，《天中記》卷四〇亦有徵引。費孝先爲宋人，自不可能入《搜神記》也。

[四]"雨"，原脱，據《新輯搜神記》補。

[五]"櫛"，原作"幯"，指擦拭，文義不通，因襲舊本《搜神記》而誤也，今據《廣博物志》卷二二所引改。

[六]"斷"，原作"害"，據乾隆本及《酉陽雜俎》卷五改。按，"將斷之"，《宋高僧傳》卷二〇、《蜀中廣記》卷八三等作"深惡之"，蓋改寫而來。

[七]"迹"，原作"踪"，據《酉陽雜俎》改。

[八]"樂"，原作"藥"，據《酉陽雜俎》及文義改。

押衙踏某曲。”因徐進對舞[一]，曳緒回雪，迅赴摩趺，伎又絶倫也。良久，喝曰：“婦女風邪？”忽起，取戍將佩刀，衆謂酒狂，各驚走。僧乃拔刀砍之，皆踣於地，血及數丈。戍將大懼，左右縛僧，僧笑曰：“無草草。”徐舉尼，三支邛杖也，血乃酒耳。又嘗在飲會，令人斷其頭，釘耳於柱，無血。身坐席上，酒至，瀉入脰瘡中。面赤而歌，手復抵節。會罷，自起提首安之，初無痕也。時時預言人凶衰，皆謎語，事過方曉。成都有百姓供養數日，僧不欲住，閉關留之，僧因走入壁角。百姓遽牽，漸入，唯餘袈裟角，頃亦不見。來日，壁上有畫僧焉，其狀惟肖。經日色漸薄，積七日，空有墨迹。至八日，迹亦滅，僧已在彭州矣。後不知所之。

蜀有費鷄師，目赤無一墨睛[二]，本濮人也。某長慶初見之，已年七十餘。或爲人解灾，必用一鷄設祭於庭。又取江石如鷄卵，令疾者握之，乃踏步作氣噓叱，鷄旋轉而死，石亦四破[三]。某舊家人永安，初不信，嘗謂曰：“爾有厄。”因作丸符逼令吞之[四]。復去其左足鞋襪，符展在足心矣。又謂奴滄海曰：“爾將病。”令袒而負户，以筆再三畫於户外，大言曰：“過！過！”墨遂透背焉。

費孝先與知諫院唐坰作卦影，爲畫一人衣金紫，持弓箭，射落一鷄。坰語人曰：“持弓者我也，王丞相生於辛酉，即鷄也，必因我射而去位，則我亦從而貴矣。”翊日，抗疏以彈荆公，又乞留班，頗喧於殿陛。主大怒，降坰爲太常寺太祝、監廣州資庫，以是年八月被責。坰歎曰：“射落之鷄，乃我也。”[五]

[一]“進”，原作“對”，據《酉陽雜俎》改。
[二]“墨”，原作“黑”，據乾隆本及《酉陽雜俎》卷五改。
[三]“四”，原作“隨”，據乾隆本及《酉陽雜俎》改。
[四]“丸”，原作“九”，形近而誤，據《酉陽雜俎》改。
[五]此條出《東軒筆録》卷一一。《事實類苑》卷五〇、《天中記》卷四〇、《通雅》卷三等亦引之。

蜀故卷二十六

邊徼

漢建元六年[一]，王恢討東越，使番陽令唐蒙風曉南越。南越食蒙枸醬，蒙至長安，問蜀賈人，賈人曰："獨蜀出枸醬，多持竊出市夜郎。臨牂牁江，南越以財物役屬之。"蒙乃上書曰："南越名爲外臣，實一州主也。今以長沙、豫章往，水道多絶[二]，竊聞夜郎精兵可十餘萬，浮船牂牁，出其不意，此制越一奇也。請通夜郎道爲置吏。"帝拜蒙爲中郎將，置犍爲郡，發卒治道，數萬人卒。有逃亡者，用軍興法誅之，巴、蜀民大驚恐。上使司馬相如責蒙等，因諭告巴、蜀民以非上意。相如還報時，邛、筰君長聞南夷得賞賜多，欲請吏上問相如。相如曰："邛、梓、冉駹近蜀，易通，爲置郡縣，愈於南夷。"上乃拜相如爲中郎將，建節往使，因巴、蜀吏幣物以賂西夷，皆請爲内臣，置一都尉。

章武三年，益州郡耆帥雍闓等四郡叛。闓殺太守，求附於吴。又使郡人孟獲誘扇諸夷，牂牁、越嶲皆叛應闓[三]。諸葛丞相以新喪，撫而不討，務農殖穀，閉關息民[四]，民安食足，而後用之。

建興三年七月，丞相亮討雍闓，斬之，遂平四郡。亮至南中[五]，所

[一]"建元六年"，原作"元光五年"，據《史記·西南夷列傳》與《資治通鑑·漢紀十·世宗孝武皇帝上之下》改。按，作"元光五年"，與《通鑑紀事本末》卷三上所載相同，從文字内容看，此段應是據《通鑑紀事本末》删節而來。當以建元六年爲是，所謂元光五年者，只是將此事以倒敘手法繫於元光五年之下敘述而已。

[二]"水"，原作"來"，據《史記》改。

[三]"嶲"，原作"雋"，據《資治通鑑·魏紀二·世祖文皇帝下》"黄初四年六月"、《通鑑紀事本末》卷一〇上、《蜀鑑》卷九、《蜀中廣記》卷三四等改，後文此字之誤徑改。按，諸本文句皆與此處略異，不知彭遵泗據何書改寫。

[四]"關"，原作"門"，據《資治通鑑》等改。

[五]"亮"，原作"光"，據乾隆本及《資治通鑑·魏紀二·世祖文皇帝下》"黄初六年秋七月"、《通鑑紀事本末》卷一〇上等改。

在戰捷，由越嶲入，斬雍闓。孟獲收闓餘衆以拒亮，亮七擒七縱，即其渠率而用之。

唐大和三年十一月[一]，南詔寇成都，入其郛。西川節度使杜元穎，以文雅自高，不曉軍務，專務蓄積，減削士卒衣糧[二]。戍卒皆入蠻境，鈔盜自給。蠻遂入寇，大掠子女、百工數萬人及珍貨而去，詔貶元穎循州司馬。

四年正月[三]，南詔寇成都，山南西道發兵救之[四]，節度使李絳募兵千人赴之，蠻兵退而還。

十月，李德裕爲西川節度使。蜀自南詔入寇，一方殘弊。德裕至鎮，作籌邊樓，圖蜀地形，訪南詔、吐蕃險要，與習邊事者商議其中。未逾月，皆若身常涉歷。乃練士卒、葺保障、積糧儲以備邊，蜀人粗安[五]。

宋熙寧六年五月，瀘夷叛。七年春正月，熊本平之，以爲“彼能擾邊者[六]，介十二村豪爲鄉道耳”，乃以計致百餘人，梟之瀘州，其徒股栗，願矢死自贖。獨柯陰一酋不至[七]，本合十九姓之衆，發黔南義軍强弩，遣大將王宣等帥以進討。賊悉力旅拒，宣敗之黄葛下，追奔深入。柯陰窘迫，乞降。本受，盡籍丁口、土田及其重寶善馬歸之官，以其酋箇恕知歸徠州[八]，其子及弟爲蕃部巡檢。於是淯井、長寧、烏蠻、羅氏[九]、鬼主諸夷，皆願世爲漢官。八年十一月，渝州獠木斗叛，熊本繫渝州獠，進營銅佛壩，破其黨。木斗舉溱州地五百里歸，爲四寨九堡[十]，建銅佛壩爲南平軍。

[一]“三”，原作“二”，形近而誤，據《資治通鑑·唐紀六十·文宗元聖昭獻孝皇帝上之下》“大和三年冬十一月”及《通鑑紀事本末》卷三五上改。

[二]“糧”，原作“種”，據《資治通鑑》等改。

[三]“正月”，原作“二月”，據《資治通鑑·唐紀六十·文宗元聖昭獻孝皇帝上之下》“大和四年春正月”改。

[四]“山南”，原脱，據《資治通鑑》補。

[五] 從文字看，此條當是據雍正《四川通志》卷一二所載改寫，相關内容亦見《資治通鑑·唐紀六十·文宗元聖昭獻孝皇帝上之下》。

[六]“以爲”下，原衍“以”字，據《宋史紀事本末》卷九“瀘夷”條删。《宋史·熊本傳》亦有相關記載，文字略異。

[七]“陰”，原脱，據後文“柯陰”及《宋史紀事本末》補。

[八]“恕”，原脱，據《宋史紀事本末》補。

[九]“氏”，原作“氐”，據《宋史紀事本末》改。

[十]“四”，原脱，據《宋史》補。

元豐三年五月[一]，渝州獠寇南川，其酋阿訛奔箇恕[二]。熊本重賞檄斬之。阿訛桀黠，習知邊隙，箇恕匿不殺。會箇恕老[三]，以兵屬其子乞弟[四]，遂與阿訛侵諸部。時羅苟夷叛[五]，犯納溪。提刑穆珦言[六]："羅苟起端不加誅，則烏蠻觀望，爲害不細。"乃詔韓存寶擊之。存寶召乞弟犄角，討蕩五十六村、十三囤，蠻乞降，承租賦，乃罷兵。至是，乞弟率步騎六千至江安城下[七]，責平羅苟之賞，數日乃引去。知瀘州喬叙，遣梓、夔都監王宣以兵二千守江安，而以賄招乞弟，與盟於納溪，蠻以爲畏己，益悖慢。盟五日，遂率衆圍熟夷羅箇牟族。王宣救之，一軍皆没，事遂張，馹召存寶授方略，統三將兵萬八千趨東川。存寶怯弱不敢進，乞弟送款紿降，存寶信之，遂休兵於綿、梓、遂、資間。

四年秋七月，韓存寶坐逗遛無功，誅於瀘州，以步軍都虞候林廣代將。時乞弟復送款，帝以其反覆無降意，督廣進兵，廣遂敗乞弟於納江，破樂共城，斬首二千級。乞弟遁，廣帥兵深入，自發納江即入叢箐，無日不雨雪，兵夫疾病亡不可勝計，往往取僵尸臠割食之，過鴉飛不到山。至歸徠州，竟不得乞弟而還[八]。

唐廣德元年十二月，吐蕃陷松、維、保三州[九]。崔寧破吐蕃四節度及突厥、吐谷渾、氐、羌群蠻二十餘萬於西山[十]。

大曆十二年四月，吐蕃寇黎、雅州，崔寧擊破之。十月，復大破之於望漢城。十四年，吐蕃與南詔合兵十萬，三道入寇。使李晟、曲環擊

[一]"元豐三年五月"，《宋史·蠻夷傳》作"熙寧八年"，當是。按，據《續資治通鑑長編》卷二六五"神宗熙寧八年六月己未"條"是夏，南川獠叛，詔秦鳳路都轉運使熊本往夔路體量安撫，經制渝州獠賊"，注文云所據爲《熊本傳》，并引《熊本集》之《記險篇》爲證。同書卷二六七"熙寧八年八月丙申"下，亦載熊本之奏疏，請賈昌言募兵。同書卷三〇四"元豐三年五月"中，也提到了用韓存寶都大經制瀘州蠻賊事，但所叙當是二事，不知彭遵泗據何而言熊本之事在元豐三年？

[二]"恕"，原作"怒"，據《宋史·蠻夷傳》改，後文此字徑改。

[三]"老"，原作"先"，據《宋史》改。

[四]"兵"，原作"其"，據《宋史》改。

[五]"苟"，原作"茍"，據《宋史》改，後文此字徑改。

[六]"珦"，原作"珣"，據《宋史》改。

[七]"騎"，原作"兵"，據乾隆本及《宋史》改。

[八]此條出《續資治通鑑長編》卷三二三，文字略異。

[九]此事見《新唐書·吐蕃傳上》及《蜀鑑》卷一〇。

[十]據《舊唐書·吐蕃傳下》，此事在大曆十一年正月。

吐蕃[一]，破之，遂克維、茂二州。

貞元五年十月[二]，節度使韋皋擊吐蕃，大破之，斬其大兵馬乞藏遮遮，數年盡復嶲州之境。八年八月，韋皋拔維州，獲其大將論贊熱。

十年正月，劍南西山羌蠻來降[三]。

十八年正月[四]，韋皋破吐蕃，轉戰千里，遂圍維州及昆明城。吐蕃救維州，韋皋擊敗之，擒其將論莽熱。維州、昆明不下，引兵還。

大和三年十一月，南詔入寇，陷嶲、戎、邛州，詔發近道兵討之[五]。

五年五月，李德裕遣使至南詔[六]，得所掠百姓四千人而還。九月，吐蕃悉怛謀以維州來降，不受。

九年十一月，南詔寇嶲州，兗海兵五百人俱没[七]。南詔陷犍爲、嘉、黎、雅州，竇滂自經於帳中，徐州將苗全緒解之，乃單騎奔漢州。南詔攻成都[八]，盧耽遣突將出戰，殺傷蠻兵二千餘人。朝廷以顏慶復爲東川節度，大破蠻兵[九]。宋威以忠武二千人至，與諸軍合戰，蠻兵大敗。夜遁，欲追之，慶復疾其功，止之，然蠻自是不敢復犯成都矣。

乾符二年正月，蠻方攻雅州，遣使請和。引西川節度使高駢追擊之，殺獲甚衆[十]。

宋嘉熙三年八月，蒙古塔海將兵入蜀，制置使丁黼聞之，先遣妻子南歸，誓死守。至是，塔海自新井入，詐竪宋將旗。黼以爲潰卒，以旗榜招之。既審知其非，領兵夜出城南，迫戰而死。蒙古遂取漢、邛、簡、眉、蓬州、遂寧、重慶、順慶府，尋引還[十一]。

[一]“晟”，原脱，據《資治通鑑·唐紀四十二·代宗睿文孝武皇帝下》大曆十四年“冬十月丁酉”條及《蜀鑑》卷一〇補。

[二]“五”，原作“元”，據《舊唐書·吐蕃傳下》改。

[三]此事見《舊唐書·吐蕃傳下》及《資治通鑑·唐紀五十·德宗神武聖文皇帝九》、《蜀鑑》卷一〇等。

[四]“八”，原作“七”，據《舊唐書·吐蕃傳下》及《唐會要》卷九七等改。

[五]此即前文“大和三年”條杜元穎兵敗之事。

[六]“裕”，原脱，據《資治通鑑·唐紀六十·文宗元聖昭獻孝皇帝上之下》補。按，後一事亦見《資治通鑑》同卷。

[七]“兗”，原作“衮”，據《資治通鑑·唐紀六十七·懿宗昭聖恭惠孝皇帝中》改。《新唐書·南蠻傳中》亦載此事，但較略。

[八]此後所叙之事，據《資治通鑑·唐紀六十八·懿宗昭聖恭惠孝皇帝下》，在咸通十一年。

[九]“兵”，乾隆本作“軍”。

[十]此事見《資治通鑑·唐紀六十八·懿宗昭聖恭惠孝皇帝下》。

[十一]此事見《宋史紀事本末》卷二五“蒙古連兵”及《宋史·忠義傳·丁黼》。

淳祐三年二月，余玠爲兵部侍郎、制置使[一]。四月，築招賢館於府左[二]，建城堡，築關隘，增屯田，邊警稍息。於是一意出師，率諸將巡邊，直擣興元，遇蒙古將汪德臣、鄭鼎，大戰而還。

十二年二月，蒙古將汪德臣城綿州。未幾，又城利州。自是蒙古且耕且戰，蜀土遂不可復。十月，汪德臣復將兵掠成都，薄嘉定，四川大震，余玠率諸將俞興、元用等夜開關力戰，始解去[三]。

寶祐六年二月[四]，蒙古紐璘將前軍，欲會都元帥阿答胡於成都，蒲擇之遣安撫劉整等據遂寧江箭灘渡以斷東路。紐璘軍至，不能渡[五]，自旦至暮大戰，整等軍敗，紐璘遂長驅至成都。擇之命楊大淵等守劍門及靈泉山，自將兵救成都。會阿答胡死，紐璘率諸將大破大淵等於靈泉山[六]，進圍雲頂山城，擇之軍潰。城中食盡，殺主將以降，成都、彭、漢、懷、綿等州，威、茂諸蕃悉降蒙古。十月，蒙古渡江陵江，至白水，命總帥汪德臣造浮梁以濟，進次劍門，至苦竹隘，守將張實死之。十一月，蒙古進長寧山，兵圍長寧，守將王佐、徐昕戰敗。蒙古進兵攻鵝頂堡，城降，佐死之。由是青居[七]、大良、運山[八]、石泉、龍州俱降於蒙古。十二月，蒙古兵渡馬湖入蜀，詔馬光祖移師峽州，向士璧移師紹慶府[九]，以使策應。光祖、士璧以兵迎蒙古師，戰於房州，敗之。蒙古主取隆、雅州，又取閬州，楊大淵以城降[十]。

開慶元年春正月，蒙古兵攻忠、涪州，漸薄夔境。詔蒲擇之、馬光

[一]“使”，原脱，據《宋史紀事本末》卷二五“余玠守蜀”補。按，此條所言之事雖見該書，但文字差異較大。

[二]“左”，原作“佐”，據《宋史紀事本末》改。

[三] 此條出處同上。

[四]“祐”，原作“佑”，據《宋史紀事本末》卷二六“蒙古南侵”改。按，宋理宗有寶祐年號，復據《元史·紐璘傳》，其事在“戊午”，正一二五六年，即寶祐六年也。

[五]“能”，原脱，據《宋史紀事本末》補。

[六]“於”，原脱，據《宋史紀事本末》補。

[七]“青”，原作“清”，據《宋史紀事本末》改。

[八]“運山”，《御批歷代通鑑輯覽》卷九三注云當作“雲山”，又據其書卷九二，所謂“雲山”者，即“營山”，又名披衣山，位於蓬州與營山交界處。

[九]“璧”，原作“壁”，形近而誤，據《宋史紀事本末》及後文改。按，《宋史》卷四一六有此人傳記。

[十]“大”，原作“仲”，承《宋史紀事本末》之誤而來，今據前文“楊大淵”改。按，楊大淵，宋末元初將領，降元，後助元平定四川，官至東川都元帥，後追封閬中郡公。《元史》卷一六一、《明一統志》卷三五有傳。

祖戰守調遣，便宜行事。移馬光祖爲沿江制置使[一]，蒙古破利州、隆慶[二]、順慶諸郡。二月，命紐璘造浮梁於涪州之藺市，以杜援兵。蒙古主自鷄爪灘渡，直抵合州城，俘男女萬餘，王堅力戰以守，蒙古會師圍之。六月，四川制置使吕文德帥兵攻涪浮梁，力戰，得入重慶，遂率艨艟千餘溯嘉陵江而上。蒙古史天澤分軍爲兩翼[三]，順流縱擊，文德敗績。七月，蒙古圍合州，自二月至於是，守將王堅固守力戰，蒙古主屢督軍攻之，不克。前鋒汪德臣選兵夜登外城，堅率兵逆戰，遲明，德臣單騎大呼曰："王堅，我來活汝一城軍民，宜早降。"語未既[四]，幾爲飛石中，因得疾死。會天大雨，攻城梯折，後軍不克進，俱退。蒙古主蒙奇卒於合州城下，或傳中飛矢死[五]。諸王大臣用二驢皮蒙以繒槥[六]，負之北行，合州圍解。

洪武十二年正月，平羌將軍丁玉擊松州。番平，玉遣指揮高顯城之[七]，遂併潘州於松州，置松潘衛。明年，以松州遠在山谷，屯種不給，命罷之。未幾，指揮耿忠經略其地，言松州爲番蜀要害地，軍衛不可罷，乃命復置。

十三年八月，水盡源通塔平、散毛諸洞蠻作亂[八]，命江夏侯周德興充征南將軍，安慶侯仇成充副將軍，征容美等洞。時德興方搜捕五溪，聞命即與仇成等移兵進討，皆平之。

宣德二年四月，松潘衛千户錢宏以罪誅。松潘衛當發軍戍交阯，衆憚行，宏因詭言番寇至，冀免調。又領軍突入麥匝諸族，逼取牛馬，而以大軍將至討攝之。番衆驚走，遂約生番五萬人爲亂，焚上下四關及諸屯堡，又圍威、茂、叠溪諸衛所。官軍屢戰皆敗，帝遣都督同知陳懷與

[一]"移"前，原有"賈似道"三字，讓人誤以爲移馬光祖者乃賈也，實彭遵泗節取《宋史紀事本末》卷二六删削不當而致誤，故删去此三字。

[二]"慶"，原脱，據《宋史紀事本末》補。

[三]"翼"，原作"冀"，形近而誤，據乾隆本及《宋史紀事本末》卷二六改。

[四]"既"，原作"幾"，據《宋史紀事本末》改。

[五]"矢"，原作"石"，據乾隆本及《宋史紀事本末》改。

[六]"皮"，《宋史紀事本末》無，彭遵泗補此字，當是。

[七]"玉"，原作"王"，形近而誤，據《明史·四川土司傳》改。按，《明史·丁玉傳》亦有相關記載。

[八]"塔"，原"搭"；"平"，原作"坪"，據乾隆本及《皇明通紀法傳全録》卷七、《皇明從信録》卷七等改。按，從文字上看，彭遵泗所引與二書所載較接近，但不知究竟從何書抄出。"水盡源通塔平"，乃一長官司所在之地名。

指揮蔣貴合兵討之，而梟宏於松潘以狥。明年正月，官軍連敗賊，復叠溪，招撫諸番二十餘寨。松潘平，命懷鎮其地[一]。

嘉靖二十五年三月，四川白草番亂，遣何卿充總兵官，討平之。卿會巡撫張時徹禽其渠，俘斬千計，克四十餘寨，賊平。卿素有威望，終嘉靖世，松潘鎮號得人，邊境安堵[二]。

成化十四年三月，巡撫四川都御史張瓚平松、茂諸蠻，先後破寨五十有二，降寨一百有五，展拓茂州城池，增置墩堡，留兵戍守[三]。

萬曆二十七年六月，播州楊應龍陷綦江，出庫銀犒兵，依倉就食，恣掠民間財貨、子女。退屯三溪，以綦江之三溪、母渡[四]、南川之東鄉壩立石爲播州界，號宣慰官莊。游擊房嘉寵、張良賢死之。

二十八年六月，起前都御史李化龍川湖總督，帥師平播州[五]。化龍集三省兵[六]，分八路進。賊奔，據海龍囤。總兵官劉綎先入婁山關[七]，直抵囤下，諸軍繼至，築長圍迭攻。時久雨，將士馳泥淖中，苦戰，大破之，應龍自縊死，七子皆就擒，及其妾田雌鳳出應龍尸於烈焰中。八路共斬賊二萬餘，播州平[八]。

天啓元年九月，永寧宣撫司奢崇明自稱大梁王，安邦彦自稱四裔大長老，歹費、小阿、烏繼、阿鮮怯各稱元帥。會徵兵援遼，崇明遣土目樊龍等以兵詣重慶巡撫徐可求，汰其老弱，餉復不給，遂據城，反殺可求及道府總兵等二十餘人[九]。陷瀘州、遵義、新都、内江，進圍成都。布政使朱燮元、周著，按察使林宰等，分門固守。石砫女土司秦良玉先遣弟民屏率兵四千，倍道兼行，阨賊歸路，而自統精兵六千援成都，圍遂解。擢燮元僉都御史，巡撫四川。明年夏，燮元以計斬樊龍，復重慶。

[一] 此條出《明史·四川土司傳一》。
[二] 此事見《明史·四川土司傳一》。
[三] 此事載雍正《四川通志》卷一二。
[四]“綦”，原作“綦”，據前後文及乾隆本改。◎“母”，原脱，據《皇明從信録》卷三八補。
[五]“州”，原作“川”，據乾隆本、《明史·四川土司傳一》及前後文改。
[六]“化龍”，原脱，據乾隆本及《明史》補。
[七]“先入婁”，原脱，據乾隆本及《明史》補。
[八] 相關事件見《明史·四川土司傳二》及《御批歷代通鑑輯覽》卷一一一，文字略異。
[九]“二”，原作“五”，據《御批歷代通鑑輯覽》卷一一三改，此後論及此事之“五十”則徑改爲“二十”。朱燮元《朱少師奏疏抄》卷一《逆賊奢寅父子造叛殺占重慶略節》中，仔細羅列了此次事件中受難者有職官可考之人，共十六人。相關事件亦載《明史·朱燮元傳》、《明史紀事本末》卷六九，但文字内容與此處皆有差異。

邦彦陷貴陽以西千里，崇明趨永寧，犯赤水，遥倚聲援。燮元大會將士，令守將許成名佯北，誘賊深入，分遣林兆等分路進兵，邦彦四應不支，羅乾象以奇兵繞出其背，急擊之。

奢崇明據重慶，貴州布政司參議胡平表，方以忠州判官在圍城中，縋城跣足，走石砫司秦良玉，乞兵援成都。目把紛囂，不肯應，平表慷慨號泣，不飲食者五日，良玉感動，方起兵[一]。平表百方激勸措處，以餉秦兵，一戰而復新都，再戰而成都之圍解，四川巡按授之監軍兼副總兵職銜，平表得以統束易置諸將。白市驛之戰俘斬千餘，馬廟之戰俘斬萬餘，占據兩嶺，酣戰一日夜，斬首千餘，奪據二郎關，擒黑蓬頭，迫降樊龍，復重慶。奢寅糾土府水西復集十萬，我五路應之，四路皆敗，總兵楊愈茂死之。平表以六千兵，人囊米五升，截苗殲賊，無不一當百，十萬衆潰敗如掃，生擒僞元帥巨賊四十餘人，獲其僞印、敕僞號、錦册及各縣印五顆，救出被擄生靈數萬。

奢崇明，重慶之變起。奢本苗屬，本猓玀種，居永寧、藺州，爲蜀外徼，與黔徼水西安氏爲界[二]，而世相仇殺，各雄長於諸司。水西渠首安邦彦[三]。藺之宣撫司崇明逆性天成，子寅尤凶狡，勇力絶人，憚永寧參將周敦，不敢發。周敦死，奢寅父子遣心腹將樊龍、張彤等提兵出重慶。巡撫徐可求坐演武廳，方按呼名給餉，樊龍、張彤等舉手一麾，賊黑蓬頭者從營中躍馬直入，挾摽槍露刃[四]，瞋目大呼，擲槍，中可求胸。指揮王登爵挺身當之，被殺。又殺司道總兵官以下共二十餘人，其餘殺戮無算，渝城陷。僭僞號曰“大梁”，僭元瑞應，以遵義生員何若海爲大丞相，使居中留守，通好諸苗。奢寅率木廣、遵義兵自仁懷出合江[五]，羅乾象、朱國恩率羿子出納溪，來化、樊虎自重慶，奢崇明自長寧，四路各兵數萬，水陸並據，連破四十一州縣，共犯成都。時朱燮元轉四川

[一]“方”，乾隆本及《寄園寄所寄》卷一等作“乃”，皆通。按，此段出《寄園寄所寄》卷一引《崇禎長編》之語，《明史·朱燮元傳》後附《胡平表傳》，亦有相關記載。

[二]“氏”，原作“世”，據《明史·楊鶴傳》改。按，《明史》云：“貴州土官以百數，水西安氏最大。”

[三]“首”，原作“自”，文義不通，據文獻用例改爲“首”。如《新唐書·嚴郢傳》云：“河中士卒不樂戍邠，多逃還。郢取渠首尸之，乃定。”

[四]“槍”，原作“搶”，據後文“擲槍”改。

[五]“自”，原作“目”，據《明文海》卷三九二所録陳子龍《特進左柱國少師兵部尚書恒岳朱公傳》改。

左布政使，命副使戴熺、同知余新民駐北門，右布政使周著、都事趙維正駐西門，按察使林宰、恤刑員外劉可訓駐南門，提學副使胡承詔、同知侯世延駐東門，通判梁文華守東南芙蓉樓，推官羅寬守西北角樓，華陽縣知縣王珙守西南錦江樓，龍安土通判李泮守東北角樓，曹守爵、薛來衍、劉養鯤、余弘緒、周斯盛、陳元珪率死士李忠等五百人由北門出，直突賊營，大捷。斷其渠魁奢崇義、王道達頭[一]，賊將廖鎮權中炮死。爕元督李必茂、楊應評、薛來衍、武聲華、吴三省等，并力合擊，砲石如雨，賊死甚衆，寅幾不免。西門，周著、王拱厚賞死士，燒其土山，毁其伏壁，屢出屢捷。南門，松潘通判段師文督兵一千五百至，林宰、劉可訓復百計鼓勵，每戰師文被甲直前。范繼道、秦明遠、夏光裕、張明等亦各率精鋭，所殺數百人，溺死無算。東門，胡承詔與魯美中戰亦屢勝，而松潘、威、茂、高、楊[二]、董卜、雅、黎、峨眉諸援兵相繼轉戰，賊救死扶傷不暇，始有遁志矣。順慶通判官郭象儀率羅網壩、譚正通、譚正修及標營指揮吴民望戰賊於郫縣，石砫宣撫司女將秦良玉同弟明屏[三]、侄翼明、拱明、忠州州判胡平表戰賊於新都，俱大捷，餘亦率兵截殺。賊父子策馬徑走，餘悉狼狽逃遁。童謡曰“城門緊閉一百日”[四]，自天啓元年十月十八日薄城，至次年正月二十八日走遁，適滿一百日，童謡果驗。二賊既走，晝夜不停。崇明歸永寧，寅留茜草壩以待逸賊。何若海傳檄諸苗，言成都已破。水西安邦彦起兵，犯黔都都卜昏、遵義楊保子七十二寨，舊民亦相率蜂起，賊勢復震。内地爲賊所據者，長寧、慶符、高、珙、建武、納溪、瀘州、合江、江安，盡爲賊所有[五]。樊龍陷渝，連結一十七大營，宿以重兵數萬。其出入要地，止通遠門至佛圖關、二郎關一路。副使徐如珂、指揮馮世修、義士金富廉、墊江知縣劉國藩兵及平茶、石耶、酉陽諸土司，抵關攻賊。秦良玉、余新民自來鳳、

[一]“崇”，原作“從”；“達”，原作“大”，據《督蜀疏草》卷一“選勁卒突開北門，斬其渠魁王道達、奢崇義二人”改。

[二]“楊”，原作“陽”，據《朱少師奏疏抄》卷一《成都解圍略節》改。按，高、楊二氏，乃天全六番招討使司所轄之下兩大族姓，《明史·邵捷春傳》云：“崇禎二年，出爲四川右參政，分守川南，撫定天全六番高、楊二氏。”

[三]“砫”，原作“柱”，據上一條“石砫司”改，後文此字徑改，不再出校。

[四]“緊”，原作“謹”，據乾隆本改，義勝。

[五]“所”，乾隆本無。

白市[一]，與賊張彤接戰，大敗之，奪據二郎關。總兵杜文焕、監軍丘志充督毛兵西兵至[二]，奮勇當先。秦兵繼之，各官軍、三土司左右合戰，徑取佛圖關，抵城下，復渝。楚監軍盧映田、總兵薛來應、副使張孝、僉事戴君恩，亦統兵至渝城。賊將周鼎方率二萬人由江津援樊龍，欲奪佛圖關。徐如珂、盧映田、丘志充等分兵爲六營擊[三]，秦明屏出奇兵從間道横截，賊背腹不相顧，大敗，周鼎走合江。守備孔大成誘張彤殺樊龍父子自贖，樊龍父子突圍走。三土司争共殺之，大兵入城，部卒沈應龍斬張彤首，送富廉。周鼎匿合江民舍，爲義兵詹君泰所獲。奢崇明糾兵八萬破長寧，攻建武，陷高、珙、慶符等縣。朱燮元、副使李仙品[四]、知府劉澤大，列栅守江，出兵迎敵，大戰於來佛渡。標兵蔣達之陰識奢崇明，射之，墜馬。賊將焦之仁挺身前，遂殺之，崇明得逸。賊大擾，自相格殺數千人，餘悉奔高、珙、慶符。龔萬禄復建武，總兵楊愈懋復長寧，王世仁進兵瀘州，分屯合江、納溪，劉養鯤[五]、羅乾象使款賊。賊之在納溪者，爲雷應龍、閔侍孔，養鯤與永寧衛舉人胡漢日夜圖賊，賊一日數驚，及相率去，納溪遂復。賊將朱國恩、馮宜據合江，合江生員劉紹虞説馮宜，使反正，而與義士袁鍪、袁鼎合兵襲。國恩殺馮宜，星夜走，合江亦復。賊聚瀘河之南，據險立栅，王世仁、郭象儀夜遣譚正通縱火攻，風起焰烈，賊之水寨山營俱毁，衆驚竄，蹈河入火死者不可勝數，餘悉逃入中箐關，三瀘乃定。奢寅與父分途出兵，崇明犯長寧，寅自永寧統兵五萬由陸出瀘南，周鼎二萬人由水出江津，共援樊龍。朱燮元遣薛來衍提兵二千進茜草壩，駐玉蟾山[六]。寅騎突至，四面戚之。來衍與曹守爵、袁可成鏖戰，殺賊六百餘人。寅欲再鬥，聞崇明來佛渡敗衄，乃留宋武等屯兵桔子坎以禦來衍[七]，寅徑歸永寧。重慶、三瀘、叙南、建武悉復。賊將樊龍、張彤、焦之仁、白元桂等俱斬於陣，何若

[一]“自來”，原誤倒，今乙正。按，來鳳、白市皆驛站名，見雍正《四川通志》卷二二之下。
[二]“丘”，原作“邱”，避諱而改者，今據雍正《湖廣通志》卷四一此人小傳改。後文徑改，不再出校。
[三]“擊”，原作“繫”，據文義改。
[四]“副使”前，原有“學”字，文義不通，今删。按，李仙品爲遵義兵備道副使，見乾隆《貴州通志》卷一七，後又爲叙馬瀘兵備道副使，見《督蜀疏草》卷三《報擒獲巨惡疏》。
[五]“鯤”，原作“親”，據前文及乾隆本改。
[六]“玉”，原作“一”，不詞，今據瀘州有玉蟾山而改。
[七]“衍”，原作“演”，據前後文及乾隆本改。

海、周鼎已擒。宋武、張令、閔侍孔等内附，智謀雄武，一時略盡。嗣此，賊亦止於穴中訌突，不能復據内地矣[一]。

松 茂

《邊防記》以松潘、漳臘、小河爲川西之一，威州、保縣、茂州、叠溪、汶川、灌縣爲川西之二，龍安、青川、石泉、安縣爲川西之三[二]。

《龍洞志》云："男曰安達，女曰白麻。多種青稞、圓根，好用羶羊、麥粉。"[三]

《宋史》云："松潘之俗，日耕野壑，夜宿碉房，刻木契以成交易，炙羊髈以斷吉凶。人精悍，善戰鬥。"

《四夷考》云："松潘西至流沙關，相連天竺，西南通紅土坡生蕃[四]，南通叠、茂、威、灌[五]，東通小河、龍安，北通漳臘。"

《經略志》云[六]："松潘之小河千户所，四崖絶壁，一綫逼窄，附近水毛牛、公羊洞諸番，未甚桀獼。"

《四夷考》云："小河之下，鐵龍之上，惟葉堂爲要隘。"

《隋書》云[七]："西羌輕捷，便擊劍。漆皮爲牟甲，爲弓長六尺，以竹爲弦。皮爲帽，其形圓如鉢。或戴冪羅[八]，衣多毛毼[九]，全剥牛脚皮爲靴，項繫鐵錢[十]，手貫鐵釧。王與酋帥，金爲首飾，胸前懸一金花，徑三寸。其土高，氣候凉，多風少雨，土宜小麥、青稞，山出金、銀，

[一] 按，以上大段文字論奢崇明反叛始末，朱燮元《督蜀疏草》《朱少師奏疏抄》等書皆有相關記載，但與此處所載文字差異很大。彭遵泗之《蜀故》幾乎以抄録他書而成，此處亦似自有淵源，非彭氏己筆也，惜不知源自何處。

[二] 按，此條所指《邊防記》，當是曹學佺《蜀中廣記》中之《蜀中邊防記》。

[三] 此條及後四條，皆出《蜀中廣記》卷三一。

[四] "通"，原脱，據《蜀中廣記》補。

[五] "通"，原作"道"，據《蜀中廣記》改。

[六] "志"，原作"制"，據《蜀中廣記》卷三一改。按，所謂《經略志》者，乃嘉靖《四川總志》之一分卷。

[七] "隋"，原作"唐"，據此條出處《隋書·西域傳·附國》改。但從文字内容看，此處亦是據《蜀中廣記》卷三一轉録者。

[八] "羅"，原作"羅"，據《隋書》《蜀中廣記》改。

[九] "衣"，原脱，據《隋書》《蜀中廣記》補。

[十] "項"，原作"頂"，形近而誤，據《隋書》《蜀中廣記》改。

多白雉。水有嘉魚，長四尺而鱗細。”

《四夷風俗記》：“維州諸番，歲時不用憲書，如辰年則畫十二龍。番僧依佛經推算甲子，毫釐不差，大率以十月爲一年。”[一]

永 寧

《漢書》云：“南夷夜郎最大，臨牂牁江，江廣數里，出番禺城下。武帝時，欲通夜郎，於其旁立犍爲郡，戍轉士罷，餓暑濕死者甚衆。西南夷又數反，耗費無功，使公孫弘視焉。還言其不可，乃罷。後平，爲牂牁郡，夜郎侯後封王。成帝時，夜郎王興與鉤町王禹、漏卧侯俞[二]，更舉兵相攻，牂牁太守陳立召興，斷其頭，諭衆降。”

《邊防記》：上川東曰南平、平茶、邑梅、酉陽，下川東曰石砫[三]。李京云：“土獠蠻男十四五左右擊去兩齒，然後婚娶[四]。豬羊同室，無匕箸[五]，手摶食。踏高橇上下山坡[六]，如奔鹿。婦跣足高髻，樺皮冠，耳墜大雙環，衣黑布，項帶鑞牌。死盛棺置千仞崖上，先墮者爲吉。山田薄少，刀耕火種，穀懸草棚下[七]，日擣而食，采荔販茶爲業。”

建 昌

《九州要記》云：“嶲西文夷，身青，有文如龍鱗於臂脛之間。將婚，會於路，歌謡相感，合爲夫婦焉。又有穿鼻儋耳種。瘴氣，有聲，著人人死，著木木折，號曰‘鬼巢’。僕夷在郡界千里，常居木上作屋，有尾

[一] 此條出《蜀中廣記》卷三二。

[二] “王興”，原脱，據《漢書·西南夷傳》補。◎“侯俞”後，原衍“興”字，據《漢書》删。

[三] 此處乃據《蜀中廣記》卷三八《邊防記》概括而來，非原文。

[四] “然後婚娶”，原作“後聚”，據《蜀中廣記》卷三六引李京《雲南志》改。按，李京之書本名《雲南志略》，今人王叔武有輯本。

[五] “匕”，原脱，據《蜀中廣記》補。◎“箸”，原作“筯”，殆因“箸”可作“筯”，遂形近而誤，今據《蜀中廣記》改。

[六] “橇”，原作“撬”，據《蜀中廣記》改。

[七] “棚下”，原作“榻”，據《蜀中廣記》改。按，彭遵泗此條删削較多，僅存大意。

長二寸，若損尾，立死。若欲地上居，則預穿穴以安尾，亦名尾濮木耳夷。死，積薪燒之，烟正則大殺牛羊，相賀以作樂，若遇風旁散，乃大悲哭。”[一]

《本志》云[二]：“東門十部蠻群居。竹籬板舍，不事修飾。刻木爲信，裙不過脛[三]，或時乘馬，則併坐横足。酋長死，無子則妻女繼之。俗尚火葬，送以鼓吹。有疾者不用醫藥，召女巫以鷄骨卜，事無巨細皆决之巫。善制堅盾利刃，又能作弩[四]，置毒其末，沾血立斃。”

《土夷考》云：“寧番衛蠻凶獷，約有九種：曰僰人、猓玀、白夷、西番、麽些、狢㺯，韃靼、回子、漁人。”[五]

打箭爐，原青海部落。裏塘在爐之西，亦青海部落堪布喇嘛之地。巴塘在裏塘之南，西藏拉汗所屬。乍丫在巴塘西南[六]，西藏闡教正副苦圖克兔舊管[七]。乂木多在乍丫西北，亦苦圖克兔舊管。類五齊在乂木多西北，紅帽子苦圖克兔居此。落隆宗在類五齊西南，亦西藏屬[八]。碩般多在落隆宗之西，亦西藏屬。達隆宗在碩般多之南，亦西藏屬。拉里在達隆宗西北，亦西藏屬。工布江達在拉里西南，亦西藏屬。

打箭爐層巒峻嶺，峭壁懸崖，中隔瀘水，勢最險要。

裏塘層巒叠嶂，西藏要區。

巴塘崇巒叠嶂，流合金沙，西藏要道。乍丫三山環逼，二水交騰，窮荒僻壤。

乂木多層巒叠嶂，怪岫奇峰，西藏門户。

類五齊高峰聳峻，一水環流，西藏往路。

落隆宗一山對峙，兩水合流，西藏孔道。

[一] 此條及下一條，皆出《蜀中廣記》卷三四。

[二] 此條所言《本志》，難知具體所指，但嘉靖《四川總志》卷一五、萬曆《四川總志》卷一八有相關記載。

[三] “裙”，原作“裾”，據乾隆本及《蜀中廣記》改。

[四] “弩”，原作“爲之”，據《蜀中廣記》改。

[五] 此條云出《土夷考》，不知所據爲何？《蜀中廣記》卷三四所收曹學佺之擬策論，羅列了這九個民族，但不言出處。雍正《四川通志》卷一九所收明人范守己《九夷考》介紹了九個民族之風俗人情，但名稱與此處略異。

[六] “丫”，原作“了”，形近而誤，據雍正《四川通志》卷二一改，後文此字徑改。按，此條及以下十條，皆出自《四川通志》，文字小異。

[七] “教正”，原誤倒，據乾隆本及《四川通志》乙正。

[八] “藏屬”，原脱，文義不通，據《四川通志》補。

碩般多四山旋繞，二水合襟，進藏要路。

達隆宗二山橫跨，四水環襟，西藏遼闊之區。

拉里二山危峻，三水會同。

工布江達憑山依谷，守險要區。

哀牢夷[一]

哀牢夷，西蜀國名也。其先有婦人，捕魚水中，觸沉木[二]，育生男子十人。沉木爲龍出水上，九男驚走[三]。一兒不去，龍因舐之，後諸夷推爲哀牢王。

牂 牁

牂牁，本繫船筏名。《華陽國志》楚頃襄王遣莊蹻伐夜郎，蹻至牂牁，繫船於苴蘭[四]。既克夜郎，會秦奪楚黔中地，無路不得歸，遂留主之，號莊王。以苴蘭有繫船牂牁處，因改名牂牁。《魏略》記吴將朱然圍樊城，遣兵於峴山斫牂牁材[五]。《潯陽記》亦言西北有一松樹，垂陰數畝，傳云陶公牂牁伐此樹，此語吴、晉間猶存，今絶無知者，但言是郡名耳。

吐 蕃

吐蕃自貞元末失維州，常惜其險，百計復之。乃選婦人有心者，約曰："去維州爲守卒之妻，十年兵至，汝爲内應。"及元和中，婦人已育

[一]"夷"，原作"彝"，據《後漢書·西南夷傳·哀牢夷》改。後文此字徑改，不再出校。

[二]"沉"，原作"沈"，形近而誤，據《後漢書》改。

[三]"走"下，原有"死"字，據《後漢書》删。

[四]"苴蘭"，《華陽國志》卷四及本條所出之《堅瓠集·餘集》卷三"牂牁"實作"且蘭"，但載籍亦多有作"苴蘭"者，如《舊唐書·地理志四》、《蜀鑑》卷九等，姑仍之。

[五]"斫"，原脱，文義不通，據《堅瓠集》補。

數子。番寇大至，發火應之，維州復陷[一]。

西番呼贊普之妻爲朱蒙。常魯公使西番，烹茶帳中，贊普問曰："此爲何物？"魯公曰："滌煩療渴，所謂茶也。"贊普曰："我此亦有。"遂命出之，以指曰："此壽州者，此舒州者，此顧渚者，此蘄門者，此昌明者，此㴩湖者。"

蠻 夷

《華陽國志》曰："南蠻有兩爨：一曰東爨烏蠻，一曰西爨白蠻。"[二]

蜀蠻邛部川都王蒙備死，氣未絶，其妻子以錦數匹相續，繫死者，曳之於地，置十數里外高山上，令氣絶，乃復以錦被裹而埋之。會其族哭之，名作鬼親[三]。

黎州諸蠻，其俗尚鬼，謂主祭者鬼主，故其酋長號"都鬼主"[四]。

獠 人

《寧國論》云："蜀中本無獠。犍爲、德陽山谷洞中攘攘而出[五]，轉轉漸大，自爲夫婦而益多。"

獠人在牂牁，其婦人七月生子，死則豎棺埋之[六]。

吐蕃，其俗以麥熟爲歲首，圍棋六博，吹笛鳴鼓，以爲戲樂[七]。

附國在蜀郡西北，其國俗好歌舞，其樂器則鼓簧吹笛。有死者則子孫帶劍，殺鬼報冤焉[八]。

[一] 此條及下條皆出《唐國史補》卷下。

[二] 此條或係據《山堂肆考》卷一五轉引，今本《華陽國志》不見此語。

[三] 此條出《續博物志》卷五。

[四] "主"，原作"王"，形近而誤，據《宋史·蠻夷傳四·黎州諸蠻》及前文改。

[五] "德"，原作"從"，據《續博物志》卷二改。◎"攘攘"，原作"壤壤"，據《續博物志》改。

[六] "豎"，原作"堅"，形近而誤，據《酉陽雜俎》卷四改。

[七] 此說見《新唐書·吐蕃傳上》。

[八] 此條見《文獻通考·樂考二十一·夷部樂》之"南蠻"。

牂牁，其俗擊銅鼓以祀神。宋至道中來朝，太宗令作本國歌舞。一人吹瓢笙，如蚊蚋聲，良久，十數輩連袂宛轉而舞，以足頓地爲節。詢其名，則曰水曲也[一]。

《西域傳》有度索尋橦之國[二]。《後漢書》“跋涉懸度”注：“溪口不通，以繩索相引而度。”唐獨孤及《招北客》詞：“笮復引一索，其名爲笮；人懸半空，度彼絶壑。”[三]予按，今蜀松、茂之地，皆有此橋。其河水險惡，既不可舟楫，施植兩柱於兩岸，以繩絙其中，繩上有一木筒，所謂橦也。欲度者，則以繩縛人於筒上，人自以手緣索而進[四]，行達彼岸，復有人解之，所謂尋橦也。非目見制，不知其解。

《寰宇記》云：“每漢人與番人博易，不用錢。漢以綢、絹、茶、布[五]，番以紅椒、鹽、馬，至今猶然。”

[一] 此條見《宋史·蠻夷傳四·西南諸夷》。

[二]“域”，原作“城”，形近而誤，據《升庵全集》卷七七“度索尋橦”條改。按，所謂《西域傳》，指《漢書·西域傳下》，國名“都盧”，與升庵所記不同。《能改齋漫録》卷六“都盧尋橦緣竿也”條有詳細考辨，可參看。

[三] 按，獨孤及此文見《唐文粹》卷三三之上，但也有以爲此句乃李膺《笮橋贊》者，見楊慎《譚苑醍醐》卷四。

[四]“人”，原作“登”，據乾隆本及《升庵全集》改。

[五]“綢”，原作“細”，蓋因《太平寰宇記》卷七七作“紬”，形近而誤也，今改作通行“綢”字。

蜀故卷二十七

僭竊[一]

更始元年秋，茂陵公孫述起兵成都，自稱輔漢將軍兼益州牧。及稱帝於蜀，隗囂使馬援往觀之。述盛陛衛，禮儀甚盛，援曰："天下雄雌未定，公孫不吐哺走迎國士，與圖成敗，反修飾邊幅，如偶人形，此子何足久稽天下士乎？"因辭歸，謂囂曰："子陽井底蛙耳，而妄自尊大，不如專意東方。"[二]

建武六年，遣耿弇等七將軍從隴道伐蜀。帝詔隗囂從天水伐蜀，囂以述罪惡未著爲辭，帝乃遣七將軍從隴道伐之[三]。

十一年春三月，遣吳漢將兵，會岑彭伐蜀，破其浮橋，遂入江關。岑彭數攻田戎等，不克。帝遣吳漢發荆州兵，與彭會荆門。彭裝戰船十艘，吳漢以諸郡棹卒多費糧穀，欲罷之；彭以爲蜀兵盛，不可遣，上書言狀。帝報彭曰："大司馬習用步騎，不曉水戰，荆門之事，一由征南公爲重而已。"彭令諸軍直衝浮橋，順風並起，所向無前，蜀兵大亂，溺死者數千人。長驅入江關，令軍中無得擄掠，百姓大喜，爭開門降[四]。

十二年春正月，吳漢大破蜀兵，拔廣都。七月，進攻成都。九月，臧宫拔綿竹，引兵與漢會。十一月，公孫述引兵出戰，吳漢擊殺之，延岑以成都降，蜀地悉平[五]。

李雄，蜀中巴西氐也，晉惠帝永寧元年父李特自稱益州牧，子流嗣，後雄繼之，稱成都王。僭稱帝，國號大成。初，雄以范長生有名德，爲蜀人所重，欲迎以爲君。長生不可，雄遂即位，約法七章。以叔父驤爲

[一]"僭竊"前，原有"故事"二字，據底本及乾隆本目録删。
[二] 此條見《後漢書·馬援傳》。
[三]"隴"，原作"龍"，據《後漢書·隗囂傳》及前文改。
[四] 此條見《後漢書·岑彭傳》及《御批歷代通鑑輯覽》卷二一。
[五] 相關記載見《御批歷代通鑑輯覽》卷二一。

太傅，兄始爲太保，李離爲太尉，李國爲太宰。以國、離有智謀，事必咨而後行，雄事之彌謹。用度不足，諸將有以獻金銀得官者，尚書令楊褒諫曰[一]："陛下設官爵，當網羅天下雄豪，何有以官賣金耶？"雄謝之[二]。始皇時，有長人五丈見宕渠[三]，秦史胡毋敬曰："五百年其地必有異人爲大人者。"雄之稱尊號，其先出自宕渠，識者皆以爲應之。

王建字光圖[四]，許州舞陽人，少以屠牛、盜驢、私販爲事，後爲忠武軍卒，遷隊將。僖宗在蜀，忠武軍將鹿晏弘以兵八千屬楊復光討賊[五]，建與晏弘爲一都頭。復光死，晏弘率八都西迎僖宗於蜀，僖宗以晏弘爲節度使，晏弘以建爲領屬州刺史。十軍觀容使田令孜以建爲養子，僖宗還，以建爲神策軍宿衛。僖宗幸鳳翔，以建爲清道使，負玉璽以從。李昌符焚棧道，建控僖宗馬，冒烟焰中過。宿坂下[六]，僖宗枕建膝寢，既覺，解御衣賜之。

僖宗至興元，西川節度使陳敬瑄求田令孜爲西川監軍，楊復恭代爲軍容使，復恭出建爲壁州刺史。建招集亡命及溪洞夷落，以衆八千攻閬州，執其刺史楊行遷。又攻利州，刺史王珙棄城走。東川顧彦朗與建有舊，敬瑄、令孜使人召建，建選精兵二千，馳之成都[七]。至鹿頭關，敬瑄復止之。建怒，擊破鹿頭關，取漢州。彦朗出兵，助建於學射山。敬瑄遣將句惟立逆建[八]，建擊敗之，遂攻彭州。敬瑄遣眉州刺史山行章將兵五萬屯新繁，建又擊敗之。敬瑄發兵七萬益行章，與建相持濛陽、新都百餘日[九]。

文德元年六月，韋昭度爲西川節度使，分邛、蜀、黎、雅爲永平軍，拜建節度使。敬瑄不受代[十]，昭宗命昭度將彦朗討之，昭宗以建爲招討

[一]"褒"，原作"豪"，據乾隆本及《通鑑紀事本末》卷一三上"成李據蜀"改。

[二] 此前相關記載見《通鑑紀事本末》。

[三]"宕"，原作"岩"，形近而誤，據《華陽國志》卷一改，後文此字徑改。

[四]"圖"，原作"國"，形近而誤，據乾隆本及《新五代史·前蜀世家》改。

[五]"復光"，原誤倒，據《新五代史》乙正，後文此二字徑改。按，此條至後文"四年四月"條，皆出自《新五代史》，故以之參校。

[六]"下"，原脱，據《新五代史》補。

[七]"之"，原脱，據《新五代史》補，文義更暢。

[八]"惟"，原作"帷"，據《新五代史》改。

[九]"陽"，原脱，據《新五代史》補。

[十]"敬瑄不受代"，原脱，則後文所謂"討之"究竟指討誰不明，故據《新五代史》補。又，後文王建欲擒韋昭度，乃韋氏討陳敬瑄不力之故，彭遵泗删削過甚，遂致文義不通，特此説明。

牙内都指揮使。建遣軍士擒昭度，昭度恐，留符節與建而東。昭度去，建以兵扼劍門，兩川由是阻絶。山行章屯廣都，建擊敗之[一]；行章走眉州，以州降建。引兵攻成都[二]，而資、簡、戎、茂、嘉、邛諸州皆殺刺史降建[三]。攻成都，田令孜夜入建軍，以節度觀察牌印授建，敬瑄開門迎建入城。遷敬瑄於雅州，使人殺之；以令孜爲監軍，既而亦殺之。

天順二年十月，唐以建爲檢校司徒、成都尹、劍南西川節度副大使知節度事、管内觀察處置雲南八國招撫等使。東川顧彦朗卒，弟彦暉立。唐遣宦者宗道弼賜彦暉東川旌節，綿州刺史常厚執道弼以攻梓州。建遣李簡、王宗滌討厚，欲圖并東川。

乾寧二年十二月，宗滌敗彦暉於楸林，斬其將羅璋，遂圍梓州。三年五月，昭宗遣宦者袁易簡詔建罷兵，建收兵還成都。黔南節度使王肇以其地降。四年，宗滌復攻東川，破梓州，以王宗滌爲留後，於是并有兩川之地。

天復元年，梁兵圍鳳翔，建遣王宗滌將兵五萬，聲言迎駕，以攻興元，執其節度使李繼業[四]。武定節度使拓拔思敬遂以地降建，於是并有山南西道。建攻下夔、施、忠、萬四州。三年八月，唐封建蜀王。四年，唐遷都洛陽，建與唐隔絶。六年，又取歸州，於是并有三峽。

七年秋九月，建乃即皇帝位，封其諸子爲王，以王宗佶爲中書令[五]，韋莊爲左散騎常侍判中書門下事，唐襲爲樞密使，鄭騫爲御史中丞，張格、王鍇爲翰林學士，周博雅爲成都尹[六]。

武成元年正月，祀天南郊，大赦，改元。以王宗佶爲太師。宗佶以建爲忠武軍卒掠爲養子，心不自安，與鄭騫謀，求爲大司馬，總六軍，開元帥府。建心疑，叱衛士撲殺，并賜騫死。六月，以遂王宗懿爲皇太子，建加尊號英武睿聖皇帝。

二年，頒永昌曆。十二月[七]，大赦，改明年爲永平元年。岐王李茂

[一]“敗之”，原誤倒，據乾隆本及《新五代史》乙正。
[二]“攻”，原作“敗”，據乾隆本及《新五代史》改。
[三]“嘉”，原作“喜”，據《新五代史》改。
[四]“業”，原脱，據《新五代史》補。
[五]“令”，原作“命”，形近而誤，據乾隆本及《新五代史》改。
[六]“成”，原脱，據《新五代史》補。
[七]“十”，原脱，據《新五代史》補。

貞自爲梁所圍，山南入於蜀，因求故地。建怒，以王宗侃爲北路都統，宗佑、宗賀、唐襲爲三面招討使，與岐戰於青泥。宗侃敗績，退保西縣，爲茂貞所圍。建自將擊之，岐兵敗，解去，建至興元而還。加尊號曰英武睿聖光孝皇帝[一]。

二年，又加號曰英武睿聖神功文德光孝皇帝。梁太祖崩，建遣將作監李紘吊之，刻其印文曰"大蜀入梁之印"。

三年七月，建得銅牌子於什邡，有文二十餘字，建以爲符讖，因以名諸子。

四年，荆南高季昌侵蜀，遣嘉王宗壽敗之於瞿塘。峽上有堰，或勸蜀王乘夏秋江漲，决水以灌江陵。毛文錫諫曰："季昌不服，其民何罪？陛下方以德懷天下，忍以鄰國之民爲魚鱉乎？"蜀主乃止[二]。八月，殺黔南節度使王宗訓。冬，南蠻攻掠界上，建遣王宗範敗之於大渡河。

五年，起壽昌殿於龍興宫，畫建像於壁；又起扶天閣，畫諸功臣像。十一月，大火焚其宫室。遣王宗儔等攻岐，取其秦、鳳、階、成四州[三]，至於大散關，劉知俊以族來。通正元年，遣王宗綰等率兵十二萬出大散關攻岐，取隴州。八月，起文思殿，以清資五品正員官購群書以實之，以内樞密使毛文錫爲文思殿大學士。十月[四]，大赦，改元。十二月，又改明年元曰天漢，國號漢。天漢元年，殺劉知俊。十二月，大赦，改明年元曰光天，復國號蜀。

光天元年六月，建卒，年七十二。太子立，去宗名衍。衍，建十一子，以母寵得立，謚建曰神武聖文孝德明惠皇帝，廟號高祖，陵曰永陵。立正室周氏爲皇后，尊其母徐氏爲皇太后，后妹淑妃爲皇太妃。起宣華苑，有重光[五]、太清、延昌、會真殿，清和、迎仙宫，降真、蓬萊、丹霞亭，飛鸞閣，瑞獸門。又作怡神亭[六]，與諸狎客、婦人日夜酣飲其中。立之明年，改元乾德。

[一]"孝"，原脱，據《新五代史》補，後文徑補。
[二] 按，毛文錫勸諫之事，《新五代史·前蜀世家》不載，當是彭遵泗據他書增入者。可參《十國春秋·毛文錫傳》。
[三]"州"，原作"川"，形近而誤，據乾隆本及《新五代史》改。
[四]"十"，原作"十一"，據《新五代史》改。
[五]"有"，原脱，據《新五代史》補。
[六]"又作"，原脱，據《新五代史》補。

乾德元年正月，祀天南郊，大赦，加尊號爲聖德明孝皇帝。與太后、太妃游青城山，宫人衣服皆畫雲霞，飄然望之若仙。衍自作《甘州曲》，述其仙狀，上下山谷而歌，使宫人和之。

六月，作高祖原廟於萬里橋，帥后妃、百官用褻味，作鼓吹祭之。華陽尉張士喬上疏諫，衍怒，流黎州。士喬感憤，赴水死[一]。衍奢縱無度日，與太妃游宴，所費不可勝紀。太后、太妃各出教令賣官，每一官出，自刺史以下，必數人並争，入錢多者得之；通都大邑起邸店，以奪民利。文思殿大學士韓昭以便佞得幸，乞數州刺史，賣之以營居第，許之[二]。

二年冬，北巡，至於西縣，旌旗戈甲，連亘百餘里。其還也，自閬州浮江而上，龍舟畫舸，照耀江水，所在供億，人不堪命。

三年，還成都。

五年，起上清宫，塑王子晉像，尊爲聖祖至道玉宸皇帝。又塑建及衍像，侍立左右；正殿塑玄元皇帝及唐帝，備法駕而朝。

六年，以王承休爲天雄軍節度使。是歲，改元曰咸康。衍自立，歲常獵於子來山。是歲，幸彭州陽平化、漢州三學山。十月，幸秦州，行至梓潼，大風拔木發屋。至綿谷，聞唐師入境，衍懼，留王宗弼守綿谷，遣王宗勳、宗儼、宗昱率兵拒唐師。還至成都，百官後宫迎謁七里亭，衍雜宫人作回鶻隊以入。

同光三年，唐師伐蜀，以魏王繼岌充西川行營都統[三]，郭崇韜招討制置使，軍事悉以委之[四]。大軍西行入散關，倍道而進，王承捷以鳳、興、文、扶四州印節迎降，自餘城鎮皆望風款附，遂進逼成都。衍輿櫬銜璧面縛[五]，出降於七里亭。大軍入成都，崇韜禁軍士侵掠，市不改肆，自出師至克蜀凡七十日。高季興聞蜀亡，方食，失匕箸曰：“是老夫之過也。”梁震曰：“不足憂也，唐主得蜀，益驕亡無日矣！安知其不爲吾福？”

[一] 按，張士喬赴水事，見《資治通鑑·後梁紀六·均王下》，《新五代史》不載。

[二] 按，韓昭之事，亦見《資治通鑑·後梁紀六·均王下》，《新五代史》不載。

[三] “繼”，原脱，據《資治通鑑·後唐紀三·莊宗光聖神閔孝皇帝下》及《御批歷代通鑑輯覽》卷六七補。◎“都統”，原誤倒，據二書乙正。

[四] “事”，原作“士”，據乾隆本及《資治通鑑》改。

[五] “櫬”，原作“襯”，形近而誤，據《資治通鑑》改。◎“璧”，原作“壁”，據乾隆本及《資治通鑑》改。

四年四月[一]，莊宗召衍入洛，至秦川驛，遣宦者向延嗣誅其族。衍母徐氏臨刑呼曰："吾兒以一國迎降，反以爲戮，信義俱棄，吾知其禍不旋踵。"衍妻劉氏，鬒髮如雲而有色，行刑者將免之，劉氏曰："家國喪亡，義不受辱。"遂就死。王宗壽爲太子太保，所在迎降，魏王常以書招之，獨宗壽不降，從衍東遷。至岐陽，衍死。宗壽至澠池，聞莊宗遇弒，亡入熊耳山。天成二年，宗壽出詣京師[二]，上書求衍宗族葬之。明宗嘉其忠，以爲保義軍行軍司馬，封衍順正公，許以諸侯禮葬。宗壽得王氏十八喪，葬之長安南三趙村。

孟知祥，邢州龍岡人[三]。其叔父遷，當唐之末，據邢、洺、磁三州，爲晉所擄。晉以遷守澤、潞，梁兵攻晉，遷以澤、潞降梁。知祥父道，獨留事晉。及知祥壯，晉以其弟克讓女妻之，以爲左教練使。莊宗爲晉王，以祥爲中門使[四]。祥薦郭崇韜自代，遷祥馬步軍都虞候。莊宗建號，以祥爲太原尹、北京留守。魏王繼岌、郭崇韜平蜀，莊宗遂以知祥爲成都尹、劍南西川節度副大使。

同光四年正月，知祥至成都，崇韜死。魏王繼岌引軍東歸，先鋒康延孝反，攻破漢州。知祥遣大將李仁罕會任圜、董璋等擊破延孝，得其將李肇、侯弘實及其兵數千歸。莊宗崩，魏王繼岌死，明宗入立。知祥乃訓練兵甲，陰有王蜀之志。

明宗繼立，悉誅宦者，罷諸道監軍。焦彥賓已罷，樞密使安重誨疑祥有異志，復以客省使李嚴爲監軍。知祥怒曰："諸道皆廢監軍，獨吾軍置之。吾將有以待其來！"嚴至境上，遣人持書候祥[五]，祥盛兵見之，冀嚴懼而返，嚴聞之自若。

天成二年正月，李嚴至成都，祥置酒召嚴。彥賓雖在蜀，嚴出詔示知祥，祥不聽，反責嚴曰："今諸方鎮已罷監軍，公何得來此？"目客將王彥銖執嚴[六]，斬之。明宗猶欲懷以恩信，遣客省使李仁矩慰諭知祥，

[一]"四年"，原作"三年"，據《新五代史》改。

[二]"京"，原作"宋"，據《新五代史》改。

[三]"邢"，原作"刑"；"岡"，原作"江"，據《新五代史·後蜀世家》改。按，此條及後文論孟蜀事，多出《新五代史》，偶有羼雜《宋史紀事本末》者。

[四]"門"，原作"將"，據《新五代史》改。

[五]"候"，原作"侯"，據乾隆本及《新五代史》改。

[六]"將"，原脱，據《新五代史》補。

并送瓊華公主及其子昶歸之。知祥因請趙季良爲節度副使。三年，唐徙季良爲果州團練使，以何瓚爲節度副使。知祥得制書匿之，遣將雷廷魯至京師論請，明宗從之。瓚至綿谷，祥奏爲行軍司馬。是歲，唐師伐荆南，詔知祥以兵下峽，祥遣毛重威率兵三千戍夔。高季興死，祥請罷戍，不許，乃諷重威以兵鼓噪，潰而歸。

四年，明宗事於南郊，遣李仁矩責知祥助禮錢一百萬緡[一]，祥不肯。久之，請獻五十萬。是歲，以夏魯奇爲武信軍節度使；分東川之閬州爲保寧軍，以李仁矩爲節度使；又以武虔裕爲綿州刺史。仁矩與東川董璋有隙，而虔裕，重誨表兄，璋與祥皆懼。璋遣人求婚自結於祥，祥心不許，趙季良以謂宜合從以拒唐師[二]，於是連表請罷還唐所遣節度使等。

長興元年二月，加拜知祥中書令。九月，董璋先攻破閬州，擒李仁矩，殺之。知祥開宴，東北望闕，拜伏嗚咽涕泣[三]，士卒皆欷歔，明日遂舉兵反。十一月，明宗下詔削奪知祥官爵，命天雄軍節度使石敬塘爲都招討使，夏魯奇爲副，安重誨督征蜀諸軍。知祥遣李仁罕、張業、趙廷隱將兵三萬會璋攻遂州，别遣侯弘實將四千人助璋守東川，遣張武下峽取渝州。唐師攻劍門，殺璋守兵三千以入。祥遣廷隱分兵萬人而東，與敬塘戰於劍門，唐師大敗。張武取渝州，袁彦超取黔州。

二年正月，李仁罕克遂州，夏魯奇死之，祥以仁罕爲武信軍留後[四]，敬塘班師。利州李彦珂聞唐敗，棄城走，祥以趙廷隱爲昭武軍留後。李仁罕進攻夔州，刺史安崇阮棄城走，以趙季良爲留後。唐召安重誨還，敬塘引兵遁歸，明宗責重誨失策，重誨死，遣西川進奏官蘇愿、進奉軍將杜紹本西歸招諭知祥[五]，祥邀璋欲同謝罪，遣使三往，璋益疑，先襲破知祥漢州。知祥遣趙廷隱率兵三萬[六]，自將擊之。璋軍士皆噪，偏將張守進來降，璋大敗於金雁橋。遣工部尚書盧文紀册封知祥爲蜀王，而趙季良等五人皆拜節度使。明帝崩。明年正月，知祥即皇帝位，國號蜀。以季良爲司空、同中書門下平章事，中門使王處回爲樞密使，李昊爲翰

[一]“矩”，原作“規”，據《新五代史》及前文改，後文徑改。
[二]“從”，原作“徙”，形近而誤，據《新五代史》改。
[三]“嗚”，原作“鳴”，形近而誤，據《新五代史》改。
[四]“罕”，原脱，據《新五代史》及前文補。
[五]“奉”，原作“秦”，據《新五代史》改。◎“本”，原脱，據《新五代史》補。
[六]“知祥”，原作“知州”，據《新五代史》改。

林學士。

三月，潞王舉兵於鳳翔，愍帝遣王思同等討之[一]，兵潰，山南西道節度使張虔釗、武定軍節度使孫漢韶皆以其地附於蜀。四月，知祥改元曰明德。六月，知祥卒，子昶嗣。昶，祥第三子。繼立，不改元，仍稱明德，至五年始改元曰廣政。昶好打毬走馬，爲方士房中之術，多采良家女子以充後宫。年少不親政事，將相皆知祥故人，事昶，驕蹇逾度。昶執李仁罕殺之，並族其家[二]。

廣政九年，趙季良卒，張業用事。業，仁罕甥。仁罕誅時，業方掌禁兵，昶懼其反，乃用以爲相[三]，兼判度支。

十一年，昶與匡聖指揮使安思謙謀，殺張業。大學士王處回、趙廷隱旋亦致仕，故將舊臣殆盡，昶始親政事。是時，契丹滅晉，漢高祖起於太原，中國多故，雄武軍節度使何建以秦、成、階三州附於蜀，昶遣孫漢韶攻下鳳州，於是悉有王衍故地。漢將趙思綰據永興、王景崇據鳳翔反，皆納款於昶。昶遣張虔釗出大散關，何建出隴右，李廷珪出子午谷，以應思綰。又遣安思謙益兵向東。已而漢誅思綰、景崇，虔釗罷歸，思謙耻於無功，多殺士卒以威衆。昶使王藻謀殺思謙，而邊吏急奏，藻不以時聞，並擒藻斬之。

十二年，置吏部三銓、禮部貢舉。

十三年，昶加號睿文英武仁聖明孝皇帝，封子玄喆秦王，玄珏褒王，弟仁毅夔王，仁贄雅王，仁裕嘉王。

十八年，周世宗伐蜀，攻自秦州，昶以韓繼勳爲雄武軍節度使，趙季扎爲秦州監軍。季扎行至德陽，聞周兵至，遽馳還奏事。昶怒，殺之，遣高彦儔、李廷珪出堂倉以拒周師。高彦儔大敗，走青泥，於是秦、成、階、鳳復入於周。

二十一年，周兵伐南唐，取淮南十四州。荆南高保融以書招昶歸，不從。

二十五年，昶立秦王玄喆爲皇太子。昶幸晉、漢之際，中國多故，據險一方，君臣務爲奢侈自娱，至溺器皆以七寶裝之。王昭遠、趙彦韜

[一]“王”，原脱，據《新五代史》補。
[二]“族其家”，原脱，據乾隆本及《新五代史》補。
[三]“乃”，原脱，乾隆本作“仄”，據《新五代史》補。

等分掌機務統要軍政，及宋師下荆、湖，蜀相李昊言於蜀王曰："臣觀宋氏啓運，不類漢、周，一統海内，其在斯乎？若通貢職，亦保安三蜀之長策也。"蜀主乃遣趙彦韜爲諜，入汴覘强弱。彦韜潛以蜀與北漢約同舉兵蠟丸書間行東漢，爲邊吏所得，獻之。帝久欲伐蜀而無詞，得書喜曰："吾師有名矣！"遂命王全斌、劉光義[一]、王仁贍、曹彬等分道伐蜀，且謂全斌曰："凡克城寨，止籍其芻糧，悉以財帛分給將士，吾所欲得者土地耳。"全斌乘勝而前，蜀主遣昭遠等拒之。昶母李太后言昭遠不可用，昶不聽。昭遠好讀兵書，以方略自許，兵始發成都，昶遣李昊等餞之，曰："吾此行，非止克敵，取中原如反掌耳！"手執鐵如意，指麾軍事，自方諸葛亮。昶又遣子玄喆率精兵數萬守劍門，玄喆輦其愛姬，携樂器、伶人數十以從。

乾德二年十二月，王全斌入蜀，取興州[二]，擒其招討使韓保正，蜀兵大潰。蜀人悉以其精鋭分三道逆戰，皆敗。王昭遠引兵迎戰，三戰皆敗。昭遠焚吉柏江浮橋，退守劍門，軍頭向韜得蜀降卒。全斌進次益光，降卒言益光東越大山數重，有狹徑名來蘇，蜀人於江西置柵，對岸可渡，自此出劍門南二十里，至青疆，與官道合。全斌遣偏將史延德分兵出來蘇，跨江爲浮梁以濟，遂進次青疆，與全斌夾攻。王昭遠聞之，退屯漢源坡以待。全斌未至，漢源、劍門已破，昭遠股慄失次[三]。趙崇韜布陣出戰[四]，昭遠據胡床不能起，全斌進擊大破之，斬首萬餘級。昭遠走投東川，匿倉舍下，悲嗟流涕，目盡腫。俄而宋追騎至，與彦韜被執，玄喆逃歸。

三年正月，劉光義、曹彬攻蜀夔州，州有鎖江爲浮梁，上設敵棚三重[五]，夾江列炮具。宋師至夔，舍舟步進，先奔浮梁，乘勝登城。蜀臨江制置使高彦儔力戰不勝，身被十餘鎗，左右皆散。彦儔奔歸府第，整冠，望西北再拜，縱火自焚。死後數日，光義得其骨於灰燼中，以禮葬之。

[一]"義"，原作"羲"，《新五代史》作"乂"，今據《宋史紀事本末》改，後文徑改。按，自"王昭遠"至"蜀主遣昭遠等拒之"，乃本自《宋史紀事本末》卷一"平蜀"。其後三條所叙之事亦見《宋史紀事本末》卷一，文字略異。

[二]"取"，原脱，文義不通，據《宋史紀事本末》補。

[三]"慄"，原作"慓"，據《宋史紀事本末》改。

[四]"崇"，原作"彦"，據《宋史紀事本末》改。按，趙崇韜，《宋史》有傳，與趙彦韜非一人也。

[五]"棚"，原作"柵"，據《宋史紀事本末》改。

劉光義、曹彬取蜀五州，全斌進次魏城。孟昶聞之，問計左右，老將石頵以謂東兵遠來[一]，宜聚兵堅守以敝之。昶歎曰："吾與先君以温衣美食養士四十年，一旦臨敵，不能爲吾東向放一箭，雖欲堅壁，誰與吾守耶！"乃命李昊草表以降，全斌受之，遂入城。光義等亦引兵來會，自興師至受降[二]，凡六十六日。前蜀之亡也，降表亦李昊爲之，至是又草焉，蜀人夜表其門曰"世修降表李家"，時傳以爲笑。

三月，宋兩川軍亂時，王全斌與崔彦進等在蜀日夜宴飲，不恤軍士，縱部下掠女子、奪財物，蜀人苦之。既而，帝詔發蜀兵赴汴，人給錢十千，未行者加兩月廪食，全斌等不即奉命，蜀兵憤怨。行至綿州，遂作亂，劫屬邑[三]，衆至十餘萬。獲文州刺史全師雄，推以爲帥，民爭應之。全斌等懼，因遣米光緒招撫之[四]。光緒盡滅師雄之族，納其愛女及橐裝。師雄遂無歸志，率衆分據要害。崔彦進、高彦暉進討，皆敗績，戰死。全斌退保成都，師雄勢益張，邛、蜀等十六州及成都屬縣皆起兵應師雄，全斌等大懼。時成都城中降兵未遣者尚二萬七千，全斌慮其應賊，與諸將謀誘至夾城中，盡殺之。

夏六月，蜀主昶舉族與官屬至汴，率子弟素服待罪闕下，帝備禮見之，封昶秦國公，其母李氏詔書封爲國母。及昶卒，李氏不食，數日亦死，帝聞而傷之。帝嘗見昶寶裝溺器，命撞碎之，曰："以七寶飾此，當以何器貯食？所爲如是，不亡何待？"[五]

流賊

譙縱據蜀，益州刺史朱齡石帥師伐之。齡石曰："往年劉敬宣出黄虎，無功而返。賊謂我今從外水往，而料我當出其不意，猶從其内水來也。今以大衆自外水取成都，疑兵出内水，此制敵之奇也。"後譙縱果使譙道

[一]"石頵"，《宋史紀事本末》作"石斌"，此條乃據《新五代史》與《宋史紀事本末》改寫也。

[二]"至"，原作"自"，據乾隆本及《宋史紀事本末》改。

[三]"屬"，原作"蜀"，據《宋史·王全斌傳》改。

[四]"米"，與《宋史·王全斌傳》同，而《宋史紀事本末》及《續資治通鑑長編》卷六作"朱"。從文字上來看，此段當是本自《宋史》。

[五] 此條出《宋史紀事本末》卷一。

福以重兵守涪城備内水，齡石入成都，譙縱走死[一]。

天監四年十一月，魏王足奔梁。先是，足圍涪城，蜀人震恐。邢巒表於魏王[二]，曰："今益州有五可圖：建康、成都相去萬里，陸行既絶，而水軍非周年不達，一可圖也；頃經劉季連、鄧元起之亂，資儲空竭，吏民無復固守之志，二可圖也；淵藻裙屐少年，未洽治務，所任皆左右少年，三可圖也；蜀之所恃，惟在劍閣，今已奪其險，四可圖也；淵藻是衍至親，必無死理，若克涪城，必將逃走，蜀卒駑怯[三]，弓矢寡弱，五可圖也。今若不取，後圖便難矣。"魏主不從，卒不能定蜀，久之，奔梁。

上元二年四月，梓州刺史段子璋反，自稱梁王。五月，成都尹崔光遠斬之，十日平[四]。

元和元年正月，劉闢求兼領三川，帝不許。遂發兵圍東川節慶使李康於梓州，執李康。三月，命高崇文入梓州，闢歸李康於崇文。六月，崇文破鹿頭關，連戰皆捷。九月，崇文克成都，劉闢奔吐蕃，崇文使高霞寓追擒之，檻送京師[五]。

淳化四年春，蜀青神民王小波聚衆爲亂，攻青神，掠彭山，殺縣令齊元振，剖其腹，實以錢，以其平日愛錢故也[六]。

十二月，西川都巡檢使張玘與王小波戰於江源。玘射中小波，已而爲小波所殺，小波亦病創死。其黨推小波妻弟李順爲帥，寇掠州縣，陷邛州、永康軍，衆至數十萬。

五年春正月，李順攻陷漢州。復陷彭州[七]，遂攻成都。轉運使樊知古、知府郭載及官屬出奔梓州。順入城，據之，僭號大蜀王，遣其黨四出攻劫州縣，兩川大震。

二月，分遣楊廣數萬衆寇劍門。上官正爲劍門都監，麾下有疲卒數百，因勉激以忠義，勇氣百倍，力戰以守。會成都監軍宿翰兵至，正與

[一]《宋書》及《南史》之《朱齡石傳》皆載此事。

[二]"邢"，原作"刑"，據《資治通鑑·梁紀二·高祖武皇帝二》改。◎"巒"，原作"蠻"，據乾隆本及《資治通鑑》改。按，《魏書》及《北史》之《邢巒傳》亦載此事。

[三]"駑"，原作"驚"，據《資治通鑑》改。

[四]此事見《資治通鑑·唐紀三十六·肅宗文明武德大聖大宣孝皇帝下之下》。

[五]此事見《資治通鑑·唐紀五十三·憲宗昭文章武大聖至神孝皇帝上之上》。

[六]此條至"十月，賊由升仙橋分路襲王師"共十一條，皆出《宋史紀事本末》卷二之"蜀盗之平"，文句有删改。

[七]"州"，原脱，據《宋史紀事本末》補。

之合，迎擊賊衆，斬馘幾盡。餘衆三百分還成都，順怒其驚衆，盡斬之。

李順圍梓州。初[一]，知州張雍聞小波起，即練士卒，募强勇，爲城守計，輦綿州金帛以實帑藏，命官屬治戎器，守械悉備。至是，順分遣其黨帥衆二十萬圍梓，城中兵纔三千，雍悉力禦之，凡八十日。王繼恩遣石智顒來援[二]，賊乃潰去。王繼恩師至綿州，賊潰走，追殺其衆，遂復綿州。遣曹習破賊於老溪，復閬、巴、蓬、劍等州。

五月，王師至成都，破賊十萬衆，斬首三萬級，獲李順，遂復成都。其黨張餘復攻陷嘉、戎、瀘、渝、涪、忠、萬、開八州[三]，開州監軍秦傳序死之[四]。

八月，張詠知益州。時王繼恩、上官正、宿翰等討賊，漸有成功，頓師不進，專務飲博，其下恣横剽掠，餘寇時復張大。詠勉正等親行，正由是决計深入，大致克捷。張餘賊衆攻夔州，白繼贇敗之於西津口，斬首二萬，獲舟千餘艘。正復連破賊於廣安、嘉陵、合州。賊進攻陵州，又爲知州張旦所敗。至是，正等大敗張餘於雲安軍，復其城。

至道元年二月，四川都監宿翰獲張餘於嘉州。先是，四川行營衛紹欽、楊瓊屢敗賊衆，復蜀、邛等州。餘攻眉州，翰擊敗之，餘走嘉州，爲軍士所獲。是年，召王繼恩還，以上官正、雷有終爲四川招安使，蜀寇悉平。

咸平三年春正月，益州戍卒作亂，推王均爲首。初，神衛卒戍益州[五]，以都虞候王均、董福分領之。兵馬鈐轄符昭壽驕恣侵虐，軍士憤怨，戍卒趙廷順等八人遂殺昭壽爲亂。欲奉都巡檢使劉紹榮爲主[六]，紹榮自經死。知州牛冕、轉運使張適縋城而去。監軍王澤召王均謂曰："汝所部爲亂，盍往招安之？"[七]叛卒見均，即擁之，均即僭號大蜀，改元化順，署置官稱，以小校張鍇爲謀主[八]。均帥衆攻陷漢州。進攻綿州，不克。

[一]"初"，原脱，據《宋史紀事本末》補，文義更暢。

[二]"顒"，原脱，據《宋史紀事本末》補。

[三]"戎"，原作"邛"，形近而誤，據乾隆本及《宋史紀事本末》改。

[四]"開州"，原脱，據《宋史紀事本末》補。

[五]"卒戍"，原誤倒，據《宋史紀事本末》乙正。

[六]"都"，原作"部"，據乾隆本及《宋史紀事本末》改。◎"榮"，原作"營"，據乾隆本及《宋史紀事本末》改，後文此字徑改。

[七]"安"，原脱，據《宋史紀事本末》補。

[八]"張"，原作"王"；"謀主"，原誤倒，據《宋史紀事本末》改、乙。

直趨劍州，爲知州李士衡所敗，退保益州。帝聞之，以户部雷有終爲川陝招安使，李惠、石普、李守倫並爲巡檢使，給兵八千，往討之[一]。知蜀州楊懷忠聞亂，即調鄉兵會諸巡檢兵入益州。焚城北門，至三井橋，與賊黨戰，數合，不利而退。復檄嘉、眉等七州，合兵再攻，敗之。乘勝逐賊至州南十五里，寨於鷄鳴原，以俟王師，均亦閉關自固。

二月，雷有終等至益州，時都巡檢張思鈞已克漢州[二]，遂進壁升仙橋。賊攻寨，有終擊走之。王均開城門僞遁，有終等帥兵入城，官軍競剽掠。賊閉關發伏，布床榻於路口，官軍不得出，因爲所殺。有終緣堞而墜，得免，李惠死之，官軍退保漢州。益州城中民皆奔迸四出，復爲賊黨追殺，或囚縶之，支解族誅以恐衆。又脅士民之少壯者爲兵，先刺手背，次髡首，次黥面，給軍裝令乘城，與舊賊黨相間。

十月，賊由升仙橋分路襲王師，有終帥兵逆擊，大敗之。王均單騎還城，遂撤橋塞城。有終與石普進屯城北[三]，分遣將校東西南寨鼓噪攻之，賊出戰屢敗。然王師每薄城，輒會雨，城滑不能上。有終命爲洞屋以進，均亦對設敵樓以相拒。有終遣卒焚之，賊自是消沮[四]，復築月城以自固。有終令卒蒙氈、秉燧以入，悉焚其望櫓機石。普分兵洞屋而前，遂入城，均夜與其黨二萬人突圍而遁。所過斷橋塞路，焚倉庫。有終疑城内有伏，縱火其中。遣楊懷忠追均至富順，及之，大敗其衆，均縊死，懷忠取其首及僭僞法物，降其黨六千，賊平。

紹熙三年夏四月，議更蜀帥。留正言：西邊三將，惟吴氏世襲兵柄，號爲“吴家軍”。吴挺脱死亡，兵權不可復付其子[五]。

四年五月，利州安撫使吴挺卒。丘密使總領財賦楊輔權安撫使[六]，統制官李世廣權總其軍。知樞密院趙汝愚言：“吴氏世掌西兵，非國家之利。”遂以興州都統制代挺，挺子曦帶御器械。

[一]“之”，原脱，據《宋史紀事本末》補。

[二]“鈞”，原作“均”，據《宋史紀事本末》改。

[三]“北”，原爲注文“百兵”，據《宋史紀事本末》改。

[四]“沮”，原作“阻”，據《宋史紀事本末》改。

[五] 此條及後文叙吴曦之事，見《宋史紀事本末》卷二二“吴曦之叛”。《宋史》卷四七五有《吴曦傳》，亦可參看。

[六]“密”，原誤作“宗山”，據《宋史紀事本末》改。按，《宋史》卷三九八有此人傳記，可參看。

嘉泰元年七月，以吴曦爲興州都統。曦以賄賂宰輔韓侂胄[一]，規求還蜀，侂胄許之，遂有是命。曦至興州，譖副都統制王大節，罷其官，由是兵權悉歸於曦。

開禧二年三月[二]，以程松爲四川宣撫使，吴曦副之。曦進屯河池西，以軍六萬屬之，仍聽節制財賦，按劾計司，曦由是益得自專。尋詔曦兼陜西、河東招撫使。知大安軍安丙陳十可憂於松[三]，松夜延丙議[四]，丙言曦必誤國，松不省。

夏四月，吴曦與其從弟晛及徐景望、趙富、米修之、董鎮共爲謀叛[五]，陰遣其客姚淮源獻關外階、成、和、鳳四州於金，求封蜀王。

十二月，吴曦既遣姚淮源如金，因持重按河池，韓侂胄日夜望其進兵。金人聞曦叛求封[六]，大喜，因命完顏綱經略之。綱進兵水雒，訪得曦族人吴端，署爲水雒城巡檢使[七]，遣人報曦，曦大喜。及金將蒲察貞破和尚原，犯西和州，曦將王喜等力戰，曦忽傳令退保黑谷，軍遂潰。貞入成州，曦因焚河池，退保青野原，金人無復顧慮。時興州都統制毋思以重兵守關，吴曦聞金兵至，因撤驀關之戍[八]。金人由板閘谷繞出關後，思孤軍不能支，遂陷。曦退屯置口，完顏綱遣張仔會之。乃以金主璟命，遣馬良顯持詔書、金印，立曦爲蜀王。曦受之，遂還興州。金完顏抄合攻鳳州[九]，程松遣人求援於曦，曦給以當得三千騎往，宣言金使者欲得階、成、和、鳳四州以和。會報金兵至，松急趨米倉山而遁。

三年春正月，吴曦自稱蜀王。遣將利吉引金兵入鳳州[十]，以四郡付之，表鐵山爲界。曦即興州爲行宫，改元，置百官。遣董鎮至成都，治宫殿，欲徙居之。稱臣於金，分其所部兵十萬爲統帥，遣禄祁等戍萬州[十一]，

[一]"侂"，原作"伲"，形近而誤，據《宋史紀事本末》改。

[二]"二"，原作"三"，形近而誤，據《宋史紀事本末》改。

[三]"知"，原作"之"，據乾隆本及《宋史紀事本末》改。按，安丙知大安軍，見《宋史》本傳。

[四]"丙議"，原脱，據《宋史紀事本末》補。

[五]"董"，原作"重"，形近而誤，據乾隆本及《宋史紀事本末》改。

[六]"金"，原作"今"，據乾隆本及《宋史紀事本末》改。

[七]"署"，原作"暑"，形近而誤，據乾隆本及《宋史紀事本末》改。

[八]"驀"，原作"幕"，據《宋史紀事本末》改。

[九]"攻"，原脱，據《宋史紀事本末》補。

[十]"吉"，原作"告"，形近而誤，據《宋史紀事本末》改。

[十一]"祁"，原作"初"，形近而誤，據乾隆本及《宋史紀事本末》改。

泛舟下嘉陵江，聲言約金人夾攻襄陽。下黄榜於成都、潼川、利州、夔州四路，以興州爲興德府。召隨軍轉運使安丙爲丞相長史，權行都省事。又召權大安軍楊震仲，不屈，飲藥而死。吴晛爲曦謀，宜收用蜀名士，以保民心，於是陳咸自髡其髮，史次秦自瞽其目，李道傳、鄧性甫、楊泰之悉棄其官。

二月，以楊輔爲四川制置使，吴曦逐之。帝意輔能誅曦，密詔授輔制置使，許以便宜從事。蜀中士大夫多勸輔以舉義者，青城山道人安世通獻書於輔，其言尤切。輔自以不習兵事，且内郡無兵可用，遷延不發。曦移輔知遂寧府，輔遂以印授通判韓植，棄成都而去。監興州、合江楊巨源謀討吴曦，乃陰與曦將張林、朱邦寧及忠義士朱福等深相結。眉州程夢錫知之，以告安丙，丙屬夢錫以書致巨源。會興州中軍正將李好義亦結軍士李貴、進士楊君玉、李坤辰、李彪等數十人，好義欲奉安丙主事[一]，使坤辰來邀巨源與會。巨源往與約，還報丙，君玉與白子申共草密詔，好義帥其徒七十四人入僞宫[二]。時僞宫門洞開，好義大呼而入，曰："奉朝廷密詔，以安長史爲宣撫，令我誅反賊，敢抗者，夷其族！"曦兵千餘，聞有詔，皆棄挺而走。巨源持詔乘馬，自稱奉使，入户内。曦啓户欲逸，李貴即前執之。刃中曦頰，曦反撲貴於地，好義亟呼王焕斧其腰，曦始縱貴，貴遂斫其首，馳告丙。宣詔，軍民拜舞，聲動天地[三]。持曦首，撫定城中，市不易肆。盡收曦黨，殺之。丙遂陳曦所以反，及矯制平賊、便宜賞功狀[四]，上疏自劾待罪。函曦首及違制法物，與曦所受金人詔印，送朝廷。朝廷大喜，曦首至臨安，獻於廟社，梟之市三日。詔誅曦妻子，家屬徙嶺南，奪曦父挺官爵，遷曦祖璘子孫出蜀，存璘廟祀。

明玉珍，隨州人。至正初聚里中千餘人，屯青山。徐壽輝稱帝，玉珍歸之。以元帥守沔陽，與元將哈麻秃戰，流矢中右目[五]，遂眇。尋以

[一]"欲"前，原有"亦結"二字，文義不通，乃彭遵泗據《宋史紀事本末》删改時致誤也，今删。

[二]"好"，原作"明"，蓋從原文"乙亥未明，好義帥其徒"抄録而誤，今據《宋史紀事本末》改。

[三]"聲"，原脱，據《宋史紀事本末》補。

[四]"宜"，原脱，據《宋史紀事本末》補。

[五]"右"，原作"左"，據《明史·明玉珍傳》改。按，萬斯同《明史》卷一五八本傳所載亦作"右"。除二種《明史》載明玉珍傳記外，《新元史》卷二二六、《明書》卷九二皆載其傳。

功授隴蜀行省右丞。至正二十年，陳友諒弑壽輝，玉珍乃自稱隴蜀王，據成都。二十二年春，僭即帝位於重慶，國號夏，建元天統，立妻彭氏爲皇后，子昇爲太子。二十六年春，病卒，葬江水之北，號永昌陵，廟號太祖。立五年，年三十六。子昇嗣，改元開熙，時年十歲。洪武四年，廖永忠伐蜀，下夔州，次銅鑼峽，昇出降，送至京師，封歸義侯，錫第[一]。明年，徙於高麗。

洪武四年夏，明昇據巴蜀。命湯和爲西征將軍，督楊璟、廖永忠、周德興、曹良臣等率京衛、荆、湘舟師由瞿塘趨重慶；傅友德爲前軍[二]，督顧時、陳德、汪興祖等率河南、陝西步騎由秦隴趨成都。密諭友德曰[三]："蜀人恐吾西伐，必悉其精鋭，東守瞿塘，北阻金牛。若出其不意，直搗階、文，門户既隳，腹心自潰。兵貴神速，但患不勇耳。"

四月，友德疾馳至陝，集諸軍聲言出金牛，潛引兵趨陳倉。行抵階州，敗其將丁世珍，克其城。蜀人斷白龍江橋，友德修橋以渡，破五里關，遂拔文州。趨綿州，至漢江阻水，造戰艦百餘艘。艦成，將進兵漢州，欲以軍中消息達湯和，而山川阻絶，乃以木牌數千，書克階、文、綿州日月，投江順流而下。蜀守者見之，皆解體。夏，丞相戴壽等急分兵援漢州。未至，友德已破其守將向大亨於城下，率師迎敵，壽兵大敗，遂拔漢州。

六月，永忠至瞿塘，阻鐵鎖橋，不得進。密遣數百人持糗糧水筒，舁小舟逾山度關，出其上流，令將士皆衣青蓑衣，魚貫走石崖間。度已至，帥精兵出墨葉渡，夜五鼓，兩軍分攻，破其陸寨[四]。將士舁舟出江者，一時並發，上下夾攻，大破之。遂入夔府，湯和兵亦至，分道並進，直抵重慶，次銅鑼峽。明昇懼，其右丞勸奔成都。昇母彭氏泣曰："事勢至此，縱往成都，不過延命旦夕，不如早降，以免生民於鋒鏑。"昇遂遣使詣永忠納款，永忠以湯和未至，不受。後數日，和至重慶，明昇面縛銜璧，與母彭氏及群臣奉表詣軍門降。和受璧，永忠解縛，承制慰撫，下令將士不得侵掠。送明昇赴京師。

[一]"錫"，乾隆本及《明史》作"賜"，義同。
[二]"傅友"，原作"傅有"，形近而誤，據《明史·傅友德傳》改。
[三]"諭"，原作"論"，形近而誤，據《明史》改。
[四]"陸"，原作"六"，據《明史·傅友德傳》改。按，此段文字，部分見於《傅友德傳》，明昇之母彭氏勸降部分，則見《皇明從信録》卷五。

七月，傅友德進圍成都，身中流矢，不退，將士殊死戰。突其象陣反走，蹦藉死者甚衆。克成都，分兵會朱亮祖狥未下州縣。崇慶知州尹善清拒戰，擊斬之，進克保寧，執吴友仁。蜀地悉平。

正德五年三月，保寧賊藍廷瑞、鄢本恕、廖惠等衆十餘萬，延蔓陝西、湖廣之境，陷通江、營山，縱掠蓬、劍二州。鍾令永順土司彭世麟以計擒廷瑞、本恕斬之[一]。廖惠逸去，轉掠西川，官軍不敢擊，躡後馘良民爲功，土兵虐尤甚。時有謡曰："賊如梳，兵如篦，土兵如鬀。"

崇禎十一年，李自成破七盤關，分三道入蜀。總兵侯良柱禦之於綿州，戰死，遂陷昭化、劍州、梓潼、江油、黎、雅、青川[二]，進逼成都。未幾，洪承疇督曹變蛟等來援。自成由洮州入番地，官軍轉戰千里，不解甲者二十七晝夜。自成引殘兵卒竄入岷州[三]。

十三年五月，羅汝才、過天星犯夔州，石砫女帥秦良玉來援，與督師監紀萬元吉合軍扼夔關，將軍左良玉、川撫邵捷春俱會。時總兵鄭嘉棟、副將羅于莘等四面蹙賊，斬賊首東山虎，擒賊自來虎等一百四十九人，前後共斬賊七千九百餘級。顛墜蹂躪，死者遍山谷中，獲甲仗、馬騾無數，於是托天王等皆降[四]。

十七年四月，張獻忠陷夔州。時龍文光代陳士奇巡撫，士奇當行，蜀人留之，遂入重慶。賊屯忠州葫蘆壩四十餘日，乃左步右騎，翼舟而上[五]。時參將曾英守涪州水路，趙榮貴守梁山陸路，遇賊敗走。賊奪佛圖關，陷涪州。人言公已謝事宜去，士奇誓守重慶，與賊相持月餘。城陷，士奇及副使陳纁、知府王行儉、知縣王錫並瑞王被賊執縛。獻忠集重慶軍民，斷其臂，凡三萬七千餘人，因率衆犯成都。

獻忠薄成都，縱火急攻，成都陷。巡撫龍文光率兵拒戰，兵敗死之。蜀王闔宫遇害。獻忠即西王位，建元大順，以成都爲西京，以汪兆麟爲

[一]"世"，原作"氏"，據乾隆本及《明史·洪鐘傳》。
[二]"青川"，原作"青神"，因襲《御批歷代通鑑輯覽》卷一一五而誤，今據《明史·流賊傳·李自成》改。
[三]此條見《御批歷代通鑑輯覽》卷一一五，《明史·曹變蛟傳》亦有相關記載。
[四]此段所載相關事件，見《明史紀事本末》卷七五，但文字差異較大，不知彭遵泗所據爲何書。
[五]"舟"，原作"角"，據《明史·陳士奇傳》改。

左丞相，嚴錫命爲右丞相，設六部尚書。朝會拜伏，呼獒所嗅者[一]，引出斬之。詭考武生，出厩馬最劣者使騎，既上，發大炮，合營大喊，馬驚，人人墮踐爲肉泥。詭開科取士，不至者挐戮；既至，盡殺於西門外青羊宫，棄筆硯如丘冢。川將劉進忠守漢中，多用川兵，獻忠謀陷其衆，漏言於閹者，一軍聞之，盡逃。後大清兵至漢中，進忠迎降。問獻忠所在，進忠曰："在順慶府金山鋪，爲西充、鹽亭交境，去此千餘里，疾馳五晝夜可及。"獻忠以進忠守朝天關，殊不爲意。進忠領官軍至賊營對山，指示善射者曰："此獻忠也。"發矢中額，逃伏積薪下，拽出，斬之。

賊

獻忠亂蜀，城市祠廟焚毁無遺，惟於梓潼七曲山張亞子廟盛有增飾，遇張桓侯廟亦不敢毁。黄巢之亂，所過多被毁傷，然獨厚於同姓，如黄姓之家，及黄岡、黄梅等縣，皆以黄字得免。盜賊行事相類如此[二]。

成都江瀆廟北壁外[三]，畫一美髯丈夫據銀胡床坐[四]，從者甚多[五]，邦人云："蜀賊李順也。"

宋書："李順據成都，王繼恩招平之。時張詠爲成都守，繼恩送賊黨使鞫，悉放之。謂繼恩曰：'李順脅民爲賊，吾等化賊爲民，何乃不可乎？'"[六]

魏明己之侄有六直閣者，云少年在成都，時方承平[七]，繁盛與京師同。一日入酒肆中坐，覺桌下有遺物[八]，如鑰匙之狀，極其光瑩，俱各不等，凡數十枚，莫曉其爲何物，姑收置之佩囊中。因游狹斜，至深夜方歸，忽有三四少年揖於道傍，禮甚恭，然皆平生素昧者。力邀於酒肆

[一]"獒"，原作"熬"，據《明史·流賊傳·張獻忠》改。
[二]此條出《池北偶談》卷一〇"張獻忠黄巢"。
[三]"成"，原作"城"，據《老學庵筆記》卷五改。
[四]"畫"，原脱，據《老學庵筆記》補。
[五]"多"，乾隆本及《老學庵筆記》作"衆"。
[六]按，此"宋書"蓋言宋時之書也。此條所載，見《宋史·張詠傳》及《東都事略》卷四五本傳。
[七]"方"，原脱，據《癸辛雜識·續集》卷上"成都惡事"條補。
[八]"桌"，原作"草"，形近而誤，據《癸辛雜識》改。

中，堅辭不可[一]，酒再行，乃出向所得如鑰之物見還，云：“某輩不知先生在此，輒犯不諱，兹謹納還，然所願受教於明師。”魏聞其言，略不知所謂，亦不知此爲何物，亦莫知緣何爲其所取。辭以偶爾得之，初不知爲何用，而衆猶不信，久而乃散。及扣黠者，則知此物探囊胠篋之具[二]，此數輩適得之於魏，疑其爲高手盜也，欲師之耳。魏疑，懼賈禍，亟毁棄之，久而不敢出市云。

補 遺

灌縣離堆門鷄臺之下塹，鑿石崖尺爲之畫，凡十有一，謂之水則。水及其九，則民喜；盡没，則民困。傍有石，刻八分書“深淘灘，低則堰”六字，皆秦蜀守李冰所爲也。見李公胤《益州記》[三]。今志改“則堰”爲“作堰”，便失其意，亦且不文，書以存古。

五津，大江自湔堰至犍爲有五津，曰白華津、萬里津、江首津、涉海津、江南津。出《華陽國志》[四]。王勃詩“風烟望五津”、盧照鄰文“予自江陽，言歸五津”皆指此也[五]。

星橋，揚雄《蜀記》云：“星橋上應七星。”李膺《益州記》云：“一，長星橋今名萬里；二，員星橋今名安樂[六]；三，機星橋今名建昌；四，夷星橋今名笮橋[七]；五，尾星橋今名禪尼；六冲星橋今名永年；七曲星橋今名升仙。”《水經注》云：“兩江有七橋：直西門郫江冲星橋，西南石牛門曰市橋，大城南門曰江橋，南萬里橋西上曰夷橋，北折曰長升橋，十里曰升仙橋。李冰治水造橋，上應乎七宿。故世祖謂吴漢曰：安軍宜在七橋連星間是也。”《蜀記》與《水經注》所載小異，並録之，以補地制之缺云。

[一]“辭”，原作“持”，據《癸辛雜識》改。

[二]“胠”，原作“脚”，據《癸辛雜識》改。

[三]“見”，原脱，據《丹鉛餘録·摘録》卷五補，又見《丹鉛餘録·總録》卷一七。◎“胤”，原作“應”，據《太平御覽》卷二六五引《三國典略》改。

[四]“出”，原脱，據《丹鉛餘録》卷一四補。《蜀中廣記》卷一〇一亦引楊慎此説，但楊慎不可能見到所謂揚雄《蜀記》者，故其説未必可信。

[五] 第二“五津”，原作“至津”，據《丹鉛餘録》改。

[六]“星”，原脱，據《蜀中廣記》卷一及前後文補。

[七]“笮”，原作“雀”，據《蜀中廣記》改。

蜀有錦浦坊、三井橋、小鑾橋、江橋、闕下市[一]。

成都青羊宫，後周爲至真觀[二]。

瀘水西有真人帛仲理墓[三]，前碑題曰：仲理名護[四]，益州巴郡人。

萇弘被放歸蜀，刳腸而死。蜀人以匱藏其血，三年而化爲碧玉[五]。

右軍帖，王右軍之《與謝安書》云："蜀中山川，如岷山，夏含霜雹，校之所聞[六]，崑崙之仲也。"

《易林》："舜升大禹石夷之野。"《後漢·戴叔鸞傳》云："大禹生西羌。"《水經注》："禹生於蜀之廣柔縣石紐村。"今之石泉縣也。石紐村，今之石鼓山也，其山朝暮二時有五色霞氣。又有大禹采藥亭，在大業山，其地藥氣觸人，往往不可到。地志不載，聞之土人云[七]。

漢夜郎縣屬牂牁郡，唐屬珍州。牂牁郡，本且蘭國，在今播州界。珍州，在今施州歌羅寨[八]。夜郎，在梓桐馹西二十里，有夜郎城，其古碑字已漫滅。

四道三谷。何仲默《三秦志》曰："自秦入蜀有三谷，有四道。三谷者：其西南曰褒谷，南曰駱谷，從洋入；東南曰斜谷，從郿入，其所從皆殊。"《舊志》謂駱谷、儻谷同一谷[九]，褒谷、斜谷同一谷，非是。其棧道有四出：從成、和、階、文出者，爲沓中陰平道，鄧艾伐蜀由之；從兩當出者，爲故道，漢高帝攻陳倉由之；從褒、鳳出者，爲今連雲棧道，漢王之南鄭由之；從城固、洋縣出，爲斜駱道，武侯屯渭上田由之。此四道三谷者，關南之險阨，攻取所從來，固矣。

王全斌伐蜀，自益光江趨來蘇徑，不由劍門入，是劍門外又别有一路也。

[一]"闕"，原作"關"，承《丹鉛餘録》卷一四而誤，今據《華陽國志》卷八改。

[二]此説亦出《丹鉛餘録》卷一四。按，此句之後，原有"天彭天社新津"六字，乃《丹鉛餘録·總録》卷二"地名用天字"中一例，且"新津"爲注文。彭遵泗所引不全，故删去。

[三]"理"，原作"李"，據乾隆本、後文及《丹鉛餘録》卷一改。

[四]"護"，原脱，據《丹鉛餘録》及《水經注·瀘水》改。

[五]此條出楊慎《譚苑醍醐》卷一。又，萇弘化碧之事，最早見於《莊子·外物》。

[六]"校"，原作"較"，據《丹鉛續録》卷一二"右軍帖"引《輿地志》之語改。

[七]此條及下之三條，分别出《升庵全集》卷七八之"禹生石紐""夜郎""四道三谷""劍門"。

[八]"寨"，原作"塞"，據《升庵全集》改。

[九]"志"，原作"云"，據《升庵全集》改。

《淮南卧病書懷寄蜀中趙徵君蕤》詩云[一]："國門遥天外，鄉路遠山隔。朝憶相如臺，夜夢子雲宅。"

蘇頲薦西蜀人才疏云："趙蕤術數，李白文章。"宋英宗問蜀士於歐陽修，修對曰："文行蘇洵，經術黎錞。"[二]

蘇子由云："商人之書，簡潔而明肅；其詩，奮發而嚴厲。"[三]非深於文者不能爲此言。

蜀詩人。唐世蜀之詩人，陳子昂射洪，李白彰明，李遠蜀人，李餘成都，雍陶成都，裴廷裕成都，劉蜕射洪，唐球嘉州，陳詠青神，岑倫成都，符載成都，雍裕之成都，王嚴綿州布衣，劉暌綿州鄉進士，李渥綿州，田章綿州[四]，柳震雙流，阮成成都，劉灣蜀人，張曙巴州，僧可朋丹稜，扈處㞦蜀人，毛文錫蜀人，朱桃椎成都[五]，杜光庭青城，若張蠙、韋莊、牛嶠、歐陽炯，皆他方流寓而老於蜀者。嘗欲裒集詩爲一帙，而未暇焉。

薛濤詩："聞説邊城苦，如今到始知。好將筵上曲，唱與隴頭兒。"此薛濤在高駢宴上聞邊報樂府也，有諷諭而不露，得詩人之妙。使李白見之，亦當低首，元、白流紛紛停筆，不亦宜乎！濤有詩集，然不載此詩[六]。

自古蜀之士大夫多卜居别鄉。李白寓江陵、山東、池州、廬山，而終采石。老蘇欲卜居嵩山[七]，東坡欲買田陽羡。魏野之居陝州，蘇易簡之居吴門，孫光憲之居荆南，陳堯佐之居嵩縣，許奕、許將之居□[八]，張

[一]"淮南卧病書懷寄蜀中"，原脱，據《李太白全集》卷一三補。按，後引詩歌乃節引，非全文也。

[二]"錞"，原作"醇"，承《升庵全集》卷四八"蜀士"條而誤，今據《郡齋讀書志》卷一"黎氏《春秋經解》"及《宋史·藝文志一》等改。

[三]"奮"，與《升庵全集》卷四六"子由論書"條同，而《欒城集·欒城應召集》卷一《商論》作"駿"。

[四]"田章綿州"，原脱，據《升庵詩話》卷一一"蜀詩人"條補。

[五]"椎"，原作"樵"，據《新唐書·隱逸傳·朱桃椎》改。

[六]此條出《升庵全集》卷五五"薛濤詩"。

[七]"居"，原脱，據《丹鉛餘録·總録》"蜀士夫多不居本鄉"條改。

[八]第一"許"字，原作"計"，據《丹鉛餘録》改。◎"□"，原爲一誤字，外"門"内"差"，字書不載，疑楊慎所記有誤，故空缺處理。按，許奕、許將二人，《宋史》皆有傳，但許奕爲簡州人，許將則爲福建閩清人，楊慎以爲其爲蜀人，誤矣。明王士性《廣志繹》卷五《西南諸省》引楊用修之語，則不載許奕、許將所居之地，或亦是知其有誤而删也。姑存疑俟考。

孝祥之居於湖，姚勉之居筠州，陳去非之居葉縣[一]，母廷瑞之居大冶，虞集之居臨川[二]，鄧文元之居湖州，楊孟載之居姑蘇，袁可潛之居笠澤，豈以其險遠厭跋涉耶！

陳壽云："蜀無史職，故灾祥靡聞。"按黄龍見於秭歸，群鳥墜於江水；成都言有景星出，益州言無宰相氣；若史官不能置，此事何由而書？蓋因父受髡辱，加兹謗議者也。《蜀志》又稱王崇補東觀，許蓋掌禮儀，又郄正爲秘書郎，廣求益部書籍，斯則典校無缺，屬辭有人矣。按，後主景耀元年，史官奏景星見，大赦改元，壽自書之而自戾之，何耶[三]？

東坡詆佛。東坡《議學校貢舉》書[四]，斥士大夫主佛老之爲非。又《策别》云："天子有七廟，今又飾佛老之宫而爲之祠[五]，固已過矣。又使大臣兼官以領之，歲給費以鉅萬計，此何爲者耶？"其言與《佛骨表》何異[六]？又作《勝相院記》，謂治其學者，大抵設械以應敵，匿形以逃敗[七]，窘則推墜滉漾中，不可捕捉，如是而已。"此數句盡古今禪學自欺欺人之病，然東坡於禪學，深入冥契，而其言如此，何也？蓋其與世不合，姑以消其不平。莊子云："因之以曼衍，所以窮年也。"殆東坡之謂乎！又《賀坤成節表》："放億萬之羽毛，未若消兵以全赤子；飯無數之緇褐，不若散廪以活饑民。"

蜀箋川筆川墨。蜀箋自唐已名天下，予修《蜀藝文》，有《蜀箋譜》一篇。近觀《龍川集》，陳同甫與朱元晦書云："川筆十枝，川墨一挺。蜀人以爲絶品。"則蜀之筆墨，在宋以爲絶品[八]，不知何時降爲眉州、大邑之濫惡耳！

[一]"居"，原脱，據前後文用例及《丹鉛餘録》補。

[二]"虞集之居臨川"，原作"虞允文之居臨州"，與《丹鉛餘録》同，《廣志繹》知"臨州"有誤，遂改"臨州"爲"臨川"，然亦有誤，今據《元史·虞集傳》改。按，臨州，南宋時爲金國所占，在今山西臨縣，虞允文斷不可能卜居臨州也。若作臨川，據《宋史·虞允文傳》及雍正《江西通志》，均不言虞允文卜居臨川也。虞集卜居臨川，且爲虞允文後人，頗疑楊慎誤記，故改之。

[三]此條出《升庵全集》卷四八"蜀無史職"。

[四]按，東坡此文實題作《議學校貢舉狀》，見《蘇東坡全集校注·文集四》卷二五。

[五]"祠"，原作"詞"，形近而誤，據《升庵全集》卷七三"東坡詆佛"條改。

[六]按，此《佛骨表》指韓愈《論佛骨表》。

[七]"形"，原作"邪"，形近而誤，據《升庵全集》卷七三"東坡詆佛"條改。

[八]"在宋以"，原脱，據《升庵全集》卷六六"蜀箋川筆川墨"條補。

蜀涪有相思崖，昔有童子、丱女[一]，相悦交贈，今竹有桃釵之形，竹亦有柔麗之異，崖名相思崖，竹曰相思竹。

蘇東坡《書懷民所遺墨》："世人論墨，多貴其黑，而不取其光。不黑，固爲棄物；不光，則索然無神采，亦復無用。懷民遺僕二枚，云'清烟煤法墨'[二]，'既黑且光'，殆如前所言者，書以報之。"

蘇東坡跋[三]。張旭爲常熟尉，有父老訴事，爲判其狀。他日，又來，張甚怒，以爲好訟。叩頭曰："非敢訟，誠見公筆勢殊妙，欲家藏之耳。"

蘇東坡在黄時，每燕集，醉墨淋漓，不惜與人。至於營妓，亦時有之。有李琪者，慧而知書札，坡每顧之喜，終未獲賜。至公移汝，祖行，琪再拜，取領巾乞書，公大書"東坡七歲黄州住，何事無言及李琪"。即擲筆，與客談笑。至將徹，琪復拜請，坡大笑，曰："幾忘出場。"繼書云"恰似西川杜工部，海棠雖好不留詩"[四]。

圓通禪院，蘇老泉舊游處，東坡四月二十四日宿焉。明日，老泉忌日也，乃手書寶積獻蓋頌佛一偈，以贈長老仙公。仙公拊掌笑曰："昨夜夢寶蓋飛下，著處輒出火，豈此祥乎？"東坡於是作詩："石耳峰頭路接天，梵音堂下月臨泉。此生初飲廬山水，他日徒参雪竇禪[五]。袖裹寶書猶未出，夢中飛蓋已先傳。何人更識嵇中散，野鶴昂藏未是仙。"

紹聖元年閏四月十五日[六]，蘇東坡過韋城，而吴傳正之甥歐陽思仲在焉，相與談傳正高風。東坡嘗作《洞庭春色賦》，傳正獨愛重之。又作《中山松醪賦》，不減前作。東坡獨恨傳正未見，乃取李氏澄心堂紙，杭州程奕鼠鬚筆，傳正所贈易水供堂墨，録以授思仲，使面授傳正，且祝

[一]"丱"，原作"艸"，蓋與"草"字相近而誤改作"草"也。今據《升庵全集》卷八〇"扶竹"條改。

[二]"墨"，原作"黑"，據乾隆本及《御定佩文韻府》卷一〇之一"清烟煤"條改。按，此條所題出處，與《御定佩文韻府》相同，但《古今事文類聚·别集》卷一四所引，則題出處爲《志林》，即《東坡志林》也。

[三]按，此跋即東坡之《書張少公判狀》，見《蘇軾全集校注·文集十》卷六九，有删節。

[四]此條出《春渚紀聞》卷六之"營妓比海棠絶句"，有删削。

[五]"竇"，原作"寶"，形近而誤，據《蘇軾全集校注·詩集四》改。按，此詩原題爲《圓通禪院，先君舊游也。四月二十四日晚至，宿焉。明日，先君忌日也。乃手寫寶積獻蓋頌佛一偈，以贈長老仙公。仙公撫掌笑曰："昨夜夢寶蓋飛下，著處輒出火，豈此祥乎！"乃作是詩。院有蜀僧宣逮，事訥長老，識先君云》，收録於《蘇軾全集校注·詩集四》卷二三。

[六]"閏"，原脱，據《蘇軾全集校注·文集十》卷六六補。按，此條及下之"東坡與傳正爲世外之游"條，皆見載於《蘇軾全集校注·文集十》卷六六《書松醪賦後》，有改易。

深藏之。

東坡與傳正爲世外之游。及將赴中山，傳正贈東坡易水供堂墨一丸而别。

建炎以後，尚蘇氏文章，有語曰："蘇文熟，吃羊肉；蘇文生，吃菜羹。"[一]

邛州吴時敏於爲文，未嘗屬稿，人目爲"立地書厨"[二]。

温江出黄花蛇，長百丈，神光照三百餘步，口吐椒梅，花香熏灼三十餘里，殺啖人畜無數。差甲士二千餘收捕，爲其掉尾卷去溺死五百人，命天師與法官治之，方戮死，骨如山[三]。

梓潼蛇。蜀王遣五丁迎秦女，還至梓潼，見一大蛇入山穴中，士引其尾，不能出。五丁共引其尾，山崩，五丁踏蛇而大呼[四]。

神泉。成都府安縣有泉十四穴，甘香異常，痼疾飲之，即瘥。隋置神泉縣[五]。

隱劍泉，在保寧府梓潼五丁力士廟西一十七步，古老云："五丁開劍路迎秦女，拔蛇，山摧，五丁與女俱斃於此。餘劍隱在路傍，忽生一泉。"又云："此劍每庚申見。"[六]

玉版泉，在重慶府銅梁縣南巴岳山上，味甘洌，不竭。相傳昔人斷井得玉版[七]，叩之，清越如磬聲然。

諸葛武侯還定軍山，作一鼎，埋於漢川。其文曰"定軍鼎"。又作"八陣鼎"，沉於永安水中，皆大篆書[八]。

叙州府慶符縣，蘭有春蘭、秋蘭、鳳尾蘭、素蘭、石蘭、竹蘭。春蘭花生葉下，素蘭花生葉上[九]。

邛州有弄色木芙蓉花，先白，次绿，次緋，次紫，號"文官花"[十]。

[一] 此條出《老學庵筆記》卷八。

[二] 按，吴時敏於爲文之事，見《宋史》本傳。

[三] 《蜀故》卷二〇亦載此事，文句小異。

[四] 此條見《藝文類聚》卷九六引《蜀王本紀》之語，文字小異。

[五] 此條見《太平寰宇記》卷八三及《蜀都碎事》卷二。

[六] 此條見《太平寰宇記》卷八四及《蜀中廣記》卷二六。

[七] "斷"，《蜀中廣記》卷一八作"斫"，於文義皆不通，疑誤。

[八] 此條見南朝陳虞荔《鼎录》，《廣博物志》卷三九、《格致鏡原》卷四三等亦載。

[九] 此條亦見《蜀故》卷二〇。

[十] 《玉芝堂談薈》卷三六"花五色"條及《天中記》卷五三皆載此説，此花習見。

娑羅花生峨眉山中[一]，苞大如拳，葉似枇杷，凡二十餘葉。

涪州僧無相，嘗渡水無船，乃安鉢於中流[二]，曰："汝可自渡。"便取芭蕉搭水渡之，鉢亦隨至，達岸而去。

華陽王松麓端有樂府蜀宫四首：一，《荷池引》，吊蜀王近侍嚴蘭珍也。蘭珍，華陽人，父椿，茂邑諸生。珍工書法，年十六，同邑齊飛鸞、許若瓊、李麗華選入宫。崇禎甲申十一月，賊攻城急，珍投宫西苑荷池死。二，《御溝怨》，吊蜀王近侍齊飛鸞也。甲申十二月朔[三]，上同周貴妃自經端和殿，飛鸞躍入御溝死。三，《銀瓶擊》，吊蜀王近侍許若瓊也。王歿之日，賊入宫，逆閹王宣執瓊見賊，賊喜，僞封皇后。夜伴宴寢，瓊持席上銀瓶，擊中獻賊額。賊大怒，戕瓊右臂。瓊復以左手挺賊，又戕左臂。罵不絶口，賊衆臠之。四，《漢殿仙》，吊蜀王近侍李麗華也[四]。麗華幼慧，父友許賓義嘗以"吴江月"令對[五]，華應曰："漢殿秋。"其家因呼爲"漢殿仙"。賊破蜀宫，幽華密處，絶粒五日不死。十二月六日，吞金卒，卒時與蘭珍、飛鸞、若瓊年皆二十歲。《荷池引》曰："宫中書法誰第一，嚴家女有鍾王筆。麗春軒裏最承恩，繭紙鸞箋紛絡繹[六]。競渡詩成寫未終，驚天鼙鼓王城急[七]。國將亡，生何益？妾身殞，妾事畢。行過風橋梳束鬟，回頭東望烟塵偪。不受賊奴污，願作魚兒食。浣花深水深幾尺，明年花開色應碧。"《御溝怨》曰[八]："外城開，内城開，蜀地山河何有哉？國君縊，王后縊，魂與烈皇悲社稷。君王殉國妾殉君，仰天一痛慘烟雲。御溝水深清瀰瀰，中有玉人眠水底。君不見，美人頭，桃花面，酒可消，色不變。"《銀瓶擊》曰："錦官城頭鼓聲死，鐵炮如雷

[一]"生"，原脱，文義不通，據《蜀故》卷一九補。《譯峨籟·方物紀》及《蜀都碎事》卷二亦載此花。

[二]"於中流"，原作"水中中流"，據《續高僧傳》卷三五《感通篇·涪州相思寺釋無相傳》改。《神僧傳》卷五"無相"條等亦載此事。

[三]"二"，原脱，據李調元《童山詩集》卷一《蜀樂府十二首》補。按，彭遵泗爲四篇宫詞所作之序録，與《童山詩集》大同小異，李調元亦詠此四人事迹，王端亦用樂府體詠此四人事，則兩人之詩或係庚和之作也。嘉慶《成都縣志》卷四亦載王端之詩，故以之參校。

[四]"李"，原作"季"，形近而誤，據乾隆本及《童山詩集》改。

[五]"月"，原作"冷"，據《童山詩集》改。

[六]"絡"，原作"路"，據乾隆本及《成都縣志》改。

[七]"城"，原作"誠"，據乾隆本及《成都縣志》改。

[八]"御溝"，原脱，據前文補。

地中起，山岳崩頹悲徹耳。宫門開，黄虎來，殿庭格磔尸盈階。嗚呼！蜀王安在哉？阿瓊倉皇逢惡監，縛以獻賊賊稱艷。趨立宫中陪夜宴，包羞忍耻受賊封。决計殺賊酒筵中，眼底已無張獻忠。自顧手中無寸鐵，審視國仇心膽烈。隱孃驤首提銀瓶，奮力擊賊賊腦裂。賊曾未死魂已攝，群賊顧之咸卼䠒。右臂折，左臂折，倒地駡聲猶未絶，肉臠骨碎飛香血[一]。香血飛，貞心烈性誰與歸[二]？荆軻難把秦王袖，豫讓徒擊趙襄衣，都亭殺賊今古稀[三]。君不見司農擲笏擊朱泚[四]，忠義之氣堪比擬。堂堂大節屬娥眉，荆軻、豫讓空男子。吁嗟乎！荆軻、豫讓空男子。”《漢殿仙》曰：“漢殿仙，蜀王宣，夜何處[五]，麗春軒。五日浣花溪上渡，王有賦，誰能對[六]？字裏風霜含諷諭，龍舟酣宴正傳杯。錦水爲竭寇忽來，殺聲賊焰日爲隤，案頭黄紙随劫灰。念君王，美人傷，絶粒不死吞金亡。何物黠賊逞狓猖，争殘玉體舞郎當。豈知烈女骨，萬古猶馨香！”

[一]“臠”，原作“難”，《成都縣志》作“臠”，乃古“臠”字，故據改。

[二]“性”，原作“惟”，據《成都縣志》改。

[三]“都亭殺賊”，指後漢時之龐淯母，《後漢書·列女傳》云：“酒泉龐淯母者，趙氏之女也，字娥。父爲同縣人所殺，而娥兄弟三人時俱病物故。讎乃喜而自賀，以爲莫己報也。娥陰懷感憤，乃潛備刀兵，常帷車以候讎家，十餘年不能得。後遇於都亭，刺殺之。”

[四]此處指段秀實用象笏擊逆賊朱泚之事，《舊唐書·段秀實傳》云：“秀實戎服，與泚並膝語。至僭位，秀實勃然而起，執休腕，奪其象笏，奮躍而前，唾泚面，大駡曰：‘狂賊！吾恨不斬汝萬段，我豈逐汝反耶！’遂擊之。泚舉臂自捍，纔中其額，流血匍匐而走，凶徒愕然。”

[五]“夜”，《成都縣志》無。

[六]“對”，《成都縣志》作“步”。

《蜀故校注》引書目録[一]

A

〔宋〕葉寘:《愛日齋叢抄》，北京：中華書局，2009。
〔宋〕韓琦:《安陽集》，文淵閣《四庫全書》第 1089 册。
〔宋〕馮山:《安岳集》，文淵閣《四庫全書》第 1098 册。
〔元〕陳旅:《安雅堂集》，文淵閣《四庫全書》第 1213 册。
〔清〕張金吾:《愛日精廬藏書志》，《續修四庫全書》第 925 册。
安徽通志館編：民國《安徽通志稿》，1934 年鉛印本。

B

〔唐〕白居易撰，朱金城箋校:《白居易集箋校》，上海：上海古籍出版社，1988。
〔唐〕李延壽:《北史》，北京：中華書局，1984。
〔唐〕虞世南輯:《北堂書鈔》，北京：中國書店，1989。

[一] 説明：本目録按書名首字字母音序排列，同字母下大致按時間順序排列；源自以下大型叢書者，皆不詳列出版信息，僅言作者、書名及所在叢書之册數。分别爲：
臺灣商務印書館，1983 年《景印文淵閣四庫全書》;
上海商務印書館，1937 年《四部叢刊》系列;
上海商務印書館，1935 年《叢書集成》系列;
齊魯書社，1997 年《四庫全書存目叢書》;
北京出版社，1998 年《四庫未收書輯刊》;
上海古籍出版社，2002 年《續修四庫全書》;
大正一切經刊行會，1934 年《大正新修大藏經》;
文物出版社、上海書店、天津古籍出版社，1988 年正統《道藏》。

〔五代〕孫光憲:《北夢瑣言》，北京：中華書局，2002。
〔宋〕米芾:《寶晉英光集》，文淵閣《四庫全書》第 1116 册。
〔宋〕葉夢得:《避暑録話》,《叢書集成初編》第 2786-2787 册。
〔宋〕王灼:《碧鷄漫志》,《知不足齋叢書》本。
〔宋〕王銍:《補侍兒小名録》,《叢書集成初編》第 3313 册。
〔明〕楊慎:《百琲明珠》,《楊升庵叢書》本，成都：天地出版社，2002。
〔明〕杜應芳、胡承詔輯:《補續全蜀藝文志》,《續修四庫全書》第 1677 册。
〔明〕李時珍撰，劉衡如、劉山永校注:《本草綱目》，北京：華夏出版社，1998。
〔清〕吴省欽:《白華前稿》,《續修四庫全書》第 1447-1448 册。
〔清〕陸心源:《皕宋樓藏書志》,《續修四庫全書》第 928-929 册。
〔清〕錢儀吉:《碑傳集》，北京：中華書局，1993。

C

〔宋〕葉夢得:《春秋考》，文淵閣《四庫全書》第 149 册。
〔唐〕徐堅:《初學記》，北京：中華書局，1962。
〔唐〕貫休著，陸永峰校注:《禪月集校注》，成都：巴蜀書社，2006。
〔五代〕韋縠編:《才調集》,《中華再造善本》影印宋刻本，北京：北京圖書館出版社，2005。
〔宋〕唐慎微:《重修政和經史證類本草》,《四部叢刊初編》本。
〔宋〕洪興祖:《楚辭補注》，北京：中華書局，1983。
〔宋〕魏了翁:《重校鶴山先生大全文集》,《中華再造善本》影印宋刻本，北京：北京圖書館出版社，2005。
〔宋〕袁説友等編:《成都文類》，北京：中華書局，2011。
〔宋〕宋敏求:《春明退朝録》，北京：中華書局，1980。
〔宋〕何薳:《春渚紀聞》，北京：中華書局，1983。
〔宋〕王堯臣等:《崇文總目》,《叢書集成初編》第 21-24 册。

〔宋〕陳敬：《陳氏香譜》，文淵閣《四庫全書》第 844 册。

〔明〕楊慎：《詞品》，《楊升庵叢書》本，成都：天地出版社，2002。

〔明〕董斯張：《吹景集》，《續修四庫全書》第 1134 册。

〔清〕朱彝尊、汪森輯：《詞綜》，北京：中華書局，1975。

〔清〕王士禛：《池北偶談》，北京：中華書局，1982。

〔清〕徐釚：《詞苑叢談》，文淵閣《四庫全書》第 1494 册。

〔清〕董含：《蓴鄉贅筆》，《筆記小説大觀三編》第 10 册，臺北：新興書局，1978。

〔清〕丁映奎等修：乾隆《蒼溪縣志》，《故宫珍本叢刊》第 219 册，海口：海南出版社，2001。

〔清〕衷以壎、楊芳燦等修：嘉慶《成都縣志》，嘉慶二十一年刻本。

D

〔南朝陳〕虞荔：《鼎録》，文淵閣《四庫全書》第 840 册。

〔唐〕杜甫撰，〔清〕仇兆鰲注：《杜詩詳注》，北京：中華書局，1999。

〔唐〕李冗：《獨異志》，《叢書集成初編》第 2837 册。

〔宋〕范鎮：《東齋記事》，北京：中華書局，1980。

〔宋〕蘇軾：《東坡志林》，北京：中華書局，1997。（同時參考文淵閣《四庫全書》第 863 册，十二卷本）

〔宋〕魏泰：《東軒筆録》，北京：中華書局，1983。

〔宋〕黄伯思：《東觀餘論》，文淵閣《四庫全書》第 850 册。

〔宋〕毛滂：《東堂詞》，文淵閣《四庫全書》第 1487 册。

〔宋〕王稱：《東都事略》，文淵閣《四庫全書》第 382 册。

〔明〕康海：《對山集》，文淵閣《四庫全書》第 1266 册。

〔明〕楊士奇：《東里集》，文淵閣《四庫全書》第 1238-1239 册。

〔明〕楊慎：《丹鉛總録》，文淵閣《四庫全書》第 855 册。

〔明〕楊慎：《丹鉛餘録》，文淵閣《四庫全書》第 855 册。

〔明〕朱燮元：《督蜀疏草》，《續修四庫全書》第 491 册。

〔清〕徐乾學：《讀禮通考》，文淵閣《四庫全書》第 112-114 册。

〔清〕王士禛：《帶經堂詩話》，北京：人民文學出版社，1963。
〔清〕顧祖禹：《讀史方輿紀要》，北京：中華書局，2005。
〔清〕和珅等修：乾隆《大清一統志》，文淵閣《四庫全書》第474-483册。
〔清〕王念孫：《讀書雜志》，南京：江蘇古籍出版社，1985。
〔清〕李光泗等修：乾隆《丹稜縣志》，乾隆二十六年刻本。
〔清〕李德等修：乾隆《大足縣志》，《故宫珍本叢刊》第215册，海口：海南出版社，2001。

E

〔明〕王同軌：《耳談類增》，《續修四庫全書》第1268册。

F

〔唐〕陸龜蒙：《甫里先生文集》，開封：河南大學出版社，1996。
〔唐〕杜牧：《樊川詩集注》，上海：上海古籍出版社，1978。
〔宋〕祝穆撰，祝洙增訂：《方輿勝覽》，北京：中華書局，2003。
〔宋〕范成大：《范石湖集》，上海：上海古籍出版社，1981。
〔宋〕黄伯思：《法帖刊誤》，文淵閣《四庫全書》第681册。
〔宋〕李石：《方舟集》，文淵閣《四庫全書》第1149册。
〔宋〕袁褧：《楓窗小牘》，《叢書集成初編》第2784册。
〔清〕張利貞等修：道光《富順縣志》，道光七年刻本。

G

〔魏〕張揖輯，〔清〕王念孫疏證：《廣雅疏證》，北京：中華書局，1983。
〔晉〕皇甫謐：《高士傳》，《叢書集成初編》第3396册。

〔南朝梁〕陶弘景:《古今刀劍録》,《漢魏叢書》本。
〔宋〕朱勝非:《紺珠集》, 文淵閣《四庫全書》第 872 册。
〔宋〕祝穆:《古今事文類聚》, 文淵閣《四庫全書》第 925-927 册。
〔宋〕郭彖:《睽車志》,《叢書集成初編》第 2716 册。
〔宋〕謝維新:《古今合璧事類備要》, 文淵閣《四庫全書》939-941 册。
〔宋〕張端義:《貴耳集》, 文淵閣《四庫全書》第 865 册。
〔宋〕范公偁:《過庭録》, 北京: 中華書局, 2002。
〔宋〕周密:《癸辛雜識》, 北京: 中華書局, 1988。
〔宋〕陳巖肖:《庚溪詩話》,《叢書集成初編》第 2552 册。
〔明〕陸楫等編:《古今説海》, 文淵閣《四庫全書》第 885-886 册。
〔明〕曹昭:《格古要論》, 文淵閣《四庫全書》第 871 册。
〔明〕董斯張:《廣博物志》, 文淵閣《四庫全書》第 980-981 册。
〔明〕陸應陽:《廣輿記》,《四庫全書存目叢書・史部》第 173 册。
〔明〕馮惟訥:《古詩紀》, 文淵閣《四庫全書》第 1379-1380 册。
〔明〕梅鼎祚:《古樂苑》, 文淵閣《四庫全書》第 1395 册。
〔明〕孫穀:《古微書》, 文淵閣《四庫全書》第 194 册。
〔明〕解縉:《古今列女傳》, 文淵閣《四庫全書》第 452 册。
〔明〕卓人月:《古今詞統》,《續修四庫全書》第 1728-1729 册。
〔明〕王士性:《廣志繹》, 北京: 中華書局, 1981。
〔清〕陳元龍:《格致鏡原》, 文淵閣《四庫全書》第 1031-1032 册。
〔清〕沈雄:《古今詞話》,《續修四庫全書》第 1733 册。
〔清〕王昶:《國朝詞綜》,《續修四庫全書》第 1731 册。
〔清〕鄂爾泰等修: 乾隆《貴州通志》, 文淵閣《四庫全書》第 571-572 册。
錢祥保等修: 民國《甘泉縣續志》, 民國十四年刻本。

H

〔漢〕班固:《漢書》, 北京: 中華書局, 1964。
〔晉〕常璩撰, 任乃强校注:《華陽國志校補圖注》, 上海: 上海古籍出版社, 1987。

〔南朝宋〕范曄:《後漢書》,北京:中華書局,1973。
〔唐〕李德裕:《會昌一品集》,《叢書集成初編》第1856-1859册。
〔唐〕王冰注:《黄帝内經素問》,文淵閣《四庫全書》第733册。
〔五代〕趙崇祚:《花間集》,北京:人民文學出版社,1958。
〔五代〕花蕊夫人著,徐式文箋注:《花蕊宫詞箋注》,成都:巴蜀書社,1992。
〔宋〕鄧椿:《畫繼》,文淵閣《四庫全書》第813册。
〔宋〕黄庭堅:《黄庭堅全集》,成都:四川大學出版社,2001。
〔宋〕陳師道:《後山談叢》,北京:中華書局,2007。
〔宋〕劉克莊著,辛更儒注:《劉克莊集箋校》,北京:中華書局,2011。
〔宋〕陳師道:《後山詩話》,文淵閣《四庫全書》第1478册。
〔宋〕孔平仲:《珩璜新論》,《叢書集成初編》第284册。
〔宋〕汪元量:《湖山類稿》,文淵閣《四庫全書》第1188册。
〔宋〕王明清:《揮麈録》,北京:中華書局,1961。
〔宋〕趙令畤:《侯鯖録》,北京:中華書局,2002。
〔宋〕葉廷珪:《海録碎事》,北京:中華書局,2002。
〔宋〕佚名:《翰苑新書》,文淵閣《四庫全書》第949-950册。
〔宋〕陳思:《海棠譜》,文淵閣《四庫全書》第845册。
〔元〕無名氏:《湖海新聞夷堅續志》,北京:中華書局,2006。
〔元〕郝經:《郝氏續後漢書》,文淵閣《四庫全書》第385-386册。
〔明〕張溥輯:《漢魏六朝百三家集》,光緒己卯信述堂刻本。
〔明〕陳循等修:《寰宇通志》,《玄覽堂叢書續集》本,重慶:國立中央圖書館,1947。
〔明〕王路:《花史左編》,《續修四庫全書》第1117册。
〔明〕陳建:《皇明通紀法傳全録》,《續修四庫全書》第357册。
〔明〕陳建:《皇明從信録》,《續修四庫全書》第355册。
〔明〕朱孟震:《河上楮談》,《續修四庫全書》第1128册。
〔明〕陳繼儒:《虎薈》,《四庫全書存目叢書·子部》第82册。
〔明〕陳耀文:《花草稡編》,文淵閣《四庫全書》第1490册。
〔明〕劉芳聲等修:萬曆《合州志》,四川合川縣圖書館翻印本,1978。
〔清〕盧秉鈞:《紅杏山房聞見隨筆》,《四庫未收書輯刊》第9輯第

15册。

〔清〕鈕琇：《觚賸》，《續修四庫全書》第1177册。

〔清〕何明禮：《浣花草堂志》，《巴蜀珍稀名勝古迹文獻匯刊》第11册，成都：時代出版社，2015。

〔清〕邁柱等修：雍正《湖廣通志》，文淵閣《四庫全書》第531-534册。

〔清〕宋錦等修：乾隆《合州志》，《故宫珍本叢刊》第215册，海口：海南出版社，2001。

〔清〕李瀚章等修：光緒《湖南通志》，光緒十一年刻本。

J

〔唐〕房玄齡等：《晉書》，北京：中華書局，1974。

〔唐〕薛用弱：《集異記》，《叢書集成初編》第2698册。

〔後晉〕劉昫：《舊唐書》，北京：中華書局，1975。

〔五代〕何光遠：《鑑誡録》，《中華再造善本》影印宋刻本，北京：北京圖書館出版社，2006。

〔宋〕薛居正等：《舊五代史》，北京：中華書局，1976。

〔宋〕宋祁：《景文集》，武英殿聚珍本。

〔宋〕蘇洵：《嘉祐集》，上海：上海古籍出版社，1993。

〔宋〕陸游撰，錢仲聯校注：《劍南詩稿校注》，上海：上海古籍出版社，1985。

〔宋〕晁公武撰，孫猛校證：《郡齋讀書志校證》，上海：上海古籍出版社，1990。

〔宋〕李心傳：《建炎以來朝野雜記》，北京：中華書局，2000。

〔宋〕李心傳：《建炎以來繫年要録》，北京：中華書局，1956。

〔宋〕龔頤正：《芥隱筆記》，《叢書集成初編》第312册。

〔宋〕邵雍：《擊壤集》，文淵閣《四庫全書》第1101册。

〔宋〕吕陶：《净德集》，文淵閣《四庫全書》第1098册。

〔宋〕陳均：《九朝編年備要》，文淵閣《四庫全書》第328册。

〔宋〕宋犖：《筠廊偶筆》，《四庫全書存目叢書·子部》第114册。

〔宋〕晁説之：《景迂生集》，文淵閣《四庫全書》第 1118 册。

〔宋〕趙明誠：《金石録》，北京：中華書局，1991。

〔宋〕釋正受：《嘉泰普燈録》，《卍續藏經》第 79 册。

〔宋〕佚名：《錦繡萬花谷》，嘉靖十五年序錫山秦汴鏽石書堂刊本。

〔明〕馮琦、馮瑗：《經濟類編》，文淵閣《四庫全書》第 960-963 册。

〔明〕李采等修：萬曆《嘉定州志》，清抄本。

〔清〕朱彝尊：《經義考》，文淵閣《四庫全書》第 677-680 册。

〔清〕謝旻等修：雍正《江西通志》，文淵閣《四庫全書》第 513-518 册。

〔清〕王士禛：《居易録》，《王士禛全集》本，濟南：齊魯書社，2007。

〔清〕王昶：《金石萃編》，《石刻史料新編》第一輯第 1-4 册，臺北：新文豐出版有限公司，1982。

〔清〕劉喜海：《金石苑》，《石刻史料新編》第一輯第 9 册，臺北：新文豐出版有限公司，1982。

〔清〕趙吉士：《寄園寄所寄》，《續修四庫全書》第 1196-1197 册。

〔清〕褚人穫：《堅瓠集》，杭州：浙江人民出版社，1986。

〔清〕文良等修：同治《嘉定府志》，同治三年刻本。

〔清〕張兆辰等修：同治《劍州志》，《中國地方志集成·四川府縣志》第 19 册，成都：巴蜀書社，1992。

羅國鈞等修：民國《夾江縣志》，民國二十四年刻本。

K

〔唐〕李泰著，賀次君輯校：《括地志輯校》，北京：中華書局，1980。

〔唐〕鄭綮：《開天傳信記》，北京：中華書局，2012。

〔宋〕王應麟：《困學紀聞》，《四部叢刊三編》本。

〔宋〕李新：《跨鰲集》，文淵閣《四庫全書》第 1124 册。

〔明〕李夢陽：《空同集》，文淵閣《四庫全書》第 1262 册。

〔明〕錢希言：《獪園》，知不足齋重訂本。

L

〔漢〕王充著，黄暉、劉盼遂校釋：《論衡校釋》，北京：中華書局，1990。

〔南朝梁〕蕭統編，〔唐〕李善等注：《六臣注文選》，北京：中華書局，1987。

〔唐〕李白撰，〔清〕王琦注：《李太白全集》，北京：中華書局，1977。

〔唐〕姚思廉：《梁書》，北京：中華書局，1973。

〔唐〕劉禹錫著，卞孝萱校訂：《劉禹錫集》，北京：中華書局，1990。

〔唐〕李商隱著，劉學鍇、余恕誠注釋：《李商隱詩歌集解》，北京：中華書局，2004。

〔唐〕張彦遠：《歷代名畫記》，北京：人民美術出版社，1963。

〔唐〕劉恂：《嶺表録異》，武英殿聚珍本。

〔唐〕杜光庭撰，王斌等校注：《録異記輯校》，成都：巴蜀書社，2013。

〔宋〕韓駒：《陵陽集》，文淵閣《四庫全書》第1133册。

〔宋〕惠洪：《冷齋夜話》，《叢書集成初編》第2549册。

〔宋〕王安石：《臨川先生文集》，上海：中華書局，1959。

〔宋〕蘇轍：《龍川别志》，北京：中華書局，1997。

〔宋〕蘇轍：《欒城集》，上海：上海古籍出版社，1987。

〔宋〕張方平：《樂全集》，文淵閣《四庫全書》第1104册。

〔宋〕洪适：《隸釋・隸續》，北京：中華書局，1985。

〔宋〕陸游：《老學庵筆記》，北京：中華書局，1997。

〔宋〕陸游：《陸氏南唐書》，《四部叢刊續編》本。

〔宋〕羅泌撰，〔明〕吴弘基訂：《路史全本》，西山堂刻本。

〔宋〕曾慥：《類説》，《北京圖書館古籍珍本叢刊・子部》第62册，北京：書目文獻出版社，1988。

〔元〕陳思：《兩宋名賢小集》，文淵閣《四庫全書》第1363册。

〔元〕伊世珍：《琅嬛記》，《津逮秘書》本。

〔元〕姚桐壽：《樂郊私語》，文淵閣《四庫全書》第1040册。

〔元〕趙道一：《歷世真仙體道通鑑》，正統《道藏》第5册。

〔清〕錢謙益:《列朝詩集》,《續修四庫全書》第1622-1624册。

〔清〕鄧志謨:《蘭雪堂古事苑定本》,《續修四庫全書》第1247册。

〔清〕王士禛:《隴蜀餘聞》,《王士禛全集》本,濟南:齊魯書社,2007。

王叔岷:《列仙傳校箋》,北京:中華書局,2007。

楊伯峻:《列子集釋》,北京:中華書局,1985。

M

〔宋〕黄休復:《茅亭客話》,《全宋筆記》第二編第1册,鄭州:大象出版社,2003。

〔宋〕張邦基:《墨莊漫録》,北京:中華書局,2002。

〔宋〕沈括著,胡道静校證:《夢溪筆談校證》,上海:上海古籍出版社,1987。

〔宋〕杜大珪:《名臣碑傳琬琰之集》,文淵閣《四庫全書》第450册。

〔宋〕彭□:《墨客揮犀》,北京:中華書局,2002。

〔宋〕牟巘:《牟氏陵陽集》,文淵閣《四庫全書》第1188册。

〔宋〕王闢之:《澠水燕談録》,北京:中華書局,1981。

〔明〕李賢等修:《明一統志》,文淵閣《四庫全書》第472-473册。

〔明〕何鏜:《名山記》,萬曆刻本。

〔清〕張廷玉等:《明史》,北京:中華書局,1974。

〔清〕黄宗羲:《明文海》,北京:中華書局,1987。

〔清〕谷應泰:《明史紀事本末》,北京:中華書局,1977。

〔清〕陳田:《明詩紀事》,《續修四庫全書》第1710-1712册。

〔清〕張漢等修:康熙《眉州屬志》,《故宫珍本叢刊》第213册,海口:海南出版社,2001。

〔明〕余承勛修:嘉靖《馬湖府志》,《天一閣藏明代方志選刊》本,上海:上海古籍書店,1963。

王銘新等修:民國《眉山縣志》,《中國地方志集成·四川府縣志輯》第39册,成都:巴蜀書社,1992。

N

〔南朝梁〕蕭子顯著:《南齊書》，北京：中華書局，1972。

〔唐〕李延壽:《南史》，北京：中華書局，1975。

〔宋〕錢易:《南部新書》，北京：中華書局，2002。

〔宋〕吴曾:《能改齋漫録》，上海：上海古籍出版社，1979。

〔宋〕陳騤等編:《南宋館閣録・續録》，北京：中華書局，1998。

〔元〕陶宗儀:《南村輟耕録》，北京：中華書局，1959。

〔明〕孫能傳等編:《内閣藏書目録》,《續修四庫全書》第 917 册。

〔清〕顧問曜等修：嘉慶《内江縣志》，嘉慶間稿本。

〔清〕李先若等修：道光《南部縣志》增訂本，《中國地方志集成・四川府縣志輯》第 57 册，成都：巴蜀書社，1992。

O

〔宋〕歐陽修:《歐陽修全集》，北京：中華書局，2001。

P

〔清〕朱彝尊:《曝書亭集》，文淵閣《四庫全書》第 1317-1318 册。

〔清〕張鳳翥等修：乾隆《彭山縣志》,《故宫珍本叢刊》第 214 册，海口：海南出版社，2001。

〔清〕莊定域等修：光緒《彭水縣志》,《中國地方志集成・四川府縣志輯》第 49 册，成都：巴蜀書社，1992。

Q

佚名:《禽經》,《百川學海》本。

〔北魏〕賈思勰著，繆啓愉校釋:《齊民要術校釋》，北京：農業出版社，1982。

〔宋〕陶穀:《清異録》，文淵閣《四庫全書》第 1047 册。

〔宋〕洪遵:《泉志》,《叢書集成初編》第 767 册。

〔宋〕朱弁:《曲洧舊聞》，北京：中華書局，2002。

〔宋〕周煇:《清波雜志》，北京：中華書局，1997。

〔宋〕佚名:《慶元黨禁》，文淵閣《四庫全書》第 451 册。

〔宋〕周密:《齊東野語》，北京：中華書局，1983。

〔宋〕陈景沂:《全芳備祖集》，文淵閣《四庫全書》第 935 册。

〔宋〕袁桷:《清容居士集》,《四部叢刊初編》本。

〔宋〕吴處厚:《青箱雜記》，北京：中華書局，1985。

〔元〕劉一清:《錢塘遺事》，上海：上海古籍出版社，1985。

〔明〕楊慎等編:《全蜀藝文志》，北京：綫裝書局，2003。

〔明〕董説:《七國考》，文淵閣《四庫全書》第 618 册。

〔清〕黃虞稷:《千頃堂書目》，上海：上海古籍出版社，2001。

〔清〕紀昀等撰，四庫全書研究所整理:《欽定四庫全書總目》，北京：中華書局，1997。

〔清〕彭定求等編:《全唐詩》，北京：中華書局，1960。

〔清〕董誥等編:《全唐文》，北京：中華書局，1983。

〔清〕張廷玉等:《清朝文獻通考》，文淵閣《四庫全書》第 632-638 册。

〔清〕王承燨等修：乾隆《青神縣志》,《故宫珍本叢刊》第 213 册，海口：海南出版社，2001。

〔清〕戚延裔等修：嘉慶《邛州直隸州志》,《中國地方志集成・四川府縣志輯》第 13 册，成都：巴蜀書社，1992。

〔清〕董誥等修:《清高宗實録》，北京：中華書局，1985。

趙爾巽等:《清史稿》，北京：中華書局，1977。

R

〔宋〕洪邁:《容齋隨筆》，北京：中華書局，2005。

〔清〕屈復:《弱水集》,《續修四庫全書》第1423-1424册。

〔清〕于敏中等編:《日下舊聞考》,文淵閣《四庫全書》第497-499册。

S

〔漢〕司馬遷:《史記》,北京:中華書局,1963。

〔晉〕陳壽:《三國志》,北京:中華書局,1964。

〔晉〕王嘉:《拾遺記》,北京:中華書局,1981。

〔晉〕葛洪著,王叔岷校釋:《神仙傳校釋》,北京:中華書局,2010。

〔北魏〕酈道元著,陳橋驛校證:《水經注校證》,北京:中華書局,2007。

〔南朝宋〕劉義慶著,徐震堮校箋:《世説新語校箋》,北京:中華書局,1984。

〔南朝梁〕沈約:《宋書》,北京:中華書局,1974。

〔南朝梁〕任昉:《述異記》,《漢魏叢書》本。

〔唐〕魏徵、令狐德棻:《隋書》,北京:中華書局,1982。

〔唐〕王懸河:《三洞珠囊》,正統《道藏》第25册。

〔唐〕刘餗:《隋唐嘉話》,北京:中華書局,1997。

〔宋〕張唐英撰,王文才、王炎校箋:《蜀檮杌校箋》,成都:巴蜀書社,1999。

〔宋〕郭允蹈:《蜀鑑》,《叢書集成初編》第3197-3198册。

〔宋〕蘇軾撰,張志烈、馬德富、周裕鍇主編:《蘇軾全集校注》,石家莊:河北人民出版社,2010。

〔宋〕蘇軾撰,施元之注:《施注蘇詩》,文淵閣《四庫全書》第1110册。

〔宋〕僧贊寧:《宋高僧傳》,北京:中華書局,1987。

〔宋〕邵伯温:《邵氏聞見録》,北京:中華書局,1997。

〔宋〕邵博:《邵氏聞見後録》,北京:中華書局,1983。

〔宋〕宋祁:《宋景文筆記》,文淵閣《四庫全書》第862册。

〔宋〕方嶽:《深雪偶談》,《續修四庫全書》第1694册。

〔宋〕李廌:《師友談記》,北京:中華書局,2002。

〔宋〕劉延世：《孫公談圃》,《百川學海》本。
〔宋〕陳元靚：《歲時廣記》,《叢書集成初編》第179-181冊。
〔宋〕司馬光：《司馬光全集》，成都：四川大學出版社，2010。
〔宋〕高承：《事物紀原》，北京：中華書局，1989。
〔宋〕章炳文：《搜神秘覽》,《叢書集成初編》第2718冊。
〔宋〕陳葆光：《三洞群仙録》，正統《道藏》第32冊。
〔宋〕陳鵠：《耆舊續聞》,《叢書集成初編》第2776冊。
〔宋〕魏慶之：《詩人玉屑》，上海：上海古籍出版社，1959。
〔宋〕朱熹、李幼武：《宋名臣言行録》，文淵閣《四庫全書》第449冊。
〔宋〕葉夢得撰，逯銘昕校注：《石林詩話校注》，北京：人民文學出版社，2011。
〔宋〕江少虞：《事實類苑》，文淵閣《四庫全書》第874冊。
〔宋〕徐夢莘：《三朝北盟會編》，上海：上海古籍出版社，1987。
〔宋〕葉適：《水心先生文集》,《四部叢刊初編》本。
〔宋〕陈世崇：《隨隱漫録》，北京：中華書局，2009。
〔宋〕阮閱：《詩話總龜》，北京：人民文學出版社，1987。
〔元〕脱脱等：《宋史》，北京：中華書局，1977。
〔元〕佚名：《宋史全文》，文淵閣《四庫全書》第330-331冊。
〔元〕佚名：《宋季三朝政要》,《中華再造善本》影元餘慶堂刊本，北京：北京圖書館出版社，2005。
〔元〕佚名：《氏族大全》，文淵閣《四庫全書》第952冊。
〔明〕明成祖：《神僧傳》,《大正新修大藏經》第50冊。
〔明〕陶宗儀等：《説郛三種》，上海：上海古籍出版社，1988。
〔明〕陶宗儀：《書史會要》，上海：上海書店，1984。
〔明〕楊慎：《升庵全集》，萬有文庫本。
〔明〕劉大謨等：嘉靖《四川總志》，北京：書目文獻出版社，1996。
〔明〕虞懷忠、郭棐等修：萬曆九年《四川總志》,《四庫全書存目叢書·史部》第199-200冊。
〔明〕曹學佺：《蜀中廣記》，文淵閣《四庫全書》第591-592冊。
〔明〕曹學佺：《石倉歷代詩選》，文淵閣《四庫全書》第1387-1394冊。
〔明〕陸深：《蜀都雜抄》,《續修四庫全書》第735冊。

〔明〕彭大翼:《山堂肆考》,文淵閣《四庫全書》第974-978册。
〔明〕馮琦、陳邦瞻:《宋史紀事本末》,文淵閣《四庫全書》第353册。
〔明〕汪珂玉:《珊瑚網》,文淵閣《四庫全書》第818册。
〔明〕朱曰藩:《山帶閣集》,《四庫全書存目叢書·集部》第110册。
〔明〕徐樹丕:《識小録》,《涵芬樓秘笈》影印稿本。
〔清〕厲鶚:《宋詩紀事》,上海:上海古籍出版社,1983。
〔清〕吴任臣:《十國春秋》,北京:中華書局,1983。
〔清〕黄宗羲:《宋元學案》,北京:中華書局,1982。
〔清〕蔡毓榮等修:康熙《四川總志》,康熙十二年刻本。
〔清〕黄廷桂等修:雍正《四川通志》,文淵閣《四庫全書》第559-561册。
〔清〕阮元校刻:《十三經注疏》,北京:中華書局,1980。
〔清〕陳祥裔編,王斌、靳雅婷校注:《蜀都碎事校注》,成都:西南交通大學出版社,2017。
〔清〕張澍:《蜀典》,《續修四庫全書》第735册。
〔清〕卞永誉:《式古堂書畫彙考》,文淵閣《四庫全書》第827-829册。
〔清〕吴閬:《十國宫詞》,《四庫未收書輯刊》第4輯第20册。
〔清〕潘永因:《宋稗類鈔》,北京:書目文獻出版社,1985。
〔清〕彭遵泗:《蜀碧》,《叢書集成初編》第3971册。
〔清〕黄銑等修:康熙《順慶府志》,《中國地方志集成·四川府縣志輯》第54册,成都:巴蜀書社,1992。
袁珂:《山海經校注》,成都:巴蜀書社,1992。
王文才、王炎輯:《蜀志類鈔》,成都:巴蜀書社,2010。

T

〔唐〕杜佑:《通典》,北京:中華書局,1988。
〔唐〕李肇:《唐國史補》,上海:上海古籍出版社,1957。
〔唐〕瞿曇悉達:《唐開元占經》,文淵閣《四庫全書》第807册。
〔唐〕唐求:《唐求詩集》,《中華再造善本》影印宋刻本,北京:北京圖書館出版社,2005。

〔五代〕王定保:《唐摭言》，上海：上海社會科學院出版社，2002。
〔宋〕李昉等編:《太平廣記》，北京：中華書局，1961。
〔宋〕李昉等編:《太平御覽》，北京：中華書局，1960。
〔宋〕樂史:《太平寰宇記》，北京：中華書局，2007。
〔宋〕岳珂:《桯史》，北京：中華書局，1981。
〔宋〕郭若虛:《圖畫見聞志》，《叢書集成初編》第 1648 册。
〔宋〕李龏:《唐僧弘秀集》，文淵閣《四庫全書》第 1356 册。
〔宋〕計有功:《唐詩紀事》，上海：上海古籍出版社，1987。
〔宋〕姚鉉:《唐文粹》，文淵閣《四庫全書》第 1343-1344 册。
〔宋〕胡仔:《苕溪漁隱叢話》，北京：人民文學出版社，1962。
〔宋〕鄭樵:《通志》，北京：中華書局，1987。
〔宋〕蔡絛:《鐵圍山叢談》，北京：中華書局，1983。
〔宋〕王應麟:《通鑑地理通釋》，北京：中華書局，2013。
〔宋〕袁樞:《通鑑紀事本末》，北京：中華書局，1964。
〔宋〕王讜撰，周勛初校證:《唐語林校證》，北京：中華書局，1987。
〔宋〕彭百川:《太平治迹統類》，文淵閣《四庫全書》第 408 册。
〔宋〕唐庚:《唐子西文録》，《續修四庫全書》第 1713 册。
〔元〕夏文彦:《圖繪寶鑑》，文淵閣《四庫全書》第 814 册。
〔元〕辛文房撰，傅璇琮主編:《唐才子傳校箋》，中華書局，1995。
〔明〕楊慎:《譚苑醍醐》，《楊升庵叢書》本，成都：天地出版社，2002。
〔明〕余寅:《同姓名録》，文淵閣《四庫全書》第 964 册。
〔明〕陳耀文:《天中記》，文淵閣《四庫全書》第 965-967 册。
〔明〕馮任等修:《天啓新修成都府志》，成都：巴蜀書社，1992。
〔明〕李長祥:《天問閣文集》，《四庫禁毀書叢刊・集部》第 11 册。
〔明〕方以智:《通雅》，北京：中國書店，1990。
〔明〕章潢:《圖書編》，文淵閣《四庫全書》第 968-972 册。
〔清〕陳邦彦等:《御定歷代題畫詩類》，文淵閣《四庫全書》第 1435-1436 册。
〔清〕王培荀:《聽雨樓隨筆》，《續修四庫全書》第 1180 册。
〔清〕顧炎武:《天下郡國利病書》，《顧炎武全集》本，上海：上海古籍出版社，2011。

〔清〕徐發，《天元曆理全書》,《續修四庫全書》第1032册。

〔清〕劉毓崧：《通義堂文集》,《續修四庫全書》第1546册。

〔清〕李調元：《童山詩集》,《續修四庫全書》第1456册。

W

〔北齊〕魏收：《魏書》，北京：中華書局，1974。

〔唐〕王維著，陳鐵民校注：《王維集校注》，北京：中華書局，1997。

〔宋〕李昉等編：《文苑英華》，北京：中華書局1966。

〔宋〕文彦博：《文潞公文集》,《叢書集成初編》第125册。

〔宋〕王十朋：《王十朋全集》，上海：上海古籍出版社，1998。

〔宋〕文同撰，胡問濤、羅琴校注：《文同全集編年校注》，成都：巴蜀書社，1999。

〔宋〕周必大：《文忠集》，文淵閣《四庫全書》第1147-1149册。

〔宋〕范成大：《吴船録》,《范成大筆記六種》本，北京：中華書局，2002。

〔宋〕王安石撰，〔宋〕李壁注：《王荊公詩注》，文淵閣《四庫全書》第1106册。

〔宋〕佚名：《王氏談録》，文淵閣《四庫全書》第862册。

〔宋〕陶岳：《五代史補》，文淵閣《四庫全書》第407册。

〔宋〕周密：《武林舊事》，與《東京夢華錄》合刊本，北京：古典文學出版社，1956。

〔宋〕高似孫：《緯略》,《墨海金壺》本。

〔宋〕汪應辰：《文定集》，文淵閣《四庫全書》第1138册。

〔宋〕李昴英：《文溪集》，文淵閣《四庫全書》第1181册。

〔宋〕陸游：《渭南文集》,《陸游集》本，北京：中華書局，1976。

〔宋〕文天祥：《文山先生全集》,《四部叢刊初編》本。

〔元〕馬端臨：《文獻通考》，北京：中華書局，1986。

〔明〕凌迪知：《萬姓統譜》，文淵閣《四庫全書》第596-597册。

〔明〕方以智:《物理小識》,文淵閣《四庫全書》第867册。

〔清〕王士禛原編,鄭方坤删補:《五代詩話》,北京:人民文學出版社,1998。

〔清〕王士禛:《王士禛全集》,濟南:齊魯書社,2007。

徐世昌:《晚晴簃詩彙》,北京:中華書局,1990。

X

〔晉〕葛洪:《西京雜記》,西安:三秦出版社,2006。

〔唐〕釋道宣:《續高僧傳》,北京:中華書局,2014。

〔五代〕杜光庭:《仙傳拾遺》,《杜光庭記傳十種輯校》本,北京:中華書局,2013。

〔宋〕歐陽修、宋祁:《新唐書》,北京:中華書局,1975。

〔宋〕歐陽修:《新五代史》,北京:中華書局,1974。

〔宋〕李燾:《續資治通鑑長編》,北京:中華書局,1995。

〔宋〕釋文瑩:《湘山野録·續録》,北京:中華書局,1997。

〔宋〕李石:《續博物志》,成都:巴蜀書社,1991。

〔宋〕謝翱:《晞髮集》,文淵閣《四庫全書》第1188册。

〔宋〕司馬光:《續詩話》,文淵閣《四庫全書》第1478册。

〔宋〕毛奇齡:《西河集》,文淵閣《四庫全書》第1320-1321册。

〔宋〕佚名:《宣和書譜》,《叢書集成初編》第1632-1633册。

〔宋〕魯應龍:《閑窗括異志》,《叢書集成初編》第2716册。

〔宋〕田錫:《咸平集》,文淵閣《四庫全書》第1085册。

〔明〕梅鼎祚:《西漢文紀》,文淵閣《四庫全書》第1396册。

〔明〕江盈科:《雪濤詩評》,《中國詩話珍本叢書》第12册,北京:北京圖書館出版社,2004。

〔明〕田汝成:《西湖游覽志餘》,上海:上海古籍出版社,1981。

〔明〕田藝蘅:《香宇集》,《續修四庫全書》第1354册。

〔明〕王圻:《續文獻通考》,萬曆三十一年刻本。

〔明〕范淶等修:萬曆《新修南昌府志》,《日本藏中國罕見地方志叢刊》本，北京：書目文獻出版社，2002。

〔明〕张良知等修：嘉靖《許州志》，嘉靖刻本。

〔明〕吴承恩：《西游記》，嘉靖世德堂刊本，臺北：天一出版社，1984。

佚名：《修真十書》，正統《道藏》第4册。

〔清〕王士禛：《香祖筆記》，《王士禛全集》本，濟南：齊魯書社，2007。

〔清〕蔣敦復撰：《嘯古堂詩集》，《續修四庫全書》第1535册。

〔清〕嵇璜等編：《續通志》，文淵閣《四庫全書》第392-401册。

〔清〕余金：《熙朝新語》，《續修四庫全書》第1178册。

〔清〕何源濬等修：康熙《敘州府志》，康熙刻本。

〔清〕何源濬等修：康熙《敘永廳志》，康熙二十五年刻本。

〔清〕王龍勳等修：光緒《新修潼川府志》，光緒二十三年刻本。

柯劭忞：《新元史》，上海：開明書店，1935。

Y

〔漢〕揚雄撰，鄭文箋注：《揚雄文集箋注》，成都：巴蜀書社，2000。

〔南朝宋〕劉敬叔：《異苑》，北京：中華書局，1996。

〔南朝陳〕徐陵編，〔清〕吴兆宜箋注：《玉臺新詠箋注》，北京：中華書局，1985。

〔北齊〕顏之推撰，王利器集解：《顏氏家訓集解》，北京：中華書局，1996。

〔北周〕庾信撰，〔清〕倪璠注：《庾子山集注》，北京：中華書局，1980。

〔唐〕李吉甫：《元和郡縣圖志》，北京：中華書局，1983。

〔唐〕歐陽詢：《藝文類聚》，上海：上海古籍出版社，1985。

〔唐〕趙璘：《因話録》，上海：上海古籍出版社，1957。

〔唐〕段成式：《酉陽雜俎》，北京：中華書局，1981。

〔唐〕馮贄：《雲仙雜記》，《四部叢刊續編》本。

〔唐〕顏真卿：《顏魯公文集》，文淵閣《四庫全書》第1071册。

〔唐〕范攄:《雲溪友議》,《叢書集成初編》第2832-2833册。
〔唐〕胡曾:《詠史詩》, 文淵閣《四庫全書》第1083册。
〔宋〕郭茂倩:《樂府詩集》, 北京: 中華書局, 1979。
〔宋〕宋祁:《益部方物略記》,《津逮秘書》本。
〔宋〕洪邁:《夷堅志》, 北京: 中華書局, 1981。
〔宋〕王存:《元豐九域志》, 北京: 中華書局, 1984。
〔宋〕黄休復:《益州名畫録》, 文淵閣《四庫全書》第812册。
〔宋〕楊萬里撰, 辛更儒箋校:《楊萬里集箋校》, 北京: 中華書局, 2007。
〔宋〕王象之:《輿地紀勝》, 揚州: 江蘇廣陵古籍刻印社, 1991。
〔宋〕張君房:《雲笈七籤》, 北京: 中華書局, 2003。
〔宋〕程大昌:《演繁露》, 文淵閣《四庫全書》第852册。
〔宋〕王明清撰:《玉照新志》,《叢書集成初編》第2769册。
〔宋〕王象之:《輿地碑記目》,《叢書集成初編》第1580册。
〔宋〕许顗:《彦周詩話》, 文淵閣《四庫全書》第1478册。
〔宋〕沈作喆:《寓簡》,《知不足齋叢書》本。
〔宋〕葛立方:《韻語陽秋》,《叢書集成初編》第2553-2554册。
〔宋〕李獻民:《雲齋廣録》,《續修四庫全書》第1264册。
〔宋〕楊彦齡:《楊公筆録》, 文淵閣《四庫全書》第863册。
〔宋〕歐陽忞:《輿地廣記》, 成都: 四川大學出版社, 2003。
〔明〕宋濂等:《元史》, 北京: 中華書局, 1976。
〔明〕何宇度:《益部談資》, 文淵閣《四庫全書》第592册。
〔明〕徐應秋:《玉芝堂談薈》, 文淵閣《四庫全書》第883册。
〔明〕王世貞:《艷異編》,《續修四庫全書》第1267册。
〔明〕王世貞:《弇州四部稿》, 文淵閣《四庫全書》第1279-1281册。
〔明〕楊鸞等修: 嘉靖《雲陽縣志》,《天一閣藏明代方志選刊》, 上海: 上海古籍書店, 1963。
〔明〕蔣一葵:《堯山堂外紀》,《續修四庫全書》第1194-1195册。
〔明〕朱國禎:《湧幢小品》,《續修四庫全書》第1172-1173册。
〔明〕焦竑:《玉堂叢語》, 北京: 中華書局, 1981。
〔清〕張玉書、陳廷敬等編:《御定佩文韻府》, 文淵閣《四庫全書》

第1011-1028册。

〔清〕吴士玉等編:《御定駢字類編》,文淵閣《四庫全書》第994-1004册。

〔清〕王士禛:《漁洋精華録集釋》,上海：上海古籍出版社，1999。

〔清〕傅恒等:《御批歷代通鑑輯覽》,文淵閣《四庫全書》第335-339册。

〔清〕王奕清等編:《御定詞譜》,文淵閣《四庫全書》第1495册。

〔清〕張照等編:《御選唐宋文醇》,文淵閣《四庫全書》第1447册。

〔清〕姚之駰:《元明事類抄》,文淵閣《四庫全書》第884册。

〔清〕陳元龍等編:《御定歷代賦彙》,文淵閣《四庫全書》第1419-1422册。

〔清〕沈辰垣等編:《御選歷代詩餘》,文淵閣《四庫全書》第1491-1493册。

〔清〕李斗:《揚州畫舫録》,北京：中華書局，1960。

〔清〕李馥榮:《灩滪囊》,《四庫未收書輯刊》第2輯第21册。

〔清〕董夢曾等修：乾隆《鹽亭縣志》,《故宫珍本叢刊》第206册，海口：海南出版社，2001。

〔清〕周安士:《欲海回狂》,《安士全書》本，北京：北京八大處靈光寺，1995。

〔清〕胡世安編，艾茂莉校注:《譯峨籟校注》,成都：四川大學出版社，2017。

Z

〔漢〕劉向輯録:《戰國策》,上海：上海古籍出版社，1985。

〔南朝梁〕沈約注:《竹書紀年》,《四部叢刊初編》本。

〔唐〕李匡乂:《資暇集》,《叢書集成初編》第279册。

〔唐〕令狐德棻:《周書》,北京：中華書局，1971。

〔五代〕馬縞:《中華古今注》,北京：中華書局，2012。

〔宋〕張詠:《張乖崖集》,北京：中華書局，2000。

〔宋〕司馬光:《資治通鑑》,北京：中華書局，1956。

〔宋〕劉攽:《中山詩話》,文淵閣《四庫全書》第1478册。

〔宋〕熊克:《中興小紀》,文淵閣《四庫全書》第313册。

〔宋〕周紫芝:《竹坡詩話》,《津逮秘書》本。

〔宋〕張侃:《張氏拙軒集》,文淵閣《四庫全書》第1181册。

〔宋〕陳振孫:《直齋書録解題》,上海:上海古籍出版社,1987。

〔宋〕朱熹:《朱熹集》,成都:四川教育出版社,1996。

〔宋〕黎靖德編:《朱子語類》,北京:中華書局,1986。

〔元〕張鉉:《至大金陵新志》,文淵閣《四庫全書》第492册。

〔明〕張三丰著,〔清〕李西月編:《張三丰全書》,上海江左書林石印本,1919。

〔明〕孫繼皋:《宗伯集》,文淵閣《四庫全書》第1291册。

〔明〕朱燮元:《朱少師奏疏抄》,《四庫全書存目叢書·史部》第65册。

〔清〕談遷:《棗林雜俎》,北京:中華書局,2006。

〔清〕嵇曾筠等修:雍正《浙江通志》,文淵閣《四庫全書》第519-526册。

〔清〕夏詔新等修:乾隆《直隸瀘州志》,乾隆二十四年刻本。

〔清〕莊思恒等修:光緒《增修灌縣志》,光緒十二年刻本。

〔清〕郭慶藩撰,王孝魚點校:《莊子集釋》,北京:中華書局,1985。

中國科學院北京天文臺主編:《中國地方志聯合目録》,北京:中華書局,1985。